高等院校法律专业本科精品教材

经 济 法

李建人 编著

南开大学出版社
天　津

图书在版编目(CIP)数据

经济法 / 李建人编著. —天津：南开大学出版社，2011.8
高等院校法律专业本科系列教材
ISBN 978-7-310-03739-1

Ⅰ.①经… Ⅱ.①李… Ⅲ.①经济法－中国－高等学校－教材 Ⅳ.①D922.29

中国版本图书馆 CIP 数据核字(2011)第 137045 号

版权所有　侵权必究

南开大学出版社出版发行

出版人：肖占鹏

地址：天津市南开区卫津路 94 号　　邮政编码：300071
营销部电话：(022)23508339　23500755
营销部传真：(022)23508542　邮购部电话：(022)23502200

*

河北昌黎太阳红彩色印刷有限责任公司印刷
全国各地新华书店经销

*

2011 年 8 月第 1 版　　2011 年 8 月第 1 次印刷
787×960 毫米　16 开本　36.75 印张　1 插页　714 千字
定价：55.00 元

如遇图书印装质量问题，请与本社营销部联系调换，电话：(022)23507125

出版说明

当前我国正处于社会主义市场经济法律体系形成的关键时期，各个法律部门都在发生着深刻的变革，法律制度的立法修订完善工作十分频繁。客观地说，高等院校法学专业教育面临着一个不断刷新知识体系、与时俱进的要求。在这个特定历史背景下，为了更好地服务我国高等院校法学教育工作，我社特组织南开大学法学院部分教师编写了这套法学系列教材。

在具体编写这套法学教材之前，出版社和编写教师共同研讨分析了目前我国法学教材出版工作的现状，认为在我国社会主义市场经济条件下，高等院校法学教育应当在讲授法学理论的同时，着力加强培养学生学以致用的能力。因此，我们确定这套系列教材的编写思路是：淡化抽象理论，突出案例教学，教师讲授条理清晰，学生阅读饶有兴趣。每章开头设计一则典型案例或材料，引出本章的学习内容，各章节内部则在介绍相关基础知识的同时，穿插大量的法理分析、经典案例、统计数据、政府公告、新闻报道等，从而调动学生的阅读积极性，进而提高分析问题、解决问题的实务能力。

本套教材由南开大学法学院青年教师编写，第一批教材包括6本，即《财税法》、《经济法》、《环境法》、《婚姻家庭与继承法》、《债权法》、《国际私法》等。

这套教材可以用于高等院校法学本科和专科教学，也可以成为法学专业研究生教学的参考资料，还可以成为行政管理、经济学等其他专业本科或专科的教学参考资料。

南开大学出版社
2011年6月

前　言

作为在高校给本科生讲授经济法课程的一名教师,我一直希望能按照自己对经济法的理解编写一本经济法教科书。客观地说,目前市场上有关经济法的教材已经很多了。对于这个"供需两旺"现象,我是这么理解的:一,读者有较强的学习经济法律制度的主观愿望;二,现有的经济法教材很可能难以满足实践的需求。

那么,究竟应当编写一本怎么样的经济法教材呢?从一名普通学习者到专业研究者,结合个人十多年的自身感悟,我认为,应当坚持两条原则:一是编写经济法律制度的逻辑思路应当符合当前经济法学术界的主流看法,二是应当坚持知识性与趣味性相统一。在上述两条原则(尤其是后者)的指导下,面向经济法入门读者,大家看到的这本《经济法》教材由三大板块、二十三章组成,较为系统地介绍了学习经济法应当掌握的基本知识,而它们也多是经济法学界普遍关注的热点领域。在具体编写过程中,本教材一方面向读者客观介绍当前我国最新经济法律制度的基本立法情况,另一方面则刻意穿插了大量篇幅不一的知识板块,如案例研读、制度链接、政策指南、背景知识、文献阅读等,让原来死板枯燥的法律条文变成了活生生的现实场景,从而在立法和实践之间形成良好的互动关系。就选材而言,这本教材对具体资料的选取力求最新、最有代表性,希望能在最大程度上调动读者的阅读兴趣,同时又在某些领域为读者的后续思考留下伏笔。

本教材可以适用于高等院校本科、专科阶段法学、行政管理、工商管理、会计学等专业教学和自学环节,也可以成为其他相关专业的辅助参考读物。

需要说明的是,在本教材的酝酿、出版过程中,南开大学出版社的王乃合老师做了大量的协调、统筹工作,给予了大力支持;李佳老师对稿件进行了细致的审读,提出了很多有价值的修改意见,特此致谢。当然,本教材的缺陷和不足也是肯定存在的,希望专家、读者能够给予批评指正,提出建设性的意见。

目　　录

出版说明 ·· (1)
前言 ·· (1)

第一编　经济主体法律制度

第一章　公司法律制度 ·· (3)
　第一节　概述 ·· (4)
　第二节　有限责任公司 ·· (7)
　第三节　有限责任公司的股权转让 ·· (15)
　第四节　股份有限公司的设立和组织机构 ····························· (17)
　第五节　股份有限公司的股份发行和转让 ····························· (25)
　第六节　公司董事、监事、高级管理人员的资格和义务 ········· (28)
　第七节　公司债券 ··· (30)
　第八节　公司财务、会计 ·· (31)
　第九节　公司合并、分立、增资、减资 ································· (33)
　第十节　公司解散和清算 ·· (36)
　第十一节　外国公司的分支机构 ·· (38)
第二章　合伙企业法律制度 ·· (52)
　第一节　概述 ·· (53)
　第二节　普通合伙企业 ·· (54)
　第三节　有限合伙企业 ·· (61)
　第四节　合伙企业的解散与清算 ·· (64)
第三章　中小企业促进法律制度 ··· (68)
　第一节　概述 ·· (69)
　第二节　资金支持 ··· (70)
　第三节　创业扶持 ··· (72)
　第四节　技术创新与市场开拓 ··· (73)

第四章 破产法律制度 ·················· (83)
第一节 概述 ·················· (88)
第二节 破产申请和受理 ·················· (89)
第三节 管理人 ·················· (92)
第四节 债务人财产 ·················· (93)
第五节 破产费用和共益债务 ·················· (95)
第六节 债权申报 ·················· (96)
第七节 债权人会议 ·················· (97)
第八节 重整 ·················· (100)
第九节 和解 ·················· (103)
第十节 破产清算 ·················· (105)

第二编 市场监管法律制度

第五章 反垄断法律制度 ·················· (115)
第一节 概述 ·················· (115)
第二节 垄断协议 ·················· (124)
第三节 滥用市场支配地位 ·················· (126)
第四节 经营者集中 ·················· (127)
第五节 滥用行政权力排除、限制竞争 ·················· (134)
第六节 对涉嫌垄断行为的调查 ·················· (137)

第六章 反不正当竞争法律制度 ·················· (146)
第一节 概述 ·················· (146)
第二节 不正当竞争行为 ·················· (149)

第七章 消费者权益保护法律制度 ·················· (163)
第一节 概述 ·················· (163)
第二节 消费者权利 ·················· (164)
第三节 经营者义务 ·················· (169)
第四节 国家对消费者合法权益的保护 ·················· (171)
第五节 消费争议的解决 ·················· (173)

第八章 产品质量法律制度 ·················· (182)
第一节 概述 ·················· (186)
第二节 产品质量监督 ·················· (187)
第三节 生产者、销售者的产品质量责任和义务 ·················· (192)
第四节 损害赔偿 ·················· (194)

第九章 食品安全法律制度 (204)
- 第一节 概述 (204)
- 第二节 食品安全风险监测和评估 (208)
- 第三节 食品安全标准 (209)
- 第四节 食品生产经营 (211)
- 第五节 食品检验 (220)
- 第六节 食品进出口 (221)
- 第七节 食品安全事故处置 (222)
- 第八节 监督检查 (224)

第十章 城市房地产管理法律制度 (236)
- 第一节 概述 (237)
- 第二节 房地产开发用地 (240)
- 第三节 房地产开发 (244)
- 第四节 房地产交易 (245)
- 第五节 房地产权属登记 (248)

第十一章 广告法律制度 (257)
- 第一节 概述 (259)
- 第二节 广告准则 (259)
- 第三节 广告活动 (262)
- 第四节 广告审查 (264)
- 第五节 法律责任 (264)

第十二章 证券法律制度 (269)
- 第一节 概述 (272)
- 第二节 证券发行 (273)
- 第三节 证券交易 (278)
- 第四节 上市公司收购 (288)
- 第五节 证券交易所 (290)
- 第六节 证券公司 (293)
- 第七节 证券登记结算机构 (296)
- 第八节 证券服务机构 (298)
- 第九节 证券业协会 (298)
- 第十节 证券监督管理机构 (299)

第十三章 期货交易法律制度 (319)
- 第一节 概述 (322)

第二节　期货交易所 ·· (322)
　　第三节　期货公司 ·· (325)
　　第四节　期货交易基本规则 ······································ (328)
　　第五节　期货业协会 ··· (331)
　　第六节　监督管理 ·· (331)
第十四章　证券投资基金法律制度 ···································· (339)
　　第一节　概述 ·· (340)
　　第二节　基金管理人 ··· (341)
　　第三节　基金托管人 ··· (345)
　　第四节　基金的募集 ··· (349)
　　第五节　基金份额的交易 ··· (352)
　　第六节　基金份额的申购与赎回 ································ (352)
　　第七节　基金的运作与信息披露 ································ (353)
　　第八节　基金合同的变更、终止与基金财产清算 ·········· (355)
　　第九节　基金份额持有人权利及其行使 ······················ (356)
　　第十节　监督管理 ·· (357)
第十五章　保险法律制度 ·· (361)
　　第一节　概述 ·· (363)
　　第二节　保险合同 ·· (364)
　　第三节　保险公司 ·· (373)
　　第四节　保险经营规则 ·· (380)
　　第五节　保险代理人和保险经纪人 ····························· (383)
　　第六节　保险业监督管理 ··· (385)
第十六章　票据法律制度 ·· (392)
　　第一节　概述 ·· (396)
　　第二节　汇票 ·· (398)
　　第三节　本票 ·· (404)
　　第四节　支票 ·· (405)
　　第五节　涉外票据的法律适用 ··································· (406)

第三编　宏观调控法律制度

第十七章　预算法律制度 ·· (411)
　　第一节　概述 ·· (419)
　　第二节　预算管理职权 ·· (420)

第三节 预算收支范围 ………………………………… (423)
第四节 预算编制 ……………………………………… (424)
第五节 预算审查和批准 ……………………………… (426)
第六节 预算执行 ……………………………………… (427)
第七节 预算调整 ……………………………………… (428)
第八节 决算 …………………………………………… (429)
第九节 监督 …………………………………………… (430)
第十八章 政府采购法律制度 ……………………………… (434)
第一节 概述 …………………………………………… (437)
第二节 政府采购当事人 ……………………………… (440)
第三节 政府采购方式 ………………………………… (443)
第四节 政府采购程序 ………………………………… (445)
第五节 政府采购合同 ………………………………… (447)
第六节 政府采购的质疑与投诉 ……………………… (448)
第七节 政府采购的监督检查 ………………………… (449)
第十九章 中国人民银行法律制度 ………………………… (456)
第一节 概述 …………………………………………… (460)
第二节 中国人民银行的组织机构 …………………… (461)
第三节 人民币 ………………………………………… (462)
第四节 中国人民银行的业务 ………………………… (463)
第五节 金融监督管理 ………………………………… (467)
第二十章 银行业监督管理法律制度 ……………………… (474)
第一节 概述 …………………………………………… (476)
第二节 监督管理机构 ………………………………… (477)
第三节 监督管理职责 ………………………………… (479)
第四节 监督管理措施 ………………………………… (487)
第二十一章 外汇管理法律制度 …………………………… (501)
第一节 概述 …………………………………………… (503)
第二节 经常项目外汇管理 …………………………… (505)
第三节 资本项目外汇管理制度 ……………………… (506)
第四节 金融机构外汇业务管理 ……………………… (509)
第五节 人民币汇率和外汇市场管理 ………………… (511)
第六节 监督管理 ……………………………………… (512)

第二十二章　价格法律制度 …………………………………………(516)
　　第一节　概述 …………………………………………………(517)
　　第二节　政府定价行为 ………………………………………(518)
　　第三节　价格总水平调控 ……………………………………(526)
第二十三章　对外贸易法律制度 …………………………………(539)
　　第一节　概述 …………………………………………………(540)
　　第二节　对外贸易经营者 ……………………………………(541)
　　第三节　货物进出口与技术进出口 …………………………(542)
　　第四节　国际服务贸易 ………………………………………(550)
　　第五节　与对外贸易有关的知识产权保护 …………………(551)
　　第六节　对外贸易秩序 ………………………………………(553)
　　第七节　对外贸易调查 ………………………………………(554)
　　第八节　对外贸易救济 ………………………………………(555)
　　第九节　对外贸易促进 ………………………………………(558)
参考文献 ……………………………………………………………(575)

第一编　经济主体法律制度

第一章 公司法律制度

> **引 例**
>
> 福特汽车公司创建后,迅速获得巨大成功。1916 年,公司盈利将近 6 000 万美元。公司拿出 120 万美元给股东分红,余下的 5 800 万美元用作公司再投资。道奇等小股东认为分红太少,要求公司扩大分红,被公司的创建人福特先生拒绝。于是,道奇等人诉至法院。
>
> 亨特·福特是公司的创建人,他绝对控制公司,无论是公司的经营还是董事的选择,他都有决定权。因此,他的态度直接左右了董事会的决议。
>
> 福特先生在法庭上解释了他作出上述决定的理由:"我的志向是还要雇佣更多的员工,让尽可能多的人享受到企业带来的好处,帮助他们谋生和建立家庭。因此,我们要把利润的大部分再投资到企业中去。"他还指出,公司资本额为 200 万美元,而分红占到了资本额的 60%,股东应该满意了。除了上述正常分红外,公司不打算扩大分红,而是将其他利润再投入到企业中去,这是公司目前的决策。
>
> 一审法院判决福特公司必须分红,并且下达禁令,禁止公司建立新工厂等扩张计划。福特汽车公司不服,提起上述。上诉判决要点如下:
>
> 1. 公司利润可以分配给股东,也可以依据公司章程投入到企业中去。管理公司的代理人有权决定利润分配的时间和方式,只要不滥用权力,只要不违反公司章程,法院就不应干涉。但是,公司的代理人,甚至大股东,不可武断专横地阻止利润的分配,也不可违反章程来使用利润。
>
> 2. 不应将福特先生认为的股东应对公众承担的责任,和法律所要求的他和其他董事对少数股东应负的责任混为一谈。
>
> 3. 组建公司的主要目的是为了让股东有利可图。董事行使他们的职权应服从这个目的。董事有权决定以何种方式达到这样的目的,但是不可以改变目的本身,比如减少利润,不分给股东利润是为了将钱用作其他目的。
>
> 4. 法院不应干预企业的扩张计划。法官不是企业家,不能对企业的扩张计划前景如何作出预测。企业在制定这样的计划时通常要考虑的是长期发展、预计的竞争、持续和快速的盈利等因素。我们所不满意的是公司董事决策时的动

机并非如此,而是要损害股东的权益。

5.因此,判决公司必须分红,撤销一审法院禁止公司扩张的禁令。

——王传辉主编:《新编商法教程》,清华大学出版社 2005 年版,第 93～94 页。

第一节 概述

一、公司的概念和类型

(一)公司的概念

根据我国《公司法》的规定,公司是指拥有独立的法人财产,享有法人财产权,以其全部财产对公司的债务承担责任的企业法人。

(二)公司的类型

我国公司的类型包括有限责任公司和股份有限公司两种。

二、公司股东

(一)股东权利

1.投资收益权

股东凭借其向公司的出资而享有投资回报的权利,有权依法获得股息、红利等财产收益。

2.参与重大决策权

股东组成股东(大)会,股东(大)会依法享有对公司重大事务的决策权。

3.管理者选择权

股东通过股东(大)会依法选任公司董事、监事等高级管理人员。

(二)股东义务

1.出资义务

有限责任公司的股东以其认缴的出资额为限对公司承担责任;股份有限公司的股东以其认购的股份为限对公司承担责任。

2.善意行使权利的义务

公司股东应当遵守法律、行政法规和公司章程,依法行使股东权利,不得滥用股东权利损害公司或者其他股东的利益;不得滥用公司法人独立地位和股东有限责任损害公司债权人的利益。公司股东滥用股东权利给公司或者其他股东造成损失的,应当依法承担赔偿责任。

公司股东滥用公司法人独立地位和股东有限责任,逃避债务,严重损害公司债权人利益的,应当对公司债务承担连带责任。

公司的控股股东、实际控制人、董事、监事、高级管理人员不得利用其关联关系损害公司利益。给公司造成损失的,应当承担赔偿责任。

三、公司的设立

1. 申请

设立公司,应当依法向公司登记机关申请设立登记。符合法定设立条件的,由公司登记机关分别登记为有限责任公司或者股份有限公司;不符合法定设立条件的,不得登记为有限责任公司或者股份有限公司。

2. 审批

法律、行政法规规定设立公司必须报经批准的,应当在公司登记前依法办理批准手续。

3. 颁发营业执照

依法设立的公司,由公司登记机关发给公司营业执照。公司营业执照签发日期为公司成立日期。公司营业执照应当载明公司的名称、住所、注册资本、实收资本、经营范围、法定代表人姓名等事项。公司营业执照记载的事项发生变更的,公司应当依法办理变更登记,由公司登记机关换发营业执照。

4. 查询

公众可以向公司登记机关申请查询公司登记事项,公司登记机关应当提供查询服务。

四、公司类型的变更

有限责任公司变更为股份有限公司、股份有限公司变更为有限责任公司,应当符合法定条件;有限责任公司变更为股份有限公司的,或者股份有限公司变更为有限责任公司的,公司变更前的债权、债务由变更后的公司承继。

五、公司章程

设立公司必须依法制定公司章程。公司章程对公司、股东、董事、监事、高级管理人员具有约束力。

公司的经营范围由公司章程规定,并依法登记。公司可以修改公司章程,改变经营范围,但是应当办理变更登记。

六、公司的法定代表人

公司法定代表人依照公司章程的规定,由董事长、执行董事或者经理担任,并依法登记。公司法定代表人变更,应当办理变更登记。

七、分公司与子公司

公司可以设立分公司。设立分公司,应当向公司登记机关申请登记,领取营业执照。分公司不具有法人资格,其民事责任由公司承担。

公司可以设立子公司,子公司具有法人资格,依法独立承担民事责任。

八、公司的对外投资与担保

公司可以向其他企业投资;但是,除法律另有规定外,不得成为对所投资企业的债务承担连带责任的出资人。

公司向其他企业投资或者为他人提供担保,依照公司章程的规定,由董事会或者股东会、股东大会决议;公司章程对投资或者担保的总额及单项投资或者担保的数额有限额规定的,不得超过规定的限额。

公司为公司股东或者实际控制人提供担保的,必须经股东会或者股东大会决议。上述公司股东或者受实际控制人支配的股东,不得参加上述有关担保事项的表决。该项表决由出席会议的其他股东所持表决权的过半数通过。

九、公司职工

《公司法》规定,公司必须保护职工的合法权益,依法与职工签订劳动合同,参加社会保险,加强劳动保护,实现安全生产。公司应当采用多种形式,加强公司职工的职业教育和岗位培训,提高职工素质。

公司职工依照《工会法》组织工会,开展工会活动,维护职工合法权益。公司应当为本公司工会提供必要的活动条件。公司工会代表职工就职工的劳动报酬、工作时间、福利、保险和劳动安全卫生等事项依法与公司签订集体合同。

《公司法》规定,公司依照宪法和有关法律的规定,通过职工代表大会或者其他形式,实行民主管理。公司研究决定改制以及经营方面的重大问题、制定重要的规章制度时,应当听取公司工会的意见,并通过职工代表大会或者其他形式听取职工的意见和建议。

课堂讨论:为什么要设立公司?

老师:同学们,我们为什么要设立公司呢?

A同学:办公司就是为了赚钱嘛。

B同学:设立公司还是为了实现一些社会目标,如汶川大地震爆发时,许多公司就捐献出了巨额善款。

C同学:设立公司是为了履行社会责任,如环境保护、劳动保护等。

……

第二节 有限责任公司

一、有限责任公司的设立

(一)设立条件

《公司法》规定,设立有限责任公司,应当具备下列条件:

1. 股东符合法定人数

有限责任公司由50个以下股东出资设立。

有限责任公司应当置备股东名册,记载下列事项:

(1)股东的姓名或者名称及住所;

(2)股东的出资额;

(3)出资证明书编号。

记载于股东名册的股东,可以依股东名册主张行使股东权利。

公司应当将股东的姓名或者名称及其出资额向公司登记机关登记;登记事项发生变更的,应当办理变更登记。未经登记或者变更登记的,不得对抗第三人。

2. 股东出资达到法定资本最低限额

有限责任公司注册资本的最低限额为人民币3万元。法律、行政法规对有限责任公司注册资本的最低限额有较高规定的,从其规定。

立法动态:有限公司注册资本制度的最新变动

旧《公司法》对设立有限公司设计了较高的出资门槛,规定:(一)以生产经营为主的公司人民币50万元;(二)以商品批发为主的公司人民币50万元;(三)以商业零售为主的公司人民币30万元;(四)科技开发、咨询、服务性公司人民币10万元;(五)特定行业的有限责任公司注册资本最低限额需高于上述限额的,由法律、行政法规另行规定。

新《公司法》(2005年)规定,有限责任公司注册资本的最低限额为人民币3万元,法律、行政法规对有限责任公司注册资本的最低限额有较高规定的,从其规定。

新旧公司法对股东出资门槛的变动,对于激励社会公众投资创业,具有极大的积极意义。同时,也有助于增加就业岗位,缓和就业压力。

3.股东共同制定公司章程

《公司法》规定,有限责任公司章程应当载明下列事项:

(1)公司名称和住所;

(2)公司经营范围;

(3)公司注册资本;

(4)股东的姓名或者名称;

(5)股东的出资方式、出资额和出资时间;

(6)公司的机构及其产生办法、职权、议事规则;

(7)公司法定代表人;

(8)股东会会议认为需要规定的其他事项。

股东应当在公司章程上签名、盖章。

4.有公司名称,建立符合有限责任公司要求的组织机构

5.有公司住所

(二)出资

1.出资形式

《公司法》规定,股东可以用货币出资,也可以用实物、知识产权、土地使用权等可以用货币估价并可以依法转让的非货币财产作价出资;但是,法律、行政法规规定不得作为出资的财产除外。对作为出资的非货币财产应当评估作价,核实财产,不得高估或者低估作价。法律、行政法规对评估作价有规定的,从其规定。

2.出资比例

《公司法》规定,全体股东的货币出资金额不得低于有限责任公司注册资本的30%。

3.授权资本制

《公司法》规定,有限责任公司的注册资本为在公司登记机关登记的全体股东认缴的出资额。公司全体股东的首次出资额不得低于注册资本的20%,也不得低于法定的注册资本最低限额,其余部分由股东自公司成立之日起2年内缴足;其中,投资公司可以在5年内缴足。

4.认缴出资

《公司法》规定,股东应当按期足额缴纳公司章程中规定的各自所认缴的出资额。股东以货币出资的,应当将货币出资足额存入有限责任公司在银行开设的账户;以非货币财产出资的,应当依法办理其财产权的转移手续。

股东不依法履行出资义务的,除应当向公司足额缴纳外,还应当向已按期足

额缴纳出资的股东承担违约责任。

有限责任公司成立后,发现作为设立公司出资的非货币财产的实际价额显著低于公司章程所定价额的,应当由交付该出资的股东补足其差额;公司设立时的其他股东承担连带责任。

股东按照实缴的出资比例分取红利;公司新增资本时,股东有权优先按照实缴的出资比例认缴出资。但是,全体股东约定不按照出资比例分取红利或者不按照出资比例优先认缴出资的除外。

5.验资

《公司法》规定,股东缴纳出资后,必须经依法设立的验资机构验资并出具证明。

有限责任公司成立后,应当向股东签发出资证明书。出资证明书应当载明下列事项:

(1)公司名称;

(2)公司成立日期;

(3)公司注册资本;

(4)股东的姓名或者名称、缴纳的出资额和出资日期;

(5)出资证明书的编号和核发日期;

(6)出资证明书由公司盖章。

公司成立后,股东不得抽逃出资。

6.申请设立登记

《公司法》规定,股东的首次出资经依法设立的验资机构验资后,由全体股东指定的代表或者共同委托的代理人向公司登记机关报送公司登记申请书、公司章程、验资证明等文件,申请设立登记。

案例研读:

甲、乙、丙三人拟成立一有限责任公司。甲、乙二人制定公司章程;公司注册资本为人民币8万元;出资形式为现金2万元、房屋使用权以及一项非专利技术,其中房屋使用权和非专利技术评估作价为6万元,并已验资。随后,三人委托王某向工商行政管理机关申请设立登记。

问:上述有限公司设立过程是否符合《公司法》的相关规定?为什么?

二、有限责任公司的组织机构

(一)股东会

1.股东会的法律地位和成员构成

股东会是有限责任公司的权力机构,是公司的最高决策机构。股东会由全体股东组成,依法行使职权。

2.股东会的职权

《公司法》规定,股东会行使下列职权:

(1)决定公司的经营方针和投资计划;

(2)选举和更换非由职工代表担任的董事、监事,决定有关董事、监事的报酬事项;

(3)审议批准董事会的报告;

(4)审议批准监事会或者监事的报告;

(5)审议批准公司的年度财务预算方案、决算方案;

(6)审议批准公司的利润分配方案和弥补亏损方案;

(7)对公司增加或者减少注册资本作出决议;

(8)对发行公司债券作出决议;

(9)对公司合并、分立、解散、清算或者变更公司形式作出决议;

(10)修改公司章程;

(11)公司章程规定的其他职权。

对上述事项股东以书面形式一致表示同意的,可以不召开股东会会议,直接作出决定,并由全体股东在决定文件上签名、盖章。

3.股东会的会议制度

(1)会议类型

《公司法》规定,股东会会议分为定期会议和临时会议。定期会议应当依照公司章程的规定按时召开。代表1/10以上表决权的股东,1/3以上的董事,监事会或者不设监事会的公司的监事提议召开临时会议的,应当召开临时会议。

(2)召集和主持

《公司法》规定,首次股东会会议由出资最多的股东召集和主持。

有限责任公司设立董事会的,股东会会议由董事会召集,董事长主持;董事长不能履行职务或者不履行职务的,由副董事长主持;副董事长不能履行职务或者不履行职务的,由半数以上董事共同推举一名董事主持。

有限责任公司不设董事会的,股东会会议由执行董事召集和主持。

董事会或者执行董事不能履行或者不履行召集股东会会议职责的,由监事会或者不设监事会的公司的监事召集和主持;监事会或者监事不召集和主持的,代表1/10以上表决权的股东可以自行召集和主持。

(3)通知

《公司法》规定,召开股东会会议,应当于会议召开15日前通知全体股东;但是,公司章程另有规定或者全体股东另有约定的除外。

(4)会议记录与表决

《公司法》规定,股东会应当对所议事项的决定做成会议记录,出席会议的股东应当在会议记录上签名。

股东会会议由股东按照出资比例行使表决权;但是,公司章程另有规定的除外。股东会会议作出修改公司章程、增加或者减少注册资本的决议,以及公司合并、分立、解散或者变更公司形式的决议,必须经代表2/3以上表决权的股东通过。

(二)董事会

1. 成员构成

《公司法》规定,有限责任公司设董事会,其成员为3人至13人;但是,股东人数较少或者规模较小的有限责任公司,可以设一名执行董事,不设董事会。

2个以上的国有企业或者2个以上的其他国有投资主体投资设立的有限责任公司,其董事会成员中应当有公司职工代表;其他有限责任公司董事会成员中可以有公司职工代表。董事会中的职工代表由公司职工通过职工代表大会、职工大会或者其他形式民主选举产生。

董事会设董事长一人,可以设副董事长。董事长、副董事长的产生办法由公司章程规定。董事任期由公司章程规定,但每届任期不得超过3年。董事任期届满,连选可以连任。董事任期届满未及时改选,或者董事在任期内辞职导致董事会成员低于法定人数的,在改选出的董事就任前,原董事仍应当依照法律、行政法规和公司章程的规定,履行董事职务。

2. 董事会职权

《公司法》规定,董事会对股东会负责,行使下列职权:

(1)召集股东会会议,并向股东会报告工作;

(2)执行股东会的决议;

(3)决定公司的经营计划和投资方案;

(4)制订公司的年度财务预算方案、决算方案;

(5)制订公司的利润分配方案和弥补亏损方案;

(6)制订公司增加或者减少注册资本以及发行公司债券的方案;

(7)制订公司合并、分立、解散或者变更公司形式的方案;

(8)决定公司内部管理机构的设置;

(9)决定聘任或者解聘公司经理及其报酬事项,并根据经理的提名决定聘任或者解聘公司副经理、财务负责人及其报酬事项;

(10)制定公司的基本管理制度;

(11)公司章程规定的其他职权。

3.董事会会议

《公司法》规定,董事会会议由董事长召集和主持;董事长不能履行职务或者不履行职务的,由副董事长召集和主持;副董事长不能履行职务或者不履行职务的,由半数以上董事共同推举一名董事召集和主持。

董事会决议的表决,实行一人一票。董事会应当对所议事项的决定做成会议记录,出席会议的董事应当在会议记录上签名。董事会的议事方式和表决程序,除《公司法》有规定的外,由公司章程规定。

4.经理

《公司法》规定,有限责任公司可以设经理,由董事会决定聘任或者解聘。经理不是一个独立的公司治理机构,而是董事会的附属机构,对董事会负责,行使下列职权:

(1)主持公司的生产经营管理工作,组织实施董事会决议;
(2)组织实施公司年度经营计划和投资方案;
(3)拟订公司内部管理机构设置方案;
(4)拟订公司的基本管理制度;
(5)制定公司的具体规章;
(6)提请聘任或者解聘公司副经理、财务负责人;
(7)决定聘任或者解聘除应由董事会决定聘任或者解聘以外的负责管理人员;
(8)董事会授予的其他职权。

经理列席董事会会议。公司章程对经理职权另有规定的,从其规定。股东人数较少或者规模较小的有限责任公司,可以设一名执行董事,不设董事会,执行董事可以兼任公司经理。

(三)监事会

1.成员构成

《公司法》规定,有限责任公司设监事会,其成员不得少于3人。股东人数较少或者规模较小的有限责任公司,可以设1至2名监事,不设监事会。监事的任期每届为3年。监事任期届满,连选可以连任。监事任期届满未及时改选,或者监事在任期内辞职导致监事会成员低于法定人数的,在改选出的监事就任前,原监事仍应当依照法律、行政法规和公司章程的规定,履行监事职务。

监事会应当包括股东代表和适当比例的公司职工代表,其中职工代表的比例不得低于1/3,具体比例由公司章程规定。监事会中的职工代表由公司职工通过职工代表大会、职工大会或者其他形式民主选举产生。董事、高级管理人员不得兼任监事。

监事会设主席一人,由全体监事过半数选举产生。

2. 监事(会)职权

《公司法》规定,监事会、不设监事会的公司的监事行使下列职权:

(1)检查公司财务。

(2)对董事、高级管理人员执行公司职务的行为进行监督,对违反法律、行政法规、公司章程或者股东会决议的董事、高级管理人员提出罢免的建议。

(3)当董事、高级管理人员的行为损害公司的利益时,要求董事、高级管理人员予以纠正。

(4)提议召开临时股东会会议,在董事会不履行《公司法》规定的召集和主持股东会会议职责时召集和主持股东会会议。

(5)向股东会会议提出提案。

(6)董事、高级管理人员执行公司职务时违反法律、行政法规或者公司章程的规定,给公司造成损失的,应当承担赔偿责任,有限责任公司的股东、股份有限公司连续180日以上单独或者合计持有公司1%以上股份的股东,可以书面请求监事会或者不设监事会的有限责任公司的监事向人民法院提起诉讼。据此,监事会、不设监事会的公司的监事可以依法对董事、高级管理人员提起诉讼。

(7)监事可以列席董事会会议,并对董事会决议事项提出质询或者建议。

(8)监事会、不设监事会的公司的监事发现公司经营情况异常,可以进行调查;必要时,可以聘请会计师事务所等协助其工作,费用由公司承担。监事会、不设监事会的公司的监事行使职权所必需的费用,由公司承担。

(9)公司章程规定的其他职权。

3. 监事会会议

监事会每年度至少召开一次会议,监事可以提议召开临时监事会会议。监事会主席召集和主持监事会会议;监事会主席不能履行职务或者不履行职务的,由半数以上监事共同推举一名监事召集和主持监事会会议。监事会的议事方式和表决程序,除《公司法》有规定的外,由公司章程规定。监事会决议应当经半数以上监事通过。监事会应当对所议事项的决定做成会议记录,出席会议的监事应当在会议记录上签名。

案例研读:

王某是华丰商贸公司职工代表大会选出的监事。王某发现,公司总经理郑某与他人合办了一家与华丰商贸公司业务相似的合伙企业。王某对郑某的做法提出异议,郑某被迫退出了该合伙企业。后来,在郑某的压力下,公司董事会拒绝王某列席董事会会议,并表决罢免了王某的监事资格。

问:郑某和华丰商贸公司的做法是否符合《公司法》的规定?为什么?

三、一人有限责任公司

(一)一人有限责任公司的概念

一人有限责任公司,是指只有一个自然人股东或者一个法人股东的有限责任公司,实践中往往简称为一人公司。

(二)一人有限责任公司的设立条件

1. 出资人

《公司法》规定,一个自然人只能投资设立一个一人有限责任公司,该一人有限责任公司不能投资设立新的一人有限责任公司。

2. 出资

《公司法》规定,一人有限责任公司的法定注册资本最低限额为人民币 10 万元,股东应当一次足额缴纳公司章程规定的出资额。

3. 公司章程

《公司法》规定,一人有限责任公司应当制备公司章程,公司章程由股东制定。

(三)一人有限责任公司的特别制度

1. 治理机构制度

由于一人有限责任公司股东仅为一人,故而该公司依法不设股东会。

2. 公告制度

《公司法》规定,一人有限责任公司应当在公司登记中注明自然人独资或者法人独资,并在公司营业执照中载明。

股东作出公司重大决定时,应当采用书面形式,并由股东签名后置备于公司。

3. 监督制度

由于一人有限责任公司股东仅为一人,为了确保公司财产的独立性地位,公司应当在每一会计年度终了时编制财务会计报告,并经会计师事务所审计。

4. 股东连带责任制度

为了防范股东利用操纵公司经营管理权而恶意损害债权人债权,如果一人有限责任公司的股东不能证明公司财产独立于股东自己的财产的,应当对公司债务承担连带责任。

四、国有独资公司

(一)国有独资公司的概念

国有独资公司,是指国家单独出资、由国务院或者地方人民政府授权本级人民政府国有资产监督管理机构履行出资人职责的有限责任公司。

(二)国有独资公司的决策机构

《公司法》规定,国有独资公司不设股东会,由国有资产监督管理机构行使股东会职权。国有资产监督管理机构可以授权公司董事会行使股东会的部分职权,决定公司的重大事项,但公司的合并、分立、解散、增加或者减少注册资本和发行公司债券,必须由国有资产监督管理机构决定;其中,重要的国有独资公司合并、分立、解散、申请破产的,应当由国有资产监督管理机构审核后,报本级人民政府批准。

(三)国有独资公司的董事会

《公司法》规定,国有独资公司设董事会,依法行使职权。

董事会成员由国有资产监督管理机构委派,此外,还应当有公司职工代表。董事会成员中的职工代表由公司职工代表大会选举产生。董事会设董事长一人,可以设副董事长。董事长、副董事长由国有资产监督管理机构从董事会成员中指定。董事每届任期不得超过3年。

国有独资公司设经理,由董事会聘任或者解聘。经理依法行使职权。经国有资产监督管理机构同意,董事会成员可以兼任经理。

国有独资公司的董事长、副董事长、董事、高级管理人员,未经国有资产监督管理机构同意,不得在其他有限责任公司、股份有限公司或者其他经济组织兼职。

(四)国有独资公司的监事会

国有独资公司设监事会,依法行使《公司法》和国务院规定的其他职权。

国有独资公司监事会成员不得少于5人,其中职工代表的比例不得低于1/3,具体比例由公司章程规定,监事会成员中的职工代表由公司职工代表大会选举产生。其他监事会成员由国有资产监督管理机构委派。监事会主席由国有资产监督管理机构从监事会成员中指定。

第三节 有限责任公司的股权转让

一、股权转让的限制制度

《公司法》规定,有限责任公司的股东之间可以相互转让其全部或者部分股权。股东向股东以外的人转让股权,应当经其他股东过半数同意。股东应就其股权转让事项书面通知其他股东征求同意,其他股东自接到书面通知之日起满30日未答复的,视为同意转让。其他股东半数以上不同意转让的,不同意的股东应当购买该转让的股权;不购买的,视为同意转让。

二、股东的优先购买权

《公司法》规定,经股东同意转让的股权,在同等条件下,其他股东有优先购买权。两个以上股东主张行使优先购买权的,协商确定各自的购买比例;协商不成的,按照转让时各自的出资比例行使优先购买权。

人民法院依照法律规定的强制执行程序转让股东的股权时,应当通知公司及全体股东,其他股东在同等条件下有优先购买权。其他股东自人民法院通知之日起满 20 日不行使优先购买权的,视为放弃优先购买权。

三、股权收购

《公司法》规定,有下列情形之一的,对股东会该项决议投反对票的股东可以请求公司按照合理的价格收购其股权:

(1)公司连续 5 年不向股东分配利润,而公司该 5 年连续盈利,并且符合《公司法》规定的分配利润条件的;

(2)公司合并、分立、转让主要财产的;

(3)公司章程规定的营业期限届满或者章程规定的其他解散事由出现,股东会会议通过决议修改章程使公司存续的。

自股东会会议决议通过之日起 60 日内,股东与公司不能达成股权收购协议的,股东可以自股东会会议决议通过之日起 90 日内向人民法院提起诉讼。

四、股权的继承

《公司法》规定,自然人股东死亡后,其合法继承人可以继承股东资格;但是,公司章程另有规定的除外。

案例研读:

甲、乙、丙三人成立一有限责任公司。后来,甲某因故拟退出该公司,向其他二人书面提出转让所持股份,乙、丙二人没有做任何表示。两个月后,甲某将所持股份转让给丁某。因为,丁某曾经担任某破产企业经理。乙、丙对此表示反对,拒绝丁某参加公司管理活动,双方发生争执。

问:甲某转让股份的做法是否合法,丁某是否有权参加公司管理,为什么?

第四节 股份有限公司的设立和组织机构

一、股份有限公司的设立

(一)设立条件

《公司法》规定,设立股份有限公司,应当具备下列条件:

1. 发起人符合法定人数

《公司法》规定,设立股份有限公司,应当有2人以上200人以下为发起人,其中须有半数以上的发起人在中国境内有住所。股份有限公司发起人承担公司筹办事务。发起人应当签订发起人协议,明确各自在公司设立过程中的权利和义务。

2. 发起人认购和募集的股本达到法定资本最低限额

《公司法》规定,股份有限公司注册资本的最低限额为人民币500万元。法律、行政法规对股份有限公司注册资本的最低限额有较高规定的,从其规定。

股份有限公司采取发起设立方式设立的,注册资本为在公司登记机关登记的全体发起人认购的股本总额。公司全体发起人的首次出资额不得低于注册资本的20%,其余部分由发起人自公司成立之日起2年内缴足;其中,投资公司可以在5年内缴足。在缴足前,不得向他人募集股份。

股份有限公司采取募集方式设立的,注册资本为在公司登记机关登记的实收股本总额,发起人认购的股份不得少于公司股份总数的35%;但是,法律、行政法规另有规定的,从其规定。

3. 股份发行、筹办事项符合法律规定

4. 发起人制定公司章程,采用募集方式设立的经创立大会通过

《公司法》规定,股份有限公司章程应当载明下列事项:

(1)公司名称和住所;
(2)公司经营范围;
(3)公司设立方式;
(4)公司股份总数、每股金额和注册资本;
(5)发起人的姓名或者名称、认购的股份数、出资方式和出资时间;
(6)董事会的组成、职权和议事规则;
(7)公司法定代表人;
(8)监事会的组成、职权和议事规则;

(9)公司利润分配办法;

(10)公司的解散事由与清算办法;

(11)公司的通知和公告办法;

(12)股东大会会议认为需要规定的其他事项。

5.有公司名称,建立符合股份有限公司要求的组织机构

6.有公司住所

(二)设立方式

股份有限公司的设立,可以采取发起设立或者募集设立的方式。

发起设立,是指由发起人认购公司应发行的全部股份而设立公司。

募集设立,是指由发起人认购公司应发行股份的一部分,其余股份向社会公开募集或者向特定对象募集而设立公司。

(三)认缴出资

《公司法》规定,以发起设立方式设立股份有限公司的,发起人应当书面认足公司章程规定其认购的股份;一次缴纳的,应即缴纳全部出资;分期缴纳的,应即缴纳首期出资。以非货币财产出资的,应当依法办理其财产权的转移手续。发起人不依照规定缴纳出资的,应当按照发起人协议承担违约责任。

发起人、认股人缴纳股款或者交付抵作股款的出资后,除未按期募足股份、发起人未按期召开创立大会或者创立大会决议不设立公司的情形外,不得抽回其股本。

有限责任公司变更为股份有限公司时,折合的实收股本总额不得高于公司净资产额。有限责任公司变更为股份有限公司,为增加资本公开发行股份时,应当依法办理。

(四)验资

发起人首次缴纳出资后,由依法设立的验资机构出具的验资证明。

(五)申请设立登记

发起人首次缴纳出资后,应当选举董事会和监事会,由董事会向公司登记机关报送公司章程、由依法设立的验资机构出具的验资证明以及法律、行政法规规定的其他文件,申请设立登记。

(六)募集股份

1.招股说明书

《公司法》规定,发起人向社会公开募集股份,必须公告招股说明书,并制作认股书。认股书由认股人填写认购股数、金额、住所,并签名、盖章。认股人按照所认购股数缴纳股款。

《公司法》规定,招股说明书应当附有发起人制订的公司章程,并载明下列事项:

(1)发起人认购的股份数;
(2)每股的票面金额和发行价格;
(3)无记名股票的发行总数;
(4)募集资金的用途;
(5)认股人的权利、义务;
(6)本次募股的起止期限及逾期未募足时认股人可以撤回所认股份的说明。

(七)股份承销

发起人向社会公开募集股份,应当由依法设立的证券公司承销,签订承销协议。

(八)代收股款协议

《公司法》规定,发起人向社会公开募集股份,应当同银行签订代收股款协议。代收股款的银行应当按照协议代收和保存股款,向缴纳股款的认股人出具收款单据,并负有向有关部门出具收款证明的义务。

(九)验资

《公司法》规定,发行股份的股款缴足后,必须经依法设立的验资机构验资并出具证明。发起人应当自股款缴足之日起30日内主持召开公司创立大会。创立大会由发起人、认股人组成。

发行的股份超过招股说明书规定的截止期限尚未募足的,或者发行股份的股款缴足后,发起人在30日内未召开创立大会的,认股人可以按照所缴股款并加算银行同期存款利息,要求发起人返还。

(十)创立大会

《公司法》规定,发起人应当在创立大会召开15日前将会议日期通知各认股人或者予以公告。创立大会应有代表股份总数过半数的发起人、认股人出席,方可举行。

《公司法》规定,创立大会行使下列职权:
(1)审议发起人关于公司筹办情况的报告;
(2)通过公司章程;
(3)选举董事会成员;
(4)选举监事会成员;
(5)对公司的设立费用进行审核;
(6)对发起人用于抵作股款的财产的作价进行审核;
(7)发生不可抗力或者经营条件发生重大变化直接影响公司设立的,可以作出不设立公司的决议。

创立大会对上述事项作出决议,必须经出席会议的认股人所持表决权过半数通过。

(十一)申请设立登记

《公司法》规定,董事会应于创立大会结束后30日内,向公司登记机关报送下列文件,申请设立登记:

(1)公司登记申请书;

(2)创立大会的会议记录;

(3)公司章程;

(4)验资证明;

(5)法定代表人、董事、监事的任职文件及其身份证明;

(6)发起人的法人资格证明或者自然人身份证明;

(7)公司住所证明。

以募集方式设立股份有限公司公开发行股票的,还应当向公司登记机关报送国务院证券监督管理机构的核准文件。

(十二)法律救济

股份有限公司成立后,发起人未按照公司章程的规定缴足出资的,应当补缴;其他发起人承担连带责任。

股份有限公司成立后,发现作为设立公司出资的非货币财产的实际价额显著低于公司章程所定价额的,应当由交付该出资的发起人补足其差额;其他发起人承担连带责任。

《公司法》规定,股份有限公司的发起人应当承担下列责任:

(1)公司不能成立时,对设立行为所产生的债务和费用负连带责任;

(2)公司不能成立时,对认股人已缴纳的股款,负返还股款并加算银行同期存款利息的连带责任;

(3)在公司设立过程中,由于发起人的过失致使公司利益受到损害的,应当对公司承担赔偿责任。

(十三)文件置备

股份有限公司应当将公司章程、股东名册、公司债券存根、股东大会会议记录、董事会会议记录、监事会会议记录、财务会计报告置备于本公司。

(十四)股东监督权

股东有权查阅公司章程、股东名册、公司债券存根、股东大会会议记录、董事会会议决议、监事会会议决议、财务会计报告,对公司的经营提出建议或者质询。

二、股份有限公司的股东大会

(一)成员构成和法律地位

股份有限公司股东大会由全体股东组成,股东大会是公司的权力机构,依法行使职权，其职权内容与前述有限责任公司股东会职权相同。

(二)会议类型

1.年会

股东大会应当每年召开1次年会。

2.临时股东会议

《公司法》规定，有下列情形之一的，应当在两个月内召开临时股东大会：

(1)董事人数不足《公司法》规定人数或者公司章程所定人数的2/3时；

(2)公司未弥补的亏损达实收股本总额1/3时；

(3)单独或者合计持有公司10%以上股份的股东请求时；

(4)董事会认为必要时；

(5)监事会提议召开时；

(6)公司章程规定的其他情形。

(三)召集和主持

《公司法》规定，股东大会会议由董事会召集，董事长主持；董事长不能履行职务或者不履行职务的，由副董事长主持；副董事长不能履行职务或者不履行职务的，由半数以上董事共同推举一名董事主持。

董事会不能履行或者不履行召集股东大会会议职责的，监事会应当及时召集和主持；监事会不召集和主持的，连续90日以上单独或者合计持有公司10%以上股份的股东可以自行召集和主持。

召开股东大会会议，应当将会议召开的时间、地点和审议的事项于会议召开20日前通知各股东；临时股东大会应当于会议召开15日前通知各股东；发行无记名股票的，应当于会议召开30日前公告会议召开的时间、地点和审议事项。

(四)临时提案

单独或者合计持有公司3%以上股份的股东，可以在股东大会召开10日前提出临时提案并书面提交董事会；董事会应当在收到提案后2日内通知其他股东，并将该临时提案提交股东大会审议。临时提案的内容应当属于股东大会职权范围，并有明确议题和具体决议事项。

(五)表决权

《公司法》规定，股东出席股东大会会议，所持每一股份有一表决权。但是，公司持有的本公司股份没有表决权。

股东大会作出决议，必须经出席会议的股东所持表决权过半数通过。但是，股东大会作出修改公司章程、增加或者减少注册资本的决议，以及公司合并、分立、解散或者变更公司形式的决议，必须经出席会议的股东所持表决权的2/3以上通过。

《公司法》和公司章程规定公司转让、受让重大资产或者对外提供担保等事项必须经股东大会作出决议的，董事会应当及时召集股东大会会议，由股东大会就上述事项进行表决。

股东大会选举董事、监事，可以依照公司章程的规定或者股东大会的决议，实行累积投票制。所谓累积投票制，是指股东大会选举董事或者监事时，每一股份拥有与应选董事或者监事人数相同的表决权，股东拥有的表决权可以集中使用。

案例研读：新都酒店董事选举累积投票案

新都酒店是深圳的一家上市公司。2003年6月27日，在新都酒店年度股东大会上，五个最大的股东分成两派，争夺董事席位。

大会采取直接投票制选举董事，共选出董事四名，独立董事两名。虽然第一和第五大股东共持有公司股份接近35%，但由于其他三个大股东控制了50%以上的股份，因此，他们提名的董事无一人当选。于是，同年8月，第五大股东向当地法院起诉，要求法院裁决该选举董事决议无效。

本案的争议焦点在于此次选举董事的投票制度十分合法。第五大股东的理由是：依照证监会的规定，上市公司应当采取累积投票制。而其他股东则辩解：证监会要求"控股股东控股比例在30%以上的上市公司"应当采取累积投票制，但公司的最大股东持股也不过22.99%。但是，第五大股东认为：既然其他三大股东共同行动，他们共同持有的股份超过了40%，就应当被视为控股股东，所以此次董事选举应当采取累积投票制。

最终，深圳中院认为，联合行动的三个股东应视为"控股股东"，董事选举应当采取累积投票制。因此，判决新都酒店股东大会的董事选举决议无效。

——王传辉主编：《新编商法教程》，清华大学出版社2005年版，第93～94页。

股东可以委托代理人出席股东大会会议，代理人应当向公司提交股东授权委托书，并在授权范围内行使表决权。

股东大会应当对所议事项的决定做成会议记录，主持人、出席会议的董事应当在会议记录上签名。会议记录应当与出席股东的签名册及代理出席的委托书一并保存。

三、股份有限公司的董事会

（一）董事会职权和成员构成

股份有限公司设董事会，其职权和前述有限责任公司董事会职权相同。

《公司法》规定，董事会成员为5人至19人。董事任期由公司章程规定，但每届任期不得超过3年。董事任期届满，连选可以连任。董事会成员中可以有公司职工代表。董事会中的职工代表由公司职工通过职工代表大会、职工大会或者其他形式民主选举产生。

董事会设董事长一人,可以设副董事长。董事长和副董事长由董事会以全体董事的过半数选举产生。董事长召集和主持董事会会议,检查董事会决议的实施情况。副董事长协助董事长工作,董事长不能履行职务或者不履行职务的,由副董事长履行职务;副董事长不能履行职务或者不履行职务的,由半数以上董事共同推举一名董事履行职务。

(二)董事会会议

《公司法》规定,董事会每年度至少召开 2 次会议,每次会议应当于会议召开 10 日前通知全体董事和监事。代表 1/10 以上表决权的股东、1/3 以上董事或者监事会,可以提议召开董事会临时会议。董事长应当自接到提议后 10 日内,召集和主持董事会会议。董事会召开临时会议,可以另定召集董事会的通知方式和通知时限。

董事会会议应有过半数的董事出席方可举行。董事会会议,应由董事本人出席;董事因故不能出席,可以书面委托其他董事代为出席,委托书中应载明授权范围。董事会决议的表决,实行一人一票。董事会作出决议,必须经全体董事的过半数通过。

董事会应当对会议所议事项的决定做成会议记录,出席会议的董事应当在会议记录上签名。董事应当对董事会的决议承担责任。董事会的决议违反法律、行政法规或者公司章程、股东大会决议,致使公司遭受严重损失的,参与决议的董事对公司负赔偿责任。但经证明在表决时曾表明异议并记载于会议记录的,该董事可以免除责任。

(三)经理

股份有限公司设经理,由董事会决定聘任或者解聘,公司董事会可以决定由董事会成员兼任经理,其职权和前述有限责任公司经理的职权相同。

四、股份有限公司的监事会

(一)监事会的成员构成

《公司法》规定,股份有限公司设监事会,其成员不得少于 3 人。监事会应当包括股东代表和适当比例的公司职工代表,其中职工代表的比例不得低于 1/3,具体比例由公司章程规定。监事会中的职工代表由公司职工通过职工代表大会、职工大会或者其他形式民主选举产生。董事、高级管理人员不得兼任监事。

监事会设主席一人,可以设副主席。监事会主席和副主席由全体监事过半数选举产生。监事会主席召集和主持监事会会议;监事会主席不能履行职务或者不履行职务的,由监事会副主席召集和主持监事会会议;监事会副主席不能履行职务或者不履行职务的,由半数以上监事共同推举一名监事召集和主持监事会会议。

股份有限公司监事的任期及监事会的职权与前述有限责任公司监事的任期及监事会的职权相同。

(二)监事会会议

监事会每6个月至少召开一次会议。监事可以提议召开临时监事会会议。

监事会的议事方式和表决程序,除《公司法》有规定的外,由公司章程规定。监事会决议应当经半数以上监事通过。

监事会应当对所议事项的决定做成会议记录,出席会议的监事应当在会议记录上签名。

五、上市公司

(一)上市公司的概念

所谓上市公司,是指其股票在证券交易所上市交易的股份有限公司。因此,上市公司只是股份有限责任公司的一种特殊类型,股份有限责任公司的基本法律制度同样适用于上市公司。

(二)上市公司董事会的特别制度

《公司法》规定,上市公司设独立董事。上市公司设董事会秘书,负责公司股东大会和董事会会议的筹备、文件保管以及公司股东资料的管理,办理信息披露事务等事宜。

背景知识:独立董事

1997年12月,证监会发布《上市公司章程指引》,建议上市公司引入独立董事制度。

1999年,国家经贸委和证监会联合发布了《关于进一步促进境外上市公司规范运作和深化改革的意见》,要求境外上市公司董事会换届时,外部董事应占董事会人数的一半以上,并应有两名以上的独立董事。

2001年8月,证监会颁布了《关于在上市公司建立独立董事制度的指导意见》,要求上市公司应当建立独立董事制度。上市公司独立董事是指不在公司担任除董事外的其他职务,并与其所受聘的上市公司及其主要股东不存在可能妨碍其进行独立客观判断的关系的董事。独立董事对上市公司及全体股东负有诚信与勤勉义务。独立董事应当按照相关法律法规、本指导意见和公司章程的要求,认真履行职责,维护公司整体利益,尤其要关注中小股东的合法权益不受损害。独立董事独立履行职责,不受上市公司主要股东、实际控制人或者其他与上市公司存在利害关系的单位或个人的影响。独立董事原则上最多在5家上市公司兼任独立董事,并确保有足够的时间和精力有效地履行独立董事的职责。上市公司董事会成员中应当至少包括1/3的独立董事,其中至少包括一名会计专业人士(会计专业人士是指具有高级职称或注册会计师资格的人士)。

上市公司董事与董事会会议决议事项所涉及的企业有关联关系的,不得对该项决议行使表决权,也不得代理其他董事行使表决权。该董事会会议由过半数的无关联关系董事出席即可举行,董事会会议所作决议须经无关联关系董事过半数通过。出席董事会的无关联关系董事人数不足三人的,应将该事项提交上市公司股东大会审议。

(三)上市公司重大资产变动的特别控制

上市公司在1年内购买、出售重大资产或者担保金额超过公司资产总额30%的,应当由股东大会作出决议,并经出席会议的股东所持表决权的2/3以上通过。

案例研读:郑百文"花瓶"独立董事案

陆家豪是郑州市某大学外语系退休教授。1994年,他参加郑州市的一个会议,就股份制发表了自己的意见,引起郑百文公司董事长李福乾的注意。随后,李福乾聘请陆家豪担任郑百文公司的独立董事。

2001年,郑百文公司制作虚假上市资料、披露虚假信息等行为被发现,受到证监会的处罚。同时,证监会依据相关法规对董事进行处罚,陆家豪被处以10万元的罚款。陆家豪不服,向北京市第一中级人民法院起诉,要求撤销证监会的处罚决定。陆家豪辩称:他接受李福乾的邀请时,与李福乾约好,不拿郑百文公司一分钱,也不参加公司的具体经营决策,仅为"挂名董事"。他也没有参加讨论相关上市材料、年报等的董事会会议。

一审法院以起诉超过《行政诉讼法》规定的起诉时间为由,驳回了陆家豪的起诉。陆家豪上诉至北京市高级人民法院,仍败诉。陆家豪败诉后,一大批挂名的"花瓶董事"纷纷辞去董事之职。

——王传辉主编:《新编商法教程》,清华大学出版社2005年版,第104页。

第五节 股份有限公司的股份发行和转让

一、股份发行

(一)发行方式

股份有限公司的资本划分为股份,每一股的金额相等。公司的股份采取股票的形式。股票是公司签发的证明股东所持股份的凭证。

(二)发行原则

《公司法》规定,股份的发行,实行公平、公正的原则,同种类的每一股份应当具有同等权利。同次发行的同种类股票,每股的发行条件和价格应当相同;任何单位或者个人所认购的股份,每股应当支付相同价额。

股票发行价格可以按票面金额,也可以超过票面金额,但不得低于票面金额。

(三)股票

1.股票票面信息

《公司法》规定,股票应当载明下列主要事项:

(1)公司名称;

(2)公司成立日期;

(3)股票种类、票面金额及代表的股份数;

(4)股票的编号。

股票由法定代表人签名,公司盖章。发起人的股票,应当标明发起人股票字样。

2.股票类型

公司发行的股票,可以为记名股票,也可以为无记名股票。公司向发起人、法人发行的股票,应当为记名股票,并应当记载该发起人、法人的名称或者姓名,不得另立户名或者以代表人姓名记名。

《公司法》规定,公司发行记名股票的,应当置备股东名册,记载下列事项:

(1)股东的姓名或者名称及住所;

(2)各股东所持股份数;

(3)各股东所持股票的编号;

(4)各股东取得股份的日期。

发行无记名股票的,公司应当记载其股票数量、编号及发行日期。

(四)新股发行

《公司法》规定,公司发行新股,股东大会应当对下列事项作出决议:

(1)新股种类及数额;

(2)新股发行价格;

(3)新股发行的起止日期;

(4)向原有股东发行新股的种类及数额。

公司经国务院证券监督管理机构核准公开发行新股时,必须公告新股招股说明书和财务会计报告,并制作认股书。公司发行新股,可以根据公司经营情况和财务状况,确定其作价方案。公司发行新股募足股款后,必须向公司登记机关办理变更登记,并公告。

二、股份转让

(一)股份转让的一般规定

股东持有的股份可以依法转让。

股东转让其股份,应当在依法设立的证券交易场所进行或者按照国务院规定的其他方式进行。

记名股票,由股东以背书方式或者法律、行政法规规定的其他方式转让;转让后由公司将受让人的姓名或者名称及住所记载于股东名册。

股东大会召开前 20 日内或者公司决定分配股利的基准日前 5 日内,不得进行上述规定的股东名册的变更登记。但是,法律对上市公司股东名册变更登记另有规定的,从其规定。

无记名股票的转让,由股东将该股票交付给受让人后即发生转让的效力。

上市公司的股票,依照有关法律、行政法规及证券交易所交易规则上市交易。

记名股票被盗、遗失或者灭失,股东可以依照《民事诉讼法》规定的公示催告程序,请求人民法院宣告该股票失效。人民法院宣告该股票失效后,股东可以向公司申请补发股票。

(二)股份转让的特别制度

1. 发起人股份转让的限制

发起人持有的本公司股份,自公司成立之日起 1 年内不得转让。公司公开发行股份前已发行的股份,自公司股票在证券交易所上市交易之日起 1 年内不得转让。

2. 高级管理人员股份转让的限制

公司董事、监事、高级管理人员应当向公司申报所持有的本公司的股份及其变动情况,在任职期间每年转让的股份不得超过其所持有本公司股份总数的 25%;所持本公司股份自公司股票上市交易之日起 1 年内不得转让。上述人员离职后半年内,不得转让其所持有的本公司股份。公司章程可以对公司董事、监事、高级管理人员转让其所持有的本公司股份作出其他限制性规定。

3. 公司收购本公司股份的限制

为了维持公司资本,维护债权人的合法权益,一般情况下公司不得收购本公司股份。但是,《公司法》规定,有下列情形之一的除外:

(1)减少公司注册资本;

(2)与持有本公司股份的其他公司合并;

(3)将股份奖励给本公司职工;

(4)股东因对股东大会作出的公司合并、分立决议持异议,要求公司收购其股份的。

公司因上述第(1)、(2)、(3)项的原因收购本公司股份的,应当经股东大会决议。公司依照上述规定收购本公司股份后,属于第(1)项情形的,应当自收购之日起10日内注销;属于第(2)项、第(4)项情形的,应当在6个月内转让或者注销。公司依照上述第(3)项规定收购的本公司股份,不得超过本公司已发行股份总额的5%;用于收购的资金应当从公司的税后利润中支出;所收购的股份应当在1年内转让给职工。

4.公司获得担保资产的特别规定

为了维持公司资本,维护债权人的合法权益,《公司法》规定,公司不得接受本公司的股票作为质押权的标的。

第六节 公司董事、监事、高级管理人员的资格和义务

一、高级管理人员任职资格的限制

高级管理人员,是指公司的经理、副经理、财务负责人,上市公司董事会秘书和公司章程规定的其他人员。

《公司法》规定,有下列情形之一的,不得担任公司的董事、监事、高级管理人员:

(1)无民事行为能力或者限制民事行为能力;

(2)因贪污、贿赂、侵占财产、挪用财产或者破坏社会主义市场经济秩序,被判处刑罚,执行期满未逾5年,或者因犯罪被剥夺政治权利,执行期满未逾5年;

(3)担任破产清算的公司、企业的董事或者厂长、经理,对该公司、企业的破产负有个人责任的,自该公司、企业破产清算完结之日起未逾3年;

(4)担任因违法被吊销营业执照、责令关闭的公司、企业的法定代表人,并负有个人责任的,自该公司、企业被吊销营业执照之日起未逾3年;

(5)个人所负数额较大的债务到期未清偿。

公司违反上述规定选举、委派董事、监事或者聘任高级管理人员的,该选举、委派或者聘任无效。董事、监事、高级管理人员在任职期间出现上述所列情形的,公司应当解除其职务。

二、高级管理人员的义务

《公司法》规定,董事、监事、高级管理人员应当遵守法律、行政法规和公司章

程,对公司负有忠实义务和勤勉义务。董事、监事、高级管理人员不得利用职权收受贿赂或者其他非法收入,不得侵占公司的财产。

《公司法》规定,董事、高级管理人员不得有下列行为:

(1)挪用公司资金;

(2)将公司资金以其个人名义或者以其他个人名义开立账户存储;

(3)违反公司章程的规定,未经股东会、股东大会或者董事会同意,将公司资金借贷给他人或者以公司财产为他人提供担保;

(4)违反公司章程的规定或者未经股东会、股东大会同意,与本公司订立合同或者进行交易;

(5)未经股东会或者股东大会同意,利用职务便利为自己或者他人谋取属于公司的商业机会,自营或者为他人经营与所任职公司同类的业务;

(6)接受他人与公司交易的佣金归为己有;

(7)擅自披露公司秘密;

(8)违反对公司忠实义务的其他行为。

董事、高级管理人员违反上述规定所得的收入应当归公司所有。

董事、监事、高级管理人员执行公司职务时违反法律、行政法规或者公司章程的规定,给公司造成损失的,应当承担赔偿责任。

股东会或者股东大会要求董事、监事、高级管理人员列席会议的,董事、监事、高级管理人员应当列席并接受股东的质询。

董事、高级管理人员应当如实向监事会或者不设监事会的有限责任公司的监事提供有关情况和资料,不得妨碍监事会或者监事行使职权。

三、诉讼制度

《公司法》规定,董事、高级管理人员执行公司职务时违反法律、行政法规或者公司章程的规定,给公司造成损失的,应当承担赔偿责任,有限责任公司的股东、股份有限公司连续180日以上单独或者合计持有公司1%以上股份的股东,可以书面请求监事会或者不设监事会的有限责任公司的监事向人民法院提起诉讼。

监事执行公司职务时违反法律、行政法规或者公司章程的规定,给公司造成损失的,也应当承担赔偿责任,前述股东可以书面请求董事会或者不设董事会的有限责任公司的执行董事向人民法院提起诉讼。

监事会、不设监事会的有限责任公司的监事,或者董事会、执行董事收到上述规定的股东书面请求后拒绝提起诉讼,或者自收到请求之日起30日内未提起诉讼,或者情况紧急、不立即提起诉讼将会使公司利益受到难以弥补的损害的,上述规定的股东有权为了公司的利益以自己的名义直接向人民法院提起诉讼。

他人侵犯公司合法权益,给公司造成损失的,前述股东可以依照上述规定向人民法院提起诉讼。

董事、高级管理人员违反法律、行政法规或者公司章程的规定,损害股东利益的,股东可以向人民法院提起诉讼。

第七节 公司债券

一、公司债券的概念

公司债券,是指公司依照法定程序发行、约定在一定期限还本付息的有价证券。公司发行公司债券应当置备公司债券存根簿。

二、公司债券的募集

经国务院授权的部门核准后,公司可以发行公司债券,公告公司债券募集办法。《公司法》规定,公司债券募集办法中应当载明下列主要事项:

(1)公司名称;
(2)债券募集资金的用途;
(3)债券总额和债券的票面金额;
(4)债券利率的确定方式;
(5)还本付息的期限和方式;
(6)债券担保情况;
(7)债券的发行价格、发行的起止日期;
(8)公司净资产额;
(9)已发行的尚未到期的公司债券总额;
(10)公司债券的承销机构。

三、公司债券的票面信息

《公司法》规定,公司以实物券方式发行公司债券的,必须在债券上载明公司名称、债券票面金额、利率、偿还期限等事项,并由法定代表人签名,公司盖章。

四、公司债券的分类

公司债券,可以为记名债券,也可以为无记名债券。

《公司法》规定,发行记名公司债券的,应当在公司债券存根簿上载明下列事项:
(1)债券持有人的姓名或者名称及住所;
(2)债券持有人取得债券的日期及债券的编号;
(3)债券总额,债券的票面金额、利率、还本付息的期限和方式;
(4)债券的发行日期。
记名公司债券的登记结算机构应当建立债券登记、存管、付息、兑付等相关制度。

发行无记名公司债券的,应当在公司债券存根簿上载明债券总额、利率、偿还期限和方式、发行日期及债券的编号。

五、公司债券的转让

《公司法》规定,公司债券可以转让,转让价格由转让人与受让人约定。公司债券在证券交易所上市交易的,按照证券交易所的交易规则转让。

记名公司债券,由债券持有人以背书方式或者法律、行政法规规定的其他方式转让;转让后由公司将受让人的姓名或者名称及住所记载于公司债券存根簿。

无记名公司债券的转让,由债券持有人将该债券交付给受让人后即发生转让的效力。

六、可转换公司债券

上市公司经股东大会决议可以发行可转换为股票的公司债券,并在公司债券募集办法中规定具体的转换办法。上市公司发行可转换为股票的公司债券,应当报国务院证券监督管理机构核准。

发行可转换为股票的公司债券,应当在债券上标明可转换公司债券字样,并在公司债券存根簿上载明可转换公司债券的数额。

发行可转换为股票的公司债券的,公司应当按照其转换办法向债券持有人换发股票,但债券持有人对转换股票或者不转换股票有选择权。

第八节 公司财务、会计

一、公司财务会计基本制度

公司应当依照法律、行政法规和国务院财政部门的规定建立本公司的财务、会计制度。公司除法定的会计账簿外,不得另立会计账簿。对公司资产,不得以任何个人名义开立账户存储。

有限责任公司应当依照公司章程规定的期限将财务会计报告送交各股东。股份有限公司的财务会计报告应当在召开股东大会年会的20日前置备于本公司,供股东查阅;公开发行股票的股份有限公司必须公告其财务会计报告。

公司聘用、解聘承办公司审计业务的会计师事务所,依照公司章程的规定,由股东会、股东大会或者董事会决定。公司应当向聘用的会计师事务所提供真实、完整的会计凭证、会计账簿、财务会计报告及其他会计资料,不得拒绝、隐匿、谎报。公司股东会、股东大会或者董事会就解聘会计师事务所进行表决时,应当允许会计师事务所陈述意见。

二、公司利润分配制度

1. 法定公积金

《公司法》规定,公司分配当年税后利润时,应当提取利润的10%列入公司法定公积金。公司法定公积金累计额为公司注册资本的50%以上的,可以不再提取。公司的法定公积金不足以弥补以前年度亏损的,在依照上述规定提取法定公积金之前,应当先用当年利润弥补亏损。法定公积金转为资本时,所留存的该项公积金不得少于转增前公司注册资本的25%。公司的公积金用于弥补公司的亏损、扩大公司生产经营或者转为增加公司资本。

2. 资本公积金

《公司法》规定,股份有限公司以超过股票票面金额的发行价格发行股份所得的溢价款以及国务院财政部门规定列入资本公积金的其他收入,应当列为公司资本公积金。但是,资本公积金不得用于弥补公司的亏损。

3. 任意公积金

公司从税后利润中提取法定公积金后,经股东会或者股东大会决议,还可以从税后利润中提取任意公积金。

4. 利润分配

《公司法》规定,公司弥补亏损和提取公积金后所余税后利润,有限责任公司股东按照实缴的出资比例分配;股份有限公司按照股东持有的股份比例分配,但股份有限公司章程规定不按持股比例分配的除外。股东会、股东大会或者董事会违反上述规定,在公司弥补亏损和提取法定公积金之前向股东分配利润的,股东必须将违反规定分配的利润退还公司。另外,《公司法》规定,公司持有的本公司股份不得分配利润。

第九节 公司合并、分立、增资、减资

一、公司合并的类型

公司合并有两种类型：吸收合并和新设合并。

所谓吸收合并，是指一个公司吸收其他公司，被吸收的公司解散。所谓新设合并，是指两个以上公司合并设立一个新的公司，合并各方解散。

二、公司合并的程序

1. 合并各方签订合并协议。
2. 合并各方编制资产负债表及财产清单。
3. 公司应当自作出合并决议之日起10日内通知债权人，并于30日内在报纸上公告。
4. 债权人自接到通知书之日起30日内，未接到通知书的自公告之日起45日内，可以要求公司清偿债务或者提供相应的担保。
5. 合并各方的债权、债务由合并后存续的公司或者新设的公司承继。
6. 公司合并，登记事项发生变更的，应当依法向公司登记机关办理变更登记；公司解散的，应当依法办理公司注销登记；设立新公司的，应当依法办理公司设立登记。

三、公司分立的类型

公司分立有两种类型，即派生分立和新设分立。

所谓派生分立，是指公司将一部分资产分离出去另设一个或若干个新的公司，原公司存续。所谓新设分立，是指公司将全部资产分别划归2个或2个以上的新公司，原公司解散。

四、公司分立的程序

(1) 编制资产负债表及财产清单。公司分立前的债务由分立后的公司承担连带责任。但是，公司在分立前与债权人就债务清偿达成的书面协议另有约定的除外。

(2) 公司应当自作出分立决议之日起10日内通知债权人，并于30日内在报纸上公告。

(3)原公司存续的,应当依法向公司登记机关办理变更登记;原公司解散的,应当依法办理公司注销登记;设立新公司的,应当依法办理公司设立登记。

五、公司资本的增减

(一)公司资本的减少

《公司法》规定,公司需要减少注册资本时,必须编制资产负债表及财产清单。

公司应当自作出减少注册资本决议之日起10日内通知债权人,并于30日内在报纸上公告。债权人自接到通知书之日起30日内,未接到通知书的自公告之日起45日内,有权要求公司清偿债务或者提供相应的担保。

公司减资后的注册资本不得低于法定的最低限额。公司减少注册资本,应当依法向公司登记机关办理变更登记。

(二)公司资本的增加

有限责任公司增加注册资本时,股东认缴新增资本的出资,依照《公司法》设立有限责任公司缴纳出资的有关规定执行。

股份有限公司为增加注册资本发行新股时,股东认购新股,依照《公司法》设立股份有限公司缴纳股款的有关规定执行。

公司增加注册资本,应当依法向公司登记机关办理变更登记。

案例研读:公司分立过程中的违约之诉

案情

黄建平、王晓辉、胡达、刘韬、张杰各方原系珠海市佳讯实业有限公司(下称佳讯公司)股东。2003年5月6日上述5股东召开公司分立股东会议,作出如下决议:股东一致同意公司分立,分立后存续方为佳讯公司,分出方为珠海联讯科技有限公司(下称联讯公司)。存续方的股东为刘韬、张杰,分出方的股东为黄建平、王晓辉、胡达。资产、债权债务双方原则上按分立前所持有股权比例分割,不能分割的双方以竞价方式决定,价高者得。

2003年6月14日,5股东各方签署了《关于佳讯公司分立的确认函(二)》,其中第二条2.2约定:佳讯公司的无形资产和厂房实行捆绑处置,采取竞买方式进行,价高者得,竞得方须向另一方即未竞得方支付价款;上述价款竞得方应以现金方式支付给未竞得方,并应分三期支付:首期于2003年7月30日前支付总额的50%;第二期于2004年4月30日前支付总额的25%;余款于2004年12月31日前付清。如到期未付款或未足额付款的,则按照应付未付的总额计算,每天处以万分之八点四的迟延处罚金。2003年7月25日,张杰作为存续方股东或受托人、黄建平作为分出方股东或受托人又签订了一份《关于佳讯公司分立的确认函(四)》,其中第三条第一款约定:首期款可延迟到审计报告完成之日支付(支付的同时分出方开具收款收据给存续方),但 7 月 30 日首期款必须到账,如未到账则视为存续方违约,分出方有权每天收取应收款总额万分之八点四的滞纳金;如到账后分出方在审计报告完成前支取则视为分出方违约,存续方有权按照付款总额每天收取万分之八点四的违约金。其后,存续方佳讯公司向分出方联讯公司支付了首期款共计 378.27 万元,具体付款情况如下:2003 年 8 月 12 日,付款 1 321 252.4 元;2003 年 9 月 17 日,付款 200 万元;2003 年 9 月 27 日,付款227 327.6 元;2003 年 10 月 14 日,付款 234 120 元。

分立后的存续方佳讯公司与分出方联讯公司于 2003 年 11 月 17 日经珠海市工商行政管理局核准分立变更登记。

2004 年 4 月 17 日,甲方佳讯公司、乙方联讯公司、丙方珠海及成通讯科技有限公司三方签署了《合同书》一份,其中,佳讯公司确认至 2004 年 4 月 17 日尚欠联讯公司资产分割补偿款共计 378.26 万元。

2004 年 11 月 8 日,黄建平、王晓辉、胡达以刘韬、张杰及佳讯公司迟延支付资产分割补偿款已构成违约为由,向法院起诉,请求判令被告刘韬、张杰向其支付违约金 67 703.21 元。

裁判

广东省珠海市香洲区人民法院依照民事诉讼法第一百零八条第(一)项、最高人民法院《关于适用〈中华人民共和国民事诉讼法〉若干问题的意见》第一百三十九条的规定,作出裁定:驳回黄建平、王晓辉、胡达的起诉。

原告不服该判决,提起上诉。

珠海市中级人民法院经审理,裁定驳回上诉,维持原审裁定。

评析

因为公司法人财产制度的特殊性,在审理关于公司案件的某些情况下,不能机械地仅根据合同相对性原则来处理。本案争议焦点体现为以下三方面:

1. 如何区分公司分立与股权转让合同的界限

在股权转让合同中,受让方义务为支付股权转让款,而出让方的义务是转让股份,如在股权转让合同的履行过程中一方违约,诉讼当事人无疑为合同的各方当事人。虽同样涉及股权变更,但公司分立与股权转让有着明显界限,在本案中,佳讯公司的分立除了导致股东和股权的变动外,还导致公司资产的分割,分立后佳讯公司注册资本的减少,联讯公司的设立,以及联讯公司应对原佳讯公司对外的债权债务承担连带责任等法律后果,此与单一股权转让行为之性质与法律后果有所不同。因此,本案并非股权转让合同纠纷,而是典型的公司派生分立中产生的纠纷。

2. 对设立中公司行为应如何认定

一般认为,设立中公司的行为应当区分设立公司所必要的行为和设立公司非必要行为。在佳讯公司的分立过程中,由于签订该确认函时佳讯公司的股东仍为黄建平、王晓辉、胡达、刘韬、张杰5人,且此时联讯公司尚未成立,无法对外签订合同,因此刘韬、张杰代表分立后的佳讯公司,黄建平、王晓辉、胡达代表设立中的联讯公司,对因原佳讯公司分立的资产分割问题等相关权利义务进行约定,是其以自己的名义为公司设立所进行的必要行为。虽然我国公司法对此没有明确规定,但理论界和各国公司法都普遍将这种行为认定为发起人为公司设立而为的必要行为,该行为的直接受益者是成立后的公司,该行为的法律后果也直接归属于成立后的公司。因此,在佳讯公司分立完毕,联讯公司设立成功后,上述确认函产生的权利义务关系及法律后果应由分立后的佳讯公司与设立后的联讯公司各自承担。

3. 如何理解股东资本所有权与公司财产权相分离的原则

现代公司制度是奠定在股东资本所有权与公司法人财产权相分离的基础之上的。根据我国公司法的有关规定,公司是企业法人,有独立的法人财产,享有法人财产权。公司成立之后,获得独立于股东的法律人格,在其整个存续期间,均享有股东让渡出来的出资的所有权。而在公司解散、清算之后,公司的法人人格归于消亡,公司剩余财产的所有权才复归股东。由于原佳讯公司在分立后仍然存续,其具有与股东财产相分离的独立财产权,故黄建平、王晓辉、胡达无权以股东身份就两公司在资产过程分割中的权利义务提出主张。在本案涉及的公司分立资产分割款纠纷中,如果违约事实能够认定,亦是分立后佳讯公司之权利受到侵害,在公司存续的情况下此与股东黄建平、王晓辉、胡达并无直接利害关系。倘若允许股东直接主张这一损失,即是允许股东在公司存续期间变相抽回股本,这与股东资本所有权与公司财产权相分离的原则相悖,亦违反资本不变原则。

综上所述,黄建平、王晓辉、胡达与本案并无直接利害关系,不是适格原告,根据民事诉讼法的相关规定驳回其起诉的处理正确。

——资料来源:法律快车网(http://www.lawtime.cn)

第十节 公司解散和清算

一、公司解散原因

《公司法》规定,公司因下列原因解散:

(1) 公司章程规定的营业期限届满或者公司章程规定的其他解散事由出现;

(2) 股东会或者股东大会决议解散;

(3) 因公司合并或者分立需要解散;

(4)依法被吊销营业执照、责令关闭或者被撤销；

(5)公司经营管理发生严重困难，继续存续会使股东利益受到重大损失，通过其他途径不能解决的，持有公司全部股东表决权10%以上的股东，可以请求人民法院解散公司，人民法院可以依法予以解散。

公司有上述第(1)项情形的，可以通过修改公司章程而存续。修改公司章程时，有限责任公司须经持有2/3以上表决权的股东通过，股份有限公司须经出席股东大会会议的股东所持表决权的2/3以上通过。

二、清算组的成立

公司因上述"公司解散原因"第(1)项、第(2)项、第(4)项、第(5)项规定而解散的，应当在解散事由出现之日起15日内成立清算组，开始清算。有限责任公司的清算组由股东组成，股份有限公司的清算组由董事或者股东大会确定的人员组成。逾期不成立清算组进行清算的，债权人可以申请人民法院指定有关人员组成清算组进行清算。人民法院应当受理该申请，并及时组织清算组进行清算。

三、清算组的义务

《公司法》规定，清算组成员应当履行以下三项义务：
(1)忠于职守，依法履行清算义务；
(2)不得利用职权收受贿赂或者其他非法收入，不得侵占公司财产；
(3)因故意或者重大过失给公司或者债权人造成损失的，应当承担赔偿责任。

四、清算组的职权

《公司法》规定，清算组在清算期间行使下列职权：
(1)清理公司财产，分别编制资产负债表和财产清单；
(2)通知、公告债权人；
(3)处理与清算有关的公司未了结的业务；
(4)清缴所欠税款以及清算过程中产生的税款；
(5)清理债权、债务；
(6)处理公司清偿债务后的剩余财产；
(7)代表公司参与民事诉讼活动。

五、申报债权

《公司法》规定，清算组应当自成立之日起10日内通知债权人，并于60日内在报纸上公告。债权人应当自接到通知书之日起30日内，未接到通知书的自公告之日起 45 日内,向清算组申报其债权。债权人申报债权,应当说明债权的有关事项,并提供证明材料。清算组应当对债权进行登记。

在申报债权期间,清算组不得对债权人进行清偿。

六、清算方案

清算组在清理公司财产、编制资产负债表和财产清单后,应当制定清算方案,并报股东会、股东大会或者人民法院确认。

七、清算

公司财产在分别支付清算费用、职工的工资、社会保险费用和法定补偿金,缴纳所欠税款,清偿公司债务后的剩余财产,有限责任公司按照股东的出资比例分配,股份有限公司按照股东持有的股份比例分配。

清算期间,公司存续,但不得开展与清算无关的经营活动。公司财产在未依照上述规定清偿前,不得分配给股东。

八、申请注销公司登记

公司清算结束后,清算组应当制作清算报告,报股东会、股东大会或者人民法院确认,并报送公司登记机关,申请注销公司登记,公告公司终止。

九、破产衔接

清算组在清理公司财产、编制资产负债表和财产清单后,发现公司财产不足清偿债务的,应当依法向人民法院申请宣告破产。公司经人民法院裁定宣告破产后,清算组应当将清算事务移交给人民法院。公司被依法宣告破产的,依照有关企业破产的法律实施破产清算。

第十一节 外国公司的分支机构

一、外国公司分支机构的设立

所谓外国公司,是指依照外国法律在中国境外设立的公司。

外国公司在中国境内设立分支机构,必须向中国主管机关提出申请,并提交其公司章程、所属国的公司登记证书等有关文件,经批准后,向公司登记机关依法办理登记,领取营业执照。

外国公司在中国境内设立的分支机构不具有中国法人资格。外国公司对其分支机构在中国境内进行经营活动承担民事责任。

二、外国公司分支机构的运营

外国公司在中国境内设立分支机构,必须在中国境内指定负责该分支机构的代表人或者代理人,并向该分支机构拨付与其所从事的经营活动相适应的资金。对外国公司分支机构的经营资金需要规定最低限额的,由国务院另行规定。

外国公司的分支机构应当在其名称中标明该外国公司的国籍及责任形式。外国公司的分支机构应当在本机构中置备该外国公司章程。

经批准设立的外国公司分支机构,在中国境内从事业务活动,必须遵守中国的法律,不得损害中国的社会公共利益,其合法权益受中国法律保护。

外国公司撤销其在中国境内的分支机构时,必须依法清偿债务,依照《公司法》有关公司清算程序的规定进行清算。未清偿债务之前,不得将其分支机构的财产移至中国境外。

延伸思考:

1. 公司设立的目标是什么?
2. 区别有限公司和股份公司的法律意义是什么?
3. 如何看待设立一人有限公司的利弊?
4. 如何监管上市公司?

文献附录:《公司登记管理条例》

中华人民共和国公司登记管理条例

(1994年6月24日中华人民共和国国务院令第156号发布,根据2005年12月18日《国务院关于修改〈中华人民共和国公司登记管理条例〉的决定》修订)

第一章 总则

第一条 为了确认公司的企业法人资格,规范公司登记行为,依据《中华人民共和国公司法》(以下简称《公司法》),制定本条例。

第二条 有限责任公司和股份有限公司(以下统称公司)设立、变更、终止,应当依照本条例办理公司登记。

申请办理公司登记,申请人应当对申请文件、材料的真实性负责。

第三条 公司经公司登记机关依法登记,领取《企业法人营业执照》,方取得企业法人资格。

自本条例施行之日起设立公司,未经公司登记机关登记的,不得以公司名义从事经营活动。

第四条 工商行政管理机关是公司登记机关。

下级公司登记机关在上级公司登记机关的领导下开展公司登记工作。

公司登记机关依法履行职责,不受非法干预。

第五条 国家工商行政管理总局主管全国的公司登记工作。

第二章 登记管辖

第六条 国家工商行政管理总局负责下列公司的登记:

(一)国务院国有资产监督管理机构履行出资人职责的公司以及该公司投资设立并持有50%以上股份的公司;

(二)外商投资的公司;

(三)依照法律、行政法规或者国务院决定的规定,应当由国家工商行政管理总局登记的公司;

(四)国家工商行政管理总局规定应当由其登记的其他公司。

第七条 省、自治区、直辖市工商行政管理局负责本辖区内下列公司的登记:

(一)省、自治区、直辖市人民政府国有资产监督管理机构履行出资人职责的公司以及该公司投资设立并持有50%以上股份的公司;

(二)省、自治区、直辖市工商行政管理局规定由其登记的自然人投资设立的公司;

(三)依照法律、行政法规或者国务院决定的规定,应当由省、自治区、直辖市工商行政管理局登记的公司;

(四)国家工商行政管理总局授权登记的其他公司。

第八条 设区的市(地区)工商行政管理局、县工商行政管理局,以及直辖市的工商行政管理分局、设区的市工商行政管理局的区分局,负责本辖区内下列公司的登记:

(一)本条例第六条和第七条所列公司以外的其他公司;

(二)国家工商行政管理总局和省、自治区、直辖市工商行政管理局授权登记的公司。

前款规定的具体登记管辖由省、自治区、直辖市工商行政管理局规定。但是,其中的股份有限公司由设区的市(地区)工商行政管理局负责登记。

第三章 登记事项

第九条 公司的登记事项包括:

(一)名称;

(二)住所;

(三)法定代表人姓名;

(四)注册资本;

(五)实收资本;

(六)公司类型;

（七）经营范围；

（八）营业期限；

（九）有限责任公司股东或者股份有限公司发起人的姓名或者名称，以及认缴和实缴的出资额、出资时间、出资方式。

第十条　公司的登记事项应当符合法律、行政法规的规定。不符合法律、行政法规规定的，公司登记机关不予登记。

第十一条　公司名称应当符合国家有关规定。公司只能使用一个名称。经公司登记机关核准登记的公司名称受法律保护。

第十二条　公司的住所是公司主要办事机构所在地。经公司登记机关登记的公司的住所只能有一个。公司的住所应当在其公司登记机关辖区内。

第十三条　公司的注册资本和实收资本应当以人民币表示，法律、行政法规另有规定的除外。

第十四条　股东的出资方式应当符合《公司法》第二十七条的规定。股东以货币、实物、知识产权、土地使用权以外的其他财产出资的，其登记办法由国家工商行政管理总局会同国务院有关部门规定。

股东不得以劳务、信用、自然人姓名、商誉、特许经营权或者设定担保的财产等作价出资。

第十五条　公司的经营范围由公司章程规定，并依法登记。

公司的经营范围用语应当参照国民经济行业分类标准。

第十六条　公司类型包括有限责任公司和股份有限公司。

一人有限责任公司应当在公司登记中注明自然人独资或者法人独资，并在公司营业执照中载明。

第四章　设立登记

第十七条　设立公司应当申请名称预先核准。

法律、行政法规或者国务院决定规定设立公司必须报经批准，或者公司经营范围中属于法律、行政法规或者国务院决定规定在登记前须经批准的项目的，应当在报送批准前办理公司名称预先核准，并以公司登记机关核准的公司名称报送批准。

第十八条　设立有限责任公司，应当由全体股东指定的代表或者共同委托的代理人向公司登记机关申请名称预先核准；设立股份有限公司，应当由全体发起人指定的代表或者共同委托的代理人向公司登记机关申请名称预先核准。

申请名称预先核准，应当提交下列文件：

（一）有限责任公司的全体股东或者股份有限公司的全体发起人签署的公司名称预先核准申请书；

（二）全体股东或者发起人指定代表或者共同委托代理人的证明；

（三）国家工商行政管理总局规定要求提交的其他文件。

第十九条 预先核准的公司名称保留期为6个月。预先核准的公司名称在保留期内,不得用于从事经营活动,不得转让。

第二十条 设立有限责任公司,应当由全体股东指定的代表或者共同委托的代理人向公司登记机关申请设立登记。设立国有独资公司,应当由国务院或者地方人民政府授权的本级人民政府国有资产监督管理机构作为申请人,申请设立登记。法律、行政法规或者国务院决定规定设立有限责任公司必须报经批准的,应当自批准之日起90日内向公司登记机关申请设立登记;逾期申请设立登记的,申请人应当报批准机关确认原批准文件的效力或者另行报批。

申请设立有限责任公司,应当向公司登记机关提交下列文件:

(一)公司法定代表人签署的设立登记申请书;

(二)全体股东指定代表或者共同委托代理人的证明;

(三)公司章程;

(四)依法设立的验资机构出具的验资证明,法律、行政法规另有规定的除外;

(五)股东首次出资是非货币财产的,应当在公司设立登记时提交已办理其财产权转移手续的证明文件;

(六)股东的主体资格证明或者自然人身份证明;

(七)载明公司董事、监事、经理的姓名、住所的文件以及有关委派、选举或者聘用的证明;

(八)公司法定代表人任职文件和身份证明;

(九)企业名称预先核准通知书;

(十)公司住所证明;

(十一)国家工商行政管理总局规定要求提交的其他文件。

外商投资的有限责任公司的股东首次出资额应当符合法律、行政法规的规定,其余部分应当自公司成立之日起2年内缴足,其中,投资公司可以在5年内缴足。

法律、行政法规或者国务院决定规定设立有限责任公司必须报经批准的,还应当提交有关批准文件。

第二十一条 设立股份有限公司,应当由董事会向公司登记机关申请设立登记。以募集方式设立股份有限公司的,应当于创立大会结束后30日内向公司登记机关申请设立登记。

申请设立股份有限公司,应当向公司登记机关提交下列文件:

(一)公司法定代表人签署的设立登记申请书;

(二)董事会指定代表或者共同委托代理人的证明;

(三)公司章程;

(四)依法设立的验资机构出具的验资证明;

(五)发起人首次出资是非货币财产的,应当在公司设立登记时提交已办理其财产权转移手续的证明文件；

（六）发起人的主体资格证明或者自然人身份证明；

（七）载明公司董事、监事、经理姓名、住所的文件以及有关委派、选举或者聘用的证明；

（八）公司法定代表人任职文件和身份证明；

（九）企业名称预先核准通知书；

（十）公司住所证明；

（十一）国家工商行政管理总局规定要求提交的其他文件。

以募集方式设立股份有限公司的，还应当提交创立大会的会议记录；以募集方式设立股份有限公司公开发行股票的，还应当提交国务院证券监督管理机构的核准文件。

法律、行政法规或者国务院决定规定设立股份有限公司必须报经批准的，还应当提交有关批准文件。

第二十二条　公司申请登记的经营范围中属于法律、行政法规或者国务院决定规定在登记前须经批准的项目，应当在申请登记前报经国家有关部门批准，并向公司登记机关提交有关批准文件。

第二十三条　公司章程有违反法律、行政法规的内容的，公司登记机关有权要求公司作相应修改。

第二十四条　公司住所证明是指能够证明公司对其住所享有使用权的文件。

第二十五条　依法设立的公司，由公司登记机关发给《企业法人营业执照》。公司营业执照签发日期为公司成立日期。公司凭公司登记机关核发的《企业法人营业执照》刻制印章，开立银行账户，申请纳税登记。

第五章　变更登记

第二十六条　公司变更登记事项，应当向原公司登记机关申请变更登记。

未经变更登记，公司不得擅自改变登记事项。

第二十七条　公司申请变更登记，应当向公司登记机关提交下列文件：

（一）公司法定代表人签署的变更登记申请书；

（二）依照《公司法》作出的变更决议或者决定；

（三）国家工商行政管理总局规定要求提交的其他文件。

公司变更登记事项涉及修改公司章程的，应当提交由公司法定代表人签署的修改后的公司章程或者公司章程修正案。

变更登记事项依照法律、行政法规或者国务院决定规定在登记前须经批准的，还应当向公司登记机关提交有关批准文件。

第二十八条　公司变更名称的，应当自变更决议或者决定作出之日起30日内申请变更登记。

第二十九条　公司变更住所的，应当在迁入新住所前申请变更登记，并提交新住所使用证明。

公司变更住所跨公司登记机关辖区的,应当在迁入新住所前向迁入地公司登记机关申请变更登记;迁入地公司登记机关受理的,由原公司登记机关将公司登记档案移送迁入地公司登记机关。

第三十条 公司变更法定代表人的,应当自变更决议或者决定作出之日起30日内申请变更登记。

第三十一条 公司变更注册资本的,应当提交依法设立的验资机构出具的验资证明。

公司增加注册资本的,有限责任公司股东认缴新增资本的出资和股份有限公司的股东认购新股,应当分别依照《公司法》设立有限责任公司缴纳出资和设立股份有限公司缴纳股款的有关规定执行。股份有限公司以公开发行新股方式或者上市公司以非公开发行新股方式增加注册资本的,还应当提交国务院证券监督管理机构的核准文件。

公司法定公积金转增为注册资本的,验资证明应当载明留存的该项公积金不少于转增前公司注册资本的25%。

公司减少注册资本的,应当自公告之日起45日后申请变更登记,并应当提交公司在报纸上登载公司减少注册资本公告的有关证明和公司债务清偿或者债务担保情况的说明。

公司减资后的注册资本不得低于法定的最低限额。

第三十二条 公司变更实收资本的,应当提交依法设立的验资机构出具的验资证明,并应当按照公司章程载明的出资时间、出资方式缴纳出资。公司应当自足额缴纳出资或者股款之日起30日内申请变更登记。

第三十三条 公司变更经营范围的,应当自变更决议或者决定作出之日起30日内申请变更登记;变更经营范围涉及法律、行政法规或者国务院决定规定在登记前须经批准的项目的,应当自国家有关部门批准之日起30日内申请变更登记。

公司的经营范围中属于法律、行政法规或者国务院决定规定须经批准的项目被吊销、撤销许可证或者其他批准文件,或者许可证、其他批准文件有效期届满的,应当自吊销、撤销许可证、其他批准文件或者许可证、其他批准文件有效期届满之日起30日内申请变更登记或者依照本条例第六章的规定办理注销登记。

第三十四条 公司变更类型的,应当按照拟变更的公司类型的设立条件,在规定的期限内向公司登记机关申请变更登记,并提交有关文件。

第三十五条 有限责任公司股东转让股权的,应当自转让股权之日起30日内申请变更登记,并应当提交新股东的主体资格证明或者自然人身份证明。

有限责任公司的自然人股东死亡后,其合法继承人继承股东资格的,公司应当依照前款规定申请变更登记。

有限责任公司的股东或者股份有限公司的发起人改变姓名或者名称的,应当自改变姓名或者名称之日起30日内申请变更登记。

第三十六条 公司登记事项变更涉及分公司登记事项变更的,应当自公司变更登记之日起30日内申请分公司变更登记。

第三十七条 公司章程修改未涉及登记事项的,公司应当将修改后的公司章程或者公司章程修正案送原公司登记机关备案。

第三十八条 公司董事、监事、经理发生变动的,应当向原公司登记机关备案。

第三十九条 因合并、分立而存续的公司,其登记事项发生变化的,应当申请变更登记;因合并、分立而解散的公司,应当申请注销登记;因合并、分立而新设立的公司,应当申请设立登记。

公司合并、分立的,应当自公告之日起45日后申请登记,提交合并协议和合并、分立决议或者决定以及公司在报纸上登载公司合并、分立公告的有关证明和债务清偿或者债务担保情况的说明。法律、行政法规或者国务院决定规定公司合并、分立必须报经批准的,还应当提交有关批准文件。

第四十条 变更登记事项涉及《企业法人营业执照》载明事项的,公司登记机关应当换发营业执照。

第四十一条 公司依照《公司法》第二十二条规定向公司登记机关申请撤销变更登记的,应当提交下列文件:

(一)公司法定代表人签署的申请书;

(二)人民法院的裁判文书。

第六章 注销登记

第四十二条 公司解散,依法应当清算的,清算组应当自成立之日起10日内将清算组成员、清算组负责人名单向公司登记机关备案。

第四十三条 有下列情形之一的,公司清算组应当自公司清算结束之日起30日内向原公司登记机关申请注销登记:

(一)公司被依法宣告破产;

(二)公司章程规定的营业期限届满或者公司章程规定的其他解散事由出现,但公司通过修改公司章程而存续的除外;

(三)股东会、股东大会决议解散或者一人有限责任公司的股东、外商投资的公司董事会决议解散;

(四)依法被吊销营业执照、责令关闭或者被撤销;

(五)人民法院依法予以解散;

(六)法律、行政法规规定的其他解散情形。

第四十四条 公司申请注销登记,应当提交下列文件:

(一)公司清算组负责人签署的注销登记申请书;

(二)人民法院的破产裁定、解散裁判文书,公司依照《公司法》作出的决议或者决定、行政机关责令关闭或者公司被撤销的文件；

（三）股东会、股东大会、一人有限责任公司的股东、外商投资的公司董事会或者人民法院、公司批准机关备案、确认的清算报告；

（四）《企业法人营业执照》；

（五）法律、行政法规规定应当提交的其他文件。

国有独资公司申请注销登记，还应当提交国有资产监督管理机构的决定，其中，国务院确定的重要的国有独资公司，还应当提交本级人民政府的批准文件。

有分公司的公司申请注销登记，还应当提交分公司的注销登记证明。

第四十五条　经公司登记机关注销登记，公司终止。

第七章　分公司的登记

第四十六条　分公司是指公司在其住所以外设立的从事经营活动的机构。分公司不具有企业法人资格。

第四十七条　分公司的登记事项包括：名称、营业场所、负责人、经营范围。

分公司的名称应当符合国家有关规定。

分公司的经营范围不得超出公司的经营范围。

第四十八条　公司设立分公司的，应当自决定作出之日起30日内向分公司所在地的公司登记机关申请登记；法律、行政法规或者国务院决定规定必须报经有关部门批准的，应当自批准之日起30日内向公司登记机关申请登记。

设立分公司，应当向公司登记机关提交下列文件：

（一）公司法定代表人签署的设立分公司的登记申请书；

（二）公司章程以及加盖公司印章的《企业法人营业执照》复印件；

（三）营业场所使用证明；

（四）分公司负责人任职文件和身份证明；

（五）国家工商行政管理总局规定要求提交的其他文件。

法律、行政法规或者国务院决定规定设立分公司必须报经批准，或者分公司经营范围中属于法律、行政法规或者国务院决定规定在登记前须经批准的项目的，还应当提交有关批准文件。

分公司的公司登记机关准予登记的，发给《营业执照》。公司应当自分公司登记之日起30日内，持分公司的《营业执照》到公司登记机关办理备案。

第四十九条　分公司变更登记事项的，应当向公司登记机关申请变更登记。

申请变更登记，应当提交公司法定代表人签署的变更登记申请书。变更名称、经营范围的，应当提交加盖公司印章的《企业法人营业执照》复印件，分公司经营范围中属于法律、行政法规或者国务院决定规定在登记前须经批准的项目的，还应当提交有关批准文件。变更营业场所的，应当提交新的营业场所使用证明。变更负责人的，应当提交公司的任免文件以及其身份证明。

公司登记机关准予变更登记的，换发《营业执照》。

第五十条 分公司被公司撤销、依法责令关闭、吊销营业执照的,公司应当自决定作出之日起30日内向该分公司的公司登记机关申请注销登记。申请注销登记应当提交公司法定代表人签署的注销登记申请书和分公司的《营业执照》。公司登记机关准予注销登记后,应当收缴分公司的《营业执照》。

第八章 登记程序

第五十一条 申请公司、分公司登记,申请人可以到公司登记机关提交申请,也可以通过信函、电报、电传、传真、电子数据交换和电子邮件等方式提出申请。

通过电报、电传、传真、电子数据交换和电子邮件等方式提出申请的,应当提供申请人的联系方式以及通讯地址。

第五十二条 公司登记机关应当根据下列情况分别作出是否受理的决定:

(一)申请文件、材料齐全,符合法定形式的,或者申请人按照公司登记机关的要求提交全部补正申请文件、材料的,应当决定予以受理。

(二)申请文件、材料齐全,符合法定形式,但公司登记机关认为申请文件、材料需要核实的,应当决定予以受理,同时书面告知申请人需要核实的事项、理由以及时间。

(三)申请文件、材料存在可以当场更正的错误的,应当允许申请人当场予以更正,由申请人在更正处签名或者盖章,注明更正日期;经确认申请文件、材料齐全,符合法定形式的,应当决定予以受理。

(四)申请文件、材料不齐全或者不符合法定形式的,应当当场或者在5日内一次告知申请人需要补正的全部内容;当场告知时,应当将申请文件、材料退回申请人;属于5日内告知的,应当收取申请文件、材料并出具收到申请文件、材料的凭据,逾期不告知的,自收到申请文件、材料之日起即为受理。

(五)不属于公司登记范畴或者不属于本机关登记管辖范围的事项,应当即时决定不予受理,并告知申请人向有关行政机关申请。

公司登记机关对通过信函、电报、电传、传真、电子数据交换和电子邮件等方式提出申请的,应当自收到申请文件、材料之日起5日内作出是否受理的决定。

第五十三条 除依照本条例第五十四条第一款第(一)项作出准予登记决定的外,公司登记机关决定予以受理的,应当出具《受理通知书》;决定不予受理的,应当出具《不予受理通知书》,说明不予受理的理由,并告知申请人享有依法申请行政复议或者提起行政诉讼的权利。

第五十四条 公司登记机关对决定予以受理的登记申请,应当分别情况在规定的期限内作出是否准予登记的决定:

(一)对申请人到公司登记机关提出的申请予以受理的,应当当场作出准予登记的决定。

(二)对申请人通过信函方式提交的申请予以受理的,应当自受理之日起15日内作出准予登记的决定。

（三）通过电报、电传、传真、电子数据交换和电子邮件等方式提交申请的，申请人应当自收到《受理通知书》之日起15日内，提交与电报、电传、传真、电子数据交换和电子邮件等内容一致并符合法定形式的申请文件、材料原件；申请人到公司登记机关提交申请文件、材料原件的，应当当场作出准予登记的决定；申请人通过信函方式提交申请文件、材料原件的，应当自受理之日起15日内作出准予登记的决定。

（四）公司登记机关自发出《受理通知书》之日起60日内，未收到申请文件、材料原件，或者申请文件、材料原件与公司登记机关所受理的申请文件、材料不一致的，应当作出不予登记的决定。

公司登记机关需要对申请文件、材料核实的，应当自受理之日起15日内作出是否准予登记的决定。

第五十五条　公司登记机关作出准予公司名称预先核准决定的，应当出具《企业名称预先核准通知书》；作出准予公司设立登记决定的，应当出具《准予设立登记通知书》，告知申请人自决定之日起10日内，领取营业执照；作出准予公司变更登记决定的，应当出具《准予变更登记通知书》，告知申请人自决定之日起10日内，换发营业执照；作出准予公司注销登记决定的，应当出具《准予注销登记通知书》，收缴营业执照。

公司登记机关作出不予名称预先核准、不予登记决定的，应当出具《企业名称驳回通知书》、《登记驳回通知书》，说明不予核准、登记的理由，并告知申请人享有依法申请行政复议或者提起行政诉讼的权利。

第五十六条　公司办理设立登记、变更登记，应当按照规定向公司登记机关缴纳登记费。

领取《企业法人营业执照》的，设立登记费按注册资本总额的0.8‰缴纳；注册资本超过1 000万元的，超过部分按0.4‰缴纳；注册资本超过1亿元的，超过部分不再缴纳。

领取《营业执照》的，设立登记费为300元。

变更登记事项的，变更登记费为100元。

第五十七条　公司登记机关应当将登记的公司登记事项记载于公司登记簿上，供社会公众查阅、复制。

第五十八条　吊销《企业法人营业执照》和《营业执照》的公告由公司登记机关发布。

第九章　年度检验

第五十九条　每年3月1日至6月30日，公司登记机关对公司进行年度检验。

第六十条　公司应当按照公司登记机关的要求，在规定的时间内接受年度检验，并提交年度检验报告书、年度资产负债表和损益表、《企业法人营业执照》副本。

设立分公司的公司在其提交的年度检验材料中，应当明确反映分公司的有关情况，并提交《营业执照》的复印件。

第六十一条　公司登记机关应当根据公司提交的年度检验材料，对与公司登记事项有关的情况进行审查。

第六十二条　公司应当向公司登记机关缴纳年度检验费。年度检验费为50元。

第十章　证照和档案管理

第六十三条　《企业法人营业执照》、《营业执照》分为正本和副本，正本和副本具有同等法律效力。

《企业法人营业执照》正本或者《营业执照》正本应当置于公司住所或者分公司营业场所的醒目位置。

公司可以根据业务需要向公司登记机关申请核发营业执照若干副本。

第六十四条　任何单位和个人不得伪造、涂改、出租、出借、转让营业执照。

营业执照遗失或者毁坏的，公司应当在公司登记机关指定的报刊上声明作废，申请补领。

公司登记机关依法作出变更登记、注销登记、撤销变更登记决定，公司拒不缴回或者无法缴回营业执照的，由公司登记机关公告营业执照作废。

第六十五条　公司登记机关对需要认定的营业执照，可以临时扣留，扣留期限不得超过10天。

第六十六条　借阅、抄录、携带、复制公司登记档案资料的，应当按照规定的权限和程序办理。

任何单位和个人不得修改、涂抹、标注、损毁公司登记档案资料。

第六十七条　营业执照正本、副本样式以及公司登记的有关重要文书格式或者表式，由国家工商行政管理总局统一制定。

第十一章　法律责任

第六十八条　虚报注册资本，取得公司登记的，由公司登记机关责令改正，处以虚报注册资本金额5%以上15%以下的罚款；情节严重的，撤销公司登记或者吊销营业执照。

第六十九条　提交虚假材料或者采取其他欺诈手段隐瞒重要事实，取得公司登记的，由公司登记机关责令改正，处以5万元以上50万元以下的罚款；情节严重的，撤销公司登记或者吊销营业执照。

第七十条　公司的发起人、股东虚假出资，未交付或者未按期交付作为出资的货币或者非货币财产的，由公司登记机关责令改正，处以虚假出资金额5%以上15%以下的罚款。

第七十一条　公司的发起人、股东在公司成立后，抽逃出资的，由公司登记机关责令改正，处以所抽逃出资金额5%以上15%以下的罚款。

第七十二条　公司成立后无正当理由超过6个月未开业的,或者开业后自行停业连续6个月以上的,可以由公司登记机关吊销营业执照。

第七十三条　公司登记事项发生变更时,未依照本条例规定办理有关变更登记的,由公司登记机关责令限期登记;逾期不登记的,处以1万元以上10万元以下的罚款。其中,变更经营范围涉及法律、行政法规或者国务院决定规定须经批准的项目而未取得批准,擅自从事相关经营活动,情节严重的,吊销营业执照。

公司未依照本条例规定办理有关备案的,由公司登记机关责令限期办理;逾期未办理的,处以3万元以下的罚款。

第七十四条　公司在合并、分立、减少注册资本或者进行清算时,不按照规定通知或者公告债权人的,由公司登记机关责令改正,处以1万元以上10万元以下的罚款。

公司在进行清算时,隐匿财产,对资产负债表或者财产清单作虚假记载或者在未清偿债务前分配公司财产的,由公司登记机关责令改正,对公司处以隐匿财产或者未清偿债务前分配公司财产金额5%以上10%以下的罚款;对直接负责的主管人员和其他直接责任人员处以1万元以上10万元以下的罚款。

公司在清算期间开展与清算无关的经营活动的,由公司登记机关予以警告,没收违法所得。

第七十五条　清算组不按照规定向公司登记机关报送清算报告,或者报送清算报告隐瞒重要事实或者有重大遗漏的,由公司登记机关责令改正。

清算组成员利用职权徇私舞弊、谋取非法收入或者侵占公司财产的,由公司登记机关责令退还公司财产,没收违法所得,并可以处以违法所得1倍以上5倍以下的罚款。

第七十六条　公司不按照规定接受年度检验的,由公司登记机关处以1万元以上10万元以下的罚款,并限期接受年度检验;逾期仍不接受年度检验的,吊销营业执照。年度检验中隐瞒真实情况、弄虚作假的,由公司登记机关处以1万元以上5万元以下的罚款,并限期改正;情节严重的,吊销营业执照。

第七十七条　伪造、涂改、出租、出借、转让营业执照的,由公司登记机关处以1万元以上10万元以下的罚款;情节严重的,吊销营业执照。

第七十八条　未将营业执照置于住所或者营业场所醒目位置的,由公司登记机关责令改正;拒不改正的,处以1000元以上5000元以下的罚款。

第七十九条　承担资产评估、验资或者验证的机构提供虚假材料的,由公司登记机关没收违法所得,处以违法所得1倍以上5倍以下的罚款,并可以由有关主管部门依法责令该机构停业、吊销直接责任人员的资格证书,吊销营业执照。

承担资产评估、验资或者验证的机构因过失提供有重大遗漏的报告的,由公司登记机关责令改正,情节较重的,处以所得收入1倍以上5倍以下的罚款,并可以由有关主管部门依法责令该机构停业、吊销直接责任人员的资格证书,吊销营业执照。

第八十条 未依法登记为有限责任公司或者股份有限公司,而冒用有限责任公司或者股份有限公司名义的,或者未依法登记为有限责任公司或者股份有限公司的分公司,而冒用有限责任公司或者股份有限公司的分公司名义的,由公司登记机关责令改正或者予以取缔,可以并处10万元以下的罚款。

第八十一条 公司登记机关对不符合规定条件的公司登记申请予以登记,或者对符合规定条件的登记申请不予登记的,对直接负责的主管人员和其他直接责任人员,依法给予行政处分。

第八十二条 公司登记机关的上级部门强令公司登记机关对不符合规定条件的登记申请予以登记,或者对符合规定条件的登记申请不予登记的,或者对违法登记进行包庇的,对直接负责的主管人员和其他直接责任人员依法给予行政处分。

第八十三条 外国公司违反《公司法》规定,擅自在中国境内设立分支机构的,由公司登记机关责令改正或者关闭,可以并处5万元以上20万元以下的罚款。

第八十四条 利用公司名义从事危害国家安全、社会公共利益的严重违法行为的,吊销营业执照。

第八十五条 分公司有本章规定的违法行为的,适用本章规定。

第八十六条 违反本条例规定,构成犯罪的,依法追究刑事责任。

第十二章 附则

第八十七条 外商投资的公司的登记适用本条例。有关外商投资企业的法律对其登记另有规定的,适用其规定。

第八十八条 法律、行政法规或者国务院决定规定设立公司必须报经批准,或者公司经营范围中属于法律、行政法规或者国务院决定规定在登记前须经批准的项目的,由国家工商行政管理总局依照法律、行政法规或者国务院决定规定编制企业登记前置行政许可目录并公布。

第八十九条 本条例自1994年7月1日起施行。

第二章　合伙企业法律制度

　　　　　　　　引　例

　　原告程先生诉称:其是"日月新"经销部合法股东之一,为知悉"日月新"经销部经营的真实情况曾多次要求查阅该企业财务会计报告,但均遭到拒绝。"日月新"经销部企业章程明确规定股东享有查阅和了解企业经营状况和财务状况的权利,程先生基于合法股东身份有权查阅企业相关财务会计报告和会计账簿,而"日月新"经销部违反章程规定以各种理由拒绝程先生的查阅要求,致使程先生作为股东而享有的知情权受到严重侵犯。为维护自身的合法权益,程先生诉至法院,请求判令"日月新"经销部依法向程先生提供该企业相关财务会计报告和会计账簿,以供查阅。

　　被告"日月新"经销部辩称:程先生的诉讼请求缺乏法律依据,不能成立。"日月新"经销部系股份合作制企业,不适用《公司法》规定,而企业章程规定股东有权"查阅公司股东大会记录,了解企业经营状况和财务状况",是了解权,而不是查阅权。参照《公司法》的规定股东查阅公司财务状况应提出申请,现程先生无法明确查询的项目,其诉讼请求并不确定。"日月新"经销部经国有企业改制成立,登记在册股东5人,现在只有3人,目前企业只有出租房屋的收入,也只能维持日常开支、交纳租金、给职工交纳社会保险等。由于企业被人举报后,现在税务机关正在查账,这也是没有让程先生查账的一个原因。现在企业仅维持职工的保险和退休金,没有其他资金。所以股东之间应当协商如何管理好企业,而不是查账问题。

　　法院经依法审理后认为:"日月新"经销部企业章程是企业的自治规则,是维护企业利益、股东利益的自治机制,也是企业、股东的行为准则。章程中规定了股东享有了解企业经营状况和财务状况的权利,查阅企业财务报告、会计账簿等,恰恰是股东行使知情权的具体表现。现会计账簿由企业保管,故"日月新"经销部应当提供给程先生查阅。2009年3月,程先生向日月新经销部递交了查阅申请,要求企业提供历年财务会计报告、会计账簿以及原始凭证,以供查阅。"日月新"经销部收到申请后未作任何答复。税务机关稽查企业缴税问题并不影响股东的查阅,"日月新"经销部以税务机关查账为由拒绝程先生查阅,理由不充分,故对"日月新"经销部的该项抗辩理由不予采纳。故作出上述判决。

——资料来源:法律快车网(www.lawtime.cn)

第一节 概述

一、合伙企业的概念

合伙企业,是指自然人、法人和其他组织依照《合伙企业法》在中国境内设立的普通合伙企业和有限合伙企业。

《合伙企业法》规定,普通合伙企业由普通合伙人组成,合伙人对合伙企业债务承担无限连带责任。国有独资公司、国有企业、上市公司以及公益性的事业单位、社会团体不得成为普通合伙人。有限合伙企业由普通合伙人和有限合伙人组成,普通合伙人对合伙企业债务承担无限连带责任,有限合伙人以其认缴的出资额为限对合伙企业债务承担责任。

二、设立合伙企业的基本原则

(一)书面合伙协议必备原则

《合伙企业法》规定,设立合伙企业必须以书面形式依法订立合伙协议,合伙协议依法由全体合伙人协商一致,遵循自愿、平等、公平、诚实信用原则。

(二)依法设立原则

《合伙企业法》规定,申请设立合伙企业,应当向企业登记机关提交登记申请书、合伙协议书、合伙人身份证明等文件。合伙企业的经营范围中有属于法律、行政法规规定在登记前须经批准的项目的,该项经营业务应当依法经过批准,并在登记时提交批准文件。申请人提交的登记申请材料齐全、符合法定形式,企业登记机关能够当场登记的,应予当场登记,发给营业执照。除上述需要审批的情形外,企业登记机关应当自受理申请之日起20日内,作出是否登记的决定。予以登记的,发给营业执照;不予登记的,应当给予书面答复,并说明理由。合伙企业的营业执照签发日期,为合伙企业成立日期。合伙企业领取营业执照前,合伙人不得以合伙企业名义从事合伙业务。合伙企业可以设立分支机构,应当向分支机构所在地的企业登记机关申请登记,领取营业执照。合伙企业登记事项发生变更的,执行合伙事务的合伙人应当自作出变更决定或者发生变更事由之日起15日内,向企业登记机关申请办理变更登记。

(三)依法纳税原则

《合伙企业法》规定,合伙企业的生产经营所得和其他所得,按照国家有关税收规定,不缴纳企业所得税,而由合伙人分别缴纳个人所得税。

第二节　普通合伙企业

一、普通合伙企业的设立

(一)设立条件

《合伙企业法》规定,设立合伙企业,应当具备下列条件:

(1)有2个以上合伙人,合伙人为自然人的,应当具有完全民事行为能力;

(2)有书面合伙协议;

(3)有合伙人认缴或者实际缴付的出资;

(4)有合伙企业的名称和生产经营场所;

(5)法律、行政法规规定的其他条件。

(二)合伙协议

《合伙企业法》规定,合伙协议应当载明下列事项:

(1)合伙企业的名称和主要经营场所的地点,其中合伙企业名称中应当标明"普通合伙"字样;

(2)合伙目的和合伙经营范围;

(3)合伙人的姓名或者名称、住所;

(4)合伙人的出资方式、数额和缴付期限;

(5)利润分配、亏损分担方式;

(6)合伙事务的执行;

(7)入伙与退伙;

(8)争议解决办法;

(9)合伙企业的解散与清算;

(10)违约责任。

合伙协议经全体合伙人签名、盖章后生效。合伙人按照合伙协议享有权利,履行义务。修改或者补充合伙协议,应当经全体合伙人一致同意;但是,合伙协议另有约定的除外。合伙协议未约定或者约定不明确的事项,由合伙人协商决定;协商不成的,依照《合伙企业法》和其他有关法律、行政法规的规定处理。

(三)合伙出资

《合伙企业法》规定,合伙人应当按照合伙协议约定的出资方式、数额和缴付期限,履行出资义务。合伙人可以用货币、实物、知识产权、土地使用权或者其他财产权利出资,也可以用劳务出资。合伙人以实物、知识产权、土地使用权或者其他财产权利出资,需要评估作价的,可以由全体合伙人协商确定,也可以由全体合伙人委托法定评估机构评估。合伙人以劳务出资的,其评估办法由全体合伙人协商确定,并在合伙协议中载明。以非货币财产出资的,依照法律、行政法规的规定,需要办理财产权转移手续的,应当依法办理。

案例研读:

甲、乙、丙三人拟成立一普通合伙企业,口头达成如下合伙协议:
1. 成立企业名称为"凯龙汽修厂";
2. 经营范围为汽车修理、汽车配件销售;
3. 三人各自出资5万元人民币;
4. 如有一人退伙,合伙企业即告解散;
5. 未尽事宜,由当事人友好协商解决。

问:从《合伙企业法》的角度分析评价该合伙协议的不足。

二、普通合伙企业的财产

(一)合伙财产的内部转让

《合伙企业法》规定,合伙人之间转让在合伙企业中的全部或者部分财产份额时,应当通知其他合伙人。

(二)合伙财产的外部转让

《合伙企业法》规定,除合伙协议另有约定外,合伙人向合伙人以外的人转让其在合伙企业中的全部或者部分财产份额时,须经其他合伙人一致同意。

合伙人向合伙人以外的人转让其在合伙企业中的财产份额的,在同等条件下,其他合伙人有优先购买权;但是,合伙协议另有约定的除外。

合伙人以外的人依法受让合伙人在合伙企业中的财产份额的,经修改合伙协议即成为合伙企业的合伙人,依照本法和修改后的合伙协议享有权利,履行义务。

合伙人在合伙企业清算前私自转移或者处分合伙企业财产的,合伙企业不得以此对抗善意第三人。

合伙人以其在合伙企业中的财产份额出质的,须经其他合伙人一致同意;未经其他合伙人一致同意,其行为无效,由此给善意第三人造成损失的,由行为人依法承担赔偿责任。

三、普通合伙企业事务的执行

普通合伙企业事务的执行可以有多种模式,但是从法理的角度而言,所有合伙人对执行合伙事务享有同等的权利,无论是执行具体事务的合伙人还是其他合伙人,为了了解合伙企业的经营状况和财务状况,都有权查阅合伙企业会计账簿等财务资料。

(一)委托执行

《合伙企业法》规定,按照合伙协议的约定或者经全体合伙人决定,普通合伙企业可以委托一个或者数个合伙人对外代表合伙企业,执行合伙事务,其他合伙人不再执行合伙事务。作为合伙人的法人、其他组织执行合伙事务的,由其委派的代表执行。不执行合伙事务的合伙人有权监督执行事务合伙人执行合伙事务的情况。受委托执行合伙事务的合伙人不按照合伙协议或者全体合伙人的决定执行事务的,其他合伙人可以决定撤销该委托。

被聘任的合伙企业的经营管理人员应当在合伙企业授权范围内履行职务。被聘任的合伙企业的经营管理人员,超越合伙企业授权范围履行职务,或者在履行职务过程中因故意或者重大过失给合伙企业造成损失的,依法承担赔偿责任。

由一个或者数个合伙人执行合伙事务的,执行事务合伙人应当定期向其他合伙人报告事务执行情况以及合伙企业的经营和财务状况,其执行合伙事务所产生的收益归合伙企业,所产生的费用和亏损由合伙企业承担。

(二)分别执行

《合伙企业法》规定,普通合伙企业事务也可以由不同合伙人分别执行。合伙人分别执行合伙事务的,执行事务合伙人可以对其他合伙人执行的事务提出异议。提出异议时,应当暂停该项事务的执行。如果发生争议,合伙人应当对相关争议作出决议。合伙人对合伙企业有关事项作出决议,按照合伙协议约定的表决办法办理。合伙协议未约定或者约定不明确的,实行合伙人一人一票并经全体合伙人过半数通过的表决办法。

(三)特别事项的执行

《合伙企业法》规定,除合伙协议另有约定外,合伙企业的下列事项应当经全体合伙人一致同意:

(1)改变合伙企业的名称;
(2)改变合伙企业的经营范围、主要经营场所的地点;
(3)处分合伙企业的不动产;
(4)转让或者处分合伙企业的知识产权和其他财产权利;
(5)以合伙企业名义为他人提供担保;

(6)聘任合伙人以外的人担任合伙企业的经营管理人员。

(四)合伙人业务限制

为了维护其他合伙人的利益,《合伙企业法》规定,合伙人不得从事下列行为:

(1)合伙人不得自营或者同他人合作经营与本合伙企业相竞争的业务;

(2)除合伙协议另有约定或者经全体合伙人一致同意外,合伙人也不得同本合伙企业进行交易;

(3)合伙人不得从事损害本合伙企业利益的活动。

(五)普通合伙企业的利润分配

合伙企业的利润分配、亏损分担,按照合伙协议的约定办理;合伙协议未约定或者约定不明确的,由合伙人协商决定;协商不成的,由合伙人按照实缴出资比例分配、分担;无法确定出资比例的,由合伙人平均分配、分担。

此外,为了防止出现显失公平行为,合伙协议不得约定将全部利润分配给部分合伙人或者由部分合伙人承担全部亏损。

案例研读:

甲、乙、丙三人成立某普通合伙企业,三人书面约定由甲某负责企业的管理工作。甲某在执行合伙事务过程中,为了获得交易机会,以合伙企业的名义为客户王某提供贷款担保。乙、丙二人知道后,表示异议,三人发生争执。甲某认为,既然合伙企业委托他来执行日常业务,他就有权利为了企业发展向客户提供贷款担保。乙、丙二人认为,此事事关重大,合伙协议没有对此作出明确规定,应当由三人协商解决,按照少数服从多数原则决定这项事务。

问:从《合伙企业法》的角度评价甲、乙、丙三人的观点。

四、普通合伙企业与第三人的关系

(一)普通合伙企业与善意第三人的关系

合伙协议是合伙人之间签订的合同文件,根据合同相对性理论,合同权利义务仅对合同当事人发生效力。故而,合伙企业对合伙人执行合伙事务以及对外代表合伙企业权利的限制,不得对抗善意第三人。

(二)普通合伙企业的债务清偿

《合伙企业法》规定,合伙企业对其债务,应先以其全部财产进行清偿。合伙企业不能清偿到期债务的,合伙人承担无限连带责任。

合伙企业的亏损分担,按照合伙协议的约定办理;合伙协议未约定或者约定不明确的,由合伙人协商决定;协商不成的,由合伙人按照实缴出资比例分配、分担;无法确定出资比例的,由合伙人平均分配、分担。合伙人由于承担无限连带责任,清偿数额超过按照上述规定的其亏损分担比例的,有权向其他合伙人追偿。

(三)合伙人个人债务的清偿

《合伙企业法》规定,合伙人发生与合伙企业无关的债务,相关债权人不得以其债权抵销其对合伙企业的债务;也不得代位行使合伙人在合伙企业中的权利。

合伙人的自有财产不足清偿其与合伙企业无关的债务的,该合伙人可以以其从合伙企业中分取的收益用于清偿;债权人也可以依法请求人民法院强制执行该合伙人在合伙企业中的财产份额用于清偿。

人民法院强制执行合伙人的财产份额时,应当通知全体合伙人,其他合伙人有优先购买权;其他合伙人未购买,又不同意将该财产份额转让给他人的,依法为该合伙人办理退伙结算,或者办理削减该合伙人相应财产份额的结算。

发生合伙人退伙,其他合伙人应当与该退伙人按照退伙时的合伙企业财产状况进行结算,退还退伙人的财产份额。退伙人对给合伙企业造成的损失负有赔偿责任的,相应扣减其应当赔偿的数额。退伙时有未了结的合伙企业事务的,待该事务了结后进行结算。

五、普通合伙企业的入伙和退伙

(一)入伙

《合伙企业法》规定,新合伙人入伙,除合伙协议另有约定外,应当经全体合伙人一致同意,并依法订立书面入伙协议。订立入伙协议时,原合伙人应当向新合伙人如实告知原合伙企业的经营状况和财务状况。新合伙人对入伙前合伙企业的债务承担无限连带责任。入伙的新合伙人与原合伙人享有同等权利,承担同等责任。入伙协议另有约定的,从其约定。

(二)退伙

1.约定退伙

《合伙企业法》规定,合伙协议约定合伙期限的,在合伙企业存续期间,有下列情形之一的,合伙人可以退伙:

(1)合伙协议约定的退伙事由出现;

(2)经全体合伙人一致同意;

(3)发生合伙人难以继续参加合伙的事由;

(4)其他合伙人严重违反合伙协议约定的义务。

合伙人违反上述退伙条件的,应当赔偿由此给合伙企业造成的损失。

2.通知退伙

合伙协议未约定合伙期限的,合伙人在不给合伙企业事务执行造成不利影响的情况下,可以退伙,但应当提前30日通知其他合伙人。但是,合伙人违反此项规定的,应当赔偿由此给合伙企业造成的损失。

3. 当然退伙

《合伙企业法》规定,合伙人有下列情形之一的,当然退伙:

(1)作为合伙人的自然人死亡或者被依法宣告死亡;

(2)个人丧失偿债能力;

(3)作为合伙人的法人或者其他组织依法被吊销营业执照、责令关闭、撤销,或者被宣告破产;

(4)法律规定或者合伙协议约定合伙人必须具有相关资格而丧失该资格;

(5)合伙人在合伙企业中的全部财产份额被人民法院强制执行。

合伙人被依法认定为无民事行为能力人或者限制民事行为能力人的,经其他合伙人一致同意,可以依法转为有限合伙人,普通合伙企业依法转为有限合伙企业。其他合伙人未能一致同意的,该无民事行为能力或者限制民事行为能力的合伙人退伙。退伙事由实际发生之日为退伙生效日。

4. 合伙人的除名

《合伙企业法》规定,合伙人有下列情形之一的,经其他合伙人一致同意,可以决议将其除名:

(1)未履行出资义务;

(2)因故意或者重大过失给合伙企业造成损失;

(3)执行合伙事务时有不正当行为;

(4)发生合伙协议约定的事由。

对合伙人的除名决议应当书面通知被除名人。被除名人接到除名通知之日,除名生效,被除名人退伙。被除名人对除名决议有异议的,可以自接到除名通知之日起 30 日内,向人民法院起诉。

5. 合伙人的继承

合伙人死亡或者被依法宣告死亡的,对该合伙人在合伙企业中的财产份额享有合法继承权的继承人,按照合伙协议的约定或者经全体合伙人一致同意,从继承开始之日起,取得该合伙企业的合伙人资格。

《合伙企业法》规定,有下列情形之一的,合伙企业应当向合伙人的继承人退还被继承合伙人的财产份额:

(1)继承人不愿意成为合伙人;

(2)法律规定或者合伙协议约定合伙人必须具有相关资格,而该继承人未取得该资格;

(3)合伙协议约定不能成为合伙人的其他情形。

合伙人的继承人为无民事行为能力人或者限制民事行为能力人的,经全体合伙人一致同意,可以依法成为有限合伙人,普通合伙企业依法转为有限合伙企业。全体合伙人未能一致同意的,合伙企业应当将被继承合伙人的财产份额退还该继承人。

6.退伙人财产的处分

退伙人在合伙企业中财产份额的退还办法,由合伙协议约定或者由全体合伙人决定,可以退还货币,也可以退还实物。

合伙人退伙,其他合伙人应当与该退伙人按照退伙时的合伙企业财产状况进行结算,退还退伙人的财产份额。退伙人对给合伙企业造成的损失负有赔偿责任的,相应扣减其应当赔偿的数额。退伙时有未了结的合伙企业事务的,待该事务了结后进行结算。

合伙人退伙时,合伙企业财产少于合伙企业债务的,退伙人应当依法分担亏损。合伙企业的亏损分担,按照合伙协议的约定办理;合伙协议未约定或者约定不明确的,由合伙人协商决定;协商不成的,由合伙人按照实缴出资比例分配、分担;无法确定出资比例的,由合伙人平均分配、分担。但是,合伙协议不得约定将全部利润分配给部分合伙人或者由部分合伙人承担全部亏损。

退伙人对基于其退伙前的原因发生的合伙企业债务,承担无限连带责任。

案例研读:

甲、乙、丙三人成立一普通合伙企业。赵某希望加入该合伙企业,但是,甲某不同意。根据合伙协议,入伙须得到所有合伙人书面同意。后来,甲某全家移民加拿大。乙、丙二人同意甲某退伙,并接纳赵某入伙。赵某在随后执行合伙事务中,因为重大过失给合伙企业造成重大经济损失。乙、丙二人决定将赵某除名,并口头通知了赵某。赵某认为,除名决定不公平,遂向法院提起诉讼。

问:根据《合伙企业法》的规定,上述合伙人的变动是否合法,为什么?

六、特殊的普通合伙企业

所谓特殊的普通合伙企业,是指一个合伙人或者数个合伙人在执业活动中因故意或者重大过失造成合伙企业债务的,应当承担无限责任或者无限连带责任,其他合伙人以其在合伙企业中的财产份额为限承担责任的合伙。

《合伙企业法》规定,以专业知识和专门技能为客户提供有偿服务的专业服务机构,可以设立为特殊的普通合伙企业,其名称中应当标明"特殊普通合伙"字样。非企业专业服务机构依据有关法律采取合伙制的,其合伙人承担责任的形式可以适用《合伙企业法》关于特殊的普通合伙企业合伙人承担责任的规定。特殊的普通合伙企业应当建立执业风险基金、办理职业保险。执业风险基金用于偿付合伙人执业活动造成的债务。执业风险基金应当单独立户管理。

合伙人在执业活动中非因故意或者重大过失造成的合伙企业债务以及合伙企业的其他债务，由全体合伙人承担无限连带责任。合伙人执业活动中因故意或者重大过失造成的合伙企业债务，以合伙企业财产对外承担责任后，该合伙人应当按照合伙协议的约定对给合伙企业造成的损失承担赔偿责任。

第三节 有限合伙企业

一、人员构成

《合伙企业法》规定，除法律另有规定外，有限合伙企业由2个以上50个以下合伙人设立，其中，至少应当有一个普通合伙人。

二、合伙协议

《合伙企业法》规定，合伙协议除符合前述普通合伙企业合伙协议的规定外，还应当载明下列事项：

(1)普通合伙人和有限合伙人的姓名或者名称、住所，其名称中应当标明"有限合伙"字样；

(2)执行事务合伙人应具备的条件和选择程序；

(3)执行事务合伙人权限与违约处理办法；

(4)执行事务合伙人的除名条件和更换程序；

(5)有限合伙人入伙、退伙的条件、程序以及相关责任；

(6)有限合伙人和普通合伙人相互转变程序。

三、出资

《合伙企业法》规定，有限合伙人可以用货币、实物、知识产权、土地使用权或者其他财产权利作价出资。但是，有限合伙人不得以劳务出资。

有限合伙人应当按照合伙协议的约定按期足额缴纳出资；未按期足额缴纳的，应当承担补缴义务，并对其他合伙人承担违约责任。有限合伙企业登记事项中应当载明有限合伙人的姓名或者名称及认缴的出资数额。

四、合伙事务的执行

《合伙企业法》规定，有限合伙企业由普通合伙人执行合伙事务。执行事务合伙人可以要求在合伙协议中确定执行事务的报酬及报酬提取方式。

《合伙企业法》规定,有限合伙人不执行合伙事务,不得对外代表有限合伙企业。有限合伙人的下列行为,不视为执行合伙事务:

(1)参与决定普通合伙人入伙、退伙;

(2)对企业的经营管理提出建议;

(3)参与选择承办有限合伙企业审计业务的会计师事务所;

(4)获取经审计的有限合伙企业财务会计报告;

(5)对涉及自身利益的情况,查阅有限合伙企业财务会计账簿等财务资料;

(6)在有限合伙企业中的利益受到侵害时,向有责任的合伙人主张权利或者提起诉讼;

(7)执行事务合伙人怠于行使权利时,督促其行使权利或者为了本企业的利益以自己的名义提起诉讼;

(8)依法为本企业提供担保。

《合伙企业法》规定,除合伙协议另有约定外,有限合伙企业不得将全部利润分配给部分合伙人,有限合伙人也可以同本有限合伙企业进行交易。除合伙协议另有约定的除外,有限合伙人可以自营或者同他人合作经营与本有限合伙企业相竞争的业务。

五、有限合伙人财产的处分

《合伙企业法》规定,除合伙协议另有约定的除外,有限合伙人可以将其在有限合伙企业中的财产份额出质。有限合伙人可以按照合伙协议的约定向合伙人以外的人转让其在有限合伙企业中的财产份额,但应当提前30日通知其他合伙人。

有限合伙人的自有财产不足清偿其与合伙企业无关的债务的,该合伙人可以以其从有限合伙企业中分取的收益用于清偿;债权人也可以依法请求人民法院强制执行该合伙人在有限合伙企业中的财产份额用于清偿。

人民法院强制执行有限合伙人的财产份额时,应当通知全体合伙人。在同等条件下,其他合伙人有优先购买权。第三人有理由相信有限合伙人为普通合伙人并与其交易的,该有限合伙人对该笔交易承担与普通合伙人同样的责任。有限合伙人未经授权以有限合伙企业名义与他人进行交易,给有限合伙企业或者其他合伙人造成损失的,该有限合伙人应当承担赔偿责任。

有限合伙企业仅剩有限合伙人的,应当解散;有限合伙企业仅剩普通合伙人的,转为普通合伙企业。

六、入伙与当然退伙

《合伙企业法》规定,新入伙的有限合伙人对入伙前有限合伙企业的债务,以其认缴的出资额为限承担责任。

《合伙企业法》规定,合伙人有下列情形之一的,当然退伙:

(1)作为合伙人的自然人死亡或者被依法宣告死亡;

(2)作为合伙人的法人或者其他组织依法被吊销营业执照、责令关闭、撤销,或者被宣告破产;

(3)法律规定或者合伙协议约定合伙人必须具有相关资格而丧失该资格;

(4)合伙人在合伙企业中的全部财产份额被人民法院强制执行。

合伙人被依法认定为无民事行为能力人或者限制民事行为能力人的,经其他合伙人一致同意,可以依法转为有限合伙人,普通合伙企业依法转为有限合伙企业。其他合伙人未能一致同意的,该无民事行为能力或者限制民事行为能力的合伙人退伙。退伙事由实际发生之日为退伙生效日。作为有限合伙人的自然人在有限合伙企业存续期间丧失民事行为能力的,其他合伙人不得因此要求其退伙。

作为有限合伙人的自然人死亡、被依法宣告死亡或者作为有限合伙人的法人及其他组织终止时,其继承人或者权利承受人可以依法取得该有限合伙人在有限合伙企业中的资格。

有限合伙人退伙后,对基于其退伙前的原因发生的有限合伙企业债务,以其退伙时从有限合伙企业中取回的财产承担责任。

除合伙协议另有约定外,普通合伙人转变为有限合伙人,或者有限合伙人转变为普通合伙人,应当经全体合伙人一致同意。有限合伙人转变为普通合伙人的,对其作为有限合伙人期间有限合伙企业发生的债务承担无限连带责任。普通合伙人转变为有限合伙人的,对其作为普通合伙人期间合伙企业发生的债务承担无限连带责任。

案例研读:

甲、乙、丙三人成立一有限合伙企业,甲某是有限合伙人,乙、丙二人是普通合伙人。郑某希望加入合伙企业,并提出了优厚的入伙条件。乙、丙二人表示同意,而甲某则反对,理由是郑某有赌博习惯。乙、丙二人认为,甲某是有限合伙人,只能分享企业利润,无权插手企业重大事务。遂表决同意接纳郑某,并签署了书面协议。

问:根据《合伙企业法》的规定,郑某能否入伙,为什么?

第四节 合伙企业的解散与清算

一、解散事由

《合伙企业法》规定,合伙企业有下列情形之一的,应当解散:
(1)合伙期限届满,合伙人决定不再经营;
(2)合伙协议约定的解散事由出现;
(3)全体合伙人决定解散;
(4)合伙人已不具备法定人数满30天;
(5)合伙协议约定的合伙目的已经实现或者无法实现;
(6)依法被吊销营业执照、责令关闭或者被撤销;
(7)法律、行政法规规定的其他原因。

二、清算人的构成

《合伙企业法》规定,清算人由全体合伙人担任;经全体合伙人过半数同意,可以自合伙企业解散事由出现后15日内指定一个或者数个合伙人,或者委托第三人,担任清算人。

自合伙企业解散事由出现之日起15日内未确定清算人的,合伙人或者其他利害关系人可以申请人民法院指定清算人。

三、清算人的职权

《合伙企业法》规定,清算人在清算期间执行下列事务:
(1)清理合伙企业财产,分别编制资产负债表和财产清单;
(2)处理与清算有关的合伙企业未了结事务;
(3)清缴所欠税款;
(4)清理债权、债务;
(5)处理合伙企业清偿债务后的剩余财产;
(6)代表合伙企业参加诉讼或者仲裁活动。

四、清算事务

《合伙企业法》规定,清算人自被确定之日起10日内将合伙企业解散事项通知债权人,并于60日内在报纸上公告。债权人应当自接到通知书之日起30日内,未接到通知书的自公告之日起45日内,向清算人申报债权。债权人申报债权,应当说明债权的有关事项,并提供证明材料。清算人应当对债权进行登记。

清算期间,合伙企业存续,但不得开展与清算无关的经营活动。

合伙企业财产在支付清算费用和职工工资、社会保险费用、法定补偿金以及缴纳所欠税款、清偿债务后的剩余财产,依法进行分配。首先,按照合伙协议的约定办理;合伙协议未约定或者约定不明确的,由合伙人协商决定;协商不成的,由合伙人按照实缴出资比例分配、分担;无法确定出资比例的,由合伙人平均分配、分担。但是,合伙协议不得约定将全部剩余财产分配给部分合伙人。

清算结束,清算人应当编制清算报告,经全体合伙人签名、盖章后,在15日内向企业登记机关报送清算报告,申请办理合伙企业注销登记。

合伙企业注销后,原普通合伙人对合伙企业存续期间的债务仍应承担无限连带责任。

合伙企业不能清偿到期债务的,债权人可以依法向人民法院提出破产清算申请,也可以要求普通合伙人清偿。合伙企业依法被宣告破产的,普通合伙人对合伙企业债务仍应承担无限连带责任。

延伸思考:

1. 合伙企业存在的价值是什么?
2. 合伙企业管理制度有什么特色?
3. 如何界定合伙人在合伙企业中的法律地位?
4. 有限合伙和普通合伙的区别是什么?

文献附录:《外国企业或者个人在中国境内设立合伙企业管理办法》

中华人民共和国国务院令

第 567 号

《外国企业或者个人在中国境内设立合伙企业管理办法》已经2009年8月19日国务院第77次常务会议通过,现予公布,自2010年3月1日起施行。

总理　温家宝

二〇〇九年十一月二十五日

外国企业或者个人在中国境内设立合伙企业管理办法

第一条　为了规范外国企业或者个人在中国境内设立合伙企业的行为,便于外国企业或者个人以设立合伙企业的方式在中国境内投资,扩大对外经济合作和技术交流,根据《中华人民共和国合伙企业法》(以下称《合伙企业法》),制定本办法。

第二条　本办法所称外国企业或者个人在中国境内设立合伙企业,是指2个以上外国企业或者个人在中国境内设立合伙企业,以及外国企业或者个人与中国的自然人、法人和其他组织在中国境内设立合伙企业。

第三条　外国企业或者个人在中国境内设立合伙企业,应当遵守《合伙企业法》以及其他有关法律、行政法规、规章的规定,符合有关外商投资的产业政策。

外国企业或者个人在中国境内设立合伙企业,其合法权益受法律保护。

国家鼓励具有先进技术和管理经验的外国企业或者个人在中国境内设立合伙企业,促进现代服务业等产业的发展。

第四条　外国企业或者个人用于出资的货币应当是可自由兑换的外币,也可以是依法获得的人民币。

第五条　外国企业或者个人在中国境内设立合伙企业,应当由全体合伙人指定的代表或者共同委托的代理人向国务院工商行政管理部门授权的地方工商行政管理部门(以下称企业登记机关)申请设立登记。

申请设立登记,应当向企业登记机关提交《中华人民共和国合伙企业登记管理办法》规定的文件以及符合外商投资产业政策的说明。

企业登记机关予以登记的,应当同时将有关登记信息向同级商务主管部门通报。

第六条　外国企业或者个人在中国境内设立的合伙企业(以下称外商投资合伙企业)的登记事项发生变更的,应当依法向企业登记机关申请变更登记。

第七条　外商投资合伙企业解散的,应当依照《合伙企业法》的规定进行清算。清算人应当自清算结束之日起15日内,依法向企业登记机关办理注销登记。

第八条　外商投资合伙企业的外国合伙人全部退伙,该合伙企业继续存续的,应当依法向企业登记机关申请变更登记。

第九条　外商投资合伙企业变更登记或者注销登记的,企业登记机关应当同时将有关变更登记或者注销登记的信息向同级商务主管部门通报。

第十条　外商投资合伙企业的登记管理事宜,本办法未作规定的,依照《中华人民共和国合伙企业登记管理办法》和国家有关规定执行。

第十一条　外国企业或者个人在中国境内设立合伙企业涉及的财务会计、税务、外汇以及海关、人员出入境等事宜,依照有关法律、行政法规和国家有关规定办理。

第十二条　中国的自然人、法人和其他组织在中国境内设立的合伙企业,外国企业或者个人入伙的,应当符合本办法的有关规定,并依法向企业登记机关申请变更登记。

第十三条　外国企业或者个人在中国境内设立合伙企业涉及须经政府核准的投资项目的,依照国家有关规定办理投资项目核准手续。

第十四条　国家对外国企业或者个人在中国境内设立以投资为主要业务的合伙企业另有规定的,依照其规定。

第十五条　香港特别行政区、澳门特别行政区和台湾地区的企业或者个人在内地设立合伙企业,参照本办法的规定执行。

第十六条　本办法自 2010 年 3 月 1 日起施行。

第三章　中小企业促进法律制度

 焦点关注:中小企业融资困境与出路

工业和信息化部部长李毅中6日在出席"如何破解中小企业融资难"国际论坛时指出,今年通过担保机构给中小企业贷款有望达到6 000亿元。他建议,进一步完善中小企业信用担保体系;中央财政、地方财政进一步加大对担保机构的投入。

李毅中指出,当前中小企业碰到的、反映最强烈的问题就是资金短缺、融资难、贷款难。中小企业融资难的原因在于自身存在规模小、实力弱、信誉度不高的问题。同时,中小企业信用担保体制机制不健全。下一步,工业和信息化部将积极推动上述问题得到有效解决。措施包括,进一步完善中小企业信用担保体系,建议中央财政、地方财政进一步加大对担保机构的投入,增强担保机构实力,扩大覆盖面,提高担保倍数。今年能够为中小企业担保6 000亿元人民币的贷款;积极推动中小企业金融服务创新和体制机制创新,鼓励和支持银行和金融机构开展工业产权、非专业技术和股权等无形资产的质押贷款,开办多种为中小企业服务的融资业务。鼓励民间资本参股地方区域性中小企业金融机构,大力发展小额贷款公司和推动村镇银行发展,适当发展民营中小银行,建立适合中小企业需求的服务体系,推动金融机构把向中小企业倾斜作为一个重要的举措;推动建立多层次直接融资体系。要扩大中小企业板的规模,努力与各地创业投资机构加大对中小企业的投资力度;指导中小企业提升自身的素质。

——资料来源:http://www.sina.com.cn2009年6月8日中国证券报—中证网

第一节 概述

一、中小企业的概念

中小企业,是指在我国境内依法设立的有利于满足社会需要,增加就业,符合国家产业政策,生产经营规模属于中小型的各种所有制和各种形式的企业。

制度链接:《中小企业标准暂行规定》(节选)

工业,中小型企业须符合以下条件:职工人数2 000人以下,或销售额30 000万元以下,或资产总额为40 000万元以下。其中,中型企业须同时满足职工人数300人及以上,销售额3 000万元及以上,资产总额4 000万元及以上;其余为小型企业。

建筑业,中小型企业须符合以下条件:职工人数3 000人以下,或销售额30 000万元以下,或资产总额40 000万元以下。其中,中型企业须同时满足职工人数600人及以上,销售额3 000万元及以上,资产总额4 000万元及以上;其余为小型企业。

批发和零售业,零售业中小型企业须符合以下条件:职工人数500人以下,或销售额15 000万元以下。其中,中型企业须同时满足职工人数100人及以上,销售额1 000万元及以上;其余为小型企业。批发业中小型企业须符合以下条件:职工人数200人以下,或销售额30 000万元以下。其中,中型企业须同时满足职工人数100人及以上,销售额3 000万元及以上;其余为小型企业。

交通运输和邮政业,交通运输业中小型企业须符合以下条件:职工人数3 000人以下,或销售额30 000万元以下。其中,中型企业须同时满足职工人数500人及以上,销售额3 000万元及以上;其余为小型企业。邮政业中小型企业须符合以下条件:职工人数1 000人以下,或销售额30 000万元以下。其中,中型企业须同时满足职工人数400人及以上,销售额3 000万元及以上;其余为小型企业。

住宿和餐饮业,中小型企业须符合以下条件:职工人数800人以下,或销售额15 000万元以下。其中,中型企业须同时满足职工人数400人及以上,销售额3 000万元及以上;其余为小型企业。

二、中小企业发展规划

《中小企业促进法》规定,国家对中小企业实行积极扶持、加强引导、完善服务、依法规范、保障权益的方针,为中小企业创立和发展创造有利的环境。

国务院负责制定中小企业政策,对全国中小企业的发展进行统筹规划。国务院负责企业工作的部门根据国家产业政策,结合中小企业特点和发展状况,以制定中小企业发展产业指导目录等方式,确定扶持重点,引导鼓励中小企业发展,组织实施国家中小企业政策和规划,对全国中小企业工作进行综合协调、指导和服务。国务院有关部门根据国家中小企业政策和统筹规划,在各自职责范围内对中小企业工作进行指导和服务。

县级以上地方各级人民政府及其所属的负责企业工作的部门和其他有关部门在各自职责范围内对本行政区域内的中小企业进行指导和服务。

三、中小企业的权利与义务

《中小企业促进法》规定,国家保护中小企业及其出资人的合法投资,及因投资取得的合法收益。任何单位和个人不得侵犯中小企业财产及其合法收益。任何单位不得违反法律、法规向中小企业收费和罚款,不得向中小企业摊派财物。中小企业对违反上述规定的行为有权拒绝和有权举报、控告。行政管理部门应当维护中小企业的合法权益,保护其依法参与公平竞争与公平交易的权利,不得歧视,不得附加不平等的交易条件。

中小企业必须遵守国家劳动安全、职业卫生、社会保障、资源环保、质量、财政税收、金融等方面的法律、法规,依法经营管理,不得侵害职工合法权益,不得损害社会公共利益。中小企业应当遵守职业道德,恪守诚实信用原则,努力提高业务水平,增强自我发展能力。

第二节 资金支持

一、中小企业发展基金

《中小企业促进法》规定,中央财政预算应当设立中小企业科目,安排扶持中小企业发展专项资金,地方人民政府也应当根据实际情况为中小企业提供财政支持。国家扶持中小企业发展专项资金用于促进中小企业服务体系建设,开展支持中小企业的工作,补充中小企业发展基金和扶持中小企业发展的其他事项。国家通过税收政策,鼓励对中小企业发展基金的捐赠。

《中小企业促进法》规定,国家设立中小企业发展基金。中小企业发展基金由下列资金组成:

(1)中央财政预算安排的扶持中小企业发展专项资金;
(2)基金收益;
(3)捐赠;
(4)其他资金。

《中小企业促进法》规定,国家中小企业发展基金用于下列扶持中小企业的事项:

(1)创业辅导和服务;
(2)支持建立中小企业信用担保体系;
(3)支持技术创新;
(4)鼓励专业化发展以及与大企业的协作配套;
(5)支持中小企业服务机构开展人员培训、信息咨询等项工作;
(6)支持中小企业开拓国际市场;
(7)支持中小企业实施清洁生产;
(8)其他事项。

二、金融支持

《中小企业促进法》规定,中国人民银行应当加强信贷政策指导,改善中小企业融资环境,加强对中小金融机构的支持力度,鼓励商业银行调整信贷结构,加大对中小企业的信贷支持。

各金融机构应当对中小企业提供金融支持,努力改进金融服务,转变服务作风,增强服务意识,提高服务质量。各商业银行和信用社应当改善信贷管理,扩展服务领域,开发适应中小企业发展的金融产品,调整信贷结构,为中小企业提供信贷、结算、财务咨询、投资管理等方面的服务。

国家政策性金融机构应当在其业务经营范围内,采取多种形式,为中小企业提供金融服务。

三、直接融资

《中小企业促进法》规定,国家采取措施拓宽中小企业的直接融资渠道,积极引导中小企业创造条件,通过法律、行政法规允许的各种方式直接融资。国家通过税收政策鼓励各类依法设立的风险投资机构增加对中小企业的投资。国家推进中小企业信用制度建设,建立信用信息征集与评价体系,实现中小企业信用信息查询、交流和共享的社会化。

国家鼓励各种担保机构为中小企业提供信用担保,鼓励中小企业依法开展多种形式的互助性融资担保。县级以上人民政府和有关部门应当推进和组织建立中小企业信用担保体系,推动对中小企业的信用担保,为中小企业融资创造条件。

政策指南:中央加大对中小企业资金支持

"今年要围绕保增长、促升级,重点抓好产业结构调整。——三是采取更加有力的措施扶持中小企业发展。抓紧落实金融支持政策,健全融资担保体系,简化贷款程序,增加贷款规模。中央财政中小企业发展资金从39亿元增加到96亿元。继续实行鼓励中小企业科技创新、技术改造、增加就业的税收优惠政策。健全中小企业社会化服务体系。"

——《2009年政府工作报告》

第三节 创业扶持

一、政府信息和咨询服务

《中小企业促进法》规定,政府有关部门应当积极创造条件,提供必要的、相应的信息和咨询服务,在城乡建设规划中根据中小企业发展的需要,合理安排必要的场地和设施,支持创办中小企业。地方人民政府应当根据实际情况,为创业人员提供工商、财税、融资、劳动用工、社会保障等方面的政策咨询和信息服务。

二、鼓励投资创业

《中小企业促进法》规定,国家鼓励中小企业根据国家利用外资政策,引进国外资金、先进技术和管理经验,创办中外合资经营、中外合作经营企业,鼓励个人或者法人依法以工业产权或者非专利技术等投资参与创办中小企业。失业人员、残疾人员创办中小企业的,所在地政府应当积极扶持,提供便利,加强指导。政府有关部门应当采取措施,拓宽渠道,引导中小企业吸纳大中专学校毕业生就业。

三、依法登记注册

《中小企业促进法》规定,企业登记机关应当依法定条件和法定程序办理中小企业设立登记手续,提高工作效率,方便登记者,不得在法律、行政法规规定之外设置企业登记的前置条件,不得在法律、行政法规规定的收费项目和收费标准之外,收取其他费用。

四、税收优惠政策扶持

《中小企业促进法》规定,国家在有关税收政策上支持和鼓励中小企业的创立和发展。国家对失业人员创立的中小企业和当年吸纳失业人员达到国家规定比例的中小企业,符合国家支持和鼓励发展政策的高新技术中小企业,在少数民族地区、贫困地区创办的中小企业,安置残疾人员达到国家规定比例的中小企业,在一定期限内减征、免征所得税,实行税收优惠。

第四节 技术创新与市场开拓

一、技术创新

《中小企业促进法》规定,国家制定政策,鼓励中小企业按照市场需要,开发新产品,采用先进的技术、生产工艺和设备,提高产品质量,实现技术进步。国家鼓励中小企业与研究机构、大专院校开展技术合作、开发与交流,促进科技成果产业化,积极发展科技型中小企业。

《中小企业促进法》规定,政府有关部门应当在规划、用地、财政等方面提供政策支持,推进建立各类技术服务机构,建立生产力促进中心和科技企业孵化基地,为中小企业提供技术信息、技术咨询和技术转让服务,为中小企业产品研制、技术开发提供服务,促进科技成果转化,实现企业技术、产品升级。中小企业技术创新项目以及为大企业产品配套的技术改造项目,可以享受贷款贴息政策。

二、市场开拓

《中小企业促进法》规定,国家鼓励和支持大企业与中小企业建立以市场配置资源为基础的、稳定的原材料供应、生产、销售、技术开发和技术改造等方面的协作关系,带动和促进中小企业发展。国家引导、推动并规范中小企业通过合并、收购等方式,进行资产重组,优化资源配置。政府采购应当优先安排向中小企业购买商品或者服务。

《中小企业促进法》规定,政府有关部门和机构应当为中小企业提供指导和帮助,促进中小企业产品出口,推动对外经济技术合作与交流。国家有关政策性金融机构应当通过开展进出口信贷、出口信用保险等业务,支持中小企业开拓国外市场。国家制定政策,鼓励符合条件的中小企业到境外投资,参与国际贸易,开拓国际市场。

政策链接:《中小企业国际市场开拓资金管理(试行)办法》(节选)

第四条 "市场开拓资金"以中小企业为使用对象,原则上重点用于支持具有独立企业法人的资格和进出口经营权的中小企业。

第五条 申请使用的企业应具备以下条件:

(一)依法取得企业法人资格,有进出口经营权;

(二)企业上年度出口额的海关统计数在 1 500 万美元以下,具有健全的财务管理制度和良好的财务管理记录;

(三)有专门从事外经贸业务并具有对外经济贸易基本技能的人员,对开拓国际市场有明确的工作安排和市场开拓计划。

第六条 "市场开拓资金"用于支持中小企业开拓国际市场的各种活动。对符合本办法第五条的规定并具备以下条件之一的企业或市场开拓活动给予优先支持:

(一)贯彻市场多元化战略,对新兴国际市场的拓展活动;

(二)贯彻科技兴贸战略,支持中小企业取得国际标准认证,支持高新技术和机电产品出口企业拓展国际市场的活动;

(三)获得质量管理体系认证、环境管理体系认证和产品认证的;

(四)产品包含的本国原产成分高于70%的;

(五)产品拥有自主知识产权的。

第九条 "市场开拓资金"分为中央和地方两部分,实行中央和地方两级管理。

第十条 "市场开拓资金"的拨付渠道分两条,对涉及中央及其直属单位使用的资金,由财政部直接拨付到中央一级预算单位,由中央一级预算单位负责拨付到具体使用单位;对涉及地方企业使用的资金,由财政部直接划拨到省级财政部门(含省、自治区、直辖市及计划单列市财政,以下同),由省级财政部门直接划拨到具体使用单位。

延伸思考:

1. 中小企业发展面临的主要障碍是什么?
2. 中小企业的合法权利有哪些,如何维护?
3. 如何进一步完善促进中小企业发展的政策措施?
4. 如何拓宽中小企业的融资渠道?

文献附录:《海南经济特区促进中小企业发展条例》

海南省人民代表大会常务委员会公告

第 14 号

《海南经济特区促进中小企业发展条例》已由海南省第四届人民代表大会常

务委员会第八次会议于2009年3月25日通过,现予公布,自2009年7月1日起施行。

海南省人民代表大会常务委员会
二〇〇九年三月二十六日

海南经济特区促进中小企业发展条例

(2009年3月25日海南省第四届人民代表大会常务委员会第八次会议通过)

第一章 总则

第一条 为了优化中小企业经营环境,促进中小企业健康发展,维护中小企业合法权益,根据《中华人民共和国中小企业促进法》及有关法律法规,结合本经济特区实际,制定本条例。

第二条 本条例适用于在本经济特区内依法设立的中小型的各种所有制和各种形式的企业。

中小企业的划分标准按照国家规定执行。

第三条 县级以上人民政府应当将中小企业的发展纳入国民经济和社会发展总体规划,制定相应的政策和措施并督促实施。

县级以上人民政府应当把促进中小企业发展纳入政府工作考核目标,建立科学的评价体系和考核办法。

第四条 县级以上人民政府应当建立中小企业发展协调联席会议制度,定期召开中小企业经济运行分析会,协调解决中小企业发展过程中的重大问题。

第五条 县级以上人民政府中小企业行政主管部门负责组织实施国家和本省中小企业政策、规划,对本行政区域内中小企业工作进行协调、指导和提供服务,引导和鼓励中小企业发展。

政府其他有关部门应当在各自的职责范围内对中小企业进行指导和服务。

第六条 省统计部门会同省中小企业行政主管部门健全中小企业统计指标体系,加强对中小企业进行统计调查和动态监测,建立中小企业运行情况分析报告制度,为政府决策和管理提供服务。

第七条 中小企业的财产权、经营权、公平竞争权等合法权益受法律保护,任何单位和个人不得侵犯。

中小企业应当履行法律法规规定的各项义务,依法经营管理,诚实守信,增强社会责任,不得损害职工合法权益和社会公共利益。

第二章 资金支持

第八条 省人民政府应当设立中小企业发展专项资金。市、县、自治县人民政府可以设立中小企业发展专项资金;没有设立专项资金的,应当根据实际情况为促进中小企业发展提供财政支持。

中小企业发展专项资金主要用于下列扶持中小企业的事项:

（一）支持中小企业公共服务平台、小企业创业基地建设；

（二）支持信用担保体系建设；

（三）支持中小企业技术创新、技术进步、资源综合利用和信息化建设；

（四）支持中小企业服务体系建设，开展培训、咨询和信息服务等工作；

（五）支持中小企业承担和参与国际标准、国家标准和行业标准的制定修订工作；

（六）支持中小企业专业化、集聚化发展以及与大企业的协作配套；

（七）支持中小涉农企业、乡镇企业推进农业产业化经营；

（八）用于与国家扶持中小企业资金的配套；

（九）支持中小企业开拓市场；

（十）其他支持中小企业的事项。

中小企业发展专项资金使用应当公开透明，建立政府公告、社会推荐、专家评审等制度。具体使用管理办法由设立专项资金的人民政府另行制定。

第九条　省人民政府和有条件的市、县、自治县人民政府应当推进信用征集、信用评价、信用档案和失信惩戒等中小企业信用制度建设，建立中小企业信用数据库，并按国家和本省规定向社会公开。财政、税务、工商、环保、质监、劳动保障、住房公积金管理等有关部门应当提供中小企业的基础信用信息。

人民银行和有关金融机构应当支持地方信用体系建设。

第十条　工商、税务、财政、中小企业行政主管等部门，中小企业行业协会、金融机构等应当指导、培训、帮助中小企业建立健全财务报表、经营账册制度，完善企业法人治理结构。

对财务制度健全、经营规范的中小企业，金融机构可以优先评级授信和给予贷款。

第十一条　县级以上人民政府及其有关部门应当建立金融机构与中小企业融资沟通协调制度，引导和鼓励金融机构对符合国家、本省产业政策，且信用等级高的中小企业给予信贷支持，引导和鼓励金融机构开发适应中小企业发展需要的金融产品和服务项目。

县级以上人民政府对扶持中小企业发展做出突出贡献的金融机构，给予奖励。

第十二条　金融机构可以在增量的指标上，单独安排中小企业信贷规模，并简化贷款程序，缩短审批时限，满足企业融资的需要。

有条件的省内金融机构可以设立中小企业信贷部门，为中小企业的信贷、支付结算、财务咨询提供服务。

第十三条　县级以上人民政府和有关行政主管部门应当发展和规范产权交易市场，推动资本的流动和重组。鼓励、引导和支持有条件的中小企业，通过股权融资、债券融资、项目融资、融资租赁和股权质押等法律、行政法规允许的方式直接融资。

第十四条　鼓励中小企业资本参与设立村镇银行，参股海南农村信用社，发挥村镇银行、农村信用社在中小企业发展中的融资平台作用。

企业和个人资本可以设立小额贷款公司，为中小企业提供融资。

第十五条　县级以上人民政府及其有关部门应当会同证券监管机构引导中小企业优化资本结构，完善法人治理，逐步建立现代企业制度，培育中小企业上市资源，为符合条件的中小企业上市融资和发行企业债券提供指导和服务。

第十六条　县级以上人民政府应当加强对担保机构的引导和监督，建立、完善省和市、县、自治县担保体系。省级担保机构可以采取联保、再担保等方式开展担保业务。

县级以上人民政府可以出资设立或参股设立担保机构，为中小企业融资提供担保。

引导、鼓励社会各种资本依法设立担保机构，参与省和市、县、自治县担保体系建设。担保机构从事中小企业担保业务的，享受有关税费减免的优惠。

第十七条　县级以上人民政府应当安排资金，用于担保机构从事中小企业担保业务的信贷风险补偿、资本金补充和业绩奖励。具体使用和管理办法由省人民政府另行制定。

第十八条　担保机构应当在注册登记后30日内到同级中小企业行政主管部门和财政部门备案。

第十九条　鼓励、引导中小企业依法开展多种形式的互助性融资担保。对中小企业成立的互助担保机构，县级以上人民政府应当参照第十七条的规定给予扶持。

第三章　创业扶持

第二十条　县级以上人民政府及其有关部门应当保护中小企业依法参与市场公平竞争的权利。凡法律、行政法规未禁止的行业和领域，中小企业均可投资和经营。

第二十一条　工商行政管理部门对中小企业实行直接核准登记制，市、县、自治县工商行政部门可以委托辖区工商所核准登记。对符合注册条件的，工商行政管理部门应当自受理之日起5个工作日内核发营业执照。

第二十二条　设立中小企业可以实行注册资本分期缴付制。注册登记后1个月内注入的首期出资应当不少于注册资本总额的10%，1年内注入的出资应当不少于注册资本总额的50%，最后一期出资应当在登记后的3年内注入，设立投资公司应当在登记后的5年内注入。

对分期注入注册资本金的中小企业，应当在营业执照中载明实收资本。在规定期限内不能缴足或无法缴付注册资本的，应当办理注册资本变更登记或者注销登记。

第二十三条　中小企业在生产经营活动中,可以自主决定经营项目和经营方式,但法律、法规规定须经批准的项目,应当依法经过批准。

第二十四条　县级以上人民政府应当在城乡建设规划中合理安排必要的场地和设施,为创办中小企业提供条件。对与大企业大项目开展协作配套生产的中小企业集群,或具有区域经济特色的中小企业集群的发展用地,应当优先统筹规划和安排。

县级以上人民政府可以采用多种方式利用存量建设用地、闲置厂房等改造建设小企业创业基地。

鼓励社会各类资本利用现有开发区(园区)资源建设小企业创业基地、产业化基地和共性技术服务平台,引导中小企业聚集发展和产业化经营。中小企业发展专项资金应当安排一定比例用于鼓励和引导中小企业进入开发区(园区)聚集发展和产业化经营。

第二十五条　下列中小企业,依照国家规定享受税收优惠:

(一)登记失业人员、残疾人员、自主择业的复员转业军人、大中专毕业生创办的中小企业;

(二)当年招用失业人员符合国家规定条件的中小企业;

(三)符合国家、省支持和鼓励发展政策的高新技术中小企业;

(四)在少数民族地区、贫困地区创办的中小企业;

(五)安置残疾人员的中小企业;

(六)其他符合政策规定的中小企业。

第二十六条　民族自治县人民政府对本民族自治地方的中小企业应缴纳的企业所得税中属于地方分享的部分,可以决定减征或者免征。自治县决定减征或者免征的,须报省人民政府批准。

第二十七条　中小企业投资者及招聘的高等学校毕业生、高级专业技术人员可以依照规定在本省落户。具体办法由省人民政府制定。

各级人民政府应当为前款规定人员的子女就近入幼儿园或者入学提供帮助。

第四章　创新推动

第二十八条　县级以上人民政府应当不断增加对中小企业科技创新的经费投入,可以设立中小企业技术创新专项资金,以风险投资、贷款贴息、拨款资助等方式支持中小企业进行技术创新活动。

县级以上人民政府应当根据具体情况,组织中小企业申报国家各类科技型计划项目,并对计划项目给予扶持。

对中小企业技术创新项目以及为大企业产品配套的技术改造项目,各级人民政府及金融机构在贷款、贷款贴息等方面予以扶持。

第二十九条　省人民政府可以设立创业投资引导基金,通过参股和提供融资担保等方式扶持创业投资企业的设立和发展。

县级以上人民政府可以对中小企业投资公司给予政策支持和风险补偿。对创业投资企业投资中小高新技术企业的，依法实行投资收益税收减免或投资额按比例抵扣应纳税所得额等税收优惠政策。

第三十条 鼓励中小企业自主建立或者合作建立研发机构，开展同行业的共性技术研发，提供技术信息、技术咨询、技术成果中试、技术成果转让、技术中介等服务，提升产业技术创新与扩散能力，促进科技成果产业化。

中小企业为开发新技术、新产品、新工艺发生的研究开发费用，未形成无形资产计入当期损益的，在按照《中华人民共和国企业所得税法》及其实施细则规定据实扣除的基础上，按照研究开发费用的50%加计扣除；形成无形资产的，按照无形资产成本的150%摊销。

第三十一条 中小企业在科技成果引进、转化及生产过程中，技术开发费按照实际发生额计入管理费用。

中小企业的固定资产由于技术进步等原因确需加速折旧，采取缩短折旧年限方法的，最低折旧年限不得低于税法规定折旧年限的60%。

第三十二条 鼓励引导中小企业积极申请、保护、实施专利和商标，提高自主创新能力和知识产权保护水平。

中小企业申请国内外发明专利的，有关行政主管部门应当给予指导和按照有关规定给予资金支持。

第五章　市场开拓

第三十三条 县级以上人民政府支持中小企业参与国有企业和集体企业的改组、改制、改造，对其可以采取不同方式给予适当补贴。对中小企业出资重组经营困难的国有企业或者购买国有企业产权，资金支付暂有困难的，经国有资产监督管理部门授权经营公司同意，可以分期支付，但首期支付金额不得低于收购总价的30%，分期支付的总期限不得超过3年，并按银行同期流动资金贷款利率在税后支付利息。

第三十四条 县级以上人民政府及其有关部门应当鼓励和支持符合条件的中小企业到境外投资，参与国际贸易，开拓国际市场，参加国际性展览展销，建立国外营销网络和研发机构，参加境外投（议）标等活动。

省人民政府及其有关部门应当组织或者鼓励、支持商会、行业协会组织中小企业参加全国性或区域性的商品展览展销会，举办本省中小企业产品展览、推介、促销活动，帮助中小企业开拓市场。

第三十五条 省中小企业行政主管部门根据本省产业发展重点，每年扶持一批具有发展潜力的特色产品拓展市场。

扶持中小企业参与农产品运销、促进城乡贸易、搞活商品流通。对有突出贡献的企业，由省人民政府有关主管部门给予奖励。

第三十六条　鼓励中小企业为大企业、大项目配套,通过建立专业化分工协作关系和产业技术联盟,促进中小企业的产品进入国内外大企业的产业链或者采购系统。

引导大企业从中小企业选购配套件和零部件,鼓励大企业将部分产品、零配件委托给中小企业生产,带动和促进中小企业发展。

第三十七条　县级以上人民政府应当鼓励中小企业参与城镇供水、供气、公共交通、污水垃圾处理等市政公用事业和基础设施的投资、建设和运营,采取帮助争取国债、延长特许经营年限、利用价格杠杆等手段加以扶持,以保证投资者获得合理的投资收益。

第三十八条　政府采购应当在政府网站上公布有关信息,引导和方便中小企业参与竞标,优先安排向中小企业购买商品或者服务。

政府采购应当安排一定的比例,向中小企业购买产品或者服务。具体比例由县级以上人民政府根据实际情况确定。

第三十九条　县级以上人民政府应当引导和鼓励中小企业开展质量管理体系认证、环境管理体系认证和产品认证等国际标准认证,参与制定相关技术标准,为中小企业开拓市场创造条件。中小企业开展质量管理体系认证、环境管理体系认证和产品认证等国际标准认证,可以向商务主管部门和相关部门申请资金支持。

第四十条　县级以上人民政府及其有关部门应当鼓励和扶持中小企业加快信息化建设,改善电子商务运行环境,运用现代信息技术提升管理水平,增强其开拓市场能力。

第六章　社会服务

第四十一条　县级以上人民政府应当建立健全中小企业服务体系,鼓励和引导社会力量建立各类中介服务机构,为中小企业提供金融、创业辅导、技术支持、管理咨询、信息传递、人才培训、市场开拓、法律支持、知识产权保护等方面的服务。

政府资助建立的中小企业服务机构应当免费或者低收费为中小企业提供服务。

第四十二条　省中小企业行政主管部门建立中小企业网,为中小企业创业、融资、技术创新、市场开拓等提供信息服务。省人民政府有关部门应当提供相关信息。

省中小企业网应当为中小企业发展提供有关的工商、财税、融资、产业投资、劳动用工、人才档案管理、户籍管理、社会保障、子女入学等方面的法律、法规和政策信息,并建立和充实科研机构、科技项目、科技人才信息库,促进中小企业与科研机构合作,引进科技项目和人才。

省中小企业网应当及时通报国内外市场动态、经贸活动等市场信息,为中小企业发布产品供需信息提供服务,并不得收取赞助费。

第四十三条　鼓励中小企业开展职工岗位技能培训和技术人才培养。企业当年的职工教育经费支出,不超过工资薪金总额2.5%的部分,可在企业所得税前扣除。

中小企业出资组织招用的失业人员到培训机构进行培训,并与招用的失业人员签订1年以上劳动合同的,可以向失业保险经办机构申请职业培训补贴。

第四十四条　中小企业专业技术人员申报专业技术资格评审,县级以上人民政府有关部门应当及时办理,并提供指导和帮助。

第四十五条　中小企业可以自主建立或者自愿参加行业协会等行业自律组织。

行业自律组织应当维护中小企业合法权益,及时向政府和有关行业主管部门反映中小企业的建议和要求,建立、健全自律性管理制度和行业职业道德准则,帮助中小企业提高素质,拓展国内外市场,推动行业振兴和行业诚信建设。

第七章　权益保护

第四十六条　国家机关及其工作人员不得有下列行为:

(一)非法改变企业的产权关系,非法占有或者使用企业财产;

(二)侵犯中小企业依法享有的经营自主权和用工自主权;

(三)强制或者变相强制中小企业提供赞助、接受有偿服务、加入协会或者订购报刊杂志和其他资料;

(四)违反国家和本省有关规定要求中小企业参加培训、达标、评比、鉴定或者考核等活动;

(五)在履行管理职责时,为中小企业指定环境影响评价、安全评价、产品质量认证等中介机构;

(六)截留、挪用中小企业发展专项资金或者其他扶持资金;

(七)其他侵犯中小企业合法权益的行为。

第四十七条　中小企业因配合环境保护、城市规划、道路建设或者其他城市建设项目,经营活动受到影响或者需要拆迁的,政府及其有关部门应当依照国家和本省的有关规定予以妥善安置和相应补偿。

第四十八条　政府有关部门对中小企业申请办理本部门职权范围内的事务,应当在法律、法规规定的期限内办理完毕。对申报材料不符合规定的,应当一次性书面告知审批要求和需要补齐的材料。对不符合条件不予办理的,应当书面说明理由。

第四十九条　执法部门的年度检查计划,应当统筹安排;两个以上执法部门对同一事项进行检查的,应当联合检查;未经部门委派,执法人员不得擅自对企业实施检查。

行政执法人员需要进入中小企业的生产经营场所进行执法检查,或者需要中小企业配合检查的,应当出具载明检查时间、内容和人员等的检查通知书和有效证件。未出具检查通知书和有效证件的,中小企业有权拒绝检查。

第五十条 政府有关行政执法部门对中小企业生产、经营的产品抽查检验应当依法进行,并不得收取检验费用。抽取样品不得超过技术标准、标准规范要求的数量。经检验证明合格的产品,应当在检验后五日内返还;不能恢复原有价值的,应当按照原价值给予补偿。依照国家有关规定应当购买抽取样品的,从其规定。

第五十一条 县级以上人民政府及其有关部门应当公示收费项目、标准、范围和依据。

收费单位向中小企业收取行政事业性费用时,应当出示收费许可证,开具省财政部门统一印制的收费凭证,如实填写收费项目、收费金额、收费单位和收费人员姓名。不按照规定进行收费的,中小企业有权拒绝交费。

第五十二条 县级以上人民政府有关部门应当建立和完善受理中小企业对违法行为的投诉和举报机制,公布受理程序和方式,依法查处侵犯中小企业合法权益的违法行为。

有关部门自接到投诉之日起10个工作日内作出处理意见,或者移送相关主管部门处理。相关主管部门应当在接受移送后的10个工作日内作出处理意见。未能作出处理意见的,应当书面说明理由。

第五十三条 国家机关及其工作人员违反本条例的规定,由其所在单位或者上级主管部门、监察机关责令改正;情节严重的,对直接负责的主管人员和其他直接责任人员给予行政处分;造成损失的,依法承担赔偿责任;构成犯罪的,依法追究刑事责任。

第八章 附则

第五十四条 本经济特区以外的省内中小企业参照本条例执行。

第五十五条 本条例实施中的具体应用问题,由省人民政府负责解释。

第五十六条 本条例自2009年7月1日起施行。

第四章 破产法律制度

 引例:广东国际信托投资公司破产案

申请人:广东国际信托投资公司。住所地:广东省广州市环市东路。

法定代表人:麦智南,该公司总经理。

1999年1月11日,广东国际信托投资公司(以下简称广东国投公司)以严重资不抵债、无法偿付到期巨额债务为由,向广东省高级人民法院申请破产。

广东省高级人民法院经审理查明:

广东国投公司原名为广东省信托投资公司,1980年7月经广东省人民政府批准在广州市工商行政管理局注册成立,系全民所有制企业法人。1983年经中国人民银行批准为非银行金融机构并享有外汇经营权;1984年3月经广东省工商行政管理局注册登记更改名称为广东国际信托投资公司,注册资金为12亿元。1992年以来,广东国投公司由于经营管理混乱,存在大量高息揽存、账外经营、乱拆借资金、乱投资等违规经营活动,导致不能支付到期巨额境内外债务,严重资不抵债。1998年10月6日,中国人民银行决定关闭广东国投公司,并组织关闭清算组对其进行关闭清算。关闭清算期间广东国投公司的金融业务和相关的债权债务由中国银行托管,广东国投公司属下的证券交易营业部由广东证券有限责任公司托管,其业务经营活动照常进行。自1998年10月6日至1999年1月6日为期三个月的关闭清算查明,广东国投公司的总资产为214.71亿元,负债361.65亿元,总资产负债率168.23%,资不抵债146.94亿元。1999年1月11日,中国银行发布《关于清偿原省国投自然人债权的公告》,鉴于广东国投公司已严重资不抵债、无力偿还巨额债务,对自然人债权的清偿,只支付本金,不支付利息;中国银行清偿广东国投公司自然人债权后,中国银行广东省分行代广东省财政厅依法申报债权,以普通债权人的身份按破产清偿顺序受偿。

广东省高级人民法院认为:《中华人民共和国企业破产法(试行)》(以下简称《破产法》)第三条第一项规定:"企业因经营管理不善造成严重亏损,不能清偿到期债务的,依照本法规定宣告破产。"第八条规定:"债务人经其上级主管部门同意后,可以申请宣告破产。"广东国投公司管理极度混乱,严重资不抵债,不能清

偿境内外巨额到期债务,符合法律规定的破产条件,于 1999 年 1 月 16 日裁定:

一、广东国投公司破产还债。

二、指定清算组接管广东国投公司。

裁定宣布后,广东国投公司的破产清算工作依法按以下步骤进行:

(一)债权的申报、审核和确认

1999 年 1 月 16 日,广东省高级人民法院分别在《人民日报》、《人民法院报》刊登受理广东国投公司破产申请公告,要求债权人自公告之日起 3 个月内申报债权,逾期未申报的,视为自动放弃。对广东国投公司的其他民事执行程序依法中止执行,申请执行人可凭生效的法律文书申报债权,对广东国投公司的其他民事诉讼程序也依法终结或中止。公告期限内,共计 320 家债权人申报了债权,申报债权总金额共计 387.7738 亿元(包括 167 家境外债权人申报债权 320.1297 亿元)。

1999 年 4 月 22 日,广东省高级人民法院主持召开广东国投公司破产案第一次债权人会议,244 家境内外债权人派代表出席了会议,占申报债权人总数的 76%。法院向债权人宣布了债权人会议的职权,并根据各债权人申报债权的数额,指定瑞士银行、日本第一劝业银行、美国花旗银行、中国银行等 9 家债权人组成债权人主席委员会。破产清算组向出席债权人会议的代表报告了债权申报情况。会议通过了由破产清算组提出的广东国投公司破产财产处理的原则。

破产清算组对债权人申报的债权进行了登记和审核后,将审核结果分别以确认债权或拒绝申报的方式通知各债权申报人。债权人对清算组确认的债权无异议的,清算组提请债权人会议表决通过;债权申报人对清算组的确认结果有异议的,向广东省高级人民法院提请裁定。

根据债权异议人的申请,广东省高级人民法院分别对广东国投公司破产案中 62 件有关债权申报异议进行了公开审理,并分别作出了裁定:

1. 对依据安慰函申报的担保债权全部予以否认。在确认债权诉讼中,有 15 家广东国投公司香港子公司的债权人持广东国投公司出具的安慰函申报金额约 23 亿元的担保(或然)债权,要求予以确认。广东省高级人民法院经审理认为,安慰函从形式上看,不是广东国投公司与特定债权人签订的,而是向不特定的第三人出具的介绍性函件;从内容上看,安慰函并无担保的意思表示,没有约定当债务人不履行债务时,代为履行或承担还债责任。因此,安慰函不能构成中国法律意义上的保证,不具有保证担保的法律效力,依据安慰函申报担保债权全部被拒绝。

2. 信托存款的存款人可以申报破产债权,但对信托存款无取回权。在确认债权诉讼中,有 17 家债权人以信托存款为依据向广东国投公司清算组申报债权金额 38 亿元。部分境内债权人认为信托存款属于信托财产,具有独立性,受托人广东国投公司对信托财产不具有所有权,只具有经营管理权,信托财产的所有权属于委托人,要求行使取回权。广东省高级人民法院审理认为,广东国投公司向存款人出具信托存款单,约定存款人将资金存入广东国投公司,到期取回本息,具有存款合同的特征,存款人与广东国投公司双方设定的是债权债务关系,并非信托关系。广东国投公司被宣告破产后,对于剩余存款应当确认为破产债权,存款人不享有取回权。

3.债权人依据掉期合同申报的破产债权的确认。债权人依据其与广东国投公司掉期交易申报破产债权被破产清算组拒绝后向法院提出异议。广东省高级人民法院审理认为,利率掉期交易是国际上广泛采用的一种金融方式,目的在于降低筹资成本,防范利率浮动所承受的风险;依据掉期合同申报的破产债权的确认,关键在于认定利率掉期交易是否需要国家外汇管理局的逐笔核准,并对该笔利率掉期交易避险性或投机性作出判断。广东国投公司持有国家外汇管理局颁发的《经营外汇业务许可证》,其外汇业务范围包括自营和代客外汇买卖,故广东国投公司具有从事避险性衍生金融工具交易的主体资格,并不需要国家外汇管理局的逐笔核准;双方所进行的利率掉期交易如果存在相对应的基础工具交易,而不是纯粹根据市场上衍生金融工具价格变动趋势的预测进行的交易,则属于避险性衍生金融工具交易,该笔利率掉期交易则被确认为有效,债权人按照双方约定提供用于计算损失的市场报价证实广东国投公司被关闭导致该笔掉期交易协议提前终止所造成的损失后,债权人申报的破产债权则被确认。

4.商业银行及其分支机构对广东国投公司拥有的债权总额及所负的债务总额在破产清算前等额抵销。按照《破产法》第三十三条"债权人对破产企业负有债务的,可以在破产清算前抵销"和《中华人民共和国商业银行法》的第二十二条"商业银行分支机构不具有法人资格,在总行授权的范围内依法开展业务,其民事责任由总行承担"的规定,商业银行及其分支机构对广东国投公司拥有的债权总额及所负的债务总额可以在破产清算前等额抵销,商业银行分支机构各自申报债权后,由商业银行统一办理行使抵销权。广东国投公司破产清算组依法办理了中国工商银行、中国建设银行等商业银行债权债务抵销事宜。

广东省高级人民法院最终确认,广东国投公司破产案的债权人共计 200 家,债权金额总计 202.2 317 亿元。

(二)破产财产的审核、确认和处理

广东国投公司破产清算组经清算认定,广东国投公司被宣告破产时的账面总资产为 209.3 748 亿元。当事人对破产清算组有关破产财产的认定提出异议的,依法提请广东省高级人民法院裁定。

根据当事人的申请,广东省高级人民法院依法裁定确认了下列异议申请:

1.确认原登记在广东省信托房产开发公司(以下称房产公司)和广信实业有限公司(清盘中)(以下称广信公司)名下的广东国际大厦实业公司的100%股权为广东国投公司破产财产。广东国际大厦实业公司是合作经营(港资)企业,名义上属于房产公司和广信公司所有。破产清算组认为,广东国投公司实际上为其投资公司,其股权应属于广东国投公司所有,要求房产公司和广信公司分别交付各自所持有的50%的股权。广东省高级人民法院经审理认为,虽然工商管理机关登记中广东国际大厦实业公司的中方投资人为房产公司,外方投资人为广信公司,广东国投公司只是其主管部门。但是,房产公司并没有履行出资义务,广信公司的出资实际上也来源于广东国投公司。为了使国际大厦实业公司享受中外合作企业的政策优惠,广东国投公司决定成立广东国际大厦实业公司负责经营管理广东国际大厦,并安排其全资子公司房产公司和在香港注册成立的广信公司作为国际大厦实业公司的中外方股东。由于房产公司和广信公司均没有履行股东最基本的出资义务,均不是合法的股东,广东国投公司作为广东国际大厦实业公司的实际出资者,对该公司应该享有所有权。据此裁定:广东国际大厦实业公司的100%股权归广东国投公司所有。

2.确认广东国投公司在其全资子公司中的投资权益为破产财产。广东国投公司属下有29家全资子公司,破产清算组区分不同情况,界定了广东国投公司投资权益的追收范围。对于经营状况好,有赢利的全资子公司,采取整体转让的方法,收回投资权益;对于资不抵债,投资权益为负值的全资子公司,根据法律的规定决定结业清算或申请破产。对广东国投公司对外投资形成的股权及收益,主要是通过出售或者转让股权进行,但股权价值为负值的停止追收。

3.确认广东国投公司所属证券交易营业部收取的股民保证金所有权属于股民所有。广东国投公司所属的4家证券交易营业部是其分支机构,由于这些证券交易营业部长期将股民保证金和自有资金混在一起,违规经营,挪用大量股民保证金,造成股民保证金头寸短缺,截止至1999年1月16日,资金缺口共计为0.7052亿元。破产清算组认为,股民保证金被违规挪用后,股民只能向清算组申报债权,无取回权。广东省高级人民法院经审理认为,保证金是股民委托广东国投公司证券营业部代理买卖股票的结算资金,证券营业部只是代管,股民在证券机构缴存保证金的行为属于委托行为,并不能改变保证金的所有权和使用权的属性。证券营业部没有设立专门保证金账户分账管理,过错在于证券交易营业部,并不能因此认为保证金所有权已发生变化。证券交易营业部是广东国投公司的分支机构,广东国投公司破产后,股票所有人依法可以通过破产清算组取回保证金。据此裁定:股民可以取回股票交易保证金余额。

对经依法确认属于广东国投公司的财产,广东省高级人民法院区别不同情况进行追收或变现:

对于广东国投公司在广东省内的债权,广东省高级人民法院依照最高人民法院《关于高级人民法院统一管理执行工作若干问题的规定》的规定,裁定指定由广东国投公司的债务人所在地的58个法院分别执行,共计追回15.1亿元。

对于广东国投公司在其他省、市、自治区的财产,由破产清算组依法追收,共计追回5.3823亿元。

对于广东国投公司在美国、香港特别行政区等国外和境外的财产,由破产清算组依据当地的法律规定予以回收,共计追回投资及贷款折合2.2984亿元。

对于广东省内69个政府机关为广东国投公司的债务人出具担保,被确认无效应承担相应的赔偿责任问题,广东省高级人民法院委托广东省审计厅组织审计小组对这些政府机构的预算外资金情况逐个进行了审计,根据审计情况依法对这些政府机关的预算外资金进行了强制执行,对于没有预算外资金的政府机关法院依法办理了执行中止手续,共计追回0.7625亿元。

对于广东国投公司的破产财产,均采取拍卖或者竞买的方式予以变现。其中:广东国投公司对广东商品展销中心100%的股权以3.89亿元的价格成功拍卖;通过竞买,广东国投公司属下4家证券交易营业部以0.8093亿元的价格转让给广发证券有限责任公司;广东国投公司对江湾新城75%的股权及债权以3.5亿元成功拍卖;广东国投公司对广东国际大厦实业有限公司100%的股权和债权以11.3亿元成功拍卖。

(三)破产财产分配与终结破产程序

对广东国投公司破产财产追收和变现后,依法优先拨付了破产清算使用(含中介机构专业服务费用、评估费用及其他清算费用),于2000年10月31日、2002年6月28日和2003年2月28日分别召开债权人会议,在优先清偿广东国投公司所欠职工工资、劳动保险费用和所欠税款后,分三次按照比例清偿破产债权。经广东省高级人民法院裁定准予,破产财产分配分三次进行,分配破产财产共计25.34亿元,债权清偿率共计为12.52%。对境外债权人的债权,经征得外汇管理部门同意,一律兑换外币支付。

广东国投公司破产案有关司法程序进行完毕后,破产清算组依法申请终结破产程序。广东省高级人民政府经审查认为,广东国投公司申请破产一案,债权确认工作已经完成,破产财产的范围已经界定,对外债权的追收工作已经全部采取有效法律措施,广东国投公司的主要破产财产已经拍卖变现,并已经分配给债权人,广东国投公司破产案已符合终结破产程序的法定条件,但因今后仍有可以追收的破产财产、追加分配等善后事宜需要处理,应保留破产清算组继续负责完成追收破产财产和追收分配工作,故应在同意破产清算组终结破产程序申请的同时,继续保留破产清算组处理有关善后事宜。据此,于2003年3月8日依照《破产法》第三十八条和最高人民法院《关于审理企业破产案件若干问题的规定》第九十七条的规定裁定:

一、终结广东国投公司破产案破产程序。

二、广东国投公司破产清算组凭本裁定向广东省工商行政管理局办理广东国投公司的注销登记。

三、保留广东国投公司破产清算组完成追收广东国投公司破产财产、追加分配等善后事宜。

本案诉讼费减半收取,从破产财产中优先支付。

——资料来源:法律快车网(www.lawtime.cn)

第一节 概述

一、企业破产的含义

企业法人不能清偿到期债务,并且资产不足以清偿全部债务或者明显缺乏清偿能力或者有明显丧失清偿能力可能的,应当依照《破产法》清理债务或者进行重整。

案例研读:南方证券股份有限公司破产案

南方证券股份有限公司前身为南方证券有限公司,系于1992年9月成立的全民所有制非银行金融机构。2004年,南方证券因严重违法违规经营,管理混乱被行政接管。2005年,南方证券因挪用巨额客户交易结算资金被中国证监会取消证券业务许可并责令关闭。2006年6月,中国证监会批复同意南方证券破产还债。2006年8月16日,深圳市中级人民法院宣告:因资不抵债,南方证券破产还债。这是迄今为止中国最大的证券公司破产案。

——资料来源:法律快车网(http://www.lawtime.cn)

二、破产案件管辖权

破产案件由债务人住所地人民法院管辖,审理程序适用《破产法》和《民事诉讼法》的有关规定。人民法院审理破产案件,应当依法保障企业职工的合法权益,依法追究破产企业经营管理人员的法律责任。

三、涉外破产财产

依照《破产法》开始的破产程序,对债务人在我国领域外的财产发生效力。对外国法院作出的发生法律效力的破产案件的判决、裁定,涉及债务人在我国领域内的财产,申请或者请求人民法院承认和执行的,人民法院依照我国缔结或者参加的国际条约,或者按照互惠原则进行审查,认为不违反我国法律的基本原则,不损害国家主权、安全和社会公共利益,不损害我国领域内债权人的合法权益的,裁定承认和执行。

第二节 破产申请和受理

一、申请

(一)申请人

《破产法》规定,债务人不能清偿到期债务,债权人可以向人民法院提出对债务人进行重整或者破产清算的申请。企业法人已解散但未清算或者未清算完毕,资产不足以清偿债务的,依法负有清算责任的人应当向人民法院申请破产清算。

(二)申请书

《破产法》规定,向人民法院提出破产申请,应当提交破产申请书和有关证据。破产申请书应当载明下列事项:

(1)申请人、被申请人的基本情况;
(2)申请目的;
(3)申请的事实和理由;
(4)人民法院认为应当载明的其他事项。

债务人提出申请的,还应当向人民法院提交财产状况说明、债务清册、债权清册、有关财务会计报告、职工安置预案以及职工工资的支付和社会保险费用的缴纳情况。

人民法院受理破产申请前,申请人可以请求撤回申请。

案例研读:通用汽车申请破产保护案

1908年,通用汽车公司(GM)诞生,经过不断的重组并购,通用逐渐成为全球汽车业的龙头老大。1973年石油危机后,日本汽车凭借小型和低能耗的优势加强了对美出口。1991年,日本汽车在美国市场的占有率一举突破30%,导致以通用为首的美国三大汽车巨头陷入了巨额亏损。尽管如此,通用汽车仍然固步自封,不愿改变汽车设计理念。2009年,在国际金融危机的打击下,通用汽车陷入了严重的债务危机,受销售大幅下滑和油价上涨的影响,该公司已资不抵债,其总资产为822.9亿美元,总债务则高达1 728.1亿美元。

为了克服债务危机,通用提出了债转股计划。据此,通用的债权人可以用每1000美元债券换取公司225股普通股,从而向债券持有人提供重组后公司10%的股份,以换取后者所持总额270亿美元的债券。而债权人却认为,相对于270亿美元的债券,10%的股份过少,他们要求得到的是58%的股份。2009年5月27日,通用汽车公司与债权人就债转股的谈判宣告失败。2009年6月1日,通用汽车公司正式申请破产保护。

二、受理

(一)法院裁定

《破产法》规定,债权人提出破产申请的,人民法院应当自收到申请之日起5日内通知债务人。债务人对申请有异议的,应当自收到人民法院的通知之日起7日内向人民法院提出,人民法院应当自异议期满之日起10日内裁定是否受理。除上述情形外,人民法院应当自收到破产申请之日起15日内裁定是否受理。有特殊情况需要延长裁定受理期限的,经上一级人民法院批准,可以延长15日。

人民法院受理破产申请的,应当自裁定作出之日起5日内送达申请人。债权人提出申请的,人民法院应当自裁定作出之日起5日内送达债务人。债务人应当自裁定送达之日起15日内,向人民法院提交财产状况说明、债务清册、债权清册、有关财务会计报告以及职工工资的支付和社会保险费用的缴纳情况。

人民法院裁定不受理破产申请的,应当自裁定作出之日起5日内送达申请人并说明理由。申请人对裁定不服的,可以自裁定送达之日起10日内向上一级人民法院提起上诉。

人民法院受理破产申请后至破产宣告前,经审查发现债务人不符合法定破产情形的,可以裁定驳回申请。申请人对裁定不服的,可以自裁定送达之日起10日内向上一级人民法院提起上诉。

(二)通知与公告

《破产法》规定,人民法院应当自裁定受理破产申请之日起25日内通知已知债权人,并予以公告。通知和公告应当载明下列事项:

(1)申请人、被申请人的名称或者姓名;

(2)人民法院受理破产申请的时间;

(3)申报债权的期限、地点和注意事项；

(4)管理人的名称或者姓名及其处理事务的地址；

(5)债务人的债务人或者财产持有人应当向管理人清偿债务或者交付财产的要求；

(6)第一次债权人会议召开的时间和地点；

(7)人民法院认为应当通知和公告的其他事项。

(三)债务人义务

《破产法》规定，自人民法院受理破产申请的裁定送达债务人之日起至破产程序终结之日，债务人的有关人员承担下列义务：

(1)妥善保管其占有和管理的财产、印章和账簿、文书等资料；

(2)根据人民法院、管理人的要求进行工作，并如实回答询问；

(3)列席债权人会议并如实回答债权人的询问；

(4)未经人民法院许可，不得离开住所地；

(5)不得新任其他企业的董事、监事、高级管理人员。

上述有关人员，是指企业的法定代表人；经人民法院决定，可以包括企业的财务管理人员和其他经营管理人员。

人民法院受理破产申请后，债务人对个别债权人的债务清偿无效。债务人的债务人或者财产持有人应当向管理人清偿债务或者交付财产，其故意违反规定向债务人清偿债务或者交付财产，使债权人受到损失的，不免除其清偿债务或者交付财产的义务。

(四)指定管理人

人民法院裁定受理破产申请的，应当同时指定管理人。

《破产法》规定，管理人对破产申请受理前成立而债务人和对方当事人均未履行完毕的合同有权决定解除或者继续履行，并通知对方当事人。管理人自破产申请受理之日起2个月内未通知对方当事人，或者自收到对方当事人催告之日起30日内未答复的，视为解除合同。

管理人决定继续履行合同的，对方当事人应当履行；但是，对方当事人有权要求管理人提供担保。管理人不提供担保的，视为解除合同。

人民法院受理破产申请后，有关债务人财产的保全措施应当解除，执行程序应当中止，已经开始而尚未终结的有关债务人的民事诉讼或者仲裁应当中止。管理人接管债务人的财产后，该诉讼或者仲裁继续进行。

第三节 管理人

一、人员构成

《破产法》规定,管理人可以由有关部门、机构的人员组成的清算组或者依法设立的律师事务所、会计师事务所、破产清算事务所等社会中介机构担任。人民法院根据债务人的实际情况,可以在征询有关社会中介机构的意见后,指定该机构具备相关专业知识并取得执业资格的人员担任管理人。

《破产法》规定,有下列情形之一的,不得担任管理人:
(1)因故意犯罪受过刑事处罚;
(2)曾被吊销相关专业执业证书;
(3)与本案有利害关系;
(4)人民法院认为不宜担任管理人的其他情形。

个人担任管理人的,应当参加执业责任保险。

二、管理人义务与权利

《破产法》规定,管理人应当勤勉尽责,忠实执行职务,没有正当理由不得辞去职务,其辞去职务应当经人民法院许可。

管理人依照《破产法》规定执行职务,向人民法院报告工作,应当列席债权人会议,向债权人会议报告职务执行情况,回答询问,并接受债权人会议和债权人委员会的监督。债权人会议认为管理人不能依法、公正执行职务或者有其他不能胜任职务情形的,可以申请人民法院予以更换。

管理人经人民法院许可,可以聘用必要的工作人员。管理人的报酬由人民法院确定,债权人会议对管理人的报酬有异议的,有权向人民法院提出。

三、管理人职责

《破产法》规定,管理人履行下列职责:
(1)接管债务人的财产、印章和账簿、文书等资料;
(2)调查债务人财产状况,制作财产状况报告;
(3)决定债务人的内部管理事务;
(4)决定债务人的日常开支和其他必要开支;
(5)在第一次债权人会议召开之前,决定继续或者停止债务人的营业;

(6)管理和处分债务人的财产；
(7)代表债务人参加诉讼、仲裁或者其他法律程序；
(8)提议召开债权人会议；
(9)人民法院认为管理人应当履行的其他职责。

制度链接:《最高人民法院关于审理企业破产案件指定管理人的规定》(节选)

第一条 人民法院审理企业破产案件应当指定管理人。除《企业破产法》和本规定另有规定外,管理人应当从管理人名册中指定。

第二条 高级人民法院应当根据本辖区律师事务所、会计师事务所、破产清算事务所等社会中介机构及专职从业人员数量和企业破产案件数量,确定由本院或者所辖中级人民法院编制管理人名册。

人民法院应当分别编制社会中介机构管理人名册和个人管理人名册。由直辖市以外的高级人民法院编制的管理人名册中,应当注明社会中介机构和个人所属中级人民法院辖区。

第十条 编制管理人名册的人民法院应当组成专门的评审委员会,决定编入管理人名册的社会中介机构和个人名单。评审委员会成员应不少于7人。

人民法院应当根据本辖区社会中介机构以及社会中介机构中个人的实际情况,结合其执业业绩、能力、专业水准、社会中介机构的规模、办理企业破产案件的经验等因素制定管理人评定标准,由评审委员会根据申报人的具体情况评定其综合分数。

人民法院根据评审委员会评审结果,确定管理人初审名册。

第十一条 人民法院应当将管理人初审名册通过本辖区有影响的媒体进行公示,公示期为10日。

对于针对编入初审名册的社会中介机构和个人提出的异议,人民法院应当进行审查。异议成立、申请人确不宜担任管理人的,人民法院应将该社会中介机构或者个人从管理人初审名册中删除。

第十二条 公示期满后,人民法院应审定管理人名册,并通过全国有影响的媒体公布,同时逐级报最高人民法院备案。

第四节　债务人财产

一、债务人财产变动的撤销与无效

破产申请受理时属于债务人的全部财产,以及破产申请受理后至破产程序终结前债务人取得的财产,为债务人财产。

《破产法》规定,人民法院受理破产申请前1年内,涉及债务人财产的下列行为,管理人有权请求人民法院予以撤销:

(1)无偿转让财产的;

(2)以明显不合理的价格进行交易的;

(3)对没有财产担保的债务提供财产担保的;

(4)对未到期的债务提前清偿的;

(5)放弃债权的。

人民法院受理破产申请前6个月内,债务人不能清偿到期债务,并且资产不足以清偿全部债务或者明显缺乏清偿能力或者有明显丧失清偿能力可能,仍对个别债权人进行清偿的,管理人有权请求人民法院予以撤销。但是,个别清偿使债务人财产受益的除外。

《破产法》规定,涉及债务人财产的下列行为无效:

(1)为逃避债务而隐匿、转移财产的;

(2)虚构债务或者承认不真实的债务的。

第三人因上述行为而取得的债务人的财产,管理人有权追回。

二、债务人财产变动的其他限制

《破产法》规定,人民法院受理破产申请后,债务人的出资人尚未完全履行出资义务的,管理人应当要求该出资人缴纳所认缴的出资,而不受出资期限的限制。

债务人的董事、监事和高级管理人员利用职权从企业获取的非正常收入和侵占的企业财产,管理人应当追回。

人民法院受理破产申请后,管理人可以通过清偿债务或者提供为债权人接受的担保,取回质物、留置物。上述债务清偿或者替代担保,在质物或者留置物的价值低于被担保的债权额时,以该质物或者留置物当时的市场价值为限。

人民法院受理破产申请后,债务人占有的不属于债务人的财产,除《破产法》另有规定之外,该财产的权利人可以通过管理人取回。

人民法院受理破产申请时,出卖人已将买卖标的物向作为买受人的债务人发运,债务人尚未收到且未付清全部价款的,出卖人可以取回在运途中的标的物。但是,管理人可以支付全部价款,请求出卖人交付标的物。

《破产法》规定,债权人在破产申请受理前对债务人负有债务的,可以向管理人主张抵销。但是,有下列情形之一的,不得抵销:

(1)债务人的债务人在破产申请受理后取得他人对债务人的债权的;

(2)债权人已知债务人有不能清偿到期债务或者破产申请的事实,对债务人负担债务的;但是,债权人因为法律规定或者有破产申请 1 年前所发生的原因而负担债务的除外;

(3)债务人的债务人已知债务人有不能清偿到期债务或者破产申请的事实,对债务人取得债权的;但是,债务人的债务人因为法律规定或者有破产申请 1 年前所发生的原因而取得债权的除外。

第五节 破产费用和共益债务

一、构成

《破产法》规定,人民法院受理破产申请后发生的下列费用,为破产费用:
(1)破产案件的诉讼费用;
(2)管理、变价和分配债务人财产的费用;
(3)管理人执行职务的费用、报酬和聘用工作人员的费用。

《破产法》规定,人民法院受理破产申请后发生的下列债务,为共益债务:
(1)因管理人或者债务人请求对方当事人履行双方均未履行完毕的合同所产生的债务;
(2)债务人财产受无因管理所产生的债务;
(3)因债务人不当得利所产生的债务;
(4)为债务人继续营业而应支付的劳动报酬和社会保险费用以及由此产生的其他债务;
(5)管理人或者相关人员执行职务致人损害所产生的债务;
(6)债务人财产致人损害所产生的债务。

二、清偿

《破产法》规定,破产费用和共益债务由债务人财产随时清偿。债务人财产不足以清偿所有破产费用和共益债务的,先行清偿破产费用。债务人财产不足以清偿所有破产费用或者共益债务的,按照比例清偿。债务人财产不足以清偿破产费用的,管理人应当提请人民法院终结破产程序。人民法院应当自收到请求之日起 15 日内裁定终结破产程序,并予以公告。

第六节 债权申报

一、申报期限

《破产法》规定,人民法院受理破产申请后,应当确定债权人申报债权的期限,债权人应当在人民法院确定的债权申报期限内向管理人申报债权。债权申报期限自人民法院发布受理破产申请公告之日起计算,最短不得少于30日,最长不得超过3个月。未到期的债权,在破产申请受理时视为到期。附条件、附期限的债权和诉讼、仲裁未决的债权,债权人可以申报。

二、申报债权

《破产法》规定,债务人所欠职工的工资和医疗、伤残补助、抚恤费用,所欠的应当划入职工个人账户的基本养老保险、基本医疗保险费用,以及法律、行政法规规定应当支付给职工的补偿金,不必申报,由管理人调查后列出清单并予以公示。职工对清单记载有异议的,可以要求管理人更正;管理人不予更正的,职工可以向人民法院提起诉讼。

债权人申报债权时,应当书面说明债权的数额和有无财产担保,并提交有关证据。申报的债权是连带债权的,应当说明。连带债权人可以由其中一人代表全体连带债权人申报债权,也可以共同申报债权。连带债务人数人被裁定适用《破产法》规定的程序的,其债权人有权就全部债权分别在各破产案件中申报债权。

债务人的保证人或者其他连带债务人已经代替债务人清偿债务的,以其对债务人的求偿权申报债权。债务人的保证人或者其他连带债务人尚未代替债务人清偿债务的,以其对债务人的将来求偿权申报债权。但是,债权人已经向管理人申报全部债权的除外。

管理人或者债务人依照《破产法》规定解除合同的,对方当事人以因合同解除所产生的损害赔偿请求权申报债权。

债务人是委托合同的委托人,被裁定适用《破产法》规定的程序,受托人不知该事实,继续处理委托事务的,受托人以由此产生的请求权申报债权。

债务人是票据的出票人,被裁定适用《破产法》规定的程序,该票据的付款人继续付款或者承兑的,付款人以由此产生的请求权申报债权。

债权人未依照《破产法》规定申报债权的,不得依照《破产法》规定的程序行使权利。在人民法院确定的债权申报期限内,债权人未申报债权的,可以在破产财产最后分配前补充申报;但是,此前已进行的分配,不再对其补充分配。为审查和确认补充申报债权的费用,由补充申报人承担。

三、登记造册

《破产法》规定,管理人收到债权申报材料后,应当登记造册,对申报的债权进行审查,并编制债权表。债权表和债权申报材料由管理人保存,供利害关系人查阅。编制的债权表,应当提交第一次债权人会议核查。债务人、债权人对债权表记载的债权无异议的,由人民法院裁定确认,有异议的,可以向受理破产申请的人民法院提起诉讼。

案例研读:

华夏大酒店因经营管理不善,申请宣告破产,在破产程序中债权人申报债权如下:

1. 王某被酒店保安打伤,住院3个月,医疗费支出7 900元;
2. 酒店欠房屋租金30万元;
3. 酒店非法从事"三陪"活动,被公安机关罚款1万元;
4. 酒店欠员工工资共计3万元;
5. 酒店租用某汽车租赁公司汽车一辆。

问:根据《破产法》的规定,上述哪些项目能够成为破产债权?

第七节 债权人会议

一、构成

《破产法》规定,依法申报债权的债权人为债权人会议的成员,有权参加债权人会议,享有表决权。债权人可以委托代理人出席债权人会议,行使表决权。代理人出席债权人会议,应当向人民法院或者债权人会议主席提交债权人的授权委托书。债权人会议应当有债务人的职工和工会的代表参加,对有关事项发表意见。

债权尚未确定的债权人,除人民法院能够为其行使表决权而临时确定债权额的外,不得行使表决权。对债务人的特定财产享有担保权的债权人,未放弃优先受偿权利的,对于通过和解协议、通过破产财产的分配方案不享有表决权。

债权人会议设主席一人,由人民法院从有表决权的债权人中指定,债权人会议主席主持债权人会议。

二、职权

《破产法》规定,债权人会议行使下列职权:
(1)核查债权;
(2)申请人民法院更换管理人,审查管理人的费用和报酬;
(3)监督管理人;
(4)选任和更换债权人委员会成员;
(5)决定继续或者停止债务人的营业;
(6)通过重整计划;
(7)通过和解协议;
(8)通过债务人财产的管理方案;
(9)通过破产财产的变价方案;
(10)通过破产财产的分配方案;
(11)人民法院认为应当由债权人会议行使的其他职权。
债权人会议应当对所议事项的决议作成会议记录。

三、召集

《破产法》规定,第一次债权人会议由人民法院召集,自债权申报期限届满之日起15内召开。以后的债权人会议,在人民法院认为必要时,或者管理人、债权人委员会、占债权总额1/4的债权人向债权人会议主席提议时召开。

召开债权人会议,管理人应当提前15通知已知的债权人。

四、决议

《破产法》规定,债权人会议的决议,由出席会议的有表决权的债权人过半数通过,并且其所代表的债权额占无财产担保债权总额的1/2,决议对于全体债权人均有约束力。但是,《破产法》另有规定的除外。债权人认为债权人会议的决议违反法律规定,损害其利益的,可以自债权人会议作出决议之日起15内,请求人民法院裁定撤销该决议,责令债权人会议依法重新作出决议。

债务人财产的管理方案、破产财产的变价方案;经债权人会议表决未通过的,由人民法院裁定。破产财产的分配方案经债权人会议二次表决仍未通过的,由人民法院裁定。

五、债权人委员会

《破产法》规定,债权人会议可以决定设立债权人委员会。债权人委员会由债权人会议选任的债权人代表和一名债务人的职工代表或者工会代表组成。债权人委员会成员不得超过9人。债权人委员会成员应当经人民法院书面决定认可。

《破产法》规定,债权人委员会行使下列职权:

(1)监督债务人财产的管理和处分;

(2)监督破产财产分配;

(3)提议召开债权人会议;

(4)债权人会议委托的其他职权。

债权人委员会执行职务时,有权要求管理人、债务人的有关人员对其职权范围内的事务作出说明或者提供有关文件。

管理人、债务人的有关人员违反《破产法》规定拒绝接受监督的,债权人委员会有权就监督事项请求人民法院作出决定;人民法院应当在五日内作出决定。

《破产法》规定,管理人实施下列行为,应当及时报告债权人委员会:

(1)涉及土地、房屋等不动产权益的转让;

(2)探矿权、采矿权、知识产权等财产权的转让;

(3)全部库存或者营业的转让;

(4)借款;

(5)设定财产担保;

(6)债权和有价证券的转让;

(7)履行债务人和对方当事人均未履行完毕的合同;

(8)放弃权利;

(9)担保物的取回;

(10)对债权人利益有重大影响的其他财产处分行为。

未设立债权人委员会的,管理人实施上述行为应当及时报告人民法院。

第八节 重整

一、重整申请和重整期间

(一)重整申请

债务人或者债权人可以依照《破产法》的规定,直接向人民法院申请对债务人进行重整。债权人申请对债务人进行破产清算的,在人民法院受理破产申请后、宣告债务人破产前,债务人或者出资额占债务人注册资本 1/10 以上的出资人,可以向人民法院申请重整。

人民法院经审查认为重整申请符合《破产法》规定的,应当裁定债务人重整,并予以公告。

(二)重整期间

《破产法》规定,自人民法院裁定债务人重整之日起至重整程序终止,为重整期间。

在重整期间,经债务人申请,人民法院批准,债务人可以在管理人的监督下自行管理财产和营业事务。已接管债务人财产和营业事务的管理人应当向债务人移交财产和营业事务,《破产法》规定的管理人的职权由债务人行使。

管理人负责管理财产和营业事务的,可以聘任债务人的经营管理人员负责营业事务。

在重整期间,对债务人的特定财产享有的担保权暂停行使。但是,担保物有损坏或者价值明显减少的可能,足以危害担保权人权利的,担保权人可以向人民法院请求恢复行使担保权。

在重整期间,债务人或者管理人为继续营业而借款的,可以为该借款设定担保。

债务人合法占有的他人财产,该财产的权利人在重整期间要求取回的,应当符合事先约定的条件。

在重整期间,债务人的出资人不得请求投资收益分配。

在重整期间,债务人的董事、监事、高级管理人员不得向第三人转让其持有的债务人的股权。但是,经人民法院同意的除外。

(三)终止重整

《破产法》规定,在重整期间,有下列情形之一的,经管理人或者利害关系人请求,人民法院应当裁定终止重整程序,并宣告债务人破产:

(1)债务人的经营状况和财产状况继续恶化,缺乏挽救的可能性;
(2)债务人有欺诈、恶意减少债务人财产或者其他显著不利于债权人的行为;
(3)由于债务人的行为致使管理人无法执行职务。

二、重整计划的制定和批准

(一)重整计划草案的制定

《破产法》规定,债务人或者管理人应当自人民法院裁定债务人重整之日起6个月内,同时向人民法院和债权人会议提交重整计划草案。上述期限届满,经债务人或者管理人请求,有正当理由的,人民法院可以裁定延期3个月。债务人或者管理人未按期提出重整计划草案的,人民法院应当裁定终止重整程序,并宣告债务人破产。

债务人自行管理财产和营业事务的,由债务人制作重整计划草案。管理人负责管理财产和营业事务的,由管理人制作重整计划草案。

《破产法》规定,重整计划草案应当包括下列内容:
(1)债务人的经营方案;
(2)债权分类;
(3)债权调整方案;
(4)债权受偿方案;
(5)重整计划的执行期限;
(6)重整计划执行的监督期限;
(7)有利于债务人重整的其他方案。

(二)重整计划草案的表决

《破产法》规定,下列各类债权的债权人参加讨论重整计划草案的债权人会议,依照下列债权分类,分组对重整计划草案进行表决:
(1)对债务人的特定财产享有担保权的债权;
(2)债务人所欠职工的工资和医疗、伤残补助、抚恤费用,所欠的应当划入职工个人账户的基本养老保险、基本医疗保险费用,以及法律、行政法规规定应当支付给职工的补偿金。重整计划不得规定减免债务人欠缴其他社会保险费用,该项费用的债权人不参加重整计划草案的表决;
(3)债务人所欠税款;
(4)普通债权。

人民法院在必要时可以决定在普通债权组中设小额债权组对重整计划草案进行表决。

人民法院应当自收到重整计划草案之日起30日内召开债权人会议,对重整计划草案进行表决。

出席会议的同一表决组的债权人过半数同意重整计划草案,并且其所代表的债权额占该组债权总额的 2/3 以上的,即为该组通过重整计划草案。

债务人或者管理人应当向债权人会议就重整计划草案作出说明,并回答询问。债务人的出资人代表可以列席讨论重整计划草案的债权人会议。重整计划草案涉及出资人权益调整事项的,应当设出资人组,对该事项进行表决。

各表决组均通过重整计划草案时,重整计划即为通过。

(三)重整计划的批准

《破产法》规定,自重整计划通过之日起 10 日内,债务人或者管理人应当向人民法院提出批准重整计划的申请。人民法院经审查认为符合《破产法》规定的,应当自收到申请之日起 30 日内裁定批准,终止重整程序,并予以公告。

部分表决组未通过重整计划草案的,债务人或者管理人可以同未通过重整计划草案的表决组协商。该表决组可以在协商后再表决一次。双方协商的结果不得损害其他表决组的利益。

《破产法》规定,未通过重整计划草案的表决组拒绝再次表决或者再次表决仍未通过重整计划草案,但重整计划草案符合下列条件的,债务人或者管理人可以申请人民法院批准重整计划草案:

(1)按照重整计划草案,各类债权就该特定财产将获得全额清偿,其因延期清偿所受的损失将得到公平补偿,并且其担保权未受到实质性损害,或者该表决组已经通过重整计划草案;

(2)按照重整计划草案,各类债权将获得全额清偿,或者相应表决组已经通过重整计划草案;

(3)按照重整计划草案,普通债权所获得的清偿比例,不低于其在重整计划草案被提请批准时依照破产清算程序所能获得的清偿比例,或者该表决组已经通过重整计划草案;

(4)重整计划草案对出资人权益的调整公平、公正,或者出资人组已经通过重整计划草案;

(5)重整计划草案公平对待同一表决组的成员,并且所规定的债权清偿顺序不违反破产财产清偿顺序的规定;

(6)债务人的经营方案具有可行性。

人民法院经审查认为重整计划草案符合上述规定的,应当自收到申请之日起 30 日内裁定批准,终止重整程序,并予以公告。

重整计划草案未获得通过且未依法获得批准,或者已通过的重整计划未获得批准的,人民法院应当裁定终止重整程序,并宣告债务人破产。

三、重整计划的执行

《破产法》规定,重整计划由债务人负责执行。人民法院裁定批准重整计划后,已接管财产和营业事务的管理人应当向债务人移交财产和营业事务。在重整计划规定的监督期内,由管理人监督重整计划的执行,债务人应当向管理人报告重整计划执行情况和债务人财务状况。

监督期届满时,管理人应当向人民法院提交监督报告,重整计划的利害关系人有权查阅该监督报告。自监督报告提交之日起,管理人的监督职责终止。经管理人申请,人民法院可以裁定延长重整计划执行的监督期限。

经人民法院裁定批准的重整计划,对债务人和全体债权人均有约束力。

债权人未依法申报债权的,在重整计划执行期间不得行使权利;在重整计划执行完毕后,可以按照重整计划规定的同类债权的清偿条件行使权利。债权人对债务人的保证人和其他连带债务人所享有的权利,不受重整计划的影响。

债务人不能执行或者不执行重整计划的,人民法院经管理人或者利害关系人请求,应当裁定终止重整计划的执行,并宣告债务人破产。人民法院裁定终止重整计划执行的,债权人在重整计划中作出的债权调整的承诺失去效力。债权人因执行重整计划所受的清偿仍然有效,债权未受清偿的部分作为破产债权,但只有在其他同顺位债权人同自己所受的清偿达到同一比例时,才能继续接受分配。

按照重整计划减免的债务,自重整计划执行完毕时起,债务人不再承担清偿责任。

第九节 和解

一、和解申请

债务人可以依照《破产法》的规定,直接向人民法院申请和解;也可以在人民法院受理破产申请后、宣告债务人破产前,向人民法院申请和解。债务人申请和解,应当提出和解协议草案。

人民法院经审查认为和解申请符合《破产法》规定的,应当裁定和解,予以公告,并召集债权人会议讨论和解协议草案。

二、和解协议的表决

《破产法》规定,债权人会议通过和解协议的决议,由出席会议的有表决权的债权人过半数同意,并且其所代表的债权额占无财产担保债权总额的 2/3 以上。债权人会议通过和解协议的,由人民法院裁定认可,终止和解程序,并予以公告。管理人应当向债务人移交财产和营业事务,并向人民法院提交执行职务的报告。经人民法院裁定认可的和解协议,对债务人和全体和解债权人(即人民法院受理破产申请时对债务人享有无财产担保债权的人)均有约束力。和解债权人未依照《破产法》的规定申报债权的,在和解协议执行期间不得行使权利;在和解协议执行完毕后,可以按照和解协议规定的清偿条件行使权利。债务人应当按照和解协议规定的条件清偿债务。

和解协议草案经债权人会议表决未获得通过,或者已经债权人会议通过的和解协议未获得人民法院认可的,人民法院应当裁定终止和解程序,并宣告债务人破产。

三、和解协议的法律后果

《破产法》规定,对债务人的特定财产享有担保权的权利人,自人民法院裁定和解之日起可以行使权利。

和解债权人对债务人的保证人和其他连带债务人所享有的权利,不受和解协议的影响。

因债务人的欺诈或者其他违法行为而成立的和解协议,人民法院应当裁定无效,并宣告债务人破产。和解债权人因执行和解协议所受的清偿,在其他债权人所受清偿同等比例的范围内,不予返还。

债务人不能执行或者不执行和解协议的,人民法院经和解债权人请求,应当裁定终止和解协议的执行,并宣告债务人破产。

人民法院裁定终止和解协议执行的,和解债权人在和解协议中作出的债权调整的承诺失去效力。和解债权人因执行和解协议所受的清偿仍然有效,和解债权未受清偿的部分作为破产债权。但是只有在其他债权人同自己所受的清偿达到同一比例时,债权人才能继续接受分配。

人民法院受理破产申请后,债务人与全体债权人就债权债务的处理自行达成协议的,可以请求人民法院裁定认可,并终结破产程序。

按照和解协议减免的债务,自和解协议执行完毕时起,债务人不再承担清偿责任。

第十节　破产清算

一、破产宣告

人民法院依照《破产法》的规定宣告债务人破产的,应当自裁定作出之日起5日内送达债务人和管理人,自裁定作出之日起10日内通知已知债权人,并予以公告。

债务人被宣告破产后,债务人称为破产人,债务人财产称为破产财产,人民法院受理破产申请时对债务人享有的债权称为破产债权。

但是,破产宣告前,有下列情形之一的,人民法院应当裁定终结破产程序,并予以公告：

(1)第三人为债务人提供足额担保或者为债务人清偿全部到期债务的;

(2)债务人已清偿全部到期债务的。

对破产人的特定财产享有担保权的权利人,对该特定财产享有优先受偿的权利。债权人行使优先受偿权利未能完全受偿的,其未受偿的债权作为普通债权;放弃优先受偿权利的,其债权作为普通债权。

案例研读:石家庄中院依法宣告三鹿集团破产案

2009年2月12日,石家庄三鹿集团股份有限公司破产清算案件第一次债权人会议在河北省石家庄市中级人民法院召开。三鹿集团今天被依法宣告破产。

三鹿集团是1996年12月23日设立的企业法人。2008年9月,该公司因涉嫌生产、销售伪劣产品被责令停止生产、销售。12月18日,石家庄中院根据债权人石家庄市商业银行和平路支行的申请,裁定受理了对三鹿集团的破产清算申请。经审计,截至2008年12月31日,三鹿集团不能清偿到期债务,已资不抵债,符合法定破产条件。

今天,石家庄中院依法指定了债权人会议主席,在债权人会议主席主持下设立了债权人委员会,听取了破产资产管理人执行职务和债权登记审查等情况,核查了债权,通过了三鹿集团财产管理方案和破产财产变价方案。

——资料来源:《人民法院报》门户网站(http://rmfyb.chinacourt.org)

二、变价和分配

《破产法》规定,管理人应当及时拟订破产财产变价方案,提交债权人会议讨论,应当按照债权人会议通过的或者人民法院裁定的破产财产变价方案,适时变价出售破产财产。

变价出售破产财产应当通过拍卖进行。但是,债权人会议另有决议的除外。破产企业可以全部或者部分变价出售。企业变价出售时,可以将其中的无形资产和其他财产单独变价出售。按照国家规定不能拍卖或者限制转让的财产,应当按照国家规定的方式处理。

《破产法》规定,破产财产在优先清偿破产费用和共益债务后,依照下列顺序清偿:

(1)破产人所欠职工的工资和医疗、伤残补助、抚恤费用,所欠的应当划入职工个人账户的基本养老保险、基本医疗保险费用,以及法律、行政法规规定应当支付给职工的补偿金;

(2)破产人欠缴的除前项规定以外的社会保险费用和破产人所欠税款;

(3)普通破产债权。

破产财产不足以清偿同一顺序的清偿要求的,按照比例分配。破产企业的董事、监事和高级管理人员的工资按照该企业职工的平均工资计算。破产财产的分配应当以货币分配方式进行,但是,债权人会议另有决议的除外。

《破产法》规定,管理人应当及时拟订破产财产分配方案,提交债权人会议讨论。破产财产分配方案应当载明下列事项:

(1)参加破产财产分配的债权人名称或者姓名、住所;

(2)参加破产财产分配的债权额;

(3)可供分配的破产财产数额;

(4)破产财产分配的顺序、比例及数额;

(5)实施破产财产分配的方法。

债权人会议通过破产财产分配方案后,由管理人将该方案提请人民法院裁定认可。破产财产分配方案经人民法院裁定认可后,由管理人执行。管理人按照破产财产分配方案实施多次分配的,应当公告本次分配的财产额和债权额。管理人实施最后分配的,应当在公告中指明。

对于附生效条件或者解除条件的债权,管理人应当将其分配额提存。管理人提存的分配额,在最后分配公告日,生效条件未成就或者解除条件成就的,应当分配给其他债权人;在最后分配公告日,生效条件成就或者解除条件未成就的,应当交付给债权人。

债权人未受领的破产财产分配额,管理人应当提存。债权人自最后分配公告之日起满2个月仍不领取的,视为放弃受领分配的权利,管理人或者人民法院应当将提存的分配额分配给其他债权人。

破产财产分配时,对于诉讼或者仲裁未决的债权,管理人应当将其分配额提存。自破产程序终结之日起满 2 年仍不能受领分配的,人民法院应当将提存的分配额分配给其他债权人。

三、破产程序的终结

《破产法》规定,破产人无财产可供分配的,管理人应当请求人民法院裁定终结破产程序。管理人在最后分配完结后,应当及时向人民法院提交破产财产分配报告,并提请人民法院裁定终结破产程序。人民法院应当自收到管理人终结破产程序的请求之日起 15 日内作出是否终结破产程序的裁定。裁定终结的,应当予以公告。

管理人应当自破产程序终结之日起 10 日内,持人民法院终结破产程序的裁定,向破产人的原登记机关办理注销登记。管理人于办理注销登记完毕的次日终止执行职务,但是,存在诉讼或者仲裁未决情况的除外。

破产人的保证人和其他连带债务人,在破产程序终结后,对债权人依照破产清算程序未受清偿的债权,依法继续承担清偿责任。

案例研读:美国安然公司破产案

安然公司(ENRON)是美国能源业巨头,成立于 1985 年,总部设在得克萨斯州的休斯敦。该公司曾经不仅是全美最大的电力和天然气销售和交易商,而且也提供各种能源产品、宽频服务,以及金融和风险管理服务,拥有近七百亿美元资产,经营据点横布全世界。拥有 2.5 万英里位于美国的天然气管线,范围从得克萨斯州跨及加利福尼亚州、中西部和佛罗里达州;电力工厂则遍及印度、加勒比海地区、拉丁美洲大陆、土耳其、意大利及波兰;1.8 万英里宽频光纤网络除了铺设在美国各大城市,还遍及欧洲及东京。每年经营收入超过千亿美元(2001 年前 9 个月的经营收入就达到 1 396.9 亿美元),全球员工逾 2 万人,属于当之无愧的能源巨人。

安然公司是纽约证券交易所的上市公司(交易代码:ENE),在 2001 年 10 月 15 日之前,安然公司普通股的 52 周最高价是 84.88 美元 1 股,最低价也有 25 美元/股。在"9.11"之后,虽然美国股市一度大幅下跌,但因为安然公司是大型能源公司,属于投资者心目中风险较小的防御型股票,在"9.11"后安然公司的股价不仅没有受到大盘的拖累,相反却从每股 25 美元左右低位一路走高,2001 年 10 月中上旬每股已达到 35~40 美元左右的水平。因此,在安然事件发生之前,安然公司非但没有像大多数公司那样受到"9.11"影响,而且属于少数能够逆市上扬,受到投资者青睐的避险类股票。

但是,安然公司事件的发生使得情况发生了急剧的变化。

2001 年 10 月 16 日股市收盘之后,安然公司发布了第三季度财务报告,虽然该季度的经营收入较上一年第三季度增长了59%,达到了476亿美元,但是令投资者大跌眼镜的是,安然公司居然一次性冲销了高达10.1亿美元的税后投资坏账,这笔巨额的坏账冲销不仅抵销了安然公司在该季度的所有经营盈利,而且造成了6.18亿美元的净损失(折合0.84美元/股)。更令投资者震惊的是,在这笔坏账冲销中有3 500万美元是由安然公司与两家名为"LJM CAYMAN LP"和"LJM2 CO—INVESTMENT LP"的有限合伙(下称"LJM合伙")之间的套期交易所造成的,而这两家LJM合伙直到今年7月一直是由安然公司的首席财务官法斯特(Andrew S. Fastow)所经营和控制的。在稍后举行的与证券分析师讨论季度财务报告的电话会议上,面对证券分析师们的质询,安然公司又进一步承认,由于法斯特先生的LJM合伙所投资的一家结构融资实体与安然公司之间所进行的一系列复杂交易,公司回购了5 500万普通股股票,因此股东权益减少了12亿美元。

2001年10月17日,美国证监会致函安然公司,开始就可能存在的关联交易问题进行非正式的查询。10月18日,《华尔街日报》获得了一份由法斯特先生作为一般合伙人签署的LJM合伙内部财务文件,并据此在头版刊登独家文章,披露法斯特先生所经营和控制的LJM合伙在2000年实现的利润超过700万美元,资本权益增长约400万美元。LJM合伙的主要业务就是与安然公司进行各种涉及安然公司公司资产和股票的复杂套期交易,法斯特先生和其他几家投资人(包括瑞士信贷第一波士顿和通用电子资本公司等)在1999年12月创办LJM合伙时最初投资不到300万美元。同日,安然公司董事会召开紧急会议,就美国证监会的查询进行讨论。

2001年10月22日,安然公司向投资者公开承认,美国证监会已经和安然公司进行了接触,开始着手调查安然公司所存在的关联交易问题,特别是安然公司与安然公司的首席财务官法斯特先生所经营和控制的LJM合伙之间的关联交易。安然公司的董事长兼首席执行官雷先生(Kenneth Lay)宣布,安然公司将全力配合证监会的调查以尽快消除投资者对关联交易问题的疑虑。消息发布之后,安然公司股价应声下挫20%,当天损失近40亿美元的市值。

2001年10月23日,安然公司的财务主任承认公司将出售一部分资产并有可能被迫发行股票。安然公司所控制的一系列投资工具向投资者出售了约33亿美元的商业票据,如果这些投资工具出现坏账,这些票据将在未来20个月内陆续到期。尽管安然公司相信自己有能力偿还价值这些商业票据,但并不能完全排除届时需要发行额外的股票来筹集资金的可能性。

2001年10月24日,安然公司的股价又下跌了17%,跌到16.41美元/股,一周以来股价已经下跌超过50%。在当天股市收盘之后,安然公司宣布首席财务官易人,接替法斯特先生的是年仅40岁的工业市场部主管麦克马洪先生(Jeffrey McMahon)。董事长兼首席执行官雷先生依然坚持法斯特先生并无过错,但他承认撤换首席财务官是为了重建投资者和金融界对安然公司的信心。

2001年10月25日,安然公司动用了约30亿美元银行信用额度,以提高公司的财务水平和增强流动性。据称安然公司将用其中一部分来回购价值18.5亿美元的短期商业票据。同时,信用评级机构也就安然公司事件做出反应,FITCH宣布将重新评估安然公司的信用等级并有可能做出降级决定,而标准普尔则宣布将安然公司的信用前景从"稳定"调低至"负面"。对安然公司来说,一旦信用等级降到可投资级别以下,会立即造成数十亿美元债务提前到期。

2001年10月28日,安然公司的发言人承认公司正在与银行进行接触,寻求获得10~20亿美元的额外信用额度支持。10月29日,穆迪(MOODY'S)宣布将安然公司的长期债信等级降低一级(从"Baa1"降至"Baa2"),并且表示不排除进一步的降级。同时,有消息称美国证监会已经将对安然公司的调查从其在得克萨斯州的地区办公室移交到华盛顿总部进行。在双重坏消息的打击下,安然公司的股票当天又下跌超过10%,跌破了14美元/股。

2001年10月30日,随着安然公司股价下跌到近几年的最低水平,市场上开始有传言安然公司可能会成为被并购的对象,传言中的潜在买主包括通用电子、亿万富豪巴菲特和壳牌石油等。10月31日,安然公司承认美国证监会已经决定将对安然公司的调查升级为正式调查,这意味着证监会的执行部将组建一个五人调查委员会而且在调查中可以使用正式的传讯权。安然公司同时宣布任命得克萨斯大学法学院院长鲍尔斯教授为安然公司公司董事会成员,并且负责领导董事会下一个四人特别委员会对关联交易等问题进行内部调查。当日安然公司股价在连续第十天下跌后首次反弹,涨幅超过20%。

2001年11月1日,安然公司宣布,JP摩根和花旗银行已经承诺提供10亿美元的信贷额度。安然公司将用其中2.5亿美元来偿还即将到期的债务,余下的7.5亿美元将用于提高公司的短期流动性。不过为了获得这笔信贷承诺,安然公司需要将其最优良的资产之一的天然气管道作为抵押。尽管如此,标准普尔还是宣布将安然公司的长期债信等级从"BBB+"调低到"BBB",将短期债信等级从"A—2"调低到"A—3"。

2001年11月4日,又一起可能存在问题的关联交易被媒体曝光:安然公司在2001年3月时曾经向一家名为Chewco Investment的有限合伙("Chewco合伙")支付了3500万美元。据称安然公司支付这笔款项是为了进行一系列极其复杂的衍生交易,而通过这些交易使得安然公司可以在过去3年中把数亿美元的债务不列入其资产负债表。经营和控制这家Chewco合伙的考佩先生(Michael Kopper),在2001年7月离开安然公司之前任北美业务部的主管,而且他曾经和前首席财务官法斯特先生一起创办和经营LJM合伙。

2001年11月5日,FITCH宣布将安然公司的债信等级从"BBB+"降至"BBB—",离垃圾债券的等级只有一步之遥。随着其财务危机的进一步加深,安然公司开始与私人投资机构和同行业的能源交易公司进行接触,以寻求至少20亿美元的注资。据称,包括壳牌石油、迪奈基电力公司(DYNEGY)和杜克能源等几家同业竞争对手可能会有兴趣对安然公司进行注资甚至收购。

2001年11月6日,安然公司的前任首席执行官斯科林先生被传讯到美国证监会作证。有消息称安然公司准备终止其在亚洲的所有宽频业务,并且在全球范围内进行业务重整。另外有报道称安然公司的核心业务——能源交易已经受到此次事件的相当影响,市场份额开始下降。当天安然公司的股价跌破10美元。

2001年11月7日,标准普尔宣布将安然公司信托的商业票据信用等级从"BBB+"降级到"BBB",而且持"负面观望"。在此消息打击下,安然公司的股价大幅下降27%,盘中一度跌至7美元/股,是1991年5月以来的最低价。不过,安然公司的股价在下午曾短暂地有所回升,因为《华尔街日报》和CNBC都报道了安然公司正在和迪奈基公司开始讨论由迪奈基公司向安然公司注资20亿美元或者由迪奈基并购安然公司的可能性。

2001年11月8日,安然公司在向美国证监会提交的一份报告中承认自己在过去3年中的财务报告多有不实之处,从1997年到2001年第三季度的所有财务报告都需要重做。根据初步的重新计算结果,从1997年到2000年,安然公司的实际盈利比原先的数目减少了5.86亿美元(20%),而实际债务上升了6.28亿美元(6%);而股东权益实际上减少了22亿美元(19%),而非安然公司在10月16日所宣布的12亿美元。安然公司在这份报告中同时宣布解雇公司财务主任和公司北美业务的首席法律顾问。另外,安然公司和迪奈基公司也承认两家公司正在就合并进行磋商。据《华尔街日报》和《纽约时报》的消息来源称,如果双方达成协议,迪奈基公司将通过价值70~80亿美元的股票互换来并购安然公司,而且迪奈基公司的最大股东Chevron Texaco公司将进行注资以避免安然公司倒闭。当日安然公司股价收盘于8.41美元/股,正好差不多是其52周最高价的十分之一。

2001年11月9日,穆迪再次宣布将安然公司的债信等级调降一级,不过当天市场的注意力一直集中在安然公司和迪奈基之间的并购谈判,当日安然公司的收盘价较前一天上涨22美分,收于8.63美元。在股市收盘之后,迪奈基正式宣布已经与安然公司达成协议,由迪奈基通过价值约70亿美元的股票互换来并购安然公司,而迪奈基公司的最大股东Chevron Texaco公司将即时向安然公司注资15亿美元,并在并购完成时再向安然公司注资10亿美元。如果此项并购能够通过司法部的反垄断审批,并购后的新公司将成为全美最大的能源交易商。

2001年11月20日,安然公司承认其核心业务——能源交易受到此次事件的冲击,第四季度的盈利很可能出现大幅下滑。随后几天安然公司的股价一路下滑,从每股6~7美元下跌到4美元左右。

2001年11月28日上午,考虑到产生安然公司90%盈利的核心业务——能源交易出现下降,以及安然公司所面临的可能高达数十亿美元的法律责任,标准普尔宣布将安然公司的长期债信等级从"BBB—"降至"B—"的垃圾债券等级。安然公司的股价应声下跌超过70%,跌到1.20美元/股。11月28日下午,迪奈基公司宣布中止与安然公司的并购协议,因为标准普尔对安然公司降级构成迪奈基与安然公司的并购协议中所规定的具有"重大负面影响"(Material Adverse Effect)的事件。安然公司随后宣布关闭除核心业务以外的其他所有业务,以便尽量减少开支,保持手中的现金持有量。结果当天安然公司的股票收盘于0.65美元/股,当天跌幅超过85%。

这样,从2001年10月16日开始,安然公司的股价几乎像自由落体一样下跌,跌幅超过70%,几乎将安然公司在整个90年代的增长彻底抹去。

——资料来源:法律快车网(http://www.lawtime.cn)

延伸思考:

1. 设立企业破产制度的价值是什么?
2. 破产管理人的地位如何界定?
3. 破产和解制度的法律意义是什么?
4. 破产清算程序中如何保护社会弱势群体?

案例研读:北京市海淀区法院运用新《破产法》审理全国首例公司重整案件

北京市海淀法院适用新《破产法》裁定批准了北京仙琚生殖健康专科医院有限责任公司(以下简称仙琚医院)的重整计划方案,从而使该企业免于破产清算,并使债权人得到比破产清算下更为有利的债权清偿。这是2007年6月1日正式实施的《破产法》中新增加的重整程序在司法实践中的首次适用。

仙琚医院成立于2004年8月26日,注册资本1000万元,其股东为北京仙琚兴业医院管理有限公司(以下简称兴业公司)及浙江仙琚置业有限公司(以下简称置业公司)。根据中鹏会计师事务所审计报告显示,截至2006年9月30日,仙琚医院资产总额992.68万元,负债总额2 151.95万元,净资产为-1 159.27万元。仙琚医院以无力清偿到期债务,且资产不足以清偿全部债务为由向法院申请破产还债。经债权申报,仙琚医院破产案申报债权人人数为45人,申报债权总额为近2 300万元。

海淀法院受理此案后,进行了认真的分析,认为根据企业的具体情况,可以宣布企业破产。但企业破产,资产就会流失,员工的权益就会受到很大的损害,有没有更好的办法可以减少损失呢?经过法官们讨论,大家一致认为使用重整制度审理不失一个好办法。

重整制度发端于19世纪末20世纪初的英美法系国家,其主要目的在于通过一系列特殊法律手段和程序的运用,实现对出现破产原因或有出现破产原因危险的企业的维持和发展,促进企业复苏,进而清理债务,保护债权人的利益,维护社会经济秩序稳定。它与破产清算、破产和解共同构成现代破产法律三大制度。2007年6月1日实施的新《破产法》对重整的条件和程序作出了规定。

法官详细地向企业做了大量的解释工作,企业主要负责人了解法律后,认为这的确是一条可以解救企业于危难之中的好办法。不久,仙琚医院向法院递交了重整申请,并提出了具体的重整计划方案:仙琚医院股东兴业公司与置业公司将全部股权以零对价转让给维多丽亚医疗投资有限公司(以下简称维多丽亚公司),维多丽亚公司通过与各债权人分别签订和解协议的方式,确定债务偿还主体、偿还比例,并在仙琚医院重新开业运营后,于约定期限内逐步偿还,而原股东兴业公司和置业公司负责安置职工,清偿拖欠工资,从而实现仙琚医院的重整。

经过与债权人的反复接触和多轮磋商,维多丽亚公司与39家债权人达成了债务清偿和解协议。维多丽亚公司根据已达成和解协议的债权清偿比例的平均值提出以41%的比例对上述公司进行清偿,该清偿方案与39份和解协议共同构成重整计划方案的主体内容,交付债权人会议表决。

5月25日,仙琚医院第二次债权人会议召开,到会债权人人数为34人,占已申报债权人人数的75.56%,到会债权人债权总额为22 916 508.73元,占全部申报债权比例的98%。经债权人会议表决,除4家公司对重整计划方案投反对票外,其余债权人均投赞成票,投赞成票的债权人债权比例占全部申报债权比例的97%。仙琚医院提出的重整计划方案经债权人会议表决通过。

海淀法院法官刘洋在接受记者采访时指出,仙琚医院不能清偿到期债务,无力继续经营,通过重整消除破产原因,保留其运营价值,对仙琚医院来说无疑是更优选择。而对债权人来说,仙琚医院资产账面价值虽然很大,但难于变现,如果采取破产清算方式,拍卖财产偿还债务,预估的债权清偿比例约为20%。而通过重整方式,债权人的平均清偿率达到了41%,可以说重整方案对于债权人来说更为有利。对仙琚医院原股东来说,只需以安置职工为代价,便可处理不良投资,卸掉包袱,将资金转移到其他事业上,完成了投资优化。而对于有志于医疗事业的新股东,以较小资金投入、较短的时间付出,免去新设医院的繁琐,获取一个优良的投资机会。因此,他认为案件的处理对于债权人与债务人,以及仙琚医院的新老股东来说均是一个共赢的结果。

公司各方面对这种结果均表示满意或者认同。

——资料来源:国家工商总局门户网站(www.saic.gov.cn)

第二编　市场监管法律制度

第五章 反垄断法律制度

> **引例：中国公民申请对微软反垄断调查案**
>
> 根据统计，截至2008年6月底，微软软件产品在中国市场占据着70%的份额，其最新的视窗操作系统和办公软件的最低售价为899元，Vista家庭基础版售价499元，存在利用垄断地位牟取暴利的嫌疑。据统计，2007年，微软视窗操作系统和办公软件在中国至少有414亿元左右的市场份额。
>
> 2008年7月31日，董正伟律师正式向商务部、工商总局、发改委发出多份《请求保护公民财产权益的建议申请书》，除了建议对微软开展反垄断调查的申请外，还包括对电信月租费和基本通话费、铁路退票补票手续费、机场建设费和燃油附加费、石油电力价格、国内商业银行乱收费申请进行反垄断调查。根据《反垄断法》第四十七条的规定"经营者滥用市场支配地位的，由反垄断执法机构责令停止违法行为，没收违法所得，并处上一年度销售额1%以上10%以下的罚款。所以，此次诉讼微软反垄断案的索赔金额定为10亿美元。8月15日，针对董正伟律师的反垄断调查申请，商务部先于发改委、工商总局率先表态，称调查建议已经转由外资司处理。8月18日，董正伟再次收到商务部的正式信函，称对微软等6份反垄断调查建议申请书已确定由商务部条法司处理。
>
> ——资料来源：《法制日报》2008年8月24日

第一节 概述

一、《反垄断法》的基本立场

我国《反垄断法》的立法宗旨是，为了预防和制止垄断行为，保护市场公平竞争，提高经济运行效率，维护消费者利益和社会公共利益，促进社会主义市场经济健康发展。国家制定和实施与社会主义市场经济相适应的竞争规则，完善宏观调控,健全统一、开放、竞争、有序的市场体系。

经营者可以通过公平竞争、自愿联合,依法实施集中,扩大经营规模,提高市场竞争能力。但是,具有市场支配地位的经营者,不得滥用市场支配地位,排除、限制竞争。

行政机关和法律、法规授权的具有管理公共事务职能的组织不得滥用行政权力,排除、限制竞争。

国有经济占控制地位的关系国民经济命脉和国家安全的行业以及依法实行专营专卖的行业,国家对其经营者的合法经营活动予以保护,并对经营者的经营行为及其商品和服务的价格依法实施监管和调控,维护消费者利益,促进技术进步。上述行业的经营者应当依法经营,诚实守信,严格自律,接受社会公众的监督,不得利用其控制地位或者专营专卖地位损害消费者利益。

立法综述:我国反垄断立法的历史回顾

虽然我国《反垄断法》颁布较晚,但是,客观地说,自改革开放以来,相关的反垄断立法活动一直没有停止,并在以下七个领域作出了专门的规定:

(一)禁止严重限制竞争的横向和纵向协议

最重要的是禁止价格卡特尔的规定。《价格法》第十四条第一款规定:经营者不得"相互串通,操纵市场价格,损害其他经营者或者消费者的合法权益。"

(二)反对大规模的企业联合

1987年,国家体改委、国家经委发布的《关于组建和发展企业集团的几点意见》中指出:"组建企业集团,必须遵行鼓励竞争、防止垄断的原则","在一个行业内一般不搞独家垄断企业集团,鼓励同行业集团间的竞争,促进技术进步,提高经济效益。"此外,1989年国家体改委、国家计委等联合发布的《关于企业兼并的暂行办法》也指出:企业兼并一方面要有利于规模经济,另一方面也不得损害企业间的竞争。

(三)禁止滥用市场支配地位

《反不正当竞争法》第六条规定:"公用企业或者其他依法具有独占地位的经营者,不得限定他人购买其指定的经营者的商品,以排挤其他经营者的公平竞争。"

1993年12月国家工商行政管理局发布的《关于禁止公用企业限制竞争行为的若干规定》,列举了公用企业限制竞争的种种表现,如限定用户购买由其指定的产品、搭售、对不接受其不合理条件的用户拒绝供应、滥收费用等等。

(四)反对行政性限制竞争

即政府和政府部门滥用行政权力限制竞争,又称"行政垄断"。

《反不正当竞争法》第七条规定:"政府及其所属部门不得滥用行政权力,限定他人购买其指定的经营者的商品,限制其他经营者正当的经营活动。政府及其所属部门不得滥用行政权力,限制外地商品进入本地市场,或者本地商品流向外地市场。"

(五)以排挤竞争对手为目的的倾销

《反不正当竞争法》第十一条规定:"经营者不得以排挤竞争对手为目的,以低于成本的价格销售商品。有下列情形之一的,不属于不正当竞争行为:(一)销售鲜活商品;(二)处理有效期限即将到期的商品或者其他积压的商品;(三)季节性降价;(四)因清偿债务、转产、歇业降价销售商品。"

(六)搭售和附条件交易

《反不正当竞争法》第十二条规定:"经营者销售商品,不得违背购买者的意愿搭售商品或者附加其他不合理的条件。"

(七)串通投标

《反不正当竞争法》第十五条规定:"投标者不得串通投标,抬高标价或者压低标价。投标者和招标者不得相互勾结,以排挤竞争对手的公平竞争。"

——王保树主编:《经济法原理》,社会科学文献出版社1999年版,第244~251页。

二、《反垄断法》的适用范围

中华人民共和国境内经济活动中的垄断行为,适用我国《反垄断法》;中华人民共和国境外的垄断行为,对境内市场竞争产生排除、限制影响的,亦适用我国《反垄断法》。

政策指南:《关于组建和发展企业集团的几点意见》

  颁布单位:国家体改委、国家经委
  颁布日期:1987年12月16日
  实施日期:1987年12月16日

为进一步落实国务院《关于进一步推动横向经济联合若干问题的规定》和《关于深化企业改革增强企业活力的若干规定》,推动企业集团的健康发展,提出如下意见:

一、企业集团的含义

1.企业集团是适应社会主义有计划商品经济和社会化大生产的客观需要而出现的一种具有多层次组织结构的经济组织。它的核心层是自主经营、独立核算、自负盈亏、照章纳税、能够承担经济责任、具有法人资格的经济实体。

2.企业集团是以公有制为基础,以名牌优质产品或国民经济中的重大产品为龙头,以一个或若干个大中型骨干企业、独立科研设计单位为主体,由多个有内在经济技术联系的企业和科研设计单位组成;它在某个行业或某类产品的生产经营活动中占有举足轻重的地位,有较强大的科研开发能力,具有科研、生产、销售、信息、服务等综合功能。

3.组建企业集团,对深化经济体制改革、发展生产力具有深远意义。发展企业集团有利于打破条块分割,改变企业"大而全"、"小而全"的格局,促进企业组织结构合理化;有利于发展社会化、专业化生产协作,实现生产要素的优化组合和资源的合理配置,形成合理的经济规模;有利于促进技术进步,使科学技术迅速转化为生产力;有利于增强企业经济技术实力,提高企业在国内外市场中的竞争能力;有利于实行政企职责分开,转变政府管理经济的职能,深化企业内部改革,完善企业经营机制。

二、组建企业集团的原则

4.自愿互利,积极引导。要在自愿互利,符合社会需要和企业互有需要的基础上,由企业自主组建集团。企业可按章程规定自愿加入和退出。各级政府和行业主管部门应根据产业政策和企业组织结构的合理化要求,积极引导企业参加有关集团,但不得采取行政手段自上而下地强行组织。企业集团不得兼有政府的行政职能。

5.鼓励竞争,防止垄断。在一个行业内一般不搞全国性的独家垄断企业集团,鼓励同行业集团间的竞争,促进技术进步,提高经济效益。集团内部要引入竞争机制,成员间既要加强协同合作,也要开展有益的竞争,不保护落后。

6.优化组合,结构合理。要打破部门、地区、行业、所有制界限,促进企业组织结构合理化。在发展军工和民用企业,沿海和内地企业,工业、运输业、商业、外贸企业相互之间联合的基础上,国家和地区都要逐步形成一批企业有机结合、资源合理利用、实力雄厚的企业集团。

7.依靠科技,增强后劲。企业集团必须有较强的技术开发能力,积极推进技术进步。要鼓励独立科研设计单位进入企业集团,成为集团的技术开发中心。同时,企业集团可以充实和加强自己已有的技术开发力量,也可以发展同科研设计单位的横向联合。

三、组建企业集团的条件

8.企业集团具有多层次的组织结构,一般由紧密联合的核心层、半紧密联合层以及松散联合层组成。

集团公司是企业集团的紧密联合层,是集团的实体部分,逐步实行资产、经营一体化;半紧密联合层的企业可以以资金或设备、技术、专利、商标等作价互相投资,并在集团统一经营下,按出资比例或协议规定享受利益并承担责任;松散联合层的企业在集团经营方针指导下,按章程、合同的规定享有权利,承担义务,并独立经营,各自承担民事责任。

企业集团可试行股份制,进一步探索所有权与经营权分离的形式。

9.集团公司必须具备:共同遵守的章程,与其经营范围相适应的条件和手段(如资金、设施、场所等),集团公司企业名单、健全的财务制度、相对稳定的组织形式和管理机构,以及可行性论证报告。

10. 跨省市、跨部门的全国性集团公司,由国务院授权有关部门组织审批;地区性集团公司,由公司总部所在省、自治区、直辖市或计划单列市的人民政府商国务院行业主管部门按组建企业集团的原则和条件审批,经工商行政管理部门注册登记,依法独立开展经营活动。

四、企业集团的内部管理

11. 企业集团的领导体制,原则上由成员单位根据实际情况自行协商确定。集团公司,有的可实行董事会领导下的经理负责制,也可实行经理负责制等其他领导制度,不论哪种制度,都要建立相应的民主管理和监督机构。

12. 企业集团的内部管理,既要充分发挥集团的整体优势,又要充分调动成员企业的积极性和创造性,努力做到统一经营战略,统一发展规划,统一开发主导产品等。集团公司要按照集权、分权相结合的原则进行管理,不同情况的集团公司,集中、分散管理的范围和程度可以有所区别,一般应注意搞好重大经营决策,重大投资项目确定,主要管理人员任免等方面的集中统一管理。

13. 企业集团要正确处理国家、地方、部门、成员企业之间的利益分配关系,照顾到各方面的利益,做到利益均沾,风险共担。集团成员企业之间的经济往来,要遵循平等、互利、有偿的原则,不要搞无偿转让,更不许损害国家利益。要在企业集团章程中明确规定成员企业间的利益关系及其应承担的经济责任。

14. 企业集团要在产业政策指导下,制定集团整体的近期和中长期发展规划,根据生产发展的需要,进行专业化调整。要逐步建立健全集团自我发展、自我约束的机制,注意克服企业的短期行为。

五、企业集团发展的外部条件

15. 企业集团特别是集团公司应具有相应的经营自主权。逐步创造条件,在基本建设和技术改造的立项和审批、新产品开发、经营销售范围、自销产品定价、外贸进出口以及用自有外汇引进技术等方面,扩大其权限,并规定其应当承担的经济责任。

16. 经过中国人民银行批准,企业集团可以设立财务公司。财务公司在集团内部融通资金,并可同银行或其他金融机构建立业务往来关系,也可以委托某些专业银行代理金融业务。经过批准,集团公司可以向社会筹集资金。从中央到地方,都应在信贷指标中划出专项额度,扶持企业集团的发展。

17. 在国民经济中具有重要地位和作用的大型集团公司,可在国家计划中实行单列。省、自治区、直辖市以及计划单列市,对具备条件的区域性集团公司,也可以进行计划单列的试点。

18. 各地区和各部门应积极引导和支持本地区、本部门的企业,跨出地区和部门参加集团,并应一视同仁,继续使企业享受所在地区和主管部门的同样政策和待遇。参加企业集团的独立科研、设计单位,亦应继续享受原来的政策待遇。

企业集团的发展有一个过程,各地区、各部门都应运用经济手段和法律手段,积极支持和保障企业集团的发展。特别是在投资保护、资产所有、资产管理、各方权益的保障等方面,尽快制订有关法规。组建企业集团必须按照产业政策、行业发展规划及实际情况,经济充分的可行性方案论证和经济效益分析,努力实现组合的最优化,防止一哄而起。各地区、各部门和企业集团应注意在实践中积极探索,总结经验,使企业集团健康发展。

三、《反垄断法》禁止的垄断行为类型

我国《反垄断法》禁止的垄断行为包括:
(1)经营者达成垄断协议;
(2)经营者滥用市场支配地位;
(3)具有或者可能具有排除、限制竞争效果的经营者集中。

经营者,是指从事商品生产、经营或者提供服务的自然人、法人和其他组织。

背景知识:卡特尔

卡特尔为法语 cartel 的音译,原意为协定或同盟。卡特尔是垄断组织形式之一。生产或销售某一同类商品的企业,为垄断市场,获取高额利润,通过在商品价格、产量和销售等方面订立协定而形成的同盟。参加这一同盟的成员在生产、商业和法律上仍然保持独立性。

1865年最早产生于德国。第一次世界大战后在各资本主义国家迅速发展。随着垄断资本的国际化产生了国际卡特尔。按协议内容卡特尔可以分成规定销售条件的卡特尔、规定销售价格的卡特尔、规定产品产量的卡特尔、规定利润分配的卡特尔、规定原料产地分配的卡特尔等。生产同类商品的企业作为卡特尔成员,各自在法律上保持其法人资格,独立进行生产经营,但必须遵守协议所规定的内容。卡特尔成立时,一般签订书面协议,有的采取口头协议形式。成员企业共同选出卡特尔委员会,其职责是监督协议的执行,保管和使用卡特尔基金等。由于成员企业之间的经济实力对比会因经济发展而变化,卡特尔的垄断联合缺乏稳定性和持久性,经常需要重新签订协议,甚至会因成员企业在争取销售市场和扩大产销限额的竞争中违反协议而瓦解。根据美国《反托拉斯法》,卡特尔属于非法。

——资料来源:百度百科

背景知识:辛迪加

辛迪加是垄断组织形式之一。法语 syndicat 的音译,原意是"组合"。参加辛迪加的企业,在生产上和法律上仍然保持自己的独立性,但是丧失了商业上的独立性,销售商品和采购原料由辛迪加总办事处统一办理。其内部各企业间存

在着争夺销售份额的竞争。

同卡特尔相比,辛迪加较为稳定,存在的时间也较持久。辛迪加的参加者虽然在生产上和法律上还保持着独立性,但在商业上则已完全受制于总办事处,不能独立行动。在各参加者不能与市场发生直接联系的情况下,它们要想随意脱离辛迪加,事实上也很困难。如果某一成员想要退出,必须花一笔资本去重新建立购销机构和重新安排与市场的联系,而且每每受到辛迪加的阻挠和排挤。

参加辛迪加的企业,推选出它们的代表,组成辛迪加总办事处。辛迪加参加者的商品销售和原料采购,都得通过这个总办事处统一进行。这种统一的、集中的购销,意味着辛迪加在流通领域中占有一定的垄断地位,使它有可能抬高商品的销售价格和压低原料的采购价格,从而获取高额垄断利润。在辛迪加内部的各个资本家之间存在着矛盾和斗争。他们为了争夺商品销售份额和原料分配比例而经常展开激烈的竞争。当参加者的实力对比或市场条件发生重大变化时,往往要调整分配的份额或对辛迪加总办事处进行改组。

辛迪加是在19世纪末20世纪初产生的。当时在欧洲一些国家都出现了辛迪加。德国的许多辛迪加是由卡特尔发展而来的。在1905年的385个工业卡特尔中,约有200个已具有辛迪加性质。辛迪加在德国经济中的垄断地位也是明显的。1893年成立的莱茵—威斯特法伦采煤辛迪加,1909年在多特蒙德地区生产了8500万吨煤,而其他所有局外企业的生产量不过420万吨(只等于采煤辛迪加产量的4.9%);1913年1月,采煤辛迪加的产量占鲁尔地区全部产量的92.6%,占全德煤炭总产量的54%。在当时,钢铁辛迪加的生产在全国钢铁总产量中所占比重已上升到43%～44%。

在法国的冶金、制糖、玻璃、造纸、石油、化学、纺织、采煤等工业部门中,也有很多辛迪加。其中特别重要的有:隆维商行,它生产了法国几乎全部的铸铁;制糖辛迪加几乎完全控制了法国的制糖市场;圣戈班玻璃总公司也居于绝对的垄断地位。

在奥地利,一些著名辛迪加占有重要地位。例如:波希米亚的采煤辛迪加,占奥地利全部煤产量的90%;制砖辛迪加,年产值达4亿克朗(未参加辛迪加的企业产值不过4000万克朗);石油辛迪加,占全国产量的40%。

在俄国,辛迪加是垄断组织的一种主要形式。俄国的重要工业企业大多掌握在不同国家的资本家手中,在生产上不易联合起来;但是由于政府大批订货和实行保护关税政策,国内工业品价格大大提高,资本家在争夺订货数额和瓜分国内市场方面展开了激烈的竞争,而辛迪加正是分配订货和瓜分市场的有利形式。这样,在商业上联合起来的辛迪加便得到较大的发展。1886年俄国出现了铁钉、铁丝工业的辛迪加;20世纪初,在钢铁、采煤、采矿、机器制造部门中,相当大一部分企业都为辛迪加所控制。1904年建立的"煤炭公司"辛迪加,控制了顿巴斯煤区产量的75%。橡胶辛迪加几乎控制了全部橡胶的销售。制糖辛迪加垄断了全国90%以上的食糖生产。1912年建立的烟草辛迪加,控制了全国75%的烟草生产。俄国的辛迪加和其他国家的辛迪加相比,带有某些半封建的特征。例如,糖业辛迪加就是由制糖工业资本家和种植甜菜的大地主共同组成的;乌拉尔"克罗夫罗"辛迪加的成员即是一些拥有几十万俄亩土地的大领主。这样的垄断组织往往采用一些带有封建性的剥削形式和管理方法。

——资料来源:百度百科

背景知识:托拉斯

托拉斯直译为商业信托(business trust,原意为托管财产所有权)。垄断组织的高级形式之一。由许多生产同类商品的企业或产品有密切关系的企业合并组成。旨在垄断销售市场、争夺原料产地和投资范围,加强竞争力量,以获取高额垄断利润。参加的企业在生产上、商业上和法律上都丧失独立性。托拉斯的董事会统一经营全部的生产、销售和财务活动,领导权掌握在最大的资本家手中,原企业主成为股东,按其股份取得红利。参加的资本家为分配利润和争夺领导权进行剧烈的竞争。

1879年首先在美国出现,如美孚石油托拉斯、威士忌托拉斯等。资本主义托拉斯一方面可以保障投资者的优厚利润,提高投资者兴趣,刺激投资,促进业务扩充,有利于经济发展;另一方面会减少竞争,阻碍企业技术进步和新兴企业的发展,影响中小企业的生存,增加消费者的负担。

在社会主义国家,托拉斯是社会主义企业的组织形式之一。中国在1963年至1964年,中央工业交通部门先后试办了烟草、盐业、医药、橡胶、铝业、汽车、纺织机械、地质机械仪器等十二个托拉斯企业。

——资料来源:百度百科

背景知识:康采恩

康采恩是由Concern音译而来,有"相关利益共同体"的意思,是垄断组织的高级形式之一,由不同经济部门的许多企业联合组成。包括工业企业、贸易公司、银行、运输公司和保险公司等。旨在垄断销售市场、争夺原料产地和投资场所,以获取高额垄断利润。参加康采恩的企业形式上保持独立,实际上受其中占统治地位的资本家集团(一般是大银行资本家)通过参与制加以控制。它明显地表现出帝国主义时期银行资本和工业资本融合的特点。其产生的时间晚于卡特尔、辛迪加和托拉斯。康采恩中的各个成员企业仍保持法律上的独立性,不失其法人资格,处于核心地位的大企业或大银行作为持股公司,通过收买股票、参加董事会和控制各成员企业的财务,将参加康采恩的其他成员企业置于其控制之下。其目的在于增强其经济优势,垄断销售市场,争夺原料产地和投资场所,获取高额垄断利润。

资本主义经济发展史上,康采恩到19世纪末20世纪初才在主要资本主义国家先后形成。它的产生和发展,影响了经济、政治、文化以及社会生活的各个方面，充分体现了垄断资本主义时期银行资本与工业资本融合为金融资本的重要特点。第二次世界大战以后，在主要资本主义国家中，垄断组织日益向综合多样化发展，康采恩也有了诸如实力增强、对国家的控制和利用加强、家族色彩淡化等一系列的变化。它已成为最突出、最典型和占优势地位的垄断组织形式。

日本在第二次世界大战之前存在的各大康采恩集团也被称为"财阀"，比较有名的有三井、三菱、住友、安田等等。在2000年左右，中国和日本开始出现的各种"控股公司"以及"集团总公司"，也被认为属于康采恩垄断。

——资料来源：百度百科

四、反垄断执法机关

《反垄断法》规定，国务院设立反垄断委员会，负责组织、协调、指导反垄断工作，履行下列职责：

(1)研究拟订有关竞争政策；
(2)组织调查、评估市场总体竞争状况，发布评估报告；
(3)制定、发布反垄断指南；
(4)协调反垄断行政执法工作；
(5)国务院规定的其他职责。

国务院规定的承担反垄断执法职责的机构负责反垄断执法工作。国务院反垄断执法机构根据工作需要，可以授权省、自治区、直辖市人民政府相应的机构，依法负责有关反垄断执法工作。

政策指南：国务院反垄断执法机构职能简介

国务院规定，由国家工商行政管理总局、国家发展和改革委员会、商务部负责《反垄断法》的具体执法工作，它们同属于国务院反垄断执法机构。

国家工商行政管理总局的主要职责是：负责垄断协议、滥用市场支配地位、滥用行政权力排除限制竞争方面的反垄断执法工作（价格垄断行为除外）。国家工商行政管理总局内设反垄断与反不正当竞争执法局，具体负责"拟订有关反垄断、反不正当竞争的具体措施、办法；承担有关《反垄断法》执法工作；查处市场中的不正当竞争、商业贿赂、走私贩私及其他经济违法案件，督查督办大案要案和典型案件。据此，国家工商行政管理总局将负责：除价格卡特尔（即价格垄断协议）之外的大部分垄断协议的禁止和查处工作，除价格垄断行为之外的大部分滥用市场支配地位行为的禁止和查处工作，滥用行政权力排除限制竞争行为的有关执法工作。

国家发展和改革委员会的主要职责是：依法查处价格违法行为和价格垄断

行为。国家发展和改革委员会内设价格监督检查司,负责依法查处价格垄断行为等工作。

商务部的主要职责是:依法对经营者集中行为进行反垄断审查,指导企业在国外的反垄断应诉工作,开展多、双边竞争政策交流与合作。商务部内设反垄断局,具体负责以上职能工作。

——资料来源:国家工商总局门户网站(www.saic.gov.cn)

第二节 垄断协议

一、经营者间的垄断协议

垄断协议,是指排除、限制竞争的协议、决定或者其他协同行为。
《反垄断法》禁止具有竞争关系的经营者达成下列垄断协议:
(1)固定或者变更商品价格;
(2)限制商品的生产数量或者销售数量;
(3)分割销售市场或者原材料采购市场;
(4)限制购买新技术、新设备或者限制开发新技术、新产品;
(5)联合抵制交易;
(6)国务院反垄断执法机构认定的其他垄断协议。

案例研读:LG、夏普等操纵 LCD 价格遭罚 5.85 亿美元

新浪科技讯 北京时间 2008 年 11 月 13 日消息,据国外媒体报道,美国司法部周三表示,韩国 LG 显示器、日本夏普及中国台湾的中华映管已经在操弄液晶显示器(LCD)价格上认罪,并同意支付合计 5.85 亿美元的罚款。

美司法部指出,LG 显示器罚款金额为 4.0 亿美元,夏普罚款 1.2 亿,华映则将支付 6 500 万美元。

根据周三公布的起诉书,LG 显示器与华映合谋在 2001~2006 年间拉高了出售给部分企业的面板价格。而在第二宗的共谋案中,夏普被指控与其他不具名的 LCD 制造商联合拉抬卖给戴尔、摩托罗拉及苹果的面板价格,这些面板分别应用在戴尔电脑监视器及笔记本电脑、摩托罗拉的 Razr 手机以及苹果的 iPod 等产品。

执法综述:工商总局将加强外资并购反垄断审查

据《中国工商报》提供的消息:国家工商总局有关负责人近日表示,2008 年

要按照制度化、规范化、程序化、法治化和建立长效监管机制的要求,开展反垄断工作,加强对外资并购国内企业的反垄断审查工作。

国家工商总局要求,各地工商机关要加强反垄断执法,维护公平竞争市场秩序;继续依据《反不正当竞争法》和《零售商供应商公平交易管理办法》有关规定,向全系统布置开展反垄断专项执法工作;对重点外资并购案进行调查分析,提出处理意见,关注民族企业特别是具有自主创新能力企业的发展,努力创造公平竞争的市场格局。

从1999年至2007年,国家工商总局连续9年在全国组织开展了反垄断专项执法工作。据统计,从1995年到2007年,全国各级工商部门共查处行业垄断案件6 788件,涉及供水、供电、供气、邮政、电信、交通运输、保险、银行、石油、石化、烟草、盐业等垄断性行业企业;制止和查处地方保护、地区封锁等排除、限制竞争行为494起。一些省市的工商部门依据反不正当竞争地方法规,查处了经营者之间通过卡特尔协议划分市场、固定价格等限制竞争行为。

依据2003年国务院四部委联合颁布的《外国投资者并购境内企业暂行规定》,国家工商总局和商务部共同商定,对外国投资者并购境内企业,或对中国市场竞争有影响的境外并购,实行申报备案制度。国家工商总局制定了"外资并购反垄断审查申报材料清单",规范了企业材料的申报。截至2007年,国家工商总局共收到企业上报的并购申请材料320多份。

——资料来源:国家工商总局门户网站(www.saic.gov.cn)

二、经营者和交易者间的垄断协议

《反垄断法》禁止经营者与交易相对人达成下列垄断协议:
(1)固定向第三人转售商品的价格;
(2)限定向第三人转售商品的最低价格;
(3)国务院反垄断执法机构认定的其他垄断协议。

三、垄断协议的例外

《反垄断法》规定,经营者能够证明所达成的协议属于下列情形之一的,不属于垄断协议:
(1)为改进技术、研究开发新产品的;
(2)为提高产品质量、降低成本、增进效率,统一产品规格、标准或者实行专业化分工的;
(3)为提高中小经营者经营效率,增强中小经营者竞争力的;
(4)为实现节约能源、保护环境、救灾救助等社会公共利益的;

(5)因经济不景气,为缓解销售量严重下降或者生产明显过剩的;
(6)为保障对外贸易和对外经济合作中的正当利益的;
(7)法律和国务院规定的其他情形。

虽然上述第(1)、(2)、(3)、(4)、(5)情形不属于垄断协议的范畴,但是,经营者应当证明所达成的协议不会严重限制相关市场的竞争,并且能够使消费者分享由此产生的利益。

第三节　滥用市场支配地位

一、滥用市场支配地位的行为

所谓市场支配地位,是指经营者在相关市场内具有能够控制商品价格、数量或者其他交易条件,或者能够阻碍、影响其他经营者进入相关市场能力的市场地位。

所谓相关市场,是指经营者在一定时期内就特定商品或者服务进行竞争的商品范围和地域范围。

《反垄断法》禁止具有市场支配地位的经营者从事下列滥用市场支配地位的行为:

(1)以不公平的高价销售商品或者以不公平的低价购买商品;
(2)没有正当理由,以低于成本的价格销售商品;
(3)没有正当理由,拒绝与交易相对人进行交易;
(4)没有正当理由,限定交易相对人只能与其进行交易或者只能与其指定的经营者进行交易;
(5)没有正当理由搭售商品,或者在交易时附加其他不合理的交易条件;
(6)没有正当理由,对条件相同的交易相对人在交易价格等交易条件上实行差别待遇;
(7)国务院反垄断执法机构认定的其他滥用市场支配地位的行为。

二、滥用市场支配地位的认定

《反垄断法》规定,认定经营者具有市场支配地位,应当依据下列因素:
(1)该经营者在相关市场的市场份额,以及相关市场的竞争状况;
(2)该经营者控制销售市场或者原材料采购市场的能力;
(3)该经营者的财力和技术条件;

(4)其他经营者对该经营者在交易上的依赖程度;
(5)其他经营者进入相关市场的难易程度;
(6)与认定该经营者市场支配地位有关的其他因素。
《反垄断法》规定,有下列情形之一的,可以推定经营者具有市场支配地位:
(1)一个经营者在相关市场的市场份额达到1/2的;
(2)两个经营者在相关市场的市场份额合计达到2/3的;
(3)三个经营者在相关市场的市场份额合计达到3/4的。
在上述第(2)、(3)情形中,有的经营者市场份额不足十分之一的,不应当推定该经营者具有市场支配地位。此外,被推定具有市场支配地位的经营者,有证据证明不具有市场支配地位的,也不应当认定其具有市场支配地位。

第四节 经营者集中

一、经营者集中的类型

经营者集中是指经营者通过合并、资产购买、股份购买、合同约定、人事安排、技术控制等方式,取得对其他经营者的控制权,或者能够对其他经营者施加决定性影响的情形。经营者集中虽然有利于发挥规模经济的作用,但过度集中又会限制竞争,损害效率。

具体而言,《反垄断法》规定,经营者集中是指下列情形:
(1)经营者合并;
(2)经营者通过取得股权或者资产的方式取得对其他经营者的控制权;
(3)经营者通过合同等方式取得对其他经营者的控制权或者能够对其他经营者施加决定性影响。

政策指南:《关于企业兼并的暂行办法》(〔1989〕体改经38号)
　　颁布单位:国家体改委、国家计委、财政部、国家国有资产管理局
　　颁布日期:1989年2月19日
　　实施日期:1989年2月19日
　　企业兼并是社会主义商品经济发展的客观要求,是竞争机制发挥作用的必然结果,也是深化企业改革的重要内容。为了积极稳妥地推进企业兼并工作,特制定本办法。
　　一、本办法所称企业兼并,是指一个企业购买其他企业的产权,使其他企业失去法人资格或改变法人实体的一种行为。不通过购买方式实行的企业之间的

合并,不属本办法规范。

二、企业兼并的原则

(一)企业兼并要以经济发展战略和产业政策为指导,使资产存量向需要发展的重点产业、新兴产业和生产短线产品的企业流动,实现生产要素的优化组合。

(二)企业兼并应遵循自愿、互利和有偿的原则,在竞争过程中进行,实现优胜劣汰。不能用行政命令强制或阻挠优势企业兼并劣势企业。

(三)企业兼并要注重实效,其衡量标准是优化产业结构、产品结构和企业组织结构,提高企业的整体素质和社会经济效益。

(四)企业兼并除国家有特殊规定者外,不受地区、所有制、行业和隶属关系的限制。

(五)企业兼并既要促进规模经济效益,又要防止形成垄断,以有利于企业之间的竞争。

(六)商业企业的兼并,不仅要考虑经济效益,还要考虑方便人民生活。一些经营蔬菜、小百货和从事其他生活服务的小型商业、服务业门店,在兼并时应统筹考虑经营范围和经营方向。

三、被兼并方和兼并方企业的确定

全民所有制企业被兼并,由各级国有资产管理部门负责审核批准。尚未建立国有资产管理部门的地方,由财政部门会同企业主管部门报同级政府作出决定。为使兼并工作顺利进行,应征求被兼并方企业职工的意见,并做好职工的思想工作。集体所有制企业被兼并,由职工代表大会讨论通过,报政府主管部门备案。

当前被兼并的对象,重点应是以下几类企业:

(一)自己提出被兼并的企业;

(二)资不抵债和接近破产的企业;

(三)长期经营性亏损或微利的企业;

(四)产品滞销、转产没条件,也没有发展前途的企业。

凡属被兼并的对象,国家不再给予减税让利、补贴或优惠贷款等特殊照顾,以促使企业走兼并道路。属于新兴产业的微利或亏损企业,应优先在本行业内实行兼并,以利于新兴产业的发展。已经实行承包或租赁的企业,在确定其被兼并时,应先按照承包或租赁条例规定,办理中止合同手续。

四、企业兼并的形式

企业兼并主要有以下几种形式:

(一)承担债务式,即在资产与债务等价的情况下,兼并方以承担被兼并方债务为条件接收其资产。

(二)购买式,即兼并方出资购买被兼并方企业的资产。

(三)吸收股份式,即被兼并企业的所有者将被兼并企业的净资产作为股金投入兼并方,成为兼并方企业的一个股东。

（四）控股式，即一个企业通过购买其他企业的股权，达到控股，实现兼并。

五、企业兼并的程序

企业兼并一般按如下程序进行：

（一）通过产权交易市场或直接洽谈，初步确定兼并和被兼并方企业；

（二）对被兼并方企业现有资产进行评估，清理债权、债务，确定资产或产权转让底价；

（三）以底价为基础，通过招标、投标确定成交价，自找对象的可以协商议价。被兼并的全民所有制企业成交价，要经产权归属的所有者代表确认；

（四）兼并双方的所有者签署协议。全民所有制企业所有者代表为负责审核批准兼并的机关。

（五）办理产权转让的清算及法律手续。

六、被兼并方企业资产的评估作价

被兼并方企业的资产包括有形资产和无形资产，一定要进行评估作价，并对全部债务予以核实。如果兼并方企业在兼并过程中转换成股份制企业，也要进行资产评估。

资产评估组织一定要具有公正性和权威性，有条件的可利用现有会计师事务所等中介机构；没有条件的可由有关部门组成临时评估组织。

资产评估作价可以采取以下三种办法：

（一）重置成本法，即按资产全新情况下的现价或重置成本减去已使用年限的折旧，来确定被评估资产的价值；

（二）市场法，即按照市场上近期发生的类似资产的交易价来确定被评估资产的价值；

（三）收入法，即按预期利润率计算的现值来确定被评估资产的价值。

这三种办法可以互相检验，亦可单独使用。

七、企业兼并的资金来源和兼并后的产权归属

企业兼并也是一种投资方式，凡是国家规定可以用于投资的资金，都可用来兼并企业，当前主要有以下四项：

（一）企业留用利润；

（二）企业节余的折旧基金；

（三）计划内用于投资的银行贷款；

（四）企业经过有关部门批准发行债券、股票等筹集到的资金。

企业兼并后的产权归属，原则上谁出资归谁所有。

八、被兼并方企业产权转让的收入归属

被兼并方企业产权转让的收入，归该企业的产权所有者：如被兼并方企业是全民所有制，其净收入除国家另有规定外，由国有资产管理部门组织解缴国库；未建立国有资产管理部门的地方，由财政部门组织入库，列入专门账户，纳入预

算管理。如被兼并方企业属集体所有制,其净收入按产权归属比例分别归不同所有者。企业产权归属不清的,其净收入视同国有资产管理。

九、对被兼并方企业职工的安置

在目前社会保险制度还不健全的条件下,被兼并方企业的职工,包括固定工、合同工和离退休职工,原则上由兼并方企业接收,在确定资产转让价格时要考虑这一因素。同时,要积极创造条件,推进社会保险制度的配套改革,逐步过渡到由社会吸收、消化。被兼并方企业职工的所有制身份可以暂时不变。

十、兼并后企业的财政税收管理

企业兼并后,如果被兼并企业丧失法人地位,按兼并方企业的财政税收管理办法执行;如果被兼并方企业仍保留法人地位,在所有制性质没有变化的情况下,按被兼并方企业原来的财政税收管理办法执行;如果被兼并方企业的所有制性质发生变化,按所有制性质变更后适用的财政税收管理办法执行;如果兼并双方通过参股、控股形成股份制企业,其财政税收的管理办法另行制定。有关全民所有制企业兼并后的财务处理办法,由财政部另行制定。

二、经营者集中的申报标准

经营者集中达到国务院规定的申报标准的,经营者应当事先向国务院反垄断执法机构申报,未申报的不得实施集中。

《反垄断法》规定,经营者集中有下列情形之一的,可以不向国务院反垄断执法机构申报:

(1)参与集中的一个经营者拥有其他每个经营者50%以上有表决权的股份或者资产的;

(2)参与集中的每个经营者50%以上有表决权的股份或者资产被同一个未参与集中的经营者拥有的。

制度链接:《国务院关于经营者集中申报标准的规定》

中华人民共和国国务院令

第529号

《国务院关于经营者集中申报标准的规定》已经2008年8月1日国务院第20次常务会议通过,现予公布,自公布之日起施行。

总理 温家宝

二〇〇八年八月三日

国务院关于经营者集中申报标准的规定

第一条 为了明确经营者集中的申报标准,根据《中华人民共和国反垄断法》,制定本规定。

第二条　经营者集中是指下列情形：
（一）经营者合并；
（二）经营者通过取得股权或者资产的方式取得对其他经营者的控制权；
（三）经营者通过合同等方式取得对其他经营者的控制权或者能够对其他经营者施加决定性影响。

第三条　经营者集中达到下列标准之一的，经营者应当事先向国务院商务主管部门申报，未申报的不得实施集中：
（一）参与集中的所有经营者上一会计年度在全球范围内的营业额合计超过100亿元人民币，并且其中至少两个经营者上一会计年度在中国境内的营业额均超过4亿元人民币；
（二）参与集中的所有经营者上一会计年度在中国境内的营业额合计超过20亿元人民币，并且其中至少两个经营者上一会计年度在中国境内的营业额均超过4亿元人民币。

营业额的计算，应当考虑银行、保险、证券、期货等特殊行业、领域的实际情况，具体办法由国务院商务主管部门会同国务院有关部门制定。

第四条　经营者集中未达到本规定第三条规定的申报标准，但按照规定程序收集的事实和证据表明该经营者集中具有或者可能具有排除、限制竞争效果的，国务院商务主管部门应当依法进行调查。

第五条　本规定自公布之日起施行。

三、经营者集中的申报审查

1. 申报申请

《反垄断法》规定，经营者向国务院反垄断执法机构申报集中，应当提交下列文件、资料：
（1）申报书；
（2）集中对相关市场竞争状况影响的说明；
（3）集中协议；
（4）参与集中的经营者经会计师事务所审计的上一会计年度财务会计报告；
（5）国务院反垄断执法机构规定的其他文件、资料。

申报书应当载明参与集中的经营者的名称、住所、经营范围、预定实施集中的日期和国务院反垄断执法机构规定的其他事项。经营者提交的文件、资料不完备的，应当在国务院反垄断执法机构规定的期限内补交文件、资料。经营者逾期未补交文件、资料的，视为未申报。

2. 初步审查

国务院反垄断执法机构应当自收到经营者提交的相关文件、资料之日起 30 日内,对申报的经营者集中进行初步审查,作出是否实施进一步审查的决定,并书面通知经营者。国务院反垄断执法机构作出决定前,经营者不得实施集中。

国务院反垄断执法机构作出不实施进一步审查的决定或者逾期未作出决定的,经营者可以实施集中。

3. 进一步审查

《反垄断法》规定,国务院反垄断执法机构决定实施进一步审查的,应当自决定之日起 90 日内审查完毕,作出是否禁止经营者集中的决定,并书面通知经营者。作出禁止经营者集中的决定,应当说明理由。审查期间,经营者不得实施集中。

4. 延期审查

《反垄断法》规定,有下列情形之一的,国务院反垄断执法机构经书面通知经营者,可以延长规定的审查期限,但最长不得超过 60 日:

(1) 经营者同意延长审查期限的;
(2) 经营者提交的文件、资料不准确,需要进一步核实的;
(3) 经营者申报后有关情况发生重大变化的。

执法综述:经营者集中

新华社北京 2008 年 11 月 21 日电(记者 朱立毅 雷敏)商务部反垄断局局长尚明 21 日介绍说,反垄断局成立以来,共批准了 8 项经营者集中审查案件。

尚明是在谈及商务部附条件批准比利时英博公司收购美国 AB 公司的交易时说这番话的。他表示,英博公司收购 AB 公司案并非商务部反垄断局成立以来批准的第一个经营者集中审查案件。"事实上,除此之外,反垄断局还批准了其他 7 项集中案件。"

尚明表示,2008 年 8 月 1 日,反垄断法实施以来,截至 11 月 19 日,商务部收到十几次经营者集中申报,其中 13 项已立案受理,8 项已作出审查决定,其中包括英博公司收购 AB 公司案。在作出的审查决定中,只有此案根据反垄断法的规定进行了公告。

——资料来源:国务院门户网站(www.gov.cn)

四、审查标准

《反垄断法》规定,审查经营者集中,应当考虑下列因素:

(1) 参与集中的经营者在相关市场的市场份额及其对市场的控制力;

(2) 相关市场的市场集中度；
(3) 经营者集中对市场进入、技术进步的影响；
(4) 经营者集中对消费者和其他有关经营者的影响；
(5) 经营者集中对国民经济发展的影响；
(6) 国务院反垄断执法机构认为应当考虑的影响市场竞争的其他因素。

五、审查决定

1. 禁止经营者集中

《反垄断法》规定，经营者集中具有或者可能具有排除、限制竞争效果的，国务院反垄断执法机构应当作出禁止经营者集中的决定。

2. 允许经营者集中

《反垄断法》规定，尽管经营者集中具有或者可能具有排除、限制竞争效果，但是，经营者能够证明该集中对竞争产生的有利影响明显大于不利影响，或者符合社会公共利益的，国务院反垄断执法机构可以作出对经营者集中不予禁止的决定。此外，对经营者集中的申请，国务院反垄断执法机构逾期未作出决定的，经营者也可以实施集中。

《反垄断法》规定，对不予禁止的经营者集中，国务院反垄断执法机构可以决定附加减少集中对竞争产生不利影响的限制性条件。国务院反垄断执法机构应当将禁止经营者集中的决定或者对经营者集中附加限制性条件的决定，及时向社会公布。

3. 国家安全审查

《反垄断法》规定，对外资并购境内企业或者以其他方式参与经营者集中，涉及国家安全的，除依法进行经营者集中审查外，还应当按照国家有关规定进行国家安全审查。

案例研读：商务部附条件批准比利时英博公司收购美国 AB 公司案

2008 年 11 月 18 日，商务部发布 2008 年第 95 号公告，决定附条件批准比利时英博公司收购美国 AB 公司的交易。

由于 2007 年英博公司和 AB 公司在中国境内的营业额分别为 57.64 亿人民币和 44.9 亿人民币，达到了《国务院关于经营者集中申报标准的规定》的申报标准。根据《反垄断法》第二十一条的规定，2008 年 9 月 10 日，英博公司向商务部递交了申报材料，反垄断局审核时发现申报材料没有达到《反垄断法》第二十三条的要求，申报方于 10 月 17 日和 10 月 23 日先后提交了两次补充信息，商务部于 10 月 27 日予以受理。

商务部在立案后对申报材料进行了认真研究，多次召开座谈会、研讨会和听证会,征求政府有关部门、相关地方政府、啤酒行业协会、国内主要啤酒厂商、啤酒原料生产企业以及啤酒产品销售商的意见和建议,与交易双方进行充分沟通。

商务部对上述各方面进行了全面审查,并从地域市场、产品市场和竞争格局进行了重点审查。审查结果表明,此项并购没有对中国啤酒市场产生排除、限制竞争的效果,商务部决定不予禁止。但是,为了防止并购后可能导致有损竞争的结构出现,商务部附加了必要的限制性条件,要求英博公司作出承诺,并严格遵守审查决定中的限制性条件,不得违反其中任何一项,如果发生变化,英博公司必须事先向商务部及时进行申报或通报,商务部批准前,不得实施。

——资料来源:中华人民共和国国务院门户网站(www.gov.cn)

第五节　滥用行政权力排除、限制竞争

政策指南:我国反对行政性垄断的一贯立场

1980年10月17日,国务院发布了《关于开展和保护社会主义竞争的暂行规定》(2001年10月6日失效),首次提出了反垄断,特别是反行政性垄断的任务:"在经济活动中,除国家指定由有关部门和单位专门经营的产品以外,其余的不得进行垄断、搞独家经营。""开展竞争必须打破地区封锁和部门分割。任何地区和部门都不准封锁市场,不得禁止外地商品在本地区、本部门销售。对本地区出产的原材料必须保证按国家计划调出,不准进行封锁。工业、交通、财贸等有关部门对现行规章制度中妨碍竞争的部分,必须进行修改,以利于开展竞争。采取行政手段保护落后、抑制先进、妨碍商品正常流通的做法,是不合法的,应当予以废止。"

1984年12月《中共中央、国务院关于严禁党政机关和党政干部经商、办企业的决定》,指出:"各级党政领导机关特别是经济部门及其领导干部更要正确发挥领导和组织经济建设的职能,坚持政企职责分开、官商分离的原则……绝不允许运用手中的权力,违反党和国家的规定去经营商业、兴办企业,谋取私利,与民相争。"

1990年11月10日,国务院《关于打破地区间市场封锁进一步搞活商品流通的通知》(国发〔1990〕61号),指出:"工业、商业、物资等部门的企业,在国家计划指导下,根据经济合理的原则和生产经营的实际需要,有权在全国范围内自行选购所需要的商品,任何地区和部门不得设置障碍,加以干涉,特别是不得在承包经营责任制中硬性规定只准购销或硬性搭配本地产品;不得将质次价高、用户不欢迎的产品,强行压给流通企业。""要确保商品流通畅通无阻。各地区、各部

门不得擅自在道路、车站、码头、省区边界设关卡,阻碍商品的正常运输。对现有的检查站(所、卡、岗)要认真进行一次清理整顿,撤销妨碍商品正常流通的各种关卡。必须设置的检查站,需报经省、自治区、直辖市人民政府批准,并严格规定其职责范围。凭县以上公安机关颁发的证件执行检查任务。检查人员应佩戴专用标志,严格按照规定的工作范围履行职责,不得任意扣留过往运输车辆,随意收取各种费用或罚款。工商行政管理、质量监督检查和卫生检查等部门不得以打击假冒、伪劣商品为名,抬高外地产品的检验标准,变相阻止外地产品进入本地区销售。为缓解运输紧张状况,减少物资不合理对流,对地处边远的少数民族自治地区能够生产自给、适销对路、质量合格的少数产品,在报经国家计划委员会批准后,短期内可适当控制外购,但必须允许一定比例的同类优质产品进入本地销售,以利于提高本地产品质量和生产技术水平。"

一、行政权力妨碍商品自由流通的情形

《反垄断法》规定,行政机关和法律、法规授权的具有管理公共事务职能的组织不得滥用行政权力,实施下列行为,妨碍商品在地区之间的自由流通:

(1)对外地商品设定歧视性收费项目、实行歧视性收费标准,或者规定歧视性价格;

(2)对外地商品规定与本地同类商品不同的技术要求、检验标准,或者对外地商品采取重复检验、重复认证等歧视性技术措施,限制外地商品进入本地市场;

(3)采取专门针对外地商品的行政许可,限制外地商品进入本地市场;

(4)设置关卡或者采取其他手段,阻碍外地商品进入或者本地商品运出;

(5)妨碍商品在地区之间自由流通的其他行为。

二、行政权力排除、限制竞争的其他表现形式

《反垄断法》规定,行政机关和法律、法规授权的具有管理公共事务职能的组织不得滥用行政权力,采取下列手段,排除、限制竞争:

(1)限定或者变相限定单位或者个人经营、购买、使用其指定的经营者提供的商品;

(2)以设定歧视性资质要求、评审标准或者不依法发布信息等方式,排斥或者限制外地经营者参加本地的招标投标活动;

(3)采取与本地经营者不平等待遇等方式,排斥或者限制外地经营者在本地投资或者设立分支机构;

(4)强制经营者从事《反垄断法》规定的垄断行为;

(5)滥用行政权力,制定含有排除、限制竞争内容的规定。

制度链接:《工商行政管理机关制止滥用行政权力排除、限制竞争行为程序规定》

国家工商行政管理总局令

第41号

《工商行政管理机关制止滥用行政权力排除、限制竞争行为程序规定》已经国家工商行政管理总局局务会议审议通过,现予公布,自2009年7月1日起施行。

局长 周伯华
二〇〇九年五月二十六日

工商行政管理机关制止滥用行政权力排除、限制竞争行为程序规定

第一条 为制止滥用行政权力排除、限制竞争行为,依据《中华人民共和国反垄断法》制定本规定。

第二条 行政机关和法律、法规授权的具有管理公共事务职能的组织滥用行政权力,实施排除、限制竞争行为的,由上级机关责令改正;对直接负责的主管人员和其他直接责任人员依法给予处分。国家工商行政管理总局和省、自治区、直辖市工商行政管理局(以下简称省级工商行政管理局)可以向有关上级机关提出依法处理的建议。

第三条 国家工商行政管理总局对国务院所属部门、省级人民政府滥用行政权力排除、限制竞争的,可以向国务院提出依法处理的建议。

对法律、法规授权的具有管理全国公共事务职能的组织滥用行政权力排除、限制竞争的,国家工商行政管理总局可以向管理该组织的机关提出依法处理的建议。

第四条 省级工商行政管理局对省级人民政府所属部门、省以下地方人民政府及其所属部门滥用行政权力排除、限制竞争的,可以向有关上级机关提出依法处理的建议。

对法律、法规授权的具有管理地方公共事务职能的组织滥用行政权力排除、限制竞争的,省级工商行政管理局可以向管理该组织的机关提出依法处理的建议。

第五条 经营者不得以行政机关和法律、法规授权的具有管理公共事务职能的组织强制、指定、授权等为由,从事垄断行为。

经营者从事垄断协议和滥用市场支配地位行为的,适用《工商行政管理机关查处垄断协议、滥用市场支配地位案件程序规定》。

第六条 法律、行政法规对行政机关和法律、法规授权的具有管理公共事务职能的组织滥用行政权力排除、限制竞争行为的处理另有规定的,依照其规定。

第七条 省级工商行政管理局依据本规定第四条提出依法处理的建议后,应当于10个工作日内报国家工商行政管理总局备案。

第八条 工商行政管理机关工作人员违反本规定,滥用职权、玩忽职守、徇

私舞弊，尚不构成犯罪的，依法给予行政处分；构成犯罪的，依法追究刑事责任。

第九条　本规定不适用于制止行政机关和法律、法规授权的具有管理公共事务职能的组织滥用行政权力排除、限制竞争涉及的价格方面的行为。

第十条　本规定由国家工商行政管理总局负责解释。

第十一条　本规定自2009年7月1日起施行。

第六节　对涉嫌垄断行为的调查

一、反垄断执法机构的调查措施

对涉嫌垄断行为，任何单位和个人有权向反垄断执法机构举报，反垄断执法机构应当为举报人保密。举报采用书面形式并提供相关事实和证据的，反垄断执法机构应当进行必要的调查。

此外，《反垄断法》规定，反垄断执法机构也有权依据其职权依法对涉嫌垄断行为进行调查，其调查涉嫌垄断行为时，可以采取下列措施。但是，该项调查应当向反垄断执法机构主要负责人提出书面报告，并经批准：

(1)进入被调查的经营者的营业场所或者其他有关场所进行检查；

(2)询问被调查的经营者、利害关系人或者其他有关单位或者个人，要求其说明有关情况；

(3)查阅、复制被调查的经营者、利害关系人或者其他有关单位或者个人的有关单证、协议、会计账簿、业务函电、电子数据等文件、资料；

(4)查封、扣押相关证据；

(5)查询经营者的银行账户。

执法综述：破除市场垄断　倡导公平竞争——全国工商机关反垄断执法综述

为建立和完善全国统一、公平竞争、规范有序的市场秩序，工商机关自《反不正当竞争法》施行以来，依照该法以及国务院《关于禁止在市场经济活动中实行地区封锁的规定》等有关法规和规章，在全国范围内开展反垄断专项执法工作，取得了显著成效，创造了公平竞争的市场环境。

专项执法频出重拳

近年来，国家工商总局公平交易局以开展反垄断专项执法工作为重点，先后对社会反映强烈、限制竞争行为严重、问题较多的电信、邮政、保险、供电、供水、供气、旅游、铁路等行业，加大监督执法力度，取得了阶段性成果，受到社会各界的好评。

1999年到2001年，国家工商局连续3年组织全系统对公用企业限制竞争行为开展有重点、有步骤的专项整治，明确把开展重点垄断性行业限制竞争行为的专项整治以及破除地区封锁和地方保护作为整顿内容和工作重点。2001年2月，国家工商局与国家经贸委成立联合调查组，对辽宁省大洼县啤酒市场的地区封锁行为进行了调查和处理，同年对发生在安徽省某县化肥市场的地区封锁行为以及湖北省某市实行啤酒市场地区封锁的做法提出整治意见。

　　2002年，国家工商总局在全国范围内部署打破地区封锁和行业垄断专项整治行动，要求各地加大对供水、供电、供气等垄断性行业限制竞争行为的查处力度，重点查处酒类、化肥、烟草等行业的地区封锁、地方保护行为。

　　2003年以来，国家工商总局又连续5年在全国组织开展了反垄断专项执法，共查处行业垄断案件4 700多件，涉及供水、供电、供气、邮政、电信、交通运输、保险、银行、石油、石化、烟草、盐业等垄断性行业企业，制止和查处地方保护、地区封锁等行政性垄断行为和案件465件，反垄断专项执法工作在广度和深度上取得了前所未有的进展。

　　查大、要案敢于碰硬

　　近年来，各地工商机关在办案过程中面对调查难、取证难等问题，敢于硬碰硬，大要案件领导亲自抓。

　　由于查处反垄断案件涉及方方面面的利益关系，一些政府部门往往出面说情，个别公用企业还摆出"老大"架子不理不睬，很多经营者和消费者又怕得罪"老大"，不敢作证。针对这些问题，工商执法人员顶住压力，大胆执法，同时积极争取当地人大、政府和有关部门的理解与支持，很快查处了一批限制公平竞争、行业垄断的大案。

　　随着反垄断执法工作的深入和执法经验的积累，工商机关反垄断执法领域也在不断拓宽，对经济性垄断行为高度关注并开展了相关案件的调查工作。国家工商总局2003年对在华跨国公司市场竞争状况及市场竞争行为进行调研，并发布调研报告，引起社会强烈反响。根据国务院领导的批示及相关企业的投诉，2005年国家工商总局对某跨国公司涉嫌低于成本价销售产品的行为进行了调查并提出了处理意见；2006年对某跨国公司滥用市场支配地位捆绑销售产品的行为进行了调查，并对该公司提出了行政告诫；2004年至2006年，国家工商总局积极参与了对国际班轮公会和运价协议组织涉嫌价格垄断、损害国际海运市场秩序行为的调查。一些省市的工商部门也依据本地的反不正当竞争条例，对经营者之间通过卡特尔协议划分市场、固定价格等限制竞争行为进行了查处。

　　推动零供关系法治化

　　2006年11月，国家发改委、国家工商总局等6部委联合发布实施了《零售商供应商公平交易管理办法》，对大型超市等零售商滥用市场交易中的优势地位对中小供应商滥收费用等不公平交易行为进行了整顿，规范零售业竞争行为。

2007年上半年,国家工商总局积极与有关部门沟通协调,分别在北京、浙江召开了工商部门和有关企业参加的座谈会,研究制定了贯彻执行该《办法》的具体意见,明确了工商机关的职责和执法中要注意把握的问题。同年9月,国家工商总局组织全国14个省区市工商局召开座谈会,交流各地贯彻《零售商供应商公平交易管理办法》的情况、查处案件以及执法工作,提出进一步加强对大型超市经营行为监管的意见。随后,各地工商机关查处了几十起大型超市等零售商滥用市场交易中的优势地位对中小供应商滥收费用等不公平交易行为案件,对规范零售业竞争行为起到了积极的作用。

2008年4月,国家工商总局通过中国连锁经营协会组织召开了在京大型零售商代表座谈会,就《零售商供应商公平交易管理办法》的贯彻执行及企业经营行为的规范等问题进行研讨。

反垄断执法稳步推进

为加强对基层执法工作的指导,多年来,国家工商总局对涉及供电、供水、电信、有线电视、烟草、石油、石化、铁路等垄断性行业限制竞争行为如何定性处理等问题作出答复,共制定下发了35个有关规制垄断行为的行政解释,推动专项治理工作向纵深发展。

从2003年开始,国家工商总局每年都安排专题调研,了解反垄断执法情况,为反垄断立法提供可行的建议。《在华跨国公司限制竞争行为表现及其对策》、《竞争执法主体多元化现状、问题及建议》、《超市收取"进场费"问题及对策》、《经营者滥用市场支配地位限制竞争的有关问题》等课题研究报告,都在社会上引起强烈反响。

2004年到2006年,国家工商总局派人参加国务院反垄断法审查小组工作,积极参与《反垄断法(送审稿)》审查、修订,根据实际执法经验,提出切实可行的意见和建议。2006年6月至2007年8月,国家工商总局派人参加《反垄断法(审议稿)》的一审、二审和三审工作,积极配合推进《反垄断法》出台。《反垄断法》颁布后,国家工商总局及时制定了《关于做好〈反垄断法〉实施准备工作的意见》,通过举办培训班、组织专题研讨会等方式,积极组织指导四川、福建、湖北等省工商局开展《反垄断法》学习和培训;关注《反垄断法》配套规章建设,积极参与《反垄断法》有关配套法规规章的研究制定。

——资料来源:国家工商总局门户网站(www.saic.gov.cn)

二、反垄断执法机构的调查程序

1.依法调查

反垄断执法机构调查涉嫌垄断行为,执法人员不得少于2人,并应当出示执法证件。执法人员进行询问和调查,应当制作笔录,并由被询问人或者被调查人签字。反垄断执法机构及其工作人员对执法过程中知悉的商业秘密负有保密义务。

被调查的经营者、利害关系人或者其他有关单位或者个人应当配合反垄断执法机构依法履行职责,不得拒绝、阻碍反垄断执法机构的调查。被调查的经营者、利害关系人有权陈述意见。反垄断执法机构应当对被调查的经营者、利害关系人提出的事实、理由和证据进行核实。

2. 中止调查

对反垄断执法机构调查的涉嫌垄断行为,被调查的经营者承诺在反垄断执法机构认可的期限内采取具体措施消除该行为后果的,反垄断执法机构可以决定中止调查。中止调查的决定应当载明被调查的经营者承诺的具体内容。

3. 恢复调查

《反垄断法》规定,反垄断执法机构决定中止调查的,应当对经营者履行承诺的情况进行监督。有下列情形之一的,反垄断执法机构应当恢复调查:

(1)经营者未履行承诺的;

(2)作出中止调查决定所依据的事实发生重大变化的;

(3)中止调查的决定是基于经营者提供的不完整或者不真实的信息作出的。

4. 终止调查

反垄断执法机构决定中止调查的,应当对经营者履行承诺的情况进行监督。经营者履行承诺的,反垄断执法机构可以决定终止调查。

反垄断执法机构对涉嫌垄断行为调查核实后,认为构成垄断行为的,应当依法作出处理决定,并可以向社会公布。

延伸思考:

1. 设计反垄断制度的目标是什么?
2. 我国《反垄断法》的基本框架是什么?
3. 如何协调反垄断执法机构之间的职权?
4. 如何监管涉外反垄断案件?

文献附录:《工商行政管理机关查处垄断协议、滥用市场支配地位案件程序规定》
国家工商行政管理总局令
第 42 号

《工商行政管理机关查处垄断协议、滥用市场支配地位案件程序规定》已经国家工商行政管理总局局务会议审议通过,现予公布,自 2009 年 7 月 1 日起施行。

局长　周伯华

二〇〇九年五月二十六日

工商行政管理机关查处垄断协议、滥用市场支配地位案件程序规定

第一条 为规范和保障工商行政管理机关依法查处垄断行为,依据《中华人民共和国反垄断法》制定本规定。

第二条 国家工商行政管理总局统一负责垄断协议、滥用市场支配地位方面的反垄断执法工作。

国家工商行政管理总局根据工作需要,可以授权有关省、自治区、直辖市工商行政管理局(以下简称省级工商行政管理局)负责垄断协议、滥用市场支配地位方面的反垄断执法工作。

第三条 下列垄断行为应当由国家工商行政管理总局负责查处:

(一)全国范围内有重大影响的;

(二)国家工商行政管理总局认为应当由其管辖的。

下列垄断行为可以授权省级工商行政管理局负责查处:

(一)该行政区域内发生的;

(二)跨省、自治区、直辖市发生,但主要行为地在该行政区域内的;

(三)国家工商行政管理总局认为可以授权省级工商行政管理局管辖的。

授权以个案的形式进行。被授权的省级工商行政管理局不得再次向下级工商行政管理局授权。

第四条 工商行政管理机关依据职权,或者通过举报、其他机关移送、上级机关交办等途径,发现垄断行为并依法查处。

第五条 任何单位和个人有权向工商行政管理机关举报涉嫌垄断行为,工商行政管理机关应当为举报人保密。

举报采取书面形式的,应当包括以下内容:

(一)举报人的基本情况。举报人为个人的,应当提供姓名、住址、联系方式等。举报人为经营者的,应当提供名称、地址、联系方式、主要从事的行业、生产的产品或者提供的服务等;

(二)被举报人的基本情况。包括经营者名称、地址、主要从事的行业、生产的产品或者提供的服务等;

(三)涉嫌垄断的相关事实。包括被举报人违反法律、法规和规章实施垄断行为的事实以及有关行为的时间、地点等;

(四)相关证据。包括书证、物证、证人证言、视听资料、计算机数据、鉴定结论等,有关证据应当有证据提供人的签名并注明获得证据的来源;

(五)是否就同一事实已向其他行政机关举报或者向人民法院提起诉讼。

第六条 国家工商行政管理总局和省级工商行政管理局负责举报材料的受理。省级以下工商行政管理机关收到举报材料的,应当在5个工作日内将有关举报材料报送省级工商行政管理局。

受理机关收到举报材料后,应当进行登记并对举报内容进行核查。

举报材料不齐全的,应当通知举报人及时补齐。

对于匿名的书面举报,如果有具体的违法事实并提供相关证据的,受理机关应当进行登记并对举报内容进行核查。

第七条 省级工商行政管理局应当对主要发生在本行政区域内涉嫌垄断行为的举报进行核查,并将核查的情况以及是否立案的意见报国家工商行政管理总局。

省级工商行政管理局对举报材料齐全、涉及两个以上省级行政区域的涉嫌垄断行为的举报,应当及时将举报材料报送国家工商行政管理总局。

第八条 国家工商行政管理总局根据对举报内容核查的情况,决定立案查处工作。国家工商行政管理总局可以自己立案查处,也可以根据本规定第三条的规定授权有关省级工商行政管理局立案查处。

第九条 国家工商行政管理总局对自己立案查处的案件,可以自行开展调查,也可以委托有关省级、计划单列市、副省级市工商行政管理局开展案件调查工作。

省级工商行政管理局对经授权由其立案查处的案件,应当依据本规定组织案件调查等相关工作。

第十条 工商行政管理机关调查涉嫌垄断行为,经向有权查处垄断案件机关的主要负责人书面报告并经批准,可以采取下列调查措施:

(一)进入被调查的经营者的营业场所或者其他有关场所进行检查;

(二)询问被调查的经营者、利害关系人或者其他有关单位或者个人,要求其说明有关情况;

(三)查阅、复制被调查的经营者、利害关系人或者其他有关单位或者个人的有关单证、协议、会计账簿、业务函电、电子数据等文件、资料;

(四)查封、扣押相关证据;

(五)查询经营者的银行账户。

第十一条 工商行政管理机关执法人员调查案件,不得少于两人,并应当出示执法证件。

第十二条 工商行政管理机关调查涉嫌垄断行为时,可以要求被调查的经营者、利害关系人或者其他有关单位或者个人(以下简称被调查人)在规定时限内提供以下书面材料:

(一)被调查人的基本情况,包括组织形式、名称、联系人及联系方式、营业执照或者社会团体法人登记证书、法人组织代码副本复印件。经营者为个人的,提供身份证复印件及联系方式;

(二)被调查人为经营者的,还应提供近3年的生产经营状况、年销售额情况、缴税情况、与交易相对人业务往来及合作协议、境外投资情况等,上市公司还要提供股票收益情况;

(三)被调查人为行业协会的,还应提供行业组织章程、相关产业政策依据、本行业生产经营规划以及执行情况、与涉嫌垄断行为有关的会议、活动情况及文件等;

(四)就工商行政管理机关提出的相关问题所作的说明;

(五)工商行政管理机关认为需要提供的其他书面材料。

工商行政管理机关及其工作人员对执法过程中知悉的商业秘密负有保密义务。

第十三条 被调查的经营者、利害关系人有权陈述意见。工商行政管理机关应当对被调查的经营者、利害关系人提出的事实、理由和证据进行核实。

第十四条 对工商行政管理机关依法实施的调查,拒绝提供、不完全提供或者超过规定时限提供有关材料、信息,或者提供虚假材料、信息,或者隐匿、销毁、转移证据,或者有拒绝、阻碍调查行为的,依照《反垄断法》第五十二条的规定处理。

第十五条 涉嫌垄断行为的经营者在被调查期间,可以提出中止调查的申请,承诺在工商行政管理机关认可的期限内采取具体措施消除行为影响。

第十六条 中止调查申请应当以书面形式提出,并由法定代表人、其他组织负责人或者个人签字并盖章。申请书应当载明以下事项:

(一)涉嫌违法的事实及可能造成的影响;

(二)消除行为影响拟采取的具体措施;

(三)实现承诺的日程安排和保证声明。

第十七条 工商行政管理机关根据被调查经营者的申请,在考虑行为的性质、持续时间、后果及社会影响等具体情况后,可以决定中止调查,并作出中止调查决定书。中止调查决定书应当载明被调查经营者涉嫌违法的事实、承诺的具体内容、消除影响的具体措施、时限以及不履行或者部分履行承诺的法律后果等内容。

第十八条 决定中止调查的,经营者应当在规定的时限内向工商行政管理机关提交履行承诺进展情况的书面报告。

第十九条 工商行政管理机关对经营者履行承诺的情况进行监督。确定经营者已经履行承诺的,可以决定终止调查,并作出终止调查决定书。终止调查决定书应当载明被调查经营者涉嫌违法的事实、承诺的具体内容、消除影响的具体措施、履行承诺的具体步骤和时间等内容。

有下列情形之一的,应当恢复调查:

(一)经营者未履行承诺的;

(二)作出中止调查所依据的事实发生重大变化的;

(三)中止调查的决定是基于经营者提供的不完整、不正确或者误导性的信息作出的。

第二十条 工商行政管理机关对主动报告达成垄断协议有关情况并提供重要证据的经营者,可以酌情减轻或者免除处罚。

对垄断协议的组织者,不适用前款规定。

重要证据应当是能够启动调查或者对认定垄断协议行为起到关键性作用的证据。

第二十一条 经营者能够证明所达成的协议符合《反垄断法》第十五条规定情形的,工商行政管理机关可以对有关行为予以豁免。

第二十二条 工商行政管理机关对涉嫌垄断行为调查核实后,认定构成垄断行为的,应当依法作出行政处罚决定。

第二十三条 国家工商行政管理总局对重大垄断案件,在作出行政处罚决定前应当向国务院反垄断委员会报告。

经授权的省级工商行政管理局应当依法作出中止调查、终止调查或者行政处罚决定,但在作出决定前应当向国家工商行政管理总局报告。省级工商行政管理局应当在作出决定后10个工作日内,将有关情况、相关决定书及案件调查终结报告报国家工商行政管理总局备案。

第二十四条 国家工商行政管理总局研究决定不适用《反垄断法》,但可以转致适用其他工商行政管理法律、法规处理的举报,应当及时转送有关工商行政管理机关依法处理。属于其他行政机关管辖的,应当依法移送其他有权机关。

省级以下工商行政管理机关可以依照其他法律、法规的规定,对发生在本行政区域内的公用企业或者其他依法具有独占地位经营者的限制竞争行为进行监督检查。

第二十五条 工商行政管理机关对依法查处的垄断案件,可以向社会公布。

第二十六条 本规定对垄断行为调查、听证和处罚程序未作规定的,依照《中华人民共和国行政处罚法》、《工商行政管理机关行政处罚程序规定》、《工商行政管理机关行政处罚案件听证规则》的有关规定执行,但有关时限的规定不适用《工商行政管理机关行政处罚程序规定》、《工商行政管理机关行政处罚案件听证规则》。

第二十七条 对工商行政管理机关依照本规定作出的行政处罚等决定不服的,可以依法申请行政复议或者提起行政诉讼。

第二十八条 工商行政管理机关在反垄断执法工作中,要加强与其他反垄断执法机构和有关部门的信息沟通和执法协作。

第二十九条 工商行政管理机关工作人员违反本规定,滥用职权、玩忽职守、徇私舞弊或者泄露执法过程中知悉的商业秘密,尚不构成犯罪的,依法给予行政处分;涉嫌犯罪的,移送司法机关处理。

第三十条 本规定不适用于查处垄断协议、滥用市场支配地位方面的价格垄断行为。

第三十一条　本规定由国家工商行政管理总局负责解释。

第三十二条　本规定自2009年7月1日起施行。

第六章 反不正当竞争法律制度

引例:"谷歌"名称之争尘埃落定

美国 Google 公司于 2006 年正式启用中文名称"谷歌",并在中国成立了子公司谷歌信息技术(中国)有限公司。而在"谷歌"名称公布后不到一个小时,一家名为北京谷歌科技有限公司通过了工商部门审核,挂牌营业。

2007 年 11 月,"谷歌中国"以侵犯商标权、不正当竞争为由把"北京谷歌"诉至法院,索赔 10 万元。北京市一中院终审认为,"北京谷歌"经营的购物网站与 Google 网站在图案、颜色、字体方面相似,鼠标在移动过程中可显示"Google"字样,表明其试图与"谷歌中国"建立联系。并且,"谷歌中国"发布"谷歌"名称后,"北京谷歌"立即申请注册,证实其不仅知晓美国 Google 公司,而且一直跟踪其中文名称,并有使用其中文名称注册的嫌疑。据此,法院认定"北京谷歌"在企业名称中擅自使用"谷歌"的行为既存在主观故意,也造成相关公众误认,违反了公平、诚信原则和公认的商业道德,构成不正当竞争。

2009 年 6 月 26 日,北京市一中院对"谷歌"名称之争作出终审判决,认定"北京谷歌"系恶意注册,构成不正当竞争,限期变更名称,变更后的名称不得包含"谷歌"字样,并赔偿"谷歌中国"10 万元。(记者高健 通讯员常鸣)

——《北京日报》2009 年 6 月 27 日(转引自 http://www.sina.com.cn)

第一节 概述

一、不正当竞争行为

所谓不正当竞争,是指经营者违反《反不正当竞争法》的规定,损害其他经营者的合法权益,扰乱社会经济秩序的行为。其中,经营者是指从事商品经营或者营利性服务的法人、其他经济组织和个人。

经营者违反《反不正当竞争法》的规定,给被侵害的经营者造成损害的,应当承担损害赔偿责任,被侵害的经营者的损失难以计算的,赔偿额为侵权人在侵权期间因侵权所获得的利润;并应当承担被侵害的经营者因调查该经营者侵害其合法权益的不正当竞争行为所支付的合理费用。

被侵害的经营者的合法权益受到不正当竞争行为损害的,可以向人民法院提起诉讼。

背景知识:反不正当竞争法的立法体例比较

模式一:民法侵权行为法作为反不正当竞争法

法国法院 1850 年依法国《民法典》第 1832 条作出了判决,首次使用了"不正当竞争"概念。由此法国《民法典》被视为是反不正当竞争法的母法。法国至今还没有专门的反不正当竞争法,法院关于不正当竞争行为的大量判决,都是根据《民法典》第 1832 条和第 1383 条即关于不法行为的总则条款作出的。

模式二:反不正当竞争法的单行立法

德国 1896 年颁布的《反不正当竞争法》是世界上最早的关于不正当竞争行为的专门法。这个法律最初只是为了制止市场竞争中一些特别有害的行为如诋毁竞争对手、假冒商标、窃取商业秘密等,而没有总则条款。法院在判决中适用《民法典》第 826 条和第 823 条第 1 款关于侵权行为的规定,以弥补反不正当竞争法的漏洞。1909 年,该法进行了第一次修订,引进了一个总则性条款,它规定:在商业交易中以竞争为目的而违背善良风俗者,可向其请求停止行为并支付损害赔偿。此后,特别重要的修订是 1969 年的修订,扩大了第 3 条关于欺诈性广告的内容。因为有了第 1 条和第 3 条这两个总则性条款,德国反不正当竞争法已不单单是保护竞争者、反对侵权行为的法律制度,而在很大程度上具有了保护消费者和维护社会公共利益的功能。

采取单行立法模式的国家还很多,如瑞士 1943 年颁布了《反不正当竞争法》、日本 1934 年颁布了《不正当竞争防止法》、韩国 1986 年颁布了《不正当竞争防止法》等。

模式三:反不正当竞争法和反垄断法合并立法

匈牙利 1990 年颁布了《禁止不正当竞争法》,该法第 1 部分第 1 章规定了不正当竞争行为,第 2 章规定了禁止欺骗消费者,第 3 章规定了禁止限制竞争性协议,第 4 章禁止滥用经济优势,第 2 部分对控制企业合并作出了规定。

我国台湾地区 1991 年颁布了《公平交易法》,也是将二者合并立法,反不正当竞争法被称为公平竞争法,反垄断法被称为自由竞争法。立法过程中曾出现过争论,占主导地位的观点认为,保护自由竞争是为了追求经济效率,保护公平竞争是为了维护财产权,二者立法目的虽然不同,但都是为了促进和保护市场竞争。因此,将二者合并立法有利于市场竞争规则的系统化。

我国立法体例历史分析

我国采取了分立立法的体例,这是由历史原因造成的。1987年8月,国务院法制局成立了反垄断法起草小组,1988年提出了《反对垄断和不正当竞争暂行条例草案》。这说明,我国开始也是准备将反不正当竞争和反垄断法合并立法的。后来由于反垄断法一时不能出台,1993年9月2日,八届人大常委会第3次会议就通过了《反不正当竞争法》。这部法律虽然是反不正当竞争的单行法,但其中也有反垄断的内容。它们是:(1)公用企业或者其他依法具有独占地位的经营者的限制竞争行为(第6条);(2)政府及其所属部门滥用行政权力限制竞争行为(第7条);(3)以排挤竞争对手为目的的低价倾销(第11条);(4)搭售或者附加其他不合理的条件(第12条);(5)串通投标(第15条)。

——王保树主编:《经济法原理》,社会科学文献出版社1999年版,第208~210页。

二、监督检查

《反不正当竞争法》规定,各级人民政府应当采取措施,制止不正当竞争行为,为公平竞争创造良好的环境和条件。县级以上人民政府工商行政管理部门对不正当竞争行为进行监督检查;法律、行政法规规定由其他部门监督检查的,依照其规定。监督检查部门工作人员监督检查不正当竞争行为时,应当出示检查证件,被检查的经营者、利害关系人和证明人应当如实提供有关资料或者情况。

《反不正当竞争法》规定,监督检查部门在监督检查不正当竞争行为时,有权行使下列职权:

(1)按照规定程序询问被检查的经营者、利害关系人、证明人,并要求提供证明材料或者与不正当竞争行为有关的其他资料;

(2)查询、复制与不正当竞争行为有关的协议、账册、单据、文件、记录、业务函电和其他资料;

(3)检查与假冒行为有关的财物,必要时可以责令被检查的经营者说明该商品的来源和数量,暂停销售,听候检查,不得转移、隐匿、销毁该财物。

经营者有违反被责令暂停销售,不得转移、隐匿、销毁与不正当竞争行为有关的财物的行为的,监督检查部门可以根据情节处以被销售、转移、隐匿、销毁财物的价款的1倍以上3倍以下的罚款。

当事人对监督检查部门作出的处罚决定不服的,可以自收到处罚决定之日起15日内向上一级主管机关申请复议;对复议决定不服的,可以自收到复议决定书之日起15日内向人民法院提起诉讼;也可以直接向人民法院提起诉讼。

第二节 不正当竞争行为

执法综述:2009年第一季度竞争执法基本情况

全国各级工商行政管理机关共查处反不正当竞争案件4 944件,比上年同期增加302件,增长6.51%,其中立案查处案件4 573件,增加97件,增长2.17%。案件总值36 531万元,比上年同期减少17 001万元,下降31.76%;罚没金额8 143万元,比上年同期减少869万元,下降9.65%。

从查处不正当竞争案件的类型看,占比重最大的是经营者对商品质量、制作成分、性能、用途等利用广告或其他方法作虚假宣传,此类案件共计1 256件,比上年同期增长19.39%,占查处不正当竞争案件总数的25.40%;假冒他人注册商标案件808件,增长4.66%,占16.34%;在商标上伪造或冒用认证标志、名优标志、伪造产地、作虚假质量表示案件634件,增长6.12%,占12.82%;商业贿赂案件584件,下降1.18%,占11.81%;仿冒知名商品特有的名称、包装、装潢案件339件,增长20.64%,占6.86%;冒用他人企业名称或姓名案件166件,下降10.75%,占3.36%。

——资料来源:国家工商行政管理总局门户网站(www.saic.gov.cn)

一、假冒行为

《反不正当竞争法》规定,经营者不得采用下列不正当手段从事市场交易,损害竞争对手:

(1)假冒他人的注册商标;

(2)擅自使用知名商品特有的名称、包装、装潢,或者使用与知名商品近似的名称、包装、装潢,造成和他人的知名商品相混淆,使购买者误认为是该知名商品;

(3)擅自使用他人的企业名称或者姓名,引人误认为是他人的商品;

(4)在商品上伪造或者冒用认证标志、名优标志等质量标志,伪造产地,对商品质量作引人误解的虚假表示。

经营者假冒他人的注册商标,擅自使用他人的企业名称或者姓名,伪造或者冒用认证标志、名优标志等质量标志,伪造产地,对商品质量作引人误解的虚假表示的,依照《商标法》、《产品质量法》的规定处罚。

经营者擅自使用知名商品特有的名称、包装、装潢,或者使用与知名商品近似的名称、包装、装潢,造成和他人的知名商品相混淆,使购买者误认为是该知名商品的,监督检查部门应当责令停止违法行为,没收违法所得,可以根据情节处以违法所得1倍以上3倍以下的罚款;情节严重的,可以吊销营业执照;销售伪劣商品,构成犯罪的,依法追究刑事责任。

二、公用企业或者其他依法具有独占地位的经营者的限制竞争行为

《反不正当竞争法》规定,公用企业或者其他依法具有独占地位的经营者,不得限定他人购买其指定的经营者的商品,以排挤其他经营者的公平竞争。

公用企业或者其他依法具有独占地位的经营者,限定他人购买其指定的经营者的商品,以排挤其他经营者的公平竞争的,省级或者设区的市的监督检查部门应当责令停止违法行为,可以根据情节处以5万元以上20万元以下的罚款。被指定的经营者借此销售质次价高商品或者滥收费用的,监督检查部门应当没收违法所得,可以根据情节处以违法所得1倍以上3倍以下的罚款。

三、政府及其所属部门的限制竞争行为

《反不正当竞争法》规定,政府及其所属部门不得滥用行政权力,限定他人购买其指定的经营者的商品,限制其他经营者正当的经营活动。政府及其所属部门不得滥用行政权力,限制外地商品进入本地市场,或者本地商品流向外地市场。

政府及其所属部门违法限定他人购买其指定的经营者的商品、限制其他经营者正当的经营活动,或者限制商品在地区之间正常流通的,由上级机关责令其改正;情节严重的,由同级或者上级机关对直接责任人员给予行政处分。被指定的经营者借此销售质次价高商品或者滥收费用的,监督检查部门应当没收违法所得,可以根据情节处以违法所得1倍以上3倍以下的罚款。

四、商业贿赂

《反不正当竞争法》规定,经营者不得采用财物或者其他手段进行贿赂以销售或者购买商品。在账外暗中给予对方单位或者个人回扣的,以行贿论处;对方单位或者个人在账外暗中收受回扣的,以受贿论处。

经营者销售或者购买商品,可以以明示方式给对方折扣,可以给中间人佣金。经营者给对方折扣、给中间人佣金的,必须如实入账。接受折扣、佣金的经营者必须如实入账。

经营者采用财物或者其他手段进行贿赂以销售或者购买商品,构成犯罪的,依法追究刑事责任;不构成犯罪的,监督检查部门可以根据情节处以1万元以上20万元以下的罚款,有违法所得的,予以没收。

案例研读:"德普门"商业贿赂案

2005年5月,美国司法部提供的报告显示,外资企业天津德普诊断产品有限公司,从1991年到2002年期间,向中国国有医院医生行贿162.3万美元的现金,用来换取这些医疗机构购买DPC公司的产品,德普公司从中赚取了200万美元。这家企业最后被美国相关机构以违反"反商业贿赂法"为由,处以479万美元巨额罚金。

"德普门"案件曝光后,引起了我国政府对商业贿赂问题的高度关注。2006年2月24日,国务院总理温家宝主持召开第四次全国廉政会议,部署2006年政府系统廉政建设和反腐败工作,"治理商业贿赂"成为重点之一。其中,工程建设、土地出让、产权交易、医药购销、政府采购以及资源开发和经销等六大领域的商业贿赂行为,被确定为重点治理的对象。

统计数据:2009年第一季度反商业贿赂执法概况

全国工商行政管理机关共查处商业贿赂案件584件,比上年同期减少7件,下降1.18%;其中立案查处案件583件,减少8件,下降1.35%。

在查处的案件中,零售案件111件,占查处商业贿赂案件总数的19.01%;电信案件68件,占11.30%;工程建设案件43件,占7.36%;医疗购销案件35件,占6.00%。

从案值看,在立案查处的案件中,5万元以下案件388件,占查处商业贿赂案件总数的66.55%;5~10万元案件58件,占9.95%;10~30万元案件55件,占9.43%;30~100万元案件36件,占6.17%;100万元以上案件46件,占7.89%。

从违法主体看,在立案查处的案件中,违法主体为公司的案件259件,占44.20%;个体工商户案件147件,占25.21%;私营企业案45件,占7.72%;自然人案件39件,占6.69%;国有企业案件14件,集体企业案件12件。

全国查处商业贿赂案件列前10位的依次是:浙江128件,广东106件,江苏50件,山东45件,上海29件,河北25件,吉林25件,新疆23件,河南17件,四川17件。

——资料来源:国家工商行政管理总局门户网站(www.saic.gov.cn)

五、虚假宣传

《反不正当竞争法》规定,经营者不得利用广告或者其他方法,对商品的质量、制作成分、性能、用途、生产者、有效期限、产地等作引人误解的虚假宣传。广告的经营者不得在明知或者应知的情况下,代理、设计、制作、发布虚假广告。

经营者利用广告或者其他方法,对商品作引人误解的虚假宣传的,监督检查部门应当责令停止违法行为,消除影响,可以根据情节处以1万元以上20万元以下的罚款。

广告的经营者,在明知或者应知的情况下,代理、设计、制作、发布虚假广告的,监督检查部门应当责令停止违法行为,没收违法所得,并依法处以罚款。

案例研读:天津市工商局河西分局查处违法花生油案

2006年2月,天津市工商局河西分局接到举报,称北京某粮油有限公司2005年8月30日生产的压榨一级花生油掺假。该分局执法人员立即对当事人进行检查,当场查扣仓库内存放的涉嫌违法花生油478桶。

经查,北京某粮油有限公司当日生产的"配料100%花生油"是色拉油、花生油两种混合成的,但当事人擅自在每桶的外包装上贴上"压榨一级、配料100%花生油"的标签。该批次花生油经检验"脂肪酸组成、折光指数和相对密度不符合GB1534—2003《花生油》标准要求",而且不是100%花生油。北京某粮油有限公司的行为属于对产品质量、制作成分进行虚假宣传、误导消费的违法行为。

天津市工商局河西分局依据《反不正当竞争法》的有关规定,责令当事人停止销售,召回已售商品,消除影响,并处5万元罚款。

——资料来源:国家工商行政管理总局消费者权益保护局门户网站(http://www.315.gov.cn)

六、侵犯商业秘密

所谓商业秘密,是指不为公众所知悉、能为权利人带来经济利益、具有实用性并经权利人采取保密措施的技术信息和经营信息。第三人明知或者应知上述违法行为,获取、使用或者披露他人的商业秘密,视为侵犯商业秘密。

《反不正当竞争法》规定,经营者不得采用下列手段侵犯商业秘密:

(1)以盗窃、利诱、胁迫或者其他不正当手段获取权利人的商业秘密;

(2)披露、使用或者允许他人使用以前项手段获取的权利人的商业秘密;

(3)违反约定或者违反权利人有关保守商业秘密的要求,披露、使用或者允许他人使用其所掌握的商业秘密。

第三人明知或者应知上述违法行为,获取、使用或者披露他人的商业秘密,视为侵犯商业秘密。

侵犯商业秘密的,监督检查部门应当责令停止违法行为,可以根据情节处以1万元以上20万元以下的罚款。

七、低价倾销

《反不正当竞争法》规定,经营者不得以排挤竞争对手为目的,以低于成本的

价格销售商品。但是,有下列情形之一的,不属于不正当竞争行为:

(1)销售鲜活商品;

(2)处理有效期限即将到期的商品或者其他积压的商品;

(3)季节性降价;

(4)因清偿债务、转产、歇业降价销售商品。

制度链接:《关于制止低价倾销行为的规定》

关于制止低价倾销行为的规定

国家发展计划委员会令第2号

第一条 为制止低价倾销行为,支持和促进公开、公平、合法的市场价格竞争,维护国家利益,保护消费者和经营者的合法权益,根据《中华人民共和国价格法》,制定本规定。

第二条 本规定所称低价倾销行为是指经营者在依法降价处理商品之外,为排挤竞争对手或独占市场,以低于成本的价格倾销商品,扰乱正常生产经营秩序,损害国家利益或者其他经营者合法权益的行为。

第三条 本规定适用于实行市场调节价的商品。

第四条 本规定第二条所称成本是指生产成本、经营成本。

生产成本包括制造成本和由管理费用、财务费用、销售费用构成的期间费用。

经营成本包括购进商品进货成本和由经营费用、管理费用、财务费用构成的流通费用。

第五条 本规定所称低于成本,是指经营者低于其所经营商品的合理的个别成本。

在个别成本无法确认时,由政府价格主管部门按该商品行业平均成本及其下浮幅度认定。

第六条 本规定第二条所称依法降价处理的商品是指:

(一)积压商品;

(二)过季或者临近换季的商品;

(三)临近保质期限、有效期限的商品;

(四)临近保质期限的鲜活商品;

(五)因依法清偿债务、破产、转产、歇业等原因需要以低于成本的价格销售的商品。

第七条 本规定第二条所称以低于成本的价格倾销商品的行为是指:

(一)生产企业销售商品的出厂价格低于其生产成本的,或经销企业的销售价格低于其进货成本的;

(二)采用高规格、高等级充抵低规格、低等级等手段,变相降低价格,使生产企业实际出厂价格低于其生产成本,经销企业实际销售价格低于其进货成本的;

（三）通过采取折扣、补贴等价格优惠手段，使生产企业实际出厂价格低于其生产成本，经销企业实际销售价格低于其进货成本的；

（四）进行非对等物资串换，使生产企业实际出厂价格低于其生产成本，经销企业实际销售价格低于其进货成本的；

（五）通过以物抵债，使生产企业实际出厂价格低于其生产成本，经销企业实际销售价格低于其进货成本的；

（六）采取多发货少开票或不开票方法，使生产企业实际出厂价格低于其生产成本，经销企业实际销售价格低于其进货成本的；

（七）通过多给数量、批量优惠等方式，变相降低价格，使生产企业实际出厂价格低于其生产成本，经销企业实际销售价格低于其进货成本的；

（八）在招标投标中，采用压低标价等方式使生产企业实际出厂价格低于其生产成本，经销企业实际销售价格低于其进货成本的；

（九）采用其他方式，使生产企业实际出厂价格低于其生产成本，经销企业实际销售价格低于其进货成本的。

第八条　经营者应当依据生产经营成本和市场供求状况合理定价，并通过改进生产经营管理，降低生产经营成本，在市场竞争中获取合法利润。

第九条　经营者应当根据自身的经营条件建立、健全内部价格管理制度，建立并保留价格变动台账。严格按照国家财经法规进行成本核算、费用分摊，准确记录与核定商品和服务成本，不得弄虚作假。

第十条　在个别成本无法确认时，行业组织应当协助政府价格主管部门测定行业平均成本及合理的下浮幅度，制止低价倾销行为。

第十一条　违反《价格法》和本规定，属于跨省区的低价倾销行为，由国务院价格主管部门认定；属于省及省以下区域性的低价倾销行为，由省、自治区、直辖市人民政府价格主管部门认定。

第十二条　经营者以低于成本的价格销售本规定第六条所列商品时，除正常标注应当标明的商品价格内容外，还应当清晰、准确地标明原价、降低后的价格或者折扣、赠送的商品或者服务内容。

第十三条　为认定低价倾销行为，必要时，政府价格主管部门可以会同行业主管部门或者委托有资质的中介事务机构对个别成本予以认定。

第十四条　行业组织受政府价格主管部门和行业主管部门的委托，对个别成本无法确认的商品进行行业平均成本测定及其信息发布。商品的行业平均成本及其下浮幅度由政府价格主管部门会同行业主管部门确定和公布。消费者和经营者在举报低价倾销行为时，可将其作为主要依据。政府价格主管部门在调查认定低价倾销行为时，可将其作为参考依据。

第十五条　任何单位和个人均有权向政府价格主管部门举报低价倾销行为。政府价格主管部门应当对举报人员给予鼓励，并负责为举报者保密。

省级以下政府价格主管部门受理举报,或者认为存在以及可能存在低价倾销行为时,应当及时报请省级政府价格主管部门认定。

对于省及省以下区域性的低价倾销行为,省级政府价格主管部门可以根据需要委托当地政府价格主管部门进行调查。

对跨省区的低价倾销行为,国务院价格主管部门可以根据需要委托省级政府价格主管部门进行调查。

第十六条　政府价格主管部门开展低价倾销调查时,应当听取行业组织、相关经营者、消费者和消费者协会的意见。

第十七条　政府价格主管部门开展低价倾销调查时,经营者应当如实提供调查所必需的账簿、单据、凭证、文件以及其他资料。

第十八条　省级以上人民政府价格主管部门依法对低价倾销行为实施行政处罚。

政府价格主管部门对低价倾销行为作出行政处罚决定之前,应当告知当事人有要求举行听证的权利;当事人要求听证的,政府价格主管部门应当组织听证。听证程序依照《中华人民共和国行政处罚法》第四十二条执行。

违反本规定第十二条的,按《中华人民共和国价格法》第四十二条规定处罚。

违反本规定第十七条,不如实提供调查所必需的账簿、单据、凭证、文件以及其他资料的,按《中华人民共和国价格法》第四十四条的规定处罚。

第十九条　本规定由国家发展计划委员会负责解释并组织实施。省、自治区、直辖市人民政府可根据本地情况制定本规定实施细则。

第二十条　本规定自发布之日起施行。

八、搭售

《反不正当竞争法》规定,经营者销售商品,不得违背购买者的意愿搭售商品或者附加其他不合理的条件。

案例研读:微软公司捆绑销售案

1997年,美国司法部和20个州向法院提起诉讼,起诉微软公司利用其Windows操作系统捆绑销售其浏览器。2000年4月,联邦法官托马斯·杰克逊称,根据搜集到的证据证明微软公司的确存在垄断行为。2000年6月,上诉法庭推翻了托马斯·杰克逊法官的裁决。2000年8月,库雷科特琳被任命接替杰克逊,全权负责对微软反垄断案的审理。2000年11月上旬,在库雷科特琳法官的努力下,微软公司和美国司法部达成妥协,微软公司同意个人电脑制造商可以自由选择视窗桌面、公开视窗软件部分源代码,使微软的竞争者也能够在操作系统上编写应用程序。

在欧洲,微软公司拒绝剥离 Windows 操作系统中的媒体播放器(Media-

Player)软件。2004年3月,欧盟委员会作出裁决,微软公司滥用其操作系统的市场垄断地位,与竞争对手进行不公平竞争,伤害了消费者和竞争对手的利益,对微软处以4.97亿欧元(合6.65亿美元)罚金,并命令其改变业务方式。2004年12月22日,欧洲法院勒令微软立即执行欧盟委员会3月份作出的上述处罚,剥离视窗操作系统中捆绑的媒体播放器软件。

九、非法有奖销售

《反不正当竞争法》规定,经营者不得从事下列有奖销售:
(1)采用谎称有奖或者故意让内定人员中奖的欺骗方式进行有奖销售;
(2)利用有奖销售的手段推销质次价高的商品;
(3)抽奖式的有奖销售,最高奖的金额超过5 000元。

经营者违法进行有奖销售的,监督检查部门应当责令停止违法行为,可以根据情节处以1万元以上10万元以下的罚款。

十、诋毁竞争对手的声誉

《反不正当竞争法》规定,经营者不得捏造、散布虚伪事实,损害竞争对手的商业信誉、商品声誉。

十一、串通投标

《反不正当竞争法》规定,投标者不得串通投标,抬高标价或者压低标价;投标者和招标者不得相互勾结,以排挤竞争对手的公平竞争。

投标者串通投标,抬高标价或者压低标价;投标者和招标者相互勾结,以排挤竞争对手的公平竞争的,其中标无效。监督检查部门可以根据情节处以1万元以上20万元以下的罚款。

执法综述:2008年全国工商行政机关公平交易执法基本情况概况

2008年,全国工商行政管理机关公平交易执法系统共查处各类违法违章案件641 800件,比上年同期减少240 970件,下降27.30%;其中立案查处案件450 232件,比上年同期减少151 773件,下降25.21%。案件总值218.06亿元,比上年同期减少13.29亿元,下降5.74%;罚没金额33.00亿元,比上年同期减少8.79亿元,下降21.04%。

从违法行为看,制售假冒伪劣商品行为案件89 361件,比上年同期减少13 270件,下降12.93%,占查处案件总数的13.93%;虚假宣传案件22 014件,减少2 151件,下降8.90%,占3.49%;虚假注册资本、虚假出资及抽逃资金案件5 961件,下降12.42%,占0.93%;制售、传播非法出版物行为案件867件,下降 55.12%,占 0.14%;走私贩私案件 802 件,下降 71.20%,占 0.13%。

全国各级工商行政管理机关全年共查处反不正当竞争案件 41 301 件,比上年同期减少 5 764 件,下降 12.25%,其中立案查处案件 39 563 件,减少 2 622 件,下降 6.22%。案件总值 32.32 亿元,比上年同期减少 7.26 亿元,下降 18.34%;罚没金额 7.13 亿元,比上年同期减少 1.74 亿元,下降 19.64%。查处反不正当竞争案件总数虽有所下降,但在查处公平交易案件中所占的比重有所上升,由上年的 5.33%上升为 6.44%,提升了 1.11 个百分点。

从查处不正当竞争案件的类型看,占比重最大的是经营者对商品质量、制作成分、性能、用途等利用广告或其他方法作虚假宣传,此类案件共计 9 367 件,比上年同期增加 595 件,增长 6.78%,占查处不正当竞争案件总数的 22.68%;商业贿赂案件 6 227 件,减少 1 223 件,下降 16.42%,占 15.08%;假冒他人注册商标案件 5 653 件,减少 944 件,下降 14.31%,占 13.69%;在商标上伪造或冒用认证标志、名优标志、伪造产地、作虚假质量表示案件 4 966 件,减少 384 件,下降 7.18%,占 12.02%;仿冒知名商品特有的名称、包装、装潢案件 2 750 件,减少 150 件,下降 5.17%,占 6.66%,冒用他人企业名称或姓名案件 2 109 件,减少 127 件,下降 5.68%,占 5.11%。

全国工商行政管理机关全年共查处限制竞争案件 602 件,比上年同期减少 81 件,下降 11.86%;案件总值 1.64 亿元,增加 2 663 万元,增长 19.40%;罚没金额 5 128 万元,增加 1 660 万元,增长 47.87%。其中公用企业或其他依法具有独占地位的经营者限制竞争案件 302 件,比上年同期减少 7 件,下降 2.27%;串通投标、招标案件 98 件,减少 103 件,下降51.24%;销售商品时搭售或附加不合理条件案件 92 件,下降 6.12%;滥用行政权力限制竞争案件 16 件,低价倾销案件 11 件。从涉及的行业看,供水行业案件 53 件,占 8.81%;供电行业案件 45 件,占 7.48%;石油化工行业案件 37 件,占 6.15%;交通运输行业案件 31 件,占 5.15%;商业银行案件 27 件,占 4.49%;农村信用社案件 16 件,占 2.66%;供气行业案件 13 件,占 2.16%;邮政行业案件 13 件,占 2.16%;殡葬行业案件 12 件,占 2.0%。

——资料来源:国家工商总局门户网站(www.saic.gov.cn)

延伸思考:

1. 如何界定我国《反垄断法》和《反不正当竞争法》的调整范围?
2. 反不正当竞争法律制度与民事法律制度之间的关系是什么?
3. 反不正当竞争执法机构的国际比较。
4. 反不正当竞争执法机关的职责是什么?

文献附录：完善我国反不正当竞争法律制度的思考（国家工商总局法规司司长王学政）

一、我国《反不正当竞争法》的实施情况

1. 立法的进展及存在的不足

《反不正当竞争法》实施至今，相关或配套的法律、法规和规章制定工作进展很快——《广告法》、《招标投标法》相继出台，《商业秘密保护法》正在制定之中。北京、天津、海南等24个省、自治区、直辖市和深圳、成都、厦门三个副省级市的人大常委会制定了反不正当竞争条例，从加强本地行政执法、细化《反不正当竞争法》规定出发，不同程度地拓宽了调整范围、执法手段和罚则适用。如增加了反垄断的内容和不正当竞争行为的种类；赋予行政主管机关以必要的查封、扣押等强制措施权；对法律中原未规定行政责任的违法行为，补充行政处罚规定等。国家工商总局作为反不正当竞争中央主管行政机关，依职权相继制定了细化《反不正当竞争法》的行政规章；国家发改委制定有《关于禁止不正当价格竞争行为的暂行规定》，国家民航总局制定有《制止民用航空运输市场不正当竞争行为规定》。这些法律、法规、规章的出台和实施，对促进社会宣传、学习、了解《反不正当竞争法》，加强其实施，切实规范竞争行为，保护合法经营者和消费者利益，无疑起着重要作用。特别是针对《反不正当竞争法》所存在的明显不足，结合实践做出一些实用性弥补，确有其必要性。但是，不能不注意到随之而来的法规竞合问题、冲突问题和其他的法理问题。

其中，亟需研究并力求最终得以协调解决的，一是《价格法》第十四条将"相互串通，操作市场价格"、"实行价格歧视"、"为排挤竞争对手或者独占市场，以低于成本的价格倾销"等规定为不正当价格行为。根据该法第五条的规定，不正当价格行为的查处主管机关是价格行政主管部门；二是《招标投标法》第七条第二款规定："有关行政监督部门依法对招标投标活动实施监督，依法查处招标投标活动中的违法行为。"第三款规定："对招标投标活动的行政监督及有关部门的具体职权划分，由国务院规定。"三是《电信条例》第四十二条规定，以任何方式限制电信用户选择其他电信业务经营者依法经营的行为，和以排挤竞争对手为目的，低于成本提供电信业务或者服务的行为，均构成不正当竞争行为。第七十二条规定，对上述不正当竞争行为，由国家或者省级电信主管部门负责查处。

2. 执法成效及存在的缺陷

《反不正当竞争法》实施以来，各级工商机关不断加大该法的行政执法力度，依法查处不正当竞争行为，有力地维护了市场公平竞争。当然，执法中发现的问题也是明显的：

一是对某些新型的不正当竞争行为，《反不正当竞争法》难以涵盖和适用。例如恶意利用专利权来仿冒知名商品特有的包装、装潢。其手法是利用外观设计专利不需进行实质性审查及专利申请程序方面存在的空子,将与他人知名商品特有的包装、装潢相近似的包装、装潢,申请为自己的专利,以此来对抗工商机关对其不正当竞争行为的查处。对类似擅自使用他人企业标志、图形、文字代号,造成对商品来源混淆的行为,因《反不正当竞争法》无相应的明确规定,不能"对号入座",无法追究。尤其对一些新兴行业,如网络公司在电子商务以及域名注册中的不正当竞争行为,更是缺乏有力的法律规范。

二是由于法律、法规竞合严重,加之《反不正当竞争法》中缺乏必要的行政强制手段的规定,对《反不正当竞争法》的有效实施造成不小的影响。在实践中不乏本应按《反不正当竞争法》来查处、却适用《投机倒把行政处罚暂行条例》来查处的事例。

三是查处垄断行为尚不到位。通过分析案件资料可以发现,《反不正当竞争法》所规定的五种垄断行为中,截至目前,"搭售及附加其他不合理条件销售行为"、"以排挤竞争对手为目的的低价销售行为"和"串通投标行为",甚少案例,发生的个案还值得进一步推敲;"政府及其所属部门滥用行政权力限制他人公平竞争"案件,虽时有发生,但难以按照《反不正当竞争法》的规定有效地予以调整。相对之下,唯有"公用企业或者其他依法具有独占地位的经营者限制他人公平竞争行为"受法律调整的效果较为明显。不少地方工商机关克服重重阻力认真执法,有效地制止了一些公用企业违法实施的垄断行为,产生了一定的社会影响。但这与理想的法律有效调整状态,尚有不小的距离。阻碍上述规定发挥其应有法律效能的原因,经济体制方面存在的问题是一方面,另一方面则在于法律对反垄断规定过于零散,不成体系,又缺乏准确的适用条件和执法保障。例如"搭售及附加其他不合理条件销售行为",离开了具有市场支配地位这一前提,要么丧失了监督管理的目标所在,要么使垄断行为庸俗化,无论是经营者或是执法者均会无所适从。又如,对行政性垄断行为没有切实可行的禁止程序和手段,地方保护和部门保护不仅不会减弱,甚至会有加重的可能。实践证明,现行《反不正当竞争法》中的反垄断规定,还无法取代市场公平竞争法律制度中的反垄断部分。无论从建立社会主义市场经济体制的大局出发,还是从规范市场经济秩序的角度考点,都有必要加快建立反垄断法制的进程,加大反垄断执法的力度。

二、完善我国的反不正当竞争法制

1. 修订《反不正当竞争法》

8年前,《反不正当竞争法》制定之初,市场的竞争还不充分,人们对应建立一个什么样的公平竞争法律制度的认识还不成熟,立法不可能不反映这一客观现实。目前,经历了近十年的建立市场经济体制的实践,特别是"入世"无疑大大促进和丰富了这一实践。在这种情况下,借鉴国际惯例,并紧密结合我国的实际尤其是8年来的执法经验,完善公平竞争立法已成当务之急。

现在,《反不正当竞争法》的修订工作与《反垄断法》的起草工作均在准备和进行之中。从完成的难易程度看,《反不正当竞争法》的修订工作要容易于《反垄断法》的制定工作。《反不正当竞争法》修订伊始就必然面临一种选择:或将法中狭义的不正当竞争行为的调整范围扩大,把垄断行为部分切出,交给《反垄断法》去系统调整;或根据目前的执法实际需要和《反垄断法》难以短时间内出台的实际情况,完善《反不正当竞争法》中对狭义不正当竞争行为的调整,同时借鉴外国合并式立法模式的长处,对现有的反垄断竞争做进一步的扩充和具体规定。做后一种选择的长处是明显的,既可以防止出现法律空白,又能解决目前乃至今后一段时期内反垄断执法的需要。修订的要点包括以下方面:

(1)修订法律第二条第二款关于不正当竞争的规定,使其所具有的概括性更加合理,符合多年执法实践的总结及今后执法的实际需要。

(2)丰富狭义不正当竞争行为的规定,既包括行为种类的规定,也包括对行为规定的细化。对不正当竞争行为做进一步的具体规定,有利于对市场竞争起警示作用,也便于执法和执法人员大胆、准确地适用法律,查处违法行为。地方立法和国家工商总局的规章以及多年来的执法经验为此提供了条件。

(3)加大现行法中关于禁止滥用市场支配地位的力度。在这方面,除继续禁止公用企业或者其他依法具有独占地位的经营者滥用市场支配地位限定他人购买其指定的经营者的商品外,还要对国内外具有市场支配地位的经营者的同类行为予以制止。防止外国跨国公司滥用市场支配地位,对促进和维护我国的市场公平竞争、保证市场良性发展同样具有重要意义。

(4)健全禁止以各种协议形式限制市场竞争行为的规定。在目前法律关于串通投标规定的基础上,规定除法律允许之外,禁止一切反竞争的联合行为。如联合抵制、打击竞争对手、联合划分市场、联合限制产品量、联合制定垄断价格等。无论行为人是明示还是默示,联合行为均在禁止之列;行为可以是发生在单个的企业和企业之间,也可以发生在由企业产生的企业或行业协会身上。

(5)完善法律责任和执法手段的规定。通过更为健全、合理的处罚规定,以及必要、适当的强制措施的规定,使反不正当竞争执法真正落到实处,具有更强的可操作性。

2. 制定《反垄断法》

通过二十多年的改革开放,我国的市场培育已显成效。目前,我国又已加入世贸组织,不可避免地要投身于经济全球化的发展中。在这种条件下顺应形势发展,加快反垄断的立法进程就显得尤为必要。其理由至少有三点:一是尽快形成自由和公平的市场结构的需要。国外市场经济发展的经验告诉我们,确立基本的市场竞争规则对于形成和维护自由和公平的市场结构是十分必要的。企业依竞争规则竞争,可兼顾自身和社会双重效益;政府依竞争规则和以竞争规则为核心的竞争政策来干预市场,一方面起维护竞争秩序作用,另一方面可发挥对市场的调整功能。二是培育企业市场竞争力的需要。必须通过不断采用新技术、降低成本、提高质量来实现。而完善的市场竞争规则能够为企业提供增强市场竞争力所需要的公平竞争的市场结构和交易环境。"优胜劣汰"这一市场法则只有在完善的市场竞争规则面前才具有完整的意义。三是与国际惯例接轨,保护自身经济安全的需要。加入世贸组织意味着采纳国际市场的游戏规则,如不尽快建立与国际惯例相适应的竞争规则(反垄断法),在我国市场逐步全面开放的过程中,一遇到具有强劲市场竞争优势的外国企业滥用其市场力量,实施反竞争的企业收购、兼并行为,或者实施瓜分中国市场的国际卡特尔行为,就会出现无法可依的局面。因此有必要加紧修订《反不正当竞争法》,力争使其在一二年内出台;同时加快《反垄断法》的起草、论证和有关研究工作。《反不正当竞争法》中有关反垄断制度的完善与实施,本身也将为《反垄断法》的最终出台奠定基础和创造条件。

制定《反垄断法》要解决好的突出问题:

第一,在反垄断内容方面,将我国的市场培育与"入世"后的发展趋势紧密结合起来,对控制市场独占(即防止市场出现垄断结构)、禁止滥用市场支配地位、禁止利用协议限制竞争这三大反垄断传统领域作出符合中国实际的各项规定。同时借鉴国外的经验和教训,对《反垄断法》的除外规定作出妥当的处理。在德国《反对限制竞争法》中,曾将能源、金融保险、交通和农业排除在一般卡特尔禁止之外,因为人们当时认为在这些部门允许竞争是弊大于利的。后来情况发生了变化,通过5次修改,除金融保险业的适用除外仍在形式上存在但实质上已面临竞争外,其他的除外适用现予废止。德国立法中的这一过程值得我们推敲和借鉴。

第二,在反垄断主管机关方面,加强工商机关作为反垄断主管机关的权威。2001年国务院关于国家工商总局的"三定"方案中,明确规定工商机关"依法组织监督市场竞争行为,查处垄断、不正当竞争"等经济违法行为。同时,还应制定相应的行政执法程序。在国外的反垄断法中,一般均规定有严格且详细的执法程序。这些行政程序规定是反垄断法律制度的重要组成部分,又是行政程序法的重要补充。在我国反垄断法中做必要的程序规定,既是对执法的保障,也是对依法行政的监督。

此外,还有必要在《反垄断法》中设立行政公诉制度。行政公诉制度是国外公平竞争法律制度中的一项重要内容。根据这项制度,对违反公平竞争法律制度构成犯罪的行为人,由竞争主管机关依法向法院提起公诉。这有利于解决我国行政执法中存在多年的"以罚代刑"问题。

第三,在法律的调整范围方面,处理好《反垄断法》与《反不正当竞争法》,以及目前包含有《反垄断法》核心内容的一些法律、行政法规之间的关系,最终像采取分立式模式的国家那样建立起以《反垄断法》和《反不正当竞争法》为主体的完备的市场竞争法律制度。

三、强化反不正当竞争的执法力度

1. 按国务院要求坚决制止地区封锁行为。重点查处酒类、化肥、烟草等行业或产品的地区封锁、地方保护行为。在执法中,对地方政府及其所属部门滥用行政权力保护本地企业和产品、设置关卡阻碍外地商品和服务进入本地市场的,要依法提出行政建议,责令改正。

2. 加大制止公用企业垄断行为的力度。工商机关要依据《反不正当竞争法》继续开展对供电、供水、供气等公用企业限制竞争行为的专项整治。重点查处公用企业滥用市场支配地位强制用户购买其提供或指定产品或服务的行为。对典型案件的查处,通过新闻媒体予以曝光,有利于法制宣传和增强执法的权威性。

3. 强化反不正当竞争执法。强化反不正当竞争执法所采取的措施和步骤,可按法律修改之前和之后而有所不同。在《反不正当竞争法》修订之前,主要是针对当前市场不正当竞争的突出领域、突出问题,适时选择执法重点;现在,国家工商总局决定的执法重点在于:查处食品、药品等与人民群众利益息息相关的商品中的仿冒行为;查处医药、民航等领域的回扣和商业贿赂行为;打击欺骗性有奖销售、变相巨奖销售等;严肃查处网上的不正当竞争行为。要重点整治供水、供电、供气等行业存在的强制交易行为;严肃查处滥用优势地位实施的限制竞争行为;积极履行反垄断职能,维护国家经济安全。认真贯彻《国务院关于禁止在市场经济活动中实行地区封锁的规定》,创造各类市场主体平等使用生产要素的环境,促进商品和生产要素在全国市场自由流动。

在《反不正当竞争法》修订后,除适时地确立执法重点外,还必须下大气力做好两件事:一是通过各种形式进一步宣传反不正当竞争法,向经营者灌输市场公平竞争的原则和市场交易诚实信用的原则,并通过依法行政维护反不正当竞争法的权威,提高执法机关的权威。二是对公平交易执法人员进行一次系统的培训。重点是经济较发达的城市工商行政管理机关的公平交易的执法人员。培训内容要突破就法律条文学习法律的模式。要加强法理和案例教学,要从公平交易法律制度整体要求的角度,来学习和执行《反不正当竞争法》。

——资料来源:国家工商总局门户网站(www.saic.gov.cn)

第七章 消费者权益保护法律制度

 引例：王海"知假买假"索赔案

　　1995年3月，青岛人王海在北京首次尝试"购假"索赔，受挫。同年10月，王海在北京再次尝试购假索赔，一周之内获赔8 000元。11月，在中国消费者协会主持下，社会上展开了对"王海现象"的热烈讨论。在王海的影响下，全国各地陆续出现了一个又一个"王海"。在"王海们"打假索赔挣钱挣得不亦乐乎，而商家却为之头疼不已的同时，一个严肃的话题也引发了学术界的争论："知假买假"者是不是消费者？如果不是，就不应该受《消费者权益保护法》的保护，也就不该获得双倍赔偿。

　　——王传辉主编：《新编商法教程》，清华大学出版社2005年版，第251页。

第一节　概述

一、消费者的概念

　　根据《消费者权益保护法》的规定，所谓消费者，是指为生活消费需要购买、使用商品或者接受服务的自然人。但是，农民购买、使用直接用于农业生产的生产资料，视为消费者，适用《消费者权益保护法》的相关规定。

案例研读：四川省广元市工商局查处销售不合格农机案

　　2006年5月，根据四川省工商局的安排和委托，四川省广元市工商局对某农机有限公司销售的"蓝天"牌1DN—4型微耕机进行抽样并送检，经检验机构检验认定为不合格产品。

　　经查，当事人于2006年2月6日从另一公司购进了5台蓝天牌1DN—4型微耕机，购进价为每台5 030元，货值金额为25 150元，已经销售了2台。

　　广元市工商局依据《产品质量法》的有关规定，责令当事人停止销售不合格产品,没收尚未售出的不合格蓝天牌微耕机 3 台,并处罚款 15 000 元。

——资料来源:国家工商行政管理总局消费者权益保护局门户网站(http://www.315.gov.cn)

二、消费者权益保护法的立法原则

《消费者权益保护法》规定,经营者与消费者进行交易,应当遵循自愿、平等、公平、诚实信用的原则。

经营者为消费者提供其生产、销售的商品或者提供服务,应当遵守《消费者权益保护法》;该法未作规定的,应当遵守其他有关法律、法规。

《消费者权益保护法》规定,保护消费者的合法权益是全社会的共同责任。国家保护消费者的合法权益不受侵害,保障消费者依法行使权利,维护消费者的合法权益,鼓励、支持一切组织和个人对损害消费者合法权益的行为进行社会监督。大众传播媒介应当做好维护消费者合法权益的宣传,对损害消费者合法权益的行为进行舆论监督。

第二节 消费者权利

背景知识:国际消费者权益日的由来

进入工业社会以后,由于机器大工业生产的特殊性,消费者在购买使用商品和接受服务过程中屡屡受到人身和财产损害,保护消费者权益的运动开始兴起。1936 年,在美国成立了世界上最早的消费者组织——消费者联盟。1960 年,美国、英国、澳大利亚、比利时、荷兰等国的消费者组织联合发起成立了国际消费者组织联盟。1962 年 3 月 15 日,美国总统约翰·肯尼迪向国会提出了《关于保护消费者利益的特别国情咨文》,提出消费者应享有四项权利:获得商品的安全保障的权利、获得准确的商品信息资料的权利、对商品的自由选择的权利、提出消费者意见的权利。肯尼迪的消费者"四权论"提出后,获得了各国的广泛认可,并在此基础上加以不断的充实。后来,为了纪念肯尼迪总统对消费者权益保护领域做出的突出贡献,1983 年,国际消费者组织联盟决定,将以后每年的 3 月 15 日定为"国际消费者权益日"。

一、消费安全权

《消费者权益保护法》规定,消费者在购买、使用商品和接受服务时享有人身、财产安全不受损害的权利,消费者有权要求经营者提供的商品和服务,符合保障人身、财产安全的要求。

案例研读:桑某制售劣质猪油案

2006年3月1日上午,安徽省滁州市琅琊工商分局滁南工商所在该市清流办事处山头队查获一非法炼制销售劣质猪油的窝点。现场发现已炼制好的成品劣质猪油18桶,约3 000余公斤,用于炼制劣质猪油的油渣500余块,尚未炼制的猪下水约50公斤。经查,当事人桑某,当地农民,从2005年11月份开始炼制劣质猪油,并将劣质猪油进行增白处理后,以每斤2.20元的价格销售给某食品厂及部分大排档作为食用油。

琅琊工商分局及时向广大消费者发布消费警示并对已出售给某食品厂及10户大排档的1 000余公斤的劣质猪油进行彻底清缴没收;对非法购买此劣质猪油的食品厂及10家大排档的责令停业整顿;依法对当事人的违法行为给予重罚,责令其停止违法经营活动,没收销毁所有的劣质猪油原料及制品,没收制假工具,没收非法所得,并处以罚款。

——资料来源:国家工商行政管理总局消费者权益保护局门户网站(http://www.315.gov.cn)

二、真情知悉权

《消费者权益保护法》规定,消费者享有知悉其购买、使用的商品或者接受的服务的真实情况的权利。消费者有权根据商品或者服务的不同情况,要求经营者提供商品的价格、产地、生产者、用途、性能、规格、等级、主要成分、生产日期、有效期限、检验合格证明、使用方法说明书、售后服务,或者服务的内容、规格、费用等有关情况。

案例研读:浙江省湖州市工商局吴兴分局查处限定最低消费案

2006年2月至3月,根据消费者的投诉,浙江省湖州市工商局吴兴分局会同公安部门和新闻媒体,对辖区内所属的从事酒吧、KTV、茶水服务的经营单位进行了检查,发现某娱乐广场等11家单位不同程度地存在限定最低消费的行为。

经查,当事人某娱乐广场自2005年10月22日起,在其包厢及卡座设置680~1 880元不等的最低消费额。在实际消费过程中,由服务员根据消费者人数带到相应包厢或卡座,并告知消费者该处所需最低消费额,但对所消费的酒水价格和品种均未告知,在结账时,如果未消费到最低消费额也必须按规定的最低消费额收取。

湖州市工商局吴兴分局依据《浙江省实施〈消费者权益保护法〉办法》的有关规

定,责令当事人立即改正违法行为,没收违法所得 15 000 元,并处罚款 15 000 元。

——资料来源:国家工商行政管理总局消费者权益保护局门户网站(http://www.315.gov.cn)

三、自主选择权

《消费者权益保护法》规定,消费者享有自主选择商品或者服务的权利。消费者有权自主选择提供商品或者服务的经营者,自主选择商品品种或者服务方式,自主决定购买或者不购买任何一种商品、接受或者不接受任何一项服务。消费者在自主选择商品或者服务时,有权进行比较、鉴别和挑选。

案例研读:不告知收费的"霸王条款"

某日,武汉市民石先生在"旺角艳阳天"酒店吃饭,结账时却被告知要另外收取每位 2 元、合计 56 元的茶位费。石先生从未遇到过这种情况,觉得这项收费不合理,于是向工商部门电话投诉。硚口区顺道工商所工商人员调查发现,"旺角艳阳天"在所使用的菜单中注明"茶位费(普包)2 元、茶位费(豪包)3 元",也就是说只要消费者坐进酒楼包房,不论是否需要茶水,也不论客人是否点了其他收费饮料,酒店一律按人数倒茶,并收取茶位费。

工商部门指出,这一条款排除了消费者自主选择商品和服务的权利,违反了《消费者权益保护法》,属"霸王条款"。因此工商部门依据相关规定给该公司下达了通知书,要求其剔除该项条款,并要求将修改后的菜单报送工商部门备案。该酒店接到通知书后,表示修改此条款,以后也将明示,征得消费者同意后方可收取此项费用。

——资料来源:国家工商行政管理总局消费者权益保护局门户网站(http://www.315.gov.cn)

四、公平交易权

《消费者权益保护法》规定,消费者享有公平交易的权利。消费者在购买商品或者接受服务时,有权获得质量保障、价格合理、计量正确等公平交易条件,有权拒绝经营者的强制交易行为。

案例研读:北京"开瓶费"官司消费者终审胜诉

2006 年 9 月 13 日,王先生到"湘水之珠"大酒楼用餐时自带了一瓶白酒。用餐后,酒楼服务员向他收取了 296 元餐费,王先生发现其中包含了 100 元的开瓶服务费。付款时,王先生要求酒楼在发票上注明"开瓶费"字样,被拒绝。该酒楼只在商业小票上注明此 100 元为"服务费"。

王先生认为,该酒楼向其收取开瓶费是带有强制性的行为,侵害了其公平交易权,因此向海淀区人民法院提起诉讼,要求对方返还开瓶费100元,并赔礼道歉。"湘水之珠"大酒楼辩称,酒楼菜谱中已经注明"客人自带酒水按本酒楼售价的50%另收取服务费,本酒楼没有的酒水按100元每瓶收取服务费"内容,故不应返还。

2006年12月21日,海淀区法院认为,"湘水之珠"大酒楼在菜谱中注明的自带酒水另收取服务费的规定是单方意思表示,属格式条款,应属无效。酒楼加收开瓶费的做法侵害了消费者的公平交易权,一审判决其返还王先生开瓶费100元。酒楼不服,上诉至北京市一中院。

北京市一中院审理认为,对于加重消费者义务的重要条款,提供合同方如果没有以一些特别标示出现或出现于一些特别显著醒目的位置,则无法推定消费者已经明知。"湘水之珠"大酒楼没有证据证明其事前明示消费者收取开瓶服务费,侵犯了消费者的知情及公平交易的权利,其应当就此承担相应的侵权责任,终审判决酒楼退还消费者王先生所支付的"服务费"100元。

——资料来源:国家工商行政管理总局消费者权益保护局门户网站(http://www.315.gov.cn)

五、依法赔偿权

《消费者权益保护法》规定,消费者因购买、使用商品或者接受服务受到人身、财产损害的,享有依法获得赔偿的权利。

案例研读:贾国宇消费索赔案

1995年3月8日晚,在北京市海淀区"春海"餐厅,即将参加高考的中学生贾国宇等正在就餐,突然桌上的卡式炉燃气罐爆炸,造成贾国宇脸部和双手深度烧伤。虽经治疗,贾国宇面部仍然被毁,给其造成了巨大的身心伤害。事件发生后,贾国宇的父亲向海淀区法院起诉,要求生产"众乐"牌卡式炉的山东龙口市厨房配套设备用具厂和生产"白旋风"牌边炉石油气气罐的北京国际气雾剂有限公司以及海淀区"春海"餐厅共同赔偿给贾国宇造成的损害。

经海淀区法院审理,判决北京国际气雾剂有限公司、山东龙口市厨房配套设备用具厂按比例共同赔偿贾国宇医疗费、营养费、护理费、交通费、残疾者生活自助具费、残疾者生活补助费、今后治疗费和残疾赔偿金共计273 257.83元。

六、依法结社权

《消费者权益保护法》规定,消费者享有依法成立维护自身合法权益的社会团体的权利。消费者协会和其他消费者组织是依法成立的对商品和服务进行社会监督的保护消费者合法权益的社会团体。各级人民政府对消费者协会履行职能应当予以支持。消费者组织不得从事商品经营和营利性服务,不得以牟利为目的向社会推荐商品和服务。

《消费者权益保护法》规定,消费者协会依法履行下列职能:

(1)向消费者提供消费信息和咨询服务;

(2)参与有关行政部门对商品和服务的监督、检查;

(3)就有关消费者合法权益的问题,向有关行政部门反映、查询,提出建议;

(4)受理消费者的投诉,并对投诉事项进行调查、调解;

(5)投诉事项涉及商品和服务质量问题的,可以提请鉴定部门鉴定,鉴定部门应当告知鉴定结论;

(6)就损害消费者合法权益的行为,支持受损害的消费者提起诉讼;

(7)对损害消费者合法权益的行为,通过大众传播媒介予以揭露、批评。

背景知识:中国消费者协会的诞生

中国消费者协会是政府部门主导发起、经国务院批准成立的对商品和服务进行社会监督的保护消费者合法权益的社会团体。

1981年,联合国亚洲及太平洋经济社会委员会在泰国曼谷召开保护消费者问题磋商会,国家商检局的领导同志参加会议后向国务院呈送报告,建议成立消费者组织,由"工商行政管理局负责协调,对外挂保护消费者利益委员会的牌子,由有关部门参加"。时任国家进出口管理委员会副主任的江泽民同志签报了这个报告,国务院六位副总理——谷牧、薄一波、方毅、余秋里、陈慕华、姬鹏飞等同志圈阅并同意了报告内容。其后,国家工商局、国家标准局、国家商检局两次联名给国家经委写报告,提出成立全国消费者协会的意见。1984年,国家经委批复同意成立中国消费者协会,协会挂靠在国家工商局,业务上接受国家工商局、国家标准局和国家商检局的指导。此后,三家发起单位又联名向国务院呈送了"成立中国消费者协会"的报告。1984年12月26日,经国务院批准,中国消费者协会在北京成立。

依照《中国消费者协会章程》,中国消费者协会领导机构是理事会,由国家各有关部门,各有关人民团体(社会团体),各有关新闻媒介,各省、自治区、直辖市及副省级市消费者协会组织推举的理事组成。

1987年9月,中国消费者协会加入国际消费者联盟,成为正式会员。

——资料来源:国家工商行政管理总局消费者权益保护局门户网站(http://www.315.gov.cn)

七、接受教育权

《消费者权益保护法》规定,消费者享有获得有关消费和消费者权益保护方面的知识的权利。

八、人格尊严权

《消费者权益保护法》规定,消费者在购买、使用商品和接受服务时,享有其人格尊严、民族风俗习惯得到尊重的权利。

九、监督批评权

《消费者权益保护法》规定,消费者享有对商品和服务以及保护消费者权益工作进行监督的权利。消费者有权检举、控告侵害消费者权益的行为和国家机关及其工作人员在保护消费者权益工作中的违法失职行为,有权对保护消费者权益工作提出批评、建议。

第三节 经营者义务

一、依法定或约定履行义务

《消费者权益保护法》规定,经营者向消费者提供商品或者服务,应当依照《产品质量法》和其他有关法律、法规的规定履行义务。经营者和消费者有约定的,应当按照约定履行义务,但双方的约定不得违背法律、法规的规定。

经营者提供商品或者服务,按照国家规定或者与消费者的约定,承担包修、包换、包退或者其他责任的,应当按照国家规定或者约定履行,不得故意拖延或者无理拒绝。

二、听取意见和接受监督

《消费者权益保护法》规定,经营者应当听取消费者对其提供的商品或者服务的意见,接受消费者的监督。

三、保障商品和服务质量安全

《消费者权益保护法》规定,经营者应当保证其提供的商品或者服务符合保障人身、财产安全的要求。对可能危及人身、财产安全的商品和服务,应当向消费者作出真实的说明和明确的警示,并说明和标明正确使用商品或者接受服务的方法以及防止危害发生的方法。

经营者发现其提供的商品或者服务存在严重缺陷,即使正确使用商品或者接受服务仍然可能对人身、财产安全造成危害的,应当立即向有关行政部门报告和告知消费者,并采取防止危害发生的措施。

案例研读:重庆市万州区工商局查处销售不合格农药案

2006年3月,重庆市万州区工商局执法人员在对某农业发展有限公司仓库内物资进行监督检查时,发现有些农药已超过保质期,遂决定对仓库内其他物品进行调查。

经查,仓库内还有某农药有限公司生产的"稻瘟息农药"65件(已销售35件)和某科技股份有限公司生产的"甲胺磷乳油"农药436件(已销售64件),货值金额33 215元,执法人员进行随机抽样,经送有关法定检测机构检测,其检测结果为:"稻瘟息"农药的有效成分含量低于国家标准,"甲胺磷乳油"农药的外观有明显沉淀,均判定为不合格商品。

万州区工商局依据《产品质量法》的有关规定,责令当事人停止违法行为,罚款3万元。

——资料来源:国家工商行政管理总局消费者权益保护局门户网站(http://www.315.gov.cn)

四、不做虚假宣传

《消费者权益保护法》规定,经营者应当向消费者提供有关商品或者服务的真实信息,不得作引人误解的虚假宣传。经营者对消费者就其提供的商品或者服务的质量和使用方法等问题提出的询问,应当作出真实、明确的答复。商店提供商品应当明码标价。经营者应当标明其真实名称和标记。租赁他人柜台或者场地的经营者,应当标明其真实名称和标记。

五、出具相应凭证或服务单据

《消费者权益保护法》规定,经营者提供商品或者服务,应当按照国家有关规定或者商业惯例向消费者出具购货凭证或者服务单据;消费者索要购货凭证或者服务单据的,经营者必须出具。

六、提供符合要求的商品或服务

《消费者权益保护法》规定,经营者应当保证在正常使用商品或者接受服务的情况下其提供的商品或者服务应当具有的质量、性能、用途和有效期限;但消费者在购买该商品或者接受该服务前已经知道其存在瑕疵的除外。经营者以广告、产品说明、实物样品或者其他方式表明商品或者服务的质量状况的，应当保证其提供的商品或者服务的实际质量与表明的质量状况相符。

七、不得从事不公平、不合理的交易

《消费者权益保护法》规定，经营者不得以格式合同、通知、声明、店堂告示等方式作出对消费者不公平、不合理的规定，或者减轻、免除其损害消费者合法权益应当承担的民事责任。格式合同、通知、声明、店堂告示等含有上述所列内容的，其内容无效。

八、不得侵犯消费者的人格尊严和人身自由

《消费者权益保护法》规定，经营者不得对消费者进行侮辱、诽谤，不得搜查消费者的身体及其携带的物品，不得侵犯消费者的人身自由。

第四节 国家对消费者合法权益的保护

一、国家对消费者合法权益的行政保护

《消费者权益保护法》规定，国家制定有关消费者权益的法律、法规和政策时，应当听取消费者的意见和要求。各级人民政府应当加强领导，组织、协调、督促有关行政部门做好保护消费者合法权益的工作，加强监督，预防危害消费者人身、财产安全行为的发生，及时制止危害消费者人身、财产安全的行为。各级人民政府工商行政管理部门和其他有关行政部门应当依照法律、法规的规定，在各自的职责范围内，采取措施，保护消费者的合法权益。有关行政部门应当听取消费者及其社会团体对经营者交易行为、商品和服务质量问题的意见，及时调查处理。

执法综述：2008 年工商行政管理机关消费者维权工作概况（一）

2008 年，全国工商行政管理机关查处侵害消费者权益案件 130 522 件，比上年同期减少 8 814 件，下降 6.33%；其中立案查处案件 104 018 件，增加 6 442 件，增长 6.60%。案件总值 6.39 亿元，比上年同期减少 2.10 亿元，下降 24.77%；罚没金额 3.75 亿元，减少 0.29 亿元，下降 7.23%。

从消费类型看，查处商品消费案件 109 846 件，比上年同期减少 9 403 件，下降 7.89%，占查处侵害消费者权益案件总数的 84.16%；查处服务消费案件

20 676 件，增加 589 件，增长 2.93%，占 15.84%。

从侵权行为看，在商品中掺杂使假、以假充真、以次充好或以不合格商品冒充合格商品案件 34 291 件，比上年同期下降 15.64%，占查处侵害消费者权益案件总数 26.27%；生产国家明令淘汰商品或销售失效、变质商品案件 10 199 件，占 7.81%，下降 38.03%；生产、销售的商品不符合保障人身、财产安全要求案件 9 537 件，增长 2.71%，占 7.31%；伪造商品产地，伪造或冒用他人厂名、厂址，伪造或冒用认证标志、名优标志等质量标志案件 8 690 件，下降 19.94%，占 6.66%；对消费者提出修理、重作、更换、退货、补足商品数量、退还货款或赔偿等要求拖延或拒绝案件 8 303 件，下降 31.91%，占 6.38%；对商品或服务引人误解的虚假宣传案件 5 592 件，下降 10.66%，占 4.28%；销售的商品应检验、检疫而未检验、检疫或伪造检验、检疫结果案件 2 694 件，增长 16.93%，占 2.06%。

从立案查处案件的案值看，绝大多数为案值在 5 万元以下案件，共查处 102 526 件，占立案查处案件总数的 98.57%，比上年同期增加 6 825 件，增长 7.13%；案值在 5~10 万元案件 994 件，下降 26.32%；案值在 10~30 万元案件 386 件，下降 5.46%；案值在 30~100 万元案件 75 件，下降 33.04%；案值在 100 万元以上案件 37 件，下降 22.92%。

从侵权人看，个体工商户所占比重最大，共立案查处个体工商户侵害消费者权益案件 59 488 件，占查处案件总数的 57.19%，比上年同期减少 4 637 件，下降 7.23%；公司 9 392 件，占 9.03%，增长 14.42%；自然人 7 103 件，占 6.83%，下降 4.17%；私营企业 4 917 件，占 4.73%，下降 25.09%；集体企业 2 313 件，占 2.22%，下降 7.70%；国有企业 678 件，下降 21.89%；股份合作企业 430 件，下降 34.75%；外商投资企业 265 件，下降 21.83%。

全年受理消费者咨询 5 260 449 件，其中内容涉及消费者权益保护的 4 259 365 件，占受理消费者咨询总数的 80.97%；涉及其他工商业务的 1 001 084 件，占 19.03%。

在受理内容涉及消费者权益保护咨询中，有关商品质量咨询 1 346 980 件，占受理消费者权益保护咨询总数的 31.62%；服务质量咨询 696 862 件，占 16.36%；食品安全咨询 551 062 件，占 12.94%；售后服务咨询 373 352 件，占 8.77%。在受理涉及其他工商业务咨询中，有关企业注册监管咨询 296 404 件，占受理其他工商业务咨询总数的 29.61%；市场规范管理咨询 73 420 件，占 7.33%；广告监督管理咨询 59 374 件，占 5.93%；公平交易咨询 59 366 件，占 5.93%；商标监督管理咨询 35 909 件，占 3.59%；直销监管咨询 23 970 件，占 2.39%。

——资料来源：国家工商行政管理总局门户网站（www.saic.gov.cn）

二、国家对消费者合法权益的司法保护

《消费者权益保护法》规定,有关国家机关应当依照法律、法规的规定,惩处经营者在提供商品和服务中侵害消费者合法权益的违法犯罪行为。人民法院应当采取措施,方便消费者提起诉讼。对符合《民事诉讼法》起诉条件的消费者权益争议,必须受理,及时审理。

案例研读:葛锐"三毛钱"如厕官司胜诉

1998年10月的一天,河南省郑州市青年消费者葛锐在郑州火车站候车室欲如厕时,被守厕人员挡住了。无奈,葛锐只好乖乖地掏了3毛钱如厕费。事后,葛锐多方调查咨询得知,1993年11月,财政部、原国家计委即明令取消火车站厕所收费,但铁道部自行发文,允许对火车站候车室厕所进行收费,郑州火车站还领到了郑州市物价部门的站内厕所收费许可证。当月,葛锐一纸诉状把郑州火车站的上级郑州铁路局推上了郑州市二七区人民法院。葛锐要求:1.赔礼道歉;2.退回3毛钱的如厕费。

1999年4月,法院一审判决葛锐败诉。葛锐又上诉到郑州市中级人民法院。直到2001年3月13日,郑州市中级人民法院终审判决葛锐胜诉。此时距离葛锐起诉已经过去了整整两年半时间。

"3毛钱如厕官司"官司胜诉后,葛锐公益维权的脚步并没有停止。2001年4月9日,葛锐到郑州市物价局举报,请求没收郑州火车站的违法所得,并对其做出行政处罚。

随后,原河南省计委依法做出了将郑州火车站违法收取的174.94余万元站内厕所如厕费全部没收的行政处罚。

——资料来源:国家工商行政管理总局消费者权益保护局门户网站(http://www.315.gov.cn)

第五节 消费争议的解决

一、消费争议的解决途径

《消费者权益保护法》规定,消费者和经营者发生消费者权益争议的,可以通过下列途径解决:

(1)与经营者协商和解;

(2)请求消费者协会调解;
(3)向有关行政部门申诉;
(4)根据与经营者达成的仲裁协议提请仲裁机构仲裁;
(5)向人民法院提起诉讼。

案例研读:工商机关调解手机消费争议

2006年7月14日,消费者李波以1 600元的价格在吐鲁番市某通讯销售部购买了一部天时达手机,在使用时发现该机存在只有振动但无铃声的现象。消费者于7月16日找到商家,要求处理,经双方协商,商家免费为消费者更换了一部同价位、不同型号的夏新M639手机。但新手机使用不到两天就出现了只能拨打而不能接听的故障。7月18日,消费者再次找到商家,商家又免费为消费者更换了一部同型号的夏新M639手机。7月22日,消费者无意中发现新手机外壳有一丝不易发现的裂痕。消费者想:我花钱买手机,就是想给日常生活带来方便,因手机的故障问题,已给工作和生活带来了诸多的不便,怎么换来换去手机总是有瑕疵呢?于是要求商家退货,商家以购机时间已超过规定的7日内退货时间,且手机裂痕有可能是人为造成,不予退货。双方多次协商未果,2006年7月31日,消费者以商家不履行"三包"为由将经营者投诉至吐鲁番市工商局城区工商所12315投诉举报站,要求工商部门协助处理。

接到投诉后,12315工作人员立即与消费者一起到达经营者处,经了解,消费者反映情况属实。执法人员向该店负责人详细地解释了《移动电话机商品修理更换退货责任规定(摘录)》的相关内容。但商家仍然坚持更换手机可以,但不退货,认为外壳的裂痕属人为造成,并提出到售后服务部进行鉴定。于是执法人员同消费者、经营者一起来到吐鲁番市老城路夏新移动电话维修部进行检测,经维修部工作人员检测,认定消费者购买的夏新M639手机外观自然裂痕,不属人为造成。但经营者仍不愿意退机,要求由厂家再做进一步的检测。于是经营者打通电话向厂家说明情况,12315工作人员表示要与厂家进行通话,在接过电话后,12315工作人员向厂家说明了该机具体情况及维修部的检测结果,同时表明根据《移动电话机商品修理更换退货责任规定(摘录)》第十一条、第十四条的规定,经营者应按发票价格一次退还货款。厂家了解情况后,立即责令经营者免费退货。随后,经营者给消费者退还了全部购机款1 600元。

——资料来源:国家工商行政管理总局消费者权益保护局门户网站(http://www.315.gov.cn)

执法综述:2008年工商行政管理机关消费者维权工作概况(二)

2008年,全国工商行政管理机关受理消费者申诉案件783 822件,比上年同期增加19 513件,增长2.55%;已处理申诉案件769 007件,比上年同期增加22 120件,增长2.96%;调解成功案件700 117件,比上年同期增加8 968件,增长1.30%；为消费者挽回经济损失10.40亿元，比上年同期增加3.24亿元，增长45.16%。

从申诉内容看，主要是商品或服务的质量问题，共受理质量案件414 885件，占受理案件的52.93%，比上年同期增长2.24%；售后服务申诉案件112 444件，占14.34%，增长14.92%；价格申诉案件29 868件，占3.81%，下降6.48%；合同申诉23 259件，占2.97%；计量申诉案件11 657件，下降10.29%；广告申诉案件8 128件，下降22.86%；人格、尊严、人身权申诉案件2 871件，增长7.37%。

全年共受理商品消费申诉案件552 971件，占受理消费者申诉总数的70.55%，比上年同期增加13 406件，增长2.34%。从处理商品消费申诉案件的类别看，家用电子电器类所占比重较大。(1)处理家用电子电器类消费申诉案件199 766件，占商品消费申诉案件总数的36.13%，比上年同期减少18 586件，下降8.51%。其中通讯器材申诉案件99 335件，占家用电子电器类申诉案件的49.72%，比上年同期下降13.55%；通讯器材申诉案件中主要为移动电话申诉案件，共69 050件，占通讯器材申诉案件的69.51%。电视机申诉案件18 188件，占家用电子电器类案件的9.10%，增长2.58%；空调器申诉案件12 786件，占6.40%，下降8.70%；计算机及配套设备申诉案件12 169件，占6.09%，增长7.31%。(2)日用百货类申诉案件123 250件，占商品消费申诉案件的22.29%，减少3 240件，下降2.56%。其中服装申诉案件35 651件，占日用百货类申诉案件总数的28.92%；鞋申诉案件35 374件，占28.70%；家具申诉案件14 695件，占11.92%。(3)烟、酒、饮料、食品类申诉案件93 755件，占商品消费申诉案件的16.95%，比上年同期增加33 180件，增长54.78%。其中奶制品、饮料饮品、酒、肉类及其制品、保健食品申诉案件分别为32 085件、7 347件、6 224件、6 129件和3 520件，分别占烟、酒、饮料、食品类申诉案件总数的34.22%、7.84%、6.64%、6.53%和3.75%。(4)家用机械类申诉案件41 919件，占商品消费申诉案件总数的7.58%，比上年同期减少4 480件，下降9.66%。其中自行车、汽车、摩托车所占比重较大，共29 820件，占家用机械类申诉案件总数的71.14%。(5)建材类申诉案件27 240件，占商品消费申诉案件总数的4.93%，比上年同期增加1 214件，增长4.66%。其中装饰材料申诉案件12 415件，占建材类申诉案件的45.58%。(6)农用生产资料类申诉案件17 483件，占商品消费申诉案件总数的3.16%，比上年同期增长2.43%。(7)医药和医疗用品类申诉案件5 407件，占商品消费申诉案件总数的0.98%，比上年同期下降17.21%。(8)其他类申诉案件44 151件，占商品消费申诉案件总数的7.98%。

全年共受理服务消费申诉案件230 851件，占受理消费者申诉总数的29.45%，比上年同期增加6 107件，增长2.72%。(1)电信服务申诉案件39 812件，占服务消费申诉案件的17.25%，比上年同期减少5 857件，下降12.82%。

其中移动电信申诉案件 20 631 件,占电信服务申诉案件的 51.82%,比上年同期减少 2 195 件,下降 9.62%;固定电信申诉案件 13 441 件,占 33.76%,减少 3 894 件,下降 22.46%。(2)居民服务申诉案件 35 700 件,占服务消费申诉案件的 15.46%,比上年同期减少 3 456 件,下降 8.83%。其中洗染申诉案件 12 714 件,占居民服务申诉案件的 35.61%,比上年同期下降 11.84%;理发及美容保健申诉案件 10 323 件,占 28.92%,增长 1.18%。(3)修理维修服务申诉案件 33 802 件,占服务消费申诉案件的 14.64%,比上年同期增加 5 514 件,增长 19.49%。其中家电修理申诉案件 17 717 件,占修理维修服务申诉案件的 52.41%,增加 6 107 件,增长 52.60%。(4)餐饮服务申诉案件 17 931 件,占服务消费申诉案件的 7.77%,比上年同期减少 1 612 件,下降 8.25%。(5)公共设施服务申诉案件 16 451 件,占服务消费申诉案件的 7.13%,比上年同期增加 3 018 件,增长 22.47%。(6)互联网服务申诉案件 7 412 件,占服务消费申诉案件的 3.21%,比上年同期增加 1 635 件,增长 28.30%。(7)文化娱乐服务案件 6 917 件,占服务消费申诉案件的 3.00%,比上年同期减少 530 件,下降 7.12%。(8)旅馆服务申诉案件 6 534 件,占服务消费申诉案件的 2.83%,比上年同期增加 1 051 件,增长 19.17%。(9)中介服务申诉案件 6 470 件,占服务消费申诉案件的 2.80%,比上年同期减少 1 671 件,下降 20.53%。其中房屋中介申诉案件 3 136 件,占中介服务申诉案件的 48.47%,下降 11.19%;职业中介申诉案件 1 357 件,占中介服务申诉案件的 20.97%,下降 22.41%。(10)装饰装修服务申诉案件 5 843 件,占服务消费申诉案件的 2.53%,比上年同期增加 242 件,增长 4.32%。此外,邮政服务申诉案件 5 706 件,增长 64.01%;无店铺及其他零售申诉案件 3 992 件,占服务消费申诉案件的 1.73%;物业管理服务申诉案件 2 887 件,比上年同期增长 17.69%;旅游服务申诉案件 1 811 件,增长 14.55%;培训服务申诉案件 1 734 件,增长 41.44%;医疗服务申诉案件 1 071 件,下降 13.28%;租赁服务申诉案件 690 件,下降 4.17%;保险服务申诉案件 623 件,下降 28.56%;金融服务申诉案件 450 件,增长 7.14%。

全年受理消费者举报案件 222 633 件,其中已处理举报案件 190 298 件。案件总值 40.48 亿元,罚没金额 55 602 万元。在已处理举报案件中,违反个体私营登记管理法规案件 52 874 件,占已处理举报案件总数的 27.78%;违反产品质量管理法规案件 25 847 件,占 13.58%;违反企业登记管理法规案件 19 097 件,占 10.04%;违反消费者权益保护法规案件 15 478 件,占 8.13%;传销及违法直销案件 6 037 件,占 3.17%;违反商标管理法规案件 5 987 件,占 3.15%;违反广告管理法规案件 3 132 件,占 1.65%。

从案值看,在已处理举报案件中,绝大多数为 5 万元以下案件,共 187 812 件,占已处理举报案件总数的 98.69%;5~10 万元案件 1 983 件;10~30 万元案件 380 件;30~100 万元案件 92 件;100 万元以上案件 31 件。

从违法主体看,以个体工商户和自然人案件为主,分别处理 69 149 件和 49 165 件,分别占已处理举报案件的 36.34% 和 25.84%;公司案件 11 524 件,占 6.06%;私营企业案件 7 508 件,占 3.95%。

——资料来源:国家工商行政管理总局门户网站(www.saic.gov.cn)

二、消费者的索赔权

消费者或者其他受害人因商品缺陷造成人身、财产损害的,可以向销售者要求赔偿,也可以向生产者要求赔偿。消费者在接受服务时,其合法权益受到损害的,可以向服务者要求赔偿。销售者赔偿后,属于生产者的责任或者属于向销售者提供商品的其他销售者的责任的,销售者有权向生产者或者其他销售者追偿。属于销售者责任的,生产者赔偿后,有权向销售者追偿。

消费者在购买、使用商品或者接受服务时,其合法权益受到损害,因原企业分立、合并的,可以向变更后承受其权利义务的企业要求赔偿。

使用他人营业执照的违法经营者提供商品或者服务,损害消费者合法权益的,消费者可以向其要求赔偿,也可以向营业执照的持有人要求赔偿。

消费者在展销会、租赁柜台购买商品或者接受服务,其合法权益受到损害的,可以向销售者或者服务者要求赔偿。展销会结束或者柜台租赁期满后,也可以向展销会的举办者、柜台的出租者要求赔偿。展销会的举办者、柜台的出租者赔偿后,有权向销售者或者服务者追偿。

消费者因经营者利用虚假广告提供商品或者服务,其合法权益受到损害的,可以向经营者要求赔偿。广告的经营者发布虚假广告的,消费者可以请求行政主管部门予以惩处。广告的经营者不能提供经营者的真实名称、地址的,应当承担赔偿责任。

三、经营者的法律责任

(一)经营者承担民事法律责任的原因

经营者提供商品或者服务有下列情形之一的,除《消费者权益保护法》另有规定外,还应当依照《产品质量法》和其他有关法律、法规的规定,承担民事责任:

(1)商品存在缺陷的;
(2)不具备商品应当具备的使用性能而出售时未作说明的;
(3)不符合在商品或者其包装上注明采用的商品标准的;
(4)不符合商品说明、实物样品等方式表明的质量状况的;
(5)生产国家明令淘汰的商品或者销售失效、变质的商品的;
(6)销售的商品数量不足的;

(7)服务的内容和费用违反约定的;

(8)对消费者提出的修理、重作、更换、退货、补足商品数量、退还货款和服务费用或者赔偿损失的要求,故意拖延或者无理拒绝的;

(9)法律、法规规定的其他损害消费者权益的情形。

案例研读:售出瓷砖有问题 经营者承担赔偿责任

2006年7月17日,消费者吾门尔在吐鲁番市某装璜材料店以436元的价格购买了300块墙面陶瓷砖。消费者找施工队在卫生间进行安装,施工队安装一部分后,消费者发现部分墙面陶瓷砖有色差,找到经销商后,经销商解释说:墙面砖在安装前都在水里浸泡,所以才会出现色差现象,等水分干后,就不会有色差了。消费者相信了经销商的解释,让施工队继续安装。谁知安装完一个星期后,墙面陶瓷砖仍然有色差现象。消费者找到经销商要求全部铲除重新安装,但经销商认为虽然商品是自己售出的,商品质量问题是厂家的事,与己无关,不愿承担责任。消费者一气之下投诉至吐鲁番市城区工商所消保室。

接到投诉后,工作人员立即与经销商取得联系,并同经销商一起到消费者家实地进行了察看,发现消费者家中卫生间的墙面陶瓷砖确实为经销商所售,且有80余块墙面陶瓷砖与其他墙面砖之间存在明显颜色差异。经过工作人员耐心讲解,并对经销商进行了《消费者权益保护法》的宣传,经销商认识到了自身的责任,对自己给消费者造成的损失表示歉意。经调解,双方达成协议:由经销商一次性补赔偿更换有色差的80余块墙面陶瓷砖的各项费用计400元,消费者表示满意。

——资料来源:国家工商行政管理总局消费者权益保护局门户网站(http://www.315.gov.cn)

(二)经营者承担的民事法律责任的内容

《消费者权益保护法》规定,经营者提供商品或者服务,造成消费者或者其他受害人人身伤害的,应当支付医疗费、治疗期间的护理费、因误工减少的收入等费用,造成残疾的,还应当支付残疾者生活自助具费、生活补助费、残疾赔偿金以及由其扶养的人所必需的生活费等费用;构成犯罪的,依法追究刑事责任。

经营者提供商品或者服务,造成消费者或者其他受害人死亡的,应当支付丧葬费、死亡赔偿金以及由死者生前扶养的人所必需的生活费等费用;构成犯罪的,依法追究刑事责任。

经营者违法侵害消费者的人格尊严或者侵犯消费者人身自由的,应当停止侵害、恢复名誉、消除影响、赔礼道歉,并赔偿损失。

经营者提供商品或者服务,造成消费者财产损害的,应当按照消费者的要求,以修理、重作、更换、退货、补足商品数量、退还货款和服务费用或者赔偿损失等方式承担民事责任。消费者与经营者另有约定的,按照约定履行。

对国家规定或者经营者与消费者约定包修、包换、包退的商品,经营者应当负责修理、更换或者退货。在保修期内两次修理仍不能正常使用的,经营者应当负责更换或者退货。对包修、包换、包退的大件商品,消费者要求经营者修理、更换、退货的,经营者应当承担运输等合理费用。

经营者以邮购方式提供商品的,应当按照约定提供。未按照约定提供的,应当按照消费者的要求履行约定或者退回货款;并应当承担消费者必须支付的合理费用。经营者以预收款方式提供商品或者服务的,应当按照约定提供。未按照约定提供的,应当按照消费者的要求履行约定或者退回预付款;并应当承担预付款的利息、消费者必须支付的合理费用。

依法经有关行政部门认定为不合格的商品,消费者要求退货的,经营者应当负责退货。

经营者提供商品或者服务有欺诈行为的,应当按照消费者的要求增加赔偿其受到的损失,增加赔偿的金额为消费者购买商品的价款或者接受服务的费用的一倍。

(三)经营者承担的行政责任的原因和类型

经营者有下列情形之一,《产品质量法》和其他有关法律、法规对处罚机关和处罚方式有规定的,依照法律、法规的规定执行;法律、法规未作规定的,由工商行政管理部门责令改正,可以根据情节单处或者并处警告、没收违法所得、处以违法所得1倍以上5倍以下的罚款,没有违法所得的,处以1万元以下的罚款;情节严重的,责令停业整顿、吊销营业执照:

(1)生产、销售的商品不符合保障人身、财产安全要求的;

(2)在商品中掺杂、掺假,以假充真,以次充好,或者以不合格商品冒充合格商品的;

(3)生产国家明令淘汰的商品或者销售失效、变质的商品的;

(4)伪造商品的产地,伪造或者冒用他人的厂名、厂址,伪造或者冒用认证标志、名优标志等质量标志的;

(5)销售的商品应当检验、检疫而未检验、检疫或者伪造检验、检疫结果的;

(6)对商品或者服务作引人误解的虚假宣传的;

(7)对消费者提出的修理、重作、更换、退货、补足商品数量、退还货款和服务费用或者赔偿损失的要求,故意拖延或者无理拒绝的;

(8)侵害消费者人格尊严或者侵犯消费者人身自由的;

(9)法律、法规规定的对损害消费者权益应当予以处罚的其他情形。

经营者对行政处罚决定不服的,可以自收到处罚决定之日起15日内向上一级机关申请复议,对复议决定不服的,可以自收到复议决定书之日起15日内向人民法院提起诉讼;也可以直接向人民法院提起诉讼。

案例研读:山西省临汾市工商局查处销售伪造质量标志手机案

2006年4月,山西省临汾市工商局根据消费者举报,查处一起销售伪造质量标志手机案。

经查,工商执法人员发现当事人朱某在临汾市东关铝锅巷销售的多部手机涉嫌假冒进网许可标志,随即对该批手机依法扣留,后经信息产业部电信设备认证中心鉴定,该批所扣留手机中有58部手机的进网许可标志均为假冒。进网许可标志是一种质量标志,当事人的行为构成销售伪造质量标志手机行为。

临汾市工商局依据《产品质量法》的有关规定,责令当事人停止违法行为,没收58部伪造进网许可标志手机,并处罚款6 000元。

——资料来源:国家工商行政管理总局消费者权益保护局门户网站(http://www.315.gov.cn)

(四)经营者承担的刑事责任

以暴力、威胁等方法阻碍有关行政部门工作人员依法执行职务的,依法追究刑事责任;拒绝、阻碍有关行政部门工作人员依法执行职务,未使用暴力、威胁方法的,由公安机关依照《治安管理处罚法》的规定处罚。

延伸思考:

1. 如何界定消费者的范围?
2. 国际消费者运动发展概况。
3. 消费者权利的设计初衷是什么?
4. 实践中消费者维权的障碍有哪些?

案例研读:中国消费者协会重要警示——明为赔偿消费者,实为耍伎俩骗钱

中国消费者协会重要警示

最近,社会上一伙人打着由公安、工商、消费者协会组成的"北京市联合调查组"的名义发布公告,在社会上行骗。其谎称破获诈骗大案,罚没赃款,赔偿消费者,但却要消费者向他们指定的账户上存入100元诉讼费,实为骗取消费者的钱财,其《公告》文法不通,错别字连篇,并没有注明《公告》时间,来信地址为北京某处,电话咨询却是另一地号码,请消费者切勿上当受骗。

中国消费者协会
二〇〇五年九月十二日

行骗公告原文

京联合调查组公告

在 2003~2004 年期间,我市的一些不法邮购单位为了个人私利,无视国家法律法规,采取"发奖"、"喜报"、"幸运星"、"大礼包"等手段诱惑、误导、欺诈消费者,他们先去说:你在某某活动中中奖,成为幸运者,奖励为电脑、电动车、照像(应为"相"——编者按,下同)机等,共需包装费、邮寄费多少元。他们收到钱后给消费者寄发的所谓电脑、多媒体,其实是价值 30 元的学习机,所谓全自动照像(相)机是价值不(足)10 元的儿童玩具。他们的这种行为使很多消费者上当受骗,有许多消费者纷纷来信投诉这些不法经营者,要求查处这些不法经营者,并要求赔偿他们的一切经济损失。由公安、工商、消费者协会组成的联合调查组接到投诉后,立刻对有关人员进行调查,经过严密的调查取证,经于使案情大白,不法分子全部落网,查获赃款 320 余万元和大批假冒伪劣商品、药品等。这些赃款将按照法律规定全部赔偿给消费者,目前已经有 180 多万元赔偿金赔给已办理手续的消费者,请还没有得到赔偿金的消费者在收到公告 20 天之内按照以下规定办理手续,过期示(应为"未"——编者按)办手续赔偿金将全部上缴国库。

一、依照《中华人民共和国消费者权益保护法》第四十九条、《中华人民共和国合同法》第 101 条的规定"如商家利用有奖销售、清仓处理、大甩卖等手段欺诈消费者行为的,应对消费者进行赔偿,赔偿数额为原购物金额的十倍"。

二、请被骗的消费者速将当时购物的汇款收据寄来(如你的汇款收据丢失,请来信说明当时受骗经过和被骗金额),我们按收据上的金额,从被查获的赃款中给你十倍的赔偿。赔偿金将通过银行汇款方式汇给你。

三、依据《中华人民共和国民事诉讼法》的有关规定,诉讼费 100 元由投诉者暂时承担,我们将在给你兑付赔偿金时一并退还诉讼费。

四、请将诉讼费 100 元按照以下账号到当地建设银行办理手续存到下面的账号上,然后来电话说明汇款时间。(注:必须到银行办理电子汇款手续禁用其他手续汇款)

开户行:中国建设银行北京支行
账号:4367 4200 1123 0112 508
户名:黄文清
来信地址:北京市海淀区朝阳路 17 号联合调查组收
咨询电话:(010)64402831
联系人:李振海 邮编编码:100071

——资料来源:国家工商总局门户网站(www.saic.gov.cn)

第八章 产品质量法律制度

   引例：一只阀门耗时两年三场诉讼

2003年12月22日，淮安市淮洋酒业有限公司（以下简称淮洋酒业公司）从该市市区由赵开全经营的靖工机电阀门供应部购买了一只DN125柱塞阀，并按其用途安装在该公司生产车间的蒸汽锅炉上。2004年4月12日上午，该公司锅炉工周德江当班正常操作时，上述阀门突然爆炸，断裂的阀体及过热蒸汽将周德江致伤，周德江经医院抢救无效于事故当日死亡。淮洋酒业公司于2004年4月14日与周德江的亲属达成工伤赔偿协议：淮洋酒业公司一次性赔偿周德江丧葬费、供养亲属抚恤金、工亡补助金共计135 000元。后周德江之妻郑梅香从淮洋酒业公司实际领款125 986.67元。

劣质阀门惹祸端，应由谁人担责任为此，消费者、死者亲属、销售者、生产者相继走上了法庭，开始了为时两年多的三桩诉讼：

消费者的产品责任之诉

2004年4月15日，淮洋酒业公司以销售者赵开全、张逸娟（赵开全之妻）和生产者上海耐特阀门厂、温州伟尔奇阀门厂为被告，向涟水县人民法院提起了产品责任纠纷诉讼。原告淮洋酒业公司诉称：2003年12月22日，原告从被告赵开全、张逸娟经营的靖工机电阀门供应部购买了1只DN125柱塞阀，并按其用途安装在原告生产车间的蒸汽锅炉上。2004年4月12日上午，在锅炉使用过程中，该柱塞阀突然爆裂，炸死锅炉工周德江，导致原告全面停产，给原告造成了重大损失，故要求经营者和生产者承担连带赔偿责任。

经涟水县安全生产监督管理局委托国营第五三〇八厂对上述炸裂的DN125柱塞阀阀体原件进行检测，其检测报告分析结论为："由于送检的柱塞三通阀体铸件在铸造时的熔炼、孕育处理以及浇注等工艺质量太差，因此铸造件不但出现了石墨长度为2级的粗大块片状C型石墨，而且根本没有孕育出对灰口铸铁的机械性能至关重要的共晶团，致使铸件材质低劣，机械性能特别差，脆性增大，强度下降，易于破裂。送检的阀体上法兰颈部爆炸时断口裂纹正是沿着粗大的块片状石墨扩展的。"

涟水法院于 2004 年 10 月 11 日公开开庭审理了本案。该院经审理认为:因产品存在缺陷造成他人人身、财产损害的,侵害人应当折价赔偿。受害人因此遭受其他重大损失的,侵害人应当赔偿损失。被告温州伟尔奇阀门厂(经查明,该厂曾于 2001 年 3 月 9 日在上海市工商行政管理局奉贤分局申请注册了"上海耐特阀门厂")生产的 DN125 柱塞阀,因质量存在严重缺陷而给原告造成了损失,对此生产者应当予以赔偿。被告赵开全、张逸娟作为该产品的销售者,为产品作引人误解的虚假宣传,其行为违反了有关法律规定,已经承担了相应的行政责任(赵开全、张逸娟因对温州伟尔奇阀门厂生产的阀门作引人误解的虚假宣传,于 2004 年 7 月 13 日被江苏省淮安市工商行政管理局清河分局依法处以罚款 30 000 元),且对原告所受的损害无直接因果关系,故被告赵开全、张逸娟对原告不负民事责任。发生爆炸事故后,原告淮洋酒业公司被迫全面停产,受到一定的经济损失是客观存在的,原告根据恢复生产后产量情况推算出停产期间每天经济损失 8 186 元,被告方对此不表示异议,法院予以采纳。在事故发生后,原告未及时采取有效措施恢复生产,对损失的扩大有一定过错,也应承担相应的责任。对处理爆炸现场和更换柱塞阀到恢复正常生产的停产时间以 6 天计算较为合理。被告温州伟尔奇阀门厂辩解原告停产损失属于间接损失,不予赔偿等,无事实和法律依据,法院不予采纳。经调解未果,故涟水法院依法作出了如下判决:

一、被告温州伟尔奇阀门厂赔偿原告淮洋酒业公司人身损害赔偿费 146 308.70 元,爆裂的 DN125 柱塞阀检测费 15 000 元,酿造啤酒的原料损失费 12 000 元,停产损失 49 008 元,合计 222 316.70 元,由被告于判决生效后 30 日内履行完毕。

二、驳回原告淮洋酒业公司要求被告赵开全、张逸娟承担连带赔偿责任的请求。

该判决书送达后,被告温州伟尔奇阀门厂在法定期限内向淮安市中级人民法院提起了上诉。经淮安市中级人民法院主持调解,双方当事人达成如下协议:由温州伟尔奇阀门厂一次性给付淮洋酒业公司 1 596 000 元,并当庭兑现完毕。

死者亲属的损害赔偿之诉

周德江之妻郑梅香等亲属在与销售阀门的赵开全协商未果的情况下,于 2005 年 4 月 7 日以赵开全为被告向涟水法院提起诉讼,要求被被告赔偿死亡赔偿金、丧葬费、被扶养人生活费、精神损害抚慰金共计 238 492.45 元,扣除原告从淮洋酒业公司获得的工伤赔偿款,请求人民法院判令被告给付赔偿金 133 492.45元。

涟水法院于 2005 年 4 月 20 日公开开庭审理了本案。该院经审理认为:原告郑梅香丈夫周德江因被告赵开全销售给淮洋酒业公司的有严重质量问题的阀门发生爆炸而死亡,依据《中华人民共和国产品质量法》的规定,原告郑梅香可以选择要求产品销售者给予赔偿,产品销售者赔偿后,可依法向产品生产者追偿。原告郑梅香丈夫周德江伤亡后,淮洋酒业公司已按工伤赔偿的有关规定,超额赔偿原告郑梅香等人 125 986.67 元。现原告郑梅香要求被告赵开全就工伤赔偿与民事赔偿的差额部分予以赔偿,符合《最高人民法院关于审理人身损害赔偿案件适用法律若干问题的解释》第十二条第二款之规定,法院应当予以支持。经调解未果,故依法作出了如下判决:

原告郑梅香因其丈夫周德江死亡应获得的死亡赔偿金 185 240 元,丧葬费 7 856 元,精神损害抚慰金 10 000 元,合计 203 096 元,扣除原告郑梅香已从淮洋酒业有限公司实际领取的 125 986.67 元,余款 77 109.33 元,由被告赵开全在判决生效后 15 日内赔偿给原告郑梅香。

该判决书送达后,双方当事人均未上诉。

销售者与生产者的赔偿责任之诉

2005 年 11 月 15 日,销售者赵开全以温州伟尔奇阀门厂为被告向涟水法院提起诉讼,要求被告给付其已赔偿给周德江亲属的各项损失 80 681.33 元(包括赔偿款 77 109.33 元,负担的诉讼费 3 572 元),以及其因经营被告生产的劣质阀门而被工商行政管理机关罚款的 3 万元。

涟水法院经审理后认为,因产品存在缺陷造成受害人人身损害和财产损失的,侵害人应当赔偿损失。受害人可以向产品的生产者要求赔偿,也可以向产品的销售者要求赔偿。如属于产品生产者的责任,产品销售者先行承担了赔偿责任,产品销售者有权向产品生产者追偿。被告温州伟尔奇阀门厂生产的 DN125 柱塞阀存在严重质量问题而爆炸,造成周德江死亡和淮洋酒业公司的财产损失,对此,被告应当赔偿。赵开全作为产品的销售者赔偿周德江家属的费用应该由作为生产者的被告温州伟尔奇阀门厂负责清偿。故对原告要求被告赔偿其支付给死者亲属郑梅香等人的人身损害赔偿金的主张,法院应当予以支持。原告受到行政处罚被罚款 3 万元,是其违法行为所致,原告要求被告承担此民事赔偿责任没有法律依据,法院不应支持。

涟水法院于 2006 年 1 月 20 日对本案依法作出了如下判决:

一、被告温州伟尔奇阀门厂赔偿原告赵开全支付给受害人郑梅香的 80 681.33 元,限判决生效后 30 日内付清。

二、驳回原告赵开全的其他诉讼请求。

该判决书送达后,被告温州伟尔奇阀门厂不服判决,认为其不应再承担赔偿责任,遂向江苏省淮安市中级人民法院提起了上诉。二审法院依法组成合议庭审理了此案,并于 2006 年 6 月 5 日作出终审判决:驳回上诉,维持原判。至此,这只阀门惹出的祸端才有了全部公断。但赔偿款难抚受害人失去亲人之痛,但愿这样的悲剧不再重演(文中当事人为自然人的均系化名)。

　　法官点评:

　　一只小小的锅炉阀门惹出的灾祸如此之大,引人深思。随着市场经济体制的建立和完善,产品质量越来越成为全社会关注的热点问题。一些关系到人身和财产安全的工业产品,一旦质量不合格,轻则造成财产损失,重则导致人员伤亡。所以,产品的生产和销售者应当牢记消费者是上帝,要想把自己的生产、经营企业做大做强,必须以质量求生存、靠质量求发展,而不应当为了眼前利益,不顾社会公共安全,去生产、经营劣质产品。生产、经营劣质产品者应当算好三笔账:一是行政执法部门(如质量技术监督局、工商行政管理局)要查处;二是造成他人人身和财产损害要赔偿;三是惹出事端要花时间和精力去处理,影响生产、经营少收益。从更高层次上来说,只有所有的生产者都按照有关规定生产出合格产品,所有的经营者都守法经营、诚信经营,才能更好地维护社会主义市场经济秩序,构建和谐社会。如果所有的生产、经营者都从这一高度来认识产品质量问题,我们的市场经济体制将会更加完善,生产、经营者也必将会在市场中获得更大的收益。

法律链接:

　　《中华人民共和国民法通则》第一百一十九条:侵害公民身体造成伤害的,应当赔偿医疗费、因误工减少的收入、残废者生活补助费等费用;造成死亡的,并应当支付丧葬费、死者生前扶养的人必要的生活费等费用。

　　《中华人民共和国产品质量法》第十三条:可能危及人体健康和人身、财产安全的工业产品,必须符合保障人体健康和人身、财产安全的国家标准、行业标准;未制定国家标准、行业标准的,必须符合保障人体健康和人身、财产安全的要求。禁止生产、销售不符合保障人体健康和人身、财产安全的标准和要求的工业产品。第三十三条:销售者应当建立并执行进货检查验收制度,验明产品合格证明和其他标识。第三十四条:销售者应当采取措施,保持销售产品的质量。

——资料来源:法律快车网(www.lawtime.cn)

第一节 概述

一、产品的概念

《产品质量法》规定,产品是指经过加工、制作,用于销售的产品。建设工程不适用《产品质量法》的规定;但是,建设工程使用的建筑材料、建筑构配件和设备,属于产品范围,适用《产品质量法》规定。

二、产品质量法的基本原则

(一)禁止违法产品生产销售

《产品质量法》规定,禁止伪造或者冒用认证标志等质量标志;禁止伪造产品的产地,伪造或者冒用他人的厂名、厂址;禁止在生产、销售的产品中掺杂、掺假,以假充真,以次充好。

(二)国家推动提高产品质量

《产品质量法》规定,国家鼓励推行科学的质量管理方法,采用先进的科学技术,鼓励企业产品质量达到并且超过行业标准、国家标准和国际标准。对产品质量管理先进和产品质量达到国际先进水平、成绩显著的单位和个人,给予奖励。

各级人民政府应当把提高产品质量纳入国民经济和社会发展规划,加强对产品质量工作的统筹规划和组织领导,引导、督促生产者、销售者加强产品质量管理,提高产品质量,组织各有关部门依法采取措施,制止产品生产、销售中违反《产品质量法》规定的行为。

(三)国家依法监督产品质量

《产品质量法》规定,国务院产品质量监督部门主管全国产品质量监督工作。国务院有关部门在各自的职责范围内负责产品质量监督工作。县级以上地方产品质量监督部门主管本行政区域内的产品质量监督工作。县级以上地方人民政府有关部门在各自的职责范围内负责产品质量监督工作。

任何单位和个人有权对违反《产品质量法》规定的行为,向产品质量监督部门或者其他有关部门检举。产品质量监督部门和有关部门应当为检举人保密,并按照省、自治区、直辖市人民政府的规定给予奖励。

执法综述:2008年全国工商行政管理机关产品质量监管工作概况

2008年,全国工商行政管理机关共查处制售假冒伪劣商品案件128 859件,比上年同期增加15 817件,增长13.99%。其中立案查处案件109 729件,增加

16 674 件,增长 17.92%;案件总值 15.53 亿元,增加 2.36 亿元,增长 17.89%;罚没金额 7.12 亿元,增加 1.70 亿元,增长 31.29%。

从违反法规看,违反产品质量法规案件所占比重较大,共查处 49 452 件,占查处制售假冒伪劣商品案件总数的 38.38%,比上年同期下降 1.84%;违反商标法规案件 14 597 件,占 11.33%;违反消费者权益保护法规案件 12 250 件,占 9.51%,下降 36.38%;违反其他法律法规案件 47 576 件,占 36.91%。

在查处的制售假冒伪劣商品案件中,主要为案值在 5 万元以下的案件,共 107 208 件,占查处制售假冒伪劣商品案件的 97.70%,比上年同期增长 17.96%;案值 5~10 万元案件 1 492 件,增长 17.76%;案值 10~30 万元案件 730 件,增长 23.73%;案值 30~100 万元案件 201 件,下降 6.07%;案值 100 万元以上案件 98 件,增长 2.08%。

从违法主体看,个体工商户仍在制售假冒伪劣商品活动中居于首位,共查处 65 382 件,占查处制售假冒伪劣商品案件总数的 59.58%,比上年同期增长 5.14%;自然人 9 947 件,占 9.07%,下降 10.15%;公司 8 670 件,占 7.90%,增长 17.80%;私营企业 4 466 件,占 4.07%,下降 23.23%;集体企业 2 365 件,占 2.16%,下降 10.59%;国有企业 471 件,占 0.43%,下降 28.96%;股份合作企业 427 件,占 0.39%,下降 24.96%。

分地区看,查处制售假冒伪劣案件较多的有:湖北 20 457 件,河南 12 404 件,广东 12 039 件,浙江 10 017 件,四川 7 159 件,辽宁 6 320 件,江苏 6 298 件,河北 5 181 件,云南 4 574 件,甘肃 4 217 件。

从查获的违法商品看,查获粮食及制品 1 887 吨,服装 99.1 万件,电视机 4 335 台,洗衣机 2 317 台,计算机 2 219 台,汽车 844 辆,摩托车 1 316 辆,钢材 5 674 吨,水泥 7 758 吨,橡胶 215 吨,化工原料 2 113 吨。

——资料来源:国家工商行政管理总局门户网站(www.saic.gov.cn)

(四)国家保护产品自由流通

《产品质量法》规定,任何单位和个人不得排斥非本地区或者非本系统企业生产的质量合格产品进入本地区、本系统。

第二节　产品质量监督

一、产品质量的基本要求

《产品质量法》规定,产品质量应当检验合格,不得以不合格产品冒充合格产品。可能危及人体健康和人身、财产安全的工业产品,必须符合保障人体健康和人身、财产安全的国家标准、行业标准；未制定国家标准、行业标准的，必须符合保障人体健康和人身、财产安全的要求。禁止生产、销售不符合保障人体健康和人身、财产安全的标准和要求的工业产品。

制度链接：工业产品生产许可证核发工作规范（节选）

一、项目名称：

工业产品生产许可证核发

二、许可依据：

《中华人民共和国产品质量法》第十三条和《中华人民共和国工业产品生产许可证管理条例》第二条。

三、许可范围：

国家对生产下列重要工业产品的企业实行生产许可证制度：

（一）乳制品、肉制品、饮料、米、面、食用油、酒类等直接关系人体健康的加工食品；

（二）电热毯、压力锅、燃气热水器等可能危及人身、财产安全的产品；

（三）税控收款机、防伪验钞仪、卫星电视广播地面接收设备、无线广播电视发射设备等关系金融安全和通信量安全的产品；

（四）安全网、安全帽、建筑扣件等保障劳动安全的产品；

（五）电力铁塔、桥梁支座、铁路工业产品、水工金属结构、危险化学品及其包装物、容器等影响生产安全、公共安全的产品；

（六）法律、行政法规要求依照本条例的规定实行生产许可证管理的其他产品。

四、许可条件：

企业取得生产许可证，应当符合下列条件：

（一）有营业执照；

（二）有与所生产产品相适应的专业技术人员；

（三）有与所生产产品相适应的生产条件和检验检疫手段；

（四）有与所生产产品相适应的技术文件和工艺文件；

（五）有健全有效的质量管理制度和责任制度；

（六）产品符合有关国家标准、行业标准以及保障人体健康和人身、财产安全的要求；

（七）符合国家产业政策的规定，不存在国家明令淘汰和禁止投资建设的落后工艺、高耗能、污染环境、浪费资源的情况。法律、行政法规有其他规定的，还应当符合其规定。

五、许可数量：

无数量限制，符合条件的企业均可获得许可。

六、实施机关:

国家质量监督检验检疫总局(以下简称国家质检总局)、各省级质量技术监督局(各省级工业产品生产许可证办公室负责具体工作)。

——资料来源:国家质检总局门户网站(www.aqsiq.gov.cn)

二、产品质量认证制度

《产品质量法》规定,国家根据国际通用的质量管理标准,推行企业质量体系认证制度。企业根据自愿原则可以向国务院产品质量监督部门认可的或者国务院产品质量监督部门授权的部门认可的认证机构申请企业质量体系认证。经认证合格的,由认证机构颁发企业质量体系认证证书。

国家参照国际先进的产品标准和技术要求,推行产品质量认证制度。企业根据自愿原则可以向国务院产品质量监督部门认可的或者国务院产品质量监督部门授权的部门认可的认证机构申请产品质量认证。经认证合格的,由认证机构颁发产品质量认证证书,准许企业在产品或者其包装上使用产品质量认证标志。

三、产品质量监督检查制度

(一)监督检查方式

《产品质量法》规定,国家对产品质量实行以抽查为主要方式的监督检查制度,对可能危及人体健康和人身、财产安全的产品,影响国计民生的重要工业产品以及消费者、有关组织反映有质量问题的产品进行抽查。抽查的样品应当在市场上或者企业成品仓库内的待销产品中随机抽取。监督抽查工作由国务院产品质量监督部门规划和组织,监督抽查所需检验费用按照国务院规定列支。县级以上地方产品质量监督部门在本行政区域内也可以组织监督抽查。国家监督抽查的产品,地方不得另行重复抽查;上级监督抽查的产品,下级不得另行重复抽查。

根据监督抽查的需要,可以对产品进行检验。检验抽取样品的数量不得超过检验的合理需要,并不得向被检查人收取检验费用。生产者、销售者对抽查检验的结果有异议的,可以自收到检验结果之日起15日内向实施监督抽查的产品质量监督部门或者其上级产品质量监督部门申请复检,由受理复检的产品质量监督部门作出复检结论。对依法进行的产品质量监督检查,生产者、销售者不得拒绝。

依照《产品质量法》的规定进行监督抽查的产品质量不合格的,由实施监督抽查的产品质量监督部门责令其生产者、销售者限期改正。逾期不改正的,由省级以上人民政府产品质量监督部门予以公告;公告后经复查仍不合格的,责令停业,限期整顿;整顿期满后经复查产品质量仍不合格的,吊销营业执照。

制度链接:国家监督抽查制度基本程序

一、下达产品质量国家监督抽查任务

1. 国家质量技术监督检验检疫总局监督司依据产品质量国家监督抽查目录或某个时期行业反映出的倾向性问题,质量问题严重、危及生命财产安全的产品,对关系国计民生的重要生产资料社会热点问题等,制订监督抽查计划,下达抽查任务。

2. 接受国家监督抽查任务的质检中心,按要求准备抽查方案,参加国家监督抽查任务布置会,领取《国家监督抽查任务书》、《产品质量国家监督抽查通知书》以及《国家监督抽查情况反馈单》。

二、质检机构组织抽样及检验

1. 质检机构依据批准的抽查方案及企业名单,组织人员进行抽样工作。

2. 抽样人员到达被抽查企业后,出示《产品质量国家监督抽查通知书》,按照抽样程序进行抽样、封样。抽样工作完成后让企业在抽样单上进行确认签字。

3. 样品送达检测机构后,质检机构对样品的封样状态进行检查并与抽样单核对无误后办理收样手续,并组织检验。

4. 检验工作结束后,按照抽样方案规定的判定原则对检测结果进行判定,出具检测报告。检测报告经审核通过后立即用特快专递发送给被检企业。

5. 被检企业在收到检测报告后,如对检验结果有异议可在15日内提出书面意见,质检中心收到书面意见后,应当在10日内作出书面答复,同时抄送国家质量监督检验检疫总局监督司。

三、抽查结果的上报

抽样工作、检验工作全部结束后,按照国家质量监督检验检疫总局的要求整理抽查数据,填写国家监督抽查数据库,生成各种汇总表及统计表,填写经费表。

四、汇总抽查结果

承检机构将数据库上报给质检总局监督司,监督司根据各质检中心上报的数据进行汇总、统计、分析工作,最后形成产品质量国家监督抽查通报及分类产品的新闻稿。

五、发布结果

1. 召开新闻发布会。由国家质量监督检验检疫总局向新闻界发布本次的抽查结果。

2. 分发数据、通报。新闻发布会后,将本次抽查结果通报及数据分发给全国各省直辖市技术监督局,并督促各省技术监督局做好后处理工作。

3. 《经济日报》刊登抽查结果。每周一期依次在《经济日报》上刊登抽查结果,同时在《中国质量报》和《中国消费者报》上刊登。

六、后处理工作

对于抽查不合格的企业,由各地质量技术监督局负责组织后处理工作,并于6个月后向国家技术监督局汇报后处理情况。由国家质量技术监督局通报不合格企业的后处理情况。

——资料来源:国家质量监督检验检疫总局门户网站(http://www.aqsiq.gov.cn)

(二)监督检查职权

《产品质量法》规定,县级以上产品质量监督部门根据已经取得的违法嫌疑证据或者举报,对涉嫌违反本法规定的行为进行查处时,可以行使下列职权:

(1)对当事人涉嫌从事违反本法的生产、销售活动的场所实施现场检查;

(2)向当事人的法定代表人、主要负责人和其他有关人员调查、了解与涉嫌从事违反本法的生产、销售活动有关的情况;

(3)查阅、复制当事人有关的合同、发票、账簿以及其他有关资料;

(4)对有根据认为不符合保障人体健康和人身、财产安全的国家标准、行业标准的产品或者有其他严重质量问题的产品,以及直接用于生产、销售该项产品的原辅材料、包装物、生产工具,予以查封或者扣押。

消费者有权就产品质量问题,向产品的生产者、销售者查询;向产品质量监督部门、工商行政管理部门及有关部门申诉,接受申诉的部门应当负责处理。

国务院和省、自治区、直辖市人民政府的产品质量监督部门应当定期发布其监督抽查的产品的质量状况公告。

案例研读:重庆市大渡口区工商分局查处制售不合格猪大肠案

2006年10月,重庆市大渡口区工商分局根据群众举报,查获了一起制售不合格猪大肠案。

经查,当事人重庆某食品有限公司于2006年8月用5吨工业盐清洗猪大肠15吨,于2006年9月19日之前以每吨6 000元至7 000元不等的价格销售了3吨,剩余12吨存放于冻库内等待销售。大渡口区工商分局执法人员对存放在冻库内用工业盐清洗的12吨猪大肠进行了抽样检测,其检测结论为不合格。

大渡口区工商分局依据《产品质量法》的有关规定,责令当事人停止违法行为,没收用工业盐清洗的12吨冷冻猪大肠,并处罚款8万元。

——资料来源:国家工商行政管理总局消费者权益保护局门户网站(http://www.315.gov.cn)

(三)社会中介机构

《产品质量法》规定,产品质量检验机构必须具备相应的检测条件和能力,经省级以上人民政府产品质量监督部门或者其授权的部门考核合格后,方可承担产品质量检验工作。

从事产品质量检验、认证的社会中介机构必须依法设立,不得与行政机关和其他国家机关存在隶属关系或者其他利益关系。产品质量检验机构、认证机构必须依法按照有关标准,客观、公正地出具检验结果或者认证证明。产品质量认证机构应当依照国家规定对准许使用认证标志的产品进行认证后的跟踪检查;对不符合认证标准而使用认证标志的,要求其改正;情节严重的,取消其使用认证标志的资格。

第三节 生产者、销售者的产品质量责任和义务

一、生产者的产品质量责任和义务

1. 产品质量的基本要求

《产品质量法》规定,生产者应当对其生产的产品质量负责,产品质量应当符合下列要求:

(1)不存在危及人身、财产安全的不合理的危险,有保障人体健康和人身、财产安全的国家标准、行业标准的,应当符合该标准;

(2)具备产品应当具备的使用性能,但是,对产品存在使用性能的瑕疵作出说明的除外;

(3)符合在产品或者其包装上注明采用的产品标准,符合以产品说明、实物样品等方式表明的质量状况。

2. 产品包装标识的基本要求

《产品质量法》规定,裸装的食品和其他根据产品的特点难以附加标识的裸装产品,可以不附加产品标识。除此之外,产品或者其包装上的标识必须真实,并符合下列要求:

(1)有产品质量检验合格证明;

(2)有中文标明的产品名称、生产厂厂名和厂址;

(3)根据产品的特点和使用要求,需要标明产品规格、等级、所含主要成分的名称和含量的,用中文相应予以标明;需要事先让消费者知晓的,应当在外包装上标明,或者预先向消费者提供有关资料;

(4)限期使用的产品,应当在显著位置清晰地标明生产日期和安全使用期或者失效日期;

(5)使用不当,容易造成产品本身损坏或者可能危及人身、财产安全的产品,

应当有警示标志或者中文警示说明；

(6)易碎、易燃、易爆、有毒、有腐蚀性、有放射性等危险物品以及储运中不能倒置和其他有特殊要求的产品，其包装质量必须符合相应要求，依照国家有关规定作出警示标志或者中文警示说明，标明储运注意事项。

3.生产者的禁止性义务

《产品质量法》规定，生产者还应当履行下列禁止性义务：

(1)不得生产国家明令淘汰的产品；

(2)不得伪造产地，不得伪造或者冒用他人的厂名、厂址；

(3)不得伪造或者冒用认证标志等质量标志。

(4)不得掺杂、掺假，不得以假充真、以次充好，不得以不合格产品冒充合格产品。

案例研读：辽宁省普兰店市工商局查处经营不合格饲料案

2006年4月，辽宁省普兰店市工商局在农村市场整治中调查发现，养殖户投诉的饲料问题较为集中。据当地农村养殖户反应，有的饲料在使用后并没有得到如饲料说明中的使用效果，出现了猪干吃料不长肉的现象，有的饲料猪吃后还产生不良反映。针对这种情况，普兰店市工商局于2006年6月对普兰店市饲料市场进行了质量监测。

经查，普兰店市某饲料店经销的某饲料有限公司生产的"希杰发斯特1220仔猪浓缩饲料"经检测铜含量超出了标准规定值，为不合格产品。工商执法人员在某饲料店检查出同一品牌不合格饲料共5.6吨，价值25 200元，当事人已获利1 260元。

普兰店市工商局依据《产品质量法》的有关规定，没收该饲料店违法所得1 260元，并处罚款5.04万元。同时，责令厂家收回养猪户未用完的饲料，并根据卖货发票退还购买饲料款合计6 447元，有效维护了农民的合法权益。

——资料来源：国家工商行政管理总局消费者权益保护局门户网站(http://www.315.gov.cn)

二、销售者的产品质量责任和义务

《产品质量法》规定，销售者应当履行下列产品质量责任和义务：

(1)应当建立并执行进货检查验收制度，验明产品合格证明和其他标识；

(2)应当采取措施，保持销售产品的质量；

(3)不得销售国家明令淘汰并停止销售的产品和失效、变质的产品；

(4)销售的产品的标识应当符合《产品质量法》的规定；

(5)不得伪造产地，不得伪造或者冒用他人的厂名、厂址；

(6)不得伪造或者冒用认证标志等质量标志；

(7)不得掺杂、掺假,不得以假充真、以次充好,不得以不合格产品冒充合格产品。

第四节 损害赔偿

一、销售者承担损害赔偿责任的情形

《产品质量法》规定,售出的产品有下列情形之一的,销售者应当负责修理、更换、退货;给购买产品的消费者造成损失的,销售者应当赔偿损失:

(1)不具备产品应当具备的使用性能而事先未作说明的;

(2)不符合在产品或者其包装上注明采用的产品标准的;

(3)不符合以产品说明、实物样品等方式表明的质量状况的;

(4)由于销售者的过错使产品存在缺陷,造成人身、他人财产损害的,销售者应当承担赔偿责任;

(5)销售者不能指明缺陷产品的生产者也不能指明缺陷产品的供货者的,销售者应当承担赔偿责任。

销售者依照上述规定负责修理、更换、退货、赔偿损失后,属于生产者的责任或者属于向销售者提供产品的其他销售者(即供货者)的责任的,销售者有权向生产者、供货者追偿。

销售者未按照上述规定给予修理、更换、退货或者赔偿损失的,由产品质量监督部门或者工商行政管理部门责令改正。

制度链接:《缺陷汽车产品召回管理规定》(节选)

第六条 国家质量监督检验检疫总局(以下称主管部门)负责全国缺陷汽车召回的组织和管理工作。

国家发展改革委员会、商务部、海关总署等国务院有关部门在各自职责范围内,配合主管部门开展缺陷汽车召回的有关管理工作。

各省、自治区、直辖市质量技术监督部门和各直属检验检疫机构(以上称地方管理机构)负责组织本行政区域内缺陷汽车召回的监督工作。

第七条 缺陷汽车产品召回的期限,整车为自交付第一个车主起,至汽车制造商明示的安全使用期止;汽车制造商未明示安全使用期的,或明示的安全使用期不满10年的,自销售商将汽车产品交付第一个车主之日起10年止。

汽车产品安全性零部件中的易损件,明示的使用期限为其召回时限;汽车轮胎的召回期限为自交付第一个车主之日起3年止。

第八条 判断汽车产品的缺陷包括以下原则：

（一）经检验机构检验安全性能存在不符合有关汽车安全的技术法规和国家标准的；

（二）因设计、制造上的缺陷已给车主或他人造成人身、财产损害的；

（三）虽未造成车主或他人人身、财产损害，但经检测、实验和论证，在特定条件下缺陷仍可能引发人身或财产损害的。

第九条 缺陷汽车产品召回按照制造商主动召回和主管部门指令召回两种程序的规定进行。

制造商自行发现，或者通过企业内部的信息系统，或者通过销售商、修理商和车主等相关各方关于其汽车产品缺陷的报告和投诉，或者通过主管部门的有关通知等方式获知缺陷存在，可以将召回计划在主管部门备案后，按照本规定中主动召回程序的规定，实施缺陷汽车产品召回。

制造商获知缺陷存在而未采取主动召回行动的，或者制造商故意隐瞒产品缺陷的，或者以不当方式处理产品缺陷的，主管部门应当要求制造商按照指令召回程序的规定进行缺陷汽车产品召回。

二、生产者承担损害赔偿责任的原因及豁免

因产品存在缺陷造成人身、缺陷产品以外的其他财产（即他人财产）损害的，生产者应当承担赔偿责任。

但是，《产品质量法》又规定，生产者能够证明有下列情形之一的，不承担赔偿责任：

(1)未将产品投入流通的；

(2)产品投入流通时，引起损害的缺陷尚不存在的；

(3)将产品投入流通时的科学技术水平尚不能发现缺陷的存在的。

术语界定：

缺陷，是指产品存在危及人身、他人财产安全的不合理的危险；产品有保障人体健康和人身、财产安全的国家标准、行业标准的，是指不符合该标准。

——《中华人民共和国产品质量法》第四十六条

三、受害人救济制度

1. 索赔对象

《产品质量法》规定，因产品存在缺陷造成人身、他人财产损害的，受害人可以向产品的生产者要求赔偿，也可以向产品的销售者要求赔偿。属于产品的生

产者的责任,产品的销售者赔偿的,产品的销售者有权向产品的生产者追偿。属于产品的销售者的责任,产品的生产者赔偿的,产品的生产者有权向产品的销售者追偿。

2. 赔偿范围

因产品存在缺陷造成受害人人身伤害的,侵害人应当赔偿医疗费、治疗期间的护理费、因误工减少的收入等费用;造成残疾的,还应当支付残疾者生活自助具费、生活补助费、残疾赔偿金以及由其扶养的人所必需的生活费等费用;造成受害人死亡的,并应当支付丧葬费、死亡赔偿金以及由死者生前扶养的人所必需的生活费等费用。

因产品存在缺陷造成受害人财产损失的,侵害人应当恢复原状或者折价赔偿。受害人因此遭受其他重大损失的,侵害人应当赔偿损失。

3. 诉讼时效

因产品存在缺陷造成损害要求赔偿的诉讼时效期间为2年,自当事人知道或者应当知道其权益受到损害时起计算。

因产品存在缺陷造成损害要求赔偿的请求权,在造成损害的缺陷产品交付最初消费者满10年丧失;但是,尚未超过明示的安全使用期的除外。

4. 救济机制

《产品质量法》规定,因产品质量发生民事纠纷时,当事人可以通过协商或者调解解决。当事人不愿通过协商、调解解决或者协商、调解不成的,可以根据当事人各方的协议向仲裁机构申请仲裁;当事人各方没有达成仲裁协议或者仲裁协议无效的,可以直接向人民法院起诉。

延伸思考:

1. 如何看待我国《产品质量法》对产品的界定范围?
2. 《产品质量法》和《消费者权益保护法》对保护消费者权益有什么不同?
3. 销售者承担产品质量责任的法律界限是什么?
4. 如何划分生产者和销售者之间的产品质量责任?

文献附录:《中华人民共和国农产品质量安全法》

中华人民共和国主席令

第 49 号

《中华人民共和国农产品质量安全法》已由中华人民共和国第十届全国人民代表大会常务委员会第二十一次会议于2006年4月29日通过,现予公布,自2006年11月1日起施行。

中华人民共和国主席　胡锦涛

二〇〇六年四月二十九日

中华人民共和国农产品质量安全法

（2006年4月29日第十届全国人民代表大会常务委员会第二十一次会议通过）

目 录

第一章 总则
第二章 农产品质量安全标准
第三章 农产品产地
第四章 农产品生产
第五章 农产品包装和标识
第六章 监督检查
第七章 法律责任
第八章 附则

第一章 总则

第一条 为保障农产品质量安全，维护公众健康，促进农业和农村经济发展，制定本法。

第二条 本法所称农产品，是指来源于农业的初级产品，即在农业活动中获得的植物、动物、微生物及其产品。

本法所称农产品质量安全，是指农产品质量符合保障人的健康、安全的要求。

第三条 县级以上人民政府农业行政主管部门负责农产品质量安全的监督管理工作；县级以上人民政府有关部门按照职责分工，负责农产品质量安全的有关工作。

第四条 县级以上人民政府应当将农产品质量安全管理工作纳入本级国民经济和社会发展规划，并安排农产品质量安全经费，用于开展农产品质量安全工作。

第五条 县级以上地方人民政府统一领导、协调本行政区域内的农产品质量安全工作，并采取措施，建立健全农产品质量安全服务体系，提高农产品质量安全水平。

第六条 国务院农业行政主管部门应当设立由有关方面专家组成的农产品质量安全风险评估专家委员会，对可能影响农产品质量安全的潜在危害进行风险分析和评估。

国务院农业行政主管部门应当根据农产品质量安全风险评估结果采取相应的管理措施，并将农产品质量安全风险评估结果及时通报国务院有关部门。

第七条 国务院农业行政主管部门和省、自治区、直辖市人民政府农业行政主管部门应当按照职责权限，发布有关农产品质量安全状况信息。

第八条 国家引导、推广农产品标准化生产，鼓励和支持生产优质农产品，禁止生产、销售不符合国家规定的农产品质量安全标准的农产品。

第九条 国家支持农产品质量安全科学技术研究,推行科学的质量安全管理方法,推广先进安全的生产技术。

第十条 各级人民政府及有关部门应当加强农产品质量安全知识的宣传,提高公众的农产品质量安全意识,引导农产品生产者、销售者加强质量安全管理,保障农产品消费安全。

第二章 农产品质量安全标准

第十一条 国家建立健全农产品质量安全标准体系。农产品质量安全标准是强制性的技术规范。

农产品质量安全标准的制定和发布,依照有关法律、行政法规的规定执行。

第十二条 制定农产品质量安全标准应当充分考虑农产品质量安全风险评估结果,并听取农产品生产者、销售者和消费者的意见,保障消费安全。

第十三条 农产品质量安全标准应当根据科学技术发展水平以及农产品质量安全的需要,及时修订。

第十四条 农产品质量安全标准由农业行政主管部门商有关部门组织实施。

第三章 农产品产地

第十五条 县级以上地方人民政府农业行政主管部门按照保障农产品质量安全的要求,根据农产品品种特性和生产区域大气、土壤、水体中有毒有害物质状况等因素,认为不适宜特定农产品生产的,提出禁止生产的区域,报本级人民政府批准后公布。具体办法由国务院农业行政主管部门商国务院环境保护行政主管部门制定。

农产品禁止生产区域的调整,依照前款规定的程序办理。

第十六条 县级以上人民政府应当采取措施,加强农产品基地建设,改善农产品的生产条件。

县级以上人民政府农业行政主管部门应当采取措施,推进保障农产品质量安全的标准化生产综合示范区、示范农场、养殖小区和无规定动植物疫病区的建设。

第十七条 禁止在有毒有害物质超过规定标准的区域生产、捕捞、采集食用农产品和建立农产品生产基地。

第十八条 禁止违反法律、法规的规定向农产品产地排放或者倾倒废水、废气、固体废物或者其他有毒有害物质。

农业生产用水和用作肥料的固体废物,应当符合国家规定的标准。

第十九条 农产品生产者应当合理使用化肥、农药、兽药、农用薄膜等化工产品,防止对农产品产地造成污染。

第四章 农产品生产

第二十条 国务院农业行政主管部门和省、自治区、直辖市人民政府农业行政主管部门应当制定保障农产品质量安全的生产技术要求和操作规程。县级以上人民政府农业行政主管部门应当加强对农产品生产的指导。

第二十一条　对可能影响农产品质量安全的农药、兽药、饲料和饲料添加剂、肥料、兽医器械，依照有关法律、行政法规的规定实行许可制度。

国务院农业行政主管部门和省、自治区、直辖市人民政府农业行政主管部门应当定期对可能危及农产品质量安全的农药、兽药、饲料和饲料添加剂、肥料等农业投入品进行监督抽查，并公布抽查结果。

第二十二条　县级以上人民政府农业行政主管部门应当加强对农业投入品使用的管理和指导，建立健全农业投入品的安全使用制度。

第二十三条　农业科研教育机构和农业技术推广机构应当加强对农产品生产者质量安全知识和技能的培训。

第二十四条　农产品生产企业和农民专业合作经济组织应当建立农产品生产记录，如实记载下列事项：

（一）使用农业投入品的名称、来源、用法、用量和使用、停用的日期；

（二）动物疫病、植物病虫草害的发生和防治情况；

（三）收获、屠宰或者捕捞的日期。

农产品生产记录应当保存二年。禁止伪造农产品生产记录。

国家鼓励其他农产品生产者建立农产品生产记录。

第二十五条　农产品生产者应当按照法律、行政法规和国务院农业行政主管部门的规定，合理使用农业投入品，严格执行农业投入品使用安全间隔期或者休药期的规定，防止危及农产品质量安全。

禁止在农产品生产过程中使用国家明令禁止使用的农业投入品。

第二十六条　农产品生产企业和农民专业合作经济组织，应当自行或者委托检测机构对农产品质量安全状况进行检测；经检测不符合农产品质量安全标准的农产品，不得销售。

第二十七条　农民专业合作经济组织和农产品行业协会对其成员应当及时提供生产技术服务，建立农产品质量安全管理制度，健全农产品质量安全控制体系，加强自律管理。

第五章　农产品包装和标识

第二十八条　农产品生产企业、农民专业合作经济组织以及从事农产品收购的单位或者个人销售的农产品，按照规定应当包装或者附加标识的，须经包装或者附加标识后方可销售。包装物或者标识上应当按照规定标明产品的品名、产地、生产者、生产日期、保质期、产品质量等级等内容；使用添加剂的，还应当按照规定标明添加剂的名称。具体办法由国务院农业行政主管部门制定。

第二十九条　农产品在包装、保鲜、贮存、运输中所使用的保鲜剂、防腐剂、添加剂等材料，应当符合国家有关强制性的技术规范。

第三十条 属于农业转基因生物的农产品,应当按照农业转基因生物安全管理的有关规定进行标识。

第三十一条 依法需要实施检疫的动植物及其产品,应当附具检疫合格标志、检疫合格证明。

第三十二条 销售的农产品必须符合农产品质量安全标准,生产者可以申请使用无公害农产品标志。农产品质量符合国家规定的有关优质农产品标准的,生产者可以申请使用相应的农产品质量标志。

禁止冒用前款规定的农产品质量标志。

第六章 监督检查

第三十三条 有下列情形之一的农产品,不得销售:

(一)含有国家禁止使用的农药、兽药或者其他化学物质的;

(二)农药、兽药等化学物质残留或者含有的重金属等有毒有害物质不符合农产品质量安全标准的;

(三)含有的致病性寄生虫、微生物或者生物毒素不符合农产品质量安全标准的;

(四)使用的保鲜剂、防腐剂、添加剂等材料不符合国家有关强制性的技术规范的;

(五)其他不符合农产品质量安全标准的。

第三十四条 国家建立农产品质量安全监测制度。县级以上人民政府农业行政主管部门应当按照保障农产品质量安全的要求,制定并组织实施农产品质量安全监测计划,对生产中或者市场上销售的农产品进行监督抽查。监督抽查结果由国务院农业行政主管部门或者省、自治区、直辖市人民政府农业行政主管部门按照权限予以公布。

监督抽查检测应当委托符合本法第三十五条规定条件的农产品质量安全检测机构进行,不得向被抽查人收取费用,抽取的样品不得超过国务院农业行政主管部门规定的数量。上级农业行政主管部门监督抽查的农产品,下级农业行政主管部门不得另行重复抽查。

第三十五条 农产品质量安全检测应当充分利用现有的符合条件的检测机构。

从事农产品质量安全检测的机构,必须具备相应的检测条件和能力,由省级以上人民政府农业行政主管部门或者其授权的部门考核合格。具体办法由国务院农业行政主管部门制定。

农产品质量安全检测机构应当依法经计量认证合格。

第三十六条 农产品生产者、销售者对监督抽查检测结果有异议的,可以自收到检测结果之日起五日内,向组织实施农产品质量安全监督抽查的农业行政主管部门或者其上级农业行政主管部门申请复检。

采用国务院农业行政主管部门会同有关部门认定的快速检测方法进行农产

品质量安全监督抽查检测,被抽查人对检测结果有异议的,可以自收到检测结果时起四小时内申请复检。复检不得采用快速检测方法。

因检测结果错误给当事人造成损害的,依法承担赔偿责任。

第三十七条　农产品批发市场应当设立或者委托农产品质量安全检测机构,对进场销售的农产品质量安全状况进行抽查检测;发现不符合农产品质量安全标准的,应当要求销售者立即停止销售,并向农业行政主管部门报告。

农产品销售企业对其销售的农产品,应当建立健全进货检查验收制度;经查验不符合农产品质量安全标准的,不得销售。

第三十八条　国家鼓励单位和个人对农产品质量安全进行社会监督。任何单位和个人都有权对违反本法的行为进行检举、揭发和控告。有关部门收到相关的检举、揭发和控告后,应当及时处理。

第三十九条　县级以上人民政府农业行政主管部门在农产品质量安全监督检查中,可以对生产、销售的农产品进行现场检查,调查了解农产品质量安全的有关情况,查阅、复制与农产品质量安全有关的记录和其他资料;对经检测不符合农产品质量安全标准的农产品,有权查封、扣押。

第四十条　发生农产品质量安全事故时,有关单位和个人应当采取控制措施,及时向所在地乡级人民政府和县级人民政府农业行政主管部门报告;收到报告的机关应当及时处理并报上一级人民政府和有关部门。发生重大农产品质量安全事故时,农业行政主管部门应当及时通报同级食品药品监督管理部门。

第四十一条　县级以上人民政府农业行政主管部门在农产品质量安全监督管理中,发现有本法第三十三条所列情形之一的农产品,应当按照农产品质量安全责任追究制度的要求,查明责任人,依法予以处理或者提出处理建议。

第四十二条　进口的农产品必须按照国家规定的农产品质量安全标准进行检验;尚未制定有关农产品质量安全标准的,应当依法及时制定,未制定之前,可以参照国家有关部门指定的国外有关标准进行检验。

第七章　法律责任

第四十三条　农产品质量安全监督管理人员不依法履行监督职责,或者滥用职权的,依法给予行政处分。

第四十四条　农产品质量安全检测机构伪造检测结果的,责令改正,没收违法所得,并处5万元以上10万元以下罚款,对直接负责的主管人员和其他直接责任人员处1万元以上5万元以下罚款;情节严重的,撤销其检测资格;造成损害的,依法承担赔偿责任。

农产品质量安全检测机构出具检测结果不实,造成损害的,依法承担赔偿责任;造成重大损害的,并撤销其检测资格。

第四十五条　违反法律、法规规定,向农产品产地排放或者倾倒废水、废气、固体废物或者其他有毒有害物质的,依照有关环境保护法律、法规的规定处罚;造成损害的,依法承担赔偿责任。

第四十六条　使用农业投入品违反法律、行政法规和国务院农业行政主管部门的规定的,依照有关法律、行政法规的规定处罚。

第四十七条　农产品生产企业、农民专业合作经济组织未建立或者未按照规定保存农产品生产记录的,或者伪造农产品生产记录的,责令限期改正;逾期不改正的,可以处2 000元以下罚款。

第四十八条　违反本法第二十八条规定,销售的农产品未按照规定进行包装、标识的,责令限期改正;逾期不改正的,可以处2 000元以下罚款。

第四十九条　有本法第三十三条第四项规定情形,使用的保鲜剂、防腐剂、添加剂等材料不符合国家有关强制性的技术规范的,责令停止销售,对被污染的农产品进行无害化处理,对不能进行无害化处理的予以监督销毁;没收违法所得,并处2 000元以上2万元以下罚款。

第五十条　农产品生产企业、农民专业合作经济组织销售的农产品有本法第三十三条第一项至第三项或者第五项所列情形之一的,责令停止销售,追回已经销售的农产品,对违法销售的农产品进行无害化处理或者予以监督销毁;没收违法所得,并处2 000元以上2万元以下罚款。

农产品销售企业销售的农产品有前款所列情形的,依照前款规定处理、处罚。

农产品批发市场中销售的农产品有第一款所列情形的,对违法销售的农产品依照第一款规定处理,对农产品销售者依照第一款规定处罚。

农产品批发市场违反本法第三十七条第一款规定的,责令改正,处2 000元以上2万元以下罚款。

第五十一条　违反本法第三十二条规定,冒用农产品质量标志的,责令改正,没收违法所得,并处2 000元以上2万元以下罚款。

第五十二条　本法第四十四条、第四十七条至第四十九条、第五十条第一款、第四款和第五十一条规定的处理、处罚,由县级以上人民政府农业行政主管部门决定;第五十条第二款、第三款规定的处理、处罚,由工商行政管理部门决定。

法律对行政处罚及处罚机关有其他规定的,从其规定。但是,对同一违法行为不得重复处罚。

第五十三条　违反本法规定,构成犯罪的,依法追究刑事责任。

第五十四条　生产、销售本法第三十三条所列农产品,给消费者造成损害的,依法承担赔偿责任。

农产品批发市场中销售的农产品有前款规定情形的,消费者可以向农产品批发市场要求赔偿;属于生产者、销售者责任的,农产品批发市场有权追偿。消费者也可以直接向农产品生产者、销售者要求赔偿。

第八章　附则

第五十五条　生猪屠宰的管理按照国家有关规定执行。

第五十六条　本法自 2006 年 11 月 1 日起施行。

第九章 食品安全法律制度

 政府公告:关于立即开展三鹿牌婴幼儿配方奶粉市场清查的紧急通知

各省、自治区、直辖市及计划单列市、副省级市工商行政管理局:

2008年9月12日卫生部《关于加强婴幼儿奶粉安全监督管理的紧急通知》(部委号卫发明电〔2008〕113号)中称:经相关部门调查,高度怀疑石家庄三鹿集团股份有限公司生产的三鹿牌婴幼儿配方奶粉受到三聚氰胺污染。

请各地工商行政管理机关立即开展奶粉市场清查工作,一经发现2008年8月6日前生产的三鹿牌婴幼儿配方奶粉,责令经营者停止销售、立即全部下架,并依法处理。

国家工商行政管理总局
二○○八年九月十三日

抄送:卫生部、国家质检总局

第一节 概述

一、食品安全法的调整范围

《食品安全法》规定,所谓食品,指各种供人食用或者饮用的成品和原料以及按照传统既是食品又是药品的物品,但是不包括以治疗为目的的物品。乳品、转基因食品、生猪屠宰、酒类和食盐的食品安全管理,适用《食品安全法》。

在我国境内从事下列活动,应当遵守《食品安全法》:

(1)食品生产和加工(以下称食品生产),食品流通和餐饮服务(以下称食品经营);

(2)食品添加剂的生产经营;

(3)用于食品的包装材料、容器、洗涤剂、消毒剂和用于食品生产经营的工具、设备(以下称食品相关产品)的生产经营;

(4)食品生产经营者使用食品添加剂、食品相关产品;

(5)对食品、食品添加剂和食品相关产品的安全管理。

供食用的源于农业的初级产品(以下称食用农产品)的质量安全管理,遵守《农产品质量安全法》的规定。但是,制定有关食用农产品的质量安全标准、公布食用农产品安全有关信息,应当遵守《食品安全法》的有关规定。

术语界定:

食品安全,指食品无毒、无害,符合应当有的营养要求,对人体健康不造成任何急性、亚急性或者慢性危害。

食品添加剂,指为改善食品品质和色、香、味以及为防腐、保鲜和加工工艺的需要而加入食品中的人工合成或者天然物质。

用于食品的包装材料和容器,指包装、盛放食品或者食品添加剂用的纸、竹、木、金属、搪瓷、陶瓷、塑料、橡胶、天然纤维、化学纤维、玻璃等制品和直接接触食品或者食品添加剂的涂料。

用于食品的洗涤剂、消毒剂,指直接用于洗涤或者消毒食品、餐饮具以及直接接触食品的工具、设备或者食品包装材料和容器的物质。

用于食品生产经营的工具、设备,指在食品或者食品添加剂生产、流通、使用过程中直接接触食品或者食品添加剂的机械、管道、传送带、容器、用具、餐具等。

——《中华人民共和国食品安全法》第九十九条

二、食品安全监管体制

(一)中央政府监管机关

《食品安全法》规定,国务院设立食品安全委员会,其工作职责由国务院规定。

《食品安全法》规定,国务院卫生行政部门承担食品安全综合协调职责,负责食品安全风险评估、食品安全标准制定、食品安全信息公布、食品检验机构的资质认定条件和检验规范的制定,组织查处食品安全重大事故。

《食品安全法》规定,国务院质量监督、工商行政管理和国家食品药品监督管理部门依照本法和国务院规定的职责,分别对食品生产、食品流通、餐饮服务活动实施监督管理。

政府公告:国务院食品安全委员会诞生

国务院关于设立国务院食品安全委员会的通知

国发〔2010〕6号

各省、自治区、直辖市人民政府,国务院各部委、各直属机构:

为贯彻落实食品安全法,切实加强对食品安全工作的领导,设立国务院食品安全委员会,作为国务院食品安全工作的高层次议事协调机构。现将有关事项通知如下:

一、国务院食品安全委员会的主要职责

分析食品安全形势,研究部署、统筹指导食品安全工作;提出食品安全监管的重大政策措施;督促落实食品安全监管责任。

二、国务院食品安全委员会的组成人员

主　任:李克强　国务院副总理

副主任:回良玉　国务院副总理

　　　　王岐山　国务院副总理

委　员:尤　权　国务院副秘书长

　　　　刘铁男　发展改革委副主任

　　　　张来武　科技部副部长

　　　　李毅中　工业和信息化部部长

　　　　黄　明　公安部副部长

　　　　王　军　财政部副部长

　　　　李干杰　环境保护部副部长

　　　　韩长赋　农业部部长

　　　　姜增伟　商务部副部长

　　　　陈　竺　卫生部部长

　　　　周伯华　工商总局局长

　　　　王　勇　质检总局局长

　　　　聂振邦　粮食局局长

　　　　邵明立　食品药品监管局局长

　　　　张　勇　国务院食品安全委员会办公室主任

三、国务院食品安全委员会的办事机构

国务院食品安全委员会设立国务院食品安全委员会办公室,具体承担委员会的日常工作。

国务院

二〇一〇年二月六日

新闻动态:国务院食品安全委员会工作启动

新华社北京2010年2月9日电(记者顾瑞珍)根据《中华人民共和国食品安全法》规定,国务院近日决定设立国务院食品安全委员会。2月9日,国务院食品安全委员会召开第一次全体会议。中共中央政治局常委、国务院副总理、国务院食品安全委员会主任李克强在会上讲话时强调,食品安全是重要的民生问题,要下更大的决心,采取更有力的措施,依法加强治理整顿,依法加大监管力度,切实提高食品安全水平,保障人民群众身体健康,维护改革发展稳定大局。

(二)地方政府监管机关

县级以上地方人民政府统一负责、领导、组织、协调本行政区域的食品安全监督管理工作,建立健全食品安全全程监督管理的工作机制;统一领导、指挥食品安全突发事件应对工作;完善、落实食品安全监督管理责任制,对食品安全监督管理部门进行评议、考核。

县级以上地方人民政府依照《食品安全法》和国务院的规定确定本级卫生行政、农业行政、质量监督、工商行政管理、食品药品监督管理部门的食品安全监督管理职责。有关部门在各自职责范围内负责本行政区域的食品安全监督管理工作。

上级人民政府所属部门在下级行政区域设置的机构应当在所在地人民政府的统一组织、协调下,依法做好食品安全监督管理工作。

县级以上卫生行政、农业行政、质量监督、工商行政管理、食品药品监督管理部门应当加强沟通、密切配合,按照各自职责分工,依法行使职权,承担责任。

(三)行业自律监督

食品行业协会应当加强行业自律,引导食品生产经营者依法生产经营,推动行业诚信建设,宣传、普及食品安全知识。

(四)新闻媒体监督

新闻媒体应当开展食品安全法律、法规以及食品安全标准和知识的公益宣传,并对违反《食品安全法》的行为进行舆论监督。

(五)社会公众监督

任何组织或者个人有权举报食品生产经营中违反《食品安全法》的行为,有权向有关部门了解食品安全信息,对食品安全监督管理工作提出意见和建议。

第二节　食品安全风险监测和评估

一、食品安全风险监测制度

《食品安全法》规定,国家建立食品安全风险监测制度,对食源性疾病(即食品中致病因素进入人体引起的感染性、中毒性等疾病)、食品污染以及食品中的有害因素进行监测。国务院卫生行政部门会同国务院有关部门制定、实施国家食品安全风险监测计划。省、自治区、直辖市人民政府卫生行政部门根据国家食品安全风险监测计划,结合本行政区域的具体情况,组织制定、实施本行政区域的食品安全风险监测方案。

国务院农业行政、质量监督、工商行政管理和国家食品药品监督管理等有关部门获知有关食品安全风险信息后,应当立即向国务院卫生行政部门通报。国务院卫生行政部门会同有关部门对信息核实后,应当及时调整食品安全风险监测计划。

二、食品安全风险评估制度

(一)食品安全风险评估

《食品安全法》规定,国家建立食品安全风险评估制度,对食品、食品添加剂中生物性、化学性和物理性危害进行风险评估。

国务院卫生行政部门负责组织食品安全风险评估工作,成立由医学、农业、食品、营养等方面的专家组成的食品安全风险评估专家委员会进行食品安全风险评估。对农药、肥料、生长调节剂、兽药、饲料和饲料添加剂等的安全性评估,应当有食品安全风险评估专家委员会的专家参加。食品安全风险评估应当运用科学方法,根据食品安全风险监测信息、科学数据以及其他有关信息进行。

国务院卫生行政部门通过食品安全风险监测或者接到举报发现食品可能存在安全隐患的,应当立即组织进行检验和食品安全风险评估。国务院农业行政、质量监督、工商行政管理和国家食品药品监督管理等有关部门应当向国务院卫生行政部门提出食品安全风险评估的建议,并提供有关信息和资料。国务院卫生行政部门应当及时向国务院有关部门通报食品安全风险评估的结果。

(二)食品安全风险评估的法律后果

食品安全风险评估结果是制定、修订食品安全标准和对食品安全实施监督管理的科学依据。

食品安全风险评估结果得出食品不安全结论的,国务院质量监督、工商行政管理和国家食品药品监督管理部门应当依据各自职责立即采取相应措施,确保该食品停止生产经营,并告知消费者停止食用;需要制定、修订相关食品安全国家标准的,国务院卫生行政部门应当立即制定、修订。

国务院卫生行政部门应当会同国务院有关部门,根据食品安全风险评估结果、食品安全监督管理信息,对食品安全状况进行综合分析。对经综合分析表明可能具有较高程度安全风险的食品,国务院卫生行政部门应当及时提出食品安全风险警示,并予以公布。

第三节 食品安全标准

一、食品安全标准的制定依据

《食品安全法》规定,制定食品安全标准,应当以保障公众身体健康为宗旨,做到科学合理、安全可靠。食品安全标准应当包括下列内容:

(1)食品、食品相关产品中的致病性微生物、农药残留、兽药残留、重金属、污染物质以及其他危害人体健康物质的限量规定;
(2)食品添加剂的品种、使用范围、用量;
(3)专供婴幼儿和其他特定人群的主辅食品的营养成分要求;
(4)对与食品安全、营养有关的标签、标识、说明书的要求;
(5)食品生产经营过程的卫生要求;
(6)与食品安全有关的质量要求;
(7)食品检验方法与规程;
(8)其他需要制定为食品安全标准的内容。

二、食品安全国家标准

食品安全国家标准由国务院卫生行政部门负责制定、公布,国务院标准化行政部门提供国家标准编号。食品中农药残留、兽药残留的限量规定及其检验方法与规程由国务院卫生行政部门、国务院农业行政部门制定,屠宰畜、禽的检验规程由国务院有关主管部门会同国务院卫生行政部门制定。有关产品国家标准涉及食品安全国家标准规定内容的,应当与食品安全国家标准相一致。

国务院卫生行政部门应当对现行的食用农产品质量安全标准、食品卫生标准、食品质量标准和有关食品的行业标准中强制执行的标准予以整合,统一公布为食品安全国家标准。食品安全国家标准公布前,食品生产经营者应当按照现行食用农产品质量安全标准、食品卫生标准、食品质量标准和有关食品的行业标准生产经营食品。

食品安全国家标准应当经食品安全国家标准审评委员会审查通过。食品安全国家标准审评委员会由医学、农业、食品、营养等方面的专家以及国务院有关部门的代表组成。

制定食品安全国家标准,应当依据食品安全风险评估结果并充分考虑食用农产品质量安全风险评估结果,参照相关的国际标准和国际食品安全风险评估结果,并广泛听取食品生产经营者和消费者的意见。

制度链接:中华人民共和国国家标准——婴幼儿断奶期辅助食品(GB10769－1997)(节选)

5.4 卫生指标

卫生指标应符合表 3 的规定   表 3

项目	指标
铅.mg/kg	≤0.5
砷.mg/kg	≤0.5
黄曲霉毒素 B_2 或黄曲霉毒素 M_1	不得检出
细菌总数,个/g	即食类≤30 000 非即食类≤50 000
大肠菌群,个/100g	即食类≤40 非即食类≤90
致病菌(系指肠道致病菌和致病性球菌)	不得检出
脲酶定性	阴性

三、食品安全的地方标准和企业标准

没有食品安全国家标准的,可以制定食品安全地方标准。省、自治区、直辖市人民政府卫生行政部门组织制定食品安全地方标准,应当参照执行《食品安全法》有关食品安全国家标准制定的规定,并报国务院卫生行政部门备案。

企业生产的食品没有食品安全国家标准或者地方标准的,应当制定企业标准,作为组织生产的依据。国家鼓励食品生产企业制定严于食品安全国家标准或者地方标准的企业标准。企业标准应当报省级卫生行政部门备案,在本企业内部适用。

第四节 食品生产经营

一、食品生产经营条件

《食品安全法》规定，食品生产经营应当符合食品安全标准，并符合下列要求：

(1)具有与生产经营的食品品种、数量相适应的食品原料处理和食品加工、包装、贮存等场所，保持该场所环境整洁，并与有毒、有害场所以及其他污染源保持规定的距离；

(2)具有与生产经营的食品品种、数量相适应的生产经营设备或者设施，有相应的消毒、更衣、盥洗、采光、照明、通风、防腐、防尘、防蝇、防鼠、防虫、洗涤以及处理废水、存放垃圾和废弃物的设备或者设施；

(3)有食品安全专业技术人员、管理人员和保证食品安全的规章制度；

(4)具有合理的设备布局和工艺流程，防止待加工食品与直接入口食品、原料与成品交叉污染，避免食品接触有毒物、不洁物；

(5)餐具、饮具和盛放直接入口食品的容器，使用前应当洗净、消毒，炊具、用具用后应当洗净，保持清洁；

(6)贮存、运输和装卸食品的容器、工具和设备应当安全、无害，保持清洁，防止食品污染，并符合保证食品安全所需的温度等特殊要求，不得将食品与有毒、有害物品一同运输；

(7)直接入口的食品应当有小包装或者使用无毒、清洁的包装材料、餐具；

(8)食品生产经营人员应当保持个人卫生，生产经营食品时，应当将手洗净，穿戴清洁的工作衣、帽；销售无包装的直接入口食品时，应当使用无毒、清洁的售货工具；

(9)用水应当符合国家规定的生活饮用水卫生标准；

(10)使用的洗涤剂、消毒剂应当对人体安全、无害；

(11)法律、法规规定的其他要求。

二、禁止生产经营的食品类型

《食品安全法》规定，禁止生产经营下列食品：

(1)用非食品原料生产的食品或者添加食品添加剂以外的化学物质和其他可能危害人体健康物质的食品，或者用回收食品作为原料生产的食品；

(2)致病性微生物、农药残留、兽药残留、重金属、污染物质以及其他危害人体健康的物质含量超过食品安全标准限量的食品；

(3)营养成分不符合食品安全标准的专供婴幼儿和其他特定人群的主辅食品；

(4)腐败变质、油脂酸败、霉变生虫、污秽不洁、混有异物、掺假掺杂或者感官性状异常的食品；

(5)病死、毒死或者死因不明的禽、畜、兽、水产动物肉类及其制品；

(6)未经动物卫生监督机构检疫或者检疫不合格的肉类，或者未经检验或者检验不合格的肉类制品；

(7)被包装材料、容器、运输工具等污染的食品；

(8)超过保质期的食品；

(9)无标签的预包装食品；

(10)国家为防病等特殊需要明令禁止生产经营的食品；

(11)其他不符合食品安全标准或者要求的食品。

三、食品生产经营许可制度

《食品安全法》规定，国家对食品生产经营实行许可制度。从事食品生产、食品流通、餐饮服务，应当依法取得食品生产许可、食品流通许可、餐饮服务许可。

取得食品生产许可的食品生产者在其生产场所销售其生产的食品，不需要取得食品流通的许可；取得餐饮服务许可的餐饮服务提供者在其餐饮服务场所出售其制作加工的食品，不需要取得食品生产和流通的许可；农民个人销售其自产的食用农产品，不需要取得食品流通的许可。

食品生产加工小作坊和食品摊贩从事食品生产经营活动，应当符合《食品安全法》规定的与其生产经营规模、条件相适应的食品安全要求，保证所生产经营的食品卫生、无毒、无害。县级以上地方人民政府鼓励食品生产加工小作坊改进生产条件；鼓励食品摊贩进入集中交易市场、店铺等固定场所经营。

县级以上质量监督、工商行政管理、食品药品监督管理部门应当依照《行政许可法》的规定，审核申请人提交的相关资料，必要时对申请人的生产经营场所进行现场核查；对符合规定条件的，决定准予许可；对不符合规定条件的，决定不予许可并书面说明理由。

制度链接:《工业产品生产许可证核发工作规范》(节选)

许可范围：国家对生产下列重要工业产品的企业实行生产许可证制度：

(一)乳制品、肉制品、饮料、米、面、食用油、酒类等直接关系人体健康的加工食品；

(二)电热毯、压力锅、燃气热水器等可能危及人身、财产安全的产品；

(三)税控收款机、防伪验钞仪、卫星电视广播地面接收设备、无线广播电视发射设备等关系金融安全和通信量安全的产品；

(四)安全网、安全帽、建筑扣件等保障劳动安全的产品；

（五）电力铁塔、桥梁支座、铁路工业产品、水工金属结构、危险化学品及其包装物、容器等影响生产安全、公共安全的产品；

（六）法律、行政法规要求依照本条例的规定实行生产许可证管理的其他产品。

许可条件：企业取得生产许可证，应当符合下列条件：

（一）有营业执照；

（二）有与所生产产品相适应的专业技术人员；

（三）有与所生产产品相适应的生产条件和检验检疫手段；

（四）有与所生产产品相适应的技术文件和工艺文件；

（五）有健全有效的质量管理制度和责任制度；

（六）产品符合有关国家标准、行业标准以及保障人体健康和人身、财产安全的要求；

（七）符合国家产业政策的规定，不存在国家明令淘汰和禁止投资建设的落后工艺、高耗能、污染环境、浪费资源的情况。法律、行政法规有其他规定的，还应当符合其规定。

四、食品生产经营质量体系认证制度

《食品安全法》规定，国家鼓励食品生产经营企业符合良好生产规范要求，实施危害分析与关键控制点体系，提高食品安全管理水平。

对通过良好生产规范、危害分析与关键控制点体系认证的食品生产经营企业，认证机构应当依法实施跟踪调查；对不再符合认证要求的企业，应当依法撤销认证，及时向有关质量监督、工商行政管理、食品药品监督管理部门通报，并向社会公布。认证机构实施跟踪调查不收取任何费用。

五、食品生产经营企业内部管理制度

（一）食品生产企业内部管理制度

《食品安全法》规定，食品生产经营企业应当建立健全本单位的食品安全管理制度，加强对职工食品安全知识的培训，配备专职或者兼职食品安全管理人员，做好对所生产经营食品的检验工作，依法从事食品生产经营活动。

食品生产经营者应当建立并执行从业人员健康管理制度。患有痢疾、伤寒、病毒性肝炎等消化道传染病的人员，以及患有活动性肺结核、化脓性或者渗出性皮肤病等有碍食品安全的疾病的人员，不得从事接触直接入口食品的工作。食品生产经营人员每年应当进行健康检查，取得健康证明后方可参加工作。

食用农产品生产者应当依照食品安全标准和国家有关规定使用农药、肥料、

生长调节剂、兽药、饲料和饲料添加剂等农业投入品。食用农产品的生产企业和农民专业合作经济组织应当建立食用农产品生产记录制度。县级以上农业行政部门应当加强对农业投入品使用的管理和指导,建立健全农业投入品的安全使用制度。

食品生产者采购食品原料、食品添加剂、食品相关产品,应当查验供货者的许可证和产品合格证明文件;对无法提供合格证明文件的食品原料,应当依照食品安全标准进行检验;不得采购或者使用不符合食品安全标准的食品原料、食品添加剂、食品相关产品。食品生产企业应当建立食品原料、食品添加剂、食品相关产品进货查验记录制度,如实记录食品原料、食品添加剂、食品相关产品的名称、规格、数量、供货者名称及联系方式、进货日期等内容。食品原料、食品添加剂、食品相关产品进货查验记录应当真实,保存期限不得少于2年。

食品生产企业应当建立食品出厂检验记录制度,查验出厂食品的检验合格证和安全状况,并如实记录食品的名称、规格、数量、生产日期、生产批号、检验合格证号、购货者名称及联系方式、销售日期等内容。食品出厂检验记录应当真实,保存期限不得少于2年。

(二)食品经营企业内部管理制度

食品经营者采购食品,应当查验供货者的许可证和食品合格的证明文件。食品经营企业应当建立食品进货查验记录制度,如实记录食品的名称、规格、数量、生产批号、保质期、供货者名称及联系方式、进货日期等内容。食品进货查验记录应当真实,保存期限不得少于2年。实行统一配送经营方式的食品经营企业,可以由企业总部统一查验供货者的许可证和食品合格的证明文件,进行食品进货查验记录。

食品经营者应当按照保证食品安全的要求贮存食品,定期检查库存食品,及时清理变质或者超过保质期的食品。

食品经营者贮存散装食品,应当在贮存位置标明食品的名称、生产日期、保质期、生产者名称及联系方式等内容。食品经营者销售散装食品,应当在散装食品的容器、外包装上标明食品的名称、生产日期、保质期、生产经营者名称及联系方式等内容。

六、食品添加剂制度

《食品安全法》规定,国家对食品添加剂的生产实行许可制度。申请食品添加剂生产许可的条件、程序,按照国家有关工业产品生产许可证管理的规定执行。

食品、食品添加剂和食品相关产品的生产者,应当依照食品安全标准对所生产的食品、食品添加剂和食品相关产品进行检验,检验合格后方可出厂或者销售。

申请利用新的食品原料从事食品生产或者从事食品添加剂新品种、食品相关产品新品种生产活动的单位或者个人,应当向国务院卫生行政部门提交相关产品的安全性评估材料。国务院卫生行政部门应当自收到申请之日起60日内组织对相关产品的安全性评估材料进行审查;对符合食品安全要求的,依法决定准予许可并予以公布;对不符合食品安全要求的,决定不予许可并书面说明理由。

食品添加剂应当在技术上确有必要且经过风险评估证明安全可靠,方可列入允许使用的范围。国务院卫生行政部门应当根据技术必要性和食品安全风险评估结果,及时对食品添加剂的品种、使用范围、用量的标准进行修订。

食品生产者应当依照食品安全标准关于食品添加剂的品种、使用范围、用量的规定使用食品添加剂;不得在食品生产中使用食品添加剂以外的化学物质和其他可能危害人体健康的物质。

食品添加剂应当有标签、说明书和包装,标明食品添加剂的使用范围、用量、使用方法,并在标签上载明"食品添加剂"字样。食品和食品添加剂的标签、说明书应当清楚、明显,容易辨识。食品和食品添加剂与其标签、说明书所载明的内容不符的,不得上市销售。食品和食品添加剂的标签、说明书,不得含有虚假、夸大的内容,不得涉及疾病预防、治疗功能。生产者对标签、说明书上所载明的内容负责。

制度链接:《食品添加剂卫生管理办法》
中华人民共和国卫生部令
第26号

《食品添加剂卫生管理办法》的修订已于2001年12月11日部务会通过,现予以发布,自2002年7月1日起施行。1993年3月15日发布的《食品添加剂卫生管理办法》同时废止。

部长　张文康
二〇〇二年三月二十八日
食品添加剂卫生管理办法

第一章　总则

第一条　为加强食品添加剂卫生管理,防止食品污染,保护消费者身体健康,根据《中华人民共和国食品卫生法》制定本办法。

第二条　本办法适用于食品添加剂的生产经营和使用。

第三条　食品添加剂必须符合国家卫生标准和卫生要求。

第四条　卫生部主管全国食品添加剂的卫生监督管理工作。

第二章　审批

第五条　下列食品添加剂必须获得卫生部批准后方可生产经营或者使用：

（一）未列入《食品添加剂使用卫生标准》或卫生部公告名单中的食品添加剂新品种；

（二）列入《食品添加剂使用卫生标准》或卫生部公告名单中的品种需要扩大使用范围或使用量的。

第六条　申请生产或者使用食品添加剂新品种的，应当提交下列资料：

（一）申请表；

（二）原料名称及其来源；

（三）化学结构及理化特性；

（四）生产工艺；

（五）省级以上卫生行政部门认定的检验机构出具的毒理学安全性评价报告、连续三批产品的卫生学检验报告；

（六）使用微生物生产食品添加剂时，必须提供卫生部认可机构出具的菌种鉴定报告及安全性评价资料；

（七）使用范围及使用量；

（八）试验性使用效果报告；

（九）食品中该种食品添加剂的检验方法；

（十）产品质量标准或规范；

（十一）产品样品；

（十二）标签（含说明书）；

（十三）国内外有关安全性资料及其他国家允许使用的证明文件或资料；

（十四）卫生部规定的其他资料。

第七条　申请食品添加剂扩大使用范围或使用量的，应当提交下列资料：

（一）申请表；

（二）拟添加食品的种类、使用量与生产工艺；

（三）试验性使用效果报告；

（四）食品中该食品添加剂的检验方法；

（五）产品样品；

（六）标签（含说明书）；

（七）国内外有关安全性资料及其他国家允许使用的证明文件或资料；

（八）卫生部规定的其他资料。

第八条　食品添加剂审批程序：

（一）申请者应当向所在地省级卫生行政部门提出申请，并按第六条或第七条的规定提供资料；

(二)省级卫生行政部门应在30天内完成对申报资料的完整性、合法性和规范性的初审,并提出初审意见后,报卫生部审批;

(三)卫生部定期召开专家评审会,对申报资料进行技术评审,并根据专家评审会技术评审意见作出是否批准的决定。

第九条 进口食品添加剂新品种和进口扩大使用范围或使用量的食品添加剂,生产企业或者进口代理商应当直接向卫生部提出申请。申请时,除应当提供本办法第六条、第七条规定的资料外,还应当提供下列资料:

(一)生产国(地区)政府或其认定的机构出具的允许生产和销售的证明文件。

(二)生产企业所在国(地区)有关机构或者组织出具的对生产者审查或认证的证明材料;

进口食品中的食品添加剂必须符合《食品添加剂使用卫生标准》。不符合的,按本办法的有关规定获得卫生部批准后方可进口。

第三章 生产经营和使用

第十条 食品添加剂生产企业必须取得省级卫生行政部门发放的卫生许可证后方可从事食品添加剂生产。

第十一条 生产企业申请食品添加剂卫生许可证时,应当向省级卫生行政部门提交下列资料:

(一)申请表;

(二)生产食品添加剂的品种名单;

(三)生产条件、设备和质量保证体系的情况;

(四)生产工艺;

(五)质量标准或规范;

(六)连续三批产品的卫生学检验报告;

(七)标签(含说明书)。

第十二条 食品添加剂生产企业应当具备与产品类型、数量相适应的厂房、设备和设施,按照产品质量标准组织生产,并建立企业生产记录和产品留样制度。

食品添加剂生产企业应当加强生产过程的卫生管理,防止食品添加剂受到污染和不同品种间的混杂。

第十三条 生产复合食品添加剂的,各单一品种添加剂的使用范围和使用量应当符合《食品添加剂使用卫生标准》或卫生部公告名单规定的品种及其使用范围、使用量。

不得将没有同一个使用范围的各单一品种添加剂用于复合食品添加剂的生产,不得使用超出《食品添加剂使用卫生标准》的非食用物质生产复合食品添加剂。

第十四条 企业生产食品添加剂时,应当对产品进行质量检验。检验合格的,应当出具产品检验合格证明;无产品检验合格证明的不得销售。

第十五条 食品添加剂经营者必须有与经营品种、数量相适应的贮存和营业场所。销售和存放食品添加剂,必须做到专柜、专架,定位存放,不得与非食用产品或有毒有害物品混放。

第十六条　食品添加剂经营者购入食品添加剂时,应当索取卫生许可证复印件和产品检验合格证明。

禁止经营无卫生许可证、无产品检验合格证明的食品添加剂。

第十七条　食品添加剂的使用必须符合《食品添加剂使用卫生标准》或卫生部公告名单规定的品种及其使用范围、使用量。

禁止以掩盖食品腐败变质或以掺杂、掺假、伪造为目的而使用食品添加剂。

第四章　标识、说明书

第十八条　食品添加剂必须有包装标识和产品说明书,标识内容包括:品名、产地、厂名、卫生许可证号、规格、配方或者主要成分、生产日期、批号或者代号、保质期限、使用范围与使用量、使用方法等,并在标识上明确标示"食品添加剂"字样。

食品添加剂有适用禁忌与安全注意事项的,应当在标识上给予警示性标示。

第十九条　复合食品添加剂,除应当按本办法第十八条规定标识外,还应当同时标示出各单一品种的名称,并按含量由大到小排列;各单一品种必须使用与《食品添加剂使用卫生标准》相一致的名称。

第二十条　食品添加剂的包装标识和产品说明书,不得有扩大使用范围或夸大使用效果的宣传内容。

第五章　卫生监督

第二十一条　卫生部对可能存在安全卫生问题的食品添加剂,可以重新进行安全性评价,修订使用范围和使用量或作出禁止使用的决定,并予以公布。

第二十二条　县级以上地方人民政府卫生行政部门应当组织对食品添加剂的生产经营和使用情况进行监督抽查,并向社会公布监督抽查结果。

第二十三条　食品卫生检验单位应当按照卫生部制定的标准、规范和要求对食品添加剂进行检验,作出的检验和评价报告应当客观、真实,符合有关标准、规范和要求。

第二十四条　食品添加剂生产经营的一般卫生监督管理,按照《食品卫生法》及有关规定执行。

第六章　罚则

第二十五条　生产经营或者使用不符合食品添加剂使用卫生标准或本办法有关规定的食品添加剂的,按照《食品卫生法》第四十四条的规定,予以处罚。

第二十六条　食品添加剂的包装标识或者产品说明书上不标明或者虚假标注生产日期、保质期限等规定事项的,或者不标注中文标识的,按照《食品卫生法》第四十六条的规定,予以处罚。

第二十七条　违反《食品卫生法》或其他有关卫生要求的,依照相应规定进行处罚。

第七章 附则

第二十八条 本办法下列用语的含义：

食品添加剂是指为改善食品品质和色、香、味，以及为防腐和加工工艺的需要而加入食品中的化学合成或天然物质。

复合食品添加剂是指由两种以上单一品种的食品添加剂经物理混匀而成的食品添加剂。

第二十九条 本办法由卫生部负责解释。

第三十条 本办法自2002年7月1日起施行。1993年3月15日卫生部发布的《食品添加剂卫生管理办法》同时废止。

七、预包装食品管理制度

《食品安全法》规定，食品经营者应当按照食品标签标示的警示标志、警示说明或者注意事项的要求，销售预包装食品。所谓预包装食品，指预先定量包装或者制作在包装材料和容器中的食品。

预包装食品的包装上应当有标签。标签应当标明下列事项：

(1)名称、规格、净含量、生产日期；
(2)成分或者配料表；
(3)生产者的名称、地址、联系方式；
(4)保质期；
(5)产品标准代号；
(6)贮存条件；
(7)所使用的食品添加剂在国家标准中的通用名称；
(8)生产许可证编号；
(9)法律、法规或者食品安全标准规定必须标明的其他事项

专供婴幼儿和其他特定人群的主辅食品，其标签还应当标明主要营养成分及其含量。

八、保健食品管理制度

《食品安全法》规定，生产经营的食品中不得添加药品，但是可以添加按照传统既是食品又是中药材的物质。按照传统既是食品又是中药材的物质的目录由国务院卫生行政部门制定、公布。

国家对声称具有特定保健功能的食品实行严格监管。声称具有特定保健功能的食品不得对人体产生急性、亚急性或者慢性危害，其标签、说明书不得涉及

疾病预防、治疗功能，内容必须真实，应当载明适宜人群、不适宜人群、功效成分或者标志性成分及其含量等；产品的功能和成分必须与标签、说明书相一致。

九、食品召回制度

《食品安全法》规定，国家建立食品召回制度。食品生产者发现其生产的食品不符合食品安全标准，应当立即停止生产，召回已经上市销售的食品，通知相关生产经营者和消费者，并记录召回和通知情况。

食品经营者发现其经营的食品不符合食品安全标准，应当立即停止经营，通知相关生产经营者和消费者，并记录停止经营和通知情况。食品生产者认为应当召回的，应当立即召回。

食品生产者应当对召回的食品采取补救、无害化处理、销毁等措施，并将食品召回和处理情况向县级以上质量监督部门报告。

食品生产经营者未依照《食品安全法》规定召回或者停止经营不符合食品安全标准的食品的，县级以上质量监督、工商行政管理、食品药品监督管理部门可以责令其召回或者停止经营。

十、食品广告管理制度

《食品安全法》规定，食品广告的内容应当真实合法，不得含有虚假、夸大的内容，不得涉及疾病预防、治疗功能。

食品安全监督管理部门或者承担食品检验职责的机构、食品行业协会、消费者协会不得以广告或其他形式向消费者推荐食品。社会团体或者其他组织、个人在虚假广告中向消费者推荐食品，使消费者的合法权益受到损害的，与食品生产经营者承担连带责任。

第五节 食品检验

一、食品检验机构和检验人

食品检验机构按照国家有关认证认可的规定取得资质认定后，方可从事食品检验活动。食品检验机构的资质认定条件和检验规范，由国务院卫生行政部门规定。

食品检验由食品检验机构指定的检验人独立进行。检验人应当依照有关法律、法规的规定，并依照食品安全标准和检验规范对食品进行检验，尊重科学，恪守职业道德,保证出具的检验数据和结论客观、公正,不得出具虚假的检验报告。

食品检验实行食品检验机构与检验人负责制。食品检验报告应当加盖食品检验机构公章,并有检验人的签名或者盖章。食品检验机构和检验人对出具的食品检验报告负责。

二、食品检验制度

食品安全监督管理部门对食品不得实施免检。

县级以上质量监督、工商行政管理、食品药品监督管理部门应当对食品进行定期或者不定期的抽样检验。进行抽样检验,应当购买抽取的样品,不收取检验费和其他任何费用。

县级以上质量监督、工商行政管理、食品药品监督管理部门在执法工作中需要对食品进行检验的,应当委托符合《食品安全法》规定的食品检验机构进行,并支付相关费用。对检验结论有异议的,可以依法进行复检。

食品生产经营企业可以自行对所生产的食品进行检验,也可以委托符合《食品安全法》规定的食品检验机构进行检验。

食品行业协会等组织、消费者需要委托食品检验机构对食品进行检验的,应当委托符合《食品安全法》规定的食品检验机构进行。

第六节 食品进出口

一、食品进口检验检疫制度

进口的食品应当经出入境检验检疫机构检验合格后,海关凭出入境检验检疫机构签发的通关证明放行。

进口尚无食品安全国家标准的食品,或者首次进口食品添加剂新品种、食品相关产品新品种,进口商应当向国务院卫生行政部门提出申请并提交相关的安全性评估材料。国务院卫生行政部门依照《食品安全法》的规定作出是否准予许可的决定,并及时制定相应的食品安全国家标准。

境外发生的食品安全事件可能对我国境内造成影响,或者在进口食品中发现严重食品安全问题的,国家出入境检验检疫部门应当及时采取风险预警或者控制措施,并向国务院卫生行政、农业行政、工商行政管理和国家食品药品监督管理部门通报。接到通报的部门应当及时采取相应措施。

向我国境内出口食品的出口商或者代理商应当向国家出入境检验检疫部门

备案。向我国境内出口食品的境外食品生产企业应当经国家出入境检验检疫部门注册。国家出入境检验检疫部门应当定期公布已经备案的出口商、代理商和已经注册的境外食品生产企业名单。

进口的预包装食品应当有中文标签、中文说明书。标签、说明书应当符合《食品安全法》以及我国其他有关法律、行政法规的规定和食品安全国家标准的要求,载明食品的原产地以及境内代理商的名称、地址、联系方式。预包装食品没有中文标签、中文说明书或者标签、说明书不符合上述规定的,不得进口。

进口商应当建立食品进口和销售记录制度,如实记录食品的名称、规格、数量、生产日期、生产或者进口批号、保质期、出口商和购货者名称及联系方式、交货日期等内容。食品进口和销售记录应当真实,保存期限不得少于2年。

二、食品出口检验检疫制度

《食品安全法》规定,出口的食品由出入境检验检疫机构进行监督、抽检,海关凭出入境检验检疫机构签发的通关证明放行。

出口食品生产企业和出口食品原料种植、养殖场应当向国家出入境检验检疫部门备案。

三、国家出入境检验检疫部门的职责

《食品安全法》规定,国家出入境检验检疫部门应当收集、汇总进出口食品安全信息,并及时通报相关部门、机构和企业。

国家出入境检验检疫部门应当建立进出口食品的进口商、出口商和出口食品生产企业的信誉记录,并予以公布。对有不良记录的进口商、出口商和出口食品生产企业,应当加强对其进出口食品的检验检疫。

第七节 食品安全事故处置

一、食品安全事故应急预案和处置方案

《食品安全法》规定,所谓食品安全事故,指食物中毒、食源性疾病、食品污染等源于食品,对人体健康有危害或者可能有危害的事故;所谓食物中毒,指食用了被有毒有害物质污染的食品或者食用了含有毒有害物质的食品后出现的急性、亚急性疾病。国务院组织制定国家食品安全事故应急预案;县级以上地方人民政府应当根据有关法律、法规的规定和上级人民政府的食品安全事故应急预

案以及本地区的实际情况,制定本行政区域的食品安全事故应急预案,并报上一级人民政府备案。

食品生产经营企业应当制定食品安全事故处置方案,定期检查本企业各项食品安全防范措施的落实情况,及时消除食品安全事故隐患。

二、食品安全事故报告和通报制度

《食品安全法》规定,发生食品安全事故的单位应当立即予以处置,防止事故扩大。事故发生单位和接收病人进行治疗的单位应当及时向事故发生地县级卫生行政部门报告。

农业行政、质量监督、工商行政管理、食品药品监督管理部门在日常监督管理中发现食品安全事故,或者接到有关食品安全事故的举报,应当立即向卫生行政部门通报。

发生重大食品安全事故的,接到报告的县级卫生行政部门应当按照规定向本级人民政府和上级人民政府卫生行政部门报告。县级人民政府和上级人民政府卫生行政部门应当按照规定上报。

任何单位或者个人不得对食品安全事故隐瞒、谎报、缓报,不得毁灭有关证据。

三、食品安全事故调查处理制度

《食品安全法》规定,县级以上卫生行政部门接到食品安全事故的报告后,应当立即会同有关农业行政、质量监督、工商行政管理、食品药品监督管理部门进行调查处理,并采取下列措施,防止或者减轻社会危害:

(1)开展应急救援工作,对因食品安全事故导致人身伤害的人员,卫生行政部门应当立即组织救治;

(2)封存可能导致食品安全事故的食品及其原料,并立即进行检验;对确认属于被污染的食品及其原料,责令食品生产经营者依法予以召回、停止经营并销毁;

(3)封存被污染的食品用工具及用具,并责令进行清洗消毒;

(4)做好信息发布工作,依法对食品安全事故及其处理情况进行发布,并对可能产生的危害加以解释、说明。

发生重大食品安全事故的,县级以上人民政府应当立即成立食品安全事故处置指挥机构,启动应急预案,依法进行处置。发生重大食品安全事故,设区的市级以上人民政府卫生行政部门应当立即会同有关部门进行事故责任调查,督促有关部门履行职责,向本级人民政府提出事故责任调查处理报告。重大食品安全事故涉及两个以上省、自治区、直辖市的,由国务院卫生行政部门组织事故责任调查。

发生食品安全事故,县级以上疾病预防控制机构应当协助卫生行政部门和有关部门对事故现场进行卫生处理,并对与食品安全事故有关的因素开展流行病学调查。

调查食品安全事故,除了查明事故单位的责任,还应当查明负有监督管理和认证职责的监督管理部门、认证机构的工作人员失职、渎职情况。

第八节 监督检查

一、食品安全监督检查制度

县级以上地方人民政府组织本级卫生行政、农业行政、质量监督、工商行政管理、食品药品监督管理部门制定本行政区域的食品安全年度监督管理计划,并按照年度计划组织开展工作。

《食品安全法》规定,县级以上质量监督、工商行政管理、食品药品监督管理部门履行各自食品安全监督管理职责,有权采取下列措施:

(1)进入生产经营场所实施现场检查;

(2)对生产经营的食品进行抽样检验;

(3)查阅、复制有关合同、票据、账簿以及其他有关资料;

(4)查封、扣押有证据证明不符合食品安全标准的食品,违法使用的食品原料、食品添加剂、食品相关产品,以及用于违法生产经营或者被污染的工具、设备;

(5)查封违法从事食品生产经营活动的场所。

县级以上农业行政部门应当依照《农产品质量安全法》规定的职责,对食用农产品进行监督管理。

县级以上质量监督、工商行政管理、食品药品监督管理部门对食品生产经营者进行监督检查,应当记录监督检查的情况和处理结果。监督检查记录经监督检查人员和食品生产经营者签字后归档。

县级以上质量监督、工商行政管理、食品药品监督管理部门应当建立食品生产经营者食品安全信用档案,记录许可颁发、日常监督检查结果、违法行为查处等情况;根据食品安全信用档案的记录,对有不良信用记录的食品生产经营者增加监督检查频次。

县级以上卫生行政、质量监督、工商行政管理、食品药品监督管理部门接到咨询、投诉、举报,对属于本部门职责的,应当受理,并及时进行答复、核实、处理;对不属于本部门职责的,应当书面通知并移交有权处理的部门处理。有权处理的部门应当及时处理,不得推诿;属于食品安全事故的,依照《食品安全法》的规定进行处置。

县级以上卫生行政、质量监督、工商行政管理、食品药品监督管理部门应当按照法定权限和程序履行食品安全监督管理职责;对生产经营者的同一违法行为,不得给予二次以上罚款的行政处罚;涉嫌犯罪的,应当依法向公安机关移送。

执法综述:2009年第一季度全国工商行政管理机关食品安全执法概况

2009年第一季度,全国工商行政管理机关查处流通环节食品安全案件10 532件,其中立案查处案件8 442件;案件总值4 852万元,罚没金额2 305万元,为消费者挽回经济损失129.1万元。

从案件涉及的品种看,查处酒类案件1 341件,占查处流通环节食品安全案件总数的12.73%;粮食及其制品案件922件,占8.75%;饮料饮品案件912件,占8.66%;肉类及其制品案件606件,占5.75%;糕点案件548件,占5.20%;奶制品案件539件,占5.12%;调味品案件321件,占3.05%;豆制品案件263件,占2.50%;腌制食品案件232件,占2.20%;糖果案件221件,占2.10%。

从案件的案值看,在立案查处的案件中,绝大多数为案值在5万元以下案件,共查处8 369件,占立案查处案件总数的99.14%;5~10万元案件39件,10~30万元案件21件,30~100万元案件7件,100万元以上案件6件。

从违法主体看,违法主体为个体工商户的案件所占比重最大,共查处6 196件,占立案查处案件总数的73.39%;查处自然人案件1 270件,占15.04%;公司案件409件,占4.84%;私营企业案件215件,占2.55%;集体企业案件90件,占1.07%。

——资料来源:国家工商行政管理总局门户网站(http://www.saic.gov.cn)

二、食品安全信息公开制度

《食品安全法》规定,国家建立食品安全信息统一公布制度。下列信息由国务院卫生行政部门统一公布:

(1)国家食品安全总体情况;
(2)食品安全风险评估信息和食品安全风险警示信息;
(3)重大食品安全事故及其处理信息;
(4)其他重要的食品安全信息和国务院确定的需要统一公布的信息。

上述第(2)项、第(3)项规定的信息,其影响限于特定区域的,也可以由有关省、自治区、直辖市人民政府卫生行政部门公布。县级以上农业行政、质量监督、工商行政管理、食品药品监督管理部门依据各自职责公布食品安全日常监督管理信息。

食品安全监督管理部门公布信息,应当做到准确、及时、客观。

县级以上地方卫生行政、农业行政、质量监督、工商行政管理、食品药品监督管理部门获知需要统一公布的信息,应当向上级主管部门报告,由上级主管部门立即报告国务院卫生行政部门;必要时,可以直接向国务院卫生行政部门报告。

县级以上卫生行政、农业行政、质量监督、工商行政管理、食品药品监督管理部门应当相互通报获知的食品安全信息。

延伸思考:

1. 如何界定《食品安全法》调控的食品的范围?
2. 食品安全三标准(国家标准、地方标准、企业标准)之间的关系是什么?
3. 比较我国和发达国家食品添加剂制度的异同。
4. 如何处置突发性公共食品安全事故?

文献附录:《乳品质量安全监督管理条例》

中华人民共和国国务院令

第536号

《乳品质量安全监督管理条例》已经2008年10月6日国务院第28次常务会议通过,现予公布,自公布之日起施行。

总理 温家宝

二〇〇八年十月九日

乳品质量安全监督管理条例

第一章 总则

第一条 为了加强乳品质量安全监督管理,保证乳品质量安全,保障公众身体健康和生命安全,促进奶业健康发展,制定本条例。

第二条 本条例所称乳品,是指生鲜乳和乳制品。

乳品质量安全监督管理适用本条例;法律对乳品质量安全监督管理另有规定,从其规定。

第三条 奶畜养殖者、生鲜乳收购者、乳制品生产企业和销售者对其生产、收购、运输、销售的乳品质量安全负责,是乳品质量安全的第一责任者。

第四条 县级以上地方人民政府对本行政区域内的乳品质量安全监督管理负总责。

县级以上人民政府畜牧兽医主管部门负责奶畜饲养以及生鲜乳生产环节、

收购环节的监督管理。县级以上质量监督检验检疫部门负责乳制品生产环节和乳品进出口环节的监督管理。县级以上工商行政管理部门负责乳制品销售环节的监督管理。县级以上食品药品监督部门负责乳制品餐饮服务环节的监督管理。县级以上人民政府卫生主管部门依照职权负责乳品质量安全监督管理的综合协调、组织查处食品安全重大事故。县级以上人民政府其他有关部门在各自职责范围内负责乳品质量安全监督管理的其他工作。

第五条 发生乳品质量安全事故，应当依照有关法律、行政法规的规定及时报告、处理；造成严重后果或者恶劣影响的，对有关人民政府、有关部门负有领导责任的负责人依法追究责任。

第六条 生鲜乳和乳制品应当符合乳品质量安全国家标准。乳品质量安全国家标准由国务院卫生主管部门组织制定，并根据风险监测和风险评估的结果及时组织修订。

乳品质量安全国家标准应当包括乳品中的致病性微生物、农药残留、兽药残留、重金属以及其他危害人体健康物质的限量规定，乳品生产经营过程的卫生要求，通用的乳品检验方法与规程，与乳品安全有关的质量要求，以及其他需要制定为乳品质量安全国家标准的内容。

制定婴幼儿奶粉的质量安全国家标准应当充分考虑婴幼儿身体特点和生长发育需要，保证婴幼儿生长发育所需的营养成分。

国务院卫生主管部门应当根据疾病信息和监督管理部门的监督管理信息等，对发现添加或者可能添加到乳品中的非食品用化学物质和其他可能危害人体健康的物质，立即组织进行风险评估，采取相应的监测、检测和监督措施。

第七条 禁止在生鲜乳生产、收购、贮存、运输、销售过程中添加任何物质。

禁止在乳制品生产过程中添加非食品用化学物质或者其他可能危害人体健康的物质。

第八条 国务院畜牧兽医主管部门会同国务院发展改革部门、工业和信息化部门、商务部门，制定全国奶业发展规划，加强奶源基地建设，完善服务体系，促进奶业健康发展。

县级以上地方人民政府应当根据全国奶业发展规划，合理确定本行政区域内奶畜养殖规模，科学安排生鲜乳的生产、收购布局。

第九条 有关行业协会应当加强行业自律，推动行业诚信建设，引导、规范奶畜养殖者、生鲜乳收购者、乳制品生产企业和销售者依法生产经营。

第二章 奶畜养殖

第十条 国家采取有效措施，鼓励、引导、扶持奶畜养殖者提高生鲜乳质量安全水平。省级以上人民政府应当在本级财政预算内安排支持奶业发展资金，并鼓励对奶畜养殖者、奶农专业生产合作社等给予信贷支持。

国家建立奶畜政策性保险制度，对参保奶畜养殖者给予保费补助。

第十一条　畜牧兽医技术推广机构应当向奶畜养殖者提供养殖技术培训、良种推广、疫病防治等服务。

国家鼓励乳制品生产企业和其他相关生产经营者为奶畜养殖者提供所需的服务。

第十二条　设立奶畜养殖场、养殖小区应当具备下列条件：

(一)符合所在地人民政府确定的本行政区域奶畜养殖规模；

(二)有与其养殖规模相适应的场所和配套设施；

(三)有为其服务的畜牧兽医技术人员；

(四)具备法律、行政法规和国务院畜牧兽医主管部门规定的防疫条件；

(五)有对奶畜粪便、废水和其他固体废物进行综合利用的沼气池等设施或者其他无害化处理设施；

(六)有生鲜乳生产、销售、运输管理制度；

(七)法律、行政法规规定的其他条件。

奶畜养殖场、养殖小区开办者应当将养殖场、养殖小区的名称、养殖地址、奶畜品种和养殖规模向养殖场、养殖小区所在地县级人民政府畜牧兽医主管部门备案。

第十三条　奶畜养殖场应当建立养殖档案，载明以下内容：

(一)奶畜的品种、数量、繁殖记录、标识情况、来源和进出场日期；

(二)饲料、饲料添加剂、兽药等投入品的来源、名称、使用对象、时间和用量；

(三)检疫、免疫、消毒情况；

(四)奶畜发病、死亡和无害化处理情况；

(五)生鲜乳生产、检测、销售情况；

(六)国务院畜牧兽医主管部门规定的其他内容。

奶畜养殖小区开办者应当逐步建立养殖档案。

第十四条　从事奶畜养殖，不得使用国家禁用的饲料、饲料添加剂、兽药以及其他对动物和人体具有直接或者潜在危害的物质。

禁止销售在规定用药期和休药期内的奶畜产的生鲜乳。

第十五条　奶畜养殖者应当确保奶畜符合国务院畜牧兽医主管部门规定的健康标准，并确保奶畜接受强制免疫。

动物疫病预防控制机构应当对奶畜的健康情况进行定期检测；经检测不符合健康标准的，应当立即隔离、治疗或者做无害化处理。

第十六条　奶畜养殖者应当做好奶畜和养殖场所的动物防疫工作，发现奶畜染疫或者疑似染疫的，应当立即报告，停止生鲜乳生产，并采取隔离等控制措施，防止疫病扩散。

奶畜养殖者对奶畜养殖过程中的排泄物、废弃物应当及时清运、处理。

第十七条　奶畜养殖者应当遵守国务院畜牧兽医主管部门制定的生鲜乳生

产技术规程。直接从事挤奶工作的人员应当持有有效的健康证明。

奶畜养殖者对挤奶设施、生鲜乳贮存设施等应当及时清洗、消毒,避免对生鲜乳造成污染。

第十八条 生鲜乳应当冷藏。超过2小时未冷藏的生鲜乳,不得销售。

第三章 生鲜乳收购

第十九条 省、自治区、直辖市人民政府畜牧兽医主管部门应当根据当地奶源分布情况,按照方便奶畜养殖者、促进规模化养殖的原则,对生鲜乳收购站的建设进行科学规划和合理布局。必要时,可以实行生鲜乳集中定点收购。

国家鼓励乳制品生产企业按照规划布局,自行建设生鲜乳收购站或者收购原有生鲜乳收购站。

第二十条 生鲜乳收购站应当由取得工商登记的乳制品生产企业、奶畜养殖场、奶农专业生产合作社开办,并具备下列条件,取得所在地县级人民政府畜牧兽医主管部门颁发的生鲜乳收购许可证:

(一)符合生鲜乳收购站建设规划布局;

(二)有符合环保和卫生要求的收购场所;

(三)有与收奶量相适应的冷却、冷藏、保鲜设施和低温运输设备;

(四)有与检测项目相适应的化验、计量、检测仪器设备;

(五)有经培训合格并持有有效健康证明的从业人员;

(六)有卫生管理和质量安全保障制度。

生鲜乳收购许可证有效期2年;生鲜乳收购站不再办理工商登记。

禁止其他单位或者个人开办生鲜乳收购站。禁止其他单位或者个人收购生鲜乳。

国家对生鲜乳收购站给予扶持和补贴,提高其机械化挤奶和生鲜乳冷藏运输能力。

第二十一条 生鲜乳收购站应当及时对挤奶设施、生鲜乳贮存运输设施等进行清洗、消毒,避免对生鲜乳造成污染。

生鲜乳收购站应当按照乳品质量安全国家标准对收购的生鲜乳进行常规检测。检测费用不得向奶畜养殖者收取。

生鲜乳收购站应当保持生鲜乳的质量。

第二十二条 生鲜乳收购站应当建立生鲜乳收购、销售和检测记录。生鲜乳收购、销售和检测记录应当包括畜主姓名、单次收购量、生鲜乳检测结果、销售去向等内容,并保存2年。

第二十三条 县级以上地方人民政府价格主管部门应当加强对生鲜乳价格的监控和通报,及时发布市场供求信息和价格信息。必要时,县级以上地方人民政府建立由价格、畜牧兽医等部门以及行业协会、乳制品生产企业、生鲜乳收购者、奶畜养殖者代表组成的生鲜乳价格协调委员会,确定生鲜乳交易参考价格,供购销双方签订合同时参考。

生鲜乳购销双方应当签订书面合同。生鲜乳购销合同示范文本由国务院畜牧兽医主管部门会同国务院工商行政管理部门制定并公布。

第二十四条　禁止收购下列生鲜乳：

（一）经检测不符合健康标准或者未经检疫合格的奶畜产的；

（二）奶畜产犊 7 日内的初乳，但以初乳为原料从事乳制品生产的除外；

（三）在规定用药期和休药期内的奶畜产的；

（四）其他不符合乳品质量安全国家标准的。

对前款规定的生鲜乳，经检测无误后，应当予以销毁或者采取其他无害化处理措施。

第二十五条　贮存生鲜乳的容器，应当符合国家有关卫生标准，在挤奶后 2 小时内应当降温至 0～4℃。

生鲜乳运输车辆应当取得所在地县级人民政府畜牧兽医主管部门核发的生鲜乳准运证明，并随车携带生鲜乳交接单。交接单应当载明生鲜乳收购站的名称、生鲜乳数量、交接时间，并由生鲜乳收购站经手人、押运员、司机、收奶员签字。

生鲜乳交接单一式两份，分别由生鲜乳收购站和乳品生产者保存，保存时间 2 年。准运证明和交接单式样由省、自治区、直辖市人民政府畜牧兽医主管部门制定。

第二十六条　县级以上人民政府应当加强生鲜乳质量安全监测体系建设，配备相应的人员和设备，确保监测能力与监测任务相适应。

第二十七条　县级以上人民政府畜牧兽医主管部门应当加强生鲜乳质量安全监测工作，制定并组织实施生鲜乳质量安全监测计划，对生鲜乳进行监督抽查，并按照法定权限及时公布监督抽查结果。

监测抽查不得向被抽查人收取任何费用，所需费用由同级财政列支。

第四章　乳制品生产

第二十八条　从事乳制品生产活动，应当具备下列条件，取得所在地质量监督部门颁发的食品生产许可证：

（一）符合国家奶业产业政策；

（二）厂房的选址和设计符合国家有关规定；

（三）有与所生产的乳制品品种和数量相适应的生产、包装和检测设备；

（四）有相应的专业技术人员和质量检验人员；

（五）有符合环保要求的废水、废气、垃圾等污染物的处理设施；

（六）有经培训合格并持有有效健康证明的从业人员；

（七）法律、行政法规规定的其他条件。

质量监督部门对乳制品生产企业颁发食品生产许可证，应当征求所在地工业行业管理部门的意见。

未取得食品生产许可证的任何单位和个人,不得从事乳制品生产。

第二十九条 乳制品生产企业应当建立质量管理制度,采取质量安全管理措施,对乳制品生产实施从原料进厂到成品出厂的全过程质量控制,保证产品质量安全。

第三十条 乳制品生产企业应当符合良好生产规范要求。国家鼓励乳制品生产企业实施危害分析与关键控制点体系,提高乳制品安全管理水平。生产婴幼儿奶粉的企业应当实施危害分析与关键控制点体系。

对通过良好生产规范、危害分析与关键控制点体系认证的乳制品生产企业,认证机构应当依法实施跟踪调查;对不再符合认证要求的企业,应当依法撤销认证,并及时向有关主管部门报告。

第三十一条 乳制品生产企业应当建立生鲜乳进货查验制度,逐批检测收购的生鲜乳,如实记录质量检测情况、供货者的名称以及联系方式、进货日期等内容,并查验运输车辆生鲜乳交接单。查验记录和生鲜乳交接单应当保存2年。乳制品生产企业不得向未取得生鲜乳收购许可证的单位和个人购进生鲜乳。

乳制品生产企业不得购进兽药等化学物质残留超标,或者含有重金属等有毒有害物质、致病性的寄生虫和微生物、生物毒素以及其他不符合乳品质量安全国家标准的生鲜乳。

第三十二条 生产乳制品使用的生鲜乳、辅料、添加剂等,应当符合法律、行政法规的规定和乳品质量安全国家标准。

生产的乳制品应当经过巴氏杀菌、高温杀菌、超高温杀菌或者其他有效方式杀菌。

生产发酵乳制品的菌种应当纯良、无害,定期鉴定,防止杂菌污染。

生产婴幼儿奶粉应当保证婴幼儿生长发育所需的营养成分,不得添加任何可能危害婴幼儿身体健康和生长发育的物质。

第三十三条 乳制品的包装应当有标签。标签应当如实标明产品名称、规格、净含量、生产日期,成分或者配料表,生产企业的名称、地址、联系方式,保质期,产品标准代号,贮存条件,所使用的食品添加剂的化学通用名称,食品生产许可证编号,法律、行政法规或者乳品质量安全国家标准规定必须标明的其他事项。

使用奶粉、黄油、乳清粉等原料加工的液态奶,应当在包装上注明;使用复原乳作为原料生产液态奶的,应当标明"复原乳"字样,并在产品配料中如实标明复原乳所含原料及比例。

婴幼儿奶粉标签还应当标明主要营养成分及其含量,详细说明使用方法和注意事项。

第三十四条 出厂的乳制品应当符合乳品质量安全国家标准。

乳制品生产企业应当对出厂的乳制品逐批检验，并保存检验报告，留取样品。检验内容应当包括乳制品的感官指标、理化指标、卫生指标和乳制品中使用的添加剂、稳定剂以及酸奶中使用的菌种等；婴幼儿奶粉在出厂前还应当检测营养成分。对检验合格的乳制品应当标识检验合格证号；检验不合格的不得出厂。检验报告应当保存2年。

第三十五条　乳制品生产企业应当如实记录销售的乳制品名称、数量、生产日期、生产批号、检验合格证号、购货者名称及其联系方式、销售日期等。

第三十六条　乳制品生产企业发现其生产的乳制品不符合乳品质量安全国家标准、存在危害人体健康和生命安全危险或者可能危害婴幼儿身体健康或者生长发育的，应当立即停止生产，报告有关主管部门，告知销售者、消费者，召回已经出厂、上市销售的乳制品，并记录召回情况。

乳制品生产企业对召回的乳制品应当采取销毁、无害化处理等措施，防止其再次流入市场。

第五章　乳制品销售

第三十七条　从事乳制品销售应当按照食品安全监督管理的有关规定，依法向工商行政管理部门申请领取有关证照。

第三十八条　乳制品销售者应当建立并执行进货查验制度，审验供货商的经营资格，验明乳制品合格证明和产品标识，并建立乳制品进货台账，如实记录乳制品的名称、规格、数量、供货商及其联系方式、进货时间等内容。从事乳制品批发业务的销售企业应当建立乳制品销售台账，如实记录批发的乳制品的品种、规格、数量、流向等内容。进货台账和销售台账保存期限不得少于2年。

第三十九条　乳制品销售者应当采取措施，保持所销售乳制品的质量。

销售需要低温保存的乳制品的，应当配备冷藏设备或者采取冷藏措施。

第四十条　禁止购进、销售无质量合格证明、无标签或者标签残缺不清的乳制品。

禁止购进、销售过期、变质或者不符合乳品质量安全国家标准的乳制品。

第四十一条　乳制品销售者不得伪造产地，不得伪造或者冒用他人的厂名、厂址，不得伪造或者冒用认证标志等质量标志。

第四十二条　对不符合乳品质量安全国家标准、存在危害人体健康和生命安全或者可能危害婴幼儿身体健康和生长发育的乳制品，销售者应当立即停止销售，追回已经售出的乳制品，并记录追回情况。

乳制品销售者自行发现其销售的乳制品有前款规定情况的，还应当立即报告所在地工商行政管理等有关部门，通知乳制品生产企业。

第四十三条　乳制品销售者应当向消费者提供购货凭证，履行不合格乳制品的更换、退货等义务。

乳制品销售者依照前款规定履行更换、退货等义务后，属于乳制品生产企业或者供货商的责任的,销售者可以向乳制品生产企业或者供货商追偿。

第四十四条 进口的乳品应当按照乳品质量安全国家标准进行检验;尚未制定乳品质量安全国家标准的,可以参照国家有关部门指定的国外有关标准进行检验。

第四十五条 出口乳品的生产者、销售者应当保证其出口乳品符合乳品质量安全国家标准的同时还符合进口国家(地区)的标准或者合同要求。

第六章 监督检查

第四十六条 县级以上人民政府畜牧兽医主管部门应当加强对奶畜饲养以及生鲜乳生产环节、收购环节的监督检查。县级以上质量监督检验检疫部门应当加强对乳制品生产环节和乳品进出口环节的监督检查。县级以上工商行政管理部门应当加强对乳制品销售环节的监督检查。县级以上食品药品监督部门应当加强对乳制品餐饮服务环节的监督管理。监督检查部门之间,监督检查部门与其他有关部门之间,应当及时通报乳品质量安全监督管理信息。

畜牧兽医、质量监督、工商行政管理等部门应当定期开展监督抽查,并记录监督抽查的情况和处理结果。需要对乳品进行抽样检查的,不得收取任何费用,所需费用由同级财政列支。

第四十七条 畜牧兽医、质量监督、工商行政管理等部门在依据各自职责进行监督检查时,行使下列职权:

(一)实施现场检查;

(二)向有关人员调查、了解有关情况;

(三)查阅、复制有关合同、票据、账簿、检验报告等资料;

(四)查封、扣押有证据证明不符合乳品质量安全国家标准的乳品以及违法使用的生鲜乳、辅料、添加剂;

(五)查封涉嫌违法从事乳品生产经营活动的场所,扣押用于违法生产经营的工具、设备;

(六)法律、行政法规规定的其他职权。

第四十八条 县级以上质量监督部门、工商行政管理部门在监督检查中,对不符合乳品质量安全国家标准、存在危害人体健康和生命安全危险或者可能危害婴幼儿身体健康和生长发育的乳制品,责令并监督生产企业召回、销售者停止销售。

第四十九条 县级以上人民政府价格主管部门应当加强对生鲜乳购销过程中压级压价、价格欺诈、价格串通等不正当价格行为的监督检查。

第五十条 畜牧兽医主管部门、质量监督部门、工商行政管理部门应当建立乳品生产经营者违法行为记录,及时提供给中国人民银行,由中国人民银行纳入企业信用信息基础数据库。

第五十一条 省级以上人民政府畜牧兽医主管部门、质量监督部门、工商行政管理部门依据各自职责,公布乳品质量安全监督管理信息。有关监督管理部门应当及时向同级卫生主管部门通报乳品质量安全事故信息;乳品质量安全重大事故信息由省级以上人民政府卫生主管部门公布。

第五十二条　有关监督管理部门发现奶畜养殖者、生鲜乳收购者、乳制品生产企业和销售者涉嫌犯罪的,应当及时移送公安机关立案侦查。

第五十三条　任何单位和个人有权向畜牧兽医、卫生、质量监督、工商行政管理、食品药品监督等部门举报乳品生产经营中的违法行为。畜牧兽医、卫生、质量监督、工商行政管理、食品药品监督等部门应当公布本单位的电子邮件地址和举报电话;对接到的举报,应当完整地记录、保存。

接到举报的部门对属于本部门职责范围内的事项,应当及时依法处理,对于实名举报,应当及时答复;对不属于本部门职责范围内的事项,应当及时移交有权处理的部门,有权处理的部门应当立即处理,不得推诿。

第七章　法律责任

第五十四条　生鲜乳收购者、乳制品生产企业在生鲜乳收购、乳制品生产过程中,加入非食品用化学物质或者其他可能危害人体健康的物质,依照刑法第一百四十四条的规定,构成犯罪的,依法追究刑事责任,并由发证机关吊销许可证照;尚不构成犯罪的,由畜牧兽医主管部门、质量监督部门依据各自职责没收违法所得和违法生产的乳品,以及相关的工具、设备等物品,并处违法乳品货值金额15倍以上30倍以下罚款,由发证机关吊销许可证照。

第五十五条　生产、销售不符合乳品质量安全国家标准的乳品,依照刑法第一百四十三条的规定,构成犯罪的,依法追究刑事责任,并由发证机关吊销许可证照;尚不构成犯罪的,由畜牧兽医主管部门、质量监督部门、工商行政管理部门依据各自职责没收违法所得、违法乳品和相关的工具、设备等物品,并处违法乳品货值金额10倍以上20倍以下罚款,由发证机关吊销许可证照。

第五十六条　乳制品生产企业违反本条例第三十六条的规定,对不符合乳品质量安全国家标准、存在危害人体健康和生命安全或者可能危害婴幼儿身体健康和生长发育的乳制品,不停止生产、不召回的,由质量监督部门责令停止生产、召回;拒不停止生产、拒不召回的,没收其违法所得、违法乳制品和相关的工具、设备等物品,并处违法乳制品货值金额15倍以上30倍以下罚款,由发证机关吊销许可证照。

第五十七条　乳制品销售者违反本条例第四十二条的规定,对不符合乳品质量安全国家标准、存在危害人体健康和生命安全或者可能危害婴幼儿身体健康和生长发育的乳制品,不停止销售、不追回的,由工商行政管理部门责令停止销售、追回;拒不停止销售、拒不追回的,没收其违法所得、违法乳制品和相关的工具、设备等物品,并处违法乳制品货值金额15倍以上30倍以下罚款,由发证机关吊销许可证照。

第五十八条 违反本条例规定,在婴幼儿奶粉生产过程中,加入非食品用化学物质或其他可能危害人体健康的物质的,或者生产、销售的婴幼儿奶粉营养成分不足、不符合乳品质量安全国家标准的,依照本条例规定,从重处罚。

第五十九条 奶畜养殖者、生鲜乳收购者、乳制品生产企业和销售者在发生乳品质量安全事故后未报告、处置的,由畜牧兽医、质量监督、工商行政管理、食品药品监督等部门依据各自职责,责令改正,给予警告;毁灭有关证据的,责令停产停业,并处10万元以上20万元以下罚款;造成严重后果的,由发证机关吊销许可证照;构成犯罪的,依法追究刑事责任。

第六十条 有下列情形之一的,由县级以上地方人民政府畜牧兽医主管部门没收违法所得、违法收购的生鲜乳和相关的设备、设施等物品,并处违法乳品货值金额5倍以上10倍以下罚款;有许可证照的,由发证机关吊销许可证照:

(一)未取得生鲜乳收购许可证收购生鲜乳的;

(二)生鲜乳收购站取得生鲜乳收购许可证后,不再符合许可条件继续从事生鲜乳收购的;

(三)生鲜乳收购站收购本条例第二十四条规定禁止收购的生鲜乳的。

第六十一条 乳制品生产企业和销售者未取得许可证,或者取得许可证后不按照法定条件、法定要求从事生产销售活动的,由县级以上地方质量监督部门、工商行政管理部门依照《国务院关于加强食品等产品安全监督管理的特别规定》等法律、行政法规的规定处罚。

第六十二条 畜牧兽医、卫生、质量监督、工商行政管理等部门,不履行本条例规定职责、造成后果的,或者滥用职权、有其他渎职行为的,由监察机关或者任免机关对其主要负责人、直接负责的主管人员和其他直接责任人员给予记大过或者降级的处分;造成严重后果的,给予撤职或者开除的处分;构成犯罪的,依法追究刑事责任。

第八章 附则

第六十三条 草原牧区放牧饲养的奶畜所产的生鲜乳收购办法,由所在省、自治区、直辖市人民政府参照本条例另行制定。

第六十四条 本条例自公布之日起施行。

第十章 城市房地产管理法律制度

  引例:房屋无效买卖案

市民李先生以抵押贷款方式购买了市区一住房,之后卖给王女士,王女士又将其抵给郭先生,因抵押权未解除,房子几易其主全是无效买卖。

市民李先生将自己贷款买的商品房卖掉,该房又被新房主卖掉。由于该房屋抵押权一直没有解除,数人买卖以后发生了纠纷,引发了连环官司。而法律规定有抵押权的房屋不能买卖。

设抵押的房屋几易其主

2005年1月18日,市民李先生以17.8万元的价格买下江汉区一套建筑面积为65平方米的商品房。李先生在银行进行抵押贷款12万元,于同年11月领取了该套房屋的所有权证。房证中注明,该房屋设定了抵押权,权利人为中国工商银行武汉市江汉支行,抵押期为10年限。2006年,李先生因着急用钱,便将此房卖给了王女士。王女士又因欠款将此房抵给了郭先生。郭先生对房子进行装修后,全家入住了进去。

李先生卖房后,觉得卖便宜了,便找到王女士协商,要求解除买卖关系,经过协商,李先生与王女士于2006年9月28日又签订一份协议,解除房屋买卖关系。协议约定:王女士于2006年10月8日退房给李先生,李先生分三次返还王女士购房款。协议签订后,李先生如约退还了王女士的购房款,但王女士并没有如约将此房退给李先生。经过调查,李先生才知道,原来,此房已被王女士抵给了郭先生。李先生便找郭先生索要,遭到郭先生拒绝。无奈,李先生只好将郭先生告上了法庭。

这套房子该归谁

李先生在法庭上说,"涉案房屋是属于我个人所有的私房,尽管与王女士有过买卖关系,但双方已于2006年9月28日予以解除,并返还王女士购房款,这说明双方所争议的房屋仍然归我所有。王女士与被告郭先生口头协议用我的房屋抵欠款是无效的行为,侵犯了我对该房屋的所有权,因此请求法院确认王女士与郭先生房屋抵欠款无效,要求郭先生退还我房屋。"

被告郭先生辩驳说,"本案诉争的房屋是王女士从原告李先生处购买的,王女士欠我的钱,为还债已将该房低给我,应当属于我所有。得到该房后,我于2006年7月进行了装修,年底入住此房至今。因此,不同意腾退房屋。"

抵押房屋不能卖

法院经审理认为:涉案房屋是原告李先生以抵押贷款的方式购买,并领取了该房屋的所有权证。由于原告与贷款银行在该房屋上已设定了抵押权,并且抵押权目前尚未解除,在此情况下,原告李先生未经抵押权人同意,卖掉这套房屋的行为是无效的。据此,王女士再将该房屋抵偿给他人也是无效的。该房屋应该退还给原告。原告、被告与王女士之间的欠款是债权债务关系,可另案起诉后审理。原告李先生曾将设定了抵押权的房屋卖给案外人王女士,对本纠纷的出现有一定的过错,应承担相应的民事责任。

江汉区人民法院日前作出一审判决:被告郭先生于判决生效之日起30日内,将涉案房屋腾退给原告李先生。本案宣判后,原、被告均未上诉,此案已于2007年8月中旬发生法律效力。

——资料来源:法律快车网(www.lawtime.cn)

第一节 概述

一、城市房地产管理法的调整范围

《城市房地产管理法》的调整范围是,在我国城市规划区国有土地范围内取得房地产开发用地的土地使用权,从事房地产开发、房地产交易的行为。其中,房屋,是指土地上的房屋等建筑物及构筑物;房地产开发,是指在依据本法取得国有土地使用权的土地上进行基础设施、房屋建设的行为;房地产交易,包括房地产转让、房地产抵押和房屋租赁。

二、城市房地产管理法的基本原则

(一)国有土地有偿、有限期使用制度

《城市房地产管理法》规定,国家依法实行国有土地有偿、有限期使用制度。但是,国家在本法规定的范围内划拨国有土地使用权的除外。

(二)发展居民住宅建设,改善居民居住条件

《城市房地产管理法》规定,国家根据社会、经济发展水平,扶持发展居民住宅建设,逐步改善居民的居住条件。国家采取税收等方面的优惠措施鼓励和扶持房地产开发企业开发建设居民住宅。

新闻动态:2009年保障性住房建设一瞥

2009年中国房地产市场发展快速,尤其是商品房市场交易火爆。但是,"作为资金驱动型楼市的受益者,地方政府在获取高额土地收益后,应加大保障性住房的建设,以保证楼市的稳定。"21世纪不动产分析师孟奇指出。

业内认为,近期房价大幅攀升,主要源于存货和开工率不足。而政府在引导开发商增加供给的同时,也应增加保障房的建设,稳定市场预期。保障性住房作为一项准公共产品,是社会福利的综合体现;而兴建保障性住房也可以带动开工率的回升。

国务院在去年年底时曾表示,2009年是加快保障性住房建设的关键1年。政府将主要以实物方式,结合发放租赁补贴,解决260万户城市低收入住房困难家庭的住房问题。其中,计划新增廉租住房房源177万套,新增发放租赁补贴83万户。到2011年年底,基本解决747万户城市低收入家庭的住房问题。2009年到2011年,全国计划平均每年新增130万套经济适用住房。

为了全面推进保障性安居工程建设,中央和地方不断加大资金投入力度。截至8月底,全国廉租房新开工133万套,完成投资481亿元,新增发放租赁住房补贴154万户,经济适用住房新开工4 718万平方米,完成投资659亿元。

中国人民大学公共管理学院土地管理系副教授曲卫东表示,保障性住房建设应根据生活水平和收入的不同而划分多个层次,包括廉租房、公租房、两限房、经济适用房等。虽然由于市场需求不同,推出保障性住房对目前房价影响较小,但是推进保障房建设,发展不同层次的住房市场,是规范我国房地产行业和解决民生问题的重要举措。

中国房地产及住宅研究会副会长顾云昌指出,目前保障房建设仍存在几方面问题需要解决:一是政府投资资金应落实,要继续加大投资力度;二是在管理上,应明确标准,加强准入机制管理;三是相关配套建设和住房质量等应有所提高。

——林喆、于萍:《全国多个城市土地财政收入大幅提高》(http://www.sina.com.cn)

(三)房地产权利人的合法权益受法律保护

《城市房地产管理法》规定,房地产权利人应当遵守法律和行政法规,依法纳税。房地产权利人的合法权益受法律保护,任何单位和个人不得侵犯。

(四)依法拆迁,维护被征收人的合法权益

《城市房地产管理法》规定,为了公共利益的需要,国家可以征收国有土地上

单位和个人的房屋,并依法给予拆迁补偿,维护被征收人的合法权益;征收个人住宅的,还应当保障被征收人的居住条件。具体办法由国务院规定。

制度链接:《廉租住房保障办法》(节选)

第一条 为促进廉租住房制度建设,逐步解决城市低收入家庭的住房困难,制定本办法。

第二条 城市低收入住房困难家庭的廉租住房保障及其监督管理,适用本办法。

本办法所称城市低收入住房困难家庭,是指城市和县人民政府所在地的镇范围内,家庭收入、住房状况等符合市、县人民政府规定条件的家庭。

第四条 国务院建设主管部门指导和监督全国廉租住房保障工作。县级以上地方人民政府建设(住房保障)主管部门负责本行政区域内廉租住房保障管理工作。廉租住房保障的具体工作可以由市、县人民政府确定的实施机构承担。

县级以上人民政府发展改革(价格)、监察、民政、财政、国土资源、金融管理、税务、统计等部门按照职责分工,负责廉租住房保障的相关工作。

第五条 廉租住房保障方式实行货币补贴和实物配租等相结合。货币补贴是指县级以上地方人民政府向申请廉租住房保障的城市低收入住房困难家庭发放租赁住房补贴,由其自行承租住房。实物配租是指县级以上地方人民政府向申请廉租住房保障的城市低收入住房困难家庭提供住房,并按照规定标准收取租金。

实施廉租住房保障,主要通过发放租赁补贴,增强城市低收入住房困难家庭承租住房的能力。廉租住房紧缺的城市,应当通过新建和收购等方式,增加廉租住房实物配租的房源。

第九条 廉租住房保障资金采取多种渠道筹措。

廉租住房保障资金来源包括:

(一)年度财政预算安排的廉租住房保障资金;

(二)提取贷款风险准备金和管理费用后的住房公积金增值收益余额;

(三)土地出让净收益中安排的廉租住房保障资金;

(四)政府的廉租住房租金收入;

(五)社会捐赠及其他方式筹集的资金。

第十二条 实物配租的廉租住房来源主要包括:

(一)政府新建、收购的住房;

(二)腾退的公有住房;

(三)社会捐赠的住房;

(四)其他渠道筹集的住房。

第十三条 廉租住房建设用地,应当在土地供应计划中优先安排,并在申报年度用地指标时单独列出,采取划拨方式,保证供应。

廉租住房建设用地的规划布局,应当考虑城市低收入住房困难家庭居住和就业的便利。

廉租住房建设应当坚持经济、适用原则,提高规划设计水平,满足基本使用功能,应当按照发展节能省地环保型住宅的要求,推广新材料、新技术、新工艺。廉租住房应当符合国家质量安全标准。

第十四条 新建廉租住房,应当采取配套建设与相对集中建设相结合的方式,主要在经济适用住房、普通商品住房项目中配套建设。

新建廉租住房,应当将单套的建筑面积控制在 50 平方米以内,并根据城市低收入住房困难家庭的居住需要,合理确定套型结构。

配套建设廉租住房的经济适用住房或者普通商品住房项目,应当在用地规划、国有土地划拨决定书或者国有土地使用权出让合同中,明确配套建设的廉租住房总建筑面积、套数、布局、套型以及建成后的移交或回购等事项。

第二节 房地产开发用地

一、土地使用权出让

(一)土地使用权出让的概念

土地使用权出让,是指国家将国有土地使用权(以下简称土地使用权)在一定年限内出让给土地使用者,由土地使用者向国家支付土地使用权出让金的行为。

(二)土地使用权出让的管理体制

土地使用权出让,必须符合土地利用总体规划、城市规划和年度建设用地计划。

县级以上地方人民政府出让土地使用权用于房地产开发的,须根据省级以上人民政府下达的控制指标拟订年度出让土地使用权总面积方案,按照国务院规定,报国务院或者省级人民政府批准。

土地使用权出让,由市、县人民政府有计划、有步骤地进行。出让的每幅地块、用途、年限和其他条件,由市、县人民政府土地管理部门会同城市规划、建设、房产管理部门共同拟定方案,按照国务院规定,报经有批准权的人民政府批准后,由市、县人民政府土地管理部门实施。

(三)土地使用权出让方式

土地使用权出让,可以采取拍卖、招标或者双方协议的方式。商业、旅游、娱乐和豪华住宅用地,有条件的,必须采取拍卖、招标方式;没有条件,不能采取拍卖、招标方式的,可以采取双方协议的方式。采取双方协议方式出让土地使用权的出让金不得低于按国家规定所确定的最低价。

土地使用权出让,应当签订书面出让合同,由市、县人民政府土地管理部门与土地使用者签订。

(四)土地使用权出让金

土地使用者必须按照出让合同约定,支付土地使用权出让金;未按照出让合同约定支付土地使用权出让金的,土地管理部门有权解除合同,并可以请求违约赔偿。

土地使用者按照出让合同约定支付土地使用权出让金的,市、县人民政府土地管理部门必须按照出让合同约定,提供出让的土地;未按照出让合同约定提供出让的土地的,土地使用者有权解除合同,由土地管理部门返还土地使用权出让金,土地使用者并可以请求违约赔偿。

土地使用者需要改变土地使用权出让合同约定的土地用途的,必须取得出让方和市、县人民政府城市规划行政主管部门的同意,签订土地使用权出让合同变更协议或者重新签订土地使用权出让合同,相应调整土地使用权出让金。

土地使用权出让金应当全部上缴财政,列入预算,用于城市基础设施建设和土地开发。

(五)土地使用权的收回

国家对土地使用者依法取得的土地使用权,在出让合同约定的使用年限届满前不收回;在特殊情况下,根据社会公共利益的需要,可以依照法律程序提前收回,并根据土地使用者使用土地的实际年限和开发土地的实际情况给予相应的补偿。

土地使用权出让合同约定的使用年限届满,土地使用者需要继续使用土地的,应当至迟于届满前1年申请续期,除根据社会公共利益需要收回该幅土地的,应当予以批准。经批准准予续期的,应当重新签订土地使用权出让合同,依照规定支付土地使用权出让金。土地使用权出让合同约定的使用年限届满,土地使用者未申请续期或者虽申请续期但未获批准的,土地使用权由国家无偿收回。

新闻动态:2009年中国房地产市场一瞥

在"地价升浪"和开发商的新一轮"圈地运动"中,部分城市财政的土地收入急速增长。截至9月底,北京、上海等城市土地出让金已超过前两年的全年水平。

一直以来,土地收入作为财政收入来源中的重要一项,在各地方政府财政中占有很大份额。2009年,楼市快速回暖带动土地市场升温,更使得地方政府的"土地财政"模式发挥了明显的作用,北京等城市的土地出让金已占当地财政收入的三分之一。

受信贷宽松和楼市回升影响,地产商拿地意愿显著增强,但土地储备转化为新开工的状况仍不太理想。业内专家建议,在土地收入实现大幅增长的同时,作为公共财政项的保障性住房建设应进一步提速,以此带动新建商品房开工率的复苏。

为保地方财政收入不降,北京等城市从二季度便开始"放量卖地"。北京市副市长陈刚曾公开表示,确保国有土地有偿使用收入征缴入库总额与去年持平,本着"多储快供"的原则,加快供地,增加政府土地收益。

根据北京土地整理储备中心的数据,2009年至今,北京共出让土地184宗,土地收入价款共计511.74亿元。而2008年共出让土地148宗,土地收入价款共计502.69亿元。

前三季度北京市土地收入价款已经超过去年全年水平。由于四季度仍有多块重要地块等待入市,因此业界普遍预期今年北京的土地收入将达到700亿元,创历史新高。土地收入预计将占北京地方财政目标的三分之一强。

无独有偶,今年以来,多个城市的土地财政收入明显提高。上海全年预计可供住宅用地1 597公顷,分别比2007年、2008年增加5.7%、16.0%。从年初至今,上海市公告出让的土地收入已高达526.1 141亿元,其中住宅土地收入为291.9 147亿元,处于全国领先水平。而上海2008年土地出让金收入为398.1 842亿元,2007年为481.294亿元。目前上海市的土地收入已经超过前两年的全年水平。

从全国来看,2006年全国土地出让金收入约为7 000亿元人民币,2007年猛增至1.3万亿元人民币,其中,招拍挂出让土地收入超过9 000亿元人民币,同比增长约6成。2008年,房地产市场走势低迷,土地市场降温,但全国土地出让总收入仍高达9 600多亿元。今年,由于土地市场表现活跃,业内预计将较去年同期有大幅提高。

尤其是部分城市计划加大供地力度,将使政府售地收入进一步增加。对此,克而瑞(中国)研究中心总经理陈啸天表示,今年二季度以来土地市场成交逐渐火热,部分城市计划加大住宅用地供应。上海下半年预计可供应住宅用地约120幅、1 196万平方米,接近上半年的3倍。

截至8月份,上海住宅用地供地完成率仅为35%,这意味着近65%的住宅用地将要在未来4个月内推出。而北京国土资源局也表示,将于三季度完成整年土地供应,四季度合理增加土地供应,整个住宅用地供应量预计将达1 000公顷。

尽管7、8月份我国部分城市商品房销售回落引发了人们关于楼市"转向"的担忧,不过,土地市场的表现,给行业未来的发展注入了"强心剂"。统计局数据显示,1～8月,全国完成房地产开发投资21 147亿元,同比增长14.7%,增幅比1～7月提高3.1个百分点;房屋新开工面积6.31亿平方米,虽然同比下降5.9%,但是降幅比1～7月缩小3.2个百分点。同时,全国房地产开发景气指数自4月份以来继续保持上升趋势,8月数据较上月提高2.07点至100.08点。

业内人士指出,土地市场依然保持火热态势,高价地相继涌现,土地成交楼面价格也水涨船高。这表明,开发商对未来市场预期乐观。克而瑞(中国)研究中心统计,8月份全国土地成交总价612亿元,土地成交楼面价平均为1 795元/平方米,与上月相比大幅上涨17.8%。从经营性用地成交价格来看,8月成交楼面价平均为2 177元/平方米,环比上涨14%,高出2008年以来的平均值约35个百分点。其中,23幅地块溢价率在100%以上,住宅类用地最高溢价率高达295%,是2009年以来住宅类用地溢价率最高的一个月。

9月10日,上海长风地块以70.06亿元的天价拍出,其楼面价格达到22 409元/平方米。而在1年前,此次拍卖中的长风7C地块曾以起始价16.053亿元、楼面价1.4万元/平方米出现在土地市场,由于无人问津而最终流拍。分析人士指出,土地市场持续升温,表明房地产企业正在积极回补库存,加大战略储备力度。部分地块高价成交的现象也说明开发商资金链充裕。

统计数据显示,1～8月房地产开发企业本年资金来源33 689亿元,同比增长34.2%。其中,国内贷款7 384亿元,增长46.3%;企业自筹资金11 045亿元,增长12.6%;定金及预收款8 712亿元,增长43.2%;个人按揭贷款4 507亿元,增长94.1%。

——林喆、于萍:《全国多个城市土地财政收入大幅提高》(http://www.sina.com.cn)

二、土地使用权划拨

(一)土地使用权划拨的概念

土地使用权划拨,是指县级以上人民政府依法批准,在土地使用者缴纳补偿、安置等费用后将该幅土地交付其使用,或者将土地使用权无偿交付给土地使用者使用的行为。

(二)土地使用权划拨的类型

下列建设用地的土地使用权,确属必需的,可以由县级以上人民政府依法批准划拨:

(1)国家机关用地和军事用地;

(2)城市基础设施用地和公益事业用地;

(3)国家重点扶持的能源、交通、水利等项目用地;

(4)法律、行政法规规定的其他用地。

(三)土地使用权划拨的使用期限

依照《城市房地产管理法》规定以划拨方式取得土地使用权的,除法律、行政法规另有规定外,没有使用期限的限制。

第三节 房地产开发

一、房地产开发管理

房地产开发必须严格执行城市规划,按照经济效益、社会效益、环境效益相统一的原则,实行全面规划、合理布局、综合开发、配套建设。

以出让方式取得土地使用权进行房地产开发的,必须按照土地使用权出让合同约定的土地用途、动工开发期限开发土地。超过出让合同约定的动工开发日期满1年未动工开发的,可以征收相当于土地使用权出让金20%以下的土地闲置费;满2年未动工开发的,可以无偿收回土地使用权;但是,因不可抗力或者政府、政府有关部门的行为或者动工开发必需的前期工作造成动工开发迟延的除外。

房地产开发项目的设计、施工,必须符合国家的有关标准和规范。房地产开发项目竣工,经验收合格后,方可交付使用。

二、房地产开发企业

房地产开发企业是以营利为目的,从事房地产开发和经营的企业。

《城市房地产管理法》规定,设立房地产开发企业,应当具备下列条件:

(1)有自己的名称和组织机构;
(2)有固定的经营场所;
(3)有符合国务院规定的注册资本;
(4)有足够的专业技术人员;
(5)法律、行政法规规定的其他条件。

设立房地产开发企业,应当向工商行政管理部门申请设立登记。工商行政管理部门对符合《城市房地产管理法》规定条件的,应当予以登记,发给营业执照;对不符合《城市房地产管理法》规定条件的,不予登记。

政府公告:房地产开发企业一级资质公告

关于公布房地产开发企业一级资质延续评审结果的通知

建房开函〔2009〕050号

有关省(自治区)住房城乡建设厅,有关直辖市房地局(住房和城乡建设委):

根据《中华人民共和国行政许可法》和《房地产开发企业资质管理规定》等有关规定,经组织专家审核,现将截止6月17日上报我部受理的申请房地产开发企业一级资质延续企业的评审结果予以公布。评审结果为待定的企业如对评审结果有异议,请在2009年7月24日前以书面形式提供陈述材料,经原初审单位确认并加盖本单位印章后报送我部办公厅受理办,逾期不予受理。

特此通知。

附件:房地产开发企业一级资质延续评审结果

中华人民共和国住房和城乡建设部房地产市场监管司

二〇〇九年七月十日

第四节 房地产交易

一、房地产交易一般规则

《城市房地产管理法》规定,房地产转让、抵押时,房屋的所有权和该房屋占用范围内的土地使用权同时转让、抵押。

国家实行房地产价格评估制度。房地产价格评估,应当遵循公正、公平、公开的原则,按照国家规定的技术标准和评估程序,以基准地价、标定地价和各类房屋的重置价格为基础,参照当地的市场价格进行评估。

国家实行房地产成交价格申报制度。房地产权利人转让房地产,应当向县级以上地方人民政府规定的部门如实申报成交价,不得瞒报或者作不实的申报。

房地产转让、抵押,当事人应当依法办理权属登记。

二、房地产转让

(一)房地产转让的概念

房地产转让,是指房地产权利人通过买卖、赠与或者其他合法方式将其房地产转移给他人的行为。

(二)房地产转让的限制

《城市房地产管理法》规定,下列房地产,不得转让:

(1)以出让方式取得土地使用权的,不符合《城市房地产管理法》规定的相应条件的；

(2)司法机关和行政机关依法裁定、决定查封或者以其他形式限制房地产权利的；

(3)依法收回土地使用权的；

(4)共有房地产，未经其他共有人书面同意的；

(5)权属有争议的；

(6)未依法登记领取权属证书的；

(7)法律、行政法规规定禁止转让的其他情形。

(三)出让／划拨方式房地产转让制度

以出让方式取得土地使用权的，转让房地产时，应当符合下列条件，转让房地产时房屋已经建成的，还应当持有房屋所有权证书：

(1)按照出让合同约定已经支付全部土地使用权出让金，并取得土地使用权证书；

(2)按照出让合同约定进行投资开发，属于房屋建设工程的，完成开发投资总额的25%以上，属于成片开发土地的，形成工业用地或者其他建设用地条件。

以划拨方式取得土地使用权的，转让房地产时，应当按照国务院规定，报有批准权的人民政府审批。有批准权的人民政府准予转让的，应当由受让方办理土地使用权出让手续，并依照国家有关规定缴纳土地使用权出让金。

以划拨方式取得土地使用权的，转让房地产报批时，有批准权的人民政府按照国务院规定决定可以不办理土地使用权出让手续的，转让方应当按照国务院规定将转让房地产所获收益中的土地收益上缴国家或者作其他处理。

房地产转让，应当签订书面转让合同，合同中应当载明土地使用权取得的方式。房地产转让时，土地使用权出让合同载明的权利、义务随之转移。

以出让方式取得土地使用权的，转让房地产后，其土地使用权的使用年限为原土地使用权出让合同约定的使用年限减去原土地使用者已经使用年限后的剩余年限。

以出让方式取得土地使用权的，转让房地产后，受让人改变原土地使用权出让合同约定的土地用途的，必须取得原出让方和市、县人民政府城市规划行政主管部门的同意，签订土地使用权出让合同变更协议或者重新签订土地使用权出让合同，相应调整土地使用权出让金。

(四)商品房预售制度

《城市房地产管理法》规定，商品房预售，应当符合下列条件：

(1)已交付全部土地使用权出让金，取得土地使用权证书；

(2)持有建设工程规划许可证；

(3)按提供预售的商品房计算，投入开发建设的资金达到工程建设总投资的25%以上，并已经确定施工进度和竣工交付日期；

(4)向县级以上人民政府房产管理部门办理预售登记,取得商品房预售许可证明。

商品房预售人应当按照国家有关规定将预售合同报县级以上人民政府房产管理部门和土地管理部门登记备案。商品房预售所得款项,必须用于有关的工程建设。

三、房地产抵押

(一)房地产抵押的概念

房地产抵押,是指抵押人以其合法的房地产以不转移占有的方式向抵押权人提供债务履行担保的行为。债务人不履行债务时,抵押权人有权依法以抵押的房地产拍卖所得的价款优先受偿。

(二)房地产抵押制度

依法取得的房屋所有权连同该房屋占用范围内的土地使用权,以及以出让方式取得的土地使用权,可以设定抵押权。

房地产抵押,应当凭土地使用权证书、房屋所有权证书办理,抵押人和抵押权人应当签订书面抵押合同。

设定房地产抵押权的土地使用权是以划拨方式取得的,依法拍卖该房地产后,应当从拍卖所得的价款中缴纳相当于应缴纳的土地使用权出让金的款额后,抵押权人方可优先受偿。

房地产抵押合同签订后,土地上新增的房屋不属于抵押财产。需要拍卖该抵押的房地产时,可以依法将土地上新增的房屋与抵押财产一同拍卖,但对拍卖新增房屋所得,抵押权人无权优先受偿。

四、房屋租赁

(一)房屋租赁的概念

房屋租赁,是指房屋所有权人作为出租人将其房屋出租给承租人使用,由承租人向出租人支付租金的行为。

(二)房屋租赁制度

房屋租赁,出租人和承租人应当签订书面租赁合同,约定租赁期限、租赁用途、租赁价格、修缮责任等条款,以及双方的其他权利和义务,并向房产管理部门登记备案。

住宅用房的租赁,应当执行国家和房屋所在城市人民政府规定的租赁政策。租用房屋从事生产、经营活动的,由租赁双方协商议定租金和其他租赁条款。

以营利为目的,房屋所有权人将以划拨方式取得使用权的国有土地上建成的房屋出租的,应当将租金中所含土地收益上缴国家。

五、中介服务机构

(一)中介服务机构的类型

房地产中介服务机构包括房地产咨询机构、房地产价格评估机构、房地产经纪机构等。

(二)中介服务机构的设立条件

《城市房地产管理法》规定,房地产中介服务机构应当具备下列条件:

(1)有自己的名称和组织机构;
(2)有固定的服务场所;
(3)有必要的财产和经费;
(4)有足够数量的专业人员;
(5)法律、行政法规规定的其他条件。

设立房地产中介服务机构,应当向工商行政管理部门申请设立登记,领取营业执照后,方可开业。

第五节 房地产权属登记

一、土地使用权和房屋所有权登记发证制度

国家实行土地使用权和房屋所有权登记发证制度。

以出让或者划拨方式取得土地使用权,应当向县级以上地方人民政府土地管理部门申请登记,经县级以上地方人民政府土地管理部门核实,由同级人民政府颁发土地使用权证书。

在依法取得的房地产开发用地上建成房屋的,应当凭土地使用权证书向县级以上地方人民政府房产管理部门申请登记,由县级以上地方人民政府房产管理部门核实并颁发房屋所有权证书。

制度链接:《房屋登记办法》(节选)

第三十条 因合法建造房屋申请房屋所有权初始登记的,应当提交下列材料:

(一)登记申请书;
(二)申请人身份证明;
(三)建设用地使用权证明;
(四)建设工程符合规划的证明;
(五)房屋已竣工的证明;

（六）房屋测绘报告；
（七）其他必要材料。

第三十一条　房地产开发企业申请房屋所有权初始登记时，应当对建筑区划内依法属于全体业主共有的公共场所、公用设施和物业服务用房等房屋一并申请登记，由房屋登记机构在房屋登记簿上予以记载，不颁发房屋权属证书。

第三十二条　发生下列情形之一的，当事人应当在有关法律文件生效或者事实发生后申请房屋所有权转移登记：

（一）买卖；
（二）互换；
（三）赠与；
（四）继承、受遗赠；
（五）房屋分割、合并，导致所有权发生转移的；
（六）以房屋出资入股；
（七）法人或者其他组织分立、合并，导致房屋所有权发生转移的；
（八）法律、法规规定的其他情形。

二、房地产权属变更登记

房地产转让或者变更时，应当向县级以上地方人民政府房产管理部门申请房产变更登记，并凭变更后的房屋所有权证书向同级人民政府土地管理部门申请土地使用权变更登记，经同级人民政府土地管理部门核实，由同级人民政府更换或者更改土地使用权证书。

房地产抵押时，应当向县级以上地方人民政府规定的部门办理抵押登记。因处分抵押房地产而取得土地使用权和房屋所有权的，应当依法办理过户登记。

制度链接：《房屋登记办法》（节选）

第三十六条　发生下列情形之一的，权利人应当在有关法律文件生效或者事实发生后申请房屋所有权变更登记：

（一）房屋所有权人的姓名或者名称变更的；
（二）房屋坐落的街道、门牌号或者房屋名称变更的；
（三）房屋面积增加或者减少的；
（四）同一所有权人分割、合并房屋的；
（五）法律、法规规定的其他情形。

第三十七条　申请房屋所有权变更登记，应当提交下列材料：

（一）登记申请书；
（二）申请人身份证明；

(三)房屋所有权证书或者房地产权证书;

(四)证明发生变更事实的材料;

(五)其他必要材料。

延伸思考:

1. 我国城市房地产管理制度的主导思想是什么?
2. 如何保障城市居民不断改善居住条件?
3. 如何监控城市房地产开发活动?
4. 房地产权属登记的法律意义是什么?

文献附录:《房屋征收与补偿条例征求意见稿》

房屋征收与补偿条例征求意见稿公布

中新网 2010 年 1 月 29 日电　国务院法制办今日在其官方网站全文公布《国有土地上房屋征收与补偿条例(征求意见稿)》(以下简称征求意见稿),征求社会各界意见。

征求意见稿共五章四十一条,分别对适用范围、征收程序、征收补偿、关于非因公共利益的需要实施的拆迁等问题予以了明确规定。

有关单位和各界人士可以在 2010 年 2 月 12 日前,通过以下三种方式提出意见:(一)登陆"中国政府法制信息网"(网址:www.chinalaw.gov.cn),通过网站首页左侧的《法规规章草案意见征集系统》,对征求意见稿提出意见。(二)通过信函方式将意见寄至:北京市 1750 信箱(邮政编码:100017),并请在信封上注明"国有土地上房屋征收与补偿条例征求意见"字样。(三)通过电子邮件方式将意见发送至:fwzs@chinalaw.gov.cn。

以下为征求意见稿全文:

《国有土地上房屋征收与补偿条例(征求意见稿)》

第一章　总则

第一条　为了规范国有土地上房屋征收与补偿活动,维护公共利益,保障被征收人的合法权益,根据《物权法》和《全国人民代表大会常务委员会关于修改〈中华人民共和国城市房地产管理法〉的决定》,制定本条例。

第二条　为了公共利益的需要,对国有土地上单位、个人的房屋实行征收以及对被征收房屋的所有权人(以下简称被征收人)给予补偿的,适用本条例。

第三条　本条例所称公共利益的需要,包括:

(一)国防设施建设的需要;

(二)国家重点扶持并纳入规划的能源、交通、水利等公共事业的需要;

(三)国家重点扶持并纳入规划的科技、教育、文化、卫生、体育、环境和资源保护、文物保护、社会福利、市政公用等公共事业的需要;

（四）为改善低收入住房困难家庭居住条件，由政府组织实施的廉租住房、经济适用住房等建设的需要；

（五）为改善城市居民居住条件，由政府组织实施的危旧房改造的需要；

（六）国家机关办公用房建设的需要；

（七）法律、行政法规和国务院规定的其他公共利益的需要。

第四条　房屋征收与补偿应当遵循决策民主、程序正当、补偿公平、结果公开的原则。

第五条　县级以上地方人民政府负责本行政区域的房屋征收与补偿工作。

县级以上地方人民政府规定的房屋征收部门具体组织实施房屋征收与补偿工作。

县级以上地方人民政府有关部门应当依照本条例的规定和本级人民政府规定的职责分工，互相配合，保证房屋征收与补偿工作的顺利进行。

第六条　上级人民政府应当加强对下级人民政府房屋征收与补偿工作的监督。

国务院建设主管部门和省、自治区、直辖市人民政府建设主管部门应当会同同级财政、国土资源等有关部门，加强对房屋征收与补偿实施工作的指导。

第七条　任何组织或者个人对违反本条例规定的行为，有权向有关人民政府、房屋征收部门和其他有关部门举报。接到举报的有关人民政府、房屋征收部门和其他有关部门对举报应当及时核实、处理，并将处理结果向举报人通报。

第二章　征收程序

第八条　为了公共利益的需要，县级以上地方人民政府征收房屋的，应当依照本条例的规定作出房屋征收决定。

第九条　县级以上地方人民政府在作出房屋征收决定前，应当组织发展改革、城乡规划、国土资源、环境保护、文物保护、建设等有关部门，就房屋征收目的、房屋征收范围、实施时间等事项进行论证。

第十条　县级以上地方人民政府在组织有关部门论证后，应当将房屋征收目的、房屋征收范围、实施时间等事项予以公告，并采取论证会、听证会或者其他方式征求被征收人、公众和专家意见。公告时间不得少于30日；但是，房屋征收范围较大的，公告时间不得少于60日。

公告的事项涉及国家秘密的，应当遵守有关保密法律、行政法规的规定。

县级以上地方人民政府应当将被征收人、公众和专家意见的采纳情况、不采纳情况及理由及时公布。

第十一条　房屋征收范围公告后，在房屋征收范围内不得进行下列活动：

（一）新建、扩建、改建房屋；

（二）改变房屋和土地用途；

（三）迁入户口或者分户。

房屋征收部门应当将前款所列事项书面通知有关部门暂停办理相关手续。暂停办理相关手续的书面通知应当载明暂停期限。暂停期限最长不得超过1年。

第十二条　经征求被征收人、公众和专家意见,无重大争议的,由县级以上地方人民政府作出房屋征收决定;存在重大争议的,由县级以上地方人民政府报请上一级人民政府裁决后,作出房屋征收决定。

征收房屋的,应当依法收回国有土地使用权。

第十三条　因危旧房改造的需要征收房屋的,县级以上地方人民政府应当在组织有关部门论证的基础上,征求被征收人的意见。90%以上被征收人同意进行危旧房改造的,县级以上地方人民政府方可作出房屋征收决定;未达到90%被征收人同意的,不得作出房屋征收决定。

县级以上地方人民政府应当将征求意见的情况及时公布。

第十四条　县级以上地方人民政府应当将房屋征收决定予以公告。公告应当载明房屋征收目的、房屋征收范围、实施时间和行政复议、行政诉讼权利等事项。

县级以上地方人民政府及其房屋征收部门应当及时做好对房屋征收决定的宣传、解释工作。

第十五条　被征收人以及与房屋征收决定有关的利害关系人对县级以上地方人民政府作出的房屋征收决定不服的,可以依法申请行政复议,也可以依法向人民法院提起行政诉讼。

第十六条　房屋征收涉及国防设施、文物古迹、历史建筑、宗教活动场所的,应当遵守有关法律、法规的规定。

征收设有抵押权的房屋,应当依法保护抵押权人的合法权益。

第十七条　房屋征收部门应当建立健全房屋征收档案管理制度,加强对房屋征收档案资料的管理。

第三章　补偿

第十八条　作出房屋征收决定的县级以上地方人民政府,应当依照本条例的规定对被征收人给予补偿。

第十九条　补偿方式可以实行货币补偿,也可以实行房屋产权调换,或者实行货币补偿与房屋产权调换相结合的形式。

因危旧房改造的需要征收房屋并进行住宅建设的,被征收人享有回迁的权利。

除本条例第二十九条规定外,被征收人可以选择补偿方式。

第二十条　货币补偿的金额,根据被征收房屋的区位、用途、建筑结构、新旧程度、建筑面积等因素,以房地产市场评估价格确定。

被征收房屋的房地产市场评估价格由具有相应资质的房地产价格评估机

构,按照房地产估价规范和有关规定确定,但不得低于房屋征收决定生效之日类似房地产的市场交易价格。

房地产价格评估机构,由被征收人以投票、抽签等方式确定。

第二十一条 房地产价格评估机构应当独立、客观、公正地确定被征收房屋的房地产市场评估价格,对出具的估价报告的合法性、真实性和合理性负责。

房屋征收部门应当向房地产价格评估机构提供本条例第二十四条第一款规定的调查结果。

任何单位或者个人不得干预补偿估价工作。

第二十二条 选择房屋产权调换的,应当依照本条例第二十条的规定,计算被征收房屋的价格和产权调换房屋的价格,结清产权调换的差价。

产权调换房屋应当符合国家质量安全标准。

第二十三条 对房屋征收范围内的违法建筑和超过批准期限的临时建筑,不予补偿,并依法拆除;对未超过批准期限的临时建筑,应当给予适当补偿。

第二十四条 房屋征收部门应当对房屋征收范围内房屋的权属、区位、用途、建筑面积以及租赁和用益物权等情况组织调查登记,被征收人应当予以配合。调查人员和被征收人应当对调查结果予以确认。调查结果应当向全体被征收人公布。

房屋征收部门应当依照本条例的规定,依据调查结果、房地产市场评估价格,拟定补偿方案,并征求被征收人的意见。

房屋征收部门根据被征收人的意见,对补偿方案予以修改完善,报作出房屋征收决定的县级以上地方人民政府批准后予以公告。公告应当载明补偿方式和房源情况以及签约期限、搬迁过渡方式、过渡期限等事项。

因危旧房改造的需要征收房屋的,补偿方案在报县级以上地方人民政府批准前,还应当征得 2/3 以上被征收人的同意。

第二十五条 房屋征收部门应当按照经批准的补偿方案,与被征收人就补偿方式、补偿金额、产权调换房屋的地点和面积、搬迁期限、搬迁过渡方式和过渡期限等事项,订立补偿协议;其中,危旧房改造的补偿协议,在签约期限内签约率达到 2/3 以上的,方可生效。

房屋征收部门应当将补偿协议向全体被征收人公布。

补偿协议订立后,一方当事人未履行补偿协议的,另一方当事人可以依法向人民法院提起诉讼。

第二十六条 征收个人住宅的,作出房屋征收决定的县级以上地方人民政府,应当为选择货币补偿方式的被征收人提供适当房源。

第二十七条 征收个人住宅的,被征收人的家庭符合廉租住房保障对象或者经济适用住房供应对象条件的,作出房屋征收决定的县级以上地方人民政府应当为其提供廉租住房保障或者经济适用住房。具体办法由省、自治区、直辖市人民政府制定。

第二十八条　房屋征收部门与被征收人在补偿方案规定的签约期限内达不成补偿协议的，或者被征收房屋所有权人不明确的，由房屋征收部门报请作出房屋征收决定的县级以上地方人民政府根据补偿方案作出补偿决定。

被征收人以及与房屋征收决定有关的利害关系人对补偿决定不服的，可以依法申请行政复议，也可以依法向人民法院提起行政诉讼；在行政复议、行政诉讼期间，不停止补偿决定的执行；逾期不申请行政复议也不向人民法院提起行政诉讼、又不履行的，由作出房屋征收决定的县级以上地方人民政府强制搬迁，或者依法申请人民法院强制搬迁。补偿决定被复议机关或者人民法院确认为违法的，作出房屋补偿决定的县级以上地方人民政府应当赔偿被征收人的损失，并承担其他相应的法律责任。

实施强制搬迁前，房屋征收部门应当按照补偿决定，对被征收人先予货币补偿或者提供产权调换房屋、周转用房。

第二十九条　征收租赁房屋，被征收人与房屋承租人解除租赁关系的，对被征收人给予补偿；租赁关系未解除的，对被征收人实行房屋产权调换。产权调换的房屋由原房屋承租人承租。

第三十条　房屋征收部门应当对被征收人或者房屋承租人支付搬迁补助费。

选择房屋产权调换补偿方式的被征收人在过渡期限内自行安排住处的，房屋征收部门应当支付临时安置补助费；使用房屋征收部门提供的周转用房的，房屋征收部门不予支付临时安置补助费。

因房屋征收部门未按照补偿协议提供产权调换房屋而延长过渡期限的，对自行安排住处的被征收人，房屋征收部门应当自逾期之月起增加临时安置补助费；对周转用房的使用人，应当自逾期之月起支付临时安置补助费。

搬迁补助费和临时安置补助费的标准，由县级以上地方人民政府规定。

第三十一条　对因征收非住宅房屋造成停产、停业的，应当给予适当补偿。

第三十二条　房屋征收部门委托有关单位从事征收补偿与搬迁具体工作的，应当加强对受委托单位的监督，并对其实施的征收补偿与搬迁行为承担相应的法律责任。

房屋征收部门及其委托的单位不得采取中断供水、供热、供气、供电等方式实施搬迁。

任何单位和个人不得以暴力、胁迫以及其他非法手段实施搬迁。

第三十三条　任何单位和个人不得贪污、挪用、私分、截留、拖欠、克扣、挤占补偿等费用。

第四章　法律责任

第三十四条　违反本条例规定，县级以上地方人民政府有下列行为之一的，

由上级人民政府责令改正,通报批评;造成损失的,依法承担赔偿责任;对直接负责的主管人员和其他直接责任人员,依法给予处分:

(一)非因公共利益需要征收房屋的;

(二)违反法定程序作出房屋征收决定的;

(三)未将房屋征收决定予以公告或者公告时间不符合法定要求的;

(四)对不符合规定的补偿方案予以批准的;

(五)作出的补偿决定违反补偿方案的;

(六)违反法定条件强制搬迁的。

第三十五条 违反本条例规定,房屋征收部门有下列行为之一的,由本级人民政府责令改正,通报批评;造成损失的,依法承担赔偿责任;对直接负责的主管人员和其他直接责任人员,构成犯罪的,依法追究刑事责任;尚不构成犯罪的,依法给予处分:

(一)未按照房屋征收决定确定的房屋征收范围实施征收的;

(二)实施强制搬迁前,未按照规定对被征收人先予货币补偿或者提供产权调换房屋、周转用房的;

(三)采取中断供水、供热、供气、供电等方式实施搬迁的;

(四)未作出补偿决定实施强制搬迁的,或者虽作出补偿决定但未按照法定程序实施强制搬迁的;

(五)未支付搬迁补助费、临时安置补助费的。

第三十六条 违反本条例规定,房屋征收部门及其委托实施征收补偿与搬迁的单位,以暴力、胁迫以及其他非法手段实施搬迁的,对直接负责的主管人员和其他直接责任人员,构成犯罪的,依法追究刑事责任;尚不构成犯罪的,依法给予处分。

第三十七条 违反本条例规定,贪污、挪用、私分、截留、拖欠、克扣、挤占补偿等费用的,责令退赔,对有关责任单位通报批评、给予警告;对直接负责的主管人员和其他直接责任人员,构成犯罪的,依法追究刑事责任;尚不构成犯罪的,依法给予处分。

第三十八条 违反本条例规定,房屋征收部门有下列行为之一的,由本级人民政府责令限期改止;对直接负责的主管人员和其他直接责任人员,依法给予处分:

(一)房屋征收范围公告后,未将有关事项书面通知有关部门暂停办理相关手续的;

(二)未向房地产价格评估机构提供被征收房屋情况调查结果的;

(三)未依据调查结果拟定补偿方案并征求被征收人意见的。

第三十九条 违反本条例规定,房地产价格评估机构或者房地产估价师出具虚假或者有重大差错的估价报告的,由发证机关责令限期改正,给予警告;情节严重的,吊销资质证书、注册证书;构成犯罪的,依法追究刑事责任。

第五章 附则

第四十条 非因公共利益的需要,拆迁国有土地上单位、个人的房屋从事建设活动的,应当符合城乡规划、土地利用总体规划,并依法办理有关审批手续。

非因公共利益的需要,拆迁国有土地上单位、个人的房屋的,建设单位应当编制具体实施方案,并报房屋征收部门批准。

建设单位应当与房屋的所有权人按照自愿、公平的原则订立拆迁补偿协议。

本条例关于货币补偿、房屋产权调换、补偿协议内容的规定,适用于非因公共利益的需要进行拆迁的活动。

建设单位、受委托实施拆迁的单位不得采取中断供水、供热、供气、供电等方式或者以暴力、胁迫以及其他非法手段实施拆迁。

县级以上地方人民政府应当加强对拆迁活动的监督管理。

第四十一条 本条例自　年　月　日起施行。2001年6月13日国务院公布的《城市房屋拆迁管理条例》同时废止。

第十一章 广告法律制度

 引例：嘉华苑科技发展公司诉一汽
销售公司、《京华时报》社著作权侵权纠纷案

2000年6月6日，嘉华苑科技公司与案外人李某签订《〈中华图片库〉图片拍摄合同书》，嘉华苑科技公司依约获得了《中华图片库》中所有图片的著作权。嗣后，《中华图片库》系列光盘由北京大学出版社出版发行，在《中华图片库——商务与金融33》光盘的索引中有包括CF2-007和CF2-047在内的若干图片。嘉华苑科技公司在其中的"版权声明"称其享有光盘中所有图片的著作权。2003年7月15日，北京大学出版社出具《关于〈中华图片库〉的说明》，表示《中华图片库》中所有图片著作权由嘉华苑科技公司享有。

2003年1月3日，一汽销售公司（甲方）与纵横时代广告公司（乙方）签订《广告发布合同书》，约定甲方委托乙方在指定地区的媒体上发布"明仕"汽车商务版的平面媒体广告；广告所用物料全权委托乙方办理，基础素材由甲方负责提供，乙方刊出广告前，版面需经甲方审核才能刊登；乙方负责审查广告内容及表现形式，对不符合法律法规的广告内容和表现形式，乙方有权要求甲方进行修改；甲方委托乙方发布的广告出现法律问题，应由甲方承担相关法律责任；甲方应及时提供广告资料，配合乙方做好媒体发布工作等内容。根据该合同附件记载，1月6日《京华时报》上发布广告，净价26 860元。

嗣后，纵横时代广告公司依据该委托在2003年1月6日出版的《京华时报》上刊登了"明仕商务成功真朋友"汽车广告，该广告中使用了编号为CF2-047的图片。

此后，一汽销售公司又委托案外其他广告公司在《京华时报》上发布了3次广告，其中2003年1月23日的广告与上述广告相同，使用了编号为CF2-047的图片，同年2月20日、3月20日的广告则使用了编号为CF2-007的图片。

后原告嘉华苑科技公司起诉到朝阳法院，要求一汽销售公司和《京华时报》社停止侵权，在《京华时报》上刊登致歉声明以消除影响，并赔偿经济损失4万元。

一汽销售公司则认为涉案广告是由北京纵横时代广告有限公司（简称纵横时代广告公司）创意、制作并在部分媒体发布的，该公司应承担著作权侵权的全部责任。而且涉案广告1年前即已停止，嘉华苑科技公司索赔金额缺乏法律依据，明显偏高，因此不同意嘉华苑科技公司的诉讼请求。《京华时报》社辩称，嘉华苑科技公司未举证证明涉案图片是其征得被拍摄者许可而独立创作完成，故不享有涉案图片的著作权。报社受委托发布涉案广告，已经查验了广告经营者的营业执照、广告经营许可证等材料，核实了广告发布的内容。广告中极小部分图片的著作权审查问题已超出广告发布者应尽的责任和能力，因此不应承担侵权责任。

法院经审理后认为，嘉华苑科技公司与李卫订立的委托拍摄《中华图片库》图片的合同、《中华图片库》光盘、北京大学出版社的说明以及已经生效的判决书形成证据链，能够证明嘉华苑科技公司对涉案图片享有著作权。涉案图片中的被拍摄者是否许可拍摄并不会影响涉案图片的著作权归属。《京华时报》社对嘉华苑科技公司著作权人身份所持异议，缺乏依据，法院不予支持。涉案的4次广告分别使用了嘉华苑科技公司享有著作权的两张图片，作为广告主的一汽销售公司未举证证明该使用已征得著作权人许可。因此，一汽销售公司应就上述广告中使用嘉华苑公司涉案图片的行为承担停止侵权、赔礼道歉、赔偿损失的民事责任。

按照我国广告法的规定，广告发布者应当对广告内容、法律法规规定的营业执照、生产经营资格等证明文件进行审查，对于内容不实或证明文件不全的，广告发布者不得发布。《京华时报》社作为涉案广告的发布者，理应依法履行上述审查义务。现其不能证明已经依法履行了相应的审查义务，故应认定其主观上存在过错，应当承担停止侵权、赔偿损失的民事责任。由于法律赋予广告发布者的审查义务仅限于形式上的审查义务，因此广告发布者只有在明知广告中存在侵犯他人著作权内容的情况下，才与广告主构成共同侵权，并连带承担赔偿责任。现嘉华苑科技公司不能证明《京华时报》社存在侵权故意，因此《京华时报》社不应与一汽销售公司承担连带赔偿责任，而应就其自身的过错单独承担赔偿责任。

由于广告价格表只是2002年在《京华时报》上刊登广告须交纳广告费的参考依据，不能直接作为侵犯著作权的损害赔偿依据。因此，法院将参考该价格表，并综合考虑一汽销售公司对涉案广告的投入情况、涉案图片的付酬标准及在广告中的作用、涉案侵权广告的发布情况及损害后果、一汽销售公司和《XX时报》社各自的过错程度等因素，酌情判定一汽销售公司和《京华时报》社各自的赔偿数额，故作出如下判决：

判决一汽轿车销售有限公司、《京华时报》社立即停止涉案的侵犯原告著作权的行为;一汽轿车销售有限公司在《京华时报》上刊登声明,向原告致歉并赔偿原告经济损失2.3万元;《京华时报》社赔偿原告经济损失一千元。

——资料来源:中顾网(www.9ask.cn)

第一节 概述

一、广告的概念

所谓广告,是指商品经营者或者服务提供者承担费用,通过一定媒介和形式直接或者间接地介绍自己所推销的商品或者所提供的服务的商业广告。

广告活动中包含三方主体:广告主、广告经营者、广告发布者。所谓广告主,是指为推销商品或者提供服务,自行或者委托他人设计、制作、发布广告的法人、其他经济组织或者个人。所谓广告经营者,是指受委托提供广告设计、制作、代理服务的法人、其他经济组织或者个人。所谓广告发布者,是指为广告主或者广告主委托的广告经营者发布广告的法人或者其他经济组织。

县级以上人民政府工商行政管理部门是广告监督管理机关。

二、广告活动的基本原则

《广告法》规定,广告应当真实、合法,符合社会主义精神文明建设的要求,不得含有虚假的内容,不得欺骗和误导消费者。广告主、广告经营者、广告发布者从事广告活动,应当遵守法律、行政法规,遵循公平、诚实信用的原则。

第二节 广告准则

一、广告基本要求

《广告法》规定,广告内容应当有利于人民的身心健康,促进商品和服务质量的提高,保护消费者的合法权益,遵守社会公德和职业道德,维护国家的尊严和利益。

除外,《广告法》规定,广告内容还应当符合下列具体要求:

(1)广告中对商品的性能、产地、用途、质量、价格、生产者、有效期限、允诺或者对服务的内容、形式、质量、价格、允诺有表示的,应当清楚、明白;

(2)广告中表明推销商品、提供服务附带赠送礼品的,应当标明赠送的品种和数量;

(3)广告使用数据、统计资料、调查结果、文摘、引用语,应当真实、准确,并表明出处;

(4)广告中涉及专利产品或者专利方法的,应当标明专利号和专利种类;

(5)广告应当具有可识别性,能够使消费者辨明其为广告;

(6)药品广告的内容必须以国务院卫生行政部门或者省、自治区、直辖市卫生行政部门批准的说明书为准,国家规定的应当在医生指导下使用的治疗性药品广告中,必须注明"按医生处方购买和使用";

(8)烟草广告中必须标明"吸烟有害健康";

(9)食品、酒类、化妆品广告的内容必须符合卫生许可的事项,并不得使用医疗用语或者易与药品混淆的用语。

二、广告禁止内容

《广告法》规定,广告不得有下列情形:

(1)使用中华人民共和国国旗、国徽、国歌;

(2)使用国家机关和国家机关工作人员的名义;

(3)使用国家级、最高级、最佳等用语;

(4)妨碍社会安定和危害人身、财产安全,损害社会公共利益;

(5)妨碍社会公共秩序和违背社会良好风尚;

(6)含有淫秽、迷信、恐怖、暴力、丑恶的内容;

(7)含有民族、种族、宗教、性别歧视的内容;

(8)妨碍环境和自然资源保护;

(9)广告不得损害未成年人和残疾人的身心健康;

(10)未取得专利权的,不得在广告中谎称取得专利权,禁止使用未授予专利权的专利申请和已经终止、撤销、无效的专利做广告;

(11)广告不得贬低其他生产经营者的商品或者服务;

(12)大众传播媒介不得以新闻报道形式发布广告,通过大众传播媒介发布的广告应当有广告标记,与其他非广告信息相区别,不得使消费者产生误解;

(13)麻醉药品、精神药品、毒性药品、放射性药品等特殊药品,不得做广告;

(14)禁止利用广播、电影、电视、报纸、期刊发布烟草广告,禁止在各类等候室、影剧院、会议厅堂、体育比赛场馆等公共场所设置烟草广告;

(15)法律、行政法规规定禁止的其他情形。

三、药品、医疗广告特别规定

《广告法》规定,药品、医疗器械广告不得有下列内容:
(1)含有不科学的表示功效的断言或者保证的;
(2)说明治愈率或者有效率的;
(3)与其他药品、医疗器械的功效和安全性比较的;
(4)利用医药科研单位、学术机构、医疗机构或者专家、医生、患者的名义和形象作证明的;
(5)法律、行政法规规定禁止的其他内容。

政府公告:违法广告曝光台
国家工商行政管理总局2007年第三季度违法广告公告
工商广公字〔2007〕6号

近日,国家工商行政管理总局对今年第三季度媒体广告发布情况进行了监测检查,重点抽查了9月27日各省(区、市)电视台卫视频道,9月13~15日各省(区、市)省会(首府)城市及计划单列市城市晚报,9月份第二周各省(区、市)及计划单列市广播电视报发布的药品、医疗、保健食品、化妆品及美容服务广告。现将监测发现的涉嫌虚假和严重违法广告公告如下:

一、"都邦胶囊"保健食品广告,发布在2007年9月15日《贵阳晚报》。该广告有关开发性潜能、增强性功能的宣传,超出国家有关部门批准的保健功能范围,并使用消费者名义做功效证明,严重违反了食品广告的法律、法规规定。

二、"沉香十七味丸"药品广告,发布在2007年9月13日《长沙晚报》。该广告属于禁止在大众媒介发布的处方药广告,含有不科学地表示药品功效、使用患者名义做证明的内容,严重违反了药品广告的法律、法规规定。

三、"活根草"保健食品广告,发布在2007年9月13日《南宁晚报》。该广告有关激活性腺、补充荷尔蒙、增强性功能的宣传,超出国家有关部门批准的保健功能范围,并使用消费者的形象做功效证明,严重违反了食品广告的法律、法规规定。

四、"八六五二"部队医院医疗广告,发布在2007年9月13日《山西广播电视报》。该广告以部队名义发布,宣传"穴位免疫排毒疗法"诊疗技术,保证治愈病毒疣,严重违反了医疗广告的法律、法规规定。

五、"益脑维压康"药品广告,发布在2007年9月16日《江西广播电视报》。该药品广告未经药品监督管理部门审批擅自发布,在宣传药品功能主治、药理作用等内容中,不科学地表示药品功效,严重违反了药品广告的法律、法规规定。

六、中华中医学会首都骨病研究中心医疗广告,发布在2007年9月12日

《江苏广播电视报》。该医疗广告未经卫生行政部门审查擅自发布,宣传治疗强直性脊柱炎的药品,使用患者名义做证明,严重违反了医疗和药品广告的法律、法规规定。

七、"冠心七味片"药品广告,发布在2007年9月10日《青海广播电视报》。该广告属于禁止在大众媒介发布的处方药广告,含有不科学地表示药品功效、使用患者名义做证明的内容,严重违反了药品广告的法律、法规规定。

八、"肝毒净颗粒"药品广告,发布在2007年9月27日内蒙古电视台卫视频道。该广告在以电视购物方式宣传药品功效中,利用专家、患者的名义证明功效,保证治愈肝病,误导患者,严重违反了药品广告的法律、法规规定。

工商行政管理机关对以上违法广告,将责令其停止发布并依法查处,继续按照《关于集中整治药品、保健食品、医疗广告的通知》要求,做好药品、保健食品、医疗广告的集中整治工作。

二〇〇七年十一月十六日

四、农药广告特别规定

《广告法》规定,农药广告不得有下列内容:
(1)使用无毒、无害等表明安全性的绝对化断言的;
(2)含有不科学的表示功效的断言或者保证的;
(3)含有违反农药安全使用规程的文字、语言或者画面的;
(4)法律、行政法规规定禁止的其他内容。

第三节 广告活动

一、广告主的广告活动

《广告法》规定,广告主自行或者委托他人设计、制作、发布广告,所推销的商品或者所提供的服务应当符合广告主的经营范围,应当具有或者提供真实、合法、有效的下列证明文件:
(1)营业执照以及其他生产、经营资格的证明文件;
(2)质量检验机构对广告中有关商品质量内容出具的证明文件;
(3)确认广告内容真实性的其他证明文件。

发布广告需要经有关行政主管部门审查的,还应当提供有关批准文件。

广告主委托设计、制作、发布广告,应当委托具有合法经营资格的广告经营者、广告发布者。

广告主在广告中使用他人名义、形象的,应当事先取得他人的书面同意;使用无民事行为能力人、限制民事行为能力人的名义、形象的,应当事先取得其监护人的书面同意。

二、广告经营者的广告活动

《广告法》规定,广告经营者应当履行以下五项义务:

(1)从事广告经营的,应当具有必要的专业技术人员、制作设备,并依法办理公司或者广告经营登记,方可从事广告活动。广播电台、电视台、报刊出版单位的广告业务,应当由其专门从事广告业务的机构办理,并依法办理兼营广告的登记;

(2)按照国家有关规定,建立、健全广告业务的承接登记、审核、档案管理制度;

(3)依据法律、行政法规查验有关证明文件,核实广告内容,对内容不实或者证明文件不全的广告,不得提供设计、制作、代理服务;

(4)广告收费应当合理、公开,收费标准和收费办法应当向物价和工商行政管理部门备案,广告经营者应当公布其收费标准和收费办法;

(5)在广告中使用他人名义、形象的,应当事先取得他人的书面同意;使用无民事行为能力人、限制民事行为能力人的名义、形象的,应当事先取得其监护人的书面同意。

三、广告发布者的广告活动

《广告法》规定,广告发布者应当履行以下四项义务:

(1)按照国家有关规定,建立、健全广告业务的承接登记、审核、档案管理制度;

(2)依据法律、行政法规查验有关证明文件,核实广告内容,对内容不实或者证明文件不全的广告,不得发布;

(3)广告收费应当合理、公开,收费标准和收费办法应当向物价和工商行政管理部门备案,广告发布者应当公布其收费标准和收费办法;

(4)向广告主、广告经营者提供的媒介覆盖率、收视率、发行量等资料应当真实。

法律、行政法规规定禁止生产、销售的商品或者提供的服务,以及禁止发布广告的商品或者服务,不得设计、制作、发布广告。

户外广告的设置规划和管理办法,由当地县级以上地方人民政府组织广告监督管理、城市建设、环境保护、公安等有关部门制定。《广告法》规定，有下列情形之一的，不得设置户外广告：

(1) 利用交通安全设施、交通标志的；
(2) 影响市政公共设施、交通安全设施、交通标志使用的；
(3) 妨碍生产或者人民生活，损害市容市貌的；
(4) 国家机关、文物保护单位和名胜风景点的建筑控制地带；
(5) 当地县级以上地方人民政府禁止设置户外广告的区域。

第四节　广告审查

一、广告审查强制制度

《广告法》规定，利用广播、电影、电视、报纸、期刊以及其他媒介发布药品、医疗器械、农药、兽药等商品的广告和法律、行政法规规定应当进行审查的其他广告，必须在发布前依照有关法律、行政法规由广告审查机关对广告内容进行审查；未经审查，不得发布。

二、广告审查基本程序

《广告法》规定，广告主申请广告审查，应当依照法律、行政法规向广告审查机关提交有关证明文件。广告审查机关应当依照法律、行政法规作出审查决定。

任何单位和个人不得伪造、变造或者转让广告审查决定文件。

第五节　法律责任

一、虚假广告法律责任

利用广告对商品或者服务作虚假宣传的，由广告监督管理机关责令广告主停止发布，并以等额广告费用在相应范围内公开更正消除影响，并处广告费用1倍以上5倍以下的罚款；对负有责任的广告经营者、广告发布者没收广告费用，并处广告费用1倍以上5倍以下的罚款；情节严重的，依法停止其广告业务。构成犯罪的，依法追究刑事责任。

发布虚假广告，欺骗和误导消费者，使购买商品或者接受服务的消费者的合法权益受到损害的,由广告主依法承担民事责任;广告经营者、广告发布者明知或者应知广告虚假仍设计、制作、发布的,应当依法承担连带责任。广告经营者、广告发布者不能提供广告主的真实名称、地址的,应当承担全部民事责任。

社会团体或者其他组织,在虚假广告中向消费者推荐商品或者服务,使消费者的合法权益受到损害的,应当依法承担连带责任。

二、违法药品、医疗器械、农药、食品、酒类、化妆品广告法律责任

违法发布药品、医疗器械、农药、食品、酒类、化妆品广告的,由广告监督管理机关责令负有责任的广告主、广告经营者、广告发布者改正或者停止发布,没收广告费用,可以并处广告费用一倍以上五倍以下的罚款;情节严重的,依法停止其广告业务。

政府公告:2009年部分违法药品、医疗、保健食品、化妆品及美容服务广告曝光

国家工商行政管理总局2009年第一季度违法广告公告

工商广公字〔2009〕5号

近日,国家工商行政管理总局对今年第一季度媒体广告发布情况进行了监测检查,重点抽查了3月26日各省(区、市)电视台卫视频道,3月16～18日各省(区、市)省会(首府)城市晚报,发布的药品、医疗、保健食品、化妆品及美容服务广告。现将监测抽查发现的部分严重违法广告公告如下:

一、《呼和浩特晚报》3月18日发布的呼和浩特"五洲女子医院"医疗广告。该广告以新闻报道形式,宣传德国STORS官腹腔镜技术落户呼市五洲女子医院以及相关医疗服务项目,严重违反了医疗广告的法律、法规规定。

二、《西安晚报》3月18日发布的"生命A蛋白"食品广告。该广告中有关补充生命A蛋白全面解决男性生理功能障碍、前列腺疾病、肾虚三大问题等内容,夸大食品用途,宣传食品的治疗作用,严重违反了食品广告的法律、法规规定。

三、《南昌晚报》3月16日发布的南昌"东大肛肠专科医院"医疗广告。该广告未经卫生行政部门批准发布,宣传相关诊疗技术方式,严重违反了医疗广告的法律、法规规定。

四、《贵阳晚报》3月18日发布的"冠心静片"药品广告。该药品为处方药,在大众传播媒介发布广告,严重违反了药品广告的法律、法规规定。

五、《新晚报》(黑龙江)3月18日发布的"倍力胶囊"保健食品广告。该广告中有关增强性功能、改善性生活的内容,超出食品药品监督管理部门核定的保健功能,严重违反了食品广告的法律、法规规定。

六、《南宁晚报》3月17日发布的"肝宁片"药品广告。该广告未经食品药品监督管理部门审查批准发布,广告中隐含保证治愈、使用患者名义做证明等内容,严重违反了药品广告的法律、法规规定。

七、《今晚报》(天津)3月18日发布的天津市河东"钟山医院"医疗广告。该广告未经卫生行政部门批准发布,宣传治疗肛肠疾病的诊疗技术,严重违反了医疗广告的法律、法规规定。

八、《燕赵晚报》(河北)3月16日发布的"仲马"食品广告。该广告中有关适应男性功能性障碍、免疫力低下、急慢性前列腺疾病患者的内容,夸大食品用途,宣传食品的治疗作用,严重违反了食品广告的法律、法规规定。

九、《福州晚报》3月18日发布的福建"武警医院"医疗广告。该广告使用武警部队名义发布广告,并且在广告中宣传相关诊疗技术方法,使用患者名义做证明,严重违反了医疗广告的法律、法规规定。

十、青岛电视台一套节目3月26日发布的"圣首荞芪胶囊"保健食品广告。该广告夸大保健食品功效,宣传治疗糖尿病的作用,使用患者名义证明使用效果,严重违反了食品广告的法律、法规规定。

工商行政管理机关对以上违法广告,将责令停止发布并依法查处,继续会同有关部门加大广告市场监管力度。

——资料来源:国家工商总局门户网站(www.saic.gov.cn)

三、违法烟草广告法律责任

违法利用广播、电影、电视、报纸、期刊发布烟草广告,或者在公共场所设置烟草广告的,由广告监督管理机关责令负有责任的广告主、广告经营者、广告发布者停止发布,没收广告费用,可以并处广告费用一倍以上五倍以下的罚款。

四、广告侵权行为法律责任

广告主、广告经营者、广告发布者违反《广告法》的规定,有下列侵权行为之一的,依法承担民事责任:

(1)在广告中损害未成年人或者残疾人的身心健康的;
(2)假冒他人专利的;
(3)贬低其他生产经营者的商品或者服务的;
(4)广告中未经同意使用他人名义、形象的;
(5)其他侵犯他人合法民事权益的。

延伸思考:

1. 政府为什么要对广告活动给予监管?
2. 实践中是否有违反《广告法》规定的广告活动,如果有,请举例。
3. 如何评价当前我国广告审查制度?

4. 如何评价《广告法》规定的法律责任?

文献附录:《关于进一步加强广播电视医疗和药品广告监管工作的通知》

各省、自治区、直辖市广播影视局,卫生厅(局),工商行政管理局,食品药品监督管理局(药品监督管理局),中医(药)管理局:

近一段时期来,一些虚假违法医疗、药品广告又出现反弹,引起社会各界不满,主要有:一是不法分子非法生产销售假冒伪劣药品,并通过广播电视媒体发布广告,欺骗消费者;二是部分医疗机构和药品生产、经销企业在进行广告宣传时,使用演职人员冒充专家、学者做疗效证明甚至是虚假疗效证明,误导消费者;三是少数广播电视媒体片面追求经济利益,审查不严,违规播放广告问题时有发生。这些问题严重危害了人民群众的生命安全和身体健康,损害了医疗机构及相关行业的社会形象和信誉,影响了广播电视媒体的社会公信力。为维护人民群众正当权益,现就进一步加强广播电视医疗、药品广告的监管工作通知如下:

一、广播电视媒体要做好播前审查把关工作,坚决杜绝虚假违法的医疗和药品广告。各级广播电视媒体要树立政治意识、责任意识,切实做好医疗、药品广告审查和播放工作。要严格依据《广告法》、《医疗广告管理办法》、《药品广告审查办法》、《药品广告审查发布标准》等有关法律规章,认真审核有关证明文件,坚决做到:凡审批证明不符合要求,或擅自篡改审批内容的一律不得播放;凡以专家、患者形象做疗效证明的一律不得播放;凡含有宣传治愈率、有效率及医生与患者进行现场或热线沟通交流内容的一律不得播放;凡由药品生产、经销企业或医疗机构制作的医疗、健康类资讯服务节目一律不得播放。

二、广播电视媒体要严格审查医疗、健康类节目中嘉宾的资质,避免误导受众。广播电视播出机构自行制作播放宣传普及疾病防控等科学知识的医疗、健康类节目时,需要聘请医学专家作为嘉宾的,播出机构必须认真审核嘉宾的医师执业证书、工作证、职称证明等相关证明。禁止聘请不具备执业资质的人士担当医疗、健康类节目的嘉宾。严禁以演员和社会名人主持医疗、健康类节目。

三、广播电视媒体要认真自查自纠,清理虚假违法医疗、药品广告。各级广播电视媒体应按本《通知》要求,对本单位拟发布的医疗、药品广告及医疗资讯服务节目进行全面清查,凡不符合要求的,必须立即停播。在自查过程中,对有关广告审批证明的真实性难以确认的,应向当地卫生、药监、中医药等部门进行核实。经确认属实的,方可继续播出。

四、有关部门应各司其职,标本兼治,加强各个环节的监管。广电、工商、卫生、药监、中医药等行政管理部门应根据"整治虚假违法广告专项行动部际联席会议制度"的要求,加强沟通协调,通力配合,加大对虚假违法医疗、药品广告的整治力度。

工商行政管理部门要依法加强对广告活动主体的监管,要结合企业信用体系建设，将制作、发布虚假违法广告的行为，纳入广告主、广告经营者的不良信用记录；对屡次制作、发布虚假违法广告或发布广告造成严重不良社会影响的，应依法停止或取消其广告经营、发布资格。

卫生行政部门、中医药管理部门应将整治虚假违法医疗广告与打击非法行医结合起来，严格审查医疗广告。对审查通过的医疗广告，应通过政府网站发布公告等方式及时向社会公示；建立制度化的监测体系，定期对媒体发布的医疗广告进行监测；要严肃查处发布虚假违法广告的医疗机构，对未取得《医疗广告审查证明》或擅自篡改其内容发布广告的医疗机构，应及时责令改正，给予警告或责令其停业整顿、吊销有关诊疗科目，并将有关情况通报工商部门。

药品监督管理部门应切实履行药品广告审查管理职能，严格执行药品广告审查发布标准，从严审批药品广告。对审查批准发布的药品广告，应通过政府网站发布公告等方式向社会及时公示；要加强广告发布后监测，对发布违法广告的及时移送工商部门查处；加强对违法发布药品广告企业的治理力度，将违法发布广告行为计入企业不良信息记录，向社会公示，对情节严重的应依法采取暂停其品种销售的行政控制措施，依法撤销广告批准文号。

广电行政管理部门应进一步完善监管系统，加强对广播电视媒体医疗、药品广告播放的监管。对违法违规发布广告的，应责令其立即整改；建立责任追究制度，对出现严重违规问题的，要对直接责任人给予处分，并追究其主要负责人的责任。

五、狠抓典型，严肃处理重大违法违规问题。各监管部门对制作、发布虚假违法的医疗、药品广告构成犯罪的，应及时移交公安、司法等部门，依法追究其法律责任。对监管过程中发现的典型违法违规问题，应向社会公开曝光。

请接本通知后，立即转发相关单位认真执行。

国家广播电影电视总局　卫生部　国家工商行政管理总局
国家食品药品监督管理局　国家中医药管理局

二〇〇九年二月十三日

——资料来源：国家工商总局门户网站（www.saic.gov.cn）

第十二章 证券法律制度

 引例:"中国证券第一案"

2006年9月8日上午9时,备受社会各界关注的"东方电子案"在山东省青岛市中级人民法院第一审判庭开庭,这标志着这桩国内投资者起诉人数最多——涉及7 000股民、起诉标的最大——总标的额超过4亿元的"中国证券第一案"即将进入全面解决阶段。

此次开庭审理的为毕晓燕等100人诉烟台东方电子信息产业股份有限公司、山东乾聚有限责任会计师事务所虚假证券信息纠纷案,全部诉讼额约为500万。本案审判长宣布:由于案件具有人数众多、证据多等特点,开庭前法院已进行了证据交换,并核对了当事人身份和交易状况,双方已经发表质证意见,并记录在案,对于这100名原告的案件,合议庭决定合并审理。当天,经过5个小时的法庭调查、法庭辩论等庭审过程,本案双方争议八大焦点引起了众多媒体的强烈关注。

焦点一:100名股民作为原告是否适格

"原告代理人以自己的名义代替原告签署起诉状,不符合法律规定,开庭100个案件,被告收到的起诉状均是原告代理人签名而没有原告签名,原告代理人的行为是超越代理权限的行为……"上午9时许,原告刚刚陈述完毕诉讼请求及事实和理由,第一被告即作出上述答辩。

那么,100名股民作为原告是否适格对此,原告代理人顾文江、刘凌云称,原告已严格提交身份证件和授权文书,该证件证明原告是完全民事行为能力人和本案利害关系,部分复印件经过了公证,其他的直接向法院提交;关于委托手续,都是本案原告亲笔签署,该委托合法有效。根据授权,其二人有权变更撤销诉讼请求,因在授权范围内变更,故在诉状中签了代理人的名字。原告具有主体资格,该授权合法有效。况且,根据规定,身份证的提交符合法定程序,普通民事程序没有要求原告亲自出庭。

焦点二:东方电子作为被告是否适格

庭审中,东方电子称,根据规定,投资人提起民事诉讼的前提是被告必须受到行政处罚或刑事判决,但本案中没有有权机关对东方电子作出行政处罚,也没有刑事处罚,因此原告起诉不符合前置条件。在烟台市中级人民法院对东方电子三名高管的判决中,东方电子没有被认定为有罪,故不能当作被告。

对此,原告代理人顾文江、刘凌云称,没有追究其刑事责任,不证明不承担民事责任。

焦点三:乾聚会计师事务所作为被告是否适格

乾聚会计师事务所答辩称,其不应列为本案被告,最高人民法院的若干规定应优先适用,前提是被告应受到行政或刑事处罚,但其没有受到处罚,符合免责条件。对此,原告代理人顾文江、刘凌云称,通过没有受到处罚得出没有违规的推论,着实荒谬。

焦点四:东方电子行为是否构成虚假陈述

原告代理人顾文江、刘凌云称,对东方电子的诉讼是有刑事判决作为前提的,即烟台市中级人民法院的刑事判决,虽然是对三名高管作出了判决,但刑法第一百六十一条有规定,虚假财务报告罪主体是单位,处罚对象是高管,是单位犯罪的基本特征。对三名高管的处罚恰恰证明东方电子出具了虚假报告。

对此,东方电子辩称,目前证监会正在对其行为是不是构成了虚假陈述进行审查,尚未做出结论。原告损失是多种因素造成的,包括存在操纵股价的事实、存在内幕交易以及存在系统风险等。

此外,乾聚会计师事务所辩称,作为中介机构,其没有义务识破上市公司造假,只要尽到了充分注意义务,就不应承担责任。

焦点五:实施日、揭露日、基准日如何确定

原告代理人顾文江、刘凌云称,根据东方电子股票的历史行情,可以确定基准日为2001年12月18日,其向法庭提交的证据19是为了证明基准日和揭露日之间的平均收盘价。此外,揭露日是根据2001年10月12日央视国际《证券时间》栏目报道的《东方电子:原来如此》得出的,报道中揭露东方电子业绩不实,系全国范围内的首次揭露。而东方电子提出的2002年4月30是更正日,是将其拖后。对此,东方电子认为,原告提交的证据不能作为东方电子虚假陈述实施日的证据,只能按照烟台市中级人民法院刑事判决书中确定的1998年、1999年年报的披露日期为实施日。另外,该报道不具备公信力和权威性,其使用推测性语言,只提出三个疑点,没有揭露出东方电子存在何种虚假陈述,故没有揭露日。若2001年10月12日是揭露日,则此后的股价应下跌,但揭露日的收盘价比前日高,这与常理不符。

焦点六:操纵股价与原告损失是否有因果关系

原告代理人顾文江、刘凌云称,原告在揭露日之前买入证券,在揭露日、更正日后卖出证券有亏损,这与东方电子的虚假陈述行为有因果关系。

对此,东方电子认为,虚假陈述对股价造成上升,但影响是短暂的,股价上升后直到揭露日之前,股价波动不再受虚假陈述的影响,这期间股价波动是其他因素影响的。换言之,给原告造成的损失,在揭露日之前包括了虚假陈述对股价的影响因素,在揭露日之后价格有了回归,差额就是虚假陈述造成的,因此,原告损失应去掉揭露日前后的差价。为此,东方电子提交了K线图,以此证明除了受虚假陈述影响股价时有小幅上升外,但与大趋势一致。

焦点七:原告损失如何计算

原告代理人顾文江、刘凌云称,东方电子对股民所造成的损失是实实在在的数据。2001年以来,东方电子股价涨到20多元,而目前只有3元多,股价下跌近17元,100个案件的所有原告提出了近500万元的索赔请求是完全合理的。

对此,东方电子认为,原告应当提供交易凭证等投资损失证明,而原告只提供了开户账户并未提供资金账户,只有提供资金账户才能看出是否有透支行为,交割单中大量存在透支行为,且深交所的电子文档看不出配股等情况,也体现不出原告是否转移资金、透支交易。而按照原告诉讼请求,除了系统风险均是东方电子虚假陈述造成的,不能成立。

焦点八:系统风险如何确定

庭审中,原告代理人以大海为比喻,认为系统风险就好像大海的潮起潮落,它所造成的损失具有普遍性。记者在现场看到,双方对于系统风险的确定标准存有较大争议。

当天下午在法庭辩论结束,双方当事人进行最后陈述时,原告代理人顾文江说,七千人和家属在期待本案结果,本案会对证券市场的规范起到作用,期待公正判决。东方电子说,在赔偿案件中承受巨大压力,背后有20万名股民,进入G股全流通时代,不能不考虑东方电子的20万名股民和两万名职工,希望审判程序公正、实体公平,不要对双方造成更大的伤害。乾聚会计师事务所说,东方电子高管采取严密措施,制作假合同、假发票,会计师对具有犯罪性质的此行为不具备识别能力,东方电子高管欺骗会计师,会计师也是受害者。本案结果关系到会计师事务所的发展,作为中介机构,不能要求其具有侦查机关的功能,要考虑到会计师事务所的能力和权限。

令人称奇的是,刚才在法庭上激烈辩论的原、被告双方,在庭审结束时均表示同意法庭调解。其中,原告称,赔偿的数额、方式可以协商,但被告应提供方案。东方电子表示:目前没有方案,需要集团公司的支持,以及是否有能力,需要协商。

原告代理人顾文江对记者称,在目前的司法环境下,操纵股价与内部交易,法院是不受理的。而操纵股价与内部交易都是以虚假陈述为基础的,因此,虚假陈述是造成投资者损失"多因"的主体,故被告难逃责任。

新闻背景:

  1997年1月,烟台东方电子信息产业股份有限公司在深圳证券交易所上市,"东方电子"也在此后的几年间飞涨,数千名股民先后购入"东方电子"股票,就在这支股票不断飙升的同时,烟台东方电子信息产业股份有限公司却惊曝董事长、总经理隋元柏,董事、副总经理、董事会秘书高峰,财务总监、总会计师方跃等人虚造公司业绩、私刻客户印章、伪造合同、虚开销售发票的消息。财政造假问题连续被全国媒体曝光后,"东方电子"股价跌入低谷,随后全国近7000名股民先后将烟台东方电子信息产业股份有限公司和山东乾聚有限责任会计师事务所起诉到法院,要求赔偿。

    ——资料来源:法律快车网(http://www.lawtime.cn)

第一节 概述

一、证券法的调整范围

  在我国境内,股票、公司债券和国务院依法认定的其他证券的发行和交易,适用《证券法》;《证券法》未规定的,适用《公司法》和其他法律、行政法规的规定。政府债券、证券投资基金份额的上市交易,适用《证券法》;其他法律、行政法规另有规定的,适用其规定。

二、证券发行交易的基本原则

  证券的发行、交易活动,必须实行公开、公平、公正的原则,当事人具有平等的法律地位,应当遵守自愿、有偿、诚实信用的原则,必须遵守法律、行政法规;禁止欺诈、内幕交易和操纵证券市场的行为。

三、证券业的监督管理

  国务院证券监督管理机构(即中国证券监督管理委员会,简称证监会)依法对全国证券市场实行集中统一监督管理。证监会根据需要可以设立派出机构,按照授权履行监督管理职责。

  除国家另有规定外,证券业和银行业、信托业、保险业实行分业经营、分业管理,证券公司与银行、信托、保险业务机构分别设立。

在国家对证券发行、交易活动实行集中统一监督管理的前提下,依法设立证券业协会,实行自律性管理。

国家审计机关依法对证券交易所、证券公司、证券登记结算机构、证券监督管理机构进行审计监督。

第二节 证券发行

一、依法发行

公开发行证券,必须符合法律、行政法规规定的条件,并依法报经证监会或者国务院授权的部门核准;未经依法核准,任何单位和个人不得公开发行证券。

《证券法》规定,有下列情形之一的,为公开发行:
(1)向不特定对象发行证券的;
(2)向特定对象发行证券累计超过200人的;
(3)法律、行政法规规定的其他发行行为。
非公开发行证券,不得采用广告、公开劝诱和变相公开方式。

二、保荐发行

《证券法》规定,发行人申请公开发行股票、可转换为股票的公司债券,依法采取承销方式的,或者公开发行法律、行政法规规定实行保荐制度的其他证券的,应当聘请具有保荐资格的机构担任保荐人。

保荐人应当遵守业务规则和行业规范,诚实守信,勤勉尽责,对发行人的申请文件和信息披露资料进行审慎核查,督导发行人规范运作。

制度链接:《证券发行上市保荐制度暂行办法》(节选)

第八条 经中国证监会注册登记并列入保荐机构、保荐代表人名单(以下简称"名单")的证券经营机构、个人,可以依照本办法规定从事保荐工作。未经中国证监会注册登记为保荐机构、保荐代表人并列入名单,任何机构、个人不得从事保荐工作。

第九条 证券经营机构申请注册登记为保荐机构的,应当是综合类证券公司,并向中国证监会提交自愿履行保荐职责的声明、承诺。

第十条 证券经营机构有下列情形之一的,不得注册登记为保荐机构:
(一)保荐代表人数量少于两名;

（二）公司治理结构存在重大缺陷，风险控制制度不健全或者未有效执行；

（三）最近二十四个月因违法违规被中国证监会从名单中去除；

（四）中国证监会规定的其他情形。

第十一条 个人申请注册登记为保荐代表人的，应当具有证券从业资格、取得执业证书且符合下列要求，通过所任职的保荐机构向中国证监会提出申请，并提交有关证明文件和声明：

（一）具备中国证监会规定的投资银行业务经历；

（二）参加中国证监会认可的保荐代表人胜任能力考试且成绩合格；

（三）所任职保荐机构出具由董事长或者总经理签名的推荐函；

（四）未负有数额较大到期未清偿的债务；

（五）最近三十六个月未因违法违规被中国证监会从名单中去除或者受到中国证监会行政处罚；

（六）中国证监会规定的其他要求。

三、股票发行条件

《证券法》规定，设立股份有限公司公开发行股票，应当符合《公司法》规定的条件和经国务院批准的证监会规定的其他条件，向证监会报送募股申请和下列文件：

(1) 公司章程；

(2) 发起人协议；

(3) 发起人姓名或者名称，发起人认购的股份数、出资种类及验资证明；

(4) 招股说明书；

(5) 代收股款银行的名称及地址；

(6) 承销机构名称及有关的协议。

《证券法》规定，依照《证券法》规定聘请保荐人的，还应当报送保荐人出具的发行保荐书。法律、行政法规规定设立公司必须报经批准的，还应当提交相应的批准文件。

公司公开发行新股，应当符合下列条件：

(1) 具备健全且运行良好的组织机构；

(2) 具有持续盈利能力，财务状况良好；

(3) 最近3年财务会计文件无虚假记载，无其他重大违法行为；

(4) 经国务院批准的证监会规定的其他条件。

上市公司非公开发行新股，应当符合经国务院批准的证监会规定的条件，并报证监会核准。

《证券法》规定,公司公开发行新股,应当向证监会报送募股申请和下列文件:

(1)公司营业执照;

(2)公司章程;

(3)股东大会决议;

(4)招股说明书;

(5)财务会计报告;

(6)代收股款银行的名称及地址;

(7)承销机构名称及有关的协议。

依照《证券法》规定聘请保荐人的,还应当报送保荐人出具的发行保荐书。

公司对公开发行股票所募集资金,必须按照招股说明书所列资金用途使用。改变招股说明书所列资金用途,必须经股东大会作出决议。擅自改变用途而未作纠正的,或者未经股东大会认可的,不得公开发行新股。

政府公告:关于核准西藏奇正藏药股份有限公司首次公开发行股票的批复

　　索引号:40000895X/ 分类:首发;结果公示

　　发布机构:发行部 发文日期:2009年08月07日

　　名称:关于核准西藏奇正藏药股份有限公司首次公开发行股票的批复

　　文号:证监许可〔2009〕762号 主题词:股票 股票发行 新股 证券登记

　　西藏奇正藏药股份有限公司:

　　你公司报送的《西藏奇正藏药股份有限公司关于拟首次公开发行股票的申请报告》及相关文件收悉。根据《公司法》、《证券法》和《首次公开发行股票并上市管理办法》(证监会令第32号)等有关规定,经审核,现批复如下:

　　一、核准你公司公开发行不超过4 100万股新股。

　　二、你公司本次发行新股应严格按照报送我会的招股说明书及发行公告实施。

　　三、本批复自核准发行之日起6个月内有效。

　　四、本批复自核准发行之日起至本次股票发行结束前,你公司如发生重大事项或者财务报表超过有效期,应及时报告我会并按有关规定处理。

二〇〇九年八月七日

四、债券发行

《证券法》规定,公开发行公司债券,应当符合下列条件:

(1)股份有限公司的净资产不低于人民币3 000万元,有限责任公司的净资产不低于人民币6 000万元;

(2)累计债券余额不超过公司净资产的40%;
(3)最近3年平均可分配利润足以支付公司债券1年的利息;
(4)筹集的资金投向符合国家产业政策;
(5)债券的利率不超过国务院限定的利率水平;
(6)国务院规定的其他条件。

公开发行公司债券筹集的资金,必须用于核准的用途,不得用于弥补亏损和非生产性支出。上市公司发行可转换为股票的公司债券,除应当符合上述六项条件外,还应当符合《证券法》关于公开发行股票的条件,并报证监会核准。

《证券法》规定,申请公开发行公司债券,应当向国务院授权的部门或者证监会报送下列文件:
(1)公司营业执照;
(2)公司章程;
(3)公司债券募集办法;
(4)资产评估报告和验资报告;
(5)国务院授权的部门或者证监会规定的其他文件。

依照《证券法》规定聘请保荐人的,还应当报送保荐人出具的发行保荐书。

《证券法》规定,有下列情形之一的,不得再次公开发行公司债券:
(1)前一次公开发行的公司债券尚未募足;
(2)对已公开发行的公司债券或者其他债务有违约或者延迟支付本息的事实,仍处于继续状态;
(3)违反《证券法》规定,改变公开发行公司债券所募资金的用途。

五、发行审核

证监会设发行审核委员会,依法审核股票发行申请。发行审核委员会由证监会的专业人员和所聘请的该机构外的有关专家组成,以投票方式对股票发行申请进行表决,提出审核意见,核准程序应当公开,依法接受监督。参与审核和核准股票发行申请的人员,不得与发行申请人有利害关系,不得直接或者间接接受发行申请人的馈赠,不得持有所核准的发行申请的股票,不得私下与发行申请人进行接触。

证监会或者国务院授权的部门应当自受理证券发行申请文件之日起3个月内,依照法定条件和法定程序作出予以核准或者不予核准的决定,发行人根据要求补充、修改发行申请文件的时间不计算在内;不予核准的,应当说明理由。

证券发行申请经核准,发行人应当依照法律、行政法规的规定,在证券公开发行前,公告公开发行募集文件,并将该文件置备于指定场所供公众查阅。发行证券的信息依法公开前,任何知情人不得公开或者泄露该信息,发行人不得在公告公开发行募集文件前发行证券。

证监会或者国务院授权的部门对已作出的核准证券发行的决定,发现不符合法定条件或者法定程序,尚未发行证券的,应当予以撤销,停止发行。已经发行尚未上市的,撤销发行核准决定,发行人应当按照发行价并加算银行同期存款利息返还证券持有人;保荐人应当与发行人承担连带责任,但是能够证明自己没有过错的除外;发行人的控股股东、实际控制人有过错的,应当与发行人承担连带责任。

六、承销

(一)承销方式

发行人向不特定对象发行的证券,法律、行政法规规定应当由证券公司承销的,发行人应当同证券公司签订承销协议。证券承销业务采取代销或者包销方式。

证券代销是指证券公司代发行人发售证券,在承销期结束时,将未售出的证券全部退还给发行人的承销方式。

证券包销是指证券公司将发行人的证券按照协议全部购入或者在承销期结束时将售后剩余证券全部自行购入的承销方式。

公开发行证券的发行人有权依法自主选择承销的证券公司。证券公司不得以不正当竞争手段招揽证券承销业务。

(二)承销协议

《证券法》规定,证券公司承销证券,应当同发行人签订代销或者包销协议,载明下列事项:

(1)当事人的名称、住所及法定代表人姓名;
(2)代销、包销证券的种类、数量、金额及发行价格;
(3)代销、包销的期限及起止日期;
(4)代销、包销的付款方式及日期;
(5)代销、包销的费用和结算办法;
(6)违约责任;
(7)证监会规定的其他事项。

证券公司承销证券,应当对公开发行募集文件的真实性、准确性、完整性进行核查;发现有虚假记载、误导性陈述或者重大遗漏的,不得进行销售活动;已经销售的,必须立即停止销售活动,并采取纠正措施。

向不特定对象发行的证券票面总值超过人民币5 000万元的,应当由承销团承销。承销团应当由主承销和参与承销的证券公司组成。证券的代销、包销期限最长不得超过 90 日。证券公司在代销、包销期内,对所代销、包销的证券应当保证先行出售给认购人,证券公司不得为本公司预留所代销的证券和预先购入并留存所包销的证券。股票发行采取溢价发行的,其发行价格由发行人与承销的证券公司协商确定。

股票发行采用代销方式,代销期限届满,向投资者出售的股票数量未达到拟公开发行股票数量 70%的,为发行失败。发行人应当按照发行价并加算银行同期存款利息返还股票认购人。公开发行股票,代销、包销期限届满,发行人应当在规定的期限内将股票发行情况报证监会备案。

第三节 证券交易

一、基本制度

(一)交易标的

证券交易当事人依法买卖的证券,必须是依法发行并交付的证券。非依法发行的证券,不得买卖。依法发行的股票、公司债券及其他证券,法律对其转让期限有限制性规定的,在限定的期限内不得买卖。

(二)交易方式

依法公开发行的股票、公司债券及其他证券,应当在依法设立的证券交易所上市交易或者在国务院批准的其他证券交易场所转让。证券在证券交易所上市交易,应当采用公开的集中交易方式或者证监会批准的其他方式。证券交易当事人买卖的证券可以采用纸面形式或者证监会规定的其他形式,证券交易以现货和国务院规定的其他方式进行交易。

(三)交易限制

证券交易所、证券公司和证券登记结算机构的从业人员、证券监督管理机构的工作人员以及法律、行政法规禁止参与股票交易的其他人员,在任期或者法定限期内,不得直接或者以化名、借他人名义持有、买卖股票,也不得收受他人赠送的股票。任何人在成为上述人员时,其原已持有的股票,必须依法转让。

证券交易所、证券公司、证券登记结算机构必须依法为客户开立的账户保密。

为股票发行出具审计报告、资产评估报告或者法律意见书等文件的证券服务机构和人员,在该股票承销期内和期满后 6 个月内,不得买卖该种股票。除此之外,为上市公司出具审计报告、资产评估报告或者法律意见书等文件的证券服务机构和人员,自接受上市公司委托之日起至上述文件公开后5日内,不得买卖该种股票。

上市公司董事、监事、高级管理人员、持有上市公司股份5%以上的股东,将其持有的该公司的股票在买入后6个月内卖出,或者在卖出后6个月内又买入,由此所得收益归该公司所有,公司董事会应当收回其所得收益。但是,证券公司因包销购入售后剩余股票而持有5%以上股份的,卖出该股票不受6个月时间限制。公司董事会不按照上述规定执行的,股东有权要求董事会在30日内执行。公司董事会未在上述期限内执行的,股东有权为了公司的利益以自己的名义直接向人民法院提起诉讼,负有责任的董事依法承担连带责任。

案例研读:"南化股份"股东王鸿珍违规减持被处分

2009年4月7日,上交所发布公告,对南化股份(600301)股东王鸿珍减持公司股份超过总股本5%而未予进行及时披露的违规行为予以公开谴责,同时限制其账户交易权限三个月。

经上证所查实,南化股份股东王鸿珍在2008年6月6日至2009年3月22日通过竞价交易方式减持南化股份1 052 200股,占南化股份总股本的0.45%;2009年3月23日通过大宗交易方式减持南化股份20 200 000股,占南化股份总股本的8.59%。为此,2008年6月6日至2009年3月23日期间累计减持南化股份21 252 200股,占南化股份总股本的9.04%。王鸿珍在减持南化股份的股份达到总股本5%时,未及时停止买卖并履行法定的报告和信息披露义务。

根据南化股份2008年中期报告,截至2008年6月30日,王鸿珍持有南化股份4 700万股,占公司总股本19.9%。根据《证券法》第八十六条规定,投资者持有或者通过协议、其他安排与他人共同持有一个上市公司已发行的股份达到5%后,其所持该上市公司已发行的股份比例每增加或者减少5%,应当依照前款规定进行报告和公告。在报告期限内和作出报告、公告后2日内,不得再行买卖该上市公司的股票。王鸿珍超比例减持南化股份的行为,显然违反了上述规定。

鉴于王鸿珍的违规事实和情节,上证所作出纪律处分决定,对王鸿珍予以公开谴责,同时对其证券账户采取限制交易的措施,限制其账户自2009年4月7日至7月6日买入和卖出南化股份股票。

——资料来源:上海证券交易所门户网站(http://www.sse.com.cn)

二、证券上市

(一)股票上市

1. 上市条件

申请证券上市交易,应当向证券交易所提出申请,由证券交易所依法审核同意,并由双方签订上市协议。

《证券法》规定,股份有限公司申请股票上市,应当符合下列条件:

(1)股票经证监会核准已公开发行;

(2)公司股本总额不少于人民币3 000万元;

(3)公开发行的股份达到公司股份总数的25%以上;公司股本总额超过人民币4亿元的,公开发行股份的比例为10%以上;

(4)公司最近3年无重大违法行为,财务会计报告无虚假记载。

证券交易所可以规定高于上述上市条件,并报证监会批准。

国家鼓励符合产业政策并符合上市条件的公司股票上市交易。

2. 报送文件

《证券法》规定,申请股票上市交易,应当向证券交易所报送下列文件:

(1)上市报告书;

(2)申请股票上市的股东大会决议;

(3)公司章程;

(4)公司营业执照;

(5)依法经会计师事务所审计的公司最近3年的财务会计报告;

(6)法律意见书和上市保荐书;

(7)最近一次的招股说明书;

(8)证券交易所上市规则规定的其他文件。

3. 公告文件

股票上市交易申请经证券交易所审核同意后,签订上市协议的公司应当在规定的期限内公告股票上市的有关文件,并将该文件置备于指定场所供公众查阅。

《证券法》规定,签订上市协议的公司还应当公告下列事项:

(1)股票获准在证券交易所交易的日期;

(2)持有公司股份最多的前10名股东的名单和持股数额;

(3)公司的实际控制人;

(4)董事、监事、高级管理人员的姓名及其持有本公司股票和债券的情况。

4. 暂停上市

《证券法》规定,上市公司有下列情形之一的,由证券交易所决定暂停其股票上市交易:

(1)公司股本总额、股权分布等发生变化不再具备上市条件;

(2)公司不按照规定公开其财务状况,或者对财务会计报告作虚假记载,可能误导投资者;

(3)公司有重大违法行为;

(4) 公司最近 3 年连续亏损;
(5) 证券交易所上市规则规定的其他情形。

5. 终止上市

《证券法》规定,上市公司有下列情形之一的,由证券交易所决定终止其股票上市交易:

(1) 公司股本总额、股权分布等发生变化不再具备上市条件,在证券交易所规定的期限内仍不能达到上市条件;

(2) 公司不按照规定公开其财务状况,或者对财务会计报告作虚假记载,且拒绝纠正;

(3) 公司最近 3 年连续亏损,在其后一个年度内未能恢复盈利;

(4) 公司解散或者被宣告破产;

(5) 证券交易所上市规则规定的其他情形。

(二) 债券上市

1. 上市条件

《证券法》规定,公司申请公司债券上市交易,应当符合下列条件:

(1) 公司债券的期限为 1 年以上;

(2) 公司债券实际发行额不少于人民币 5 000 万元;

(3) 公司申请债券上市时仍符合法定的公司债券发行条件。

2. 报送文件

《证券法》规定,申请公司债券上市交易,应当向证券交易所报送下列文件:

(1) 上市报告书;

(2) 申请公司债券上市的董事会决议;

(3) 公司章程;

(4) 公司营业执照;

(5) 公司债券募集办法;

(6) 公司债券的实际发行数额;

(7) 证券交易所上市规则规定的其他文件。

申请可转换为股票的公司债券上市交易,还应当报送保荐人出具的上市保荐书。

公司债券上市交易申请经证券交易所审核同意后,签订上市协议的公司应当在规定的期限内公告公司债券上市文件及有关文件,并将其申请文件置备于指定场所供公众查阅。

3. 暂停上市

《证券法》规定,公司债券上市交易后,公司有下列情形之一的,由证券交易

所决定暂停其公司债券上市交易:

(1)公司有重大违法行为;

(2)公司情况发生重大变化不符合公司债券上市条件;

(3)发行公司债券所募集的资金不按照核准的用途使用;

(4)未按照公司债券募集办法履行义务;

(5)公司最近二年连续亏损。

4.终止上市

《证券法》规定,发生以下三种情况之一的,公司债券终止上市:

(1)公司有重大违法行为或者未按照公司债券募集办法履行义务,经查实后果严重的;

(2)公司情况发生重大变化不符合公司债券上市条件,或者发行公司债券所募集的资金不按照核准的用途使用,或者公司最近二年连续亏损,在限期内未能消除的,由证券交易所决定终止其公司债券上市交易;

(3)公司解散或者被宣告破产的,由证券交易所终止其公司债券上市交易。

三、持续信息公开

(一)信息公开

发行人、上市公司依法披露的信息,必须真实、准确、完整,不得有虚假记载、误导性陈述或者重大遗漏。经证监会核准依法公开发行股票,或者经国务院授权的部门核准依法公开发行公司债券,应当公告招股说明书、公司债券募集办法。依法公开发行新股或者公司债券的,还应当公告财务会计报告。依法必须披露的信息,应当在证监会指定的媒体发布,同时将其置备于公司住所、证券交易所,供社会公众查阅。

(二)中期报告

《证券法》规定,上市公司和公司债券上市交易的公司,应当在每一会计年度的上半年结束之日起2个月内,向证监会和证券交易所报送记载以下内容的中期报告,并予公告:

(1)公司财务会计报告和经营情况;

(2)涉及公司的重大诉讼事项;

(3)已发行的股票、公司债券变动情况;

(4)提交股东大会审议的重要事项;

(5)证监会规定的其他事项。

(三)年度报告

《证券法》规定,上市公司和公司债券上市交易的公司,应当在每一会计年度

结束之日起 4 个月内,向证监会和证券交易所报送记载以下内容的年度报告,并予公告:

(1)公司概况;

(2)公司财务会计报告和经营情况;

(3)董事、监事、高级管理人员简介及其持股情况;

(4)已发行的股票、公司债券情况,包括持有公司股份最多的前 10 名股东的名单和持股数额;

(5)公司的实际控制人;

(6)证监会规定的其他事项。

(四)临时报告

发生可能对上市公司股票交易价格产生较大影响的重大事件,投资者尚未得知时,上市公司应当立即将有关该重大事件的情况向证监会和证券交易所报送临时报告,并予公告,说明事件的起因、目前的状态和可能产生的法律后果。

《证券法》规定,下列情况为重大事件:

(1)公司的经营方针和经营范围的重大变化;

(2)公司的重大投资行为和重大的购置财产的决定;

(3)公司订立重要合同,可能对公司的资产、负债、权益和经营成果产生重要影响;

(4)公司发生重大债务和未能清偿到期重大债务的违约情况;

(5)公司发生重大亏损或者重大损失;

(6)公司生产经营的外部条件发生的重大变化;

(7)公司的董事、1/3 以上监事或者经理发生变动;

(8)持有公司 5% 以上股份的股东或者实际控制人,其持有股份或者控制公司的情况发生较大变化;

(9)公司减资、合并、分立、解散及申请破产的决定;

(10)涉及公司的重大诉讼,股东大会、董事会决议被依法撤销或者宣告无效;

(11)公司涉嫌犯罪被司法机关立案调查,公司董事、监事、高级管理人员涉嫌犯罪被司法机关采取强制措施;

(12)证监会规定的其他事项。

(五)法律责任

证监会对上市公司年度报告、中期报告、临时报告以及公告的情况进行监督,对上市公司分派或者配售新股的情况进行监督,对上市公司控股股东和信息披露义务人的行为进行监督。

上市公司董事、高级管理人员应当对公司定期报告签署书面确认意见，上市公司监事会应当对董事会编制的公司定期报告进行审核并提出书面审核意见，上市公司董事、监事、高级管理人员应当保证上市公司所披露的信息真实、准确、完整。

发行人、上市公司公告的招股说明书、公司债券募集办法、财务会计报告、上市报告文件、年度报告、中期报告、临时报告以及其他信息披露资料，有虚假记载、误导性陈述或者重大遗漏，致使投资者在证券交易中遭受损失的，发行人、上市公司应当承担赔偿责任；发行人、上市公司的董事、监事、高级管理人员和其他直接责任人员以及保荐人、承销的证券公司，应当与发行人、上市公司承担连带赔偿责任，但是能够证明自己没有过错的除外；发行人、上市公司的控股股东、实际控制人有过错的，应当与发行人、上市公司承担连带赔偿责任。

案例研读：广西北生药业股份有限公司公开谴责案

关于给予广西北生药业股份有限公司公开谴责的决定

广西北生药业股份有限公司：

经审核，广西北生药业股份有限公司（以下简称"北生药业"或"公司"）在履行信息披露义务和重大事项内部审议程序等方面存在以下违规事项。

一、公司于2005年8月至2008年5月期间，分别向中国农业银行北海分行贷款19 000万元，向中国建设银行北海分行贷款5 000万元，向广东发展银行深圳香密湖支行贷款10 000万元，向华夏银行深圳分行贷款3 900万元，上述贷款金额合计为37 900万元。公司对上述事项未及时进行信息披露，直至2008年11月26日才进行信息披露。

二、公司于2005年3月22日为北海安泰生物技术有限公司向中国工商银行北海分行申请的7 000万元贷款承担连带保证责任。公司对上述事项未履行相应审议程序且未及时进行信息披露，直至2008年12月10日才进行信息披露。

上述行为严重违反了《上海证券交易所股票上市规则》（以下简称《股票上市规则》）第2.1条、2.2条、9.11条、11.12.3条等有关规定。

鉴于公司上述违规事实和情节，根据《股票上市规则》第17.2条的规定，经本所纪律处分委员会审核通过，本所作出如下纪律处分决定：给予广西北生药业股份有限公司公开谴责。

对于上述惩戒，本所将抄报广西壮族自治区人民政府，并将其计入上市公司诚信记录。

希望公司引以为戒，严格按照法律、法规和《股票上市规则》的规定，认真履行信息披露义务；董事、监事、高级管理人员应当履行忠实勤勉义务，促使公司及时、公平、真实、准确和完整地披露所有重大信息。

二〇〇九年二月十六日

——资料来源：上海证券交易所门户网站（http://www.sse.com.cn）

四、禁止的交易行为

(一)内幕交易

1. 知情人

《证券法》规定,证券交易内幕信息的知情人包括:

(1)发行人的董事、监事、高级管理人员;

(2)持有公司5%以上股份的股东及其董事、监事、高级管理人员,公司的实际控制人及其董事、监事、高级管理人员;

(3)发行人控股的公司及其董事、监事、高级管理人员;

(4)由于所任公司职务可以获取公司有关内幕信息的人员;

(5)证券监督管理机构工作人员以及由于法定职责对证券的发行、交易进行管理的其他人员;

(6)保荐人、承销的证券公司、证券交易所、证券登记结算机构、证券服务机构的有关人员;

(7)证监会规定的其他人。

2. 内幕信息

证券交易活动中,涉及公司的经营、财务或者对该公司证券的市场价格有重大影响的尚未公开的信息,为内幕信息。

《证券法》规定,下列信息皆属内幕信息:

(1)前述重大事件的情形;

(2)公司分配股利或者增资的计划;

(3)公司股权结构的重大变化;

(4)公司债务担保的重大变更;

(5)公司营业用主要资产的抵押、出售或者报废一次超过该资产的30%;

(6)公司的董事、监事、高级管理人员的行为可能依法承担重大损害赔偿责任;

(7)上市公司收购的有关方案;

(8)证监会认定的对证券交易价格有显著影响的其他重要信息。

3. 损害赔偿

禁止证券交易内幕信息的知情人和非法获取内幕信息的人利用内幕信息从事证券交易活动。证券交易内幕信息的知情人和非法获取内幕信息的人,在内幕信息公开前,不得买卖该公司的证券,或者泄露该信息,或者建议他人买卖该证券。内幕交易行为给投资者造成损失的,行为人应当依法承担赔偿责任。

案例研读:"杭萧钢构"内幕交易案

2006年11月,杭萧钢构股份有限公司与中国国际基金有限公司开始接触洽谈安哥拉公房项目由混凝土结构改成钢结构事宜。2007年2月17日,经过多轮谈判,双方签订了相关合同,该项目整体涉及总金额300多亿元人民币。2007年1月底至2月,时任杭萧钢构证券办副主任、证券事务代表的罗高峰在工作中,获悉公司与中基正在洽谈"安哥拉项目"的有关信息。2007年2月份,罗高峰违反《证券法》有关规定,向原杭萧钢构证券办主任陈玉兴透露了自己知悉的相关信息。陈玉兴指令合作炒股票的王向东分多次买入杭萧钢构股票共计6 961 896股,并在3月15日全部卖出,非法获利4 037万余元。

5月11日,上海证券交易所发布公告,对在信息披露方面存在违规行为的浙江杭萧钢构股份有限公司和董事长单银木、董事潘金水、总裁周金法进行公开谴责。

5月14日,中国证监会针对杭萧钢构发布《行政处罚决定书》(证监罚字〔2007〕16号),认定杭萧钢构及其有关管理人员的行为违反了《证券法》第六十三条的规定,构成了《证券法》第一百九十三条所述的"未按照规定披露信息"的行为、所披露的信息有"误导性陈述"的行为,决定对杭萧钢构给予警告,并处以40万元罚款,对董事长单银木、总裁周金法分别给予警告,并处以20万元罚款,对董事会秘书潘金水、总经理陆拥军、证券事务代表罗高峰分别给予警告,并处以10万元罚款。

中国证监会对杭萧钢构进行立案调查的同时,于4月19日,依照规定将涉嫌杭萧钢构股票内幕交易犯罪案移送公安部,公安部随即部署浙江省公安机关依法查处。5月1日,浙江省公安机关立案侦查。6月11日,经报浙江省检察机关批准,浙江省公安机关对涉嫌泄露内幕信息罪的犯罪嫌疑人罗高峰、涉嫌内幕交易罪的犯罪嫌疑人王向东、陈玉兴执行逮捕。7月,公安机关对王向东、陈玉兴、罗高峰3名嫌疑人涉嫌杭萧钢构股票内幕交易的犯罪事实侦查终结,并移送检察院。由于案情重大,检察院将该案退回公安机关补充侦查一次。10月中旬补充侦查结束后,案件再次送检察院审查起诉。

2007年12月21日,杭萧钢构案在浙江省丽水市开庭审理。丽水市检察院以涉嫌泄露内幕信息罪对杭萧钢构证券办副主任、证券事务代表罗高峰,以涉嫌内幕交易罪对陈玉兴、王向东提起公诉。丽水市中级人民法院对此案公开审理后认为,被告人罗高峰身为内幕信息知情人员,在涉及证券的发行、交易,对证券的价格有重大影响的信息尚未公开前,故意泄露内幕信息给知情人员以外的人,造成他人利用内幕信息进行内幕交易,情节严重,其行为已构成泄露内幕信息罪;被告人陈玉兴、陈玉兴非法获取内幕信息并利用内幕信息进行股票交易,情节严重,其行为已构成内幕交易罪。

丽水市中级人民法院依照《中华人民共和国刑法》第一百八十条,第二十五条第一款,第二十六条第一、四款,第二十七条,第六十八条第一款,第七十二条,第七十三条第二、三款,第六十四条之规定,对罗高峰、陈玉兴、王向东进行了一审宣判。罗高峰(浙江杭萧钢构股份有限公司证券办副主任、证券事务代表)犯泄露内幕信息罪,被判处有期徒刑1年六个月;陈玉兴(原系浙江杭萧钢构股份有限公司证券办主任,2006年12月辞职)、王向东(与陈玉兴合作炒股关系)犯内幕交易罪,分别被判处有期徒刑二年六个月和有期徒刑1年六个月,缓刑二年,并各处罚金人民币4 037万元;陈玉兴、王向东的违法所得人民币4 037万元予以追缴,由丽水市人民检察院上缴国库。

一审判决后,罗高峰、王向东表示服判,但陈玉兴认为自己没有利用内幕信息进行交易,不构成内幕交易罪,提出上诉。2008年3月26日,受浙江省高级法院的委托,丽水市中级法院对罗高峰、陈玉兴、王向东泄露内幕信息、内幕交易案进行二审宣判,裁定驳回陈玉兴的上诉,维持一审判决。

——资料来源:上海证券交易所门户网站(http://www.sse.com.cn)

(二)操纵市场

《证券法》规定,禁止任何人以下列手段操纵证券市场:

(1)单独或者通过合谋,集中资金优势、持股优势或者利用信息优势联合或者连续买卖,操纵证券交易价格或者证券交易量;

(2)与他人串通,以事先约定的时间、价格和方式相互进行证券交易,影响证券交易价格或者证券交易量;

(3)在自己实际控制的账户之间进行证券交易,影响证券交易价格或者证券交易量;

(4)以其他手段操纵证券市场。

操纵证券市场行为给投资者造成损失的,行为人应当依法承担赔偿责任。

案例研读:周建明利用虚假申报手段操纵证券市场案

在2006年1月至11月期间,周建明利用在短时间内频繁申报和撤销申报手段操纵"大同煤业"等15只股票价格。其中,2006年6月26日,周建明在该日上午的21分钟内连续挂出61笔"大同煤业"(股票代码601001)股票买单,共计40 090 000股,申报价格从第一笔的10.22元提高到第61笔的10.59元,并随后在26分钟内全部撤单,在撤单后,以10.36元卖出"大同煤业"股票4 331 579股。经计算,周建明利用频繁申报和撤销申报手段操纵"大同煤业"等15只股票价格的违法所得为1 762 239.85元。

周建明的上述行为违反了《中华人民共和国证券法》第七十七条第一款第四项的规定,构成了操纵证券市场。2007年12月17日,中国证监会依据《中华人民共和国证券法》第二百零三条的规定,没收周建明违法所得1 762 239.85元,并处以罚款 1 762 239.85 元。

——资料来源：上海证券交易所门户网站（http://www.sse.com.cn）

（三）虚假陈述

《证券法》规定，禁止国家工作人员、传播媒介从业人员和有关人员编造、传播虚假信息，扰乱证券市场，禁止证券交易所、证券公司、证券登记结算机构、证券服务机构及其从业人员，证券业协会、证券监督管理机构及其工作人员，在证券交易活动中作出虚假陈述或者信息误导，各种传播媒介传播证券市场信息必须真实、客观，禁止误导。

（四）欺诈客户

《证券法》规定，禁止证券公司及其从业人员从事下列损害客户利益的欺诈行为：

(1)违背客户的委托为其买卖证券；

(2)不在规定时间内向客户提供交易的书面确认文件；

(3)挪用客户所委托买卖的证券或者客户账户上的资金；

(4)未经客户的委托，擅自为客户买卖证券，或者假借客户的名义买卖证券；

(5)为牟取佣金收入，诱使客户进行不必要的证券买卖；

(6)利用传播媒介或者通过其他方式提供、传播虚假或者误导投资者的信息；

(7)其他违背客户真实意思表示，损害客户利益的行为。

欺诈客户行为给客户造成损失的，行为人应当依法承担赔偿责任。

（五）其他禁止行为

《证券法》规定，禁止以下违规交易行为：

(1)法人非法利用他人账户从事证券交易；

(2)法人出借自己或者他人的证券账户；

(3)资金违规流入股市；

(4)挪用公款买卖证券；

(5)国有企业和国有资产控股的企业违法买卖上市交易的股票。

第四节　上市公司收购

一、收购要约

通过证券交易所的证券交易，投资者持有或者通过协议、其他安排与他人共同持有一个上市公司已发行的股份达到 30% 时，继续进行收购的，应当依法向该上市公司所有股东发出收购上市公司全部或者部分股份的要约。收购上市公司部分股份的收购要约应当约定,被收购公司股东承诺出售的股份数额超过预定收购的股份数额的,收购人按比例进行收购。

《证券法》规定,收购人发出收购要约,必须事先向证监会报送上市公司收购报告书,并载明下列事项:

(1)收购人的名称、住所;
(2)收购人关于收购的决定;
(3)被收购的上市公司名称;
(4)收购目的;
(5)收购股份的详细名称和预定收购的股份数额;
(6)收购期限、收购价格;
(7)收购所需资金额及资金保证;
(8)报送上市公司收购报告书时持有被收购公司股份数占该公司已发行的股份总数的比例。

收购人应当将上市公司收购报告书同时提交证券交易所。收购人在报送上市公司收购报告书之日起15日后,公告其收购要约。在上述期限内,证监会发现上市公司收购报告书不符合法律、行政法规规定的,应当及时告知收购人,收购人不得公告其收购要约。收购要约约定的收购期限不得少于30日,并不得超过60日。

二、收购要约的效力

在收购要约确定的承诺期限内,收购人不得撤销其收购要约。收购人需要变更收购要约的,必须事先向证监会及证券交易所提出报告,经批准后,予以公告。

收购要约提出的各项收购条件,适用于被收购公司的所有股东。

采取要约收购方式的,收购人在收购期限内,不得卖出被收购公司的股票,也不得采取要约规定以外的形式和超出要约的条件买入被收购公司的股票。

三、协议收购

采取协议收购方式的,收购人可以依照法律、行政法规的规定同被收购公司的股东以协议方式进行股份转让。

以协议方式收购上市公司时,达成协议后,收购人必须在3日内将该收购协议向证监会及证券交易所作出书面报告,并予公告,公告前不得履行收购协议。

协议双方可以临时委托证券登记结算机构保管协议转让的股票,并将资金存放于指定的银行。

收购人收购或者通过协议、其他安排与他人共同收购一个上市公司已发行的股份达到30%时,继续进行收购的,应当向该上市公司所有股东发出收购上市公司全部或者部分股份的要约。

四、收购完成的法律后果

收购期限届满,被收购公司股权分布不符合上市条件的,该上市公司的股票应当由证券交易所依法终止上市交易;其余仍持有被收购公司股票的股东,有权向收购人以收购要约的同等条件出售其股票,收购人应当收购。

收购行为完成后,被收购公司不再具备股份有限公司条件的,应当依法变更企业形式;收购人与被收购公司合并,并将该公司解散的,被解散公司的原有股票由收购人依法更换。

在上市公司收购中,收购人持有的被收购的上市公司的股票,在收购行为完成后的12个月内不得转让。

收购行为完成后,收购人应当在15日内将收购情况报告证监会和证券交易所,并予公告。

第五节 证券交易所

背景知识:上海证券交易所简介

上海证券交易所成立于1990年11月26日,同年12月19日开业,归属中国证监会直接管理。秉承"法制、监管、自律、规范"的八字方针,上海证券交易所致力于创造透明、开放、安全、高效的市场环境,切实保护投资者权益,其主要职能包括:提供证券交易的场所和设施;制定证券交易所的业务规则;接受上市申请,安排证券上市;组织、监督证券交易;对会员、上市公司进行监管;管理和公布市场信息。

上证所下设办公室、人事(组织)部、党办纪检办、交易管理部、发行上市部、公司管理部、会员部、债券基金部、国际发展部、产品开发部、市场监察部、法律部、投资者教育部、技术中心、信息中心、研究中心、财务部、稽核部、行政服务中心(保卫部)、北京中心等二十个部门,以及两个子公司上海证券通信有限责任公司、上证所信息网络有限公司,通过它们的合理分工和协调运作,有效地担当起证券市场组织者的角色。

上证所市场交易采用电子竞价交易方式,所有上市交易证券的买卖均须通过电脑主机进行公开申报竞价,由主机按照价格优先、时间优先的原则自动撮合成交。目前交易主机日处理能力为委托 2 900 万笔,成交 6 000 万笔,每秒可完成 16 000 笔交易。

经过多年的持续发展,上海证券市场已成为中国内地首屈一指的市场,上市公司数、上市股票数、市价总值、流通市值、证券成交总额、股票成交金额和国债成交金额等各项指标均居首位。至 2007 年 12 月底,上证所拥有 860 家上市公司,上市证券数 1 125 个,股票市价总值 269 839 亿元。一大批国民经济支柱企业、重点企业、基础行业企业和高新科技企业通过上市,既筹集了发展资金,又转换了经营机制。

迈入新世纪后,上证所肩负着规范发展市场的艰巨任务,也面临着进一步推进市场各项建设的良好机遇。凭借一流的硬件设施和浦东优越的区位优势与强大辐射力,凭借上海经济良好发展势头和特有的龙头效应,凭借国企改革和金融中心建设对上海资本市场的积极推动,上证所将按照坚定信心、加强监管、保持稳定、规范发展的思路,在技术、监管、人才、服务等方面多管齐下,为建设一个规范透明、高效开放、充满生机活力的世界一流交易所开启新的篇章。

——资料来源:上海证券交易所门户网站(http://www.sse.com.cn)

一、设立

证券交易所是为证券集中交易提供场所和设施,组织和监督证券交易,实行自律管理的法人。

证券交易所的设立和解散,由国务院决定。设立证券交易所必须制定章程,章程的制定和修改,必须经证监会批准。

证券交易所必须在其名称中标明证券交易所字样。其他任何单位或者个人不得使用证券交易所或者近似的名称。

二、组织机构

证券交易所设理事会;设总经理一人,其由证监会任免。

《证券法》规定,有下列情形之一的,不得担任证券交易所的负责人:

(1)因违法行为或者违纪行为被解除职务的证券交易所、证券登记结算机构的负责人或者证券公司的董事、监事、高级管理人员,自被解除职务之日起未逾5年;

(2)因违法行为或者违纪行为被撤销资格的律师、注册会计师或者投资咨询机构、财务顾问机构、资信评级机构、资产评估机构、验证机构的专业人员,自被撤销资格之日起未逾 5 年。

前述《公司法》关于高级管理人员任职的禁止情形也适用于证券交易所负责人的选任。

因违法行为或者违纪行为被开除的证券交易所、证券登记结算机构、证券服务机构、证券公司的从业人员和被开除的国家机关工作人员,不得招聘为证券交易所的从业人员。

三、交易规则

进入证券交易所参与集中交易的,必须是证券交易所的会员。

投资者应当与证券公司签订证券交易委托协议,并在证券公司开立证券交易账户,以书面、电话以及其他方式,委托该证券公司代其买卖证券。

证券公司根据投资者的委托,按照证券交易规则提出交易申报,参与证券交易所场内的集中交易,并根据成交结果承担相应的清算交收责任。

证券登记结算机构根据成交结果,按照清算交收规则,与证券公司进行证券和资金的清算交收,并为证券公司客户办理证券的登记过户手续。

证券交易所应当为组织公平的集中交易提供保障,公布证券交易即时行情,并按交易日制作证券市场行情表,予以公布。未经证券交易所许可,任何单位和个人不得发布证券交易即时行情。

因突发性事件而影响证券交易的正常进行时,证券交易所可以采取技术性停牌的措施;因不可抗力的突发性事件或者为维护证券交易的正常秩序,证券交易所可以决定临时停市。证券交易所采取技术性停牌或者决定临时停市,必须及时报告证监会。

证券交易所对证券交易实行实时监控,并按照证监会的要求,对异常的交易情况提出报告。

证券交易所应当对上市公司及相关信息披露义务人披露信息进行监督,督促其依法及时、准确地披露信息。

证券交易所根据需要,可以对出现重大异常交易情况的证券账户限制交易,并报证监会备案。

证券交易所的负责人和其他从业人员在执行与证券交易有关的职务时,与其本人或者其亲属有利害关系的,应当回避。

案例研读:加强监管、及时制止"日照港"权证炒作行为

作为一只深度价外权证,即将于2008年12月2日到期的日照港CWB1(证券代码:580015)在最后一个交易日出现价格异动。继前一交易日尾市大幅下跌后,该权证11月18日以1.400元低开,随后成交价格在两分钟内即快速上冲超过1.680元。上交所根据《上海证券交易所证券异常交易实时监控指引》(以下

简称《监控指引》)规定,启动了日照港 CWB1 权证盘中临时停牌程序,该权证自 9 点 33 分起临时停牌 1 小时。

首次临时停牌措施的实施,对该权证炒作起到短暂的冷却作用。日照港 CWB1 于 10 点 33 分复牌后的成交价格出现明显回落,价格一度下探至 1.602 元。但是,市场上仍有部分权证交易者无视最后交易日的风险,通过大额交易拉升权证价格,投机炒作。在 10 点 55 分左右,该权证价格达到了 2.101 元。根据《监控指引》规定,到期日前两个月内的价外权证其盘中交易价格"累计上涨超过 50%的",对其实施盘中二次停牌,停牌时间持续至收盘前 5 分钟。据此规定,上交所二度出手,对日照港 CWB1 权证再次进行盘中临时停牌处理,此次停牌一直持续至 14 点 55 分复牌。

为了打击日照港 CWB1 权证在最后交易日的炒作行为,上交所在一个交易日内,两度采取了盘中停牌措施,一则冷却市场炒作,二则向广大参与该权证交易的投资者警示风险。这也是上交所自《监控指引》发布以来首次针对市场炒作,一日内采取两度停牌措施。上交所目前正在对当日参与该权证炒作的大额交易账户进行进一步调查处理,同时上交所表示,将继续对其他各权证(尤其是将于明年上半年即将到期的部分价外权证)的交易情况进行严格监控,对任何异常交易行为将依据规定及时处理。

上交所提醒广大投资者要注意防范交易风险、理性投资,注意交易行为的规范性,不要盲目参与炒作或者跟风,尽量避开存在异常波动的证券。同时上交所要求会员切实担负起加强客户交易行为管理的义务,做好权证的风险提示和规则教育工作,配合交易所对异常交易行为的监管,充分发挥会员自律管理作用,促进证券市场健康发展。

——资料来源:《上海证券报》2008 年 11 月 19 日,转引自上海证券交易所门户网站(http://www.sse.com.cn)

第六节 证券公司

一、证券公司的概念

证券公司是指依照《公司法》和《证券法》规定设立的经营证券业务的有限责任公司或者股份有限公司。

二、证券公司设立条件

《证券法》规定,设立证券公司,应当具备下列条件:

(1)有符合法律、行政法规规定的公司章程;

(2)主要股东具有持续盈利能力,信誉良好,最近3年无重大违法违规记录,净资产不低于人民币2亿元;

(3)有符合《证券法》规定的注册资本;

制度链接:证券公司注册资本门槛

证券公司经营:(1)证券经纪;(2)证券投资咨询;(3)与证券交易、证券投资活动有关的财务顾问的,注册资本最低限额为人民币五千万元;经营:(1)证券承销与保荐;(2)证券自营;(3)证券资产管理;(4)其他证券业务之一的,注册资本最低限额为人民币一亿元;经营(1)证券承销与保荐;(2)证券自营;(3)证券资产管理;(4)其他证券业务中两项以上的,注册资本最低限额为人民币五亿元。证券公司的注册资本应当是实缴资本。国务院证券监督管理机构根据审慎监管原则和各项业务的风险程度,可以调整注册资本最低限额,但不得少于上述规定的限额。

——《证券法》第一百二十七条

(4)董事、监事、高级管理人员具备任职资格,从业人员具有证券从业资格;

(5)有完善的风险管理与内部控制制度;

(6)有合格的经营场所和业务设施;

(7)法律、行政法规规定的和经国务院批准的证监会规定的其他条件。

三、证券公司的业务范围

《证券法》规定,经证监会批准,证券公司可以经营下列部分或者全部业务:

(1)证券经纪;

(2)证券投资咨询;

(3)与证券交易、证券投资活动有关的财务顾问;

(4)证券承销与保荐;

(5)证券自营;

(6)证券资产管理;

(7)其他证券业务。

四、证券公司的设立审批

证监会应当自受理证券公司设立申请之日起6个月内,依照法定条件和法定程序并根据审慎监管原则进行审查,作出批准或者不予批准的决定,并通知申请人;不予批准的,应当说明理由。

证券公司设立申请获得批准的,申请人应当在规定的期限内向公司登记机关申请设立登记,领取营业执照。

证券公司应当自领取营业执照之日起 15 日内,向证监会申请经营证券业务许可证。未取得经营证券业务许可证,证券公司不得经营证券业务。

证券公司设立、收购或者撤销分支机构,变更业务范围或者注册资本,变更持有 5% 以上股权的股东、实际控制人,变更公司章程中的重要条款,合并、分立、变更公司形式、停业、解散、破产,必须经证监会批准。

证券公司在境外设立、收购或者参股证券经营机构,必须经证监会批准。

证券公司必须在其名称中标明证券有限责任公司或者证券股份有限公司字样。

五、证券公司的监督管理

(一)从业人员的任职限制

证券公司的董事、监事、高级管理人员,应当正直诚实,品行良好,熟悉证券法律、行政法规,具有履行职责所需的经营管理能力,并在任职前取得证监会核准的任职资格。

《证券法》规定,有《公司法》第一百四十七条规定的情形或者下列情形之一的,不得担任证券公司的董事、监事、高级管理人员:

(1)因违法行为或者违纪行为被解除职务的证券交易所、证券登记结算机构的负责人或者证券公司的董事、监事、高级管理人员,自被解除职务之日起未逾 5 年;

(2)因违法行为或者违纪行为被撤销资格的律师、注册会计师或者投资咨询机构、财务顾问机构、资信评级机构、资产评估机构、验证机构的专业人员,自被撤销资格之日起未逾 5 年。

因违法行为或者违纪行为被开除的证券交易所、证券登记结算机构、证券服务机构、证券公司的从业人员和被开除的国家机关工作人员,不得招聘为证券公司的从业人员。

国家机关工作人员和法律、行政法规规定的禁止在公司中兼职的其他人员,不得在证券公司中兼任职务。

(二)分业经营

证券公司必须将其证券经纪业务、证券承销业务、证券自营业务和证券资产管理业务分开办理,不得混合操作。

(三)禁止挪用客户资金

证券公司客户的交易结算资金应当存放在商业银行,以每个客户的名义单独立户管理。证券公司不得将客户的交易结算资金和证券归入其自有财产。禁止任何单位或者个人以任何形式挪用客户的交易结算资金和证券。证券公司破产或者清算时,客户的交易结算资金和证券不属于其破产财产或者清算财产。非因客户本身的债务或者法律规定的其他情形,不得查封、冻结、扣划或者强制执行客户的交易结算资金和证券。

(四)证券经纪业务规则

证券公司办理经纪业务,应当置备统一制定的证券买卖委托书,供委托人使用。采取其他委托方式的,必须作出委托记录。客户的证券买卖委托,不论是否成交,其委托记录应当按照规定的期限,保存于证券公司。

证券公司接受证券买卖的委托,应当根据委托书载明的证券名称、买卖数量、出价方式、价格幅度等,按照交易规则代理买卖证券,如实进行交易记录;买卖成交后,应当按照规定制作买卖成交报告单交付客户。

证券交易中确认交易行为及其交易结果的对账单必须真实,并由交易经办人员以外的审核人员逐笔审核,保证账面证券余额与实际持有的证券相一致。

证券公司为客户买卖证券提供融资融券服务,应当按照国务院的规定并经证监会批准。

证券公司办理经纪业务,不得接受客户的全权委托而决定证券买卖、选择证券种类、决定买卖数量或者买卖价格。

证券公司不得以任何方式对客户证券买卖的收益或者赔偿证券买卖的损失作出承诺。证券公司及其从业人员不得未经过其依法设立的营业场所私下接受客户委托买卖证券。

第七节 证券登记结算机构

一、证券登记结算机构的概念

《证券法》规定,证券登记结算机构是为证券交易提供集中登记、存管与结算服务,不以营利为目的的法人。

二、证券登记结算机构的设立条件

《证券法》规定,设立证券登记结算机构,应当具备下列条件:
(1)证券登记结算机构的名称中应当标明证券登记结算字样。
(2)自有资金不少于人民币2亿元;
(3)具有证券登记、存管和结算服务所必须的场所和设施;

(4)主要管理人员和从业人员必须具有证券从业资格;
(5)证监会规定的其他条件。

三、证券登记结算机构的职能

《证券法》规定,证券登记结算机构履行下列职能:
(1)证券账户、结算账户的设立;
(2)证券的存管和过户;
(3)证券持有人名册登记;
(4)证券交易所上市证券交易的清算和交收;
(5)受发行人的委托派发证券权益;
(6)办理与上述业务有关的查询;
(7)证监会批准的其他业务。

四、证券登记结算机构的监督管理

证券登记结算机构不得挪用客户的证券。

证券登记结算机构应当向证券发行人提供证券持有人名册及其有关资料,应当根据证券登记结算的结果,确认证券持有人持有证券的事实,提供证券持有人登记资料,应当保证证券持有人名册和登记过户记录真实、准确、完整,不得隐匿、伪造、篡改或者毁损。

《证券法》规定,证券登记结算机构应当采取下列措施保证业务的正常进行:
(1)具有必备的服务设备和完善的数据安全保护措施;
(2)建立完善的业务、财务和安全防范等管理制度;
(3)建立完善的风险管理系统。

证券登记结算机构应当妥善保存登记、存管和结算的原始凭证及有关文件和资料。其保存期限不得少于20年。

证券登记结算机构应当设立证券结算风险基金,用于垫付或者弥补因违约交收、技术故障、操作失误、不可抗力造成的证券登记结算机构的损失。证券结算风险基金从证券登记结算机构的业务收入和收益中提取,并可以由结算参与人按照证券交易业务量的一定比例缴纳。证券结算风险基金应当存入指定银行的专门账户,实行专项管理。证券登记结算机构以证券结算风险基金赔偿后,应当向有关责任人追偿。

证券登记结算机构申请解散,应当经证监会批准。

第八节 证券服务机构

一、证券服务机构的概念

《证券法》规定,证券服务机构是指投资咨询机构、财务顾问机构、资信评级机构、资产评估机构、会计师事务所等提供证券服务的机构。

二、证券服务机构的监督管理

投资咨询机构、财务顾问机构、资信评级机构从事证券服务业务的人员,必须具备证券专业知识和从事证券业务或者证券服务业务2年以上经验。

《证券法》规定,投资咨询机构及其从业人员从事证券服务业务不得有下列行为:

(1)代理委托人从事证券投资;
(2)与委托人约定分享证券投资收益或者分担证券投资损失;
(3)买卖本咨询机构提供服务的上市公司股票;
(4)利用传播媒介或者通过其他方式提供、传播虚假或者误导投资者的信息;
(5)法律、行政法规禁止的其他行为。

证券服务机构为证券的发行、上市、交易等证券业务活动制作、出具审计报告、资产评估报告、财务顾问报告、资信评级报告或者法律意见书等文件,应当勤勉尽责,对所依据的文件资料内容的真实性、准确性、完整性进行核查和验证。其制作、出具的文件有虚假记载、误导性陈述或者重大遗漏,给他人造成损失的,应当与发行人、上市公司承担连带赔偿责任,但是能够证明自己没有过错的除外。

第九节 证券业协会

一、证券业协会的管理机构

证券公司应当加入证券业协会,证券业协会是证券业的自律性组织,是社会团体法人,全体会员组成的会员大会是其权力机构。证券业协会设理事会,理事会成员依章程的规定由选举产生。

二、证券业协会的职责

《证券法》规定,证券业协会履行下列职责:
(1)教育和组织会员遵守证券法律、行政法规;
(2)依法维护会员的合法权益,向证券监督管理机构反映会员的建议和要求;
(3)收集整理证券信息,为会员提供服务;
(4)制定会员应遵守的规则,组织会员单位的从业人员的业务培训,开展会员间的业务交流;
(5)对会员之间、会员与客户之间发生的证券业务纠纷进行调解;
(6)组织会员就证券业的发展、运作及有关内容进行研究;
(7)监督、检查会员行为,对违反法律、行政法规或者协会章程的,按照规定给予纪律处分;
(8)证券业协会章程规定的其他职责。

第十节 证券监督管理机构

一、证券监督管理机构的职责

《证券法》规定,证监会在对证券市场实施监督管理中履行下列职责:
(1)依法制定有关证券市场监督管理的规章、规则,并依法行使审批或者核准权;
(2)依法对证券的发行、上市、交易、登记、存管、结算,进行监督管理;
(3)依法对证券发行人、上市公司、证券公司、证券投资基金管理公司、证券服务机构、证券交易所、证券登记结算机构的证券业务活动,进行监督管理;
(4)依法制定从事证券业务人员的资格标准和行为准则,并监督实施;
(5)依法监督检查证券发行、上市和交易的信息公开情况;
(6)依法对证券业协会的活动进行指导和监督;
(7)依法对违反证券市场监督管理法律、行政法规的行为进行查处;
(8)法律、行政法规规定的其他职责。

证监会可以和其他国家或者地区的证券监督管理机构建立监督管理合作机制,实施跨境监督管理。

案例研读:刘虹市场禁入案

中国证监会市场禁入决定书
〔2009〕6号

当事人:刘虹,男,1967年6月出生,2003年6月至2005年9月任"酒鬼酒"股份有限公司(以下简称"酒鬼酒")董事长兼总经理。

住址:湖南省长沙市车站北路梦泽园小区A栋B座。

依据1999年7月1日起施行的《中华人民共和国证券法》(以下简称原《证券法》)的有关规定,我会对"酒鬼酒"的违法行为进行了立案调查、审理,并依法向当事人告知了作出行政处罚的事实、理由、依据及当事人依法享有的权利,并应刘虹的要求举行了听证会,听取了刘虹代理人的陈述和申辩。本案现已调查、审理终结。

经查明,"酒鬼酒"存在以下违法事实:

一、"酒鬼酒"在定期报告中未如实披露第一大股东湖南成功控股集团有限公司(以下简称成功集团)及其他关联方占用"酒鬼酒"资金的事项。

(一)2003年年度报告未披露占用金额302 230 000元。

(二)2004年中期报告未披露占用金额226 082 800元。

(三)2004年年度报告未披露占用金额421 232 800元。

(四)2005年中期报告未披露占用金额425 920 300元。

二、"酒鬼酒"在定期报告中虚假陈述货币资金数额。

(一)"酒鬼酒"2003年年度报告披露货币资金330 683 747.99元,虚假陈述货币资金299 013 150.54元,实有货币资金31 670 597.45元。

(二)"酒鬼酒"2004年中期报告披露货币资金448 944 107.15元,虚假陈述货币资金374 816 429.22元,实有货币资金74 127 677.93元。

(三)"酒鬼酒"2004年度报告披露货币资金411 968 167.70元,虚假陈述货币资金374 388 882.91元,实有货币资金37 579 284.79元。

(四)"酒鬼酒"2005年中期报告披露货币资金436 158 202.98元,虚假陈述货币资金420 030 281.55元,实有货币资金16 127 921.43元。

上述违法事实,有相关定期报告、财务记录、单据、协议书、法院《民事调解书》、相关人员的谈话笔录等证据证明,足以认定。

"酒鬼酒"在2003年年度报告、2004年中期报告、2004年年度报告和2005年中期报告未如实披露第一大股东及其他关联方占用其资金和虚假陈述货币资金数额的行为违反了原《证券法》第六十条、第六十一条的规定,构成原《证券法》第一百七十七条所述"依照本法规定,经核准上市交易的证券,其发行人未按照有关规定披露信息,或者所披露的信息有虚假记载、误导性陈述或者有重大遗漏的"行为。

"酒鬼酒"2005年年度报告披露了关联方占用其资金的情况。2006年7月

14日,被占用的资金已归还。

2004年4月28日,"酒鬼酒"第三届董事会第三次会议,签字同意"酒鬼酒"2003年年度报告的董事有刘虹。

2004年8月10日,"酒鬼酒"第三届董事会第六次会议,签字同意"酒鬼酒"2004年中期报告的董事有刘虹。

2005年1月27日,"酒鬼酒"第三届董事会第八次会议,签字同意"酒鬼酒"2004年年度报告的董事有刘虹。

2005年7月28日,"酒鬼酒"第三届董事会第十一次会议,签字同意"酒鬼酒"2005年中期报告的董事有刘虹。

根据有关任职及勤勉尽责的事实和情节,对上述虚假陈述行为直接负责的主管人员是"酒鬼酒"时任董事长兼总经理的刘虹。

刘虹代理人在听证会陈述,成功集团占用"酒鬼酒"资金的原因是原"酒鬼酒"第一大股东在与成功集团的股权交易中有违约行为。我会认为,成功集团与原"酒鬼酒"第一大股东在股权交易中的纠纷不应成为成功集团占用"酒鬼酒"资金的理由。

根据当事人违法行为的事实、性质、情节与社会危害程度,依据《证券市场禁入暂行规定》第二条、第四条、第五条之规定,我会决定:认定刘虹为市场禁入者,自我会宣布决定之日起,5年内不得担任任何上市公司和从事证券业务机构的高级管理人员职务。

中国证券监督管理委员会
二〇〇九年三月二十四

二、证券监督管理机构的监督措施

《证券法》规定,证监会依法履行职责,有权采取下列措施:

(1)对证券发行人、上市公司、证券公司、证券投资基金管理公司、证券服务机构、证券交易所、证券登记结算机构进行现场检查;

(2)进入涉嫌违法行为发生场所调查取证;

(3)询问当事人和与被调查事件有关的单位和个人,要求其对与被调查事件有关的事项作出说明;

(4)查阅、复制与被调查事件有关的财产权登记、通讯记录等资料;

(5)查阅、复制当事人和与被调查事件有关的单位和个人的证券交易记录、登记过户记录、财务会计资料及其他相关文件和资料;对可能被转移、隐匿或者毁损的文件和资料,可以予以封存;

(6)查询当事人和与被调查事件有关的单位和个人的资金账户、证券账户和银行账户;对有证据证明已经或者可能转移或者隐匿违法资金、证券等涉案财产或者隐匿、伪造、毁损重要证据的,经证监会主要负责人批准,可以冻结或者查封;

(7)在调查操纵证券市场、内幕交易等重大证券违法行为时,经证监会主要负责人批准,可以限制被调查事件当事人的证券买卖,但限制的期限不得超过15个交易日;案情复杂的,可以延长15个交易日。

三、证券监督管理机构的义务

证监会依法履行职责,进行监督检查或者调查,其监督检查、调查的人员不得少于2人,并应当出示合法证件和监督检查、调查通知书。监督检查、调查的人员少于2人或者未出示合法证件和监督检查、调查通知书的,被检查、调查的单位有权拒绝。

证监会工作人员必须忠于职守,依法办事,公正廉洁,不得利用职务便利牟取不正当利益,不得泄露所知悉的有关单位和个人的商业秘密。

证监会依法制定的规章、规则和监督管理工作制度应当公开,对证券违法行为作出的处罚决定,应当公开。

案例研读:中国企业首告证监会

1998年2月,经海南省证管办审核和国家民委推荐,海南省凯立公司被证监会同意上报股票发行申请材料,并列入海南省1997年的股票发行计划。1998年6月,凯立公司正式向证监会报送了申请材料。

证监会在收到材料后,先后两次到凯立公司调查。之后,证监会向国务院有关部门提交报告,认定:凯立公司97%的利润虚假,严重违反《公司法》,不符合发行上市条件,取消其股票发行资格(以下简称"1999年报告")。2000年4月,证监会办公厅向凯立公司发函,认定凯立公司财务会计资料不实,不符合上市的有关规定,决定退回其股票发行预选申报材料(以下简称"2000年函")。

2000年7月,凯立公司向北京市第一中级人民法院起诉证监会,要求法院撤销被告"1999年报告"中认定原告利润虚假的结论,撤销被告"2000年函"中作出的退回申报材料的决定,以及判决被告恢复并依法履行对原告股票发行上市申请的审查和审批程序。

一审法院判决证监会败诉。

证监会不服,提起上诉,被驳回。

终审判决如下:

1.证监会"2000年函"认定事实的证据不充分。凯立公司的财务资料所反映的利润是否客观真实,关键在于其是否符合国家统一的企业会计制度。证监会在审查中发生疑问,应当委托有关主管部门或者专业机构对其财务资料依照"公司、企业会计核算的特别规定"进行审查确认。证监会在未经专业部门审查确认的情况下作出财务虚假、退回申报材料的认定,结论缺乏充分依据。

2.退回申报材料的行为违法。1999年7月实施的《证券法》规定了股票发行的核准制。2000年3月,证监会根据《证券法》的规定发布了《中国证监会股票发行核准程序》(以下简称"核准程序")。对列入1997年发行计划的企业,证监会在执行《核准程序》时作了保护性规定,即"发行人属1997年股票发行计划内的企业,在提交发行审核委员会核准前,中国证监会对发行人的董事、监事和高级管理人员进行《公司法》、《证券法》等法律、法规考试",免除了"对发行人辅导1年"的要求。既然证监会将列入1997年发行计划的企业划归该《核准程序》调整,应按照《核准程序》规定的程序进行审核。予以核准的,出具核准公开发行的文件;不予核准的,出具书面意见,说明不予核准的理由。而证监会没有依据该《核准程序》的规定进行审核,相关法律法规中也没有可以退回申报材料的规定,因此退回行为不合法。

——王传辉主编:《新编商法教程》,清华大学出版社2005年版,第71~72页。

延伸思考:

1.证券发行活动中如何落实公开、公平、公正原则?
2.如何有效控制证券交易活动中的违规行为?
3.证监会是如何监督证券市场运行的?
4.证券交易所在证券交易活动中的法律地位和功能是什么?

文献附录:《证券公司监督管理条例》

中华人民共和国国务院令
第522号

《证券公司监督管理条例》已经2008年4月23日国务院第6次常务会议通过,现予公布,自2008年6月1日起施行。

总理　温家宝
二〇〇八年四月二十三日

证券公司监督管理条例

第一章　总则

第一条　为了加强对证券公司的监督管理,规范证券公司的行为,防范证券公司的风险,保护客户的合法权益和社会公共利益,促进证券业健康发展,根据《中华人民共和国公司法》(以下简称《公司法》)、《中华人民共和国证券法》(以下简称《证券法》),制定本条例。

第二条 证券公司应当遵守法律、行政法规和国务院证券监督管理机构的规定,审慎经营,履行对客户的诚信义务。

第三条 证券公司的股东和实际控制人不得滥用权利,占用证券公司或者客户的资产,损害证券公司或者客户的合法权益。

第四条 国家鼓励证券公司在有效控制风险的前提下,依法开展经营方式创新、业务或者产品创新、组织创新和激励约束机制创新。

国务院证券监督管理机构、国务院有关部门应当采取有效措施,促进证券公司的创新活动规范、有序进行。

第五条 证券公司按照国家规定,可以发行、交易、销售证券类金融产品。

第六条 国务院证券监督管理机构依法履行对证券公司的监督管理职责。国务院证券监督管理机构的派出机构在国务院证券监督管理机构的授权范围内,履行对证券公司的监督管理职责。

第七条 国务院证券监督管理机构、中国人民银行、国务院其他金融监督管理机构应当建立证券公司监督管理的信息共享机制。

国务院证券监督管理机构和地方人民政府应当建立证券公司的有关情况通报机制。

第二章 设立与变更

第八条 设立证券公司,应当具备《公司法》、《证券法》和本条例规定的条件,并经国务院证券监督管理机构批准。

第九条 证券公司的股东应当用货币或者证券公司经营必需的非货币财产出资。证券公司股东的非货币财产出资总额不得超过证券公司注册资本的30%。

证券公司股东的出资,应当经具有证券、期货相关业务资格的会计师事务所验资并出具证明;出资中的非货币财产,应当经具有证券相关业务资格的资产评估机构评估。

在证券公司经营过程中,证券公司的债权人将其债权转为证券公司股权的,不受本条第一款规定的限制。

第十条 有下列情形之一的单位或者个人,不得成为持有证券公司5%以上股权的股东、实际控制人:

(一)因故意犯罪被判处刑罚,刑罚执行完毕未逾3年;

(二)净资产低于实收资本的50%,或者或有负债达到净资产的50%;

(三)不能清偿到期债务;

(四)国务院证券监督管理机构认定的其他情形。

证券公司的其他股东应当符合国务院证券监督管理机构的相关要求。

第十一条 证券公司应当有3名以上在证券业担任高级管理人员满2年的高级管理人员。

第十二条 证券公司设立时,其业务范围应当与其财务状况、内部控制制度、合规制度和人力资源状况相适应;证券公司在经营过程中,经其申请,国务院证券监督管理机构可以根据其财务状况、内部控制水平、合规程度、高级管理人员业务管理能力、专业人员数量,对其业务范围进行调整。

第十三条 证券公司变更注册资本、业务范围、公司形式或者公司章程中的重要条款,合并、分立,设立、收购或者撤销境内分支机构,变更境内分支机构的营业场所,在境外设立、收购、参股证券经营机构,应当经国务院证券监督管理机构批准。

前款所称公司章程中的重要条款,是指规定下列事项的条款:

(一)证券公司的名称、住所;

(二)证券公司的组织机构及其产生办法、职权、议事规则;

(三)证券公司对外投资、对外提供担保的类型、金额和内部审批程序;

(四)证券公司的解散事由与清算办法;

(五)国务院证券监督管理机构要求证券公司章程规定的其他事项。

本条第一款所称证券公司分支机构,是指从事业务经营活动的分公司、证券营业部等证券公司下属的非法人单位。

第十四条 任何单位或者个人有下列情形之一的,应当事先告知证券公司,由证券公司报国务院证券监督管理机构批准:

(一)认购或者受让证券公司的股权后,其持股比例达到证券公司注册资本的5%;

(二)以持有证券公司股东的股权或者其他方式,实际控制证券公司5%以上的股权。

未经国务院证券监督管理机构批准,任何单位或者个人不得委托他人或者接受他人委托持有或者管理证券公司的股权。证券公司的股东不得违反国家规定,约定不按照出资比例行使表决权。

第十五条 证券公司合并、分立的,涉及客户权益的重大资产转让应当经具有证券相关业务资格的资产评估机构评估。

证券公司停业、解散或者破产的,应当经国务院证券监督管理机构批准,并按照有关规定安置客户、处理未了结的业务。

第十六条 国务院证券监督管理机构应当对下列申请进行审查,并在下列期限内,作出批准或者不予批准的书面决定:

(一)对在境内设立证券公司或者在境外设立、收购或者参股证券经营机构的申请,自受理之日起6个月;

(二)对变更注册资本、合并、分立或者要求审查股东、实际控制人资格的申请,自受理之日起3个月;

(三)对变更业务范围、公司形式、公司章程中的重要条款或者要求审查高级

管理人员任职资格的申请,自受理之日起45个工作日;

(四)对设立、收购、撤销境内分支机构,变更境内分支机构的营业场所,或者停业、解散、破产的申请,自受理之日起30个工作日;

(五)对要求审查董事、监事、境内分支机构负责人任职资格的申请,自受理之日起20个工作日。

国务院证券监督管理机构审批证券公司及其分支机构的设立申请,应当考虑证券市场发展和公平竞争的需要。

第十七条 公司登记机关应当依照法律、行政法规的规定,凭国务院证券监督管理机构的批准文件,办理证券公司及其境内分支机构的设立、变更、注销登记。

证券公司在取得公司登记机关颁发或者换发的证券公司或者境内分支机构的营业执照后,应当向国务院证券监督管理机构申请颁发或者换发经营证券业务许可证。经营证券业务许可证应当载明证券公司或者境内分支机构的证券业务范围。

未取得经营证券业务许可证,证券公司及其境内分支机构不得经营证券业务。

证券公司停止全部证券业务、解散、破产或者撤销境内分支机构的,应当在国务院证券监督管理机构指定的报刊上公告,并按照规定将经营证券业务许可证交国务院证券监督管理机构注销。

第三章 组织机构

第十八条 证券公司应当依照《公司法》、《证券法》和本条例的规定,建立健全组织机构,明确决策、执行、监督机构的职权。

第十九条 证券公司可以设独立董事。证券公司的独立董事,不得在本证券公司担任董事会外的职务,不得与本证券公司存在可能妨碍其作出独立、客观判断的关系。

第二十条 证券公司经营证券经纪业务、证券资产管理业务、融资融券业务和证券承销与保荐业务中两种以上业务的,其董事会应当设薪酬与提名委员会、审计委员会和风险控制委员会,行使公司章程规定的职权。

证券公司董事会设薪酬与提名委员会、审计委员会的,委员会负责人由独立董事担任。

第二十一条 证券公司设董事会秘书,负责股东会和董事会会议的筹备、文件的保管以及股东资料的管理,按照规定或者根据国务院证券监督管理机构、股东等有关单位或者个人的要求,依法提供有关资料,办理信息报送或者信息披露事项。董事会秘书为证券公司高级管理人员。

第二十二条 证券公司设立行使证券公司经营管理职权的机构,应当在公司章程中明确其名称、组成、职责和议事规则,该机构的成员为证券公司高级管理人员。

第二十三条　证券公司设合规负责人，对证券公司经营管理行为的合法合规性进行审查、监督或者检查。合规负责人为证券公司高级管理人员，由董事会决定聘任，并应当经国务院证券监督管理机构认可。合规负责人不得在证券公司兼任负责经营管理的职务。

合规负责人发现违法违规行为，应当向公司章程规定的机构报告，同时按照规定向国务院证券监督管理机构或者有关自律组织报告。

证券公司解聘合规负责人，应当有正当理由，并自解聘之日起3个工作日内将解聘的事实和理由书面报告国务院证券监督管理机构。

第二十四条　证券公司的董事、监事、高级管理人员和境内分支机构负责人应当在任职前取得经国务院证券监督管理机构核准的任职资格。

证券公司不得聘任、选任未取得任职资格的人员担任前款规定的职务；已经聘任、选任的，有关聘任、选任的决议、决定无效。

第二十五条　证券公司的法定代表人或者高级管理人员离任的，证券公司应当对其进行审计，并自其离任之日起2个月内将审计报告报送国务院证券监督管理机构；证券公司的法定代表人或者经营管理的主要负责人离任的，应当聘请具有证券、期货相关业务资格的会计师事务所对其进行审计。

前款规定的审计报告未报送国务院证券监督管理机构的，离任人员不得在其他证券公司任职。

第四章　业务规则与风险控制

第一节　一般规定

第二十六条　证券公司及其境内分支机构从事《证券法》第一百二十五条规定的证券业务，应当遵守《证券法》和本条例的规定。

证券公司及其境内分支机构经营的业务应当经国务院证券监督管理机构批准，不得经营未经批准的业务。

2个以上的证券公司受同一单位、个人控制或者相互之间存在控制关系的，不得经营相同的证券业务，但国务院证券监督管理机构另有规定的除外。

第二十七条　证券公司应当按照审慎经营的原则，建立健全风险管理与内部控制制度，防范和控制风险。

证券公司应当对分支机构实行集中统一管理，不得与他人合资、合作经营管理分支机构，也不得将分支机构承包、租赁或者委托给他人经营管理。

第二十八条　证券公司受证券登记结算机构委托，为客户开立证券账户，应当按照证券账户管理规则，对客户申报的姓名或者名称、身份的真实性进行审查。同一客户开立的资金账户和证券账户的姓名或者名称应当一致。

证券公司为证券资产管理客户开立的证券账户，应当自开户之日起3个交易日内报证券交易所备案。

证券公司不得将客户的资金账户、证券账户提供给他人使用。

第二十九条　证券公司从事证券资产管理业务、融资融券业务，销售证券类金融产品，应当按照规定程序，了解客户的身份、财产与收入状况、证券投资经验和风险偏好，并以书面和电子方式予以记载、保存。证券公司应当根据所了解的客户情况推荐适当的产品或者服务。具体规则由中国证券业协会制定。

第三十条　证券公司与客户签订证券交易委托、证券资产管理、融资融券等业务合同，应当事先指定专人向客户讲解有关业务规则和合同内容，并将风险揭示书交由客户签字确认。业务合同的必备条款和风险揭示书的标准格式，由中国证券业协会制定，并报国务院证券监督管理机构备案。

第三十一条　证券公司从事证券资产管理业务、融资融券业务，应当按照规定编制对账单，按月寄送客户。证券公司与客户对对账单送交时间或者方式另有约定的，从其约定。

第三十二条　证券公司应当建立信息查询制度，保证客户在证券公司营业时间内能够随时查询其委托记录、交易记录、证券和资金余额，以及证券公司业务经办人员和证券经纪人的姓名、执业证书、证券经纪人证书编号等信息。

客户认为有关信息记录与实际情况不符的，可以向证券公司或者国务院证券监督管理机构投诉。证券公司应当指定专门部门负责处理客户投诉。国务院证券监督管理机构应当根据客户的投诉，采取相应措施。

第三十三条　证券公司不得违反规定委托其他单位或者个人进行客户招揽、客户服务、产品销售活动。

第三十四条　证券公司向客户提供投资建议，不得对证券价格的涨跌或者市场走势作出确定性的判断。

证券公司及其从业人员不得利用向客户提供投资建议而谋取不正当利益。

第三十五条　证券公司应当建立并实施有效的管理制度，防范其从业人员直接或者以化名、他人名义持有、买卖股票，收受他人赠送的股票。

第三十六条　证券公司应当按照规定提取一般风险准备金，用于弥补经营亏损。

第二节　证券经纪业务

第三十七条　证券公司从事证券经纪业务，应当对客户账户内的资金、证券是否充足进行审查。客户资金账户内的资金不足的，不得接受其买入委托；客户证券账户内的证券不足的，不得接受其卖出委托。

第三十八条　证券公司从事证券经纪业务，可以委托证券公司以外的人员作为证券经纪人，代理其进行客户招揽、客户服务等活动。证券经纪人应当具有证券从业资格。

证券公司应当与接受委托的证券经纪人签订委托合同，颁发证券经纪人证书，明确对证券经纪人的授权范围，并对证券经纪人的执业行为进行监督。

证券经纪人应当在证券公司的授权范围内从事业务,并应当向客户出示证券经纪人证书。

第三十九条 证券经纪人应当遵守证券公司从业人员的管理规定,其在证券公司授权范围内的行为,由证券公司依法承担相应的法律责任;超出授权范围的行为,证券经纪人应当依法承担相应的法律责任。

证券经纪人只能接受一家证券公司的委托,进行客户招揽、客户服务等活动。

证券经纪人不得为客户办理证券认购、交易等事项。

第四十条 证券公司向客户收取证券交易费用,应当符合国家有关规定,并将收费项目、收费标准在营业场所的显著位置予以公示。

第三节 证券自营业务

第四十一条 证券公司从事证券自营业务,限于买卖依法公开发行的股票、债券、权证、证券投资基金或者国务院证券监督管理机构认可的其他证券。

第四十二条 证券公司从事证券自营业务,应当使用实名证券自营账户。

证券公司的证券自营账户,应当自开户之日起3个交易日内报证券交易所备案。

第四十三条 证券公司从事证券自营业务,不得有下列行为:

(一)违反规定购买本证券公司控股股东或者与本证券公司有其他重大利害关系的发行人发行的证券;

(二)违反规定委托他人代为买卖证券;

(三)利用内幕信息买卖证券或者操纵证券市场;

(四)法律、行政法规或者国务院证券监督管理机构禁止的其他行为。

第四十四条 证券公司从事证券自营业务,自营证券总值与公司净资本的比例、持有一种证券的价值与公司净资本的比例、持有一种证券的数量与该证券发行总量的比例等风险控制指标,应当符合国务院证券监督管理机构的规定。

第四节 证券资产管理业务

第四十五条 证券公司可以依照《证券法》和本条例的规定,从事接受客户的委托、使用客户资产进行投资的证券资产管理业务。投资所产生的收益由客户享有,损失由客户承担,证券公司可以按照约定收取管理费用。

证券公司从事证券资产管理业务,应当与客户签订证券资产管理合同,约定投资范围、投资比例、管理期限及管理费用等事项。

第四十六条 证券公司从事证券资产管理业务,不得有下列行为:

(一)向客户作出保证其资产本金不受损失或者保证其取得最低收益的承诺;

(二)接受一个客户的单笔委托资产价值,低于国务院证券监督管理机构规定的最低限额;

（三）使用客户资产进行不必要的证券交易；

（四）在证券自营账户与证券资产管理账户之间或者不同的证券资产管理账户之间进行交易，且无充分证据证明已依法实现有效隔离；

（五）法律、行政法规或者国务院证券监督管理机构禁止的其他行为。

第四十七条 证券公司使用多个客户的资产进行集合投资，或者使用客户资产专项投资于特定目标产品的，应当符合国务院证券监督管理机构的有关规定，并报国务院证券监督管理机构批准。

国务院证券监督管理机构应当自受理申请之日起2个月内，对前款规定的事项作出批准或者不予批准的书面决定。

第五节 融资融券业务

第四十八条 本条例所称融资融券业务，是指在证券交易所或者国务院批准的其他证券交易场所进行的证券交易中，证券公司向客户出借资金供其买入证券或者出借证券供其卖出，并由客户交存相应担保物的经营活动。

第四十九条 证券公司经营融资融券业务，应当具备下列条件：

（一）证券公司治理结构健全，内部控制有效；

（二）风险控制指标符合规定，财务状况、合规状况良好；

（三）有经营融资融券业务所需的专业人员、技术条件、资金和证券；

（四）有完善的融资融券业务管理制度和实施方案；

（五）国务院证券监督管理机构规定的其他条件。

第五十条 证券公司从事融资融券业务，应当与客户签订融资融券合同，并按照国务院证券监督管理机构的规定，以证券公司的名义在证券登记结算机构开立客户证券担保账户，在指定商业银行开立客户资金担保账户。客户资金担保账户内的资金应当参照本条例第五十七条的规定进行管理。

在以证券公司名义开立的客户证券担保账户和客户资金担保账户内，应当为每一客户单独开立授信账户。

第五十一条 证券公司向客户融资，应当使用自有资金或者依法筹集的资金；向客户融券，应当使用自有证券或者依法取得处分权的证券。

第五十二条 证券公司向客户融资融券时，客户应当交存一定比例的保证金。保证金可以用证券充抵。

客户交存的保证金以及通过融资融券交易买入的全部证券和卖出证券所得的全部资金，均为对证券公司的担保物，应当存入证券公司客户证券担保账户或者客户资金担保账户并记入该客户授信账户。

第五十三条 客户证券担保账户内的证券和客户资金担保账户内的资金为信托财产。证券公司不得违背受托义务侵占客户担保账户内的证券或者资金。除本条例第五十四条规定的情形或者证券公司和客户依法另有约定的情形外，证券公司不得动用客户担保账户内的证券或者资金。

第五十四条　证券公司应当逐日计算客户担保物价值与其债务的比例。当该比例低于规定的最低维持担保比例时,证券公司应当通知客户在一定的期限内补交差额。客户未能按期交足差额,或者到期未偿还融资融券债务的,证券公司应当立即按照约定处分其担保物。

第五十五条　客户依照本条例第五十二条第一款规定交存保证金的比例,由国务院证券监督管理机构授权的单位规定。

证券公司可以向客户融出的证券和融出资金可以买入证券的种类,可充抵保证金的有价证券的种类和折算率,融资融券的期限,最低维持担保比例和补交差额的期限,由证券交易所规定。

本条第一款、第二款规定由被授权单位或者证券交易所作出的相关规定,应当向国务院证券监督管理机构备案,且不得违反国家货币政策。

第五十六条　证券公司从事融资融券业务,自有资金或者证券不足的,可以向证券金融公司借入。证券金融公司的设立和解散由国务院决定。

第五章　客户资产的保护

第五十七条　证券公司从事证券经纪业务,其客户的交易结算资金应当存放在指定商业银行,以每个客户的名义单独立户管理。

指定商业银行应当与证券公司及其客户签订客户的交易结算资金存管合同,约定客户的交易结算资金存取、划转、查询等事项,并按照证券交易净额结算、货银对付的要求,为证券公司开立客户的交易结算资金汇总账户。

客户的交易结算资金的存取,应当通过指定商业银行办理。指定商业银行应当保证客户能够随时查询客户的交易结算资金的余额及变动情况。

指定商业银行的名单,由国务院证券监督管理机构会同国务院银行业监督管理机构确定并公告。

第五十八条　证券公司从事证券资产管理业务,应当将客户的委托资产交由本条例第五十七条第四款规定的指定商业银行或者国务院证券监督管理机构认可的其他资产托管机构托管。

资产托管机构应当按照国务院证券监督管理机构的规定和证券资产管理合同的约定,履行安全保管客户的委托资产、办理资金收付事项、监督证券公司投资行为等职责。

第五十九条　客户的交易结算资金、证券资产管理客户的委托资产属于客户,应当与证券公司、指定商业银行、资产托管机构的自有资产相互独立、分别管理。非因客户本身的债务或者法律规定的其他情形,任何单位或者个人不得对客户的交易结算资金、委托资产申请查封、冻结或者强制执行。

第六十条　除下列情形外,不得动用客户的交易结算资金或者委托资金:

(一)客户进行证券的申购、证券交易的结算或者客户提款;

(二)客户支付与证券交易有关的佣金、费用或者税款;

（三）法律规定的其他情形。

第六十一条 证券公司不得以证券经纪客户或者证券资产管理客户的资产向他人提供融资或者担保。任何单位或者个人不得强令、指使、协助、接受证券公司以其证券经纪客户或者证券资产管理客户的资产提供融资或者担保。

第六十二条 指定商业银行、资产托管机构和证券登记结算机构应当对存放在本机构的客户的交易结算资金、委托资金和客户担保账户内的资金、证券的动用情况进行监督，并按照规定定期向国务院证券监督管理机构报送客户的交易结算资金、委托资金和客户担保账户内的资金、证券的存管或者动用情况的有关数据。

指定商业银行、资产托管机构和证券登记结算机构对超出本条例第五十三条、第五十四条、第六十条规定的范围，动用客户的交易结算资金、委托资金和客户担保账户内的资金、证券的申请、指令，应当拒绝；发现客户的交易结算资金、委托资金和客户担保账户内的资金、证券被违法动用或者有其他异常情况的，应当立即向国务院证券监督管理机构报告，并抄报有关监督管理机构。

第六章 监督管理措施

第六十三条 证券公司应当自每一会计年度结束之日起4个月内，向国务院证券监督管理机构报送年度报告；自每月结束之日起7个工作日内，报送月度报告。

发生影响或者可能影响证券公司经营管理、财务状况、风险控制指标或者客户资产安全的重大事件的，证券公司应当立即向国务院证券监督管理机构报送临时报告，说明事件的起因、目前的状态、可能产生的后果和拟采取的相应措施。

第六十四条 证券公司年度报告中的财务会计报告、风险控制指标报告以及国务院证券监督管理机构规定的其他专项报告，应当经具有证券、期货相关业务资格的会计师事务所审计。证券公司年度报告应当附有该会计师事务所出具的内部控制评审报告。

证券公司的董事、高级管理人员应当对证券公司年度报告签署确认意见；经营管理的主要负责人和财务负责人应当对月度报告签署确认意见。在证券公司年度报告、月度报告上签字的人员，应当保证报告的内容真实、准确、完整；对报告内容持有异议的，应当注明自己的意见和理由。

第六十五条 对证券公司报送的年度报告、月度报告，国务院证券监督管理机构应当指定专人进行审核，并制作审核报告。审核人员应当在审核报告上签字。审核中发现问题的，国务院证券监督管理机构应当及时采取相应措施。

国务院证券监督管理机构应当对有关机构报送的客户的交易结算资金、委托资金和客户担保账户内的资金、证券的有关数据进行比对、核查，及时发现资金或者证券被违法动用的情况。

第六十六条 证券公司应当依法向社会公开披露其基本情况、参股及控股情况、负债及或有负债情况、经营管理状况、财务收支状况、高级管理人员薪酬和其他有关信息。具体办法由国务院证券监督管理机构制定。

第六十七条　国务院证券监督管理机构可以要求下列单位或者个人,在指定的期限内提供与证券公司经营管理和财务状况有关的资料、信息:

(一)证券公司及其董事、监事、工作人员;

(二)证券公司的股东、实际控制人;

(三)证券公司控股或者实际控制的企业;

(四)证券公司的开户银行、指定商业银行、资产托管机构、证券交易所、证券登记结算机构;

(五)为证券公司提供服务的证券服务机构。

第六十八条　国务院证券监督管理机构有权采取下列措施,对证券公司的业务活动、财务状况、经营管理情况进行检查:

(一)询问证券公司的董事、监事、工作人员,要求其对有关检查事项作出说明;

(二)进入证券公司的办公场所或者营业场所进行检查;

(三)查阅、复制与检查事项有关的文件、资料,对可能被转移、隐匿或者毁损的文件、资料、电子设备予以封存;

(四)检查证券公司的计算机信息管理系统,复制有关数据资料。

国务院证券监督管理机构为查清证券公司的业务情况、财务状况,经国务院证券监督管理机构负责人批准,可以查询证券公司及与证券公司有控股或者实际控制关系企业的银行账户。

第六十九条　证券公司以及有关单位和个人披露、报送或者提供的资料、信息应当真实、准确、完整,不得有虚假记载、误导性陈述或者重大遗漏。

第七十条　国务院证券监督管理机构对治理结构不健全、内部控制不完善、经营管理混乱、设立账外账或者进行账外经营、拒不执行监督管理决定、违法违规的证券公司,应当责令其限期改正,并可以采取下列措施:

(一)责令增加内部合规检查的次数并提交合规检查报告;

(二)对证券公司及其有关董事、监事、高级管理人员、境内分支机构负责人给予谴责;

(三)责令处分有关责任人员,并报告结果;

(四)责令更换董事、监事、高级管理人员或者限制其权利;

(五)对证券公司进行临时接管,并进行全面核查;

(六)责令暂停证券公司或者其境内分支机构的部分或者全部业务、限期撤销境内分支机构。

证券公司被暂停业务、限期撤销境内分支机构的,应当按照有关规定安置客户、处理未了结的业务。

对证券公司的违法违规行为,合规负责人已经依法履行制止和报告职责的,免除责任。

第七十一条　任何单位或者个人未经批准,持有或者实际控制证券公司5％以上股权的,国务院证券监督管理机构应当责令其限期改正;改正前,相应股权不具有表决权。

第七十二条　任何人未取得任职资格,实际行使证券公司董事、监事、高级管理人员或者境内分支机构负责人职权的,国务院证券监督管理机构应当责令其停止行使职权,予以公告,并可以按照规定对其采取证券市场禁入的措施。

第七十三条　证券公司董事、监事、高级管理人员或者境内分支机构负责人不再具备任职资格条件的,证券公司应当解除其职务并向国务院证券监督管理机构报告;证券公司未解除其职务的,国务院证券监督管理机构应当责令其解除。

第七十四条　证券公司聘请或者解聘会计师事务所的,应当自作出决定之日起3个工作日内报国务院证券监督管理机构备案;解聘会计师事务所的,应当说明理由。

第七十五条　会计师事务所对证券公司或者其有关人员进行审计,可以查阅、复制与审计事项有关的客户信息或者证券公司的其他有关文件、资料,并可以调取证券公司计算机信息管理系统内的有关数据资料。

会计师事务所应当对所知悉的信息保密。法律、行政法规另有规定的除外。

第七十六条　证券交易所应当对证券公司证券自营账户和证券资产管理账户的交易行为进行实时监控;发现异常情况的,应当及时按照交易规则和会员管理规则处理,并向国务院证券监督管理机构报告。

第七章　法律责任

第七十七条　证券公司有下列情形之一的,依照《证券法》第一百九十八条的规定处罚:

(一)聘任不具有任职资格的人员担任境内分支机构的负责人;

(二)未按照国务院证券监督管理机构依法作出的决定,解除不再具备任职资格条件的董事、监事、高级管理人员、境内分支机构负责人的职务。

第七十八条　证券公司从事证券经纪业务,客户资金不足而接受其买入委托,或者客户证券不足而接受其卖出委托的,依照《证券法》第二百零五条的规定处罚。

第七十九条　证券公司将客户的资金账户、证券账户提供给他人使用的,依照《证券法》第二百零八条的规定处罚。

第八十条　证券公司诱使客户进行不必要的证券交易,或者从事证券资产管理业务时,使用客户资产进行不必要的证券交易的,依照《证券法》第二百一十条的规定处罚。

第八十一条 证券公司有下列情形之一的,依照《证券法》第二百一十九条的规定处罚:

(一)证券公司或者其境内分支机构超出国务院证券监督管理机构批准的范围经营业务;

(二)未经批准,用多个客户的资产进行集合投资,或者将客户资产专项投资于特定目标产品。

第八十二条 证券公司在证券自营账户与证券资产管理账户之间或者不同的证券资产管理账户之间进行交易,且无充分证据证明已依法实现有效隔离的,依照《证券法》第二百二十条的规定处罚。

第八十三条 证券公司违反本条例的规定,有下列情形之一的,责令改正,给予警告,没收违法所得,并处以违法所得1倍以上5倍以下的罚款;没有违法所得或者违法所得不足10万元的,处以10万元以上30万元以下的罚款;情节严重的,暂停或者撤销其相关证券业务许可。对直接负责的主管人员和其他直接责任人员,给予警告,并处以3万元以上10万元以下的罚款;情节严重的,撤销任职资格或者证券从业资格:

(一)违反规定委托其他单位或者个人进行客户招揽、客户服务或者产品销售活动;

(二)向客户提供投资建议,对证券价格的涨跌或者市场走势作出确定性的判断;

(三)违反规定委托他人代为买卖证券;

(四)从事证券自营业务、证券资产管理业务,投资范围或者投资比例违反规定;

(五)从事证券资产管理业务,接受一个客户的单笔委托资产价值低于规定的最低限额。

第八十四条 证券公司违反本条例的规定,有下列情形之一的,责令改正,给予警告,没收违法所得,并处以违法所得1倍以上5倍以下的罚款;没有违法所得或者违法所得不足3万元的,处以3万元以上30万元以下的罚款。对直接负责的主管人员和其他直接责任人员单处或者并处警告、3万元以上10万元以下的罚款;情节严重的,撤销任职资格或者证券从业资格:

(一)未按照规定对离任的法定代表人或者高级管理人员进行审计,并报送审计报告;

(二)与他人合资、合作经营管理分支机构,或者将分支机构承包、租赁或者委托给他人经营管理;

(三)未按照规定将证券自营账户或者证券资产管理客户的证券账户报证券交易所备案;

(四)未按照规定程序了解客户的身份、财产与收入状况、证券投资经验和风险偏好；

（五）推荐的产品或者服务与所了解的客户情况不相适应；

（六）未按照规定指定专人向客户讲解有关业务规则和合同内容，并以书面方式向其揭示投资风险；

（七）未按照规定与客户签订业务合同，或者未在与客户签订的业务合同中载入规定的必备条款；

（八）未按照规定编制并向客户送交对账单，或者未按照规定建立并有效执行信息查询制度；

（九）未按照规定指定专门部门处理客户投诉；

（十）未按照规定提取一般风险准备金；

（十一）未按照规定存放、管理客户的交易结算资金、委托资金和客户担保账户内的资金、证券；

（十二）聘请、解聘会计师事务所，未按照规定向国务院证券监督管理机构备案，解聘会计师事务所未说明理由。

第八十五条　证券公司未按照规定为客户开立账户的，责令改正；情节严重的，处以20万元以上50万元以下的罚款，并对直接负责的董事、高级管理人员和其他直接责任人员，处以1万元以上5万元以下的罚款。

第八十六条　违反本条例的规定，有下列情形之一的，责令改正，给予警告，没收违法所得，并处以违法所得1倍以上5倍以下的罚款；没有违法所得或者违法所得不足10万元的，处以10万元以上60万元以下的罚款；情节严重的，撤销相关业务许可。对直接负责的主管人员和其他直接责任人员给予警告，撤销任职资格或者证券从业资格，并处以3万元以上30万元以下的罚款：

（一）未经批准，委托他人或者接受他人委托持有或者管理证券公司的股权，或者认购、受让或者实际控制证券公司的股权；

（二）证券公司股东、实际控制人强令、指使、协助、接受证券公司以证券经纪客户或者证券资产管理客户的资产提供融资或者担保；

（三）证券公司、资产托管机构、证券登记结算机构违反规定动用客户的交易结算资金、委托资金和客户担保账户内的资金、证券；

（四）资产托管机构、证券登记结算机构对违反规定动用委托资金和客户担保账户内的资金、证券的申请、指令予以同意、执行；

（五）资产托管机构、证券登记结算机构发现委托资金和客户担保账户内的资金、证券被违法动用而未向国务院证券监督管理机构报告。

第八十七条　指定商业银行有下列情形之一的，由国务院证券监督管理机构责令改正，给予警告，没收违法所得，并处以违法所得1倍以上5倍以下的罚款；没有违法所得或者违法所得不足10万元的，处以10万元以上60万元以下的罚款。对直接负责的主管人员和其他直接责任人员给予警告，并处以3万元以上30万元以下的罚款：
（一）违反规定动用客户的交易结算资金；
（二）对违反规定动用客户的交易结算资金的申请、指令予以同意或者执行；
（三）发现客户的交易结算资金被违法动用而未向国务院证券监督管理机构报告。

指定商业银行有前款规定的行为，情节严重的，由国务院证券监督管理机构会同国务院银行业监督管理机构责令其暂停或者终止客户的交易结算资金存管业务；对直接负责的主管人员和其他直接责任人员，国务院证券监督管理机构可以建议国务院银行业监督管理机构依法处罚。

第八十八条 违反本条例的规定，有下列情形之一的，责令改正，给予警告，并处以3万元以上20万元以下的罚款；对直接负责的主管人员和其他直接责任人员，给予警告，可以处以3万元以下的罚款：
（一）证券公司未按照本条例第六十六条的规定公开披露信息，或者公开披露的信息中有虚假记载、误导性陈述或者重大遗漏；
（二）证券公司控股或者实际控制的企业、资产托管机构、证券服务机构未按照规定向国务院证券监督管理机构报送、提供有关信息、资料，或者报送、提供的信息、资料中有虚假记载、误导性陈述或者重大遗漏。

第八十九条 违反本条例的规定，有下列情形之一的，责令改正，给予警告，没收违法所得，并处以违法所得等值罚款；没有违法所得或者违法所得不足3万元的，处以3万元以下的罚款；情节严重的，撤销任职资格或者证券从业资格：
（一）合规负责人未按照规定向国务院证券监督管理机构或者有关自律组织报告违法违规行为；
（二）证券经纪人从事业务未向客户出示证券经纪人证书；
（三）证券经纪人同时接受多家证券公司的委托，进行客户招揽、客户服务等活动；
（四）证券经纪人接受客户的委托，为客户办理证券认购、交易等事项。

第九十条 证券公司违反规定收取费用的，由有关主管部门依法给予处罚。

第八章 附则

第九十一条 证券公司经营证券业务不符合本条例第二十六条第三款规定的，应当在国务院证券监督管理机构规定的期限内达到规定要求。

第九十二条 证券公司客户的交易结算资金存管方式不符合本条例第五十七条规定的，国务院证券监督管理机构应当责令其限期调整。

证券公司客户的交易结算资金存管方式，应当自本条例实施之日起1年内达到规定要求。

第九十三条 经国务院证券监督管理机构批准，证券公司可以向股东或者其他单位借入偿还顺序在普通债务之后的债，具体管理办法由国务院证券监督管理机构制定。

第九十四条 外商投资证券公司的业务范围、境外股东的资格条件和出资比例,由国务院证券监督管理机构规定,报国务院批准。

第九十五条 境外证券经营机构在境内经营证券业务或者设立代表机构,应当经国务院证券监督管理机构批准。具体办法由国务院证券监督管理机构制定,报国务院批准。

第九十六条 本条例所称证券登记结算机构,是指《证券法》第一百五十五条规定的证券登记结算机构。

第九十七条 本条例自2008年6月1日起施行。

第十三章 期货交易法律制度

 热点关注:《关于建立股指期货投资者适当性制度的规定(试行)(征求意见稿)》

《关于建立股指期货投资者适当性制度的规定(试行)(征求意见稿)》公开征求意见的通知

为稳妥推出股指期货,保障股指期货市场平稳、规范和健康运行,保护投资者合法权益,根据《期货交易管理条例》、《期货交易所管理办法》及《期货公司管理办法》等的规定,我会起草了《关于建立股指期货投资者适当性制度的规定(试行)(征求意见稿)》(以下简称《规定》),现向社会公开征求意见。

关于建立股指期货投资者适当性制度的规定(试行)

(征求意见稿)

第一条 为督促期货公司建立健全内控、合规制度,建立并完善以了解客户和分类管理为核心的客户管理和服务制度,保护投资者合法权益,保障股指期货市场平稳、规范和健康运行,根据《期货交易管理条例》、《期货交易所管理办法》及《期货公司管理办法》等行政法规、规章,制定本规定。

第二条 本规定所称股指期货投资者适当性制度(以下简称投资者适当性制度),是指根据股指期货的产品特征和风险特性,区别投资者的产品认知水平和风险承受能力,选择适当的投资者审慎参与股指期货交易,并建立与之相适应的监管制度安排。

第三条 中国证监会各省、自治区、直辖市、计划单列市监管局(以下简称各派出机构),中国金融期货交易所(以下简称中金所),中国期货保证金监控中心(以下简称监控中心),中国期货业协会(以下简称中期协)应当按照"统一领导、各司其职、各负其责、加强协作、联合监管"的原则,严格落实本规定的各项工作要求。

第四条 中国证监会及其派出机构对期货公司执行投资者适当性制度的情况进行监督检查。

中金所、中期协对期货公司执行投资者适当性制度的情况进行自律管理。

监控中心对期货公司执行投资者适当性制度的情况进行核查验证。

第五条　中金所应当从投资者的经济实力、股指期货产品认知能力、投资经历等方面,制定投资者适当性制度的具体标准和实施指引,并报中国证监会备案。

第六条　期货公司应当建立健全内控、合规制度,严格落实投资者适当性制度。

期货公司应当根据中金所制定的标准和指引,制定投资者适当性标准的实施方案,建立并有效执行客户开发管理制度和开户审核工作制度,完善业务流程与内部分工,加强责任追究。

期货公司应当及时将投资者适当性制度实施方案及相关制度报公司所在地中国证监会派出机构和中金所备案。

第七条　期货公司应当深化客户服务,向投资者充分揭示股指期货风险,全面客观介绍股指期货法律法规、业务规则和产品特征,测试投资者的股指期货基础知识,认真审核投资者开户申请材料,审慎评估投资者的风险承受能力,不得为不符合适当性标准的投资者申请开立股指期货交易编码。

期货公司应当建立客户资料档案,除依法接受调查和检查外,应当为客户保密。

第八条　自然人投资者应当全面评估自身的经济实力、产品认知能力、风险控制能力、生理及心理承受能力等,审慎决定是否参与股指期货交易。

法人投资者及其他经济组织从事股指期货交易业务,应当根据自身的经营管理特点和业务运作状况,建立健全内部控制和风险管理制度,对自身的内部控制和风险管理能力进行客观评估,审慎决定是否参与股指期货交易。

第九条　投资者应当如实申报开户材料,不得采取虚假申报等手段规避投资者适当性标准要求。

投资者应当遵守"买卖自负"的原则,承担股指期货交易的履约责任,不得以不符合投资者适当性标准为由拒绝承担股指期货交易履约责任。

第十条　中金所、期货公司应当加强对投资者交易行为的合法合规性管理,督促投资者遵守股指期货交易相关法律、行政法规、规章及中金所业务规则,持续开展投资者风险教育。

第十一条　期货公司应当完善客户纠纷处理机制,明确承担此项职责的部门和岗位,负责处理投资者参与股指期货交易所产生的投诉等事项,及时化解相关矛盾纠纷。

期货公司应当督促客户遵守法律法规,通过正当途径维护自身合法权益,不得侵害国家利益及他人的合法权益,不得扰乱社会公共秩序。

第十二条　期货公司违反投资者适当性制度要求,未能执行相关内控、合规制度的,中国证监会及其派出机构依据相关法律法规的规定,采取监管措施;情节严重的,根据《期货交易管理条例》第七十条进行处罚。

期货公司违反投资者适当性制度要求的,中金所、中期协应当根据业务规则和自律规则对其进行纪律处分。

第十三条　取得中间介绍业务资格的证券公司接受期货公司委托,协助办理开户手续的,应当对投资者开户资料和身份真实性等进行审查,向投资者充分揭示股指期货交易风险,进行相关知识测试和风险评估,做好开户入金指导,配合处理客户纠纷,严格执行投资者适当性制度。

中国证监会及其派出机构对取得中间介绍业务资格的证券公司进行日常监督检查,发现证券公司违反投资者适当性制度要求的,依法采取监管措施或者予以行政处罚。

第十四条　投资者适当性制度对投资者的各项要求以及依据制度进行的评价,不构成投资建议,不构成对投资者的获利保证。

第十五条　本规定由中国证监会负责解释。

第十六条　本规定自　年　月　日起施行。

请将对《规定》的有关意见和建议以书面或者电子邮件形式于 2010 年 1 月 22 日之前反馈至中国证监会。

联系方式如下：

传　真:8610-88060548

电子信箱:zhouxzh@csrc.gov.cn

通讯地址:北京市西城区金融大街 19 号富凯大厦 A 座中国证监会

邮政编码:100140

中国证券监督管理委员会
二〇一〇年一月十五日

第一节 概述

一、期货交易的概念

所谓期货交易,是指在期货交易所内买卖某种特定期货合约的交易活动。《期货交易管理条例》规定,我国期货交易的种类包括商品和金融期货合约、期权合约交易等。

二、期货交易的原则

《期货交易管理条例》规定,从事期货交易活动,应当遵循以下原则:
(1)公开、公平、公正和诚实信用的原则;
(2)禁止欺诈、内幕交易和操纵期货交易价格等违法行为原则;
(3)依法交易原则。《期货交易管理条例》规定,期货交易应当在依法设立的期货交易所或者国务院期货监督管理机构批准的其他交易场所进行,禁止在国务院期货监督管理机构批准的期货交易场所之外进行期货交易,禁止变相期货交易。

第二节 期货交易所

一、期货交易所的设置

(一)设立

《期货交易管理条例》规定,设立期货交易所,由国务院期货监督管理机构审批。未经国务院期货监督管理机构批准,任何单位或者个人不得设立期货交易所或者以任何形式组织期货交易及其相关活动。

(二)法律地位

期货交易所不以营利为目的,按照其章程的规定实行自律管理。期货交易所以其全部财产承担民事责任。

(三)会员制

期货交易所实行会员制,其会员应当是在我国境内登记注册的企业法人或者其他经济组织。期货交易所可以实行会员分级结算制度,实行会员分级结算制度的期货交易所会员由结算会员和非结算会员组成。

结算会员的结算业务资格由国务院期货监督管理机构批准。国务院期货监督管理机构应当在受理结算业务资格申请之日起3个月内作出批准或者不批准的决定。

(四)任职资格限制

《期货交易管理条例》规定,有《公司法》第一百四十七条规定的情形或者下列情形之一的,不得担任期货交易所的负责人、财务会计人员:

(1)因违法行为或者违纪行为被解除职务的期货交易所、证券交易所、证券登记结算机构的负责人,或者期货公司、证券公司的董事、监事、高级管理人员,以及国务院期货监督管理机构规定的其他人员,自被解除职务之日起未逾5年;

(2)因违法行为或者违纪行为被撤销资格的律师、注册会计师或者投资咨询机构、财务顾问机构、资信评级机构、资产评估机构、验证机构的专业人员,自被撤销资格之日起未逾5年。

(五)业务限制

《期货交易管理条例》规定,期货交易所办理下列事项,应当经国务院期货监督管理机构批准:

(1)制定或者修改章程、交易规则;

(2)上市、中止、取消或者恢复交易品种;

(3)上市、修改或者终止合约;

(4)变更住所或者营业场所;

(5)合并、分立或者解散;

(6)国务院期货监督管理机构规定的其他事项。

国务院期货监督管理机构批准期货交易所上市新的交易品种,应当征求国务院有关部门的意见。

期货交易所的所得收益按照国家有关规定管理和使用,但应当首先用于保证期货交易场所、设施的运行和改善。

二、期货交易所的职责

期货交易所应当依照《期货交易管理条例》和国务院期货监督管理机构的规定,建立、健全各项规章制度,加强对交易活动的风险控制和对会员以及交易所工作人员的监督管理。

《期货交易管理条例》规定,期货交易所履行下列职责:

(1)提供交易的场所、设施和服务;

(2)设计合约,安排合约上市;

(3)组织并监督交易、结算和交割;
(4)保证合约的履行;
(5)按照章程和交易规则对会员进行监督管理;
(6)国务院期货监督管理机构规定的其他职责。

期货交易所不得直接或者间接参与期货交易。未经国务院期货监督管理机构审核并报国务院批准,期货交易所不得从事信托投资、股票投资、非自用不动产投资等与其职责无关的业务。

三、风险管理制度

(一)基本风险管理制度

《期货交易管理条例》规定,期货交易所应当按照国家有关规定建立、健全下列风险管理制度:

(1)保证金制度;
(2)当日无负债结算制度;
(3)涨跌停板制度;
(4)持仓限额和大户持仓报告制度;
(5)风险准备金制度;
(6)国务院期货监督管理机构规定的其他风险管理制度。

此外,实行会员分级结算制度的期货交易所,还应当建立、健全结算担保金制度。

(二)紧急措施制度

当期货市场出现异常情况时,期货交易所可以按照其章程规定的权限和程序,决定采取下列紧急措施,并应当立即报告国务院期货监督管理机构:

(1)提高保证金;
(2)调整涨跌停板幅度;
(3)限制会员或者客户的最大持仓量;
(4)暂时停止交易;
(5)采取其他紧急措施。

上述所谓异常情况,是指在交易中发生操纵期货交易价格的行为或者发生不可抗拒的突发事件以及国务院期货监督管理机构规定的其他情形。异常情况消失后,期货交易所应当及时取消紧急措施。

政府公告:关于同意大连商品交易所上市聚氯乙烯期货合约的批复

关于同意大连商品交易所上市聚氯乙烯期货合约的批复

证监函〔2009〕105 号

大连商品交易所：

你所《关于上市聚氯乙烯期货合约的请示》(大商所发〔2009〕46 号)收悉。根据《期货交易管理条例》和《期货交易所管理办法》的有关规定,现批复如下：

一、同意你所上市聚氯乙烯期货合约。

二、聚氯乙烯期货合约的具体挂牌时间由你所根据市场状况及各项准备工作的进展情况确定。

三、在上市初期,你所对聚氯乙烯期货合约的保证金标准、交割、市场监控等方面和环节应当从严要求,特别是要做好实物交割环节的监督检查,切实防范市场操纵。

你所应当以高度负责的态度,按照"高标准、稳起步"的原则,进一步做好上市聚氯乙烯期货合约的各项准备工作,注意防范和妥善化解可能出现的市场风险,确保聚氯乙烯期货合约的顺利推出和平稳运行。在组织聚氯乙烯期货合约交易过程中,如遇重大事项,你所应当及时报告我会。

特此批复。

中国证券监督管理委员会
二〇〇九年五月十三日

第三节 期货公司

一、期货公司的设立

(一)设立条件

期货公司是依照《公司法》和《期货交易管理条例》规定设立的经营期货业务的金融机构。设立期货公司,应当经国务院期货监督管理机构批准,并在公司登记机关登记注册。未经国务院期货监督管理机构批准,任何单位或者个人不得设立或者变相设立期货公司,经营期货业务。

《期货交易管理条例》规定,申请设立期货公司,应当符合《公司法》的规定,并具备下列条件：

(1)注册资本最低限额为人民币 3 000 万元；

(2)董事、监事、高级管理人员具备任职资格,从业人员具有期货从业资格；

(3)有符合法律、行政法规规定的公司章程；

(4)主要股东以及实际控制人具有持续盈利能力，信誉良好，最近3年无重大违法违规记录；

(5)有合格的经营场所和业务设施；

(6)有健全的风险管理和内部控制制度；

(7)国务院期货监督管理机构规定的其他条件。

国务院期货监督管理机构根据审慎监管原则和各项业务的风险程度，可以提高注册资本最低限额。注册资本应当是实缴资本。股东应当以货币或者期货公司经营必需的非货币财产出资，货币出资比例不得低于85%。

国务院期货监督管理机构应当在受理期货公司设立申请之日起6个月内，根据审慎监管原则进行审查，作出批准或者不批准的决定。

未经国务院期货监督管理机构批准，任何单位和个人不得委托或者接受他人委托持有或者管理期货公司的股权。

从事期货投资咨询以及为期货公司提供中间介绍等业务的其他期货经营机构，应当取得国务院期货监督管理机构批准的业务资格。

(二)业务许可制度

《期货交易管理条例》规定，期货公司业务实行许可制度，由国务院期货监督管理机构按照其商品期货、金融期货业务种类颁发许可证。期货公司除申请经营境内期货经纪业务外，还可以申请经营境外期货经纪、期货投资咨询以及国务院期货监督管理机构规定的其他期货业务。期货公司从事经纪业务，接受客户委托，以自己的名义为客户进行期货交易，交易结果由客户承担。

期货公司不得从事与期货业务无关的活动，法律、行政法规或者国务院期货监督管理机构另有规定的除外。期货公司不得从事或者变相从事期货自营业务。期货公司不得为其股东、实际控制人或者其他关联人提供融资，不得对外担保。

(三)业务监督

《期货交易管理条例》规定，期货公司办理下列事项，应当经国务院期货监督管理机构批准：

(1)合并、分立、停业、解散或者破产；

(2)变更公司形式；

(3)变更业务范围；

(4)变更注册资本；

(5)变更5%以上的股权；

(6)设立、收购、参股或者终止境外期货类经营机构；

(7)国务院期货监督管理机构规定的其他事项。

上述第(4)项、第(7)项所列事项,国务院期货监督管理机构应当自受理申请之日起20日内作出批准或者不批准的决定;上述所列其他事项,国务院期货监督管理机构应当自受理申请之日起2个月内作出批准或者不批准的决定。

《期货交易管理条例》规定,期货公司办理下列事项,应当经国务院期货监督管理机构派出机构批准:

(1)变更法定代表人;
(2)变更住所或者营业场所;
(3)设立或者终止境内分支机构;
(4)变更境内分支机构的营业场所、负责人或者经营范围;
(5)国务院期货监督管理机构规定的其他事项。

上述第(1)项、第(2)项、第(4)项、第(5)项所列事项,国务院期货监督管理机构派出机构应当自受理申请之日起20日内作出批准或者不批准的决定;上述第(3)项所列事项,国务院期货监督管理机构派出机构应当自受理申请之日起2个月内作出批准或者不批准的决定。

此外,期货公司还应当建立、健全并严格执行业务管理规则、风险管理制度,遵守信息披露制度,保障客户保证金的存管安全,按照期货交易所的规定,向期货交易所报告大户名单、交易情况。

(四)业务许可证注销制度

《期货交易管理条例》规定,期货公司或者其分支机构有《行政许可法》第七十条规定的情形或者下列情形之一的,国务院期货监督管理机构应当依法办理期货业务许可证注销手续:

(1)营业执照被公司登记机关依法注销;
(2)成立后无正当理由超过3个月未开始营业,或者开业后无正当理由停业连续3个月以上;
(3)主动提出注销申请;
(4)国务院期货监督管理机构规定的其他情形。

期货公司在注销期货业务许可证前,应当结清相关期货业务,并依法返还客户的保证金和其他资产。期货公司分支机构在注销经营许可证前,应当终止经营活动,妥善处理客户资产。

制度链接:《行政许可法》第七十条

有下列情形之一的,行政机关应当依法办理有关行政许可的注销手续:

(一)行政许可有效期届满未延续的;
(二)赋予公民特定资格的行政许可,该公民死亡或者丧失行为能力的;

（三）法人或者其他组织依法终止的；
（四）行政许可依法被撤销、撤回，或者行政许可证件依法被吊销的；
（五）因不可抗力导致行政许可事项无法实施的；
（六）法律、法规规定的应当注销行政许可的其他情形。

第四节 期货交易基本规则

一、交易主体

《期货交易管理条例》规定，在期货交易所进行期货交易的，应当是期货交易所会员。下列单位和个人不得从事期货交易，期货公司不得接受其委托为其进行期货交易：

(1)国家机关和事业单位；

(2)国务院期货监督管理机构、期货交易所、期货保证金安全存管监控机构和期货业协会的工作人员；

(3)证券、期货市场禁止进入者；

(4)未能提供开户证明材料的单位和个人；

(5)国务院期货监督管理机构规定不得从事期货交易的其他单位和个人。

二、交易规则

（一）客户委托

《期货交易管理条例》规定，期货公司接受客户委托为其进行期货交易，应当事先向客户出示风险说明书，经客户签字确认后，与客户签订书面合同。期货公司不得未经客户委托或者不按照客户委托内容，擅自进行期货交易。期货公司不得向客户作获利保证；不得在经纪业务中与客户约定分享利益或者共担风险。

（二）交易方式

《期货交易管理条例》规定，客户可以通过书面、电话、互联网或者国务院期货监督管理机构规定的其他方式，向期货公司下达交易指令。客户的交易指令应当明确、全面。期货公司不得隐瞒重要事项或者使用其他不正当手段诱骗客户发出交易指令。

（三）即时行情

《期货交易管理条例》规定，期货交易所应当及时公布上市品种合约的成交量、成交价、持仓量、最高价与最低价、开盘价与收盘价和其他应当公布的即时行情,并保证即时行情的真实、准确。期货交易所不得发布价格预测信息。未经期货交易所许可,任何单位和个人不得发布期货交易即时行情。

(四)保证金制度

《期货交易管理条例》规定,期货交易应当严格执行保证金制度。期货交易所向会员、期货公司向客户收取的保证金,不得低于国务院期货监督管理机构、期货交易所规定的标准,并应当与自有资金分开,专户存放。期货交易所向会员收取的保证金,属于会员所有,除用于会员的交易结算外,严禁挪作他用。

《期货交易管理条例》规定,期货公司向客户收取的保证金,属于客户所有,除下列可划转的情形外,严禁挪作他用:

(1)依据客户的要求支付可用资金;

(2)为客户交存保证金,支付手续费、税款;

(3)国务院期货监督管理机构规定的其他情形。

期货交易所会员的保证金不足时,应当及时追加保证金或者自行平仓。会员未在期货交易所规定的时间内追加保证金或者自行平仓的,期货交易所应当将该会员的合约强行平仓,强行平仓的有关费用和发生的损失由该会员承担。

客户保证金不足时,应当及时追加保证金或者自行平仓。客户未在期货公司规定的时间内及时追加保证金或者自行平仓的,期货公司应当将该客户的合约强行平仓,强行平仓的有关费用和发生的损失由该客户承担。

会员在期货交易中违约的,期货交易所先以该会员的保证金承担违约责任;保证金不足的,期货交易所应当以风险准备金和自有资金代为承担违约责任,并由此取得对该会员的相应追偿权。

客户在期货交易中违约的,期货公司先以该客户的保证金承担违约责任;保证金不足的,期货公司应当以风险准备金和自有资金代为承担违约责任,并由此取得对该客户的相应追偿权。

(五)结算

《期货交易管理条例》规定,期货交易的结算,由期货交易所统一组织进行。期货交易所实行当日无负债结算制度。期货交易所应当在当日及时将结算结果通知会员。期货公司根据期货交易所的结算结果对客户进行结算,并应当将结算结果按照与客户约定的方式及时通知客户。客户应当及时查询并妥善处理自己的交易持仓。

(六)交割

《期货交易管理条例》规定,期货交易的交割,由期货交易所统一组织进行。交割仓库由期货交易所指定。期货交易所不得限制实物交割总量,并应当与交割仓库签订协议,明确双方的权利和义务。交割仓库不得有下列行为:

(1)出具虚假仓单;
(2)违反期货交易所业务规则,限制交割商品的入库、出库;
(3)泄露与期货交易有关的商业秘密;
(4)违反国家有关规定参与期货交易;
(5)国务院期货监督管理机构规定的其他行为。

实行会员分级结算制度的期货交易所,应当向结算会员收取结算担保金。期货交易所只对结算会员结算,收取和追收保证金,以结算担保金、风险准备金、自有资金代为承担违约责任,以及采取其他相关措施;对非结算会员的结算、收取和追收保证金、代为承担违约责任,以及采取其他相关措施,由结算会员执行。

(七)其他交易规则

《期货交易管理条例》规定,期货公司应当为每一个客户单独开立专门账户、设置交易编码,不得混码交易。期货公司经营期货经纪业务又同时经营其他期货业务的,应当严格执行业务分离和资金分离制度,不得混合操作。

期货交易所会员、客户可以使用标准仓单、国债等价值稳定、流动性强的有价证券充抵保证金进行期货交易。有价证券的种类、价值的计算方法和充抵保证金的比例等,由国务院期货监督管理机构规定。

银行业金融机构从事期货保证金存管、期货结算业务的资格,经国务院银行业监督管理机构审核同意后,由国务院期货监督管理机构批准。银行业金融机构从事期货交易融资或者担保业务的资格,由国务院银行业监督管理机构批准。

期货交易所、期货公司、非期货公司结算会员应当按照国务院期货监督管理机构、财政部门的规定提取、管理和使用风险准备金,不得挪用。

期货交易应当采用公开的集中交易方式或者国务院期货监督管理机构批准的其他方式。

期货交易所、期货公司和非期货公司结算会员应当保证期货交易、结算、交割资料的完整和安全。

任何单位或者个人不得编造、传播有关期货交易的虚假信息,不得恶意串通、联手买卖或者以其他方式操纵期货交易价格。任何单位或者个人不得违规使用信贷资金、财政资金进行期货交易。

国有以及国有控股企业进行境内外期货交易,应当遵循套期保值的原则,严格遵守国务院国有资产监督管理机构以及其他有关部门关于企业以国有资产进入期货市场的有关规定。

国务院商务主管部门对境内单位或者个人从事境外商品期货交易的品种进行核准。境外期货项下购汇、结汇以及外汇收支,应当符合国家外汇管理有关规定。境内单位或者个人从事境外期货交易的办法,由国务院期货监督管理机构会同国务院商务主管部门、国有资产监督管理机构、银行业监督管理机构、外汇管理部门等有关部门制定,报国务院批准后施行。

第五节 期货业协会

一、期货业协会概况

《期货交易管理条例》规定,期货业协会是期货业的自律性组织,是社会团体法人。期货公司以及其他专门从事期货经营的机构应当加入期货业协会,并缴纳会员费。期货业协会的权力机构为全体会员组成的会员大会。期货业协会的章程由会员大会制定,并报国务院期货监督管理机构备案。期货业协会设理事会。理事会成员按照章程的规定选举产生。

二、期货业协会的职责

《期货交易管理条例》规定,期货业协会履行下列职责:
(1)教育和组织会员遵守期货法律法规和政策;
(2)制定会员应当遵守的行业自律性规则,监督、检查会员行为,对违反协会章程和自律性规则的,按照规定给予纪律处分;
(3)负责期货从业人员资格的认定、管理以及撤销工作;
(4)受理客户与期货业务有关的投诉,对会员之间、会员与客户之间发生的纠纷进行调解;
(5)依法维护会员的合法权益,向国务院期货监督管理机构反映会员的建议和要求;
(6)组织期货从业人员的业务培训,开展会员间的业务交流;
(7)组织会员就期货业的发展、运作以及有关内容进行研究;
(8)期货业协会章程规定的其他职责。

第六节 监督管理

一、监管职责

《期货交易管理条例》规定,国务院期货监督管理机构对期货市场实施监督

管理,依法履行下列职责:

(1)制定有关期货市场监督管理的规章、规则,并依法行使审批权;

(2)对品种的上市、交易、结算、交割等期货交易及其相关活动,进行监督管理;

(3)对期货交易所、期货公司及其他期货经营机构、非期货公司结算会员、期货保证金安全存管监控机构、期货保证金存管银行、交割仓库等市场相关参与者的期货业务活动,进行监督管理;

(4)制定期货从业人员的资格标准和管理办法,并监督实施;

(5)监督检查期货交易的信息公开情况;

(6)对期货业协会的活动进行指导和监督;

(7)对违反期货市场监督管理法律、行政法规的行为进行查处;

(8)开展与期货市场监督管理有关的国际交流、合作活动;

(9)法律、行政法规规定的其他职责。

证监会公告:中国证监会市场禁入决定书(万汇期货严芳、卞明)

索 引 号:40000895X/2009—03294　　分类:市场禁入;市场禁入决定

发布机构:证监会发文　　日期:2009 年 06 月 19 日

名　　称:中国证监会市场禁入决定书(万汇期货严芳、卞明)

文　　号:〔2009〕13 号　　主题词:市场禁入决定书

中国证监会市场禁入决定书(万汇期货严芳、卞明)

〔2009〕13 号

当事人:严芳,女,1974 年 3 月出生,住址:北京市朝阳区劲松一区 133 楼 1 门 6 号,现下落不明,时任万汇期货经纪有限公司(以下简称万汇期货)董事长兼总经理。

卞明:男,1971 年 3 月出生,住址:陕西省西安市新城区勤工路五十四号院 1 号楼 4 单元 59 号,现下落不明,时任万汇期货副总经理。

日前,万汇期货违法违规一案已由我会调查、审理完毕。由于严芳、卞明二人下落不明,我会依法通过公告送达的方式向二人告知了作出市场禁入的事实、理由、依据及二人依法享有的权利。严芳、卞明二人未提出陈述、申辩意见,也未要求听证。

经查明,万汇期货存在以下违法事实:

一、挪用客户保证金

自 1999 年以来,严芳、卞明夫妻二人一直操纵机构账户"嘉富新"和自然人账户"陈爱玲"。"嘉富新"以 202(曾使用过 203、208、210、218)等账户、"陈爱玲"以 204 账户进行期货交易。这两个账户的出入金划拨一直由卞明经办,卞明以"bian"的交易员代码操作 202、204 账户的期货交易。卞明曾多次命令电脑部经理李刚为202、204、208账户设置(虚增)信用额度(期限为1个月左右),由李刚电话通知结算部麦玲复核,没有任何书面手续。截至2005年1月24日,严芳、卞明操纵"嘉富新"账户、"陈爱玲"账户,累计挪用客户保证金29 545 659.6元,违法所得为4 097 594.1元。

二、与客户约定分享利益,从事或者变相从事其他业务和期货自营业务

2003年2月6日,万汇期货与李刚、卞明、冯茵签订协议:万汇期货以李刚等3人的名义注册投资公司,李刚等3人不出资、不承担该公司的债权债务,不参与该公司的经营活动,同时也不享受该公司的利益。其后,卞明要求李刚挂名海南金汇兴业投资有限责任公司(以下简称金汇兴业)的法定代表人,李刚即将身份证等资料交予卞明办理公司登记的有关手续。万汇期货最初为满足客户进行海南橡胶中心批发市场交易的需要,成立了金汇兴业,后又发展了代客理财业务。2003年12月5日,为了降低电脑等设备的购货成本,以同行价购进设备,金汇兴业又成立了电脑经营部。该营业部的管理费用由万汇期货支付,日常以2 000元的备用金周转。金汇兴业的营业执照、所有印鉴由冯茵和财务部保管。

2003年6月30日,金汇兴业在万汇期货申请开户并填写法人客户开户登记表,随后分别用409、198、300等3个账户开展期货业务,违法所得为67 074.4元。

(一)409账户的业务情况

2004年12月3日,金汇兴业与海南椰岛洋浦物流公司(以下简称洋浦物流)签订《委托投资协议书》。协议书约定:洋浦物流出资1 000万元委托金汇兴业进行期货交易,若交易发生亏损,由金汇兴业全部承担;若交易产生利润,则利润的百分之五十划归金汇兴业作为投资回报。2004年12月6日至2005年1月10日期间,金汇兴业开设409账户为洋浦物流提供的200万元现金和700吨天胶质押仓单进行期货交易。截至2005年2月18日,409账户的客户权益为-1 670 258元。

(二)198账户的业务情况

2003年7月16日,金汇兴业与中国粮油饲料有限公司(以下简称中粮油)签订《委托协议》。协议约定:金汇兴业提供空白的期货交易账户,中粮油委托金汇兴业并以金汇兴业的名义在大连商品期货交易所进行大豆期货相关交易、交割业务。2003年7月17日至2003年8月25日期间,中粮油借用198账户以自有资金独立进行相关期货交易计划的制定和交易指令的下达,其交易和交易盈亏由中粮油独自承担。截至2005年2月18日,该账户的客户权益为零。

(三)300账户的业务情况

300账户为万汇期货的自营户,其账户资金全部属于万汇期货所有。2003年8月13日至2005年2月18日,该账户共入金1 427 062元,出金359 238元。截至2005年2月18日,该账户的客户权益为342 960元。

三、不按照规定保存期货交易资料

万汇期货在2004年发现由严芳、卞明操纵的"嘉富新"、"陈爱玲"等账户没有书面的开户资料后，没有及时要求其履行必要的补办手续，健全客户资料；万汇期货和金汇兴业之间账务往来的凭证也不齐全；万汇期货在开展期货经纪业务中对电脑交易数据系统的维护与管理存在重大漏洞，导致公司2001年3月16日之前的期货交易数据系统损坏，硬盘备份数据无法恢复，没有保证期货交易资料的完整安全。

上述事实，有万汇期货客户保证金凭据、资金对账单、相关合同、公司董事会文件、会计师事务所审计资料、相关人员询问笔录及情况说明等证据证明，足以认定。

万汇期货挪用客户保证金29 545 659.6元的行为，违反了《期货交易管理暂行条例》（以下简称《期货暂行条例》）第三十六条的规定，构成了《期货暂行条例》第六十条第一款第（六）项所述"挪用客户保证金"的行为。

万汇期货与客户约定分享利益，从事或者变相从事其他业务和期货自营业务的行为，违反了《期货暂行条例》第二十五条和第二十九条的规定，构成《期货暂行条例》第五十九条第一款第（五）项所述"从事期货自营业务或者违反本条例规定的其他业务"的行为和第六十条第一款第（一）项所述"不按照规定向客户出示风险说明书，向客户作获利保证或者与客户约定分享利益、共担风险"的行为。

万汇期货不按照规定保存期货交易资料的行为，违反了《期货暂行条例》第四十五条的规定，构成了《期货暂行条例》第五十九条第一款第（八）项所述"不按照规定保存期货交易、结算、交割资料"的行为。

对万汇期货的上述违法行为，时任万汇期货董事长兼总经理严芳、副总经理卞明是直接负责的主管人员。

根据严芳、卞明违法行为的事实、性质、情节与社会危害程度，依据《期货暂行条例》第六十七条的规定，我会决定：认定严芳、卞明二人为市场禁入者，终身不得从事任何期货业务。

中国证券监督管理委员会
二〇〇九年六月十九日

二、监管措施

（一）基本措施

《期货交易管理条例》规定，国务院期货监督管理机构依法履行职责，可以采取下列措施：

（1）对期货交易所、期货公司及其他期货经营机构、非期货公司结算会员、期货保证金安全存管监控机构和交割仓库进行现场检查；

（2）进入涉嫌违法行为发生场所调查取证；

(3)询问当事人和与被调查事件有关的单位和个人,要求其对与被调查事件有关的事项作出说明;

(4)查阅、复制与被调查事件有关的财产权登记等资料;

(5)查阅、复制当事人和与被调查事件有关的单位和个人的期货交易记录、财务会计资料以及其他相关文件和资料;对可能被转移、隐匿或者毁损的文件和资料,可以予以封存;

(6)查询与被调查事件有关的单位的保证金账户和银行账户;

(7)在调查操纵期货交易价格、内幕交易等重大期货违法行为时,经国务院期货监督管理机构主要负责人批准,可以限制被调查事件当事人的期货交易,但限制的时间不得超过15个交易日;案情复杂的,可以延长至30个交易日;

(8)法律、行政法规规定的其他措施。

国务院期货监督管理机构依法履行职责,进行监督检查或者调查时,被检查、调查的单位和个人应当配合,如实提供有关文件和资料,不得拒绝、阻碍和隐瞒;其他有关部门和单位应当给予支持和配合。

(二)资料报送

《期货交易管理条例》规定,期货交易所、期货公司及其他期货经营机构、期货保证金安全存管监控机构,应当向国务院期货监督管理机构报送财务会计报告、业务资料和其他有关资料。对期货公司及其他期货经营机构报送的年度报告,国务院期货监督管理机构应当指定专人进行审核,并制作审核报告。审核人员应当在审核报告上签字。审核中发现问题的,国务院期货监督管理机构应当及时采取相应措施。必要时,国务院期货监督管理机构可以要求非期货公司结算会员、交割仓库,以及期货公司股东、实际控制人或者其他关联人报送相关资料。

(三)期货投资保障基金

《期货交易管理条例》规定,国家根据期货市场发展的需要,设立期货投资者保障基金。期货投资者保障基金的筹集、管理和使用的具体办法,由国务院期货监督管理机构会同国务院财政部门制定。

(四)保证金存管监控制度

《期货交易管理条例》规定,国务院期货监督管理机构应当建立、健全保证金安全存管监控制度,设立期货保证金安全存管监控机构。客户和期货交易所、期货公司及其他期货经营机构、非期货公司结算会员以及期货保证金存管银行,应当遵守国务院期货监督管理机构有关保证金安全存管监控的规定。

期货保证金安全存管监控机构依照有关规定对保证金安全实施监控,进行每日稽核,发现问题应当立即报告国务院期货监督管理机构。国务院期货监督管理机构应当根据不同情况,依照本条例有关规定及时处理。

国务院期货监督管理机构对期货交易所、期货公司及其他期货经营机构和期货保证金安全存管监控机构的董事、监事、高级管理人员以及其他期货从业人员,实行资格管理制度。

(五)持续性经营规则

《期货交易管理条例》规定,国务院期货监督管理机构应当制定期货公司持续性经营规则,对期货公司的净资本与净资产的比例,净资本与境内期货经纪、境外期货经纪等业务规模的比例,流动资产与流动负债的比例等风险监管指标作出规定;对期货公司及其分支机构的经营条件、风险管理、内部控制、保证金存管、关联交易等方面提出要求。

(六)风险控制制度

《期货交易管理条例》规定,期货公司及其分支机构不符合持续性经营规则或者出现经营风险的,国务院期货监督管理机构可以对期货公司及其董事、监事和高级管理人员采取谈话、提示、记入信用记录等监管措施或者责令期货公司限期整改,并对其整改情况进行检查验收。

期货公司逾期未改正,其行为严重危及期货公司的稳健运行、损害客户合法权益,或者涉嫌严重违法违规正在被国务院期货监督管理机构调查的,国务院期货监督管理机构可以区别情形,对其采取下列措施:

(1)限制或者暂停部分期货业务;

(2)停止批准新增业务或者分支机构;

(3)限制分配红利,限制向董事、监事、高级管理人员支付报酬、提供福利;

(4)限制转让财产或者在财产上设定其他权利;

(5)责令更换董事、监事、高级管理人员或者有关业务部门、分支机构的负责人员,或者限制其权利;

(6)限制期货公司自有资金或者风险准备金的调拨和使用;

(7)责令控股股东转让股权或者限制有关股东行使股东权利。

对经过整改符合有关法律、行政法规规定以及持续性经营规则要求的期货公司,国务院期货监督管理机构应当自验收完毕之日起3日内解除对其采取的有关措施。对经过整改仍未达到持续性经营规则要求,严重影响正常经营的期货公司,国务院期货监督管理机构有权撤销其部分或者全部期货业务许可、关闭其分支机构。

《期货交易管理条例》规定,当期货市场出现异常情况时,国务院期货监督管理机构可以采取必要的风险处置措施。

《期货交易管理条例》规定,期货公司的交易软件、结算软件,应当满足期货公司审慎经营和风险管理以及国务院期货监督管理机构有关保证金安全存管监控规定的要求。期货公司的交易软件、结算软件不符合要求的,国务院期货监督管理机构有权要求期货公司予以改进或者更换。国务院期货监督管理机构可以要求期货公司的交易软件、结算软件的供应商提供该软件的相关资料,供应商应当予以配合。国务院期货监督管理机构对供应商提供的相关资料负有保密义务。

期货公司涉及重大诉讼、仲裁,或者股权被冻结或者用于担保,以及发生其他重大事件时,期货公司及其相关股东、实际控制人应当自该事件发生之日起5日内向国务院期货监督管理机构提交书面报告。

(七)整顿-托管-接管

《期货交易管理条例》规定,期货公司违法经营或者出现重大风险,严重危害期货市场秩序、损害客户利益的,国务院期货监督管理机构可以对该期货公司采取责令停业整顿、指定其他机构托管或者接管等监管措施。经国务院期货监督管理机构批准,可以对该期货公司直接负责的董事、监事、高级管理人员和其他直接责任人员采取以下措施:

(1)通知出境管理机关依法阻止其出境;

(2)申请司法机关禁止其转移、转让或者以其他方式处分财产,或者在财产上设定其他权利。

延伸思考:

1. 设立期货交易制度的价值是什么?
2. 如何监控期货交易中的风险?
3. 如何设计期货交易活动中的监管制度?
4. 如何完善我国现有期货交易制度?

文献附录:期货交易基本术语表

期货合约,是指由期货交易所统一制定的、规定在将来某一特定的时间和地点交割一定数量标的物的标准化合约。根据合约标的物的不同,期货合约分为商品期货合约和金融期货合约。商品期货合约的标的物包括农产品、工业品、能源和其他商品及其相关指数产品;金融期货合约的标的物包括有价证券、利率、汇率等金融产品及其相关指数产品。

期权合约,是指由期货交易所统一制定的、规定买方有权在将来某一时间以特定价格买入或者卖出约定标的物(包括期货合约)的标准化合约。

保证金,是指期货交易者按照规定标准交纳的资金,用于结算和保证履约。

结算,是指根据期货交易所公布的结算价格对交易双方的交易盈亏状况进行的资金清算和划转。

交割,是指合约到期时,按照期货交易所的规则和程序,交易双方通过该合约所载标的物所有权的转移,或者按照规定结算价格进行现金差价结算,了结到期未平仓合约的过程。

平仓,是指期货交易者买入或者卖出与其所持合约的品种、数量和交割月份相同但交易方向相反的合约,了结期货交易的行为。

持仓量,是指期货交易者所持有的未平仓合约的数量。

持仓限额,是指期货交易所对期货交易者的持仓量规定的最高数额。

仓单,是指交割仓库开具并经期货交易所认定的标准化提货凭证。

涨跌停板,是指合约在1个交易日中的交易价格不得高于或者低于规定的涨跌幅度,超出该涨跌幅度的报价将被视为无效,不能成交。

内幕信息,是指可能对期货交易价格产生重大影响的尚未公开的信息,包括:国务院期货监督管理机构以及其他相关部门制定的对期货交易价格可能发生重大影响的政策,期货交易所作出的可能对期货交易价格发生重大影响的决定,期货交易所会员、客户的资金和交易动向以及国务院期货监督管理机构认定的对期货交易价格有显著影响的其他重要信息。

内幕信息的知情人员,是指由于其管理地位、监督地位或者职业地位,或者作为雇员、专业顾问履行职务,能够接触或者获得内幕信息的人员,包括:期货交易所的管理人员以及其他由于任职可获取内幕信息的从业人员,国务院期货监督管理机构和其他有关部门的工作人员以及国务院期货监督管理机构规定的其他人员。

变相期货交易,是指任何机构或者市场,未经国务院期货监督管理机构批准,采用集中交易方式进行标准化合约交易,同时采用以下交易机制或者具备以下交易机制特征之一的交易活动:

(1)为参与集中交易的所有买方和卖方提供履约担保的;

(2)实行当日无负债结算制度和保证金制度,同时保证金收取比例低于合约(或者合同)标的额20%的。

第十四章 证券投资基金法律制度

  引例：基金"老鼠仓"

在基金行业里，所谓的"老鼠仓"是指基金从业人员在使用公有资金拉升某只股票之前，先用个人资金在低位买入该股票，待用公有资金将股价拉升到高位后，其率先卖出个人仓位进而获利的行为。而参与基金投资的机构和普通基民的资金则可能因此有被套牢的危险，这显然会对基民的利益造成一定的损害。

2006年3月，唐建任职上投摩根研究员兼阿尔法基金经理助理期间，利用"唐金龙"证券账户累计买入"新疆众和"股票60 903股，累计买入金额76.49万元；全部卖出所得金额105.45万元，获利28.96万元。2006年4月至5月，唐建还利用福山路营业部"唐金龙"金账户下挂的"李成军"证券账户、东方证券上海浦东南路营业部"李成军"证券账户连续买卖"新疆众和"股票的机会，为自己及他人非法获利123.76万元。2008年4月21日，中国证券监督管理委员会发布决定书，分别认定王黎敏市场禁入7年和唐建终身市场禁入，被处罚没收全部非法所得。上投摩根成长先锋基金经理唐建因此成为中国基金业"老鼠仓"第一人。

距离上投摩根成长先锋基金基金经理唐健"老鼠仓"事件不过几个月的时间，国内基金业第二例"老鼠仓"案例也浮出水面。2008年3月5日，南方基金发布通知，公司旗下南方宝元债券型基金及南方成分精选基金基金经理王黎敏涉嫌"老鼠仓"已经被正式辞退。后王黎敏被证监会处以终身市场禁入的行政处罚，同时被处以约150万元的非法所得罚款。

2009年11月6日，深圳证监局对外发布公告称，该局在对辖区内14家基金公司基金经理执业行为进行突击检查中，发现景顺长城基金公司基金经理涂强、长城基金公司基金经理韩刚和刘海涉嫌利用非公开信息买卖股票。据初步检查，涂强、韩刚和刘海3人涉案金额为几十万元到几百万元不等，上述案件已经立案，目前仍在调查之中。网上流传的说法是，证监局到基金公司突袭检查时，有人抱起自己的电脑就跑。还有传言说，上海很多基金公司的电脑硬盘全换了，以销毁违规交易数据。

根据 2009 年 2 月通过的《刑法修正案（七）》规定，"老鼠仓"行为是犯罪行为，该犯罪行为的正式罪名为"利用未公开信息交易罪"，情节特别严重者可处 5 年以上 10 年以下有期徒刑，并处违法所得 1 倍以上 5 倍以下罚金。

第一节 概述

一、证券投资基金的概念

证券投资基金是指通过发售基金份额，将众多投资者的资金集中起来，形成独立资产，由基金托管人托管，基金管理人管理，以投资组合的方法进行证券投资的一种利益共享、风险共担的集合投资方式。

背景知识：基金分类

目前，我国基金分为股票基金、混合基金、债券基金、货币市场基金、封闭式基金等不同类型。根据具体基金的投资风险偏好不同，股票型基金又可以分为：标准股票型基金、普通股票型基金、标准指数型基金、增强指数型基金；混合型基金又可以分为：偏股型基金、灵活配置型基金、股债平衡型基金、偏债型基金、保本型基金、特殊策略混合型基金；债券型基金又可以分为：长期标准债券型基金、中短标准债券型基金、普通债券型基金。投资人投资不同类型的基金将获得不同的收益预期，也将承担不同程度的风险。一般来说，基金的收益预期越高，投资人承担的风险也越大。

二、证券投资基金法的基本原则

《证券投资基金法》规定，在我国从事证券投资基金活动应当遵循以下四项基本原则：

(1) 诚实信用原则

《证券投资基金法》规定，从事证券投资基金活动，应当遵循自愿、公平、诚实信用的原则，不得损害国家利益和社会公共利益。基金管理人、基金托管人管理、运用基金财产，应当恪尽职守，履行诚实信用、谨慎勤勉的义务。基金从业人员应当依法取得基金从业资格，遵守法律、行政法规，恪守职业道德和行为规范。

(2) 权利义务约定原则

《证券投资基金法》规定，基金管理人、基金托管人和基金份额持有人的权利、义务，依照《证券投资基金法》的规定在基金合同中约定。基金管理人、基金托管人依照《证券投资基金法》和基金合同的约定，履行受托职责。基金份额持有人按其所持基金份额享受收益和承担风险。

(3) 依约运作原则

《证券投资基金法》规定,基金合同应当约定基金运作方式。基金运作方式可以采用封闭式、开放式或者其他方式。

采用封闭式运作方式的基金(即封闭式基金),是指经核准的基金份额总额在基金合同期限内固定不变,基金份额可以在依法设立的证券交易场所交易,但基金份额持有人不得申请赎回的基金。

采用开放式运作方式的基金(即开放式基金),是指基金份额总额不固定,基金份额可以在基金合同约定的时间和场所申购或者赎回的基金。

(4) 财产独立原则

《证券投资基金法》规定,基金财产独立于基金管理人、基金托管人的固有财产。基金管理人、基金托管人不得将基金财产归入其固有财产。基金管理人、基金托管人因基金财产的管理、运用或者其他情形而取得的财产和收益,归入基金财产。基金管理人、基金托管人因依法解散、被依法撤销或者被依法宣告破产等原因进行清算的,基金财产不属于其清算财产。基金财产的债权,不得与基金管理人、基金托管人固有财产的债务相抵销;不同基金财产的债权债务,不得相互抵销。非因基金财产本身承担的债务,不得对基金财产强制执行。

第二节 基金管理人

一、基金管理人的概念

《证券投资基金法》规定,基金管理人由依法设立的经证监会核准的基金管理公司担任。

二、基金管理公司的设立条件

《证券投资基金法》规定,设立基金管理公司,应当具备下列条件,并经证监会批准:

(1) 有符合本法和《公司法》规定的章程;

(2) 注册资本不低于1亿元人民币,且必须为实缴货币资本;

(3) 主要股东具有从事证券经营、证券投资咨询、信托资产管理或者其他金融资产管理的较好的经营业绩和良好的社会信誉,最近3年没有违法记录,注册资本不低于3亿元人民币;

(4)取得基金从业资格的人员达到法定人数;

(5)有符合要求的营业场所、安全防范设施和与基金管理业务有关的其他设施;

(6)有完善的内部稽核监控制度和风险控制制度;

(7)法律、行政法规规定的和证监会规定的其他条件。

证监会应当自受理基金管理公司设立申请之日起6个月内依照规定的条件和审慎监管原则进行审查,作出批准或者不予批准的决定,并通知申请人;不予批准的,应当说明理由。

基金管理公司设立分支机构、修改章程或者变更其他重大事项,应当报经证监会批准。证监会应当自受理申请之日起60日内作出批准或者不予批准的决定,并通知申请人;不予批准的,应当说明理由。

三、基金管理人的职责

《证券投资基金法》规定,基金管理人应当履行下列职责:

(1)依法募集基金,办理或者委托经国务院证券监督管理机构认定的其他机构代为办理基金份额的发售、申购、赎回和登记事宜;

(2)办理基金备案手续;

(3)对所管理的不同基金财产分别管理、分别记账,进行证券投资;

(4)按照基金合同的约定确定基金收益分配方案,及时向基金份额持有人分配收益;

(5)进行基金会计核算并编制基金财务会计报告;

(6)编制中期和年度基金报告;

(7)计算并公告基金资产净值,确定基金份额申购、赎回价格;

(8)办理与基金财产管理业务活动有关的信息披露事项;

(9)召集基金份额持有人大会;

(10)保存基金财产管理业务活动的记录、账册、报表和其他相关资料;

(11)以基金管理人名义,代表基金份额持有人利益行使诉讼权利或者实施其他法律行为;

(12)国务院证券监督管理机构规定的其他职责。

《证券投资基金法》规定,基金管理人不得有下列行为:

(1)将其固有财产或者他人财产混同于基金财产从事证券投资;

(2)不公平地对待其管理的不同基金财产;

(3)利用基金财产为基金份额持有人以外的第三人牟取利益;

(4)向基金份额持有人违规承诺收益或者承担损失;

(5)依照法律、行政法规有关规定,由证监会规定禁止的其他行为。

四、基金管理人资格监管

《证券投资基金法》规定,证监会对有下列情形之一的基金管理人,依据职权责令整顿,或者取消基金管理资格:

(1)有重大违法违规行为;

(2)不再具备法定设立条件;

(3)法律、行政法规规定的其他情形。

《证券投资基金法》规定,有下列情形之一的,基金管理人职责终止:

(1)被依法取消基金管理资格;

(2)被基金份额持有人大会解任;

(3)依法解散、被依法撤销或者被依法宣告破产;

(4)基金合同约定的其他情形。

《证券投资基金法》规定,基金管理人职责终止的,基金份额持有人大会应当在6个月内选任新基金管理人;新基金管理人产生前,由国务院证券监督管理机构指定临时基金管理人。基金管理人职责终止的,应当妥善保管基金管理业务资料,及时办理基金管理业务的移交手续,新基金管理人或者临时基金管理人应当及时接收。基金管理人职责终止的,应当按照规定聘请会计师事务所对基金财产进行审计,并将审计结果予以公告,同时报国务院证券监督管理机构备案。

五、基金从业人员资格监管

《证券投资基金法》规定,下列人员不得担任基金管理人的基金从业人员:

(1)因犯有贪污贿赂、渎职、侵犯财产罪或者破坏社会主义市场经济秩序罪,被判处刑罚的;

(2)对所任职的公司、企业因经营不善破产清算或者因违法被吊销营业执照负有个人责任的董事、监事、厂长、经理及其他高级管理人员,自该公司、企业破产清算终结或者被吊销营业执照之日起未逾5年的;

(3)个人所负债务数额较大,到期未清偿的;

(4)因违法行为被开除的基金管理人、基金托管人、证券交易所、证券公司、证券登记结算机构、期货交易所、期货经纪公司及其他机构的从业人员和国家机关工作人员;

(5)因违法行为被吊销执业证书或者被取消资格的律师、注册会计师和资产评估机构、验证机构的从业人员、投资咨询从业人员;

(6)法律、行政法规规定不得从事基金业务的其他人员。

《证券投资基金法》规定,基金管理人的经理和其他高级管理人员,应当熟悉证券投资方面的法律、行政法规,具有基金从业资格和3年以上与其所任职务相关的工作经历。基金管理人的经理和其他高级管理人员的选任或者改任,应当报经证监会依照《证券投资基金法》和其他有关法律、行政法规规定的任职条件进行审核。

基金管理人的董事、监事、经理和其他从业人员,不得担任基金托管人或者其他基金管理人的任何职务,不得从事损害基金财产和基金份额持有人利益的证券交易及其他活动。

政府公告:中国基金管理人一览表
  索 引 号:40000895X/2010—00028 分 类:相关名录;监管对象
  发布机构:证监会   发文日期:2010年01月08日
  名 称:证券投资基金名录(2009年12月)
  文 号:无   主题词:

证券投资基金名录(节选)(2009年12月)

序号	基金名称	基金简称
1	华安创新证券投资基金	华安创新混合
2	南方稳健成长证券投资基金	南方稳健成长混合
3	华夏成长证券投资基金	华夏成长混合
4	国泰金鹰增长证券投资基金	国泰金鹰增长股票
5	鹏华行业成长证券投资基金	鹏华行业成长混合
6	富国天源平衡混合型证券投资基金	富国天源平衡混合
7	易方达平稳增长证券投资基金	易方达平稳增长混合
8	融通新蓝筹证券投资基金	融通新蓝筹混合
9	长盛成长价值证券投资基金	长盛成长价值混合
10	南方宝元债券型基金	南方宝元债券
11	宝盈鸿利收益证券投资基金	宝盈鸿利收益混合
12	博时价值增长证券投资基金	博时价值增长混合
13	华夏债券投资基金	华夏债券
14	嘉实成长收益证券投资基金	嘉实成长收益混合
15	华安MSCI中国A股指数增强型证券投资基金	华安中国A股增强指数
16	大成价值增长证券投资基金	大成价值增长混合
17	银华优势企业证券投资基金	银华优势企业混合
18	万家180指数证券投资基金	万家180指数
19	国投瑞银融华债券型证券投资基金	国投瑞银融华债券
20	泰达荷银价值优化型成长类行业证券投资基金	泰达荷银成长股票
21	泰达荷银价值优化型周期类行业证券投资基金	泰达荷银周期股票
22	泰达荷银价值优化型稳定类行业证券投资基金	泰达荷银稳定股票
23	招商安泰系列开放式证券投资基金—股票	招商安泰股票

续表

序号	基金名称	基金简称
24	招商安泰系列开放式证券投资基金—平衡型	招商安泰平衡混合
25	招商安泰债券开放式证券投资基金	招商安泰债券
26	大成债券投资基金	大成债券
27	金鹰成分股优选证券投资基金	金鹰成分优选混合
28	南方避险增值基金	南方避险增值混合
29	嘉实增长开放式证券投资基金	嘉实增长混合
30	嘉实稳健开放式证券投资基金	嘉实稳健混合
31	嘉实债券开放式证券投资基金	嘉实债券
32	鹏华普天债券投资基金	鹏华普天债券
33	鹏华普天收益证券投资基金	鹏华普天收益混合
34	宝康消费品证券投资基金	华宝兴业宝康消费品混合
35	宝康灵活配置证券投资基金	华宝兴业宝康配置混合
36	宝康债券投资基金	华宝兴业宝康债券
37	银河稳健证券投资基金	银河稳健混合
38	银河收益证券投资基金	银河收益债券
39	德盛稳健证券投资基金	国联安稳健混合
40	海富通精选证券投资基金	海富通精选混合
41	博时裕富证券投资基金	博时裕富指数
42	华夏回报证券投资基金	华夏回报混合
43	融通债券投资基金	融通债券
44	融通深证100指数证券投资基金	融通深证100指数
45	融通蓝筹成长基金	融通蓝筹成长混合
46	景顺长城优选股票证券投资基金	景顺长城优选股票
47	景顺长城货币市场证券投资基金	景顺长城货币
48	景顺长城动力平衡证券投资基金	景顺长城动力平衡混合
49	长盛中信全债指数增强型债券投资基金	长盛全债指数增强债券
50	长城久恒平衡型证券投资基金	长城久恒平衡混合

第三节 基金托管人

一、基金托管人的概念

《证券投资基金法》规定,基金托管人由依法设立并取得基金托管资格的商业银行担任。基金托管人与基金管理人不得为同一人,不得相互出资或者持有股份。

二、基金托管人资格

《证券投资基金法》规定,申请取得基金托管资格,应当具备下列条件,并经证监会和银监会核准:

(1)净资产和资本充足率符合有关规定;
(2)设有专门的基金托管部门;
(3)取得基金从业资格的专职人员达到法定人数;
(4)有安全保管基金财产的条件;
(5)有安全高效的清算、交割系统;
(6)有符合要求的营业场所、安全防范设施和与基金托管业务有关的其他设施;
(7)有完善的内部稽核监控制度和风险控制制度;
(8)法律、行政法规规定的和证监会、银监会规定的其他条件。

三、基金托管人的职责

《证券投资基金法》规定,基金托管人应当履行下列职责:

(1)安全保管基金财产;
(2)按照规定开设基金财产的资金账户和证券账户;
(3)对所托管的不同基金财产分别设置账户,确保基金财产的完整与独立;
(4)保存基金托管业务活动的记录、账册、报表和其他相关资料;
(5)按照基金合同的约定,根据基金管理人的投资指令,及时办理清算、交割事宜;
(6)办理与基金托管业务活动有关的信息披露事项;
(7)对基金财务会计报告、中期和年度基金报告出具意见;
(8)复核、审查基金管理人计算的基金资产净值和基金份额申购、赎回价格;
(9)按照规定召集基金份额持有人大会;
(10)按照规定监督基金管理人的投资运作;
(11)证监会规定的其他职责。

《证券投资基金法》规定,基金托管人发现基金管理人的投资指令违反法律、行政法规和其他有关规定,或者违反基金合同约定的,应当拒绝执行,立即通知基金管理人,并及时向国务院证券监督管理机构报告。基金托管人发现基金管理人依据交易程序已经生效的投资指令违反法律、行政法规和其他有关规定,或者违反基金合同约定的,应当立即通知基金管理人,并及时向证监会报告。

四、基金托管人资格监管

《证券投资基金法》规定,证监会和银监会对有下列情形之一的基金托管人,依据职权责令整顿,或者取消基金托管资格:

(1)有重大违法违规行为;
(2)不再具备法定的条件;
(3)法律、行政法规规定的其他情形。

《证券投资基金法》规定,有下列情形之一的,基金托管人职责终止:

(1)被依法取消基金托管资格;
(2)被基金份额持有人大会解任;
(3)依法解散、被依法撤销或者被依法宣告破产;
(4)基金合同约定的其他情形。

五、基金托管人的终止

《证券投资基金法》规定,基金托管人职责终止的,基金份额持有人大会应当在6个月内选任新基金托管人;新基金托管人产生前,由证监会指定临时基金托管人。

《证券投资基金法》规定,基金托管人职责终止的,应当依法履行两项义务:

(1)妥善保管基金财产和基金托管业务资料,及时办理基金财产和基金托管业务的移交手续,新基金托管人或者临时基金托管人应当及时接收;
(2)按照规定聘请会计师事务所对基金财产进行审计,并将审计结果予以公告,同时报证监会备案。

政府公告:中国基金托管人一览表

索 引 号:40000895X/2010-00027　　分类:相关名录;监管对象
发布机构:证监会　　　　　　　　　　发文日期:2010年01月08日
名　　称:托管银行名录(2009年12月)
文　　号:无　　　　　　　　　　　　主题词:

托管银行名录(2009年12月)

序号	托管人名称	注册地域	取得托管资格时间	网址	地址	电话
1	中国工商银行股份有限公司	北京	1998-2-24	www.icbc.com.cn	北京市西城区复兴门内大街55号	95588
2	中国农业银行股份有限公司	北京	1998-5-29	www.abchina.com	北京市海淀区复兴路甲23号	95599

续表

序号	托管人名称	注册地域	取得托管资格时间	网址	地址	电话
3	中国银行股份有限公司	北京	1998-7-7	www.boc.cn	北京市西城区复兴门内大街1号	95566
4	中国建设银行股份有限公司	北京	1998-3-18	www.ccb.com	北京市西城区金融大街25号	95533
5	交通银行股份有限公司	上海	1998-7-3	www.bankcomm.com	上海市银城中路188号	95559
6	华夏银行股份有限公司	北京	2005-2-23	www.hxb.com.cn	北京市东城区建国门内大街22号华夏银行大厦	95577
7	中国光大银行股份有限公司	北京	2002-10-23	www.cebbank.com	北京市西城区复兴门外大街6号光大大厦	95595
8	招商银行股份有限公司	深圳	2002-11-6	www.cmbchina.com	广东省深圳市深南大道7088号招商银行大厦	95555
9	中信银行股份有限公司	北京	2004-8-18	www.ecitic.com	北京市东城区朝阳门北大街8号富华大厦C座	95558
10	中国民生银行股份有限公司	北京	2004-7-9	www.cmbc.com.cn	北京市西城区复兴门内大街2号	95568
11	兴业银行股份有限公司	福建	2005-4-25	www.cib.com.cn	上海市江宁路168号兴业大厦9层	95561
12	上海浦东发展银行股份有限公司	上海	2003-9-10	www.spdb.com.cn	上海市中山东一路12号	95528
13	北京银行股份有限公司	北京	2008-6-3	www.bankofbeijing.com.cn	北京市西城区金融大街丙17号	010-96169
14	深圳发展银行股份有限公司	深圳	2008-8-6	www.sdb.com.cn	广东省深圳市深南东路5047号	95501

续表

序号	托管人名称	注册地域	取得托管资格时间	网址	地址	电话
15	广东发展银行股份有限公司	广东	2009—5—4	www.gdb.com.cn	广东省广州市农林下路83号广发银行大厦	95508
16	中国邮政储蓄银行有限责任公司	北京	2009—7—16	www.psbc.com	北京市西城区宣武门西大街131号	66599767
17	上海银行股份有限公司	上海	2009—8—18	www.bankofshanghai.com	上海市银城中路168号	021—58358255

第四节 基金的募集

一、募集条件

《证券投资基金法》规定,基金管理人依照本法发售基金份额,募集基金,应当向证监会提交下列文件,并经证监会核准:

(1)申请报告;

(2)基金合同草案;

(3)基金托管协议草案;

(4)招募说明书草案;

(5)基金管理人和基金托管人的资格证明文件;

(6)经会计师事务所审计的基金管理人和基金托管人最近3年或者成立以来的财务会计报告;

(7)律师事务所出具的法律意见书;

(8)国务院证券监督管理机构规定提交的其他文件。

二、基金合同

《证券投资基金法》规定,基金合同应当包括下列内容:

(1)募集基金的目的和基金名称;

(2)基金管理人、基金托管人的名称和住所;

(3) 基金运作方式；
(4) 封闭式基金的基金份额总额和基金合同期限，或者开放式基金的最低募集份额总额；
(5) 确定基金份额发售日期、价格和费用的原则；
(6) 基金份额持有人、基金管理人和基金托管人的权利、义务；
(7) 基金份额持有人大会召集、议事及表决的程序和规则；
(8) 基金份额发售、交易、申购、赎回的程序、时间、地点、费用计算方式，以及给付赎回款项的时间和方式；
(9) 基金收益分配原则、执行方式；
(10) 作为基金管理人、基金托管人报酬的管理费、托管费的提取、支付方式与比例；
(11) 与基金财产管理、运用有关的其他费用的提取、支付方式；
(12) 基金财产的投资方向和投资限制；
(13) 基金资产净值的计算方法和公告方式；
(14) 基金募集未达到法定要求的处理方式；
(15) 基金合同解除和终止的事由、程序以及基金财产清算方式；
(16) 争议解决方式；
(17) 当事人约定的其他事项。

三、基金招募说明书

《证券投资基金法》规定，基金招募说明书应当包括下列内容：
(1) 基金募集申请的核准文件名称和核准日期；
(2) 基金管理人、基金托管人的基本情况；
(3) 基金合同和基金托管协议的内容摘要；
(4) 基金份额的发售日期、价格、费用和期限；
(5) 基金份额的发售方式、发售机构及登记机构名称；
(6) 出具法律意见书的律师事务所和审计基金财产的会计师事务所的名称和住所；
(7) 基金管理人、基金托管人报酬及其他有关费用的提取、支付方式与比例；
(8) 风险警示内容；
(9) 国务院证券监督管理机构规定的其他内容。

四、募集核准

《证券投资基金法》规定，证监会应当自受理基金募集申请之日起 6 个月内依照法律、行政法规及证监会的规定和审慎监管原则进行审查,作出核准或者不予核准的决定,并通知申请人;不予核准的,应当说明理由。

五、基金发售

《证券投资基金法》规定,基金募集申请经核准后,方可发售基金份额。

基金份额的发售,由基金管理人负责办理;基金管理人可以委托经证监会认定的其他机构代为办理。基金管理人应当在基金份额发售的3日前公布招募说明书、基金合同及其他有关文件。上述文件应当真实、准确、完整。

《证券投资基金法》规定,对基金募集所进行的宣传推介活动,应当符合有关法律、行政法规的规定,公开披露基金信息,不得有下列行为:

(1)虚假记载、误导性陈述或者重大遗漏;
(2)对证券投资业绩进行预测;
(3)违规承诺收益或者承担损失;
(4)诋毁其他基金管理人、基金托管人或者基金份额发售机构;
(5)依照法律、行政法规有关规定,由国务院证券监督管理机构规定禁止的其他行为。

六、基金募集

《证券投资基金法》规定,基金管理人应当自收到核准文件之日起6个月内进行基金募集。超过6个月开始募集,原核准的事项未发生实质性变化的,应当报证监会备案;发生实质性变化的,应当向证监会重新提交申请。基金募集不得超过证监会核准的基金募集期限。基金募集期限自基金份额发售之日起计算。

基金募集期限届满,封闭式基金募集的基金份额总额达到核准规模的80%以上,开放式基金募集的基金份额总额超过核准的最低募集份额总额,并且基金份额持有人人数符合证监会规定的,基金管理人应当自募集期限届满之日起10日内聘请法定验资机构验资,自收到验资报告之日起10日内,向证监会提交验资报告,办理基金备案手续,并予以公告。

基金募集期间募集的资金应当存入专门账户,在基金募集行为结束前,任何人不得动用。

投资人缴纳认购的基金份额的款项时,基金合同成立;基金管理人依法向证监会办理基金备案手续,基金合同生效。

《证券投资基金法》规定,基金募集期限届满,不能满足法定条件的,基金管理人应当承担下列责任:

(1)以其固有财产承担因募集行为而产生的债务和费用;

(2)在基金募集期限届满后 30 日内返还投资人已缴纳的款项,并加计银行同期存款利息。

第五节 基金份额的交易

一、上市交易

封闭式基金的基金份额,经基金管理人申请,证监会核准,可以在证券交易所上市交易。证监会可以授权证券交易所依照法定条件和程序核准基金份额上市交易。基金份额上市交易规则由证券交易所制定,报证监会核准。

基金份额上市交易,应当符合下列条件:
(1)基金的募集符合法定条件;
(2)基金合同期限为 5 年以上;
(3)基金募集金额不低于 2 亿元人民币;
(4)基金份额持有人不少于 1 000 人;
(5)基金份额上市交易规则规定的其他条件。

二、终止上市交易

《证券投资基金法》规定,基金份额上市交易后,有下列情形之一的,由证券交易所终止其上市交易,并报证监会备案:
(一)不再具备法定的上市交易条件;
(二)基金合同期限届满;
(三)基金份额持有人大会决定提前终止上市交易;
(四)基金合同约定的或者基金份额上市交易规则规定的终止上市交易的其他情形。

第六节 基金份额的申购与赎回

一、申购与赎回业务基本规则

《证券投资基金法》规定,开放式基金的基金份额的申购、赎回和登记,由基金管理人负责办理;基金管理人可以委托经证监会认定的其他机构代为办理。

基金管理人应当在每个工作日办理基金份额的申购、赎回业务;基金合同另有约定的,按照其约定。

《证券投资基金法》规定,基金管理人应当按时支付赎回款项,但是下列情形除外:

(1)因不可抗力导致基金管理人不能支付赎回款项;

(2)证券交易场所依法决定临时停市,导致基金管理人无法计算当日基金资产净值;

(3)基金合同约定的其他特殊情形。

发生上述情形之一的,基金管理人应当在当日报证监会备案。上述第(1)种情形消失后,基金管理人应当及时支付赎回款项。

开放式基金应当保持足够的现金或者政府债券,以备支付基金份额持有人的赎回款项。基金财产中应当保持的现金或者政府债券的具体比例,由证监会规定。

二、申购与赎回价格

《证券投资基金法》规定,基金份额的申购、赎回价格,依据申购、赎回日基金份额净值加、减有关费用计算。

基金份额净值计价出现错误时,基金管理人应当立即纠正,并采取合理的措施防止损失进一步扩大。计价错误达到基金份额净值 0.5% 时,基金管理人应当公告,并报证监会备案。因基金份额净值计价错误造成基金份额持有人损失的,基金份额持有人有权要求基金管理人、基金托管人予以赔偿。

第七节 基金的运作与信息披露

一、基金的运作

《证券投资基金法》规定,基金管理人运用基金财产进行证券投资,应当采用资产组合的方式。资产组合的具体方式和投资比例,依照《证券投资基金法》和证监会的规定在基金合同中约定。

《证券投资基金法》规定,基金财产应当用于下列投资:

(1)上市交易的股票、债券;

(2)证监会规定的其他证券品种。

《证券投资基金法》规定,基金财产不得用于下列投资或者活动:

(1)承销证券；

(2)向他人贷款或者提供担保；

(3)从事承担无限责任的投资；

(4)买卖其他基金份额，但是国务院另有规定的除外；

(5)向其基金管理人、基金托管人出资或者买卖其基金管理人、基金托管人发行的股票或者债券；

(6)买卖与其基金管理人、基金托管人有控股关系的股东或者与其基金管理人、基金托管人有其他重大利害关系的公司发行的证券或者承销期内承销的证券；

(7)从事内幕交易、操纵证券交易价格及其他不正当的证券交易活动；

(8)依照法律、行政法规有关规定，由证监会规定禁止的其他活动。

二、信息披露

《证券投资基金法》规定，基金管理人、基金托管人和其他基金信息披露义务人应当依法披露基金信息，并保证所披露信息的真实性、准确性和完整性。

基金信息披露义务人应当确保应予披露的基金信息在证监会规定时间内披露，并保证投资人能够按照基金合同约定的时间和方式查阅或者复制公开披露的信息资料。

《证券投资基金法》规定，公开披露的基金信息包括：

(1)基金招募说明书、基金合同、基金托管协议；

(2)基金募集情况；

(3)基金份额上市交易公告书；

(4)基金资产净值、基金份额净值；

(5)基金份额申购、赎回价格；

(6)基金财产的资产组合季度报告、财务会计报告及中期和年度基金报告；

(7)临时报告；

(8)基金份额持有人大会决议；

(9)基金管理人、基金托管人的专门基金托管部门的重大人事变动；

(10)涉及基金管理人、基金财产、基金托管业务的诉讼；

(11)依照法律、行政法规有关规定，由证监会规定应予披露的其他信息。

对公开披露的基金信息出具审计报告或者法律意见书的会计师事务所、律师事务所，应当保证其所出具文件内容的真实性、准确性和完整性。

《证券投资基金法》规定，公开披露基金信息，不得有下列行为：

(1)虚假记载、误导性陈述或者重大遗漏；

(2)对证券投资业绩进行预测;
(3)违规承诺收益或者承担损失;
(4)诋毁其他基金管理人、基金托管人或者基金份额发售机构;
(5)依照法律、行政法规有关规定,由证监会规定禁止的其他行为。

第八节 基金合同的变更、终止与基金财产清算

一、基金合同的变更

《证券投资基金法》规定,按照基金合同的约定或者基金份额持有人大会的决议,并经证监会核准,可以转换基金运作方式。

《证券投资基金法》规定,封闭式基金扩募或者延长基金合同期限,应当符合下列条件,并经证监会核准:

(1)基金运营业绩良好;
(2)基金管理人最近2年内没有因违法违规行为受到行政处罚或者刑事处罚;
(3)基金份额持有人大会决议通过;
(4)《证券投资基金法》规定的其他条件。

二、基金合同的终止

《证券投资基金法》规定,有下列情形之一的,基金合同终止:

(1)基金合同期限届满而未延期的;
(2)基金份额持有人大会决定终止的;
(3)基金管理人、基金托管人职责终止,在6个月内没有新基金管理人、新基金托管人承接的;
(4)基金合同约定的其他情形。

三、基金财产的清算

《证券投资基金法》规定,基金合同终止时,基金管理人应当组织清算组对基金财产进行清算。

清算组由基金管理人、基金托管人以及相关的中介服务机构组成。清算组作出的清算报告经会计师事务所审计,律师事务所出具法律意见书后,报国务院证券监督管理机构备案并公告。

清算后的剩余基金财产,应当按照基金份额持有人所持份额比例进行分配。

第九节 基金份额持有人权利及其行使

一、基金份额持有权的权利

《证券投资基金法》规定,基金份额持有人享有下列权利:
(1)分享基金财产收益;
(2)参与分配清算后的剩余基金财产;
(3)依法转让或者申请赎回其持有的基金份额;
(4)按照规定要求召开基金份额持有人大会;
(5)对基金份额持有人大会审议事项行使表决权;
(6)查阅或者复制公开披露的基金信息资料;
(7)对基金管理人、基金托管人、基金份额发售机构损害其合法权益的行为依法提起诉讼;
(8)基金合同约定的其他权利。

二、基金份额持有人大会

(一)审议事项

《证券投资基金法》规定,下列事项应当通过召开基金份额持有人大会审议决定:
(1)提前终止基金合同;
(2)基金扩募或者延长基金合同期限;
(3)转换基金运作方式;
(4)提高基金管理人、基金托管人的报酬标准;
(5)更换基金管理人、基金托管人;
(6)基金合同约定的其他事项。

(二)召集

《证券投资基金法》规定,基金份额持有人大会由基金管理人召集;基金管理人未按规定召集或者不能召集时,由基金托管人召集。代表基金份额10%以上的基金份额持有人就同一事项要求召开基金份额持有人大会,而基金管理人、基金托管人都不召集的,代表基金份额10%以上的基金份额持有人有权自行召集,并报证监会备案。

召开基金份额持有人大会,召集人应当至少提前30日公告基金份额持有人大会的召开时间、会议形式、审议事项、议事程序和表决方式等事项。

(三)表决

《证券投资基金法》规定,基金份额持有人大会不得就未经公告的事项进行表决。基金份额持有人大会可以采取现场方式召开,也可以采取通讯等方式召开。每一基金份额具有一票表决权,基金份额持有人可以委托代理人出席基金份额持有人大会并行使表决权。

基金份额持有人大会应当有代表50%以上基金份额的持有人参加,方可召开;大会就审议事项作出决定,应当经参加大会的基金份额持有人所持表决权的50%以上通过;但是,转换基金运作方式、更换基金管理人或者基金托管人、提前终止基金合同,应当经参加大会的基金份额持有人所持表决权的2/3以上通过。

基金份额持有人大会决定的事项,应当依法报证监会核准或者备案,并予以公告。

第十节 监督管理

一、证监会职责

《证券投资基金法》规定,证监会依法履行下列职责:
(1)依法制定有关证券投资基金活动监督管理的规章、规则,并依法行使审批或者核准权;
(2)办理基金备案;
(3)对基金管理人、基金托管人及其他机构从事证券投资基金活动进行监督管理,对违法行为进行查处,并予以公告;
(4)制定基金从业人员的资格标准和行为准则,并监督实施;
(5)监督检查基金信息的披露情况;
(6)指导和监督基金同业协会的活动;
(7)法律、行政法规规定的其他职责。

二、证监会监管措施

《证券投资基金法》规定,证监会有权采取下列措施:
(1)进入违法行为发生场所调查取证;
(2)询问当事人和与被调查事件有关的单位和个人,要求其对与被调查事件有关的事项作出说明；

(3)查阅、复制当事人和与被调查事件有关的单位和个人的证券交易记录、登记过户记录、财务会计资料及其他相关文件和资料，对可能被转移或者隐匿的文件和资料予以封存；

(4)查询当事人和与被调查事件有关的单位和个人的资金账户、证券账户或者基金账户，对有证据证明有转移或者隐匿违法资金、证券迹象的，可以申请司法机关予以冻结；

(5)法律、行政法规规定的其他措施。

证监会依法履行职责时，被调查、检查的单位和个人应当配合，如实提供有关文件和资料，不得拒绝、阻碍和隐瞒。

三、证监会监管义务

《证券投资基金法》规定，证监会工作人员依法履行职责时，应当履行以下四项义务：

(1)进行调查或者检查时，不得少于2人，并应当出示合法证件，并对调查或者检查中知悉的商业秘密负有保密的义务；

(2)应当忠于职守，依法办事，公正廉洁，接受监督，不得利用职务牟取私利；

(3)发现违法行为涉嫌犯罪的，应当将案件移送司法机关处理；

(4)不得在被监管的机构中兼任职务。

延伸思考：

1. 如何监管基金"老鼠仓"？
2. 如何有效控制基金业中的违规行为？
3. 证监会是如何监督证券基金市场运行的？
4. 资本市场中，证券投资基金与股票的角色如何定位？

文献附录：《证券投资基金法》(节选)

第十一章 法律责任

第八十三条 基金管理人、基金托管人在履行各自职责的过程中，违反本法规定或者基金合同约定，给基金财产或者基金份额持有人造成损害的，应当分别对各自的行为依法承担赔偿责任；因共同行为给基金财产或者基金份额持有人造成损害的，应当承担连带赔偿责任。

第八十四条 违反本法第四十五条规定，动用募集的资金的，责令返还，没收违法所得；违法所得50万元以上的，并处违法所得1倍以上5倍以下罚款；没有违法所得或者违法所得不足50万元的，并处5万元以上50万元以下罚款；对直接负责的主管人员和其他直接责任人员给予警告,并处3万元以上30万元以下罚款;给投资人造成损害的,依法承担赔偿责任;构成犯罪的,依法追究刑事责任。

第八十五条 未经国务院证券监督管理机构核准,擅自募集基金的,责令停止,返还所募资金和加计的银行同期存款利息,没收违法所得,并处所募资金金额1%以上5%以下罚款;构成犯罪的,依法追究刑事责任。

第八十六条 违反本法规定,未经批准,擅自设立基金管理公司的,由证券监督管理机构予以取缔,并处5万元以上50万元以下罚款;构成犯罪的,依法追究刑事责任。

第八十七条 未经国务院证券监督管理机构核准,擅自从事基金管理业务或者基金托管业务的,责令停止,没收违法所得;违法所得100万元以上的,并处违法所得1倍以上5倍以下罚款;没有违法所得或者违法所得不足100万元的,并处10万元以上100万元以下罚款;给基金财产或者基金份额持有人造成损害的,依法承担赔偿责任;对直接负责的主管人员和其他直接责任人员给予警告,并处3万元以上30万元以下罚款;构成犯罪的,依法追究刑事责任。

第八十八条 基金管理人、基金托管人违反本法规定,未对基金财产实行分别管理或者分账保管,或者将基金财产挪作他用的,责令改正,处5万元以上50万元以下罚款;给基金财产或者基金份额持有人造成损害的,依法承担赔偿责任;对直接负责的主管人员和其他直接责任人员给予警告,暂停或者取消基金从业资格,并处3万元以上30万元以下罚款;构成犯罪的,依法追究刑事责任。

基金管理人、基金托管人将基金财产挪作他用而取得的财产和收益,归入基金财产。但是,法律、行政法规另有规定的,依照其规定。

第八十九条 基金管理人、基金托管人有本法第二十条所列行为之一的,责令改正,没收违法所得;违法所得100万元以上的,并处违法所得1倍以上5倍以下罚款;没有违法所得或者违法所得不足100万元的,并处10万元以上100万元以下罚款;给基金财产或者基金份额持有人造成损害的,依法承担赔偿责任;对直接负责的主管人员和其他直接责任人员给予警告,暂停或者取消基金从业资格,并处3万元以上30万元以下罚款;构成犯罪的,依法追究刑事责任。

第九十条 基金管理人、基金托管人有本法第五十九条第一项至第六项和第八项所列行为之一的,责令改正,处10万元以上100万元以下罚款;给基金财产或者基金份额持有人造成损害的,依法承担赔偿责任;对直接负责的主管人员和其他直接责任人员给予警告,暂停或者取消基金从业资格,并处3万元以上30万元以下罚款;构成犯罪的,依法追究刑事责任。

基金管理人、基金托管人有前款行为,运用基金财产而取得的财产和收益,归入基金财产。但是,法律、行政法规另有规定的,依照其规定。

第九十一条 基金管理人、基金托管人有本法第五十九条第七项规定行为的,除依照《中华人民共和国证券法》的有关规定处罚外,对直接负责的主管人员和其他直接责任人员给予警告,暂停或者取消基金从业资格,并处3万元以上30万元以下罚款;给基金财产或者基金份额持有人造成损害的,依法承担赔偿责任。

第九十二条 基金管理人、基金托管人违反本法规定,相互出资或者持有股份的,责令改正,可以处10万元以下罚款。

第九十三条 基金信息披露义务人不依法披露基金信息或者披露的信息有虚假记载、误导性陈述或者重大遗漏的,责令改正,没收违法所得,并处10万元以上100万元以下罚款;给基金份额持有人造成损害的,依法承担赔偿责任;对直接负责的主管人员和其他直接责任人员给予警告,暂停或者取消基金从业资格,并处3万元以上30万元以下罚款;构成犯罪的,依法追究刑事责任。

第九十四条 为基金信息披露义务人公开披露的基金信息出具审计报告、法律意见书等文件的专业机构就其所应负责的内容弄虚作假的,责令改正,没收违法所得,并处违法所得1倍以上5倍以下罚款;情节严重的,责令停业,暂停或者取消直接责任人员的相关资格;给基金份额持有人造成损害的,依法承担赔偿责任;构成犯罪的,依法追究刑事责任。

第九十五条 基金管理人或者基金托管人不按照规定召集基金份额持有人大会的,责令改正,可以处5万元以下罚款;对直接负责的主管人员和其他直接责任人员给予警告,暂停或者取消基金从业资格。

第九十六条 基金管理人、基金托管人违反本法规定,情节严重的,依法取消基金管理资格或者基金托管资格。

第九十七条 基金管理人、基金托管人的专门基金托管部门的从业人员违反本法第十八条规定,给基金财产或者基金份额持有人造成损害的,依法承担赔偿责任;情节严重的,取消基金从业资格;构成犯罪的,依法追究刑事责任。

第九十八条 证券监督管理机构工作人员玩忽职守、滥用职权、徇私舞弊或者利用职务上的便利索取或者收受他人财物的,依法给予行政处分;构成犯罪的,依法追究刑事责任。

第九十九条 违反本法规定,应当承担民事赔偿责任和缴纳罚款、罚金,其财产不足以同时支付时,先承担民事赔偿责任。

第一百条 依照本法规定,基金管理人、基金托管人应当承担的民事赔偿责任和缴纳的罚款、罚金,由基金管理人、基金托管人以其固有财产承担。

依法收缴的罚款、罚金和没收的违法所得,应当全部上缴国库。

第十五章 保险法律制度

 引例:批单尚未生效保险赔偿案

案情

2002年5月24日,江苏省苏州市相城区计划生育局(下称计生局)为其车牌号为苏E—Q5651的车辆向中国太平洋财产保险股份有限公司苏州市吴中支公司(下称太平洋吴中保险公司)投保了车辆损失险、第三者责任险、车上责任险等险种,保险期间自2002年12月8日0时起至2003年12月7日24时止。高惠兴向计生局购得上述车辆,并于2003年7月23日办理了车辆过户登记手续,车牌号变更为苏E—L9122。7月24日上午,计生局和高惠兴就保险车辆转让事宜向太平洋吴中保险公司递交了批改申请书。太平洋吴中保险公司据此申请向高惠兴出具了批单,内容为:"兹经被保险人申请,我公司同意:车牌号为苏E—Q5651的车辆,车牌号码更改为苏E—L9122;行驶证车主由计生局更改为高惠兴;索赔权益人由计生局更改为高惠兴;保单号为A561010020000873的保单承保的车牌号为苏E—L9122的车辆自2003年7月25日过户给高惠兴,其他事项不变,特此批改。上述批改自2003年7月25日0时起生效。"高惠兴拿到保险批单后,于7月24日上午由施洋驾驶该车辆从苏州开回太仓。15时10分左右,在太仓市某路上与一大货车相撞,造成施洋和高惠兴受伤,双方车辆均有损坏。经认定,施洋对该事故负全部责任。高惠兴于2003年7月26日通知太平洋吴中保险公司并提出理赔请求。太平洋吴中保险公司作出拒赔通知书。高惠兴为此将太平洋吴中保险公司诉至法院,要求被告赔偿医药费、车辆施救费等费用共计人民币20 399.74元。被告辩称,批单载明批改约定自2003年7月25日0时起生效,对该批单应认定是附生效时间的保险合同,原告发生车祸时,保险合同未生效,故原告的诉讼请求不受保险合同保护。

裁决

江苏省苏州市吴中区人民法院依照《保险法》第十四、十八条规定,于2004年8月3日判决:太平洋吴中保险公司于本判决生效之日起10日内赔偿高惠兴医疗费、车辆施救费等费用共计20 229.74元,驳回原告的其他诉讼请求。太平洋吴中保险公司不服一审判决提起上诉,苏州市中级人民法院于 2005 年 8 月 10 日判决:驳回上诉,维持原判。

评析

本案批单关于生效时间的约定违反了《保险法》第十二条关于保险利益的规定,应属无效。

保险利益原则是《保险法》的基本原则之一,《保险法》第十二条规定:"投保人对保险标的应当具有保险利益。投保人对保险标的不具有保险利益的,保险合同无效。"需要指出的是,上述规定并没有约定保险利益的时间效力,从文义来理解,似乎仅限于投保当时,但根据现代保险法理论和我国保险业实践,对于财产保险合同,一般认为发生保险事故时投保人应当具有保险利益。

本案中,原告作为保险标的的受让人,根据《保险法》第三十四条就保险标的的转让向被告申请批改保险合同,即变更保险合同。从批单来看,被告同意变更保险合同,同意索赔权益人变更为原告,即意味着其同意对保险标的在保险期限内发生的保险事故承担保险责任,但其所标注的批单生效时间造成了保险合同索赔权益人变更时间与保险标的的转让时间不一致,该不一致导致如下后果:如果保险事故发生在保险标的的转让后、保险合同的变更生效之前,对原告而言,其虽取得了被保险车辆的所有权,对保险标的具有保险利益,但在发生保险事故时尚不是权益索赔人,保险公司会以双方之间的保险合同未生效为由拒绝赔偿;如果原保险合同的投保人与合同约定的被保险人计生局要求保险公司赔偿,保险公司可能会根据《保险法》第十二条规定,以计生局已不再是被保险车辆的所有权人、对保险标的已无保险利益为由拒绝赔偿。

造成这一后果的原因有二:客观方面,保险标的的转让时间与保险合同变更的办理时间不一致;主观方面,保险公司在出具批单时,对于批单所标注的索赔权益人变更的生效时间没有与保险标的的转让所造成的保险利益变更时间保持一致。本案保险公司在批单上所注明的索赔权益人变更的生效时间晚于保险标的转让的时间,也就是晚于保险利益变更的时间,甚至晚于申请批改的时间,就会出现受保险合同保障的被保险人与对保险标的享有保险利益的人不一致的情况,这是违背保险利益原则的,也是违背双方订立和变更保险合同的目的的。

保险公司进行批改的法律依据是《保险法》第三十四条,该条规定:"保险标的的转让应当通知保险人,经保险人同意继续承保后,依法变更合同。但是,货物运输保险合同和另有约定的合同除外。"需要深入思考的是:为何保险标的的转让需要通知保险人,并经其同意承保后才能变更保险合同;我国《保险法》第三十四条的立法目的何在。答案应当是,在保险标的转让时赋予保险人重新评价风险的权利,即要维持原合同的效力的,应经过保险人同意。但保险人在行使上述权利时,特别是在同意承保的情况下,为避免出现本案中违背保险利益原则的情况,应当注意索赔权益人的变更时间要与保险标的的转让所造成的保险利益的变更时间保持一致。当然,在此需要强调的是,对于保险标的的转让,应当在合理时间内通知保险人;对于保险标的转让人与受让人在保险标的转让后较长时间内仍不通知保险人的,如保险合同对此有约定,可按约定处理。具体到本案来说,保险标的转让双方于转让完成后的次日上午即向保险公司申请办理保险合同变更手续,其申请变更保险合同不可谓不及时,且保险公司也同意继续承保,保险公司在批改时就应当确认被保险人即索赔权益人的变更从保险标的的转让时生效。因此,本案两审法院的裁决是正确的。

——资料来源:法律快车网(www.lawtime.cn)

第一节 概述

一、保险的概念

所谓保险,是指投保人根据合同约定,向保险人支付保险费,保险人对于合同约定的可能发生的事故因其发生所造成的财产损失承担赔偿保险金责任,或者当被保险人死亡、伤残、疾病或者达到合同约定的年龄、期限等条件时承担给付保险金责任的商业保险行为。

二、保险业管理基本制度

保险业务由依照《保险法》设立的保险公司以及法律、行政法规规定的其他保险组织经营,其他单位和个人不得经营保险业务。在我国境内的法人和其他组织需要办理境内保险的,应当向我国境内的保险公司投保。

除国家另有规定外,保险业和银行业、证券业、信托业实行分业经营、分业管理,保险公司与银行、证券、信托业务机构分别设立。国务院保险监督管理机构依法对保险业实施监督管理,其可以根据履行职责的需要设立派出机构,派出机构按照其授权履行监督管理职责。

第二节 保险合同

一、保险合同概述

(一)保险合同的概念

所谓保险合同,是指投保人与保险人约定保险权利义务关系的协议。投保人是指与保险人订立保险合同,并按照合同约定负有支付保险费义务的人。保险人是指与投保人订立保险合同,并按照合同约定承担赔偿或者给付保险金责任的保险公司。

(二)保险利益的概念

所谓保险利益,是指投保人或者被保险人对保险标的具有的法律上承认的利益。人身保险的投保人在保险合同订立时,对被保险人应当具有保险利益。财产保险的被保险人在保险事故发生时,对保险标的应当具有保险利益。

其中,人身保险是以人的寿命和身体为保险标的的保险;财产保险是以财产及其有关利益为保险标的的保险;被保险人是指其财产或者人身受保险合同保障,享有保险金请求权的人,投保人可以为被保险人。

(三)保险合同的订立

1. 订立原则

保险合同的订立以自愿为原则,除法律、行政法规规定必须保险的外。订立保险合同,应当协商一致,遵循公平原则确定各方的权利和义务。

2. 订立

保险单或者其他保险凭证应当载明当事人双方约定的合同内容,当事人也可以约定采用其他书面形式载明合同内容。投保人和保险人可以对合同的效力约定附条件或者附期限。订立保险合同,保险人就保险标的或者被保险人的有关情况提出询问的,投保人应当如实告知。

3. 成立与生效

投保人提出保险要求,经保险人同意承保,保险合同成立,保险人应当及时向投保人签发保险单或者其他保险凭证,投保人按照约定交付保险费,保险人按照约定的时间开始承担保险责任。

除《保险法》另有规定或者保险合同另有约定外,保险合同成立后,投保人可以解除合同,保险人不得解除合同。

依法成立的保险合同,自成立时生效。

(四)保险合同的解除

订立保险合同,保险人就保险标的或者被保险人的有关情况提出询问的,投保人应当如实告知。投保人故意或者因重大过失未履行上述如实告知义务,足以影响保险人决定是否同意承保或者提高保险费率的,保险人有权解除合同。合同解除权,自保险人知道有解除事由之日起,超过30日不行使而消灭。自合同成立之日起超过2年的,保险人不得解除合同;发生保险事故的,保险人应当承担赔偿或者给付保险金的责任。但是,保险人在合同订立时已经知道投保人未如实告知的情况的,保险人不得解除合同;发生保险事故的,保险人应当承担赔偿或者给付保险金的责任。

投保人故意不履行如实告知义务的,保险人对于合同解除前发生的保险事故,不承担赔偿或者给付保险金的责任,并不退还保险费。投保人因重大过失未履行如实告知义务,对保险事故的发生有严重影响的,保险人对于合同解除前发生的保险事故,不承担赔偿或者给付保险金的责任,但应当退还保险费。

未发生保险事故,被保险人或者受益人谎称发生了保险事故,向保险人提出赔偿或者给付保险金请求的,保险人有权解除合同,并不退还保险费。投保人、被保险人故意制造保险事故的,保险人有权解除合同,不承担赔偿或者给付保险金的责任。投保人故意造成被保险人死亡、伤残或者疾病的,保险人不承担给付保险金的责任。投保人已交足2年以上保险费的,保险人应当按照合同约定向其他权利人退还保险单的现金价值。投保人、被保险人或者受益人有上述行为,致使保险人支付保险金或者支出费用的,应当退回或者赔偿。

(五)保险格式合同的效力

订立保险合同,采用保险人提供的格式条款的,保险人向投保人提供的投保单应当附格式条款,保险人应当向投保人说明合同的内容。对保险合同中免除保险人责任的条款,保险人在订立合同时应当在投保单、保险单或者其他保险凭证上作出足以引起投保人注意的提示,并对该条款的内容以书面或者口头形式向投保人作出明确说明;未作提示或者明确说明的,该条款不产生效力。

采用保险人提供的格式条款订立的保险合同,保险人与投保人、被保险人或者受益人对合同条款有争议的,应当按照通常理解予以解释。对合同条款有两种以上解释的,人民法院或者仲裁机构应当作出有利于被保险人和受益人的解释。

(六)保险合同的内容

《保险法》规定,投保人和保险人可以约定与保险有关的事项,但是,保险合同应当包括下列事项:

(1)保险人的名称和住所;

(2)投保人、被保险人的姓名或者名称、住所,以及人身保险的受益人的姓名或者名称、住所;

(3)保险标的;

(4)保险责任和责任免除;

(5)保险期间和保险责任开始时间;

(6)保险金额;

(7)保险费以及支付办法;

(8)保险金赔偿或者给付办法;

(9)违约责任和争议处理;

(10)订立合同的年、月、日。

受益人是指人身保险合同中由被保险人或者投保人指定的享有保险金请求权的人。投保人、被保险人可以为受益人。

保险金额是指保险人承担赔偿或者给付保险金责任的最高限额。

《保险法》规定,采用保险人提供的格式条款订立的保险合同中的下列条款无效:

(1)免除保险人依法应承担的义务或者加重投保人、被保险人责任的;

(2)排除投保人、被保险人或者受益人依法享有的权利的。

投保人和保险人可以协商变更合同内容。变更保险合同的,应当由保险人在保险单或者其他保险凭证上批注或者附贴批单,或者由投保人和保险人订立变更的书面协议。

(七)保险赔付

1. 通知保险人

投保人、被保险人或者受益人知道保险事故发生后,应当及时通知保险人。故意或者因重大过失未及时通知,致使保险事故的性质、原因、损失程度等难以确定的,保险人对无法确定的部分,不承担赔偿或者给付保险金的责任,但保险人通过其他途径已经及时知道或者应当及时知道保险事故发生的除外。

保险事故发生后,按照保险合同请求保险人赔偿或者给付保险金时,投保人、被保险人或者受益人应当向保险人提供其所能提供的与确认保险事故的性质、原因、损失程度等有关的证明和资料。

2. 保险人核定

保险人按照合同的约定,认为有关的证明和资料不完整的,应当及时一次性通知投保人、被保险人或者受益人补充提供。

保险人收到被保险人或者受益人的赔偿或者给付保险金的请求后,应当及时作出核定;情形复杂的,应当在30日内作出核定,但合同另有约定的除外。保险人应当将核定结果通知被保险人或者受益人;对属于保险责任的,在与被保险人或者受益人达成赔偿或者给付保险金的协议后10日内,履行赔偿或者给付保险金义务。保险合同对赔偿或者给付保险金的期限有约定的,保险人应当按照约定履行赔偿或者给付保险金义务。保险人未及时履行上述规定义务的,除支付保险金外,应当赔偿被保险人或者受益人因此受到的损失。

任何单位和个人不得非法干预保险人履行赔偿或者给付保险金的义务,也不得限制被保险人或者受益人取得保险金的权利。

3. 保险人赔付

保险人依法作出核定后,对不属于保险责任的,应当自作出核定之日起3日内向被保险人或者受益人发出拒绝赔偿或者拒绝给付保险金通知书,并说明理由。

保险人自收到赔偿或者给付保险金的请求和有关证明、资料之日起60日内,对其赔偿或者给付保险金的数额不能确定的,应当根据已有证明和资料可以确定的数额先予支付;保险人最终确定赔偿或者给付保险金的数额后,应当支付相应的差额。

保险事故发生后,投保人、被保险人或者受益人以伪造、变造的有关证明、资料或者其他证据,编造虚假的事故原因或者夸大损失程度的,保险人对其虚报的部分不承担赔偿或者给付保险金的责任。投保人、被保险人或者受益人有上述行为,致使保险人支付保险金或者支出费用的,应当退回或者赔偿。

4. 诉讼时效

人寿保险以外的其他保险的被保险人或者受益人,向保险人请求赔偿或者给付保险金的诉讼时效期间为2年,自其知道或者应当知道保险事故发生之日起计算。

人寿保险的被保险人或者受益人向保险人请求给付保险金的诉讼时效期间为5年,自其知道或者应当知道保险事故发生之日起计算。

(八)再保险

保险人将其承担的保险业务,以分保形式部分转移给其他保险人的,为再保险。应再保险接受人的要求,再保险分出人应当将其自负责任及原保险的有关情况书面告知再保险接受人。再保险接受人不得向原保险的投保人要求支付保险费。原保险的被保险人或者受益人不得向再保险接受人提出赔偿或者给付保险金的请求。再保险分出人不得以再保险接受人未履行再保险责任为由,拒绝履行或者迟延履行其原保险责任。

二、人身保险合同

(一)保险利益

订立合同时,投保人对被保险人不具有保险利益的,合同无效。《保险法》规定,投保人对下列人员具有保险利益:

(1)本人;

(2)配偶、子女、父母;

(3)前项以外与投保人有抚养、赡养或者扶养关系的家庭其他成员、近亲属;

(4)与投保人有劳动关系的劳动者。

除上述人员外,被保险人同意投保人为其订立合同的,视为投保人对被保险人具有保险利益。

(二)被保险人年龄与保险费

投保人申报的被保险人年龄不真实,并且其真实年龄不符合合同约定的年龄限制的,保险人可以解除合同,并按照合同约定退还保险单的现金价值。

投保人申报的被保险人年龄不真实,致使投保人支付的保险费少于应付保险费的,保险人有权更正并要求投保人补交保险费,或者在给付保险金时按照实付保险费与应付保险费的比例支付。

投保人申报的被保险人年龄不真实,致使投保人支付的保险费多于应付保险费的,保险人应当将多收的保险费退还投保人。

(三)人身保险合同的限制

投保人不得为无民事行为能力人投保以死亡为给付保险金条件的人身保险,保险人也不得承保,父母为其未成年子女投保的人身保险,不受此限制。但是,因被保险人死亡给付的保险金总和不得超过国务院保险监督管理机构规定的限额。

以死亡为给付保险金条件的合同,未经被保险人同意并认可保险金额的,合同无效,父母为其未成年子女投保的人身保险,不受此限制。按照以死亡为给付保险金条件的合同所签发的保险单,未经被保险人书面同意,不得转让或者质押。

(四)保险费与合同效力

投保人可以按照合同约定向保险人一次支付全部保险费或者分期支付保险费。

合同约定分期支付保险费,投保人支付首期保险费后,除合同另有约定外,投保人自保险人催告之日起超过30日未支付当期保险费,或者超过约定的期限60日未支付当期保险费的,合同效力中止,或者由保险人按照合同约定的条件减少保险金额。被保险人在此规定期限内发生保险事故的,保险人应当按照合同约定给付保险金,但可以扣减欠交的保险费。

保险合同效力中止的,经保险人与投保人协商并达成协议,在投保人补交保险费后,合同效力恢复。但是,自合同效力中止之日起满2年双方未达成协议的,保险人有权解除合同。保险人解除合同的,应当按照合同约定退还保险单的现金价值。

保险人对人寿保险的保险费,不得用诉讼方式要求投保人支付。

(五)受益人

人身保险的受益人由被保险人或者投保人指定。投保人指定受益人时须经被保险人同意。投保人为与其有劳动关系的劳动者投保人身保险,不得指定被保险人及其近亲属以外的人为受益人。被保险人为无民事行为能力人或者限制民事行为能力人的,可以由其监护人指定受益人。

被保险人或者投保人可以指定一人或者数人为受益人。受益人为数人的,被保险人或者投保人可以确定受益顺序和受益份额;未确定受益份额的,受益人按照相等份额享有受益权。

被保险人或者投保人可以变更受益人并书面通知保险人。保险人收到变更受益人的书面通知后,应当在保险单或者其他保险凭证上批注或者附贴批单。投保人变更受益人时须经被保险人同意。

(六)保险金

《保险法》规定,被保险人死亡后,有下列情形之一的,保险金作为被保险人的遗产,由保险人依照《继承法》的规定履行给付保险金的义务:

(1)没有指定受益人,或者受益人指定不明无法确定的;

(2)受益人先于被保险人死亡,没有其他受益人的;

(3)受益人依法丧失受益权或者放弃受益权,没有其他受益人的。

受益人与被保险人在同一事件中死亡,且不能确定死亡先后顺序的,推定受益人死亡在先。

投保人故意造成被保险人死亡、伤残或者疾病的,保险人不承担给付保险金的责任。投保人已交足2年以上保险费的,保险人应当按照合同约定向其他权利人退还保险单的现金价值。受益人故意造成被保险人死亡、伤残、疾病的,或者故意杀害被保险人未遂的,该受益人丧失受益权。

以被保险人死亡为给付保险金条件的合同,自合同成立或者合同效力恢复之日起2年内,被保险人自杀的,保险人不承担给付保险金的责任,但被保险人自杀时为无民事行为能力人的除外。因被保险人自杀,保险人不承担给付保险金责任的,应当按照合同约定退还保险单的现金价值。

因被保险人故意犯罪或者抗拒依法采取的刑事强制措施导致其伤残或者死亡的,保险人不承担给付保险金的责任。投保人已交足2年以上保险费的,保险人应当按照合同约定退还保险单的现金价值。

被保险人因第三者的行为而发生死亡、伤残或者疾病等保险事故的,保险人向被保险人或者受益人给付保险金后,不享有向第三者追偿的权利,但被保险人或者受益人仍有权向第三者请求赔偿。

投保人解除合同的,保险人应当自收到解除合同通知之日起30日内,按照合同约定退还保险单的现金价值。

三、财产保险合同

(一)保险标的的转让

保险标的转让的,保险标的的受让人承继被保险人的权利和义务。保险标的转让的,被保险人或者受让人应当及时通知保险人,但货物运输保险合同和另有约定的合同除外。因保险标的的转让导致危险程度显著增加的,保险人自收到上述通知之日起30日内,可以按照合同约定增加保险费或者解除合同。保险人解除合同的,应当将已收取的保险费,按照合同约定扣除自保险责任开始之日起至合同解除之日止应收的部分后,退还投保人。被保险人、受让人未履行上述通知义务的,因转让导致保险标的的危险程度显著增加而发生的保险事故,保险人不承担赔偿保险金的责任。

(二)保险标的的安全

被保险人应当遵守国家有关消防、安全、生产操作、劳动保护等方面的规定,维护保险标的的安全。保险人可以按照合同约定对保险标的的安全状况进行检查,及时向投保人、被保险人提出消除不安全因素和隐患的书面建议。投保人、被保险人未按照约定履行其对保险标的的安全应尽责任的,保险人有权要求增加保险费或者解除合同。保险人为维护保险标的的安全,经被保险人同意,可以采取安全预防措施。

在合同有效期内,保险标的的危险程度显著增加的,被保险人应当按照合同约定及时通知保险人,保险人可以按照合同约定增加保险费或者解除合同。保险人解除合同的,应当将已收取的保险费,按照合同约定扣除自保险责任开始之日起至合同解除之日止应收的部分后,退还投保人。被保险人未履行上述通知义务的,因保险标的的危险程度显著增加而发生的保险事故,保险人不承担赔偿保险金的责任。

(三)保险费

《保险法》规定,有下列情形之一的,除合同另有约定外,保险人应当降低保

险费,并按日计算退还相应的保险费:

(1)据以确定保险费率的有关情况发生变化,保险标的的危险程度明显减少的;

(2)保险标的的保险价值明显减少的。

保险责任开始前,投保人要求解除合同的,应当按照合同约定向保险人支付手续费,保险人应当退还保险费。保险责任开始后,投保人要求解除合同的,保险人应当将已收取的保险费,按照合同约定扣除自保险责任开始之日起至合同解除之日止应收的部分后,退还投保人。

(四)保险价值

投保人和保险人约定保险标的的保险价值并在合同中载明的,保险标的发生损失时,以约定的保险价值为赔偿计算标准。投保人和保险人未约定保险标的的保险价值的,保险标的发生损失时,以保险事故发生时保险标的的实际价值为赔偿计算标准。

保险金额不得超过保险价值。超过保险价值的,超过部分无效,保险人应当退还相应的保险费。保险金额低于保险价值的,除合同另有约定外,保险人按照保险金额与保险价值的比例承担赔偿保险金的责任。

(五)重复保险

重复保险是指投保人对同一保险标的、同一保险利益、同一保险事故分别与两个以上保险人订立保险合同,且保险金额总和超过保险价值的保险。

重复保险的投保人应当将重复保险的有关情况通知各保险人。重复保险的各保险人赔偿保险金的总和不得超过保险价值。除合同另有约定外,各保险人按照其保险金额与保险金额总和的比例承担赔偿保险金的责任。重复保险的投保人可以就保险金额总和超过保险价值的部分,请求各保险人按比例返还保险费。

(六)保险事故

保险事故发生时,被保险人应当尽力采取必要的措施,防止或者减少损失。保险事故发生后,被保险人为防止或者减少保险标的的损失所支付的必要的、合理的费用,由保险人承担;保险人所承担的费用数额在保险标的损失赔偿金额以外另行计算,最高不超过保险金额的数额。

保险标的发生部分损失的,自保险人赔偿之日起 30 日内,投保人可以解除合同;除合同另有约定外,保险人也可以解除合同,但应当提前 15 日通知投保人。合同解除的,保险人应当将保险标的未受损失部分的保险费,按照合同约定扣除自保险责任开始之日起至合同解除之日止应收的部分后,退还投保人。

保险事故发生后,保险人已支付了全部保险金额,并且保险金额等于保险价值的,受损保险标的的全部权利归于保险人;保险金额低于保险价值的,保险人按照保险金额与保险价值的比例取得受损保险标的的部分权利。

(七)第三者侵权

因第三者对保险标的的损害而造成保险事故的,保险人自向被保险人赔偿保险金之日起,在赔偿金额范围内代位行使被保险人对第三者请求赔偿的权利。保险事故发生后,被保险人已经从第三者取得损害赔偿的,保险人赔偿保险金时,可以相应扣减被保险人从第三者已取得的赔偿金额。保险人向第三者行使代位请求赔偿的权利时,被保险人应当向保险人提供必要的文件和所知道的有关情况。保险人行使代位请求赔偿的权利,不影响被保险人就未取得赔偿的部分向第三者请求赔偿的权利。除被保险人的家庭成员或者其组成人员故意造成保险事故外,保险人不得对被保险人的家庭成员或者其组成人员行使代位请求赔偿的权利。

保险事故发生后,保险人未赔偿保险金之前,被保险人放弃对第三者请求赔偿的权利的,保险人不承担赔偿保险金的责任。保险人向被保险人赔偿保险金后,被保险人未经保险人同意放弃对第三者请求赔偿的权利的,该行为无效。被保险人故意或者因重大过失致使保险人不能行使代位请求赔偿的权利的,保险人可以扣减或者要求返还相应的保险金。

(八)责任保险

所谓责任保险,是指以被保险人对第三者依法应负的赔偿责任为保险标的的保险。

保险人对责任保险的被保险人给第三者造成的损害,可以依照法律的规定或者合同的约定,直接向该第三者赔偿保险金。责任保险的被保险人给第三者造成损害,被保险人对第三者应负的赔偿责任确定的,根据被保险人的请求,保险人应当直接向该第三者赔偿保险金。被保险人怠于请求的,第三者有权就其应获赔偿部分直接向保险人请求赔偿保险金。责任保险的被保险人给第三者造成损害,被保险人未向该第三者赔偿的,保险人不得向被保险人赔偿保险金。

责任保险的被保险人因给第三者造成损害的保险事故而被提起仲裁或者诉讼的,被保险人支付的仲裁或者诉讼费用以及其他必要的、合理的费用,除合同另有约定外,由保险人承担。

第三节 保险公司

一、设立条件

《保险法》规定,设立保险公司应当经国务院保险监督管理机构(即中国保险监督管理委员会,简称保监会)批准,具备下列条件:

(1)主要股东具有持续盈利能力,信誉良好,最近3年内无重大违法违规记录,净资产不低于人民币2亿元;

(2)有符合《保险法》和《公司法》规定的章程;

(3)有符合《保险法》规定的注册资本;

(4)有具备任职专业知识和业务工作经验的董事、监事和高级管理人员;

(5)有健全的组织机构和管理制度;

(6)有符合要求的营业场所和与经营业务有关的其他设施;

(7)法律、行政法规和保监会规定的其他条件。

保监会根据保险公司的业务范围、经营规模,可以调整其注册资本的最低限额,但不得低于人民币2亿元,且注册资本必须为实缴货币资本。

二、申请材料

《保险法》规定,申请设立保险公司,应当向保监会提出书面申请,并提交下列材料:

(1)设立申请书,申请书应当载明拟设立的保险公司的名称、注册资本、业务范围等;

(2)可行性研究报告;

(3)筹建方案;

(4)投资人的营业执照或者其他背景资料,经会计师事务所审计的上一年度财务会计报告;

(5)投资人认可的筹备组负责人和拟任董事长、经理名单及本人认可证明;

(6)保监会规定的其他材料。

政府公告:保监会审批设立保险公司

关于英大泰和财产保险股份有限公司开业的批复

保监发改〔2008〕1396号

英大泰和财产保险股份有限公司(筹):

你筹备组上报的《英大泰和财产保险股份有限公司开业申请书》及相关补充材料收悉。经研究,现批复如下:

一、同意英大泰和财产保险股份有限公司开业。

二、核准英大泰和财产保险股份有限公司章程(见附件)。

三、公司注册资本为人民币12亿元。

四、公司住所为中国北京市西城区金融街7号英蓝国际金融中心8层。

五、公司的法定代表人为肖其之。

六、公司业务范围:财产损失保险;责任保险;信用保险和保证保险;短期健康保险和意外伤害保险;上述业务的再保险业务;国家法律、法规允许的保险资金运用业务;经保监会批准的其他业务。

请你筹备组凭此文件和我会颁发的《保险机构法人许可证》到工商行政管理部门办理注册登记等有关手续。

附件:英大泰和财产保险股份有限公司章程

中国保险监督管理委员会
二〇〇八年十月二十八日

三、审查

保监会应当对设立保险公司的申请进行审查,自受理之日起6个月内作出批准或者不批准筹建的决定,并书面通知申请人。决定不批准的,应当书面说明理由。

申请人应当自收到批准筹建通知之日起1年内完成筹建工作;筹建期间不得从事保险经营活动。

筹建工作完成后,申请人具备法定设立条件的,可以向保监会提出开业申请。

保监会应当自受理开业申请之日起60日内,作出批准或者不批准开业的决定。决定批准的,颁发经营保险业务许可证;决定不批准的,应当书面通知申请人并说明理由。

政策指南:保险公司筹建审批程序指南

受理机关:中国保监会

法律依据:

1.《中华人民共和国保险法》;

2.《保险公司管理规定》;

3.《中华人民共和国反洗钱法》。

申请人:主要发起人或拟设立保险公司筹备组

申报材料:

1.设立申请书;

2.可行性报告;

3.筹建方案;

4.投资人股份认购协议书及其董事会或者主管机关同意其投资的证明材料;

5.投资人的营业执照或者其他背景资料,上一年度的经注册会计师审计的资产负债表、损益表;

6.投资人之间关联关系的说明;

7.投资人认可的筹备组负责人和拟任公司董事长、总经理名单及本人认可证明;

8.反洗钱内部控制制度方案;

9.中国保监会规定提交的其他材料。(应报送以上材料一式三份)

审查原则及标准:

1.设立保险公司,应当遵循下列原则:(1)遵守法律、行政法规;(2)符合国家宏观经济政策和保险业发展战略;(3)有利于保险业的公平竞争和健康发展。

2.设立保险公司应当具备下列条件:(1)具有合格的投资者,股权结构合理;(2)章程符合《保险法》和《公司法》的规定;(3)注册资本最低限额为人民币 2 亿元,注册资本应当为实缴货币资本;(4)高级管理人员应当符合中国保监会规定的任职资格条件;(5)具有健全的组织机构和管理制度;(6)具有与其业务发展相适应的营业场所、办公设备。

审查期限:

中国保监会自受理申请之日起 6 个月内作出批准或者不予批准的书面决定。

注意事项:

1.经批准筹建保险公司的,应在 1 年内完成筹建工作;在规定期限内未完成筹建工作,有正当理由的,经批准,筹建期可以延长 3 个月。在延长期内仍未完成筹建工作的,原批准筹建文件自动失效。

2.筹建机构在筹建期间不得从事任何保险业务经营活动。

3.筹建期间原则上不得变更投资人。未经批准变更投资人的,原批准筹建文件自动失效。

政策指南:保险公司开业核准程序指南

受理机关:中国保监会

法律依据:

1.《中华人民共和国保险法》;

2.《保险公司管理规定》;

3.《中华人民共和国反洗钱法》。

申请人:筹建机构

申报材料:

1. 开业申请书;

2. 创立大会的会议记录;

3. 公司章程;

4. 股东名称及其所持股份比例,资信良好的验资机构出具的验资证明,资本金入账原始凭证复印件;

5. 股东的营业执照或者背景资料,上一年度的资产负债表、损益表;

6. 股东之间关联关系的说明;

7. 拟任该公司高级管理人员简历及有关证明材料,公司部门设置及人员基本构成情况,公司精算师的简历及有关证明材料;

8. 营业场所所有权或者使用权的证明文件;

9. 3年经营规划和再保险计划;

10. 拟经营保险险种的计划书;

11. 信息化建设情况报告;

12. 反洗钱具体内部控制制度;

13. 公司名称预核准通知。(应报送以上材料一式六份)

审查原则及标准:

1. 保险公司的高级管理人员必须符合中国保监会规定的任职资格条件;

2. 具有与其业务规模和人员数量相适应的营业场所、办公设备;

3. 开业验收合格;

4. 具有完整和有效反洗钱内部控制制度;

5. 中国保监会规定具备的其他条件。

审查期限:

中国保监会自受理申请之日起60日内作出核准或者不予核准的书面决定。

注意事项:

经核准开业的保险公司,应当持核准文件及保险许可证,向工商行政管理部门办理登记注册手续,领取营业执照后方可营业。

四、分支机构

《保险法》规定,保险公司申请设立分支机构,应当向保险监督管理机构提出书面申请,并提交下列材料:

(1)设立申请书;

(2)拟设机构3年业务发展规划和市场分析材料;

(3)拟任高级管理人员的简历及相关证明材料；

(4)保监会规定的其他材料。

保险公司在我国境内设立分支机构，应当经保险监督管理机构批准。保险公司分支机构不具有法人资格，其民事责任由保险公司承担。

保险监督管理机构应当对保险公司设立分支机构的申请进行审查，自受理之日起60日内作出批准或者不批准的决定。决定批准的，颁发分支机构经营保险业务许可证；决定不批准的，应当书面通知申请人并说明理由。

经批准设立的保险公司及其分支机构，凭经营保险业务许可证向工商行政管理机关办理登记，领取营业执照。

保险公司及其分支机构自取得经营保险业务许可证之日起6个月内，无正当理由未向工商行政管理机关办理登记的，其经营保险业务许可证失效。

保险公司在中华人民共和国境外设立子公司、分支机构、代表机构，应当经保监会批准。

外国保险机构在中华人民共和国境内设立代表机构，应当经保监会批准。代表机构不得从事保险经营活动。

五、高级管理人员

保险公司的董事、监事和高级管理人员，应当品行良好，熟悉与保险相关的法律、行政法规，具有履行职责所需的经营管理能力，并在任职前取得保险监督管理机构核准的任职资格。

《保险法》规定，有下列情形之一的，不得担任保险公司的董事、监事、高级管理人员：

(1)因违法行为或者违纪行为被金融监督管理机构取消任职资格的金融机构的董事、监事、高级管理人员，自被取消任职资格之日起未逾5年的；

(2)因违法行为或者违纪行为被吊销执业资格的律师、注册会计师或者资产评估机构、验证机构等机构的专业人员，自被吊销执业资格之日起未逾5年的。

此外，《公司法》规定不得担任公司董事、监事、高级管理人员情形相关规定同样适用于保险公司董事、监事、高级管理人员。

保险公司的董事、监事、高级管理人员执行公司职务时违反法律、行政法规或者公司章程的规定，给公司造成损失的，应当承担赔偿责任。

政府公告：李友谊等人任职资格批复案

关于李友谊等人任职资格的批复
保监寿险〔2009〕686号

英大泰和人寿保险股份有限公司：

你公司关于李友谊等人任职资格核准的请示（英大人寿发〔2009〕48、88号）收悉。根据《保险公司董事和高级管理人员任职资格管理规定》的有关要求，经审查，核准李友谊担任你公司董事长的任职资格，核准狄罗德（Rodney J. Dillman）担任你公司董事的任职资格，核准庄荣璇担任你公司总经理的任职资格，核准唐寰、陈国榕、莫里斯（Graham Morris）担任你公司副总经理的任职资格，核准靳松担任你公司董事会秘书的任职资格。

此复

中国保险监督管理委员会
二〇〇九年七月二十二日

六、保险公司的变更

《保险法》规定，保险公司有下列情形之一的，应当经保险监督管理机构批准：

(1) 变更名称；

(2) 变更注册资本；

(3) 变更公司或者分支机构的营业场所；

(4) 撤销分支机构；

(5) 公司分立或者合并；

(6) 修改公司章程；

(7) 变更出资额占有限责任公司资本总额5％以上的股东，或者变更持有股份有限公司股份5％以上的股东；

(8) 保监会规定的其他情形。

政府公告：平安资产管理有限公司修改章程案

关于平安资产管理有限责任公司修改章程的批复
保监发改〔2009〕692号

平安资产管理有限责任公司：

你公司《关于修改公司章程的请示》（平资管发〔2009〕17号）收悉。经审查，核准你公司2009年4月10日股东会决议对章程进行的修改。请你公司依照有关规定办理变更事宜。

此复

附件:平安资产管理有限责任公司章程

中国保险监督管理委员会
二〇〇九年七月二十三日

七、业务管理

保险公司应当聘用经保监会认可的精算专业人员,建立精算报告制度。

保险公司应当聘用专业人员,建立合规报告制度。保险公司应当按照保险监督管理机构的规定,报送有关报告、报表、文件和资料。保险公司的偿付能力报告、财务会计报告、精算报告、合规报告及其他有关报告、报表、文件和资料必须如实记录保险业务事项,不得有虚假记载、误导性陈述和重大遗漏。

保险公司应当按照保监会的规定妥善保管业务经营活动的完整账簿、原始凭证和有关资料。上述账簿、原始凭证和有关资料的保管期限,自保险合同终止之日起计算,保险期间在1年以下的不得少于5年,保险期间超过1年的不得少于10年。

保险公司聘请或者解聘会计师事务所、资产评估机构、资信评级机构等中介服务机构,应当向保险监督管理机构报告;解聘会计师事务所、资产评估机构、资信评级机构等中介服务机构,应当说明理由。

保险公司因分立、合并需要解散,或者股东会、股东大会决议解散,或者公司章程规定的解散事由出现,经保监会批准后解散。经营有人寿保险业务的保险公司,除因分立、合并或者被依法撤销外,不得解散。保险公司解散,应当依法成立清算组进行清算。

八、破产清算

保险公司不能清偿到期债务,并且资产不足以清偿全部债务或者明显缺乏清偿能力的或者有明显丧失清偿能力可能的,经保监会同意,保险公司或者其债权人可以依法向人民法院申请重整、和解或者破产清算;保监会也可以依法向人民法院申请对该保险公司进行重整或者破产清算。

《保险法》规定,破产财产在优先清偿破产费用和共益债务后,按照下列顺序清偿:

(1)所欠职工工资和医疗、伤残补助、抚恤费用,所欠应当划入职工个人账户的基本养老保险、基本医疗保险费用,以及法律、行政法规规定应当支付给职工的补偿金;

(2)赔偿或者给付保险金;

(3)保险公司欠缴的除第(1)项规定以外的社会保险费用和所欠税款;

(4) 普通破产债权。

破产财产不足以清偿同一顺序的清偿要求的,按照比例分配。破产保险公司的董事、监事和高级管理人员的工资,按照该公司职工的平均工资计算。

经营有人寿保险业务的保险公司被依法撤销或者被依法宣告破产的,其持有的人寿保险合同及责任准备金,必须转让给其他经营有人寿保险业务的保险公司;不能同其他保险公司达成转让协议的,由保监会指定经营有人寿保险业务的保险公司接受转让。转让或者由保监会指定接受转让上述人寿保险合同及责任准备金的,应当维护被保险人、受益人的合法权益。

保险公司依法终止其业务活动,应当注销其经营保险业务许可证。

第四节 保险经营规则

一、业务范围

《保险法》规定,保险公司的业务范围包括以下三类:
(1) 人身保险业务,包括人寿保险、健康保险、意外伤害保险等保险业务;
(2) 财产保险业务,包括财产损失保险、责任保险、信用保险、保证保险等保险业务;
(3) 保监会批准的与保险有关的其他业务。

保险公司应当在保监会依法批准的业务范围内从事保险经营活动,保险人不得兼营人身保险业务和财产保险业务。但是,经营财产保险业务的保险公司经保监会批准,可以经营短期健康保险业务和意外伤害保险业务。

二、再保险

《保险法》规定,经保监会批准,保险公司可以经营上述保险业务的下列再保险业务:
(1) 分出保险;
(2) 分入保险。

保险公司对每一危险单位,即对一次保险事故可能造成的最大损失范围所承担的责任,不得超过其实有资本金加公积金总和的10%;超过的部分应当办理再保险。保险公司应当按照保监会的规定办理再保险,并审慎选择再保险接受人。

三、提缴"四金"

保险公司应当依法提取保证金、责任准备金、公积金,缴纳保险保障基金。保险公司应当按照其注册资本总额的20%提取保证金,存入保监会指定的银行,除公司清算时用于清偿债务外,不得动用。保险公司应当根据保障被保险人利益、保证偿付能力的原则,提取各项责任准备金。保险公司应当依法提取公积金。保险公司应当缴纳保险保障基金。

《保险法》规定,保险保障基金应当集中管理,并在下列情形下统筹使用:

(1)在保险公司被撤销或者被宣告破产时,向投保人、被保险人或者受益人提供救济;

(2)在保险公司被撤销或者被宣告破产时,向依法接受其人寿保险合同的保险公司提供救济;

(3)国务院规定的其他情形。

四、运营管理

保险公司应当具有与其业务规模和风险程度相适应的最低偿付能力。保险公司的认可资产减去认可负债的差额不得低于保监会规定的数额;低于规定数额的,应当按照保监会的要求采取相应措施达到规定的数额。

经营财产保险业务的保险公司当年自留保险费,不得超过其实有资本金加公积金总和的4倍。保险公司对危险单位的划分方法和巨灾风险安排方案,应当报保监会备案。

《保险法》规定,保险公司的资金运用必须稳健,遵循安全性原则。保险公司的资金运用限于下列形式:

(1)银行存款;

(2)买卖债券、股票、证券投资基金份额等有价证券;

(3)投资不动产;

(4)国务院规定的其他资金运用形式。

经保监会会同证监会批准,保险公司可以设立保险资产管理公司。保险资产管理公司从事证券投资活动,应当遵守《证券法》等法律、行政法规的规定。

保险公司应当按照保监会的规定,建立对关联交易的管理和信息披露制度。保险公司的控股股东、实际控制人、董事、监事、高级管理人员不得利用关联交易损害公司的利益。

保险公司应当按照保监会的规定,真实、准确、完整地披露财务会计报告、风险管理状况、保险产品经营情况等重大事项。

保险公司及其分支机构应当依法使用经营保险业务许可证,不得转让、出租、出借经营保险业务许可证。

保险公司应当按照保监会的规定,公平、合理拟订保险条款和保险费率,不得损害投保人、被保险人和受益人的合法权益。

保险公司应当按照合同约定和《保险法》规定,及时履行赔偿或者给付保险金义务。

保险公司开展业务,应当遵循公平竞争的原则,不得从事不正当竞争。

保险公司从事保险销售的人员应当符合保监会规定的资格条件,取得保险监督管理机构颁发的资格证书。保险公司应当建立保险代理人登记管理制度,加强对保险代理人的培训和管理,不得唆使、诱导保险代理人进行违背诚信义务的活动。

五、禁止行为

《保险法》规定,保险公司及其工作人员在保险业务活动中不得有下列行为:

(1)欺骗投保人、被保险人或者受益人;

(2)对投保人隐瞒与保险合同有关的重要情况;

(3)阻碍投保人履行《保险法》规定的如实告知义务,或者诱导其不履行《保险法》规定的如实告知义务;

(4)给予或者承诺给予投保人、被保险人、受益人保险合同约定以外的保险费回扣或者其他利益;

(5)拒不依法履行保险合同约定的赔偿或者给付保险金义务;

(6)故意编造未曾发生的保险事故、虚构保险合同或者故意夸大已经发生的保险事故的损失程度进行虚假理赔,骗取保险金或者牟取其他不正当利益;

(7)挪用、截留、侵占保险费;

(8)委托未取得合法资格的机构或者个人从事保险销售活动;

(9)利用开展保险业务为其他机构或者个人牟取不正当利益;

(10)利用保险代理人、保险经纪人或者保险评估机构,从事以虚构保险中介业务或者编造退保等方式套取费用等违法活动;

(11)以捏造、散布虚假事实等方式损害竞争对手的商业信誉,或者以其他不正当竞争行为扰乱保险市场秩序;

(12)泄露在业务活动中知悉的投保人、被保险人的商业秘密;

(13)违反法律、行政法规和保监会规定的其他行为。

政府公告:中煤财产保险股份有限公司受处罚案

中国保险监督管理委员会行政处罚决定书
保监罚〔2009〕19号

当事人:中煤财产保险股份有限公司(以下简称中煤产险)

住　所:山西省太原市亲贤北街72号

法定代表人:吴建民

经查明,中煤产险存在以下违法行为:

中煤产险在2009年1月份经营的机动车交通事故责任强制保险业务中,有6笔业务存在违规下浮机动车交通事故责任强制保险费率的行为,违反了《保险公司管理规定》第六十七条的规定。

依据《保险公司管理规定》第九十九条的规定,我会决定对中煤产险作出警告的行政处罚。

当事人如对本处罚决定不服,可在收到本处罚决定书之日起60日内依法向中国保监会申请行政复议或在3个月内直接向有管辖权的人民法院提起行政诉讼。复议和诉讼期间,上述决定不停止执行。

中国保险监督管理委员会
二〇〇九年六月二十九日

第五节　保险代理人和保险经纪人

一、主体

保险代理人是根据保险人的委托,向保险人收取佣金,并在保险人授权的范围内代为办理保险业务的机构或者个人。保险代理机构包括专门从事保险代理业务的保险专业代理机构和兼营保险代理业务的保险兼业代理机构。

保险经纪人是基于投保人的利益,为投保人与保险人订立保险合同提供中介服务,并依法收取佣金的机构。

二、资质

保险代理机构、保险经纪人应当具备保监会规定的条件,取得保险监督管理机构颁发的经营保险代理业务许可证、保险经纪业务许可证。保险专业代理机构、保险经纪人凭保险监督管理机构颁发的许可证向工商行政管理机关办理登记,领取营业执照。保险兼业代理机构凭保险监督管理机构颁发的许可证,向工商行政管理机关办理变更登记。

以公司形式设立保险专业代理机构、保险经纪人，其注册资本最低限额适用《公司法》的规定。保监会根据保险专业代理机构、保险经纪人的业务范围和经营规模，可以调整其注册资本的最低限额，但不得低于《公司法》规定的限额。保险专业代理机构、保险经纪人的注册资本或者出资额必须为实缴货币资本。

保险专业代理机构、保险经纪人的高级管理人员，应当品行良好，熟悉保险法律、行政法规，具有履行职责所需的经营管理能力，并在任职前取得保险监督管理机构核准的任职资格。个人保险代理人、保险代理机构的代理从业人员、保险经纪人的经纪从业人员，应当具备保监会规定的资格条件，取得保险监督管理机构颁发的资格证书。

保险代理机构、保险经纪人应当有自己的经营场所，设立专门账簿记载保险代理业务、经纪业务的收支情况。

保险代理机构、保险经纪人应当按照保监会的规定缴存保证金或者投保职业责任保险。未经保险监督管理机构批准，保险代理机构、保险经纪人不得动用保证金。

政府公告：保险经纪人资格审查

关于北京中体保险经纪有限公司许可证有效期延续的批复

保监中介〔2008〕1517号

北京中体保险经纪有限公司：

你公司关于《经营保险经纪业务许可证》到期换发的请示收悉。经审核，你公司符合《保险经纪机构管理规定》关于许可证换发的有关要求，准予你公司许可证有效期延续，有效期至2010年12月19日。请持本批复到当地保监局办理许可证换发手续。

此复

中国保险监督管理委员会
二〇〇八年十一月十九日

三、运营

个人保险代理人在代为办理人寿保险业务时，不得同时接受两个以上保险人的委托。保险人委托保险代理人代为办理保险业务，应当与保险代理人签订委托代理协议，依法约定双方的权利和义务。保险代理人根据保险人的授权代为办理保险业务的行为，由保险人承担责任。保险代理人没有代理权、超越代理权或者代理权终止后以保险人名义订立合同，使投保人有理由相信其有代理权的；该代理行为有效。保险人可以依法追究越权的保险代理人的责任。

保险活动当事人可以委托保险公估机构等依法设立的独立评估机构或者具有相关专业知识的人员,对保险事故进行评估和鉴定。接受委托对保险事故进行评估和鉴定的机构和人员,应当依法、独立、客观、公正地进行评估和鉴定,任何单位和个人不得干涉,其因故意或者过失给保险人或者被保险人造成损失的,依法承担赔偿责任。保险经纪人因过错给投保人、被保险人造成损失的,依法承担赔偿责任。

保险佣金只限于向具有合法资格的保险代理人、保险经纪人支付,不得向其他人支付。

《保险法》规定,保险代理人、保险经纪人及其从业人员在办理保险业务活动中不得有下列行为:

(1)欺骗保险人、投保人、被保险人或者受益人;
(2)隐瞒与保险合同有关的重要情况;
(3)阻碍投保人履行本法规定的如实告知义务,或者诱导其不履行本法规定的如实告知义务;
(4)给予或者承诺给予投保人、被保险人或者受益人保险合同约定以外的利益;
(5)利用行政权力、职务或者职业便利以及其他不正当手段强迫、引诱或者限制投保人订立保险合同;
(6)伪造、擅自变更保险合同,或者为保险合同当事人提供虚假证明材料;
(7)挪用、截留、侵占保险费或者保险金;
(8)利用业务便利为其他机构或者个人牟取不正当利益;
(9)串通投保人、被保险人或者受益人,骗取保险金;
(10)泄露在业务活动中知悉的保险人、投保人、被保险人的商业秘密。

保险专业代理机构、保险经纪人分立、合并、变更组织形式、设立分支机构或者解散的,应当经保险监督管理机构批准。

第六节 保险业监督管理

背景知识:中国保监会简介

中国保险监督管理委员会(简称中国保监会)成立于1998年11月18日,是国务院直属事业单位。根据国务院授权履行行政管理职能,依照法律、法规统一监督管理全国保险市场,维护保险业的合法、稳健运行。2003年,国务院决定,将中国保监会由国务院直属副部级事业单位改为国务院直属正部级事业单位,并相应增加职能部门、派出机构和人员编制。中国保险监督管理委员会内设 15 个职能机构,并在全国各省、直辖市、自治区、计划单列市设有 35 个派出机构。

——资料来源:中国保险监督委员会门户网站(http://www.circ.gov.cn)

一、机构概述

保险监督管理机构依照《保险法》和国务院规定的职责,遵循依法、公开、公正的原则,对保险业实施监督管理,依照法律、行政法规制定并发布有关保险业监督管理的规章,维护保险市场秩序,保护投保人、被保险人和受益人的合法权益。

关系社会公众利益的保险险种、依法实行强制保险的险种和新开发的人寿保险险种等的保险条款和保险费率,应当报保监会批准。保监会审批时,应当遵循保护社会公众利益和防止不正当竞争的原则。其他保险险种的保险条款和保险费率,应当报保险监督管理机构备案。

保险公司使用的保险条款和保险费率违反法律、行政法规或者保监会的有关规定的,由保险监督管理机构责令停止使用,限期修改;情节严重的,可以在一定期限内禁止申报新的保险条款和保险费率。

保监会应当建立健全保险公司偿付能力监管体系,对保险公司的偿付能力实施监控。

保险公司的股东利用关联交易严重损害公司利益,危及公司偿付能力的,由保监会责令改正。在按照要求改正前,保监会可以限制其股东权利;拒不改正的,可以责令其转让所持的保险公司股权。

保险监督管理机构根据履行监督管理职责的需要,可以与保险公司董事、监事和高级管理人员进行监督管理谈话,要求其就公司的业务活动和风险管理的重大事项作出说明。

《保险法》规定,保险公司在整顿、接管、撤销清算期间,或者出现重大风险时,保监会可以对该公司直接负责的董事、监事、高级管理人员和其他直接责任人员采取以下措施:

(1)通知出境管理机关依法阻止其出境;

(2)申请司法机关禁止其转移、转让或者以其他方式处分财产,或者在财产上设定其他权利。

保险监督管理机构依法进行监督检查或者调查,其监督检查、调查的人员不得少于 2 人,并应当出示合法证件和监督检查、调查通知书;监督检查、调查的人员少于 2 人或者未出示合法证件和监督检查、调查通知书的,被检查、调查的单位和个人有权拒绝。保险监督管理机构工作人员应当忠于职守,依法办事,公正廉洁，不得利用职务便利牟取不正当利益，不得泄露所知悉的有关单位和个人的商业秘密。

保险监督管理机构依法履行职责，被检查、调查的单位和个人应当配合。保监会应当与中国人民银行、国务院其他金融监督管理机构建立监督管理信息共享机制。保险监督管理机构依法履行职责，进行监督检查、调查时，有关部门应当予以配合。

二、监管措施

《保险法》规定，对偿付能力不足的保险公司，保监会应当将其列为重点监管对象，并可以根据具体情况采取下列措施：

(1)责令增加资本金、办理再保险；

(2)限制业务范围；

(3)限制向股东分红；

(4)限制固定资产购置或者经营费用规模；

(5)限制资金运用的形式、比例；

(6)限制增设分支机构；

(7)责令拍卖不良资产、转让保险业务；

(8)限制董事、监事、高级管理人员的薪酬水平；

(9)限制商业性广告；

(10)责令停止接受新业务。

《保险法》规定，保险监督管理机构依法履行职责，可以采取下列措施：

(1)对保险公司、保险代理人、保险经纪人、保险资产管理公司、外国保险机构的代表机构进行现场检查；

(2)进入涉嫌违法行为发生场所调查取证；

(3)询问当事人及与被调查事件有关的单位和个人，要求其对与被调查事件有关的事项作出说明；

(4)查阅、复制与被调查事件有关的财产权登记等资料；

(5)查阅、复制保险公司、保险代理人、保险经纪人、保险资产管理公司、外国保险机构的代表机构以及与被调查事件有关的单位和个人的财务会计资料及其他相关文件和资料；对可能被转移、隐匿或者毁损的文件和资料予以封存；

(6)查询涉嫌违法经营的保险公司、保险代理人、保险经纪人、保险资产管理公司、外国保险机构的代表机构以及与涉嫌违法事项有关的单位和个人的银行账户；

(7)对有证据证明已经或者可能转移、隐匿违法资金等涉案财产或者隐匿、伪造、毁损重要证据的,经保险监督管理机构主要负责人批准,申请人民法院予以冻结或者查封。

保险监督管理机构采取上述第(1)项、第(2)项、第(5)项措施的,应当经保险监督管理机构负责人批准;采取第(6)项措施的,应当经保监会负责人批准。

三、整顿

保险公司未依法提取或者结转各项责任准备金,或者未依法办理再保险,或者严重违反资金运用的规定的,由保险监督管理机构责令限期改正,并可以责令调整负责人及有关管理人员。保险监督管理机构依法作出限期改正的决定后,保险公司逾期未改正的,保监会可以决定选派保险专业人员和指定该保险公司的有关人员组成整顿组,对公司进行整顿。

整顿决定应当载明被整顿公司的名称、整顿理由、整顿组成员和整顿期限,并予以公告。整顿组有权监督被整顿保险公司的日常业务。被整顿公司的负责人及有关管理人员应当在整顿组的监督下行使职权。整顿过程中,被整顿保险公司的原有业务继续进行。但是,保监会可以责令被整顿公司停止部分原有业务、停止接受新业务,调整资金运用。

被整顿保险公司经整顿已纠正其违法的行为,恢复正常经营状况的,由整顿组提出报告,经保监会批准,结束整顿,并由保监会予以公告。

四、接管

《保险法》规定,保险公司有下列情形之一的,保监会可以对其实行接管:
(1)公司的偿付能力严重不足的;
(2)损害社会公共利益,可能严重危及或者已经严重危及公司的偿付能力的。

被接管的保险公司的债权债务关系不因接管而变化。接管组的组成和接管的实施办法,由保监会决定,并予以公告。接管期限届满,保监会可以决定延长接管期限,但接管期限最长不得超过2年。接管期限届满,被接管的保险公司已恢复正常经营能力的,由保监会决定终止接管,并予以公告。

五、清算

被整顿、被接管的保险公司不能清偿到期债务,并且资产不足以清偿全部债务或者明显缺乏清偿能力的或者有明显丧失清偿能力可能的,保监会可以依法向人民法院申请对该保险公司进行重整或者破产清算。

保险公司因违法经营被依法吊销经营保险业务许可证的,或者偿付能力低于保监会规定标准,不予撤销将严重危害保险市场秩序、损害公共利益的,由保监会予以撤销并公告,依法及时组织清算组进行清算。保监会有权要求保险公司股东、实际控制人在指定的期限内提供有关信息和资料。

延伸思考:

1. 设立保险制度的法律意义是什么?
2. 保险理赔的基本程序是什么?
3. 保险活动中受益人的法律地位是什么?
4. 保监会如何监督保险活动?

案例研读:投保人以"第三者"身份获赔案

案情

2004年10月,河南省南阳市宛城区运输公司职工赵显国,购买一辆东风大货车从事货运经营。为防意外事故,减轻风险负担,赵显国决定给汽车购买保险。2004年10月8日,天安保险股份有限公司南阳中心支公司签发了一份商用汽车保险单,该保单注明被保险人为"南阳市宛城区汽车运输公司(赵显国)"。其中第三者综合损害责任险,保险金额为20万元;附加乘客伤亡责任险,保险金额为2万元(两座)。保险期间内,2004年12月赵显国聘请司机魏新堂驾车,自己随车往广州送货,12月8日返回,当行至312国道河南省桐柏县月河镇路段时,因发现车上货物被盗,赵显国让司机将车停靠路边下车检查。由于车未停稳,赵显国跳下车后摔倒,被该车后轮轧过上身而死亡。

桐柏县公安交通警察大队认定交通事故的成因及当事人的责任为:1. 乘坐人赵显国在车辆行驶过程中跳车,违反《中华人民共和国道路交通安全法实施条例》第七十七条第四款之规定,应负事故的主要责任。2. 魏新堂驾驶机动车在道路上临时停车,未遵守《中华人民共和国道路交通安全法》第二十二条第一款及《中华人民共和国道路交通安全法实施条例》第六十三条第四款之规定,应负事故的次要责任。

赵显国的家人赵朝榜、黑桂华、柳正、赵婉、赵娴(分别系死者赵显国父、母、妻、女、女)向保险公司索赔遭拒。2005年8月,五原告向桐柏县人民法院起诉,要求确认保险合同中损害原告权利的免责条款无效,判令被告赔偿死亡补偿金等各项损失20万元。

被告天安保险南阳支公司辩称,天安保险公司机动车第三者责任保险条款第四条第(一)项已明确规定:"机动车事故造成被保险人、驾驶人或其家庭成员人身伤亡或财产损失的,保险人不予赔偿",赵显国自己的车辆将自己轧死,不属于第三者责任险赔偿范围。

裁判

河南省桐柏县人民法院审理认为,被告天安保险南阳支公司关于第三者责任险的免责条款属格式条款,是被告为了重复使用而预先拟定的,并在订立合同时未与投保人协商,被告未有证据证实其已经向投保人出示并明确作出了说明,故该免责条款无效。第三者责任险旨在确保第三人即受害人因意外事故受到损害时能够从保险人处获得救济,是为不特定的第三人利益而订立的合同,其含义并未将被保险人或车辆驾驶人员的家属排除在外,保险车辆上人员之外所有人均属于第三者。赵显国下车后被车辆辗轧致死,应当属于第三者责任险的赔偿范围。故被告应当在20万元保险限额内赔偿原告的损失。被告辩称本案不属于第三者责任险范围不符合事实和法律,本院不予采纳。依照《中华人民共和国合同法》第三十九条、《中华人民共和国保险法》第十八条、《中华人民共和国道路交通安全法》第七十六条的规定,判决如下:被告天安保险公司南阳中心支公司应于本判决生效之日起10日内付给原告赵朝榜、黑桂华、柳正、赵婉、赵娴保险金20万元。

　　天安保险股份有限公司南阳支公司不服一审判决,向南阳市中级人民法院上诉称:赵显国作为被保险人,是被自己所有的保险车辆不幸辗轧致死。第三者综合损害责任险系责任保险,保险赔偿的范围是被保险人对第三者依法应负的赔偿责任,本案赵显国是被保险人,显然不属于第三者,因此,本案赵显国的死亡不属于第三者综合损害责任险的保险责任。一审法院以第三者责任险"其含义并未将被保险人或车辆驾驶人员的家属排除在外,保险车辆上人员之外所有人均属于第三者"为理由,判决上诉人承担第三者综合损害责任险的赔偿责任是极其错误的。况且,本案保险合同是合同双方真实意思的表示,是合法有效的,保险合同所适用的保险条款包括《机动车第三者综合损害责任保险条款》,均是经过保监会审批的,不属于普通的格式条款。一审判决认定事实错误,适用法律不当,请求法院依法裁判。

　　南阳市中级人民法院审理认为:天安保险南阳支公司与南阳市宛城区汽车运输公司(赵显国)之间订立的商用汽车保险合同是双方的真实意思表示,且符合法律规定,该合同真实有效。但该合同及免责条款均使用的是事先拟好可重复使用的格式条款,该合同属格式合同。依据《中华人民共和国合同法》第三十九条、第四十条,《中华人民共和国保险法》第十七条的规定,提供格式条款的一方应当遵循公平原则确定当事人之间的权利和义务,并采取合理的方式提请对方注意免除或限制其责任的条款,按照对方的要求,对该条款予以说明。未说明的免责条款无效;对格式条款理解发生争议的,应当作出不利于提供格式条款一方的解释。本案中针对免责条款,保险人未有证据证实向投保人进行明确说明,故免责条款不产生效力。关于死者赵显国是否系第三者,能否按第三者损害责任险进行赔偿的问题,双方在理解上发生争议。依据公平原则,第三者损害责任险旨在确保第三人因意外事故受到损害时,能够及时得到保险上的救济,是为了不特定的第三人的利益而订立的。现赵显国因交通事故被投保车辆轧死,保险公司在订立合同时针对第三者的范围,未对投保人进行明确说明,事故发生后双方对第三者的理解发生争议,应当作出对保险公司不利的解释,故对死者赵显国应按第三者损害责任险予以赔偿。原判认定事实清楚,适用法律正确,判决适当。

南阳市中级人民法院依据《中华人民共和国民事诉讼法》第一百五十三条第一款第(一)项之规定,于 2006 年 3 月 29 日判决:驳回上诉,维持原判。

——资料来源:法律快车网(www.lawtime.cn)

第十六章　票据法律制度

 引例:青岛澳柯玛集团销售公司诉

中国银行利津支行票据兑付纠纷案

中华人民共和国最高人民法院民事判决书

〔2000〕经终字第72号

上诉人(原审原告):青岛澳柯玛集团销售公司。住所地:山东省青岛市经济技术开发区澳柯玛工业园。

法定代表人:殷延增,该公司总经理。

委托代理人:卞宜民,北京市民正律师事务所律师。

被上诉人(原审被告):中国银行利津支行。住所地:山东省利津县城津二路。

负责人:张居芬,该行行长。

委托代理人:郭峰,北京市鼎铭律师事务所律师。

委托代理人:丁文顺,山东民顺律师事务所律师。

上诉人青岛澳柯玛集团销售公司(以下简称澳柯玛销售公司)为与被上诉人中国银行利津支行(以下简称利津中行)票据兑付纠纷一案,不服山东省高级人民法院〔1999〕鲁法经初字第42号民事判决,向本院提起上诉。本院依法组成合议庭进行了审理,现已审理终结。

查明:1998年3月13日,澳柯玛销售公司与利津县物资配套公司(以下简称利津物资公司)签订了一份工矿产品购销合同,双方约定:由澳柯玛销售公司向利津物资公司供应澳柯玛系列产品,供货总值1亿元人民币,结算方式为银行承兑汇票。为此,利津物资公司与利津中行于1998年3月14日签订了编号为98001-1至98001-20的20份银行承兑契约,各份契约均约定:承兑汇票金额为500万元;承兑申请人(利津物资公司)应于汇票到期7日前将应付票款足额交付承兑银行(利津中行),如到期日之前承兑申请人不能足额交付票款时,承兑银行对不足支付部分的票款转作逾期贷款。利津物资公司、利津中行分别在上述20份承兑协议上签章。同日,利津物资公司、利津中行、澳柯玛销售公司及青岛澳柯玛电器公司(以下简称澳柯玛电器公司)四方签订了一份银行承兑保证协议,协议约定:澳柯玛销售公司和澳柯玛电器公司为利津中行与利津物资公司签订的合同编号为 98001-1 至 98001-20 的银行承兑契约承担连带保证责任;如果利津物资公司违约,利津中行有权直接向保证人追偿,澳柯玛销售公司和澳柯玛电器公司保证在接到利津中行书面索款通知后 5 个营业日内清偿;保证人如违约未按期代为清偿到期债务,利津中行有权委托保证人的开户金融机构直接扣收其账户中的存款或直接扣收保证人的其他财产权利,并可视情况按担保总额的 2% 向其收取违约金。利津物资公司、利津中行、澳柯玛销售公司、澳柯玛电器公司分别在合同上签章。1998 年 3 月 28 日,山东省利津县公证处对上述银行承兑保证协议进行了公证。

协议签订后,利津中行如约对利津物资公司签发了 20 张银行承兑汇票,编号为 VII00103276 至 VII00103295。各张汇票上均载明:出票人利津物资公司,收款人澳柯玛销售公司,付款人利津中行,金额 500 万元,出票日期为 1998 年 3 月 14 日,到期日为 1998 年 9 月 14 日,各张汇票的票面上均载明"不得转让"字样。利津中行在上述汇票的承兑人一栏签章承兑。同年 9 月 5 日和 9 月 10 日,澳柯玛销售公司因未足额供货而将其中的 11 张共计 5 500 万元的汇票分两次退回给利津中行。之后,澳柯玛销售公司于 9 月 10 日和 11 日将其余的编号为 VII00103276 至 VII00103284 的 9 张共计 4 500 万元银行承兑汇票分别委托其三家开户银行向利津中行提示付款。利津中行以"与澳柯玛销售公司有约定的债权债务关系、澳柯玛销售公司违约"为由拒绝付款,同时将汇票扣留,并于 9 月 23 日开出拒付证明。1998 年 9 月 28 日,澳柯玛销售公司向利津中行并山东省中国银行信贷管理处出具了一份《退票说明》,具体内容是:"由于市场客观原因,我公司未能履行对你行所承兑的 4 500 万元银行承兑汇票之'银行承兑保证协议'所应有的担保责任,而我公司与利津物资公司间的购销业务又在继续,鉴于上述情况,特将已到期的 4 500 万元银行承兑汇票退回。望报经上级批准后,另行办理相应的银行承兑汇票为盼"。利津中行遂在上述汇票上加盖"作废"印章,作废票处理。

1999 年 7 月 5 日,澳柯玛销售公司向山东省高级人民法院提起诉讼,请求判令利津中行对上述 4 500 万元银行承兑汇票承担付款责任并赔偿相应损失。

山东省高级人民法院审理认为:汇票的文义性和无因性决定着汇票一经承兑,承兑人即负有到期无条件付款的义务,其他任何事由不能作为拒付的理由。澳柯玛销售公司作为持票人,持已经利津中行承兑的到期汇票向其提示付款,利津中行以澳柯玛销售公司未履行承兑保证协议中的担保责任为由,拒绝付款并扣留票据是错误的。澳柯玛销售公司本可以继续向利津中行主张付款请求权,也可以要求利津中行退回汇票,但澳柯玛销售公司却于1998年9月28日向利津中行出具了书面的《退票说明》。票据权利的行使,以持有票据为前提条件,没有票据就没有票据权利可言。澳柯玛销售公司的《退票说明》,将记载其权利凭证的汇票退给了利津中行,表明澳柯玛销售公司放弃了请求退回汇票的权利,也放弃了对利津中行的付款请求权。这是澳柯玛销售公司对票据及票据权利放弃的意思表示,是对利津中行付款义务的免除。这种放弃自己的权利、免除债务人债务的行为,不违反法律规定,应为有效行为。因此,自利津中行收到《退票说明》时起,澳柯玛销售公司已经丧失了对上述汇票的一切权利,其与利津中行之间基于上述汇票而产生的债权债务关系随之终止。澳柯玛销售公司在与利津中行之间的票据关系终止后,又提起诉讼,请求利津中行基于票据关系承担付款责任,对此不应予以支持。案经该院审判委员会讨论决定,该院判决:驳回澳柯玛销售公司的诉讼请求。一审案件受理费265 010元,由澳柯玛销售公司承担。

澳柯玛销售公司不服山东省高级人民法院的上述民事判决,向本院提起上诉称:澳柯玛销售公司的《退票说明》所指向的对象是已于1998年9月10日退回的5 500万元汇票,而非已承兑的4 500万元汇票。对此,有澳柯玛销售公司的原法定代表人和打字员出具的证词可以证明《退票说明》中的"4 500万元"是笔误,应为"5 500万元";就票据关系而言,是否退票和是否接受退票,这是出票人与持票人之间的权利义务关系。汇票是双方之间的付款方式的凭证,利津物资公司在2000年1月28日出具的证词可以证明关于4 500万元汇票,该公司没有授权任何人代为收回;利津中行拒绝付款的理由是澳柯玛销售公司与其存在债权债务关系。但是,这一债权债务关系是基于澳柯玛销售公司、利津物资公司和利津中行所签订的《银行承兑保证协议》。根据双方的《银行承兑契约》的约定以及中国人民银行《支付结算办法》第九十一条的规定,利津物资公司应在汇票到期日之前足额交付票款至利津中行的账户上。否则,利津中行对未交存部分的票款转作逾期贷款。也就是说,澳柯玛销售公司是对转作逾期贷款的票款承担连带保证责任,而不是4 500万元银行承兑汇票的保证人。只有在贷款贷出后、借款人未按期还款的情况下,保证人才承担保证责任。既然本案所涉款项并未贷出,澳柯玛销售公司就无保证责任。票据保证与贷款保证是两个法律关系,利津中行以承兑申请人利津物资公司未还款、澳柯玛销售公司承担保证责任为由拒绝付款,没有法律依据。一审判决认定事实不清,适用法律不明,请求撤销原判,改判利津中行对本案所涉4 500万元汇票承担付款责任。

利津中行答辩称:一审判决认定事实清楚,适用法律正确,请求依法予以维持。

本院认为:本案所涉九张银行承兑汇票,形式完备,各项必要记载事项齐全,符合《中华人民共和国票据法》第二十二条及相关规定,应认定有效。为对本案所涉汇票进行承兑,利津物资公司与利津中行,利津物资公司、利津中行、澳柯玛销售公司、澳柯玛电器公司分别签订了《承兑契约》和《承兑保证协议》。利津中行依照承兑协议对本案所涉九张汇票予以承兑,同时又注明"不得转让"字样,实质上是为利津物资公司向澳柯玛销售公司购货提供融资。而澳柯玛销售公司和澳柯玛电器公司为利津物资公司的该融资向利津中行提供担保,并承诺利津中行有权直接扣收该两保证人的财产,从而将自己置于与出票人承担相同债务的一种连带债务人的地位上。利津中行正是以与澳柯玛销售公司之间存在的这一基础关系作为抗辩事由拒绝付款的。根据《中华人民共和国票据法》第十三条第二款规定:"票据债务人可以对不履行约定义务的与自己有直接债权债务关系的持票人进行抗辩"。在上述法律规定的情形出现时,票据当事人得以票据基础关系对抗票据关系。故在出票人利津物资公司未在到期日之前依照约定将相关资金划入付款人利津中行的账户上,而持票人澳柯玛销售公司仍然持汇票向付款人(承兑人)提示付款时,付款人利津中行可以以资金关系来行使抗辩权,拒绝承担相应的付款责任。按照《中华人民共和国合同法》第九十九条关于"当事人互负到期债务,该债务的标的物种类、品质相同的,任何一方可以将自己的债务与对方的债务相抵销"的规定,利津中行行使上述抵销权有法律依据。澳柯玛销售公司的《退票说明》也表明双方达成对彼此之间的债务进行抵销的合意。澳柯玛销售公司在与利津中行的票据关系中止后又提起诉讼,显属不当。其有关"票据保证与贷款保证是两个法律关系,本案所涉贷款未贷出,澳柯玛销售公司即无保证责任"的上诉主张于法无据,本院不予支持。综上,原审认定事实清楚,判令驳回澳柯玛销售公司关于利津中行承担本案所涉汇票的付款责任的诉讼请求并无不当。本院根据《中华人民共和国票据法》第十三条、第二十二条、《中华人民共和国合同法》第九十九条、《中华人民共和国民事诉讼法》第一百五十三条第一款第(一)项之规定,判决如下:

驳回上诉,维持原判。

二审案件受理费 265 010 元由澳柯玛销售公司承担。

本判决为终审判决。

审判长:李天顺

审判员:徐瑞柏

代理审判员:王涛

书记员:李国慧

——资料来源:法律快车网(www.lawtime.cn)

第一节 概述

一、票据的概念

所谓票据,是指出票人约定自己或委托付款人在见票时或指定的日期向收款人或持票人无条件支付一定金额并可流通转让的有价证券,包括汇票、本票和支票。

票据行为具有四个特征:

(1)要式性,即票据行为必须依照《票据法》的规定在票据上载明法定事项并交付;

(2)无因性,即票据行为不因票据的基础关系无效或有瑕疵而受影响;

(3)文义性,即票据行为的内容完全依据票据上记载的文义而定;

(4)独立性,即各个票据行为独立发生效力,不因其他票据行为的无效或有瑕疵而受影响。

二、票据权利和票据责任

票据权利,是指持票人向票据债务人请求支付票据金额的权利,包括付款请求权和追索权。持票人行使票据权利,应当按照法定程序在票据上签章,并出示票据。因税收、继承、赠与可以依法无偿取得票据的,不受给付对价的限制。但是,所享有的票据权利不得优于其前手的权利。以欺诈、偷盗或者胁迫等手段取得票据的,或者明知有前列情形,出于恶意取得票据的,不得享有票据权利。持票人因重大过失取得不符合《票据法》规定的票据的,也不得享有票据权利。

票据责任,是指票据债务人向持票人支付票据金额的义务。票据出票人制作票据,应当按照法定条件在票据上签章,并按照所记载的事项承担票据责任。其他票据债务人在票据上签章的,按照票据所记载的事项承担票据责任。

三、票据活动的基本规则

(一)票据代理

票据当事人可以委托其代理人在票据上签章,并应当在票据上表明其代理关系。没有代理权而以代理人名义在票据上签章的,应当由签章人承担票据责任;代理人超越代理权限的,应当就其超越权限的部分承担票据责任。

(二)票据签章

票据上的签章,为签名、盖章或者签名加盖章。

无民事行为能力人或者限制民事行为能力人在票据上签章的,其签章无效,但是不影响其他签章的效力。

法人和其他使用票据的单位在票据上的签章,为该法人或者该单位的盖章加其法定代表人或者其授权的代理人的签章。

在票据上的签名,应当为该当事人的本名。

票据上的记载事项应当真实,不得伪造、变造。伪造、变造票据上的签章和其他记载事项的,应当承担法律责任。票据上有伪造、变造的签章的,不影响票据上其他真实签章的效力。票据上其他记载事项被变造的,在变造之前签章的人,对原记载事项负责;在变造之后签章的人,对变造之后的记载事项负责;不能辨别是在票据被变造之前或者之后签章的,视同在变造之前签章。

案例研读:未成年人冒名签发票据案

乙,甲之女,13岁,中学生。某日,乙趁甲疏忽,擅自动用甲的个人支票凭证本,冒充甲的签名签发了一张票据金额为1.2万元的支票,并加盖了甲的私章,持票到某购物中心购买了一架价值1.2万元的遥控模型直升飞机。购物中心经理认识甲和乙,故未对乙所持的票据产生怀疑。而后,购物中心为清偿货款将该支票交给某塑料玩具厂。玩具厂将此支票交其开户行入账,遭退票,理由是支票印鉴不符。后来,票据上的出票人甲和背书人购物中心遭追索,亦遭拒绝。

——庄建伟:《经济法典型案例集解》,上海人民出版社2008年版,第170页。

(三)记载事项

票据上的记载事项必须符合《票据法》的规定。票据金额以中文大写和数码同时记载,二者必须一致,二者不一致的,票据无效。票据金额、日期、收款人名称不得更改,更改的票据无效。对票据上的其他记载事项,原记载人可以更改,更改时应当由原记载人签章证明。

(四)票据抗辩

抗辩,是指票据债务人根据本法规定对票据债权人拒绝履行义务的行为。票据债务人不得以自己与出票人或者与持票人的前手之间的抗辩事由,对抗持票人。但是,持票人明知存在抗辩事由而取得票据的除外。票据债务人可以对不履行约定义务的与自己有直接债权债务关系的持票人,进行抗辩。

(五)票据权利的保全

票据丧失,失票人可以及时通知票据的付款人挂失止付,但是,未记载付款人或者无法确定付款人及其代理付款人的票据除外。收到挂失止付通知的付款人,应当暂停支付。

失票人应当在通知挂失止付后3日内,也可以在票据丧失后,依法向人民法院申请公示催告,或者向人民法院提起诉讼。

(六)票据权利的消灭

《票据法》规定,票据权利在下列期限内不行使而消灭:

(1)持票人对票据的出票人和承兑人的权利,自票据到期日起2年。见票即付的汇票、本票,自出票日起2年;

(2)持票人对支票出票人的权利,自出票日起6个月;

(3)持票人对前手的追索权,自被拒绝承兑或者被拒绝付款之日起6个月;

(4)持票人对前手的再追索权,自清偿日或者被提起诉讼之日起3个月。

持票人因超过票据权利时效或者因票据记载事项欠缺而丧失票据权利的,仍享有民事权利,可以请求出票人或者承兑人返还其与未支付的票据金额相当的利益。

第二节 汇票

一、汇票的概念

汇票是出票人签发的,委托付款人在见票时或者在指定日期无条件支付确定的金额给收款人或者持票人的票据。汇票分为银行汇票和商业汇票。

二、出票

(一)概念

出票是指出票人签发票据并将其交付给收款人的票据行为。

(二)出票原因

汇票的出票人必须与付款人具有真实的委托付款关系,并且具有支付汇票金额的可靠资金来源。不得签发无对价的汇票用以骗取银行或者其他票据当事人的资金。

(三)记载事项

《票据法》规定,汇票必须记载下列事项,未记载下列规定事项之一的,汇票无效:

(1)表明"汇票"的字样;

(2)无条件支付的委托;

(3)确定的金额;

(4)付款人名称;

(5)收款人名称;

(6)出票日期；
(7)出票人签章。

(四)日期与地点

汇票上记载付款日期、付款地、出票地等事项的,应当清楚、明确。

汇票上未记载付款日期的,为见票即付。

汇票上未记载付款地的,付款人的营业场所、住所或者经常居住地为付款地。

汇票上未记载出票地的,出票人的营业场所、住所或者经常居住地为出票地。

《票据法》规定,付款日期为汇票到期日,可以按照下列形式之一记载：

(1)见票即付；
(2)定日付款；
(3)出票后定期付款；
(4)见票后定期付款。

三、背书

(一)概念

背书是指在票据背面或者粘单上记载有关事项并签章的票据行为。

(二)连续背书

背书连续,是指在票据转让中,转让汇票的背书人与受让汇票的被背书人在汇票上的签章依次前后衔接。

以背书转让的汇票,背书应当连续。持票人以背书的连续,证明其汇票权利；非经背书转让,而以其他合法方式取得汇票的,依法举证,证明其汇票权利。

(三)粘单

票据凭证不能满足背书人记载事项的需要,可以加附粘单,粘附于票据凭证上。粘单上的第一记载人,应当在汇票和粘单的粘接处签章。

(四)背书规则

背书由背书人签章并记载背书日期。背书未记载日期的,视为在汇票到期日前背书。

汇票以背书转让或者以背书将一定的汇票权利授予他人行使时,必须记载被背书人名称。

以背书转让的汇票,后手应当对其直接前手背书的真实性负责。后手是指在票据签章人之后签章的其他票据债务人。

背书不得附有条件。背书时附有条件的,所附条件不具有汇票上的效力。将汇票金额的一部分转让的背书或者将汇票金额分别转让给2人以上的背书无效。

背书人在汇票上记载"不得转让"字样,其后手再背书转让的,原背书人对后手的被背书人不承担保证责任。

背书记载"委托收款"字样的,被背书人有权代背书人行使被委托的汇票权利。但是,被背书人不得再以背书转让汇票权利。

汇票可以设定质押,质押时应当以背书记载"质押"字样。被背书人依法实现其质权时,可以行使汇票权利。

汇票被拒绝承兑、被拒绝付款或者超过付款提示期限的,不得背书转让;背书转让的,背书人应当承担汇票责任。背书人以背书转让汇票后,即承担保证其后手所持汇票承兑和付款的责任。

四、承兑

(一)概念

承兑是指汇票付款人承诺在汇票到期日支付汇票金额的票据行为。

(二)提示承兑

提示承兑是指持票人向付款人出示汇票,并要求付款人承诺付款的行为。

见票后定期付款的汇票,持票人应当自出票日起1个月内向付款人提示承兑。

定日付款或者出票后定期付款的汇票,持票人应当在汇票到期日前向付款人提示承兑。

见票即付的汇票无须提示承兑。

汇票未按照规定期限提示承兑的,持票人丧失对其前手的追索权。

(三)承兑规则

付款人对向其提示承兑的汇票,应当自收到提示承兑的汇票之日起3日内承兑或者拒绝承兑。

付款人收到持票人提示承兑的汇票时,应当向持票人签发收到汇票的回单。回单上应当记明汇票提示承兑日期并签章。

付款人承兑汇票的,应当在汇票正面记载"承兑"字样和承兑日期并签章;见票后定期付款的汇票,应当在承兑时记载付款日期。

付款人承兑汇票,不得附有条件;承兑附有条件的,视为拒绝承兑。付款人承兑汇票后,应当承担到期付款的责任。

五、保证

(一)记载事项

《票据法》规定,保证人必须在汇票或者粘单上记载下列事项:

(1)表明"保证"的字样;
(2)保证人名称和住所;
(3)被保证人的名称;
(4)保证日期;
(5)保证人签章。

保证人在汇票或者粘单上未记载被保证人的名称的,已承兑的汇票,承兑人为被保证人;未承兑的汇票,出票人为被保证人。保证人在汇票或者粘单上未记载保证日期的,出票日期为保证日期。

(二)保证责任

汇票的债务可以由保证人承担保证责任,保证人由汇票债务人以外的他人担当。

保证不得附有条件;附有条件的,不影响对汇票的保证责任。

保证人对合法取得汇票的持票人所享有的汇票权利,承担保证责任。但是,被保证人的债务因汇票记载事项欠缺而无效的除外。

(三)连带责任

被保证的汇票,保证人应当与被保证人对持票人承担连带责任。汇票到期后得不到付款的,持票人有权向保证人请求付款,保证人应当足额付款。

保证人为2人以上的,保证人之间承担连带责任。

保证人清偿汇票债务后,可以行使持票人对被保证人及其前手的追索权。

六、付款

(一)提示付款

《票据法》规定,持票人应当按照下列期限提示付款:
(1)见票即付的汇票,自出票日起1个月内向付款人提示付款;
(2)定日付款、出票后定期付款或者见票后定期付款的汇票,自到期日起10日内向承兑人提示付款。

持票人未按照上述规定期限提示付款的,在作出说明后,承兑人或者付款人仍应当继续对持票人承担付款责任。

通过委托收款银行或者通过票据交换系统向付款人提示付款的,视同持票人提示付款。

持票人依照规定提示付款的,付款人必须在当日足额付款。

(二)签收

持票人获得付款的,应当在汇票上签收,并将汇票交给付款人。持票人委托银行收款的,受委托的银行将代收的汇票金额转账收入持票人账户,视同签收。

(三)付款责任

持票人委托的收款银行的责任,限于按照汇票上记载事项将汇票金额转入持票人账户。

付款人委托的付款银行的责任,限于按照汇票上记载事项从付款人账户支付汇票金额。

付款人及其代理付款人付款时,应当审查汇票背书的连续,并审查提示付款人的合法身份证明或者有效证件。付款人及其代理付款人以恶意或者有重大过失付款的,应当自行承担责任。

对定日付款、出票后定期付款或者见票后定期付款的汇票,付款人在到期日前付款的,由付款人自行承担所产生的责任。

七、追索权

(一)行使原因

汇票到期被拒绝付款的,持票人可以对背书人、出票人以及汇票的其他债务人行使追索权。

《票据法》规定,汇票到期日前,有下列情形之一的,持票人也可以行使追索权:

(1)汇票被拒绝承兑的;

(2)承兑人或者付款人死亡、逃匿的;

(3)承兑人或者付款人被依法宣告破产的或者因违法被责令终止业务活动的。

(二)行使追索权的证据

持票人行使追索权时,应当提供被拒绝承兑或者被拒绝付款的有关证明。

持票人提示承兑或者提示付款被拒绝的,承兑人或者付款人必须出具拒绝证明,或者出具退票理由书;未出具拒绝证明或者退票理由书的,应当承担由此产生的民事责任。

持票人因承兑人或者付款人死亡、逃匿或者其他原因,不能取得拒绝证明的,可以依法取得其他有关证明。

承兑人或者付款人被人民法院依法宣告破产的,人民法院的有关司法文书具有拒绝证明的效力。承兑人或者付款人因违法被责令终止业务活动的,有关行政主管部门的处罚决定具有拒绝证明的效力。

持票人不能出示拒绝证明、退票理由书或者未按照规定期限提供其他合法证明的,丧失对其前手的追索权。但是,承兑人或者付款人仍应当对持票人承担责任。

(三)追索权的行使

持票人应当自收到被拒绝承兑或者被拒绝付款的有关证明之日起3日内,

将被拒绝事由书面通知其前手;其前手应当自收到通知之日起3日内书面通知其再前手。持票人也可以同时向各汇票债务人发出书面通知。

未按照上述规定期限通知的,持票人仍可以行使追索权。因延期通知给其前手或者出票人造成损失的,由没有按照规定期限通知的汇票当事人,承担对该损失的赔偿责任,但是所赔偿的金额以汇票金额为限。

在规定期限内将通知按照法定地址或者约定的地址邮寄的,视为已经发出通知。

汇票的出票人、背书人、承兑人和保证人对持票人承担连带责任。

持票人可以不按照汇票债务人的先后顺序,对其中任何一人、数人或者全体行使追索权。持票人对汇票债务人中的一人或者数人已经进行追索的,对其他汇票债务人仍可以行使追索权。被追索人清偿债务后,与持票人享有同一权利。

持票人为出票人的,对其前手无追索权。持票人为背书人的,对其后手无追索权。

《票据法》规定,持票人行使追索权,可以请求被追索人支付下列金额和费用:

(1)被拒绝付款的汇票金额;

(2)汇票金额自到期日或者提示付款日起至清偿日止,按照中国人民银行规定的利率计算的利息;

(3)取得有关拒绝证明和发出通知书的费用。

被追索人清偿债务时,持票人应当交出汇票和有关拒绝证明,并出具所收到利息和费用的收据。

(四)再追索权

《票据法》规定,被追索人依照规定清偿后,可以向其他汇票债务人行使再追索权,请求其他汇票债务人支付下列金额和费用:

(1)已清偿的全部金额;

(2)前项金额自清偿日起至再追索清偿日止,按照中国人民银行规定的利率计算的利息;

(3)发出通知书的费用。

行使再追索权的被追索人获得清偿时,应当交出汇票和有关拒绝证明,并出具所收到利息和费用的收据。

被追索人依照规定清偿债务后,其责任解除。

案例研读:恶意取得票据案

甲、乙公司签署协议,约定:甲公司供应煤炭,乙公司给付银行承兑汇票一张作为预付货款。协议签署后,乙公司支付了票据,但甲公司未能按时供货。实际上,甲公司根本就没有货源,意图是利用贴现后所得现金购买煤炭,然后供货。

后来,甲公司持该票据向丁银行申请贴现,丁银行知悉上述情况,仍贴现。随后,丁银行向承兑银行丙提示付款,遭拒绝。丁银行将拒付事实在法定期限内通知背书人甲公司,并起诉丙银行。

——庄建伟:《经济法典型案例集解》,上海人民出版社 2008 年版,第 173 页。

第三节 本票

一、本票的概念

本票是出票人签发的,承诺自己在见票时无条件支付确定的金额给收款人或者持票人的票据。《票据法》所称本票,是指银行本票。

二、本票记载事项

《票据法》规定,本票必须记载下列事项,未记载下列规定事项之一的,本票无效:

(1)表明"本票"的字样;
(2)无条件支付的承诺;
(3)确定的金额;
(4)收款人名称;
(5)出票日期;
(6)出票人签章。

三、本票基本制度

本票上记载付款地、出票地等事项的,应当清楚、明确。本票上未记载付款地的,出票人的营业场所为付款地。本票上未记载出票地的,出票人的营业场所为出票地。本票的出票人在持票人提示见票时,必须承担付款的责任。

本票自出票日起,付款期限最长不得超过 2 个月。

本票的持票人未按照规定期限提示见票的,丧失对出票人以外的前手的追索权。

本票的出票、背书、保证、付款行为和追索权的行使,除上述规定外,适用有关汇票的规定。

第四节 支票

一、支票的概念

支票是出票人签发的,委托办理支票存款业务的银行或者其他金融机构在见票时无条件支付确定的金额给收款人或者持票人的票据。

二、支票存款账户

开立支票存款账户和领用支票,应当有可靠的资信,并存入一定的资金。开立支票存款账户,申请人必须使用其本名,并提交证明其身份的合法证件,申请人应当预留其本名的签名式样和印鉴。

三、支票记载事项

《票据法》规定,支票必须记载下列事项,未记载下列规定事项之一的,支票无效:
(1)表明"支票"的字样;
(2)无条件支付的委托;
(3)确定的金额;
(4)付款人名称;
(5)出票日期;
(6)出票人签章。

四、支票基本制度

支票可以支取现金,也可以转账,用于转账时,应当在支票正面注明。支票中专门用于支取现金的,可以另行制作现金支票,现金支票只能用于支取现金。支票中专门用于转账的,可以另行制作转账支票,转账支票只能用于转账,不得支取现金。

支票的出票人所签发的支票金额不得超过其付款时在付款人处实有的存款金额。出票人签发的支票金额超过其付款时在付款人处实有的存款金额的,为空头支票。禁止签发空头支票。支票的出票人不得签发与其预留本名的签名式样或者印鉴不符的支票。

支票上未记载付款地的,付款人的营业场所为付款地。支票上未记载出票地的,出票人的营业场所、住所或者经常居住地为出票地。出票人可以在支票上记载自己为收款人。

支票限于见票即付,不得另行记载付款日期。另行记载付款日期的,该记载无效。

支票的持票人应当自出票日起10日内提示付款。超过提示付款期限的,付款人可以不予付款;付款人不予付款的,出票人仍应当对持票人承担票据责任。

付款人依法支付支票金额的,对出票人不再承担受委托付款的责任,对持票人不再承担付款的责任。但是,付款人以恶意或者有重大过失付款的除外。

支票的出票、背书、付款行为和追索权的行使,除上述规定外,适用有关汇票的规定。

第五节　涉外票据的法律适用

一、涉外票据的概念

所谓涉外票据,是指出票、背书、承兑、保证、付款等行为中,既有发生在我国境内又有发生在我国境外的票据。

二、涉外票据适用的准据法规则

我国缔结或者参加的国际条约同《票据法》有不同规定的,适用国际条约的规定。但是,我国声明保留的条款除外。《票据法》和我国缔结或者参加的国际条约没有规定的,可以适用国际惯例。

票据债务人的民事行为能力,适用其本国法律。票据债务人的民事行为能力,依照其本国法律为无民事行为能力或者为限制民事行为能力而依照行为地法律为完全民事行为能力的,适用行为地法律。

汇票、本票出票时的记载事项,适用出票地法律。支票出票时的记载事项,适用出票地法律,经当事人协议,也可以适用付款地法律。

票据的背书、承兑、付款和保证行为,适用行为地法律。

票据追索权的行使期限,适用出票地法律。

票据的提示期限、有关拒绝证明的方式、出具拒绝证明的期限,适用付款地法律。

票据丧失时,失票人请求保全票据权利的程序,适用付款地法律。

延伸思考:

1.设立票据制度的法律意义是什么?

2. 汇票和本票、支票的区别是什么？
3. 汇票流转的程序是什么？
4. 为什么要设立本票和支票制度？

案例研读：出售非法制造的发票案

案情

被告人：薛清平，男，20岁，汉族，湖南省南县人，农民，家住南县沙港市乡仁寿村13组，暂住海南省海口市工业大道明光大酒店对面工地。1998年10月15日因本案被逮捕。

1998年9月9日，被告人薛清平以70元人民币的价格向"阿强"（姓名不详，在逃）购买非法印制的发票13本，并于当日下午5时30分，先后到位于海口市龙昆南路的华宇工贸公司机电维修中心、永安门窗厂、恒顺商行和万达摩托车修配部，分别向店主及店员兜售发票均未得逞。下午6时50分，当被告人薛清平回到海口市工业大道明光大酒店对面的工地住处，藏匿发票后被抓获，当场缴获非法印制的发票13本。

审判

海口市新华区人民检察院以被告人薛清平犯出售非法制造的发票罪向海口市新华区人民法院提起公诉。被告人薛清平对公诉机关指控的犯罪事实无异议，但辩称：我只向四家小店兜售，此后再没有继续出售，属犯罪中止，请法庭在量刑时予以考虑。

海口市新华区人民法院经公开审理认为，被告人薛清平违反国家税收和发票管理制度，以非法牟利为目的，向他人出售非法印制的发票，其行为已构成出售非法制造的发票罪。由于其意志以外的原因，被告人薛清平出售非法制造的发票未能得逞，属犯罪未遂，并非被告人薛清平所辩解的犯罪中止。对于未遂犯，依法可比照既遂犯从轻处罚。公诉机关指控的犯罪事实清楚，证据确实充分，指控罪名成立。该院依照《中华人民共和国刑法》第二百零九条第二款、第二十三条、第六十四条的规定，于1998年12月8日作出刑事判决，以出售非法制造的发票（未遂）罪判处被告人薛清平拘役4个月，并处罚金1万元。

宣判后，被告人服判，未提出上诉。

评析

出售非法制造的发票罪，是指违反国家发票管理法规，出售伪造、擅自制造的可以用于骗取出口退税、抵扣税款的发票以外的其他发票的行为。1979年《刑法》并无此罪名。1995年10月30日全国人大常委会颁布的《关于惩治虚开、伪造和非法出售增值税专用发票犯罪的决定》增设了这一罪名，现行《刑法》第二百零九条第二款规定了这一犯罪。本罪所侵害的客体是国家发票管理制度；在客观上表现为出售非法制造的可以用于骗取出口退税、抵扣税款以外的其他发票的行为。本罪的主体是一般主体,在主观上是故意,并且必须明知是非法制造的发票。一般来说,行为人具有非法营利的目的。本案被告人薛清平明知"阿强"所持有的发票是非法印制的,但为了营利,以低价购进13本发票,随后即向需用发票的店铺兜售,其行为无疑构成出售非法制造的发票罪。但由于其意志以外的原因,薛清平兜售的发票未能出手,故应确定为犯罪未遂。受诉法院依法以出售非法制造的发票罪对薛清平从轻判处拘役4个月,并处罚金1万元,是正确的。

——资料来源:法律快车网(http://www.lawtime.cn)

第三编 宏观调控法律制度

第十七章 预算法律制度

☞ **文献阅读:《关于 2008 年中央决算的报告》**

关于 2008 年中央决算的报告

——2009 年 6 月 24 日在第十一届全国人民代表大会常务委员会第九次会议上

财政部部长 谢旭人

委员长、各位副委员长、秘书长、各位委员:

十一届全国人大二次会议审查批准了《关于 2008 年中央和地方预算执行情况与 2009 年中央和地方预算草案的报告》。现在,2008 年中央决算已经汇编完成。根据《中华人民共和国预算法》等法律规定和全国人大常委会的安排,受国务院委托,我向本次常委会提出 2008 年中央决算报告和中央决算草案,请予审查。

2008 年,面对国内外严峻复杂的形势,在中国共产党的正确领导下,全国各族人民坚持以邓小平理论和"三个代表"重要思想为指导,深入贯彻落实科学发展观,全面落实中央各项方针政策和十一届全国人大一次会议有关决定决议,改革开放和社会主义现代化建设取得新的重大成就。在此基础上,中央预算执行情况较好。

汇总中央和地方决算,全国财政收入 61 330.35 亿元,比 2007 年(下同)增加 10 008.57 亿元,增长 19.5%,完成预算的 104.9%。全国财政支出 62 592.66 亿元,增加 12 811.31 亿元,增长 25.7%,完成预算的 102%。

中央财政收入 33 626.93 亿元,增加 5 014.98 亿元,增长 17.5%,完成预算的 103.4%。其中,中央本级收入 32 680.56 亿元,增加 4 931.4 亿元,增长 17.8%,完成预算的 103.3%;地方上解收入 946.37 亿元,增加 83.58 亿元,增长 9.7%,完成预算的 104%。加上调入中央预算稳定调节基金 1 100 亿元(其中,年初安排预算时调入 500 亿元,年中调整预算时调入 600 亿元),安排使用的收入总量 34 726.93 亿元。中央财政支出 36 334.93 亿元,增加 6 754.98 亿元,增长 22.8%,完成预算的 102.5%。其中,中央本级支出 13 344.17 亿元,增加 1 902.11 亿元,增长 16.6%,完成预算的 96.7%,主要是部分支出执行中下划地方;对地方税收返还和转移支付22 990.76亿元,增加4 852.87亿元,增长26.8%,完成预算的106.3%。安排中央预算稳定调节基金192亿元以备以后使用。支出总量合计36 526.93亿元。2008年末中央财政国债余额53 271.54亿元,控制在年度预算限额55 185.85亿元以内。

上述中央决算收支数,与2009年3月向十一届全国人大二次会议报告的2008年中央预算执行数比较,中央财政收入增加15.01亿元,主要是经过决算清理,增加了部分收入;中央财政支出增加15.01亿元,主要是经过决算清理,部分支出项目的数额有些变化。收支相抵,中央财政赤字1 800亿元,控制在十一届全国人大一次会议批准的数额之内。

(一)中央财政收入决算情况

各主要收入项目具体情况如下:

1.国内增值税13 497.76亿元,完成预算的100.7%。超预算主要是2008年工业、商业增加值继续保持较高增速,带动增值税收入增加。

2.国内消费税2 568.27亿元,完成预算的104%。超预算主要是汽车、卷烟、成品油等商品消费增长较快,加上2008年9月1日起调整乘用车消费税政策,相应增加消费税收入。

3.进口货物增值税、消费税7 391.13亿元,完成预算的107.8%。超预算较多主要是2008年一般贸易进口快速增长,相应增加了收入。

4.出口货物退增值税、消费税5 865.93亿元,完成预算的102%。超预算主要是2008年下半年连续提高部分产品的出口退税率,加上一般贸易出口保持较高增速,出口退税有所增加。

5.营业税232.1亿元,完成预算的103.2%。超预算主要是2008年铁路客货运输量增长较快、银行信贷规模扩大,相应增加了营业税收入。

6.企业所得税7 173.55亿元,完成预算的111.6%。超预算较多主要是2007年企业利润大幅增长,2008年上半年汇算清缴2007年企业所得税增加较多。

7.个人所得税2 234.23亿元,完成预算的110.1%。超预算主要是居民收入增加带动个人所得税收入增长。

8.证券交易印花税949.68亿元,完成预算的48.8%。未完成预算主要是2008年受股票市场低迷、降低税率及单边征收影响,证券交易印花税大幅下降。

9.车辆购置税989.89亿元,完成预算的104.2%。超预算主要是2008年汽车销量增长较快,带动了车辆购置税收入增加。

10.关税1 769.95亿元,完成预算的110.6%。超预算较多主要是2008年一般贸易进口快速增长,相应增加了关税收入。

11. 非税收入1 711.88亿元,完成预算的118.9%。超预算较多主要是推进资源有偿使用制度改革,探矿权、采矿权使用费及价款收入和矿产资源补偿费收入增加较多。

12. 地方上解收入946.37亿元,完成预算的104%。超预算主要是根据有关规定,对人寿集团、人保集团企业所得税实行先征后返,由中央财政先行退付,地方财政负担部分通过年终结算专项上解中央。2007年人寿集团、人保集团企业所得税大幅增加,相应增加了2008年地方上解收入。

汇总中央财政各项收入,中央财政超收1 095.21亿元。具体安排使用情况国务院已向十一届全国人大常委会及十一届全国人大二次会议报告。

(二)中央财政支出决算情况

各支出项目具体情况如下(以下各项支出包括中央本级支出和对地方转移支付):

1. 农林水事务支出1 821.51亿元,完成预算的125.6%。超预算较多主要是根据中央有关决定,增加雨雪冰冻灾害林业生态恢复资金和集体林权制度改革经费155亿元、良种补贴52.7亿元、南水北调水利工程建设支出15.7亿元,以及加大了对防汛抗旱、小型农田水利设施建设等的支持力度。

2. 教育支出1 603.71亿元,完成预算的102.7%。超预算主要是按照有关法律规定,增加教育支出20.4亿元,用于地震重灾区家庭经济困难学生特别资助等方面,以及年初预算原列"其他支出"中未分配到项目的基本建设支出转列19.42亿元等。

3. 医疗卫生支出826.8亿元,完成预算的99.4%。与预算稍有差异主要是新型农村合作医疗中央财政补助据实结算,实际发生数低于预算。

4. 社会保障和就业支出2 743.59亿元,完成预算的99.3%。与预算的差额主要是国有股减持收入低于预计,补充全国社会保障基金支出相应减少。

5. 文化体育与传媒支出252.81亿元,完成预算的99.9%。与预算略有差别主要是民航博物馆展藏品征集、运输、保护、特殊产品设计制作等方面的实际支出比预算略有减少。

6. 科学技术支出1 163.23亿元,完成预算的102.6%。超预算主要是增加了重大科研装备研制、自主创新及高科技产业化等方面的支出。

7. 环境保护支出1 040.3亿元,完成预算的101.2%。超预算主要是污染减排、能源节约利用、天然林保护等方面的支出增加。

8. 公共安全支出873.04亿元,完成预算的101.8%。超预算主要是增加了抗震救灾、奥运安全保卫等方面的支出。

9. 国防支出4 099.43亿元,完成预算的100%。

10. 外交支出 239.23 亿元，完成预算的 89.2％。与预算有较大差异主要是驻外使领馆改造、对外援助以及维和摊款等支出据实拨付，实际发生数少于预算数。

11. 一般公共服务支出 2 521.51 亿元，完成预算的 95％。与预算的差额主要是年初预算含工商部门停征两费转移支付 47 亿元，预算执行中调整列财力性转移支付，以及根据中央有关决定压缩中央国家机关公用经费用于抗震救灾等减少了支出。

12. 城乡社区事务支出 245.06 亿元，完成预算的 184％。超预算较多主要是大幅度增加了廉租住房保障资金和基本建设支出等。

13. 交通运输支出 1 262.43 亿元，完成预算的 119.7％。超预算较多主要是通过专款专用的车辆购置税超收安排 40 亿元用于地震灾区公路恢复重建，通过其他超收安排 150 亿元用于铁路等重大基础设施建设。

14. 工业商业金融等事务支出 3 871.33 亿元，完成预算的 114.8％。超预算较多主要是对受成品油调价影响较大的渔业、林业等行业增加补贴 213 亿元，并增加了中西部电网、核电风电装备自主化、粮油存储设施建设等方面的支出。

15. 其他支出 561.94 亿元，完成预算的 53.4％。主要是年初预算暂列本科目的中央预备费和未分配到科目的部分基本建设支出，预算执行中按照具体用途转列农林水事务、社会保障和就业、教育等相关科目，相应减少本科目支出数。

16. 地震灾后恢复重建支出 600 亿元，完成预算的 100％。加上从车辆购置税中调整安排 90 亿元，从政府性基金预算列收列支的彩票公益金中安排 10 亿元，从国有资本经营预算中调入 40 亿元，地震灾后恢复重建基金共安排 740 亿元。实际支出 697.7 亿元。其中，城乡住房支出 380 亿元，公共服务支出 98.82 亿元，基础设施支出 96.49 亿元，产业重建支出 48 亿元。结转下年支出 42.3 亿元。

17. 对地方税收返还支出 4 282.16 亿元，完成预算的 100.3％。超预算主要是地方上划中央消费税和增值税增加，相应增加了对地方消费税和增值税返还。

18. 对地方财力性转移支付支出 8 326.85 亿元（不包括可列入具体支出科目的义务教育转移支付等项目），完成预算的 103.5％。超预算主要是企业所得税、个人所得税和民族地区上划中央增值税增加，按体制规定相应增加了对地方一般性转移支付、民族地区转移支付、工商部门停征两费转移支付。

预备费使用情况。中央预备费预算 350 亿元，实际动支 350 亿元，已包含在相关支出科目决算数中。主要是：农林水事务支出 146.45 亿元，社会保障和就业支出 90.74 亿元，医疗卫生支出 7.96 亿元，工业商业金融等事务支出 12.51 亿元，一般公共服务支出 12.05 亿元，外交支出 0.21 亿元，公共安全支出 21.09

亿元,教育支出 0.35 亿元,科学技术支出 0.04 亿元,文化体育与传媒支出 0.32 亿元,环境保护支出 0.46 亿元,城乡社区事务支出 0.2 亿元,交通运输支出 1.09 亿元,其他支出 56.53 亿元。

总体上看,中央财政各项重点支出得到较好保障。部分科目决算数与预算数存在差异的主要原因:一是中央财政超收收入按照有关法律法规规定,用于增加对地方税收返还和转移支付、农业、教育、救灾等方面支出,使相关科目支出高于预算。二是预算执行中,原列"其他支出"中年初预算未分配到具体科目的基本建设支出,按照实际用途转列其他相关科目;原列"其他支出"中的中央预备费,根据经济社会发展需要,用于增加三农、民生等重点支出,相应改列农林水事务等其他相关科目,导致相关科目支出高于预算。三是一些科目年初按预计数安排预算,执行中据实结算并拨付资金,使相关科目决算数与预算数产生差异。

此外,中央政府性基金收入 2 506.85 亿元,增长 76.6%,完成预算的 109.4%,超预算较多主要是从 2008 年开始纳入预算管理的彩票公益金超收 202.14 亿元。其中:三峡工程建设基金收入 202.6 亿元,铁路建设基金收入 555.03 亿元,民航机场管理建设费收入 96.21 亿元,港口建设费收入 91.49 亿元,大中型水库移民后期扶持基金收入 148.7 亿元,彩票公益金收入 348.14 亿元,中央财政外汇经营基金财务收入 684.91 亿元。加上 2007 年结转收入 561.87 亿元,安排使用的收入总量 3 068.72 亿元。中央政府性基金本级支出 2 041.42 亿元,增长 93%,完成预算的 67.6%,与预算有较大差异主要是原列中央政府性基金本级支出的大中型水库移民后期扶持基金支出 133.9 亿元、民航机场管理建设费支出 109.6 亿元等,在执行中改列补助地方支出。其中:三峡工程建设基金支出 204.56 亿元,铁路建设基金支出 621 亿元,民航机场管理建设费支出 53.13 亿元,港口建设费支出 101.85 亿元,彩票公益金用于社会福利、体育、教育等社会公益事业支出 205.47 亿元,中央财政外汇经营基金财务支出 684.88 亿元。加上补助地方支出 464.89 亿元,以及结转 2009 年支出 562.41 亿元,支出总量合计 3 068.72 亿元。政府性基金按规定专款专用。当年收入与支出不完全相等,主要原因是根据有关管理办法,部分收入结转下年使用。

2008 年中央财政收支项目预算数、决算数及其对比分析详见决算草案。

2008 年各项重点财政工作也取得新的成绩。财政宏观调控得到加强和改善。年初,充分发挥财税政策作用,促进物价稳定。四季度,为应对国际金融危机,开始实施积极的财政政策,扩大政府公共投资规模,实行结构性减税,多次提高出口退税率,降低出口关税,落实促进中小企业发展的财税政策。上述措施对促进经济平稳较快发展发挥了重要作用。财税改革取得新进展。统一内外资企业所得税制度。出台增值税转型改革方案。实施新的耕地占用税暂行条例及其实施细则。统一内外资企业和个人的房产税收制度。研究出台成品油税费改革方案。制定建立县级基本财力保障机制的初步方案。深化部门预算制度改革，扩大基本支出定员定额和实物费用定额试点，报送全国人大审议的部门预算由2007年的40个增加到50个。继续完善国库集中收付和政府采购制度。推进国有资本经营预算制度试点。开展村级公益事业建设一事一议财政奖补试点。支持14个试点省份清理化解农村义务教育"普九"债务。财政科学化精细化管理继续强化。加强财政预算管理。提前向地方告知中央财政财力性转移支付和专项转移支付预计数，增强地方预算编报的完整性。推进公务卡管理试点。扩大预算支出绩效考评试点范围。规范和加强非税收入管理，在全国范围内统一停征工商两费。

2008年，财政部及地方各级财政部门着力推进依法理财，加强科学管理，深化预算管理制度改革，完善规范财政资金使用的长效机制，财政管理水平进一步提高。同时，我们也清醒地认识到，财政工作中还存在一些问题，主要是：经济下行对财政的影响加大，减收增支因素增多，收支紧张的矛盾突出；财政支出结构仍需优化，对经济社会发展薄弱环节的支持力度需进一步加大；税费结构不尽合理，税收制度不够健全，政府参与国民收入分配的秩序有待规范；转移支付制度还不完善，省以下财政体制尚不健全，一些县乡公共财政保障能力较弱；预算编制较粗，预算执行的均衡性尚待提高；损失浪费、挤占挪用财政资金现象依然存在，监督管理仍需加强等。审计情况也表明，2008年中央预算执行情况总体较好，但还存在部门预算和政府采购预算仍需细化等问题。对此，国务院已要求有关部门和地方政府切实按照全国人大有关决定、决议要求和审计意见，进行认真整改，并依法追究责任。财政部也高度重视，已经并将继续采取措施整改，同时，进一步深化财税改革，加强监督检查，不断提高预算管理水平。

委员长、各位副委员长、秘书长、各位委员：

下面，我简要报告一下今年以来预算执行和财政工作进展情况。

(一)前五个月预算执行情况

2009年1～5月累计，全国财政收入27 108.67亿元，比2008年同期(以下简称"同比")减少1 955.7亿元，同比下降6.7%，完成预算的40.9%。其中，中央本级收入14 217.16亿元，同比下降14%，完成预算的39.6%；地方本级收入12 891.51亿元，同比增长2.9%，完成预算的42.4%。全国财政支出22 496.98亿元，同比增加4 887.17亿元，同比增长27.8%，完成预算的29.5%。其中，中央本级支出4 593.02亿元，同比增长21.4%，完成预算的30.7%；地方本级支出17 903.96亿元，同比增长29.5%，完成预算的29.2%。各项重点支出得到较好保障。其中：农林水事务支出同比增长89.6%；教育支出同比增长16.4%；

社会保障和就业支出同比增长32.2%;医疗卫生支出同比增长40.1%;科学技术支出同比增长28.2%;环境保护支出同比增长93.5%。

围绕实施积极的财政政策,推进各项财政工作。一是积极扩大政府公共投资。截至5月31日,2009年中央政府公共投资预算已累计下达5 620亿元,完成预算的61.9%。截至6月15日,代理发行新疆、安徽等28省(自治区、直辖市、计划单列市)地方政府债券1 419亿元。二是扎实实施结构性减税政策。全面实施增值税转型和成品油税费改革。取消和停征100项行政事业性收费。对住房转让环节营业税暂定1年实行减免政策。进一步提高纺织、服装等产品的出口退税率。对1.6升及以下排量乘用车暂减按5%征收车辆购置税。同时,继续执行2008年已实施的各项税费减免政策。初步测算,前五个月结构性减税减收约2 300亿元。三是增加对低收入群体的补贴。预拨粮食直补等四项补贴资金共计1 116亿元,支持较大幅度提高粮食最低收购价。拨付就业、城乡低保等各类补助资金共计1 461.36亿元,增加企业退休人员基本养老金,支持妥善解决关闭破产国有企业退休人员等医疗保障问题。全面实施家电下乡和汽车摩托车下乡补贴政策,安排专项资金支持实施家电、汽车以旧换新政策试点,扩大补贴品种,简化补贴程序。四是努力保障重点支出需要。采取预拨等方式加快资金拨付进度,教育、医疗卫生、社会保障、就业、保障性住房、文化等与人民群众生活直接相关的民生支出得到较好保障。进一步压缩一般性支出。五是大力支持科技创新和节能减排。安排资金200亿元支持企业技术改造。拨付2009年度科技重大专项资金38.82亿元。研究实施产业调整与振兴规划财税扶持政策。扩大创业风险投资试点规模。支持十大节能工程等建设。促进推广高效节能产品。开展节能与新能源汽车推广试点。推进建筑节能。加快发展可再生能源和新能源。同时,其他财政工作也稳步推进。

今年以来,预算执行的主要问题是财政收入下降较多,收支矛盾突出,完成预算任务艰巨。1~5月全国财政收入同比下降6.7%。其中,中央本级收入下降14%,地方财政收入虽有小幅增长,但主要是非税收入增长较快,税收收入有所下降。分析原因:一是受国际金融危机影响,我国经济增长趋缓,外贸进出口总额下降较多,企业利润大幅减少,使相关主体税种税基缩减。二是居民消费价格和工业品出厂价格均下降,使以现价计算的财政收入减少较多。三是实施结构性减税政策,全面推开增值税转型改革,进一步提高出口退税率,继续实施2008年已出台的税费减免政策等,相应减少较多收入。四是2008年同期财政收入基数高。同时,为保增长、保民生、保稳定,实施积极的财政政策,保障年初预算安排的各项重点支出需要,财政支出特别是中央财政支出压力很大。

(二)下一阶段财政工作安排

按照党中央、国务院的统一部署和十一届全国人大二次会议的有关决定、决议,认真做好积极财政政策的贯彻落实等财政工作,促进经济保持平稳较快发展。一是认真落实各项重大财税政策措施。充分发挥政府公共投资的作用,保持投资平稳增长。扎实实施结构性减税政策,减轻企业和居民负担,促进企业扩大投资,增强居民消费能力。完善家电和汽车摩托车下乡等各项补贴政策,带动和引导消费需求。抓紧落实各项政策措施,进一步稳定外需。加大对政府公共投资和重点财税政策执行情况的监督检查力度,提高政策实施效果。同时,加强对经济运行情况的监测分析,密切跟踪积极财政政策的实施情况,及时完善相关政策措施,并强化与货币政策、产业政策等的协调配合。二是着力保障和改善民生。加大就业政策落实力度,努力保持就业形势基本稳定。继续落实对农民等的各项补贴政策。研究建立与物价变动相适应的城乡低保动态调整机制。适时调整优抚对象等人员抚恤和生活补助标准。开展新型农村社会养老保险试点,覆盖全国10%左右的县(市)。按照医药卫生体制改革方案要求,加大医疗卫生投入。继续加大对住房保障工作的支持力度。三是狠抓增收节支。在实施好结构性减税政策的基础上,依法加强税收征管,强化非税收入管理,努力做到应收尽收,促进财政收入增长。牢固树立过紧日子的思想。严格控制一般性支出,压缩公务购车用车、公务接待费和出国(境)经费。严格控制党政机关楼堂馆所建设。全面推进财政科学化、精细化管理,提高财政管理绩效。四是深化财税制度改革。继续推进部门预算、国库集中收付等预算制度改革。研究健全中央和地方财力与事权相匹配的体制。逐步建立县级基本财力保障机制。进一步规范省以下政府间分配关系。继续推进省直管县财政管理方式改革。推进资源税改革。调整和完善消费税制度。统一内外资企业和个人的城建税、教育费附加等制度。跟踪完善增值税转型改革。认真落实成品油税费改革方案。深化农村综合改革。

委员长、各位副委员长、秘书长、各位委员:

完成2009年预算和各项财政工作任务意义重大。我们要在以胡锦涛同志为总书记的党中央领导下,高举中国特色社会主义伟大旗帜,坚持以邓小平理论和"三个代表"重要思想为指导,深入贯彻落实科学发展观,坚定信心,迎难而上,开拓进取,扎实工作,实施好积极的财政政策,为促进经济社会又好又快发展作出积极贡献!

第一节 概述

一、政府预算的概念和特征

所谓政府预算,是指一国政府在一个财政年度内的全部收入与支出计划。
政府预算的特征:
(1)政府预算是关于政府的收支计划;
(2)政府预算体现了政府财政活动对国民经济生活的影响;
(3)政府预算反映了国民经济对政府财政的影响。

二、我国预算法的基本原则

(一)一级政府一级预算

《预算法》规定,我国实行一级政府一级预算,设立中央,省、自治区、直辖市、设区的市、自治州,县、自治县、不设区的市、市辖区,乡、民族乡、镇五级预算。其中,不具备设立预算条件的乡、民族乡、镇,经省、自治区、直辖市政府确定,可以暂不设立预算。

(二)平衡预算原则

《预算法》规定,各级预算应当做到收支平衡。

背景知识:"预算平衡理论"VS"非平衡预算理论"

直到20世纪初,各国普遍信奉以亚当·斯密为代表的古典经济学及其预算平衡理论。认为政府大部分开支是非生产性的,应该尽可能把财政收支缩减到最低限度,并执行以年度收支平衡为基本特征的"健全"的预算政策。1929~1936年,西方发达国家爆发了严重经济危机。凯恩斯发表了著名的《就业、利息和货币通论》,提出"非平衡预算理论"。凯恩斯主义财政理论认为,"平衡预算"政策固执地坚持不管国民经济形势如何,政府都应当保持年度预算收支平衡,这非但不能稳定宏观经济运行,反而会加剧其波动。在经济形势剧烈波动的情况下,政府很难做到预算平衡,而且也不应该苛求预算平衡;当然,倡导"非平衡预算"政策的经济学家虽然反对年度预算平衡,但是他们仍然主张周期预算平衡。

(三)分税制

《预算法》规定,我国实行中央和地方分税制。

背景知识:1993年分税制财政管理体制改革

"根据建立社会主义市场经济体制的基本要求,并借鉴国外的成功做法,要理顺中央与地方的分配关系,必须进行分税制改革。分税制改革的原则和主要内容是:按照中央与地方政府的事权划分,合理确定各级财政的支出范围;根据事权与财权相结合原则,将税种统一划分为中央税、地方税和中央地方共享税,并建立中央税收和地方税收体系,分设中央与地方两套税务机构分别征管;科学核定地方收支数额,逐步实行比较规范的中央财政对地方的税收返还和转移支付制度;建立和健全分级预算制度,硬化各级预算约束。"

——《关于实行分税制财政管理体制的决定》(国发〔1993〕85号)

(四)历年制财政年度

《预算法》规定,我国预算年度自公历1月1日起,至12月31日止。

背景知识:财政年度的类型与特点

预算年度,亦称为"财政年度",指国家预算的有效起讫日期,是编制和执行国家预算的法定时间期限,世界各国的预算年度一般为1年。各国预算年度起始日期不尽相同,一般分为历年制和跨年制两种形式。所谓历年制财政年度,就是每个财政年度从公历1月1日起至当年12月31日止。其优点是,符合自然规律,尤其是大体符合我国传统农业生产的春耕、夏种、秋收、冬歇的经济规律。目前,较多国家采取历年制的财政年度。所谓跨年制财政年度,是指财政年度以年中的某日开始,以次年的该日前一日终止。如英国、加拿大、日本等国的财政年度是从4月1日起至次年3月31日止;瑞典、澳大利亚等国的财政年度是从7月1日起至次年6月30日止;而美国的财政年度则从10月1日起至次年9月30日止。其优点是,财政年度与该国议会召集时间相吻合,体现了议会在预算活动中的权威地位。目前,发达国家多采取跨年制的财政年度。

第二节　预算管理职权

一、人大预算管理职权

(一)全国人大及其常委会的预算管理职权

1.全国人大预算管理职权

(1)全国人民代表大会审查中央和地方预算草案及中央和地方预算执行情况的报告;

(2)批准中央预算和中央预算执行情况的报告;

(3)改变或者撤销全国人民代表大会常务委员会关于预算、决算的不适当的决议。

2.全国人大常委会预算管理职权

(1)监督中央和地方预算的执行；

(2)审查和批准中央预算的调整方案；

(3)审查和批准中央决算；

(4)撤销国务院制定的同宪法、法律相抵触的关于预算、决算的行政法规、决定和命令；

(5)撤销省、自治区、直辖市人民代表大会及其常务委员会制定的同宪法、法律和行政法规相抵触的关于预算、决算的地方性法规和决议。

案例研读：2008年汶川抗震重建中央预算调整

2008年6月24日，十一届全国人大常委会第三次会议举行，受国务院委托，财政部部长谢旭人作《关于提请审议2008年中央预算调整方案(草案)的议案的说明》，建议：为避免影响正常年度预算，保持2008年中央预算平衡，从中央预算稳定调节基金1 032亿元中调入600亿元，通过"划转地震灾后恢复重建基金"科目列支后，转入地震灾后恢复重建基金；从车辆购置税中调整安排50亿元，由"车辆购置税支出"科目列支后，转入地震灾后恢复重建基金；从政府性基金预算列收列支的彩票公益金中调整安排10亿元，由"彩票公益金"支出科目列支后，转入地震灾后恢复重建基金；从国有资本经营预算调入40亿元，通过国有资本经营预算相关科目列支后，转入地震灾后恢复重建基金。

(二)地方人大及其常委会的预算管理职权

1.地方人大预算管理职权

(1)县级以上地方各级人民代表大会审查本级总预算草案及本级总预算执行情况的报告；

(2)批准本级预算和本级预算执行情况的报告；

(3)改变或者撤销本级人民代表大会常务委员会关于预算、决算的不适当的决议；

(4)撤销本级政府关于预算、决算的不适当的决定和命令。

设立预算的乡、民族乡、镇的人民代表大会审查和批准本级预算和本级预算执行情况的报告；监督本级预算的执行；审查和批准本级预算的调整方案；审查和批准本级决算；撤销本级政府关于预算、决算的不适当的决定和命令。

2.地方人大常委会预算管理职权

(1)县级以上地方各级人民代表大会常务委员会监督本级总预算的执行；

(2)审查和批准本级预算的调整方案；

(3)审查和批准本级政府决算;

(4)撤销本级政府和下一级人民代表大会及其常务委员会关于预算、决算的不适当的决定、命令和决议。

二、政府预算管理职权

(一)国务院预算管理职权

(1)编制中央预算、决算草案;

(2)向全国人民代表大会作关于中央和地方预算草案的报告;

(3)将省、自治区、直辖市政府报送备案的预算汇总后报全国人民代表大会常务委员会备案;

(4)组织中央和地方预算的执行;

(5)决定中央预算预备费的动用;

(6)编制中央预算调整方案;

(7)监督中央各部门和地方政府的预算执行;

(8)改变或者撤销中央各部门和地方政府关于预算、决算的不适当的决定、命令;

(9)向全国人民代表大会、全国人民代表大会常务委员会报告中央和地方预算的执行情况。

(二)地方政府预算管理职权

(1)县级以上地方各级政府编制本级预算、决算草案;

(2)向本级人民代表大会作关于本级总预算草案的报告;

(3)将下一级政府报送备案的预算汇总后报本级人民代表大会常务委员会备案;

(4)组织本级总预算的执行;

(5)决定本级预算预备费的动用;

(6)编制本级预算的调整方案;

(7)监督本级各部门和下级政府的预算执行;

(8)改变或者撤销本级各部门和下级政府关于预算、决算的不适当的决定、命令;

(9)向本级人民代表大会、本级人民代表大会常务委员会报告本级总预算的执行情况。

乡、民族乡、镇政府编制本级预算、决算草案;向本级人民代表大会作关于本级预算草案的报告;组织本级预算的执行;决定本级预算预备费的动用;编制本级预算的调整方案;向本级人民代表大会报告本级预算的执行情况。

(三)财政部门预算管理职权

1.财政部预算管理职权

(1)具体编制中央预算、决算草案;

(2)具体组织中央和地方预算的执行;

(3)提出中央预算预备费动用方案;

(4)具体编制中央预算的调整方案;

(5)定期向国务院报告中央和地方预算的执行情况。

2.地方政府财政部门预算管理职权

(1)具体编制本级预算、决算草案;

(2)具体组织本级总预算的执行;

(3)提出本级预算预备费动用方案;

(4)具体编制本级预算的调整方案;

(5)定期向本级政府和上一级政府财政部门报告本级总预算的执行情况。

第三节 预算收支范围

一、预算收入范围

《预算法》规定,预算收入划分为中央预算收入、地方预算收入、中央和地方预算共享收入。预算收入包括:

(1)税收收入;

(2)依照规定应当上缴的国有资产收益;

(3)专项收入;

(4)其他收入。

二、预算支出范围

《预算法》规定,预算支出划分为中央预算支出和地方预算支出。预算支出包括:

(1)经济建设支出;

(2)教育、科学、文化、卫生、体育等事业发展支出;

(3)国家管理费用支出;

(4)国防支出;

(5)各项补贴支出;

(6)其他支出。

案例研读：2009年教育预算支出

"坚持优先发展教育事业。今年要研究制定国家中长期教育改革和发展规划纲要，对2020年前我国教育改革发展作出全面部署。年内要重点抓好五个方面。一是促进教育公平。落实好城乡免费义务教育政策。提高农村义务教育公用经费标准，把小学、初中学生人均公用经费分别提高到300元和500元。逐步解决农民工子女在输入地免费接受义务教育问题。增加农村义务教育阶段家庭经济困难寄宿生的生活补助。争取3年内基本解决农村"普九"债务问题。完善国家助学制度，加大对中等职业学校和高等院校家庭经济困难学生的资助，确保人人享有平等的受教育机会，不让一个孩子因家庭经济困难而失学。二是优化教育结构。大力发展职业教育，特别要重点支持农村中等职业教育。逐步实行中等职业教育免费，今年先从农村家庭经济困难学生和涉农专业做起。继续提高高等教育质量，推进高水平大学和重点学科建设，引导高等学校调整专业和课程设置，适应市场和经济社会发展需求。三是加强教师队伍建设。对义务教育阶段教师实行绩效工资制度，提高1 200万中小学教师待遇，中央财政为此将投入120亿元，地方财政也要增加投入。全面加强教师特别是农村教师培训，鼓励大学生、师范生到基层、农村任教。四是推进素质教育。各级各类教育都要着眼于促进人的全面发展，加快课程、教材、教育方法和考试评价制度改革，把中小学生从过重的课业负担中解放出来，让学生有更多的时间思考、实践、创造。五是实施全国中小学校舍安全工程，推进农村中小学标准化建设。要把学校建成最安全、家长最放心的地方。"

——《2009年国务院政府工作报告》

第四节 预算编制

一、预算编制原则

（一）复式预算编制原则

《预算法》规定，中央预算和地方各级政府预算按照复式预算编制。

背景知识：复式预算的概念

单式预算和复式预算是预算编制的两种基本形式。所谓单式预算，是指将政府一个财政年度内的收入和支出统一编制在一个预算中的预算组织形式。所谓复式预算，是指在预算年度内，将全部的国家财政收支按经济性质进行划分，分别编制出经常预算和资本预算两个或两个以上预算的预算组织形式。很长时间里，各国政府编制预算都采用单式预算，可以直接反映出财政收支是否平衡，有利于控制财政赤字。但是，随着政府宏观调控经济的实践，政府预算中用于经济建设的投资支出规模不断增长，短期内出现财政赤字是难以避免的。另外，将预算支出分为经常项目和资本项目也更有利于控制政府行政事业费用的过度增长。故而，复式预算的产生就成为客观必然。1929年，丹麦率先采用复式预算。随后，瑞典、英国、法国、日本等也逐步把单式预算改为复式预算。

（二）不列赤字原则

《预算法》规定，中央政府公共预算不列赤字。中央预算中必需的建设投资的部分资金，可以通过举借国内和国外债务等方式筹措，但是借债应当有合理的规模和结构。中央预算中对已经举借的债务还本付息所需的资金，可以通过举借国内和国外债务等方式筹措。

地方各级预算按照量入为出、收支平衡的原则编制，不列赤字。除法律和国务院另有规定外，地方政府不得发行地方政府债券。

案例研读：2009年中央预算赤字和地方债发行规模

"今年的政府工作，要以应对国际金融危机、促进经济平稳较快发展为主线，统筹兼顾，突出重点，全面实施促进经济平稳较快发展的一揽子计划。大规模增加政府投资，实施总额4万亿元的两年投资计划，其中中央政府拟新增1.18万亿元，实行结构性减税，扩大国内需求……今年财政收支紧张的矛盾十分突出。一方面，经济增速放缓、减轻企业和居民税负必然会使财政收入增速下降；另一方面，为刺激经济增长、改善民生和深化改革，又需要大幅度增加投资和政府支出。为弥补财政减收增支形成的缺口，拟安排中央财政赤字7 500亿元，比上年增加5 700亿元，同时国务院同意地方发行2 000亿元债券，由财政部代理发行，列入省级预算管理。全国财政赤字合计9 500亿元，占国内生产总值比重在3%以内，虽然当年赤字增加较多，但由于前几年连续减少赤字，发债空间较大，累计国债余额占国内生产总值比重20%左右，这是我国综合国力可以承受的，总体上也是安全的。"

——《2009年国务院政府工作报告》

（三）增量预算编制原则

《预算法》规定，各级预算收入的编制，应当与国民生产总值的增长率相适应。中央预算和地方各级政府预算，应当参考上一年预算执行情况和本年度收支预测进行编制。按照规定必须列入预算的收入，不得隐瞒、少列，也不得将上年的非正常收入作为编制预算收入的依据。

（四）厉行节约原则

《预算法》规定，各级预算支出的编制，应当贯彻厉行节约、勤俭建国的方针。

（五）统筹兼顾原则

《预算法》规定，各级预算支出的编制，应当统筹兼顾、确保重点，在保证政府公共支出合理需要的前提下,妥善安排其他各类预算支出。

中央预算和有关地方政府预算中安排必要的资金,用于扶助经济不发达的民族自治地方,革命老根据地,边远、贫困地区发展经济文化建设事业。

各级政府预算应当按照本级政府预算支出额的1‰~3‰设置预备费,用于当年预算执行中的自然灾害救灾开支及其他难以预见的特殊开支。

各级政府预算应当按照国务院的规定设置预算周转金。

各级政府预算的上年结余,可以在下年用于上年结转项目的支出;有余额的,可以补充预算周转金;再有余额的,可以用于下年必需的预算支出。

二、预算编制程序

1. 国务院部署预算编制

《预算法》规定,各级政府、各部门、各单位应当按照国务院规定的时间编制预算草案,国务院应当及时下达关于编制下一年预算草案的指示。编制预算草案的具体事项,由国务院财政部门部署。

2. 地方政府汇总预算草案

省、自治区、直辖市政府应当按照国务院规定的时间,将本级总预算草案报国务院审核汇总。

3. 预算草案初审

国务院财政部门应当在每年全国人民代表大会会议举行的一个月前,将中央预算草案的主要内容提交全国人民代表大会财政经济委员会进行初步审查。

省、自治区、直辖市、设区的市、自治州政府财政部门应当在本级人民代表大会会议举行的一个月前,将本级预算草案的主要内容提交本级人民代表大会有关的专门委员会或者根据本级人民代表大会常务委员会主任会议的决定提交本级人民代表大会常务委员会有关的工作委员会进行初步审查。

县、自治县、不设区的市、市辖区政府财政部门应当在本级人民代表大会会议举行的一个月前,将本级预算草案的主要内容提交本级人民代表大会常务委员会进行初步审查。

第五节　预算审查和批准

一、政府预算的审查和批准

《预算法》规定,国务院在全国人民代表大会举行会议时,向大会作关于中央和地方预算草案的报告;地方各级政府在本级人民代表大会举行会议时,向大会作关于本级总预算草案的报告。

《预算法》规定,中央预算由全国人民代表大会审查和批准,地方各级政府预算由本级人民代表大会审查和批准。

二、政府预算的备案

《预算法》规定,乡、民族乡、镇政府应当及时将经本级人民代表大会批准的本级预算报上一级政府备案。县级以上地方各级政府应当及时将经本级人民代表大会批准的本级预算及下一级政府报送备案的预算汇总,报上一级政府备案。

县级以上地方各级政府将下一级政府报送备案的预算汇总后,报本级人民代表大会常务委员会备案。国务院将省、自治区、直辖市政府报送备案的预算汇总后,报全国人民代表大会常务委员会备案。

三、政府预算的撤销

《预算法》规定,国务院和县级以上地方各级政府对下一级政府报送备案的预算,认为有同法律、行政法规相抵触或者有其他不适当之处,需要撤销批准预算的决议的,应当提请本级人民代表大会常务委员会审议决定。

四、政府预算的批复

《预算法》规定,各级政府预算经本级人民代表大会批准后,本级政府财政部门应当及时向本级各部门批复预算。各部门应当及时向所属各单位批复预算。

第六节 预算执行

一、预算收支执行

(一)预算收入执行

各级预算由本级政府组织执行,具体工作由本级政府财政部门负责。预算收入征收部门,必须依照法律、行政法规的规定,及时、足额征收应征的预算收入。不得违反法律、行政法规规定,擅自减征、免征或者缓征应征的预算收入,不得截留、占用或者挪用预算收入。

有预算收入上缴任务的部门和单位,必须依照法律、行政法规和国务院财政部门的规定,将应当上缴的预算资金及时、足额地上缴国家金库,不得截留、占用、挪用或者拖欠。

(二)预算支出执行

《预算法》规定,预算年度开始后,各级政府预算草案在本级人民代表大会批准前,本级政府可以先按照上一年同期的预算支出数额安排支出;预算经本级人民代表大会批准后,按照批准的预算执行。

各级政府财政部门必须依照法律、行政法规和国务院财政部门的规定,及时、足额地拨付预算支出资金,加强对预算支出的管理和监督,各级政府、各部门、各单位的支出必须按照预算执行。

(三)预算执行监督

《预算法》规定,各级政府应当加强对预算执行的领导,支持政府财政、税务、海关等预算收入的征收部门依法组织预算收入,支持政府财政部门严格管理预算支出。财政、税务、海关等部门在预算执行中,应当加强对预算执行的分析;发现问题时应当及时建议本级政府采取措施予以解决。

各部门、各单位应当加强对预算收入和支出的管理,不得截留或者动用应当上缴的预算收入,也不得将不应当在预算内支出的款项转为预算内支出。各级政府预算预备费的动用方案,由本级政府财政部门提出,报本级政府决定。各级政府预算周转金由本级政府财政部门管理,用于预算执行中的资金周转,不得挪作他用。

二、国库管理制度

《预算法》规定,县级以上各级预算必须设立国库,具备条件的乡、民族乡、镇也应当设立国库。中央国库业务由中国人民银行经理,地方国库业务依照国务院的有关规定办理,各级政府应当加强对本级国库的管理和监督。

各级国库必须按照国家有关规定,及时准确地办理预算收入的收纳、划分、留解和预算支出的拨付。各级国库库款的支配权属于本级政府财政部门。除法律、行政法规另有规定外,未经本级政府财政部门同意,任何部门、单位和个人都无权动用国库库款或者以其他方式支配已入国库的库款。

第七节 预算调整

一、预算调整的概念

《预算法》规定,所谓预算调整,是指经全国人民代表大会批准的中央预算和经地方各级人民代表大会批准的本级预算,在执行中因特殊情况需要增加支出或者减少收入,使原批准的收支平衡的预算的总支出超过总收入,或者使原批准的预算中举借债务的数额增加的部分变更。

二、预算调整的审查和批准

《预算法》规定,各级政府对于必须进行的预算调整,应当编制预算调整方案。中央预算的调整方案必须提请全国人民代表大会常务委员会审查和批准。县级以上地方各级政府预算的调整方案必须提请本级人民代表大会常务委员会审查和批准;乡、民族乡、镇政府预算的调整方案必须提请本级人民代表大会审查和批准。未经批准,不得调整预算。

未经批准调整预算,各级政府不得作出任何使原批准的收支平衡的预算的总支出超过总收入或者使原批准的预算中举借债务的数额增加的决定。违反上述规定作出的决定,本级人民代表大会、本级人民代表大会常务委员会或者上级政府应当责令其改变或者撤销。

第八节 决算

一、决算草案的编制

《预算法》规定,决算草案由各级政府、各部门、各单位,在每一预算年度终了后按照国务院规定的时间编制。编制决算草案,必须符合法律、行政法规,做到收支数额准确、内容完整、报送及时。

各部门对所属各单位的决算草案,应当审核并汇总编制本部门的决算草案,在规定的期限内报本级政府财政部门审核。各级政府财政部门对本级各部门决算草案审核后发现有不符合法律、行政法规规定的,有权予以纠正。

二、决算草案的审查和批准

《预算法》规定,国务院财政部门编制中央决算草案,报国务院审定后,由国务院提请全国人民代表大会常务委员会审查和批准。县级以上地方各级政府财政部门编制本级决算草案,报本级政府审查后,由本级政府提请本级人民代表大会常务委员会审查和批准。乡、民族乡、镇政府编制本级决算草案,提请本级人民代表大会审查和批准。

案例研读:全国人大审议 2008 年中央决算

2009 年 6 月 27 日《中国财经报》报道:6 月 24 日,财政部部长谢旭人在第十一届全国人民代表大会常务委员会第九次会议上作了关于 2008 年中央决算的报告。

报告显示,2008 年中央财政收入 33 626.93 亿元,增加 5 014.98 亿元,增长 17.5%,完成预算的 103.4%。加上调入中央预算稳定调节基金 1 100 亿元,安排使用的收入总量 34 726.93 亿元。中央财政支出 36 334.93 亿元,增加 6 754.98 亿元,增长 22.8%,完成预算的 102.5%。安排中央预算稳定调节基金 192 亿元以备以后使用。支出总量合计 36 526.93 亿元。收支相抵,中央财政赤字 1 800 亿元,控制在十一届全国人大一次会议批准的数额之内。

2008 年,我国接连经历了一些难以预料、历史罕见的重大挑战和考验。面对国内外复杂严峻的形势,财政部门积极服务大局,全力贯彻中央宏观调控方针,充分发挥财税政策作用。年中在实施稳健财政政策过程中,采取了一些更为积极的财税政策措施,10 月份后进一步明确实施了积极的财政政策,适当减免税费,多次提高出口退税率,增加中央政府公共投资和重点支出。同时,有力保障抗灾救灾,切实改善民生,稳步推进财税改革,不断加强财政管理,对促进经济平稳较快发展和社会和谐稳定发挥了重要作用。在财政减收增支因素增多、财政收支矛盾突出的情况下,中央财政赤字仍然控制在年初预算批准的数额之内,实属不易。

各级政府决算经批准后,财政部门应当向本级各部门批复决算。

地方各级政府应当将经批准的决算,报上一级政府备案。

三、决算的撤销

《预算法》规定,国务院和县级以上地方各级政府对下一级政府报送备案的决算,认为有同法律、行政法规相抵触或者有其他不适当之处,需要撤销批准该项决算的决议的,应当提请本级人民代表大会常务委员会审议决定;经审议决定撤销的,该下级人民代表大会常务委员会应当责成本级政府重新编制决算草案,提请本级人民代表大会常务委员会审查和批准。

第九节 监督

一、人大监督

《预算法》规定,全国人民代表大会及其常务委员会对中央和地方预算、决算进行监督。县级以上地方各级人民代表大会及其常务委员会对本级和下级政府预算、决算进行监督。乡、民族乡、镇人民代表大会对本级预算、决算进行监督。

各级人民代表大会和县级以上各级人民代表大会常务委员会有权就预算、决算中的重大事项或者特定问题组织调查,有关的政府、部门、单位和个人应当如实反映情况和提供必要的材料。

各级人民代表大会和县级以上各级人民代表大会常务委员会举行会议时,人民代表大会代表或者常务委员会组成人员,依照法律规定程序就预算、决算中的有关问题提出询问或者质询,受询问或者受质询的有关的政府或者财政部门必须及时给予答复。

各级政府应当在每一预算年度内至少2次向本级人民代表大会或者其常务委员会作预算执行情况的报告。

二、政府监督

《预算法》规定,各级政府监督下级政府的预算执行;下级政府应当定期向上一级政府报告预算执行情况。各级政府财政部门负责监督检查本级各部门及其所属各单位预算的执行;并向本级政府和上一级政府财政部门报告预算执行情况。各级政府审计部门对本级各部门、各单位和下级政府的预算执行、决算实行审计监督。

延伸思考:

1. 如何理解我国政府预算编制的平衡预算原则?
2. 我国政府预算活动的基本流程是什么?
3. 如何理解人民代表大会在政府预算活动中的权威地位?
4. 如何完善地方政府预算管理制度?

文献附录:《关于进一步做好预算执行工作的指导意见》

关于进一步做好预算执行工作的指导意见

财预〔2010〕11号

党中央有关部门,国务院各部委、各直属机构,总后勤部,武警各部队,全国人大常委会办公厅,全国政协办公厅,高法院,高检院,有关人民团体,新疆生产建设兵团,有关中央管理企业,各省、自治区、直辖市、计划单列市财政厅(局):

近年来,各地区、各部门积极采取措施,切实加强预算管理,取得了一定成效,但预算执行仍然存在一些问题。为发挥财政政策在扩内需、保增长、调结构、惠民生等方面的积极作用,增强预算执行的时效性和均衡性,提高财政资金使用效益,现就进一步做好预算执行工作提出如下意见:

一、进一步完善预算编制

预算编制与预算执行关系密切,各地区、各部门、各单位要采取有效措施,进一步做细、做实、做准预算,为预算执行打下良好基础。

各级财政部门、有预算分配权的主管部门、其他有关部门要积极推进预算编制改革,严格控制代编预算规模,提高预算到位率,切实把预算细化到部门,细化到基层单位,细化到具体项目。

各单位要科学合理编制本单位预算,基本支出预算应严格按照定额管理要求编制,项目支出预算要提高精细化水平,做好项目评估和可行性论证,确保列入年度预算的项目切实可行,对跨年度项目要根据项目进度分年安排,推动项目的滚动管理。

要完善预算编制与预算执行相结合的机制,加强结转和结余资金管理。对部门、单位年底形成的财政拨款结转和结余资金,各级财政部门应统筹安排使用。

二、及时批复和下达预算

各级财政部门应当自本级人民代表大会批准本级政府预算之日起30日内批复本级各部门预算。本级各部门应当自本级财政部门批复本部门预算之日起15日内批复所属各单位预算。

对年初代编预算,各级财政部门、有预算分配权的主管部门、其他有关部门要及时做好资金分配方案的细化和指标下达工作。各级财政部门年初代编安排的预算(包括有预算分配权的主管部门分配的资金),要尽量在6月30日前落实到部门和单位,超过9月30日仍未落实到部门和单位且无正当理由的,除据实结算项目外,全部收回总预算,调剂用于其他支出或平衡预算。各部门代编的预算要尽量在6月30日前全部细化到所属预算单位,超过9月30日仍未细化到具体承担单位而无法执行的预算,要全部作调减预算处理。

上级财政部门要按照《财政部关于进一步提高地方预算编报完整性的通知》(财预〔2008〕435号)的规定将转移支付预计数告知下级财政部门,下级财政部门要将上级财政部门告知的转移支付预计数列入本级预算。本级财政安排的一般性转移支付和专项转移支付,除据实结算等特殊项目外,原则上应在本级人民代表大会批准预算后90日内尽快下达。据实结算等特殊项目,可先下达、后清算或分季下达。对上级财政下达的转移支付,本级财政部门要在30日内分解下达到本级有关部门和下级财政部门。

三、规范追加预算管理

对预备费、当年预计要安排的超收收入,各级财政部门要结合经济和社会事业发展情况,提前做好支出安排预案,并严格依照程序报经批准后,及时落实到具体单位和项目。

各地区、各部门申请追加预算,除特殊事项外,应在8月31日前将追加预算的申请报财政部门；财政部门要在 9 月 30 日前办理完毕，超过上述时限，财政部门不再办理。

四、加强预算资金支付管理

在本级人民代表大会批准政府预算草案前，各级财政部门要按照规定，认真做好资金的预拨工作。对可以预拨的各部门、各单位的基本支出，要按照年度均衡性原则拨付；项目支出，要结合项目实施进度按照一定比例拨付。对一些特殊项目，要根据实际工作需要，引入预拨和清算制度，及时拨付资金。

各部门、各单位要根据工作和事业发展计划，认真做好项目预算执行的各项前期准备。要根据年度预算安排和项目实施进度等认真编制分月用款计划，及时提出支付申请。各级财政部门要及时审核、下达用款额度或支付，同时，要加强资金支付管理，防止超预算、超进度拨款。

各级财政部门要根据部门和单位用款计划，结合全年收入入库情况，加强库款管理和资金调度，完善预算周转金管理，切实保障基层财政部门资金周转和用款单位支出需要。

五、切实做好预算执行基础工作

各部门、各单位要建立健全预算支出责任制度，明确考核指标，将责任落实到岗，任务落实到人，并与工作业绩考核挂钩，完善内部约束和激励机制。

要加强预算执行分析，及时掌握预算执行动态，做好督促检查工作，并加大对重点单位、重点项目特别是各类建设项目的监控力度，促进重点单位、重点项目切实加快执行进度。对有关单位存在的预算执行不力等问题，要采取通报、约谈等方式，督促有关单位及时解决。

各地区、各部门要充分认识加强预算执行管理的重要意义，加强组织领导，坚持依法理财，推进财政科学化、精细化管理，健全财政管理体制机制，提高工作效率，切实把预算执行工作抓紧抓实抓好。

财政部

二〇一〇年一月二十二日

第十八章 政府采购法律制度

 引例:海外政府采购
——长城进军国际的迂回突破

2009年7月初,800辆汽车经检验合格后发往阿尔及利亚,长城汽车完成了又一个海外政府采购订单。

金融危机爆发以来,在冷清的中国汽车出口市场中,长城汽车的表现颇有些惹眼:上半年汽车出口数量接近两万台,稳居国内第一,出口金额也位居同行业前列。"这多得益于海外政府采购的迂回突破",长城汽车国际部总经理邢文林"一语道破天机"。

多方举措助逆势增长

金融危机下,曾为自主品牌车企带来丰厚利润的出口市场迎来寒流。

据海关总署统计数据,今年前7个月,全国汽车商品累计进出口总额为339.07亿美元,其中进口金额149.88亿美元,同比下降22.22%,出口金额189.19亿美元,同比下降35.97%。

出口的下滑直接打击了国内的自主品牌车企,以奇瑞汽车为例,今年上半年共出口1.5万辆,仅相当于去年的单月最高销量,同比下滑高达82%。

然而,此时的长城汽车的出口似乎正风生水起。先是去年10月,4 500台迪尔出口古巴,接下来今年3月,3 300台皮卡出口利比亚,紧接着长城汽车又收获了阿尔及利亚800台汽车的政府采购大单。

"在我国尚未签订世贸组织政府采购协议的前提下,国内车企能取得这样的成绩当属不易。"中国物流与采购联合会副会长戴定一指出。据他介绍,我国没有签署相关协议时,其他国家完全可以不采购我国的产品。

然而,这并不代表国内产品一定会遭遇"封杀"。

优秀的质量无疑是第一位。据邢文林介绍,长城过硬的产品提供了其进军海外市场的基础,近几年,该公司不断创新技术,与意大利、日本等数十家国际设计公司开展密切合作,拥有国际一流的研发设备和体系。

以出口利比亚的长城迪尔系列为例,它是长城汽车最早、也是最成熟的车型,经过多轮更新换代,科技含量也越来越高。采购方就曾公开表示,选择长城汽车正是看中了其在动力、操控、通过性等方面的出色表现。

与此同时,在海外零售市场日益萎缩的情况下,长城汽车决定单独制定经销商团购和政府招标等大宗订单的支持政策,以扩大海外政府采购等大宗用户的份额。"我们会根据不同市场制定不同力度的支持政策,尽最大可能给予外商更合适的价格,保证合作伙伴的基本利润空间。"邢文林说。

"这一点也很重要",戴定一说。不能影响采购国同类产业的发展和就业也是决定能否获得海外政府采购订单的关键。

此外,长城汽车也没有忽略海外营销的种种细节,比如主动与外商进行宣传促销活动,在展会开展、广告宣传、推广活动等方面向外商提供大量的宣传资料、给予资金补贴;维护网络的稳定,增强外商的信心等。

目前,长城汽车将系统地做海外市场、强化海外售后服务作为发展战略,从过去的单纯的整车贸易转为系统的做海外市场,将销售、服务网络拓展、技术输出、建立配件中心库、海外建厂等全方位展开。

破除技术壁垒可自由销售欧盟

虽然目前我国出口的汽车多为中低端产品,主要采购国也多为不发达国家,但重要的是,它为国内车企提供了打入国际市场的契机。戴定一分析说,这有助于培养其国外营销经验,熟悉海外政府采购相关法律、制度、全球服务体系及产品品质、服务要求等,所有这些都有利于其逐渐进入到发达国家的市场。

长城汽车批量出口海外市场以来,一直以优良的性能和较高的性价比,深得海外客户的认可,随着产品质量和各项性能的日渐提升,长城汽车在非洲、拉美地区的品牌影响力也不断扩大。

"通过多种模式发展自己,从而将自己品牌全面地对海外市场进行渗透,是长城汽车带给自主品牌海外生存并长久发展的制胜法宝。"邢文林说。政府采购在这方面的高效得以充分显现。

中国物流与采购联合会主编的《中国采购发展报告》指出,一般来说,获得政府大量采购订单的车型在政府采购事件后销量会获得极大提升。首先,政府采购不同于个人采购、家庭采购和企业采购,获得政府采购无异于获得了采购国对所采购产品质量上的认同,同时由于其公开性,也将极大扩大采购产品的品牌效应,扩大了产品的影响力,提高了该国对其产品的认知度,为企业进军该国市场提供了帮助。

9月初,长城汽车宣布,该公司的四款汽车通过欧盟整车型式认证,成为中国首家获得在欧盟国家无限制自由销售权的自主品牌汽车企业。

"这意味着长城汽车在欧盟市场已经破除了技术方面的壁垒,可以在欧盟国家无限制自由销售。"长城汽车副总经理商玉贵公开表示。这一认证也同时被中东、南非以及南美洲等所有承认欧盟法规的国家所承认。

质量、售后服务、安全性会有更苛刻条件

海外市场并不是平安无事的乐土,有时也险象环生,这在欧美等发达国家表现得尤为突出。

"中国车企要进军欧盟、北美这样的高标准市场,需迎接一系列关于产品质量和售后服务的挑战,会在环保、安全性能等方面遇到更为苛刻条件。"戴定一直言。

比如,当前,随着全球社会经济发展过程中面临的资源环境问题越来越突出,欧美等国更加崇尚政府绿色采购,通过政府庞大的采购力量,优先购买对环境影响较小的环境标志产品。

不仅如此,政府采购相对商业采购而言,其对流程的透明化要求很高,通常对流程本身的管理也很严格。因此我国出口企业一定要了解对方政府采购的流程和相关法律法规要求,能够经受各个环节的审计和检查,戴定一表示。

欧美等发达国家均拥有相对完善的政府采购法律体系。以美国为例,美国国会为了管理联邦政府的采购行为,通过了一系列管理政府采购的基本法律。另外,各行政部门还制定了相关实施细则。在英国,政府采购的法律包括《政府拨款条例》《采购政策指南》等,政府部门采购的商品和服务必须在财政部授权支出范围之内,且所有支出必须向议会负责。

除此之外,欧美国家对进口产品还可能进行"有意识地封锁"。金融危机下,海外市场不断升级的贸易保护主义壁垒便让中国汽车出口业"屋漏偏逢连阴雨"。

自经济危机爆发以来,各国汽车消费需求大幅下降,由此也引发了贸易保护主义的抬头,各国纷纷以加关税、反倾销等手段实施贸易壁垒,打压进口汽车数量。受贸易保护等因素的影响,今年,我国汽车出口出现大幅下滑,中汽协统计数据显示,8月出口汽车2.18万辆,比上月下降2.63%,比上年同期下降50.80%,1至8月累计出口汽车18.66万辆,比上年同期下降59.37%。

那么,进军海外必须要有一套切实可行的战略战术。做到这点,要求企业将出口看做一个长期战略,从产品开发到营销网络以及服务体系的建立均要按照海外市场的需求有针对性地进行。

——资料来源:《经济参考报》2009年9月23日,转引自中国政府采购网(www.ccgp.gov.cn)

第一节 概述

一、政府采购的概念

《政府采购法》规定,所谓政府采购,是指各级国家机关、事业单位和团体组织,使用财政性资金采购依法制定的集中采购目录以内的或者采购限额标准以上的货物、工程和服务的行为。

术语界定:

采购,是指以合同方式有偿取得货物、工程和服务的行为,包括购买、租赁、委托、雇用等。

货物,是指各种形态和种类的物品,包括原材料、燃料、设备、产品等。

工程,是指建设工程,包括建筑物和构筑物的新建、改建、扩建、装修、拆除、修缮等。

服务,是指除货物和工程以外的其他政府采购对象。

——《中华人民共和国政府采购法》第二条

二、政府采购法的基本原则

(一)公开透明、公平竞争、公正和诚实信用原则

《政府采购法》规定,政府采购应当遵循公开透明原则、公平竞争原则、公正原则和诚实信用原则。任何单位和个人不得采用任何方式,阻挠和限制供应商自由进入本地区和本行业的政府采购市场。政府采购工程进行招标投标的,适用招标投标法。政府采购限额标准,属于中央预算的政府采购项目,由国务院确定并公布;属于地方预算的政府采购项目,由省、自治区、直辖市人民政府或者其授权的机构确定并公布。政府采购的信息应当在政府采购监督管理部门指定的媒体上及时向社会公开发布,但涉及商业秘密的除外。

案例研读:国家图书馆采购项目招标公告

国家图书馆中文普通电子图书及电子期刊采购项目招标公告

北京华盛中天咨询有限责任公司受国家图书馆委托,就国家图书馆中文普通电子图书及电子期刊采购项目进行公开招标,欢迎合格的投标人前来进行密封投标。

1.1 项目名称:图书馆中文普通电子图书及电子期刊采购项目

1.2 项目编号:HSZT2009HG/020

1.3 项目资金来源:财政资金

1.4 招标内容:

本次招标的主要内容是采购中文普通电子图书及电子期刊,主要用于共享工程33个省级中心及100个县级支中心的服务,分两包进行招标。

1.4.1 第一包:"为共享工程省级及县级中心配送中文普通电子图书采购"。投标人向采购人提供符合采购人要求的中文普通电子图书,投放至共享工程33个省中心和100个县级支中心,每个省中心配送20 000种、每个县中心配送5 000种(种类可重复),每个中心范围内每种图书应支持不少于2个用户同时阅读,并免费在采购人建立国家中心镜像总站点,同时能够实现对该部分资源的长期保存。

1.4.2 第二包:"为共享工程省级及县级中心配送中文普通电子期刊采购"。投标人向采购人提供符合采购人要求的中文普通电子期刊,投放至共享工程33个省中心以及100个县级支中心(每个中心配送200种、种类可重复),无并发用户数量限制,并免费在采购人建立国家中心镜像总站点,同时能够实现对该部分资源的长期保存。

1.4.3 投标人可以分别投其中的任意一包,也可以同时投两包,并分包编制投标文件。

1.4.4 本次招标项目设有现场陈述及在线演示环节,现场陈述应不超过10分钟,在线演示应不超过10分钟,评标委员会将根据现场陈述及演示的情况进行打分。

1.5 投标人资格

1.5.1 在中华人民共和国境内依照《中华人民共和国公司法》注册的、具有法人资格,有能力提供招标人所需要货物的企业。

1.5.2 投标人须具有良好的商业信誉和健全的财务会计制度;具有履行合同所必需的专业技术能力;有依法缴纳税收和社会保障资金的良好记录;参加此项招标活动前3年内,在经营活动中没有重大违法记录。

1.5.3 项目经理须具有本科(含)以上学历。

1.5.4 必须向招标代理机构购买招标文件并登记备案,未向招标代理机构购买招标文件并登记备案的潜在投标人均无资格参加投标。

1.6 本项目不接受联合体投标。

1.7 招标文件售价:招标文件售价人民币500元;若邮购,每份加收人民币50元,招标文件售后不退。

1.8 招标文件发售时间、地点及注意事项

1.8.1 发售时间:自2009年7月30日至2009年8月17日,每天(法定节假日除外)上午9:00—11:30,下午13:30—16:00。

1.8.2 发售地点:北京华盛中天咨询有限责任公司(北京市海淀区西直门北大街41号天兆家园2号楼A座201室)。

1.8.3 注意事项:投标人在购买招标文件时须向招标代理机构提供加盖公章的营业执照复印件。

1.9 投标文件递交时间和地点

1.9.1 递交时间:2009年8月18日9:00—9:30。

1.9.2 截止时间:2009年8月18日9:30,超过截止时间递交投标文件将不予受理。

1.9.3 递交地点:国家图书馆新馆第三会议室(北京市海淀区中关村南大街33号新馆五层528房间)。

1.10 开标时间和地点

1.10.1 开标时间:2009年8月18日上午9:30,届时请各投标人派代表出席开标仪式。

1.10.2 开标地点:国家图书馆新馆第三会议室(北京市海淀区中关村南大街33号新馆五层528房间)。

1.11 招标代理机构相关情况

开户名称:北京华盛中天咨询有限责任公司

开户银行:中国民生银行北京西直门支行

银行账户:0123014170005724

地　　址:北京市海淀区西直门北大街41号天兆家园2号楼A座201室

邮政编码:100044

联 系 人:王亮 王婷

电　　话:010—62271094、62278948—235

传　　真:010—62277461

电子邮箱:hsztzb@126.com

(二)促进经济和社会发展原则

《政府采购法》规定,政府采购应当有助于实现国家的经济和社会发展政策目标,包括保护环境,扶持不发达地区和少数民族地区,促进中小企业发展等。

(三)本国采购原则

《政府采购法》规定,政府采购应当采购本国货物、工程和服务。但有下列情形之一的除外:

(1)需要采购的货物、工程或者服务在中国境内无法获取或者无法以合理的商业条件获取的;

(2)为在中国境外使用而进行采购的;

(3)其他法律、行政法规另有规定的。

三、政府采购目录

《政府采购法》规定,政府采购实行集中采购和分散采购相结合。集中采购的范围由省级以上人民政府公布的集中采购目录确定。属于中央预算的政府采购项目,其集中采购目录由国务院确定并公布;属于地方预算的政府采购项目,其集中采购目录由省、自治区、直辖市人民政府或者其授权的机构确定并公布。纳入集中采购目录的政府采购项目,应当实行集中采购。

第二节 政府采购当事人

一、政府采购当事人的范围

《政府采购法》规定,所谓政府采购当事人,是指在政府采购活动中享有权利和承担义务的各类主体,包括采购人、供应商和采购代理机构等。

二、采购人

(一)采购人的概念

《政府采购法》规定,采购人是指依法进行政府采购的国家机关、事业单位、团体组织。

案例研读:2008年我国中央政府采购规模与特点

根据《中国财经报》披露的数据,2008年我国中央单位政府采购规模持续增长,达到589.8亿元,节约资金58.7亿元,节约率达9.05%。这是财政部部长助理张通日前在中直机关2009年政府集中采购工作会议上透露的。

张通充分肯定了2008年中央单位的集中采购工作,并总结出2008年中央单位集中采购工作呈现的几个特点:

一是集中采购规模大幅度增长。2008年中共中央直属机关采购中心(以下简称中直采购中心)和中央国家机关政府采购中心两家的集中采购规模之和达到了137.1亿元,增幅分别为7.2%和10.1%,占中央单位政府采购规模的23.2%。2008年中直采购中心共完成采购项目237个,比2007年增加102个,增长率为75.6%。

二是中央单位集中采购活动更加透明规范。中直采购中心在2008年组织的237个采购项目中,采用公开招标方式采购的项目占86.1%。

三是积极探索建立应急采购模式。中宣部委托中直采购中心进行的抗震救灾主题展览设计施工项目,政治性强、任务急、质量要求高,中直采购中心在最短的时间内完成了制定方案、专家论证、编制文件、组织评审等一系列工作,既保证了采购项目的合法合规,又满足了采购单位的各项需求。

四是在集中采购活动中带头发挥政府采购政策功能。中直采购中心除严格执行节能产品政府采购清单内产品的强制采购、优先采购外,还组织了中央空调清洗、节能灶具、太阳能光伏发电等节能环保类采购项目,充分发挥了政府采购的政策功能。2008年,中直采购中心节能产品采购金额占同类产品采购总额的93.5%。

五是通过调研提高工作质量。中直采购中心注重发挥调研服务决策的重要作用,2008年围绕工作中的重点难点问题开展各种调研,促进了操作执行的规范性和科学性。

(二)采购人的权利与义务

《政府采购法》规定,采购人采购纳入集中采购目录的政府采购项目,必须委托集中采购机构代理采购;采购未纳入集中采购目录的政府采购项目,可以自行采购,也可以委托集中采购机构在委托的范围内代理采购。

纳入集中采购目录属于通用的政府采购项目的,应当委托集中采购机构代理采购;属于本部门、本系统有特殊要求的项目,应当实行部门集中采购;属于本单位有特殊要求的项目,经省级以上人民政府批准,可以自行采购。

采购人可以委托经国务院有关部门或者省级人民政府有关部门认定资格的采购代理机构,在委托的范围内办理政府采购事宜。

采购人有权自行选择采购代理机构,任何单位和个人不得以任何方式为采购人指定采购代理机构。

采购人依法委托采购代理机构办理采购事宜的,应当由采购人与采购代理机构签订委托代理协议,依法确定委托代理的事项,约定双方的权利义务。

三、供应商

(一)供应商的概念

《政府采购法》规定,供应商是指向采购人提供货物、工程或者服务的法人、其他组织或者自然人。

(二)供应商的条件

《政府采购法》规定,供应商参加政府采购活动应当具备下列条件:
(1)具有独立承担民事责任的能力;
(2)具有良好的商业信誉和健全的财务会计制度;
(3)具有履行合同所必需的设备和专业技术能力;

(4)有依法缴纳税收和社会保障资金的良好记录;

(5)参加政府采购活动前3年内,在经营活动中没有重大违法记录;

(6)法律、行政法规规定的其他条件。

采购人可以根据采购项目的特殊要求,规定供应商的特定条件,但不得以不合理的条件对供应商实行差别待遇或者歧视待遇。

采购人可以要求参加政府采购的供应商提供有关资质证明文件和业绩情况,并根据《政府采购法》规定的供应商条件和采购项目对供应商的特定要求,对供应商的资格进行审查。

(三)供应商的权利与义务

两个以上的自然人、法人或者其他组织可以组成一个联合体,以一个供应商的身份共同参加政府采购。以联合体形式进行政府采购的,参加联合体的供应商均应当具备《政府采购法》规定的条件,并应当向采购人提交联合协议,载明联合体各方承担的工作和义务。联合体各方应当共同与采购人签订采购合同,就采购合同约定的事项对采购人承担连带责任。

政府采购当事人不得相互串通损害国家利益、社会公共利益和其他当事人的合法权益;不得以任何手段排斥其他供应商参与竞争。

供应商不得以向采购人、采购代理机构、评标委员会的组成人员、竞争性谈判小组的组成人员、询价小组的组成人员行贿或者采取其他不正当手段谋取中标或者成交。

采购代理机构不得以向采购人行贿或者采取其他不正当手段谋取非法利益。

四、采购代理机构

《政府采购法》规定,集中采购机构为采购代理机构。设区的市、自治州以上人民政府根据本级政府采购项目组织集中采购的需要设立集中采购机构。集中采购机构是非营利事业法人,根据采购人的委托办理采购事宜。

集中采购机构进行政府采购活动,应当符合采购价格低于市场平均价格、采购效率更高、采购质量优良和服务良好的要求。

案例研读:采购代理机构资质认定

关于北京筑标建设工程咨询有限公司等16家公司
政府采购代理机构甲级资格的决定(财库〔2009〕98号)

有关企业:

根据《政府采购代理机构资格认定办法》(财政部令第31号)的规定,经审核,现授予北京筑标建设工程咨询有限公司等16家公司政府采购代理机构甲级资格。请按照《政府采购法》及财政部有关政府采购的规定,依法从事政府采购代理业务。

附件:政府采购代理机构甲级资格名单

财政部
二〇〇九年七月十日

第三节　政府采购方式

一、政府采购方式概述

《政府采购法》规定,政府采购采用以下方式:
(一)公开招标;
(二)邀请招标;
(三)竞争性谈判;
(四)单一来源采购;
(五)询价;
(六)国务院政府采购监督管理部门认定的其他采购方式。

二、公开招标采购

《政府采购法》规定,公开招标应作为政府采购的主要采购方式。

采购人采购货物或者服务应当采用公开招标方式的,其具体数额标准,属于中央预算的政府采购项目,由国务院规定;属于地方预算的政府采购项目,由省、自治区、直辖市人民政府规定;因特殊情况需要采用公开招标以外的采购方式的,应当在采购活动开始前获得设区的市、自治州以上人民政府采购监督管理部门的批准。

采购人不得将应当以公开招标方式采购的货物或者服务化整为零或者以其他任何方式规避公开招标采购。

案例研读:政府采购中标公告
　　　　中国人民银行全国国库设备激光打印机采购项目中标公告
　　采购人名称:中国人民银行
　　采购机构全称:中国人民银行集中采购中心
　　采购项目全称:中国人民银行全国国库设备激光打印机采购项目
　　招标编号:RH－GK2008040

招标公告日期：2008年11月11日
中标通知发布日期：2008年12月2日
中标供应商名称：北京世纪鹏程科技有限公司
评标委员会成员名单：李淑娟、李岩、赵飞、王亚平、张慧平、于盛章、李友杰

各投标人如对上述中标结果有异议，请自即日起7个工作日内以书面形式与中国人民银行集中采购中心联系。

联系人：李大程
电 话：010—66194649
传 真：010—88092822
通讯地址：北京市西城区成方街32号中国人民银行集中采购中心
邮 编：100800
感谢各投标人对于本项目的积极参与！

二〇〇八年十二月二日

三、邀请招标采购

《政府采购法》规定，符合下列情形之一的货物或者服务，可以采用**邀请招标**方式采购：

(1)具有特殊性，只能从有限范围的供应商处采购的；
(2)采用公开招标方式的费用占政府采购项目总价值的比例过大的。

四、竞争性谈判采购

《政府采购法》规定，符合下列情形之一的货物或者服务，可以采用竞争性谈判方式采购：

(1)招标后没有供应商投标或者没有合格标的或者重新招标未能成立的；
(2)技术复杂或者性质特殊，不能确定详细规格或者具体要求的；
(3)采用招标所需时间不能满足用户紧急需要的；
(4)不能事先计算出价格总额的。

五、单一来源采购

《政府采购法》规定，符合下列情形之一的货物或者服务，可以采用单一来源方式采购：

(1)只能从唯一供应商处采购的；
(2)发生了不可预见的紧急情况不能从其他供应商处采购的；
(3)必须保证原有采购项目一致性或者服务配套的要求，需要继续从原供应

商处添购,且添购资金总额不超过原合同采购金额 10% 的。

六、询价采购

《政府采购法》规定,采购的货物规格、标准统一、现货货源充足且价格变化幅度小的政府采购项目,可以采用询价方式采购。

案例研读:汶川灾区税务机关询价采购
　　2008 年"5.12"汶川特大地震发生后,四川省国税系统损失严重。其中,财产损失共计 9.6 亿元。随后,四川省国税系统迅速实施了重加家园的灾后重建专项采购,为夺取抗震救灾斗争的重大胜利作出了积极贡献。汶川县国税局对震中映秀税务分局及其他受灾单位幸存的职工及家属集中安置后,就近采购了必备的家具及生活用品。采购前,县局成立了采购领导小组,根据实际需要确定了拟采购物资的种类、品目和数量,并向多个供应商询价,保质保量地采购了所需物资。

——资料来源:《中国税务报》2009 年 7 月 6 日,第 8 版

第四节　政府采购程序

一、政府采购预算

《政府采购法》规定,负有编制部门预算职责的部门在编制下一财政年度部门预算时,应当将该财政年度政府采购的项目及资金预算列出,报本级财政部门汇总。部门预算的审批,按预算管理权限和程序进行。

二、招标采购程序

《政府采购法》规定,货物或者服务项目采取邀请招标方式采购的,采购人应当从符合相应资格条件的供应商中,通过随机方式选择 3 家以上的供应商,并向其发出投标邀请书。

货物和服务项目实行招标方式采购的,自招标文件开始发出之日起至投标人提交投标文件截止之日止,不得少于 20 日。

《政府采购法》规定,在招标采购中,出现下列情形之一的,应予废标:
(1)符合专业条件的供应商或者对招标文件作实质响应的供应商不足 3 家的;
(2)出现影响采购公正的违法、违规行为的;
(3)投标人的报价均超过了采购预算,采购人不能支付的;

(4) 因重大变故,采购任务取消的。

废标后,采购人应当将废标理由通知所有投标人,除采购任务取消情形外,应当重新组织招标。需要采取其他方式采购的,应当在采购活动开始前获得设区的市、自治州以上人民政府采购监督管理部门或者政府有关部门批准。

三、竞争性谈判采购程序

《政府采购法》规定,采用竞争性谈判方式采购的,应当遵循下列程序:

(1) 成立谈判小组。谈判小组由采购人的代表和有关专家共 3 人以上的单数组成,其中专家的人数不得少于成员总数的 2/3。

(2) 制定谈判文件。谈判文件应当明确谈判程序、谈判内容、合同草案的条款以及评定成交的标准等事项。

(3) 确定邀请参加谈判的供应商名单。谈判小组从符合相应资格条件的供应商名单中确定不少于 3 家的供应商参加谈判,并向其提供谈判文件。

(4) 谈判。谈判小组所有成员集中与单一供应商分别进行谈判。在谈判中,谈判的任何一方不得透露与谈判有关的其他供应商的技术资料、价格和其他信息。谈判文件有实质性变动的,谈判小组应当以书面形式通知所有参加谈判的供应商。

(5) 确定成交供应商。谈判结束后,谈判小组应当要求所有参加谈判的供应商在规定时间内进行最后报价,采购人从谈判小组提出的成交候选人中根据符合采购需求、质量和服务相等且报价最低的原则确定成交供应商,并将结果通知所有参加谈判的未成交的供应商。

四、单一来源采购程序

《政府采购法》规定,采取单一来源方式采购的,采购人与供应商应当遵循《政府采购法》规定的原则,在保证采购项目质量和双方商定合理价格的基础上进行采购。

五、询价采购程序

《政府采购法》规定,采取询价方式采购的,应当遵循下列程序:

(1) 成立询价小组。询价小组由采购人的代表和有关专家共 3 人以上的单数组成,其中专家的人数不得少于成员总数的 2/3。询价小组应当对采购项目的价格构成和评定成交的标准等事项作出规定。

(2) 确定被询价的供应商名单。询价小组根据采购需求,从符合相应资格条件的供应商名单中确定不少于 3 家的供应商,并向其发出询价通知书让其报价。

(3)询价。询价小组要求被询价的供应商一次报出不得更改的价格。

(4)确定成交供应商。采购人根据符合采购需求、质量和服务相等且报价最低的原则确定成交供应商,并将结果通知所有被询价的未成交的供应商。

六、政府采购活动的监督管理

《政府采购法》规定,采购人或者其委托的采购代理机构应当组织对供应商履约的验收。大型或者复杂的政府采购项目,应当邀请国家认可的质量检测机构参加验收工作。验收方成员应当在验收书上签字,并承担相应的法律责任。

采购人、采购代理机构对政府采购项目每项采购活动的采购文件应当妥善保存,不得伪造、变造、隐匿或者销毁。采购文件的保存期限为从采购结束之日起至少保存15年。

采购文件包括采购活动记录、采购预算、招标文件、投标文件、评标标准、评估报告、定标文件、合同文本、验收证明、质疑答复、投诉处理决定及其他有关文件、资料。

《政府采购法》规定,采购活动记录至少应当包括下列内容:

(1)采购项目类别、名称;

(2)采购项目预算、资金构成和合同价格;

(3)采购方式,采用公开招标以外的采购方式的,应当载明原因;

(4)邀请和选择供应商的条件及原因;

(5)评标标准及确定中标人的原因;

(6)废标的原因;

(7)采用招标以外采购方式的相应记载。

第五节 政府采购合同

一、政府采购合同的形式

《政府采购法》规定,政府采购合同应当采用书面形式。采购人可以委托采购代理机构代表其与供应商签订政府采购合同。由采购代理机构以采购人名义签订合同的,应当提交采购人的授权委托书,作为合同附件。

政府采购合同适用《合同法》。采购人和供应商之间的权利和义务,应当按照平等、自愿的原则以合同方式约定。

二、政府采购合同的法律效力

《政府采购法》规定,中标、成交通知书对采购人和中标、成交供应商均具有法律效力。中标、成交通知书发出后,采购人改变中标、成交结果的,或者中标、成交供应商放弃中标、成交项目的,应当依法承担法律责任。

政府采购项目的采购合同自签订之日起7个工作日内,采购人应当将合同副本报同级政府采购监督管理部门和有关部门备案。

三、政府采购合同的履行

《政府采购法》规定,经采购人同意,中标、成交供应商可以依法采取分包方式履行合同。政府采购合同分包履行的,中标、成交供应商就采购项目和分包项目向采购人负责,分包供应商就分包项目承担责任。

政府采购合同履行中,采购人需追加与合同标的相同的货物、工程或者服务的,在不改变合同其他条款的前提下,可以与供应商协商签订补充合同,但所有补充合同的采购金额不得超过原合同采购金额的10%。

政府采购合同的双方当事人不得擅自变更、中止或者终止合同。

政府采购合同继续履行将损害国家利益和社会公共利益的,双方当事人应当变更、中止或者终止合同。有过错的一方应当承担赔偿责任,双方都有过错的,各自承担相应的责任。

第六节 政府采购的质疑与投诉

一、政府采购的质疑与答复

《政府采购法》规定,供应商对政府采购活动事项有疑问的,可以向采购人提出询问,采购人应当及时作出答复,但答复的内容不得涉及商业秘密。

供应商认为采购文件、采购过程和中标、成交结果使自己的权益受到损害的,可以在知道或者应知其权益受到损害之日起7个工作日内,以书面形式向采购人提出质疑。采购人应当在收到供应商的书面质疑后7个工作日内作出答复,并以书面形式通知质疑供应商和其他有关供应商,但答复的内容不得涉及商业秘密。

采购人委托采购代理机构采购的,供应商可以向采购代理机构提出询问或者质疑,采购代理机构应当就采购人委托授权范围内的事项作出答复。

二、政府采购的投诉与处理

《政府采购法》规定,质疑供应商对采购人、采购代理机构的答复不满意或者采购人、采购代理机构未在规定的时间内作出答复的,可以在答复期满后15个工作日内向同级政府采购监督管理部门投诉。

政府采购监督管理部门应当在收到投诉后30个工作日内,对投诉事项作出处理决定,并以书面形式通知投诉人和与投诉事项有关的当事人。

政府采购监督管理部门在处理投诉事项期间,可以视具体情况书面通知采购人暂停采购活动,但暂停时间最长不得超过30日。

投诉人对政府采购监督管理部门的投诉处理决定不服或者政府采购监督管理部门逾期未作处理的,可以依法申请行政复议或者向人民法院提起行政诉讼。

第七节 政府采购的监督检查

一、政府采购监督检查的内容

《政府采购法》规定,政府采购监督管理部门应当加强对政府采购活动及集中采购机构的监督检查。监督检查的主要内容是:

(1)有关政府采购的法律、行政法规和规章的执行情况;
(2)采购范围、采购方式和采购程序的执行情况;
(3)政府采购人员的职业素质和专业技能。

二、集中采购机构的内部监督管理

《政府采购法》规定,集中采购机构应当建立健全内部监督管理制度。采购活动的决策和执行程序应当明确,并相互监督、相互制约。经办采购的人员与负责采购合同审核、验收人员的职责权限应当明确,并相互分离。

集中采购机构的采购人员应当具有相关职业素质和专业技能,符合政府采购监督管理部门规定的专业岗位任职要求。集中采购机构对其工作人员应当加强教育和培训;对采购人员的专业水平、工作实绩和职业道德状况定期进行考核。采购人员经考核不合格的,不得继续任职。

三、政府采购监督管理部门的权利与义务

《政府采购法》规定,政府采购监督管理部门不得设置集中采购机构,不得参

与政府采购项目的采购活动。采购代理机构与行政机关不得存在隶属关系或者其他利益关系。

政府采购项目的采购标准应当公开,采购人在采购活动完成后,应当将采购结果予以公布。

任何单位和个人不得违反《政府采购法》的规定,要求采购人或者采购工作人员向其指定的供应商进行采购。

政府采购监督管理部门应当对政府采购项目的采购活动进行检查,政府采购当事人应当如实反映情况,提供有关材料。

政府采购监督管理部门应当对集中采购机构的采购价格、节约资金效果、服务质量、信誉状况、有无违法行为等事项进行考核,并定期如实公布考核结果。

依照法律、行政法规的规定对政府采购负有行政监督职责的政府有关部门,应当按照其职责分工,加强对政府采购活动的监督。

审计机关应当对政府采购进行审计监督。政府采购监督管理部门、政府采购各当事人有关政府采购活动,应当接受审计机关的审计监督。

监察机关应当加强对参与政府采购活动的国家机关、国家公务员和国家行政机关任命的其他人员实施监察。

任何单位和个人对政府采购活动中的违法行为,有权控告和检举,有关部门、机关应当依照各自职责及时处理。

延伸思考:

1. 《政府采购法》基本原则的核心思想是什么?
2. 政府采购当事人之间的关系如何界定?
3. 政府采购活动的基本方式有哪些?
4. 如何监督政府采购活动?

文献附录:《外国政府贷款采购工作管理办法》

财政部印发外国政府贷款采购工作管理办法
财金〔2009〕157号

国务院有关部委,有关直属机构,各省、自治区、直辖市、计划单列市财政厅(局),新疆生产建设兵团财务局,财政部驻各省、自治区、直辖市、计划单列市财政监察专员办事处,有关银行、采购公司、计划单列企业集团、中央管理企业:

为了进一步贯彻《国际金融组织和外国政府贷款赠款管理办法》(财政部令第38号)和《外国政府贷款管理规定》(财金〔2008〕176号),完善外国政府贷款采购管理制度,明确有关机构的权利和职责,保证贷款采购工作的顺利进行,现将我部制定的《外国政府贷款采购工作管理办法》印发你们,请遵照执行。

财政部
二〇〇九年十二月四日

附件:

外国政府贷款采购工作管理办法

第一章 总则

第一条 为了加强外国政府贷款项下采购工作的管理,规范采购行为,保证采购质量,合理、有效地使用贷款资金,根据《国际金融组织和外国政府贷款赠款管理办法》(财政部令第 38 号)和《外国政府贷款管理规定》(财金〔2008〕176 号),制定本办法。

第二条 外国政府贷款(以下简称贷款)项下的采购(以下简称贷款采购)工作适用本办法。

第三条 贷款采购应当遵守国家法律法规、贷款法律文件和本办法,遵循公开透明原则、公平竞争原则、公正原则和诚实信用原则。

前款所称贷款法律文件包括政府协议和贷款协议。

第四条 本办法有关用语的含义与财政部令第 38 号和财金〔2008〕176 号文件规定一致。

第二章 机构职责

第五条 财政部负责制定贷款采购的工作原则和相关政策,制定贷款采购管理制度,对贷款采购工作进行指导、协调、监督和管理。

第六条 省级财政部门按照国家法律法规、贷款法律文件和本办法,对本地区贷款采购工作进行指导、协调、监督和管理;监督贷款采购工作的真实性和合法性。

第七条 项目单位应当按照国家法律法规、贷款法律文件和本办法,组织实施贷款项目,开展贷款采购和合同执行工作;保证采购内容与可行性研究报告等批复以及经贷款方确定的采购清单一致;严格执行采购合同,如实验收货物并负责维护、管理与有效使用;保证贷款采购内容的真实性。

第八条 采购公司受债务人或项目单位委托并在其协助下,依照国家法律法规、贷款法律文件、本办法和委托代理协议等有关规定,开展贷款采购和合同执行工作;保证贷款采购程序和合同执行的合法性和真实性。

第九条 转贷银行负责审核有关采购单据与合同的一致性,并按照贷款法律文件和本办法办理贷款资金的提取和支付等工作。

日元贷款项目的贷款资金提取和支付工作由贷款协议规定的支付结算银行负责。

第十条 有关单位及个人均应就贷款采购工作中的违法违规情况及时向省级财政部门和财政部反映。

第三章 招标

第十一条 贷款采购应采用公开招标方式。贷款法律文件另有规定的,从其规定。

第十二条 项目单位负责将经批准的可行性研究报告和采购清单等报省级财政部门、转贷银行和采购公司备案。采购清单如需变更或调整,项目单位应当履行审批手续,并经省级财政部门报财政部备案。

贷款法律文件规定采购清单需经贷款方审批的,需办理相关手续。

第十三条 项目单位和采购公司依据采购清单并结合项目实施进度共同制定采购计划,并报送省级财政部门备案。

第十四条 项目单位和采购公司应当在贷款项目经国务院有关部门批准或在贷款协议生效后开展贷款采购的招标工作。贷款法律文件另有规定的,从其规定。

第十五条 项目单位和采购公司共同编制招标文件。其中,项目单位负责招标文件技术部分(中英文),采购公司负责商务部分(中英文)并将技术和商务部分汇编成完整的招标文件。

第十六条 招标文件经项目单位确认后,由采购公司报国内有关部门审批或备案(省级财政部门有要求的,应报送其审批或备案)。贷款法律文件另有规定的,招标文件应当报送贷款方审批或备案。

第十七条 项目单位和采购公司应当依据国内有关法规和贷款法律文件规定共同编写招标公告,并由采购公司通过规定媒介发布。贷款法律文件另有规定的,招标公告应当报送贷款方审批或备案。

第十八条 采购公司根据招标公告规定的时间和地点发售招标文件。

第十九条 招标文件需要澄清或修改的,应当按照规定重新办理审批或备案手续后,由采购公司负责通知所有购买招标文件的潜在投标人。

第四章 评标

第二十条 评标由采购公司依法组建的评标委员会负责。采购公司应当对评标程序的合法性和合规性负责。

第二十一条 评标委员会对评标结果负责。评标委员会成员应当客观、公正地履行职务,遵守职业道德,对所提出的评审意见承担个人责任。

第二十二条 评标委员会应当按照招标文件确定的评标标准和方法,对投标文件进行评审。国家法律法规以及贷款法律文件另有规定的,从其规定。

第二十三条 评标委员会完成评标后,应当提出书面评标意见,并推荐合格的中标候选人。

第二十四条 项目单位和采购公司根据评标委员会的意见共同编制评标报告,按规定报送国家有关主管部门审批,并按有关省级财政部门的要求报其备案。贷款法律文件另有规定的,评标报告应当报送贷款方审批或备案。

第二十五条　投标人、贷款方或国家有关部门对评标结果提出质疑的，采购公司应当负责组织、协调项目单位和评标委员会共同对质疑作出妥善处理和答复。

第二十六条　对违背国家法律法规和有关招标采购规定的行为，采购公司应当及时予以制止和纠正，暂停评标活动，并向省级财政部门和财政部报告。

第五章　合同签订

第二十七条　评标结果生效后，项目单位和采购公司应当按照招标文件和中标人的投标文件共同与中标人进行合同谈判并签订合同。合同内容应当与招标文件和投标文件相关内容一致，不得有实质性内容变更。

第二十八条　采购公司根据贷款法律文件规定将合同报贷款方审批或备案。需经财政部对外提交的，采购公司应通过财政部向贷款方提交。

第二十九条　合同签订后，采购公司将合同要点（包括合同号、签署日期、买方、卖方、合同金额和币种、采购内容、支付条款等）报送财政部，并抄送项目所在地省级财政部门。

第三十条　合同变更或调整（如数量、型号、规格、价格等发生变化），采购公司和项目单位应当报财政部或国家有关部门以及贷款方办理审批或备案手续，并抄送项目所在地省级财政部门和转贷银行。

第六章　合同执行与监督

第三十一条　合同有关各方共同负责合同执行工作，中标人应当严格履行合同的约定，确保供货内容与合同规定相一致。合同执行过程中，如发生争议和纠纷，有关方应当按照合同约定予以解决。

第三十二条　项目单位应当如实签署货物签收证明和验收证明。工程合同，应当出具监理单位的报告或建设部门或行业主管单位的竣工证明。进口货物提单、发票和装箱单，国内货物签收证明、验收证明，工程合同的监理报告、验工计价证明或竣工证明等应当作为合同的付款凭证。

第三十三条　对可直接从贷款方提取贷款资金的项目（如采用特别账户支付方式的项目）、一类贷款项目以及省级财政部门提出审核单据要求的项目，支付单据应当由省级财政部门依据合同进行审核。

信用证方式支付的合同，可采取事后审核支付单据的方法，但采购公司应当事前将开证申请书或信用证修改申请书报省级财政部门审核。

第三十四条　负责审核合同支付的省级财政部门，应当在收到采购公司提交的付款单据或付款申请、开证申请书或信用证修改申请书后的 10 个工作日内出具审核意见，逾期视为审核同意。

第三十五条　采购公司、转贷银行和支付银行应当根据合同的约定，本着单单相符、单证相符的原则进行审核，并根据贷款法律文件和本办法办理支付手续。

第三十六条　省级财政部门应当对贷款项目合同执行进行监督与管理,定期或不定期进行现场检查;对可直接从贷款方提取贷款资金的项目,应当对贷款资金提取到国内后的支付情况进行监督和管理。

第三十七条　财政部或经财政部委托的中介机构可对贷款项目的采购工作进行监督和检查。采购当事人应当如实反映情况,提供有关材料。

第三十八条　国务院有关部门或贷款法律文件要求审计贷款项目采购支付情况的,债务人和项目单位应当接受审计,对审计机构的工作予以配合。

第七章　罚则

第三十九条　对违反有关法律法规、贷款法律文件和本办法进行贷款采购的单位和个人,除依照《财政违法行为处罚处分条例》以及相关法律、法规规定处罚外,财政部可视情况采取通报批评、限期整改、取消相关资质等措施。

第四十条　项目单位违反有关法律法规、贷款法律文件和本办法的,财政部可予以通报批评、暂停贷款资金的提取和支付、加速未到期贷款债务的偿还、取消贷款使用资格。

第四十一条　采购公司违反有关法律法规、贷款法律文件和本办法的,财政部可予以通报批评、限期改正、暂停和取消贷款项目采购代理资格;可建议债务人或项目单位终止委托代理业务,并按规定另行选定其他采购公司。

采购公司1年内2次受到财政部通报批评的,财政部可予以暂停新贷款项目采购代理资格1年或以上。采购公司参与虚假采购或谋取不正当利益的,财政部可取消其贷款项目采购代理资格。

第四十二条　转贷银行违反有关法律法规、贷款法律文件和本办法的,财政部可予以通报批评、暂停或取消参与贷款转贷业务资格。

第四十三条　省级财政部门对采购工作监督管理不力的,财政部可予以通报批评、限期整改,或在有关问题得到妥善处理前暂停新项目安排。

第四十四条　投标人、中标人、供货商、承包商等违反国家相关法律法规、贷款法律文件和本办法的,财政部可予以通报批评、限期整改、暂停或取消参与贷款采购工作资格。财政部可建立不良行为记录名单制度,列入名单的机构、单位或个人将不得参与贷款采购工作。

第四十五条　评标委员会及其成员违反有关法律法规、贷款法律文件和本办法的,财政部可予以通报批评、暂停和取消参与贷款采购工作资格。

第八章　附则

第四十六条　属于政府采购项目的贷款采购,应当遵照《中华人民共和国政府采购法》执行。

第四十七条　国务院有关部门、计划单列企业集团以及中央管理企业贷款的采购工作管理,参照本办法执行。

第四十八条　经贷款方批准,贷款项目的采购采用非公开招标方式采购的,参照本办法有关规定执行。

第四十九条 省级财政部门可根据本办法和其他有关规定制定具体实施办法或细则。

第五十条 本办法自2010年1月1日起施行。

第十九章　中国人民银行法律制度

 背景知识:中国人民银行历史简介

人民银行的历史,可以追溯到第二次国内革命战争时期。1931年11月7日,在江西瑞金召开的"全国苏维埃第一次代表大会"上,通过决议成立"中共苏维埃共和国国家银行"(简称苏维埃国家银行),并发行货币。从土地革命到抗日战争时期一直到中华人民共和国诞生前夕,人民政权被分割成彼此不能连接的区域。各根据地建立了相对独立、分散管理的根据地银行,并各自发行在本根据地内流通的货币。1948年12月1日,以华北银行为基础,合并北海银行、西北农民银行,在河北省石家庄市组建了中国人民银行,并发行人民币,成为中华人民共和国成立后的中央银行和法定本位币。

中国人民银行成立至今的六十多年,特别是改革开放以来,在体制、职能、地位、作用等方面,都发生了巨大而深刻的变革。

一、中国人民银行的创建与国家银行体系的建立(1948～1952年)

1948年12月1日,中国人民银行在河北省石家庄市宣布成立。华北人民政府当天发出布告,由中国人民银行发行的人民币在华北、华东、西北三区的统一流通,所有公私款项收付及一切交易,均以人民币为本位货币。1949年2月,中国人民银行由石家庄市迁入北平。1949年9月,中国人民政治协商会议通过《中华人民共和国中央人民政府组织法》,把中国人民银行纳入政务院的直属单位系列,接受财政经济委员会指导,与财政部保持密切联系,赋予其国家银行职能,承担发行国家货币、经理国家金库、管理国家金融、稳定金融市场、支持经济恢复和国家重建的任务。

在国民经济恢复时期,中国人民银行在中央人民政府的统一领导下,着手建立统一的国家银行体系:一是建立独立统一的货币体系,使人民币成为境内流通的本位币,与各经济部门协同治理通货膨胀;二是迅速普建分支机构,形成国家银行体系,接管官僚资本银行,整顿私营金融业;三是实行金融管理,疏导游资,打击金银外币黑市,取消在华外商银行的特权,禁止外国货币流通,统一管理外汇；四是开展存款、放款、汇兑和外汇业务，促进城乡物资交流，为迎接经济建设做准备。到1952年国民经济恢复时期终结时，中国人民银行作为人民共和国的国家银行，建立了全国垂直领导的组织机构体系；统一了人民币发行，逐步收兑了解放区发行的货币，全部清楚并限期兑换了国民党政府发行的货币，很快使人民币成为全国统一的货币；对各类金融机构实行了统一管理。中国人民银行充分运用货币发行和货币政策，实行现金管理，开展"收存款、建金库、灵活调拨"，运用折实储蓄和存放款利率等手段调控市场货币供求，扭转了新中国成立初期金融市场混乱的状况，终于制止了国民党政府遗留下来的长达二十年之久的恶性通货膨胀。同时，按照"公私兼顾、劳资两利、城乡互助、内外交流"的政策，配合工商业的调整，灵活调度资金，支持了国营经济的快速成长，适度地增加了对私营经济和个体经济的贷款；便利了城乡物资交流，为人民币币值的稳定和国民经济的恢复与发展作出了重大贡献。

二、计划经济体制时期的国家银行(1953～1978年)

在统一的计划体制中，自上而下的人民银行体制，成为国家吸收、动员、集中和分配信贷资金的基本手段。随着社会主义改造的加快，私营金融业纳入了公私合营银行轨道，形成了集中统一的金融体制，中国人民银行作为国家金融管理和货币发行的机构，既是管理金融的国家机关又是全面经营银行业务的国家银行。

与高度集中的银行体制相适应，从1953年开始建立了集中统一的综合信贷计划管理体制，即全国的信贷资金，不论是资金来源还是资金运用，都由中国人民银行总行统一掌握，实行"统存统贷"的管理办法银行信贷计划纳入国家经济计划，成为国家管理经济的重要手段。高度集中的国家银行体制，为大规模的经济建设进行全面的金融监督和服务。

中国人民银行担负着组织和调节货币流通的职能，统一经营各项信贷业务，在国家计划实施中具有综合反映和货币监督功能。银行对国有企业提供超定额流动资金贷款、季节性贷款和少量的大修理贷款，对城乡集体经济、个体经济和私营经济提供部分生产流动资金贷款，对农村中的贫困农民提供生产贷款、口粮贷款和其他生活贷款。这种长期资金归财政、短期资金归银行，无偿资金归财政、有偿资金归银行，定额资金归财政、超定额资金归银行的体制，一直延续到1978年，期间虽有几次变动，基本格局变化不大。

三、从国家银行过渡到中央银行体制(1979～1992年)

1979年1月，为了加强对农村经济的扶植，恢复了中国农业银行。同年3

月,适应对外开放和国际金融业务发展的新形势,改革了中国银行的体制,中国银行成为国家指定的外汇专业银行;同时设立了国家外汇管理局。以后,又恢复了国内保险业务,重新建立中国人民保险公司;各地还相继组建了信托投资公司和城市信用合作社,出现了金融机构多元化和金融业务多样化的局面。

日益发展的经济和金融机构的增加,迫切需要加强金融业的统一管理和综合协调,由中国人民银行来专门承担中央银行职责,成为完善金融体制、更好发展金融业的紧迫议题。1982年7月,国务院批转中国人民银行的报告,进一步强调"中国人民银行是我国的中央银行,是国务院领导下统一管理全国金融的国家机关",以此为起点开始了组建专门的中央银行体制的准备工作。

1983年9月17日,国务院作出决定,由中国人民银行专门行使中央银行的职能,并具体规定了人民银行的10项职责。从1984年1月1日起,中国人民银行开始专门行使中央银行的职能,集中力量研究和实施全国金融的宏观决策,加强信贷总量的控制和金融机构的资金调节,以保持货币稳定;同时新设中国工商银行,人民银行过去承担的工商信贷和储蓄业务由中国工商银行专业经营;人民银行分支行的业务实行垂直领导;设立中国人民银行理事会,作为协调决策机构;建立存款准备金制度和中央银行对专业银行的贷款制度,初步确定了中央银行制度的基本框架。

人民银行在专门行使中央银行职能的初期,随着全国经济体制改革深化和经济高速发展,为适应多种金融机构、多种融资渠道和多种信用工具不断涌现的需要,中国人民银行不断改革机制,搞活金融,发展金融市场,促进金融制度创新。中国人民银行努力探索和改进宏观调控的手段和方式,在改进计划调控手段的基础上,逐步运用利率、存款准备金率、中央银行贷款等手段来控制信贷和货币的供给,以求达到"宏观管住、微观搞活、稳中求活"的效果,在制止"信贷膨胀"、"经济过热"、促进经济结构调整的过程中,初步培育了运用货币政策调节经济的能力。

四、逐步强化和完善现代中央银行制度(1993年至今)

1993年,按照国务院《关于金融体制改革的决定》,中国人民银行进一步强化金融调控、金融监管和金融服务职责,划转政策性业务和商业银行业务。

1995年3月18日,全国人民代表大会通过《中华人民共和国中国人民银行法》,首次以国家立法形式确立了中国人民银行作为中央银行的地位,标志着中央银行体制走向了法制化、规范化的轨道,是中央银行制度建设的重要里程碑。

1998年,按照中央金融工作会议的部署,改革人民银行管理体制,撤销省级分行,设立跨省区分行,同时,成立人民银行系统党委,对党的关系实行垂直领导,干部垂直管理。

2003年,按照党的十六届二中全会审议通过的《关于深化行政管理体制和机构改革的意见》和十届人大一次会议批准的国务院机构改革方案,将中国人民银行对银行、金融资产管理公司、信托投资公司及其他存款类金融机构的监管职能分离出来,并和中央金融工委的相关职能进行整合,成立中国银行业监督管理委员会。同年9月,中央机构编制委员会正式批准人民银行的"三定"调整意见。12月27日,十届全国人民代表大会常务委员会第六次会议审议通过了《中华人民共和国中国人民银行法(修正案)》。

有关金融监管职责调整后,人民银行新的职能正式表述为"制定和执行货币政策、维护金融稳定、提供金融服务。"同时,明确界定:"中国人民银行为国务院组成部门,是中华人民共和国的中央银行,是在国务院领导下制定和执行货币政策、维护金融稳定、提供金融服务的宏观调控部门。"这种职能的变化集中表现为"一个强化、一个转换和两个增加"。

"一个强化",即强化与制定和执行货币政策有关的职能。人民银行要大力提高制定和执行货币政策的水平,灵活运用利率、汇率等各种货币政策工具实施宏观调控;加强对货币市场规则的研究和制定,加强对货币市场、外汇市场、黄金市场等金融市场的监督与监测,密切关注货币市场与房地产市场、证券市场、保险市场之间的关联渠道、有关政策和风险控制措施,疏通货币政策传导机制。

"一个转换",即转换实施对金融业宏观调控和防范与化解系统性金融风险的方式。由过去主要是通过对金融机构的设立审批、业务审批、高级管理人员任职资格审查和监管指导等直接调控方式,转变为对金融业的整体风险、金融控股公司以及交叉性金融工具的风险进行监测和评估,防范和化解系统性金融风险,维护国家经济金融安全;转变为综合研究制定金融业的有关改革发展规划和对外开放战略,按照我国加入WTO的承诺,促进银行、证券、保险三大行业的协调发展和开放,提高我国金融业的国际竞争力,维护国家利益;转变为加强与外汇管理相配套的政策的研究与制定工作,防范国际资本流动的冲击。

"两个增加",即增加反洗钱和管理信贷征信业两项职能。今后将由人民银行组织协调全国的反洗钱工作,指导、部署金融业反洗钱工作,承担反洗钱的资金监测职责,并参与有关的国际反洗钱合作。由人民银行管理信贷征信业,推动社会信用体系建设。

这些新的变化,进一步强化了人民银行作为我国的中央银行在实施金融宏观调控、保持币值稳定、促进经济可持续增长和防范化解系统性金融风险中的重要作用。随着社会主义市场经济体制的不断完善,中国人民银行作为中央银行在宏观调控体系中的作用将更加突出。面对更加艰巨的任务和更加重大的责任,中央银行在履行新的职责过程中,视野要更广,思路要更宽,立足点要更高。特别是要大力强化与制定和执行货币政策有关的职能,不仅要加强对货币市场、外汇市场、黄金市场等金融市场的规范、监督与监测,还要从金融市场体系有机关联的角度,密切关注其他各类金融市场的运行情况和风险状况,综合、灵活运用利率、汇率等各种货币政策工具实施金融宏观调控。要从维护国家经济金融安全,实现和维护国家利益的高度,研究、规划关系到我国整个金融业改革、发展、稳定方面的重大战略问题。目前,我国经济市场化程度越来越高、货币政策决策面临的环境日趋复杂,金融业长期积累的金融风险仍然较重、改革与重组任务十分艰巨。在此情况下,中央银行要更善于擅于准确把握影响经济金融发展全局的因素,注意研究新情况、开发新工具、探索新方法、解决新问题,并创造性地开展工作,努力做到识大局、讲宏观、懂技术、胆识兼备,充分发挥中央银行在宏观调控中的突出作用。

——资料来源:中国人民银行门户网站(www.pbc.gov.cn)

第一节 概述

一、中国人民银行的地位

《中国人民银行法》规定,中国人民银行是中华人民共和国的中央银行。中国人民银行在国务院领导下,制定和执行货币政策,防范和化解金融风险,维护金融稳定,货币政策目标是保持货币币值的稳定,并以此促进经济增长。

二、中国人民银行的职责

《中国人民银行法》规定,中国人民银行履行下列职责:
(1)发布与履行其职责有关的命令和规章;
(2)依法制定和执行货币政策;
(3)发行人民币,管理人民币流通;
(4)监督管理银行间同业拆借市场和银行间债券市场;
(5)实施外汇管理,监督管理银行间外汇市场;
(6)监督管理黄金市场;
(7)持有、管理、经营国家外汇储备、黄金储备;
(8)经理国库;

(9) 维护支付、清算系统的正常运行;

(10) 指导、部署金融业反洗钱工作,负责反洗钱的资金监测;

(11) 负责金融业的统计、调查、分析和预测;

(12) 作为国家的中央银行,从事有关的国际金融活动;

(13) 国务院规定的其他职责。

统计数据:2009 年 1~6 月我国黄金和外汇储备状况

黄金和外汇储备

项目	2009.01	2009.02	2009.03	2009.04	2009.05	2009.06
黄金储备(万盎司)	1 929	1 929	1 929	3 389	3 389	3 389
国家外汇储备(亿美元)	19 134.56	19 120.66	19 537.41	20 088.80	20 894.91	21 316.06

——资料来源:中国人民银行门户网站(www.pbc.gov.cn)

政府公告:2009 年 7 月 31 日人民币外汇汇率中间价

中国外汇交易中心受权公布人民币汇率中间价公告

中国人民银行授权中国外汇交易中心公布,2009 年 7 月 31 日银行间外汇市场美元等交易货币对人民币汇率的中间价为:1 美元对人民币 6.8 323 元,1 欧元对人民币 9.6 250 元,100 日元对人民币为 7.1 580 元,1 港元对人民币 0.88 158元,1 英镑对人民币 11.2 781 元。

中国外汇交易中心
2009 年 7 月 31 日

第二节 中国人民银行的组织机构

一、行长

《中国人民银行法》规定,中国人民银行设行长一人,副行长若干人。中国人民银行行长的人选,根据国务院总理的提名,由全国人民代表大会决定;全国人民代表大会闭会期间,由全国人民代表大会常务委员会决定,由中华人民共和国主席任免。中国人民银行副行长由国务院总理任免。

中国人民银行实行行长负责制,行长领导中国人民银行的工作,副行长协助行长工作。

中国人民银行的行长、副行长及其他工作人员应当恪尽职守,不得滥用职权、徇私舞弊,不得在任何金融机构、企业、基金会兼职。

二、货币政策委员会

《中国人民银行法》规定,中国人民银行设立货币政策委员会。货币政策委员会是中国人民银行制定货币政策的咨询议事机构,其职责是,在综合分析宏观经济形势的基础上,依据国家宏观调控目标,讨论货币政策的制定和调整、一定时期内的货币政策控制目标、货币政策工具的运用、有关货币政策的重要措施、货币政策与其他宏观经济政策的协调等涉及货币政策等重大事项,并提出建议。

政府公告:货币政策委员会人员构成

货币政策委员会委员名单

周小川(货币政策委员会主席,中国人民银行行长)、尤权(国务院副秘书长)、苏宁(中国人民银行副行长)、胡晓炼(中国人民银行副行长)、朱之鑫(国家发展改革委员会副主任)、李勇(财政部副部长)、易纲(国家外汇管理局局长)、马建堂(国家统计局局长)、刘明康(中国银行业监督管理委员会主席)、尚福林(中国证券监督管理委员会主席)、吴定富(中国保险监督管理委员会主席)、蒋超良(中国银行业协会会长)、周其仁(北京大学国家发展研究院院长)、夏斌(国务院发展研究中心金融研究所所长)、李稻葵(清华大学中国与世界经济研究中心主任)

——资料来源:中国人民银行门户网站(www.pbc.gov.cn)

三、派出机构

《中国人民银行法》规定,中国人民银行根据履行职责的需要设立分支机构,作为中国人民银行的派出机构。中国人民银行对分支机构实行统一领导和管理。中国人民银行的分支机构根据中国人民银行的授权,维护本辖区的金融稳定,承办有关业务。

第三节 人民币

一、人民币的法律地位

《中国人民银行法》规定,中华人民共和国的法定货币是人民币。以人民币支付中华人民共和国境内的一切公共的和私人的债务,任何单位和个人不得拒收。

二、人民币的管理制度

《中国人民银行法》规定,人民币的单位为元,人民币辅币单位为角、分。

人民币由中国人民银行统一印制、发行。中国人民银行发行新版人民币,应当将发行时间、面额、图案、式样、规格予以公告。

禁止伪造、变造人民币。禁止出售、购买伪造、变造的人民币。禁止运输、持有、使用伪造、变造的人民币。禁止故意毁损人民币。禁止在宣传品、出版物或者其他商品上非法使用人民币图样。任何单位和个人不得印制、发售代币票券,以代替人民币在市场上流通。

残缺、污损的人民币,按照中国人民银行的规定兑换,并由中国人民银行负责收回、销毁。

中国人民银行设立人民币发行库,在其分支机构设立分支库。分支库调拨人民币发行基金,应当按照上级库的调拨命令办理。任何单位和个人不得违反规定,动用发行基金。

制度链接:违反人民币管理法律制度的法律责任

第四十二条:伪造、变造人民币,出售伪造、变造的人民币,或者明知是伪造、变造的人民币而运输,构成犯罪的,依法追究刑事责任;尚不构成犯罪的,由公安机关处 15 日以下拘留、1 万元以下罚款。

第四十三条:购买伪造、变造的人民币或者明知是伪造、变造的人民币而持有、使用,构成犯罪的,依法追究刑事责任;尚不构成犯罪的,由公安机关处 15 日以下拘留、1 万元以下罚款。

第四十四条:在宣传品、出版物或者其他商品上非法使用人民币图样的,中国人民银行应当责令改正,并销毁非法使用的人民币图样,没收违法所得,并处 5 万元以下罚款。

第四十五条:印制、发售代币票券,以代替人民币在市场上流通的,中国人民银行应当责令停止违法行为,并处 20 万元以下罚款。

——《中华人民共和国中国人民银行法》

第四节 中国人民银行的业务

一、货币政策工具

《中国人民银行法》规定,中国人民银行为执行货币政策,可以运用下列货币

政策工具:
(1)要求银行业金融机构按照规定的比例交存存款准备金;
(2)确定中央银行基准利率;
(3)为在中国人民银行开立账户的银行业金融机构办理再贴现;
(4)向商业银行提供贷款;
(5)在公开市场上买卖国债、其他政府债券和金融债券及外汇;
(6)国务院确定的其他货币政策工具。

新闻动态:中国央行收缩银根 全球市场震荡受挫

新浪财经讯 2010年1月12日晚间,中国人民银行出人意料地宣布将于1月18日起上调存款类金融机构人民币存款准备金率0.5个百分点。此次调整完成后,大型金融机构(工、农、中、建、交)的存款准备金率达到16%,中小银行(不含农信社)的存款准备金率为14%。这是央行自2008年底宣布实施适度宽松货币政策之后,首次上调存款准备金率。受此消息影响,全球市场反应强烈,股市普遍收跌,原油黄金等大宗商品市场大跌。

亚太市场方面,中国A股大幅低开震荡走弱,沪指放量下跌重挫百点失守3 200关口,沪指收报3 172.66点,跌幅3.09%;深成指收跌2.73%报13 016.56点。恒生指数收跌2.59%报21 748.60点,国企指数跌3.74%报12 482.18点,大市成交976.20亿港元。日本东京股市下跌144点报10 735.00点,跌幅为1.32%。韩国首尔综合指数收市跌1.6%,报1 671.00点。中国台湾加权指数下跌112点,报8 196.00点,创两周收市新低。

美国股市方面,受到美国铝业利空财报以及中国采取紧缩性政策措施等因素影响,周二美国股市收低,各板块普遍下滑,能源、零售业等板块跌幅领先。美东时间周二下午4:00(北京时间1月13日05:00),道琼斯工业平均指数下跌37.56点,收于10 626.43点,跌幅0.35%;纳斯达克综合指数下跌30.10点,收于2 282.31点,跌幅1.3%;标准普尔500指数下跌10.80点,收于1 136.18点,跌幅0.94%。

欧洲股市12日收盘走低,受中国人民银行周二宣布将上调银行准备金率来防止经济过热,投开始担心此举将影响中国经济的进而全球经济的成长,欧股收低也受美国公司收益季节黯淡开场拖累。截至收盘,道琼斯斯托克600指数下跌0.9%,收于256.38点,为连续第二个交易日走低。地区市场,英国富时100指数跌0.7%,收于5 498.71点;德国DAX指数跌1.6%,收于5 943.00点;法国CAC 40指数跌1.1%,收于4 000.05点。

除了股市,大宗商品也因中国公布准备金率调整消息后扩大跌幅。昨日伦敦午盘,国际油价跌幅由亚洲盘的0.4%扩大到1.5%,黄金价格则由升转跌。国内期市全线下跌,有色金属、豆类、LLDPE、白糖跌幅居前,沪铝开盘便触及跌停,全天跌逾4%。

——资料来源:新浪财经(http://www.sina.com.cn)2010年1月13日

政府公告:央行上调一年期存款基准利率

中国人民银行决定,自2010年10月20日起上调金融机构人民币存贷款基准利率。金融机构一年期存款基准利率上调0.25个百分点,由现行的2.25%提高到2.50%;一年期贷款基准利率上调0.25个百分点,由现行的5.31%提高到5.56%;其他各档次存贷款基准利率据此相应调整。

中国人民银行决定,自2010年12月26日起上调金融机构人民币存贷款基准利率。金融机构一年期存贷款基准利率分别上调0.25个百分点,其他各档次存贷款基准利率相应调整(见附表)。

附表:金融机构人民币存贷款基准利率调整表　　单位:%

一、城乡居民和单位存款	
(一)活期存款	0.36
(二)整存整取定期存款	
三个月	2.25
半年	2.50
一年	2.75
二年	3.55
三年	4.15
五年	4.55
二、各项贷款	
六个月	5.35
一年	5.81
一至三年	5.85
三至五年	6.22
五年以上	6.40

背景知识:公开市场业务

在多数发达国家,公开市场操作是中央银行吞吐基础货币、调节市场流动性的主要货币政策工具,通过中央银行与指定交易商进行有价证券和外汇交易,实现货币政策调控目标。中国公开市场操作包括人民币操作和外汇操作两部分。外汇公开市场操作1994年3月启动,人民币公开市场操作1998年5月26日恢复交易,规模逐步扩大。1999年以来,公开市场操作已成为中国人民银行货币政策日常操作的重要工具,对于调控货币供应量、调节商业银行流动性水平、引导货币市场利率走势发挥了积极的作用。

——资料来源:中国人民银行门户网站(www.pbc.gov.cn)

二、中国人民银行的其他法定业务

《中国人民银行法》规定,中国人民银行还可以从事下列业务活动:
(1)依照法律、行政法规的规定经理国库;
(2)代理国务院财政部门向各金融机构组织发行、兑付国债和其他政府债券;
(3)根据需要,为银行业金融机构开立账户,但不得对银行业金融机构的账户透支;
(4)组织或者协助组织银行业金融机构相互之间的清算系统,协调银行业金融机构相互之间的清算事项,提供清算服务;
(5)中国人民银行会同国务院银行业监督管理机构制定支付结算规则;
(6)决定对商业银行贷款的数额、期限、利率和方式,但贷款的期限不得超过1年。

背景知识:国库

国库是国家金库的简称,是办理预算收入的收纳、划分、留解和库款支拨的专门机构。国库分为中央国库和地方国库。国家的全部预算收入必须按规定期限全部缴入国库;国家的一切预算支出必须按规定通过国库拨付。国家的预算收入表示国家依靠权力无偿占有社会产品分配的结果;预算支出表示国家对维持、巩固和发展社会所开支的费用。《预算法》第四十八条规定:①县级以上各级预算必须设立国库,具备条件的乡、民族乡、镇也应当设立国库;②中央国库业务由中国人民银行经理,地方国库业务依据国务院的有关规定办理;③各级国库必须按照国家有关规定,及时准确地办理收入的收纳、划分、留解和预算支出的拨付;④各级国库库款的支配权属于本级政府财政部门;⑤各级政府应当加强对本级国库的管理和监督。

——资料来源:中国人民银行门户网站(www.pbc.gov.cn)

三、中国人民银行业务的限制

《中国人民银行法》规定,中国人民银行不得从事下列义务活动:
(1)不得对政府财政透支,不得直接认购、包销国债和其他政府债券;
(2)不得向地方政府、各级政府部门提供贷款,不得向非银行金融机构以及

其他单位和个人提供贷款,但国务院决定中国人民银行可以向特定的非银行金融机构提供贷款的除外;

(3)不得向任何单位和个人提供担保。

第五节 金融监督管理

一、监督检查范围

《中国人民银行法》规定,中国人民银行有权对金融机构以及其他单位和个人的下列行为进行检查监督:

(1)执行有关存款准备金管理规定的行为;
(2)与中国人民银行特种贷款有关的行为;
(3)执行有关人民币管理规定的行为;
(4)执行有关银行间同业拆借市场、银行间债券市场管理规定的行为;
(5)执行有关外汇管理规定的行为;
(6)执行有关黄金管理规定的行为;
(7)代理中国人民银行经理国库的行为;
(8)执行有关清算管理规定的行为;
(9)执行有关反洗钱规定的行为。

案例研读:上海罗怀韬地下钱庄洗钱案

2006年4月,中国人民银行上海总部协助上海警方破获新加坡人罗怀韬从事地下钱庄洗钱活动的重大案件。该案是历年来上海地区破获的最大规模地下钱庄洗钱案件,引起了社会各界的广泛关注。

经调查,自2004年起,犯罪嫌疑人罗怀韬等人受新加坡欢裕汇款与钱币兑换公司(BLOOMING ENTERPRISES,以下简称新加坡欢裕公司)老板巫明光的委派,来上海开展跨境汇兑业务。罗怀韬先后以本人和李启荣、陈培祥、冯广志、莫国基等人名义分别在10多家商业银行开设银行账户。根据新加坡的业务指令,罗怀韬利用各商业银行的网络银行、电话银行、通存通兑或邮政汇款等方式,收取国内需要向新加坡汇款客户的人民币,并负责向新加坡汇款客户指定的账户支付人民币,即作为新加坡欢裕公司在上海的分支机构从事两地平衡(无跨境资金流)的汇兑业务。2005年起,新加坡欢裕公司又在苏州、东莞两地先后设立同类机构,客户涉及全国31个省(市、自治区),主要集中于上海、广东、福建等。2004~2006年4月案发,该地下钱庄在上海、苏州两地交易金额共计53.54

亿元。

——中国人民银行反洗钱局:《中国反洗钱报告》(2006),中国金融出版社2007年版,第 55 页。

二、其他监督检查职权

《中国人民银行法》规定,中国人民银行根据执行货币政策和维护金融稳定的需要,可以建议国务院银行业监督管理机构对银行业金融机构进行检查监督。国务院银行业监督管理机构应当自收到建议之日起 30 日内予以回复。

当银行业金融机构出现支付困难,可能引发金融风险时,为了维护金融稳定,中国人民银行经国务院批准,有权对银行业金融机构进行检查监督。

中国人民银行根据履行职责的需要,有权要求银行业金融机构报送必要的资产负债表、利润表以及其他财务会计、统计报表和资料。

中国人民银行应当和国务院银行业监督管理机构、国务院其他金融监督管理机构建立监督管理信息共享机制。

中国人民银行负责统一编制全国金融统计数据、报表,并按照国家有关规定予以公布。

中国人民银行应当建立、健全本系统的稽核、检查制度,加强内部的监督管理。

延伸思考:

1. 如何理解我国中央银行的基本职责?
2. 如何理解货币政策委员会的地位与职能?
3. 中国人民银行金融监督管理的目标是什么?
4. 如何完善中国人民银行调控宏观经济运行的基本功能?

文献附录:《中华人民共和国反洗钱法》

中华人民共和国反洗钱法

(2006 年 10 月 31 日第十届全国人民代表大会常务委员会第二十四次会议通过)

中华人民共和国主席令第 56 号

《中华人民共和国反洗钱法》已由中华人民共和国第十届全国人民代表大会常务委员会第二十四次会议于 2006 年 10 月 31 日通过,现予公布,自 2007 年 1 月 1 日起施行。

中华人民共和国主席　胡锦涛
二〇〇六年十月三十一日

目 录

第一章　总则
第二章　反洗钱监督管理
第三章　金融机构反洗钱义务
第四章　反洗钱调查
第五章　反洗钱国际合作
第六章　法律责任
第七章　附则

第一章　总则

第一条　为了预防洗钱活动，维护金融秩序，遏制洗钱犯罪及相关犯罪，制定本法。

第二条　本法所称反洗钱，是指为了预防通过各种方式掩饰、隐瞒毒品犯罪、黑社会性质的组织犯罪、恐怖活动犯罪、走私犯罪、贪污贿赂犯罪、破坏金融管理秩序犯罪、金融诈骗犯罪等犯罪所得及其收益的来源和性质的洗钱活动，依照本法规定采取相关措施的行为。

第三条　在中华人民共和国境内设立的金融机构和按照规定应当履行反洗钱义务的特定非金融机构，应当依法采取预防、监控措施，建立健全客户身份识别制度、客户身份资料和交易记录保存制度、大额交易和可疑交易报告制度，履行反洗钱义务。

第四条　国务院反洗钱行政主管部门负责全国的反洗钱监督管理工作。国务院有关部门、机构在各自的职责范围内履行反洗钱监督管理职责。

国务院反洗钱行政主管部门、国务院有关部门、机构和司法机关在反洗钱工作中应当相互配合。

第五条　对依法履行反洗钱职责或者义务获得的客户身份资料和交易信息，应当予以保密；非依法律规定，不得向任何单位和个人提供。

反洗钱行政主管部门和其他依法负有反洗钱监督管理职责的部门、机构履行反洗钱职责获得的客户身份资料和交易信息，只能用于反洗钱行政调查。

司法机关依照本法获得的客户身份资料和交易信息，只能用于反洗钱刑事诉讼。

第六条　履行反洗钱义务的机构及其工作人员依法提交大额交易和可疑交易报告，受法律保护。

第七条　任何单位和个人发现洗钱活动，有权向反洗钱行政主管部门或者公安机关举报。接受举报的机关应当对举报人和举报内容保密。

第二章　反洗钱监督管理

第八条　国务院反洗钱行政主管部门组织、协调全国的反洗钱工作，负责反洗钱的资金监测，制定或者会同国务院有关金融监督管理机构制定金融机构反洗钱规章,监督、检查金融机构履行反洗钱义务的情况,在职责范围内调查可疑交易活动,履行法律和国务院规定的有关反洗钱的其他职责。

国务院反洗钱行政主管部门的派出机构在国务院反洗钱行政主管部门的授权范围内,对金融机构履行反洗钱义务的情况进行监督、检查。

第九条 国务院有关金融监督管理机构参与制定所监督管理的金融机构反洗钱规章,对所监督管理的金融机构提出按照规定建立健全反洗钱内部控制制度的要求,履行法律和国务院规定的有关反洗钱的其他职责。

第十条 国务院反洗钱行政主管部门设立反洗钱信息中心,负责大额交易和可疑交易报告的接收、分析,并按照规定向国务院反洗钱行政主管部门报告分析结果,履行国务院反洗钱行政主管部门规定的其他职责。

第十一条 国务院反洗钱行政主管部门为履行反洗钱资金监测职责,可以从国务院有关部门、机构获取所必需的信息,国务院有关部门、机构应当提供。

国务院反洗钱行政主管部门应当向国务院有关部门、机构定期通报反洗钱工作情况。

第十二条 海关发现个人出入境携带的现金、无记名有价证券超过规定金额的,应当及时向反洗钱行政主管部门通报。

前款应当通报的金额标准由国务院反洗钱行政主管部门会同海关总署规定。

第十三条 反洗钱行政主管部门和其他依法负有反洗钱监督管理职责的部门、机构发现涉嫌洗钱犯罪的交易活动,应当及时向侦查机关报告。

第十四条 国务院有关金融监督管理机构审批新设金融机构或者金融机构增设分支机构时,应当审查新机构反洗钱内部控制制度的方案;对于不符合本法规定的设立申请,不予批准。

第三章 金融机构反洗钱义务

第十五条 金融机构应当依照本法规定建立健全反洗钱内部控制制度,金融机构的负责人应当对反洗钱内部控制制度的有效实施负责。

金融机构应当设立反洗钱专门机构或者指定内设机构负责反洗钱工作。

第十六条 金融机构应当按照规定建立客户身份识别制度。

金融机构在与客户建立业务关系或者为客户提供规定金额以上的现金汇款、现钞兑换、票据兑付等一次性金融服务时,应当要求客户出示真实有效的身份证件或者其他身份证明文件,进行核对并登记。

客户由他人代理办理业务的,金融机构应当同时对代理人和被代理人的身份证件或者其他身份证明文件进行核对并登记。

与客户建立人身保险、信托等业务关系,合同的受益人不是客户本人的,金融机构还应当对受益人的身份证件或者其他身份证明文件进行核对并登记。

金融机构不得为身份不明的客户提供服务或者与其进行交易,不得为客户开立匿名账户或者假名账户。

金融机构对先前获得的客户身份资料的真实性、有效性或者完整性有疑问的,应当重新识别客户身份。

任何单位和个人在与金融机构建立业务关系或者要求金融机构为其提供一次性金融服务时,都应当提供真实有效的身份证件或者其他身份证明文件。

第十七条 金融机构通过第三方识别客户身份的,应当确保第三方已经采取符合本法要求的客户身份识别措施;第三方未采取符合本法要求的客户身份识别措施的,由该金融机构承担未履行客户身份识别义务的责任。

第十八条 金融机构进行客户身份识别,认为必要时,可以向公安、工商行政管理等部门核实客户的有关身份信息。

第十九条 金融机构应当按照规定建立客户身份资料和交易记录保存制度。

在业务关系存续期间,客户身份资料发生变更的,应当及时更新客户身份资料。

客户身份资料在业务关系结束后、客户交易信息在交易结束后,应当至少保存5年。

金融机构破产和解散时,应当将客户身份资料和客户交易信息移交国务院有关部门指定的机构。

第二十条 金融机构应当按照规定执行大额交易和可疑交易报告制度。

金融机构办理的单笔交易或者在规定期限内的累计交易超过规定金额或者发现可疑交易的,应当及时向反洗钱信息中心报告。

第二十一条 金融机构建立客户身份识别制度、客户身份资料和交易记录保存制度的具体办法,由国务院反洗钱行政主管部门会同国务院有关金融监督管理机构制定。金融机构大额交易和可疑交易报告的具体办法,由国务院反洗钱行政主管部门制定。

第二十二条 金融机构应当按照反洗钱预防、监控制度的要求,开展反洗钱培训和宣传工作。

第四章 反洗钱调查

第二十三条 国务院反洗钱行政主管部门或者其省一级派出机构发现可疑交易活动,需要调查核实的,可以向金融机构进行调查,金融机构应当予以配合,如实提供有关文件和资料。

调查可疑交易活动时,调查人员不得少于2人,并出示合法证件和国务院反洗钱行政主管部门或者其省一级派出机构出具的调查通知书。调查人员少于2人或者未出示合法证件和调查通知书的,金融机构有权拒绝调查。

第二十四条 调查可疑交易活动,可以询问金融机构有关人员,要求其说明情况。

询问应当制作询问笔录。询问笔录应当交被询问人核对。记载有遗漏或者差错的,被询问人可以要求补充或者更正。被询问人确认笔录无误后,应当签名或者盖章；调查人员也应当在笔录上签名。

第二十五条 调查中需要进一步核查的，经国务院反洗钱行政主管部门或者其省一级派出机构的负责人批准，可以查阅、复制被调查对象的账户信息、交易记录和其他有关资料；对可能被转移、隐藏、篡改或者毁损的文件、资料，可以予以封存。

调查人员封存文件、资料，应当会同在场的金融机构工作人员查点清楚，当场开列清单一式二份，由调查人员和在场的金融机构工作人员签名或者盖章，一份交金融机构，一份附卷备查。

第二十六条 经调查仍不能排除洗钱嫌疑的，应当立即向有管辖权的侦查机关报案。客户要求将调查所涉及的账户资金转往境外的，经国务院反洗钱行政主管部门负责人批准，可以采取临时冻结措施。

侦查机关接到报案后，对已依照前款规定临时冻结的资金，应当及时决定是否继续冻结。侦查机关认为需要继续冻结的，依照《刑事诉讼法》的规定采取冻结措施；认为不需要继续冻结的，应当立即通知国务院反洗钱行政主管部门，国务院反洗钱行政主管部门应当立即通知金融机构解除冻结。

临时冻结不得超过 48 小时。金融机构在按照国务院反洗钱行政主管部门的要求采取临时冻结措施后 48 小时内，未接到侦查机关继续冻结通知的，应当立即解除冻结。

第五章 反洗钱国际合作

第二十七条 中华人民共和国根据缔结或者参加的国际条约，或者按照平等互惠原则，开展反洗钱国际合作。

第二十八条 国务院反洗钱行政主管部门根据国务院授权，代表中国政府与外国政府和有关国际组织开展反洗钱合作，依法与境外反洗钱机构交换与反洗钱有关的信息和资料。

第二十九条 涉及追究洗钱犯罪的司法协助，由司法机关依照有关法律的规定办理。

第六章 法律责任

第三十条 反洗钱行政主管部门和其他依法负有反洗钱监督管理职责的部门、机构从事反洗钱工作的人员有下列行为之一的，依法给予行政处分：

（一）违反规定进行检查、调查或者采取临时冻结措施的；

（二）泄露因反洗钱知悉的国家秘密、商业秘密或者个人隐私的；

（三）违反规定对有关机构和人员实施行政处罚的；

（四）其他不依法履行职责的行为。

第三十一条 金融机构有下列行为之一的，由国务院反洗钱行政主管部门或者其授权的设区的市一级以上派出机构责令限期改正；情节严重的，建议有关金融监督管理机构依法责令金融机构对直接负责的董事、高级管理人员和其他直接责任人员给予纪律处分：

（一）未按照规定建立反洗钱内部控制制度的；

（二）未按照规定设立反洗钱专门机构或者指定内设机构负责反洗钱工作的；

（三）未按照规定对职工进行反洗钱培训的。

第三十二条　金融机构有下列行为之一的，由国务院反洗钱行政主管部门或者其授权的设区的市一级以上派出机构责令限期改正；情节严重的，处20万元以上50万元以下罚款，并对直接负责的董事、高级管理人员和其他直接责任人员，处1万元以上5万元以下罚款：

（一）未按照规定履行客户身份识别义务的；

（二）未按照规定保存客户身份资料和交易记录的；

（三）未按照规定报送大额交易报告或者可疑交易报告的；

（四）与身份不明的客户进行交易或者为客户开立匿名账户、假名账户的；

（五）违反保密规定，泄露有关信息的；

（六）拒绝、阻碍反洗钱检查、调查的；

（七）拒绝提供调查材料或者故意提供虚假材料的。

金融机构有前款行为，致使洗钱后果发生的，处50万元以上500万元以下罚款，并对直接负责的董事、高级管理人员和其他直接责任人员处5万元以上50万元以下罚款；情节特别严重的，反洗钱行政主管部门可以建议有关金融监督管理机构责令停业整顿或者吊销其经营许可证。

对有前两款规定情形的金融机构直接负责的董事、高级管理人员和其他直接责任人员，反洗钱行政主管部门可以建议有关金融监督管理机构依法责令金融机构给予纪律处分，或者建议依法取消其任职资格、禁止其从事有关金融业工作。

第三十三条　违反本法规定，构成犯罪的，依法追究刑事责任。

第七章　附则

第三十四条　本法所称金融机构，是指依法设立的从事金融业务的政策性银行、商业银行、信用合作社、邮政储汇机构、信托投资公司、证券公司、期货经纪公司、保险公司以及国务院反洗钱行政主管部门确定并公布的从事金融业务的其他机构。

第三十五条　应当履行反洗钱义务的特定非金融机构的范围、其履行反洗钱义务和对其监督管理的具体办法，由国务院反洗钱行政主管部门会同国务院有关部门制定。

第三十六条　对涉嫌恐怖活动资金的监控适用本法；其他法律另有规定的，适用其规定。

第三十七条　本法自2007年1月1日起施行。

第二十章　银行业监督管理法律制度

 引例:湖南长沙中天行房车俱乐部有限公司集资诈骗案

案情

2005年9月,湖南长沙市公安局经侦支队破获了中天行房车俱乐部有限公司集资诈骗案。经查,2004年8月,犯罪嫌疑人高大庆等人注册成立长沙市中天行房车俱乐部有限公司,以高额固定回报并逐月兑付现金的委托租赁会员制的方式向社会集资1.67亿元。目前该案已一审判决。

长沙市中天行房车俱乐部有限公司涉嫌集资诈骗案中,"中天行"公司采取虚增公司注册资本、提供虚假担保、捏造和虚夸投资项目、承诺高额回报等手段,借助宣传媒体造势,以委托租赁及发行体验卡、贵宾卡、至尊卡、鸿福卡、博颐卡等类卡向社会公众特别是有一定积蓄且急于寻找投资渠道的中老年群体进行非法集资活动,涉案金额1.67亿元,受害群众7 000余人,是一起涉案金额巨大、涉及人员众多、经济损失严重、社会影响恶劣的涉众型经济犯罪案件。

点评

由于受害者防范意识淡薄,投资风险意识不强,犯罪的隐蔽性和欺骗性强,相关职能部门的监管防控措施不完善和监管力度不够等原因,此类犯罪容易坐大成势。投资者一定要增强投资风险意识和防范犯罪意识,避免赌博式投资心理和从众心理,不要奢望出现"天上掉馅饼"的奇迹。

司法链接:《最高人民法院关于依法严厉打击集资诈骗和非法吸收公众存款犯罪活动的通知》(法〔2004〕240号)

各省、自治区、直辖市高级人民法院,解放军军事法院,新疆维吾尔自治区高级人民法院生产建设兵团分院:

近年来,一些地方集资诈骗、非法吸收公众存款犯罪活动十分猖獗,大案要案接连发生,严重扰乱金融市场秩序,侵犯公民、法人和其他组织的合法权益。为了切实维护国家金融市场秩序和社会政治稳定,现就人民法院充分发挥审判职能作用,依法严厉打击集资诈骗和非法吸收公众存款犯罪活动的有关问题通知如下:

一、充分认识集资诈骗和非法吸收公众存款犯罪的严重社会危害性,切实加强对这类犯罪案件的审判工作。当前,各种形式的非法集资犯罪活动,手段更加狡黠,欺骗性更强,导致大量人民群众上当受骗。不少集资诈骗和非法吸收公众存款犯罪案件,涉案金额特别巨大,受害人员范围广,给公民和法人以及其他组织造成巨额财产损失,严重破坏金融市场秩序,由此导致的群体性事件屡有发生,严重影响社会政治稳定。各级人民法院一定要从贯彻"三个代表"重要思想,树立和落实科学发展观,落实"司法为民"要求的高度,进一步提高对集资诈骗和非法吸收公众存款犯罪案件审判工作重要性的认识,全面发挥人民法院刑事审判职能作用,为有效遏制集资诈骗和非法吸收公众存款犯罪活动,规范金融市场秩序提供有力司法保障。

二、坚决贯彻依法严惩集资诈骗和非法吸收公众存款犯罪的方针,加大对集资诈骗和非法吸收公众存款犯罪的打击力度。金融犯罪一直是我国整顿和规范市场经济秩序工作的打击重点,集资诈骗和非法吸收公众存款犯罪案件,是金融犯罪刑事审判工作的重中之重。集资诈骗和非法吸收公众存款犯罪发案较多的地区,人民法院要积极配合有关部门,开展严厉打击这类犯罪的专项行动,切实维护金融市场秩序和社会政治稳定。对集资诈骗和非法吸收公众存款的犯罪活动,一定要贯彻依法严惩的方针,保持对犯罪的高压态势,以有效震慑不法分子,保护人民群众利益。一旦案件起诉后,即应尽快开庭,及时审结。对集资诈骗数额特别巨大并且给国家和人民利益造成特别重大损失,罪行极其严重的犯罪分子,依法应该判处死刑的,要坚决判处死刑,决不手软。在对犯罪分子判处主刑的同时,要依法适用财产刑,并加大赃款赃物的追缴力度,不让犯罪分子在经济上获取非法利益。对集资诈骗和非法吸收公众存款共同犯罪案件中的主犯,一定要依法从严惩处。

三、坚持审判工作法律效果和社会效果有机统一,积极参与金融市场经济秩序的综合治理。各级人民法院在审判集资诈骗和非法吸收公众存款犯罪案件工作中,要把依法审判与法制宣传有机结合起来。注意通过依法公开宣判、新闻媒体宣传等各种行之有效的形式,揭露犯罪骗局,教育广大群众,提高公民防骗意识。要妥善处理涉及众多被害人的犯罪案件,注意追缴犯罪分子的违法所得,及时将被骗的集资款返还被害人,配合地方党委和政府做好案件的善后工作,尽量将犯罪造成的不良后果降到最低限度,确保社会稳定。对办案过程中发现有关部门和单位在资金管理制度和环节上存在的漏洞和隐患,要及时提出司法建议,以做到防患于未然。

四、深入调查研究,及时解决审判这类案件中的疑难问题。各高级人民法院对于近期受理的集资诈骗和非法吸收公众存款大要案的审理情况,要及时报告我院。审理集资诈骗和非法吸收公众存款犯罪案件政策性强,涉及法律适用问题疑难,各高级人民法院对在审判工作中遇到的新情况、新问题,要认真研究,提出意见,加强指导,及时报告我院。

2004 年 11 月 15 日

——资料来源:银监会门户网站(www.cbrc.gov.cn)

第一节 概述

一、银行业监督管理的对象

《银行业监督管理法》规定,国务院银行业监督管理机构(即中国银行业监督管理委员会,简称银监会)负责对全国银行业金融机构及其业务活动监督管理的工作。

政府公告:银监会监管职责

全国人民代表大会常务委员会关于中国银行业监督管理
委员会履行原由中国人民银行履行的监督管理职责的决定
(2003年4月26日第十届全国人民代表大会常务委员会
第二次会议通过自公布之日起施行)

第十届全国人民代表大会常务委员会第二次会议审议了《国务院关于提请审议中国银行业监督管理委员会行使原由中国人民银行行使的监督管理职权的议案》。根据第十届全国人民代表大会第一次会议决定批准的国务院机构改革方案,为了使中国银行业监督管理委员会依法履行监督管理职责,特作如下决定:

一、由国务院依照现行《中华人民共和国中国人民银行法》、《中华人民共和国商业银行法》和其他有关法律的规定,确定中国银行业监督管理委员会履行原由中国人民银行履行的审批、监督管理银行、金融资产管理公司、信托投资公司及其他存款类金融机构等的职责及相关职责。

二、由国务院抓紧提出修改《中华人民共和国中国人民银行法》和《中华人民共和国商业银行法》以及其他有关法律的议案,提请全国人民代表大会常务委员会审议。

本决定自公布之日起施行。

所谓银行业金融机构,是指在中华人民共和国境内设立的商业银行、城市信用合作社、农村信用合作社等吸收公众存款的金融机构以及政策性银行。

对在我国境内设立的金融资产管理公司、信托投资公司、财务公司、金融租赁公司以及经银监会批准设立的其他金融机构的监督管理,也适用《银行业监督管理法》关于银行业金融机构监督管理的规定。

银监会依照《银行业监督管理法》的有关规定,对经其批准在境外设立的金融机构以及上述银行业金融机构和其他金融机构在境外的业务活动实施监督管理。

政策指南:银监会监管工作目的

通过审慎有效的监管,保护广大存款人和消费者的利益;通过审慎有效的监管,增进市场信心;通过宣传教育工作和相关信息披露,增进公众对现代金融的了解;努力减少金融犯罪。

——资料来源:银监会门户网站(www.cbrc.gov.cn)

二、银行业监督管理的基本原则

(一)依法监督

《银行业监督管理法》规定,银行业监督管理的目标是促进银行业的合法、稳健运行,维护公众对银行业的信心,应当遵循依法、公开、公正和效率的原则,应当保护银行业公平竞争,提高银行业竞争能力。

(二)独立监督

银行业监督管理机构及其从事监督管理工作的人员依法履行监督管理职责,受法律保护。地方政府、各级政府部门、社会团体和个人不得干涉。

(三)协作监督

银监会应当和中国人民银行、国务院其他金融监督管理机构建立监督管理信息共享机制,可以和其他国家或者地区的银行业监督管理机构建立监督管理合作机制,实施跨境监督管理。

第二节 监督管理机构

一、派出机构

《银行业监督管理法》规定,银监会根据履行职责的需要设立派出机构,对派出机构实行统一领导和管理。银监会的派出机构在银监会的授权范围内,履行监督管理职责。

政府公告:广西银监局消化地方历年亏损挂账

广西区农村合作金融机构年内全部消化历年亏损挂账

为全面贯彻落实银监会11月28日召开的农村中小金融机构风险监管工作(电视电话)会议精神,广西银监局及时督促自治区联社制定落实补亏、核销呆账、提足拨备的具体计划和工作措施,力争年内全部消化历年亏损挂账,进一步加快消化历史包袱的步伐,促进辖内农村合作金融机构更好更快发展。

加快消化历年亏损挂账,既是监管达标升级工作的要求,也是推动深化农村信用社改革工作向纵深发展的重要条件。在广西区银监局指导下,自治区联社专门制定了2008年全部消化历年亏损挂账的工作计划。截至今年11月末,全区农村合作金融机构历年亏损挂账余额18.30亿元,比年初减少3.2亿元。为确保2008年末全区农村合作金融机构全部消化历年亏损挂账,各级联社和农村合作金融机构集中精力,多策并举,重点采取了三个方面的工作措施:一是通过加快经营发展,不断提高农村合作金融机构的盈利水平,通过对已置换的不良贷款清收变现,以及充分利用企业所得税免征、营业税减征资金、土地出让金返还等措施弥补历年亏损挂账。二是对历年亏损挂账金额较大,目前仍为二级法人的县级联社加快产权改革步伐,通过在依法合规的前提下进行内部帮扶,清产核资评估增值等一系列措施进一步弥补历年亏损挂账。三是对通过自身努力确实无法全部消化历年亏损挂账个别困难较大的农村合作金融机构,自治区联社在通过严格审核后,实行"一社一策"办法,通过营业税返还已到账未拨付的结余资金、2008年度部分营业税返还预拨付资金、对各县级农村合作金融机构增加统筹1%的2008年度管理费资金等渠道,筹措资金专项用于帮助消化历年亏损挂账。根据自治区联社最新测算,全区农村合作金融机构年内全部消化历年亏损挂账已成定局。

广西区农村合作金融机构在加快消化历年亏损挂账的同时,进一步加大拨备提取力度,切实做好呆账核销工作。为切实避免高利润与高拨备缺口并存问题,广西银监局督促农村合作金融机构严格按照银监会关于农村合作金融机构做实利润有关问题的通知要求,进一步完善财务考核指标,切实加大增提拨备工作的力度,计划在3年内全区农村合作金融机构全部弥补贷款损失准备缺口,贷款损失准备充足率达到100%。截至今年10月末,全区农村合作金融机构应提五级分类贷款损失准备62.5亿元,已提25.4亿元,贷款损失准备缺口37.1亿元,比年初减少14.2亿元,下降27.7%;拨备充足率40.7%,比年初增加10.7个百分点,比2006年末增加34.6个百分点。全区农村合作金融机构2008年计划核销呆账2.67亿元,占2007年末损失贷款余额的8.34%。

目前,北京、上海、浙江、宁波、厦门、青岛、深圳、重庆、云南和广西等10省份农村合作金融机构已率先实现全部消化历年亏损挂账,其中云南、广西为今年新实现全部消化亏损挂账任务的省份。

——资料来源:银监会门户网站(www.cbrc.gov.cn)

二、工作人员

《银行业监督管理法》规定,银行业监督管理机构从事监督管理工作的人员,应当具备与其任职相适应的专业知识和业务工作经验,应当忠于职守,依法办事,公正廉洁,不得利用职务便利牟取不正当的利益,不得在金融机构等企业中兼任职务。

银行业监督管理机构工作人员,应当依法保守国家秘密,并有责任为其监督管理的银行业金融机构及当事人保守秘密。

三、其他监督管理机构

《银行业监督管理法》规定,银监会同其他国家或者地区的银行业监督管理机构交流监督管理信息,应当就信息保密作出安排。银行业监督管理机构在处置银行业金融机构风险、查处有关金融违法行为等监督管理活动中,地方政府、各级有关部门应当予以配合和协助。国务院审计、监察等机关,应当依照法律规定对银监会的活动进行监督。

政策指南:当前银行卡业务风险及其防范(节选)

加强协作,建立健全银行卡风险防范合作机制。一方面各银行机构应加强与银联、公安机关的合作与沟通,建立良好的信息共享机制。"银行卡风险信息共享系统"是中国银联建立的包括不良持卡人、黑名单商户等银行卡重要负面信息的系统,发卡机构和收单机构在办理相关业务时应积极利用该系统,对确认的不良持卡人、商户名单应及时报至该系统,以实现信息共享,共同防范风险。另一方面,银行业协会要加强协调,充分发挥银行卡专业委员会的职能,督促各会员行严格执行监管部门的有关规定和同业约定,共同营造有利于银行卡产业发展的外部环境。

——资料来源:银监会门户网站(www.cbrc.gov.cn)

第三节 监督管理职责

政策指南:银监会监管工作六大标准

(1)良好监管要促进金融稳定和金融创新共同发展;

(2)要努力提升我国金融业在国际金融服务中的竞争力;

(3)对各类监管设限要科学、合理,有所为,有所不为,减少一切不必要的限制;

(4)鼓励公平竞争、反对无序竞争;

(5)对监管者和被监管者都要实施严格、明确的问责制;

(6)要高效、节约地使用一切监管资源

——资料来源:银监会门户网站(www.cbrc.gov.cn)

一、制定发布监管制度

《银行业监督管理法》规定,银监会依照法律、行政法规制定并发布对银行业金融机构及其业务活动监督管理的规章、规则。

银监会应当建立银行业金融机构监督管理评级体系和风险预警机制,根据银行业金融机构的评级情况和风险状况,确定对其现场检查的频率、范围和需要采取的其他措施。

政府公告:银监会预警不法分子伪造境外卡在境内盗取现金
关注和防范不法分子伪造境外卡在境内盗取现金

近期,沿海地区银行部分支行分别发现有一批境外卡在 ATM 机异常取款。据截获的境外卡看,这些境外卡均是卡面空白的磁条卡,初步判断是一些境外卡的资料泄密,被不法分子伪造用以盗取现金。为了更好地防范不法分子伪造境外卡在境内盗取现金,银监会特向广大金融消费者和金融机构作如下风险提示:

一、伪造境外卡的作案手法和特点

作案时间相对集中。从已发生的案例看,不法分子利用伪造境外卡取款的时间通常集中在 2 至 5 天的时间内,平均每个网点交易几十笔。不法分子作案时一般持多张伪造的境外卡,如某一张交易成功,则连续取款,作案网点和时间相对集中。

作案地点不断迁移。银行机构在发现不法分子作案后曾派人昼夜伏击但在当地均未有所获,但随后在临近其他地区发现有类似案情,显示不法分子作案后立即转移他地,地点不断转换。

作案手段比较隐蔽。不法分子作案时因在 ATM 上连续交易,操作时间较长,故均选择在凌晨 0~5 时之夜深人静时作案。同时,不法分子作案时均戴帽或用口罩、围巾包裹脸部,有意对外部进行掩饰以防被监控录像拍摄,说明不法分子作案目的性强,手段比较隐蔽。

作案带有团伙性质。银行机构反映,从不同地区调取的监控录像资料看,初步认定作案的不法分子同属于一个犯罪团伙,并且不法分子所伪造的境外卡大多属于欧洲卡,涉及的客户资料包括西班牙、瑞士、瑞典、德国、意大利等欧洲国家持卡人的资料,不法分子从窃取持卡人资料到伪造境外卡并到境内取款,带有团伙犯罪的特征。

二、监管部门提示

针对犯罪分子日益多样的作案手段,为防止不法分子作案地点的转移和蔓延,保护广大金融消费者的合法权益不受侵犯,银监会建议各银行机构和各有关部门高度重视,并分别采取相关的防范措施,协同打击金融犯罪,切实维护公众利益。同时提醒广大公众特别是境外卡持有人要妥善保护好个人的银行卡及密码,不要轻易向他人透露账户信息,以防被不法分子所用。

——资料来源:银监会门户网站(www.cbrc.gov.cn)

二、审批银行业金融机构的设置

《银行业监督管理法》规定,银监会依照法律、行政法规规定的条件和程序,审查批准银行业金融机构的设立、变更、终止以及业务范围。

申请设立银行业金融机构,或者银行业金融机构变更持有资本总额或者股份总额达到规定比例以上的股东的,银监会应当对股东的资金来源、财务状况、资本补充能力和诚信状况进行审查。

银行业金融机构业务范围内的业务品种,应当按照规定经银监会审查批准或者备案。需要审查批准或者备案的业务品种,由银监会依照法律、行政法规作出规定并公布。

未经银监会批准,任何单位或者个人不得设立银行业金融机构或者从事银行业金融机构的业务活动。

银监会对银行业金融机构的董事和高级管理人员实行任职资格管理。

银监会应当在规定的期限,对下列申请事项作出批准或者不批准的书面决定;决定不批准的,应当说明理由:

(1)银行业金融机构的设立,自收到申请文件之日起6个月内;

(2)银行业金融机构的变更、终止,以及业务范围和增加业务范围内的业务品种,自收到申请文件之日起3个月内;

(3)审查董事和高级管理人员的任职资格,自收到申请文件之日起30日内。

三、制定审慎经营规则

《银行业监督管理法》规定,银行业金融机构的审慎经营规则,由法律、行政法规规定,也可以由银监会依照法律、行政法规制定,银行业金融机构应当严格遵守审慎经营规则。

所谓审慎经营规则,包括风险管理、内部控制、资本充足率、资产质量、损失准备金、风险集中、关联交易、资产流动性等内容。

制度链接:《汽车金融公司管理办法》

汽车金融公司管理办法

中国银行业监督管理委员会令2008年第1号

《汽车金融公司管理办法》于2007年12月27日经中国银行业监督管理委

员会第64次主席会议通过。现予公布,自公布之日起施行。

主席 刘明康

二〇〇八年一月二十四日

汽车金融公司管理办法

第一章 总则

第一条 为加强对汽车金融公司的监督管理,促进我国汽车金融业的健康发展,依据《中华人民共和国银行业监督管理法》、《中华人民共和国公司法》等法律法规,制定本办法。

第二条 本办法所称汽车金融公司,是指经中国银行业监督管理委员会(以下简称中国银监会)批准设立的,为中国境内的汽车购买者及销售者提供金融服务的非银行金融机构。

第三条 汽车金融公司名称中应标明"汽车金融"字样。未经中国银监会批准,任何单位和个人不得从事汽车金融业务,不得在机构名称中使用"汽车金融"、"汽车信贷"等字样。

第四条 中国银监会及其派出机构依法对汽车金融公司实施监督管理。

第二章 机构设立、变更与终止

第五条 设立汽车金融公司应具备下列条件:

(一)具有符合本办法规定的出资人;

(二)具有符合本办法规定的最低限额注册资本;

(三)具有符合《中华人民共和国公司法》和中国银监会规定的公司章程;

(四)具有符合任职资格条件的董事、高级管理人员和熟悉汽车金融业务的合格从业人员;

(五)具有健全的公司治理、内部控制、业务操作、风险管理等制度;

(六)具有与业务经营相适应的营业场所、安全防范措施和其他设施;

(七)中国银监会规定的其他审慎性条件。

第六条 汽车金融公司的出资人为中国境内外依法设立的企业法人,其中主要出资人须为生产或销售汽车整车的企业或非银行金融机构。

第七条 汽车金融公司出资人中至少应有1名出资人具备5年以上丰富的汽车金融业务管理和风险控制经验。

汽车金融公司出资人如不具备前款规定的条件,至少应为汽车金融公司引进合格的专业管理团队。

第八条 非金融机构作为汽车金融公司出资人,应当具备以下条件:

(一)最近1年的总资产不低于80亿元人民币或等值的可自由兑换货币,年营业收入不低于50亿元人民币或等值的可自由兑换货币(合并会计报表口径);

(二)最近1年年末净资产不低于资产总额的30%(合并会计报表口径);

(三)经营业绩良好,且最近2个会计年度连续盈利;

（四）入股资金来源真实合法，不得以借贷资金入股，不得以他人委托资金入股；

（五）遵守注册所在地法律，近2年无重大违法违规行为；

（六）承诺3年内不转让所持有的汽车金融公司股权（中国银监会依法责令转让的除外），并在拟设公司章程中载明；

（七）中国银监会规定的其他审慎性条件。

第九条 非银行金融机构作为汽车金融公司出资人，除应具备第八条第（三）项至第（六）项的规定外，还应当具备注册资本不低于3亿元人民币或等值的可自由兑换货币的条件。

第十条 汽车金融公司注册资本的最低限额为5亿元人民币或等值的可自由兑换货币。注册资本为一次性实缴货币资本。

中国银监会根据汽车金融业务发展情况及审慎监管的需要，可以调高注册资本的最低限额。

第十一条 汽车金融公司的设立须经过筹建和开业两个阶段。申请设立汽车金融公司，应由主要出资人作为申请人，按照《中国银监会非银行金融机构行政许可事项申请材料目录和格式要求》的具体规定，提交筹建、开业申请材料。申请材料以中文文本为准。

第十二条 未经中国银监会批准，汽车金融公司不得设立分支机构。

第十三条 中国银监会对汽车金融公司董事和高级管理人员实行任职资格核准制度。

第十四条 汽车金融公司有下列变更事项之一的，应报经中国银监会批准：

（一）变更公司名称；

（二）变更注册资本；

（三）变更住所或营业场所；

（四）调整业务范围；

（五）改变组织形式；

（六）变更股权或调整股权结构；

（七）修改章程；

（八）变更董事及高级管理人员；

（九）合并或分立；

（十）中国银监会规定的其他变更事项。

第十五条 汽车金融公司有以下情况之一的，经中国银监会批准后可以解散：

（一）公司章程规定的营业期限届满或公司章程规定的其他解散事由出现；

（二）公司章程规定的权力机构决议解散；

（三）因公司合并或分立需要解散；

（四）其他法定事由。

第十六条 汽车金融公司有以下情形之一的,经中国银监会批准,可向法院申请破产:

(一)不能清偿到期债务,并且资产不足以清偿全部债务或明显缺乏清偿能力,自愿或应其债权人要求申请破产;

(二)因解散或被撤销而清算,清算组发现汽车金融公司财产不足以清偿债务,应当申请破产。

第十七条 汽车金融公司因解散、依法被撤销或被宣告破产而终止的,其清算事宜,按照国家有关法律法规办理。

第十八条 汽车金融公司设立、变更、终止和董事及高级管理人员任职资格核准的行政许可程序,按照《中国银监会非银行金融机构行政许可事项实施办法》执行。

第三章 业务范围

第十九条 经中国银监会批准,汽车金融公司可从事下列部分或全部人民币业务:

(一)接受境外股东及其所在集团在华全资子公司和境内股东3个月(含)以上定期存款;

(二)接受汽车经销商采购车辆贷款保证金和承租人汽车租赁保证金;

(三)经批准,发行金融债券;

(四)从事同业拆借;

(五)向金融机构借款;

(六)提供购车贷款业务;

(七)提供汽车经销商采购车辆贷款和营运设备贷款,包括展示厅建设贷款和零配件贷款以及维修设备贷款等;

(八)提供汽车融资租赁业务(售后回租业务除外);

(九)向金融机构出售或回购汽车贷款应收款和汽车融资租赁应收款业务;

(十)办理租赁汽车残值变卖及处理业务;

(十一)从事与购车融资活动相关的咨询、代理业务;

(十二)经批准,从事与汽车金融业务相关的金融机构股权投资业务;

(十三)经中国银监会批准的其他业务。

第二十条 汽车金融公司发放汽车贷款应遵守《汽车贷款管理办法》等有关规定。

第二十一条 汽车金融公司经营业务中涉及外汇管理事项的,应遵守国家外汇管理有关规定。

第四章 风险控制与监督管理

第二十二条 汽车金融公司应按照中国银监会有关银行业金融机构内控指引和风险管理指引的要求,建立健全公司治理和内部控制制度,建立全面有效的风险管理体系。

第二十三条 汽车金融公司应遵守以下监管要求:

(一)资本充足率不低于8%,核心资本充足率不低于4%;

(二)对单一借款人的授信余额不得超过资本净额的15%;

(三)对单一集团客户的授信余额不得超过资本净额的50%;

(四)对单一股东及其关联方的授信余额不得超过该股东在汽车金融公司的出资额;

(五)自用固定资产比例不得超过资本净额的40%。

中国银监会可根据监管需要对上述指标做出适当调整。

第二十四条 汽车金融公司应按照有关规定实行信用风险资产五级分类制度,并应建立审慎的资产减值损失准备制度,及时足额计提资产减值损失准备。未提足准备的,不得进行利润分配。

第二十五条 汽车金融公司应按规定编制并向中国银监会报送资产负债表、损益表及中国银监会要求的其他报表。

第二十六条 汽车金融公司应建立定期外部审计制度,并在每个会计年度结束后的4个月内,将经法定代表人签名确认的年度审计报告报送公司注册地的中国银监会派出机构。

第二十七条 中国银监会及其派出机构必要时可指定会计师事务所对汽车金融公司的经营状况、财务状况、风险状况、内部控制制度及执行情况等进行审计。中国银监会及其派出机构可要求汽车金融公司更换专业技能和独立性达不到监管要求的会计师事务所。

第二十八条 汽车金融公司如有业务外包需要,应制定与业务外包相关的政策和管理制度,包括业务外包的决策程序、对外包方的评价和管理、控制业务信息保密性和安全性的措施和应急计划等。汽车金融公司签署业务外包协议前应向注册地中国银监会派出机构报告业务外包协议的主要风险及相应的风险规避措施等。

第二十九条 汽车金融公司违反本办法规定的,中国银监会将责令限期整改;逾期未整改的,或其行为严重危及公司稳健运行、损害客户合法权益的,中国银监会可区别情形,依照《中华人民共和国银行业监督管理法》等法律法规的规定,采取暂停业务、限制股东权利等监管措施。

第三十条 汽车金融公司已经或可能发生信用危机、严重影响客户合法权益的,中国银监会将依法对其实行接管或促成机构重组。汽车金融公司有违法经营、经营管理不善等情形,不撤销将严重危害金融秩序、损害公众利益的,中国银监会将予以撤销。

第三十一条 汽车金融公司可成立行业性自律组织,实行自律管理。自律组织开展活动,应当接受中国银监会的指导和监督。

第五章　附　则

第三十二条　本办法第二条所称中国境内,是指中国大陆,不包括港、澳、台地区;所称销售者,是指专门从事汽车销售的经销商,不包括汽车制造商及其他形式的汽车销售者。

第三十三条　本办法第六条所称主要出资人是指出资数额最多并且出资额不低于拟设汽车金融公司全部股本30%的出资人。

第三十四条　本办法第十九条所称汽车融资租赁业务,是指汽车金融公司以汽车为租赁标的物,根据承租人对汽车和供货人的选择或认可,将其从供货人处取得的汽车按合同约定出租给承租人占有、使用,向承租人收取租金的交易活动。

第三十五条　本办法第十九条所称售后回租业务,是指承租人和供货人为同一人的融资租赁方式。即承租人将自有汽车出卖给出租人,同时与出租人签订融资租赁合同,再将该汽车从出租人处租回的融资租赁形式。

第三十六条　本办法第二十三条所称关联方是指《企业会计准则》第36号——关联方披露所界定的关联方。

第三十七条　本办法第二十三条有关监管指标的计算方法遵照中国银监会非现场监管报表指标体系的有关规定。

第三十八条　本办法所称汽车是指我国《汽车产业发展政策》中所定义的道路机动车辆(摩托车除外)。汽车金融公司涉及推土机、挖掘机、搅拌机、泵机等非道路机动车辆金融服务的,可比照本办法执行。

第三十九条　本办法由中国银监会负责解释。

第四十条　本办法自公布之日起施行,原《汽车金融公司管理办法》(中国银监会令2003年第4号)及《汽车金融公司管理办法实施细则》(银监发〔2003〕23号)同时废止。

四、处置突发事件

《银行业监督管理法》规定,银监会应当建立银行业突发事件的发现、报告岗位责任制度。

银行业监督管理机构发现可能引发系统性银行业风险、严重影响社会稳定的突发事件的,应当立即向银监会负责人报告;银监会负责人认为需要向国务院报告的,应当立即向国务院报告,并告知中国人民银行、国务院财政部门等有关部门。

银监会应当会同中国人民银行、国务院财政部门等有关部门建立银行业突发事件处置制度,制定银行业突发事件处置预案,明确处置机构和人员及其职责、处置措施和处置程序,及时、有效地处置银行业突发事件。

第四节　监督管理措施

政策指南：银监会始终严格执行二套房贷的有关政策不动摇

2009年8月3日，针对目前部分媒体有关银监会收紧二套房贷政策一事，银监会新闻发言人廖岷今天表示，银监会二套房贷政策没有调整，银监会始终严格执行二套房贷的有关政策不动摇。

廖岷表示，近年来，银监会高度关注房地产市场的发展，坚持以审慎有效的监管防范房地产信贷风险。对购买首套普通自住房和人均住房面积低于当地水平，再申请贷款购买第二套用于改善居住条件的普通自住房的居民优惠政策不变，但绝不可延伸适用。对二套房贷款，银监会始终要求商业银行坚持执行40％及以上的首付比例，这一政策从未进行调整。

廖岷强调，二套房贷的政策约束符合我国房地产市场发展实际，也符合控制房地产贷款风险的客观规律，以炒房投机为目的的借款人与首套及改善型自住二套房的借款人的还款意愿是完全不同的，因此，对银行的风险也是不同的。二套房贷政策对于抵制过度的炒房投机行为，维护我国房地产市场稳定，保障广大居民真实首套购房需求具有重要意义，银监会将继续严格执行二套房贷的有关政策不动摇。

廖岷表示，银监会一贯重视监管政策的严肃性和执行的严厉性，认真督促商业银行严格贷前审查和按揭贷款发放标准，严格落实借款合同面签制度，认真核实借款人首付款真实情况，坚决打击"假按揭、假首付、假房价"等行为。对二套房贷款业务中的各种违规问题，一经发现，将及时予以严肃处理。

——资料来源：银监会门户网站（www.cbrc.gov.cn）

一、查阅文件

《银行业监督管理法》规定，银行业监督管理机构根据履行职责的需要，有权要求银行业金融机构报送资产负债表、利润表和其他财务会计、统计报表、经营管理资料以及注册会计师出具的审计报告。

二、现场检查

《银行业监督管理法》规定，银行业监督管理机构根据审慎监管的要求，可以采取下列措施进行现场检查：

（1）进入银行业金融机构进行检查；

(2)询问银行业金融机构的工作人员,要求其对有关检查事项作出说明;

(3)查阅、复制银行业金融机构与检查事项有关的文件、资料,对可能被转移、隐匿或者毁损的文件、资料予以封存;

(4)检查银行业金融机构运用电子计算机管理业务数据的系统。

进行现场检查,应当经银行业监督管理机构负责人批准。现场检查时,检查人员不得少于2人,并应当出示合法证件和检查通知书;检查人员少于2人或者未出示合法证件和检查通知书的,银行业金融机构有权拒绝检查。

三、质询说明

《银行业监督管理法》规定,银行业监督管理机构根据履行职责的需要,可以与银行业金融机构董事、高级管理人员进行监督管理谈话,要求银行业金融机构董事、高级管理人员就银行业金融机构的业务活动和风险管理的重大事项作出说明。

四、信息披露

《银行业监督管理法》规定,银行业监督管理机构应当责令银行业金融机构按照规定,如实向社会公众披露财务会计报告、风险管理状况、董事和高级管理人员变更以及其他重大事项等信息。

五、接管重组

《银行业监督管理法》规定,银行业金融机构已经或者可能发生信用危机,严重影响存款人和其他客户合法权益的,银监会可以依法对该银行业金融机构实行接管或者促成机构重组。

六、处罚措施

《银行业监督管理法》规定,银行业金融机构违反审慎经营规则的,银监会或者其省一级派出机构应当责令限期改正;逾期未改正的,或者其行为严重危及该银行业金融机构的稳健运行、损害存款人和其他客户合法权益的,经银监会或者其省一级派出机构负责人批准,可以区别情形,采取下列措施:

(1)责令暂停部分业务、停止批准开办新业务;

(2)限制分配红利和其他收入;

(3)限制资产转让;

(4)责令控股股东转让股权或者限制有关股东的权利;

(5)责令调整董事、高级管理人员或者限制其权利;

(6)停止批准增设分支机构。

银行业金融机构整改后,应当向银监会或者其省一级派出机构提交报告。银监会或者其省一级派出机构经验收,符合有关审慎经营规则的,应当自验收完毕之日起3日内解除对其采取的上述措施。

银行业金融机构被接管、重组或者被撤销的,银监会有权要求该银行业金融机构的董事、高级管理人员和其他工作人员,按照银监会的要求履行职责。

在接管、机构重组或者撤销清算期间,经银监会负责人批准,对直接负责的董事、高级管理人员和其他直接责任人员,可以采取下列措施:

(1)直接负责的董事、高级管理人员和其他直接责任人员出境将对国家利益造成重大损失的,通知出境管理机关依法阻止其出境;

(2)申请司法机关禁止其转移、转让财产或者对其财产设定其他权利。

经银监会或者其省一级派出机构负责人批准,银行业监督管理机构有权查询涉嫌金融违法的银行业金融机构及其工作人员以及关联行为人的账户;对涉嫌转移或者隐匿违法资金的,经银行业监督管理机构负责人批准,可以申请司法机关予以冻结。

银行业金融机构有违法经营、经营管理不善等情形,不予撤销将严重危害金融秩序、损害公众利益的,银监会有权予以撤销。

银行业监督管理机构依法对银行业金融机构进行检查时,经设区的市一级以上银行业监督管理机构负责人批准,可以对与涉嫌违法事项有关的单位和个人采取下列措施:

(1)询问有关单位或者个人,要求其对有关情况作出说明;

(2)查阅、复制有关财务会计、财产权登记等文件、资料;

(3)对可能被转移、隐匿、毁损或者伪造的文件、资料,予以先行登记保存。

银行业监督管理机构采取上述措施,调查人员不得少于2人,并应当出示合法证件和调查通知书;调查人员少于2人或者未出示合法证件和调查通知书的,有关单位或者个人有权拒绝。对依法采取的措施,有关单位和个人应当配合,如实说明有关情况并提供有关文件、资料,不得拒绝、阻碍和隐瞒。

延伸思考:

1. 如何界定银监会和中国人民银行的关系?
2. 如何理解银监会"协作监督"的基本原则?
3. 如何完善银监会监督管理职能?
4. 如何理解审慎经营规则?

文献附录:《中华人民共和国外资银行管理条例》

中华人民共和国国务院令

第 478 号

《中华人民共和国外资银行管理条例》已经2006年11月8日国务院第155次常务会议通过,现予公布,自2006年12月11日起施行。

总理　温家宝

二〇〇六年十一月十一日

中华人民共和国外资银行管理条例

第一章　总则

第一条　为了适应对外开放和经济发展的需要,加强和完善对外资银行的监督管理,促进银行业的稳健运行,制定本条例。

第二条　本条例所称外资银行,是指依照中华人民共和国有关法律、法规,经批准在中华人民共和国境内设立的下列机构:

(一)1家外国银行单独出资或者1家外国银行与其他外国金融机构共同出资设立的外商独资银行;

(二)外国金融机构与中国的公司、企业共同出资设立的中外合资银行;

(三)外国银行分行;

(四)外国银行代表处。

前款第(一)项至第(三)项所列机构,以下统称外资银行营业性机构。

第三条　本条例所称外国金融机构,是指在中华人民共和国境外注册并经所在国家或者地区金融监管当局批准或者许可的金融机构。

本条例所称外国银行,是指在中华人民共和国境外注册并经所在国家或者地区金融监管当局批准或者许可的商业银行。

第四条　外资银行必须遵守中华人民共和国法律、法规,不得损害中华人民共和国的国家利益、社会公共利益。

外资银行的正当活动和合法权益受中华人民共和国法律保护。

第五条　国务院银行业监督管理机构及其派出机构(以下统称银行业监督管理机构)负责对外资银行及其活动实施监督管理。法律、行政法规规定其他监督管理部门或者机构对外资银行及其活动实施监督管理的,依照其规定。

第六条　国务院银行业监督管理机构根据国家区域经济发展战略及相关政策制定有关鼓励和引导的措施,报国务院批准后实施。

第二章　设立与登记

第七条　设立外资银行及其分支机构,应当经银行业监督管理机构审查批准。

第八条　外商独资银行、中外合资银行的注册资本最低限额为10亿元人民币或者等值的自由兑换货币。注册资本应当是实缴资本。

外商独资银行、中外合资银行在中华人民共和国境内设立的分行,应当由其总行无偿拨给不少于1亿元人民币或者等值的自由兑换货币的营运资金。外商独资银行、中外合资银行拨给各分支机构营运资金的总和,不得超过总行资本金总额的60%。

外国银行分行应当由其总行无偿拨给不少于2亿元人民币或者等值的自由兑换货币的营运资金。

国务院银行业监督管理机构根据外资银行营业性机构的业务范围和审慎监管的需要,可以提高注册资本或者营运资金的最低限额,并规定其中的人民币份额。

第九条 拟设外商独资银行、中外合资银行的股东或者拟设分行、代表处的外国银行应当具备下列条件:

(一)具有持续盈利能力,信誉良好,无重大违法违规记录;

(二)拟设外商独资银行的股东、中外合资银行的外方股东或者拟设分行、代表处的外国银行具有从事国际金融活动的经验;

(三)具有有效的反洗钱制度;

(四)拟设外商独资银行的股东、中外合资银行的外方股东或者拟设分行、代表处的外国银行受到所在国家或者地区金融监管当局的有效监管,并且其申请经所在国家或者地区金融监管当局同意;

(五)国务院银行业监督管理机构规定的其他审慎性条件。

拟设外商独资银行的股东、中外合资银行的外方股东或者拟设分行、代表处的外国银行所在国家或者地区应当具有完善的金融监督管理制度,并且其金融监管当局已经与国务院银行业监督管理机构建立良好的监督管理合作机制。

第十条 拟设外商独资银行的股东应当为金融机构,除应当具备本条例第九条规定的条件外,其中唯一或者控股股东还应当具备下列条件:

(一)为商业银行;

(二)在中华人民共和国境内已经设立代表处2年以上;

(三)提出设立申请前1年年末总资产不少于100亿美元;

(四)资本充足率符合所在国家或者地区金融监管当局以及国务院银行业监督管理机构的规定。

第十一条 拟设中外合资银行的股东除应当具备本条例第九条规定的条件外,其中外方股东及中方唯一或者主要股东应当为金融机构,且外方唯一或者主要股东还应当具备下列条件:

(一)为商业银行;

(二)在中华人民共和国境内已经设立代表处;

(三)提出设立申请前1年年末总资产不少于100亿美元;

(四)资本充足率符合所在国家或者地区金融监管当局以及国务院银行业监

督管理机构的规定。

第十二条　拟设分行的外国银行除应当具备本条例第九条规定的条件外，还应当具备下列条件：

（一）提出设立申请前1年年末总资产不少于200亿美元；

（二）资本充足率符合所在国家或者地区金融监管当局以及国务院银行业监督管理机构的规定；

（三）初次设立分行的，在中华人民共和国境内已经设立代表处2年以上。

第十三条　外国银行在中华人民共和国境内设立营业性机构的，除已设立的代表处外，不得增设代表处，但符合国家区域经济发展战略及相关政策的地区除外。

代表处经批准改制为营业性机构的，应当依法办理原代表处的注销登记手续。

第十四条　设立外资银行营业性机构，应当先申请筹建，并将下列申请资料报送拟设机构所在地的银行业监督管理机构：

（一）申请书，内容包括拟设机构的名称、所在地、注册资本或者营运资金、申请经营的业务种类等；

（二）可行性研究报告；

（三）拟设外商独资银行、中外合资银行的章程草案；

（四）拟设外商独资银行、中外合资银行各方股东签署的经营合同；

（五）拟设外商独资银行、中外合资银行的股东或者拟设分行的外国银行的章程；

（六）拟设外商独资银行、中外合资银行的股东或者拟设分行的外国银行及其所在集团的组织结构图、主要股东名单、海外分支机构和关联企业名单；

（七）拟设外商独资银行、中外合资银行的股东或者拟设分行的外国银行最近3年的年报；

（八）拟设外商独资银行、中外合资银行的股东或者拟设分行的外国银行的反洗钱制度；

（九）拟设外商独资银行的股东、中外合资银行的外方股东或者拟设分行的外国银行所在国家或者地区金融监管当局核发的营业执照或者经营金融业务许可文件的复印件及对其申请的意见书；

（十）国务院银行业监督管理机构规定的其他资料。

拟设机构所在地的银行业监督管理机构应当将申请资料连同审核意见，及时报送国务院银行业监督管理机构。

第十五条　国务院银行业监督管理机构应当自收到设立外资银行营业性机构完整的申请资料之日起6个月内作出批准或者不批准筹建的决定，并书面通知申请人。决定不批准的，应当说明理由。

特殊情况下,国务院银行业监督管理机构不能在前款规定期限内完成审查并作出批准或者不批准筹建决定的,可以适当延长审查期限,并书面通知申请人,但延长期限不得超过3个月。

申请人凭批准筹建文件到拟设机构所在地的银行业监督管理机构领取开业申请表。

第十六条　申请人应当自获准筹建之日起6个月内完成筹建工作。在规定期限内未完成筹建工作的,应当说明理由,经拟设机构所在地的银行业监督管理机构批准,可以延长3个月。在延长期内仍未完成筹建工作的,国务院银行业监督管理机构作出的批准筹建决定自动失效。

第十七条　经验收合格完成筹建工作的,申请人应当将填写好的开业申请表连同下列资料报送拟设机构所在地的银行业监督管理机构:

(一)拟设机构的主要负责人名单及简历;
(二)对拟任该机构主要负责人的授权书;
(三)法定验资机构出具的验资证明;
(四)安全防范措施和与业务有关的其他设施的资料;
(五)设立分行的外国银行对该分行承担税务、债务的责任保证书;
(六)国务院银行业监督管理机构规定的其他资料。

拟设机构所在地的银行业监督管理机构应当将申请资料连同审核意见,及时报送国务院银行业监督管理机构。

第十八条　国务院银行业监督管理机构应当自收到完整的开业申请资料之日起2个月内,作出批准或者不批准开业的决定,并书面通知申请人。决定批准的,应当颁发金融许可证;决定不批准的,应当说明理由。

第十九条　经批准设立的外资银行营业性机构,应当凭金融许可证向工商行政管理机关办理登记,领取营业执照。

第二十条　设立外国银行代表处,应当将下列申请资料报送拟设代表处所在地的银行业监督管理机构:

(一)申请书,内容包括拟设代表处的名称、所在地等;
(二)可行性研究报告;
(三)申请人的章程;
(四)申请人及其所在集团的组织结构图、主要股东名单、海外分支机构和关联企业名单;
(五)申请人最近3年的年报;
(六)申请人的反洗钱制度;
(七)拟任该代表处首席代表的身份证明和学历证明的复印件、简历以及拟任人有无不良记录的陈述书;
(八)对拟任该代表处首席代表的授权书;

(九)申请人所在国家或者地区金融监管当局核发的营业执照或者经营金融业务许可文件的复印件及对其申请的意见书;

(十)国务院银行业监督管理机构规定的其他资料。

拟设代表处所在地的银行业监督管理机构应当将申请资料连同审核意见,及时报送国务院银行业监督管理机构。

第二十一条　国务院银行业监督管理机构应当自收到设立外国银行代表处完整的申请资料之日起6个月内作出批准或者不批准设立的决定,并书面通知申请人。决定不批准的,应当说明理由。

第二十二条　经批准设立的外国银行代表处,应当凭批准文件向工商行政管理机关办理登记,领取工商登记证。

第二十三条　本条例第十四条、第十七条、第二十条所列资料,除年报外,凡用外文书写的,应当附有中文译本。

第二十四条　按照合法性、审慎性和持续经营原则,经国务院银行业监督管理机构批准,外国银行可以将其在中华人民共和国境内设立的分行改制为由其单独出资的外商独资银行。申请人应当按照国务院银行业监督管理机构规定的审批条件、程序、申请资料提出设立外商独资银行的申请。

第二十五条　外国银行分行改制为由其总行单独出资的外商独资银行的,经国务院银行业监督管理机构批准,该外国银行可以在规定的期限内保留1家从事外汇批发业务的分行。申请人应当按照国务院银行业监督管理机构规定的审批条件、程序、申请资料提出申请。

前款所称外汇批发业务,是指对除个人以外客户的外汇业务。

第二十六条　外资银行董事、高级管理人员、首席代表的任职资格应当符合国务院银行业监督管理机构规定的条件,并经国务院银行业监督管理机构核准。

第二十七条　外资银行有下列情形之一的,应当经国务院银行业监督管理机构批准,并按照规定提交申请资料,依法向工商行政管理机关办理有关登记:

(一)变更注册资本或者营运资金;

(二)变更机构名称、营业场所或者办公场所;

(三)调整业务范围;

(四)变更股东或者调整股东持股比例;

(五)修改章程;

(六)国务院银行业监督管理机构规定的其他情形。

外资银行更换董事、高级管理人员、首席代表,应当报经国务院银行业监督管理机构核准其任职资格。

第二十八条　外商独资银行、中外合资银行变更股东的,变更后的股东应当符合本条例第九条、第十条或者第十一条关于股东的条件。

特殊情况下,经国务院银行业监督管理机构同意,变更后的股东可以不适用本条例第十条第(二)项或者第十一条第(二)项的规定。

第三章　业务范围

第二十九条　外商独资银行、中外合资银行按照国务院银行业监督管理机构批准的业务范围，可以经营下列部分或者全部外汇业务和人民币业务：

(一)吸收公众存款；

(二)发放短期、中期和长期贷款；

(三)办理票据承兑与贴现；

(四)买卖政府债券、金融债券，买卖股票以外的其他外币有价证券；

(五)提供信用证服务及担保；

(六)办理国内外结算；

(七)买卖、代理买卖外汇；

(八)代理保险；

(九)从事同业拆借；

(十)从事银行卡业务；

(十一)提供保管箱服务；

(十二)提供资信调查和咨询服务；

(十三)经国务院银行业监督管理机构批准的其他业务。

外商独资银行、中外合资银行经中国人民银行批准，可以经营结汇、售汇业务。

第三十条　外商独资银行、中外合资银行的分支机构在总行授权范围内开展业务，其民事责任由总行承担。

第三十一条　外国银行分行按照国务院银行业监督管理机构批准的业务范围，可以经营下列部分或者全部外汇业务以及对除中国境内公民以外客户的人民币业务：

(一)吸收公众存款；

(二)发放短期、中期和长期贷款；

(三)办理票据承兑与贴现；

(四)买卖政府债券、金融债券，买卖股票以外的其他外币有价证券；

(五)提供信用证服务及担保；

(六)办理国内外结算；

(七)买卖、代理买卖外汇；

(八)代理保险；

(九)从事同业拆借；

(十)提供保管箱服务；

(十一)提供资信调查和咨询服务；

(十二)经国务院银行业监督管理机构批准的其他业务。

外国银行分行可以吸收中国境内公民每笔不少于100万元人民币的定期存款。

外国银行分行经中国人民银行批准,可以经营结汇、售汇业务。

第三十二条　外国银行分行及其分支机构的民事责任由其总行承担。

第三十三条　外国银行代表处可以从事与其代表的外国银行业务相关的联络、市场调查、咨询等非经营性活动。

外国银行代表处的行为所产生的民事责任,由其所代表的外国银行承担。

第三十四条　外资银行营业性机构经营本条例第二十九条或者第三十一条规定业务范围内的人民币业务的,应当具备下列条件,并经国务院银行业监督管理机构批准:

(一)提出申请前在中华人民共和国境内开业3年以上;

(二)提出申请前2年连续盈利;

(三)国务院银行业监督管理机构规定的其他审慎性条件。

外国银行分行改制为由其总行单独出资的外商独资银行的,前款第(一)项、第(二)项规定的期限自外国银行分行设立之日起计算。

第四章　监督管理

第三十五条　外资银行营业性机构应当按照有关规定,制定本行的业务规则,建立、健全风险管理和内部控制制度,并遵照执行。

第三十六条　外资银行营业性机构应当遵守国家统一的会计制度和国务院银行业监督管理机构有关信息披露的规定。

第三十七条　外资银行营业性机构举借外债,应当按照国家有关规定执行。

第三十八条　外资银行营业性机构应当按照有关规定确定存款、贷款利率及各种手续费率。

第三十九条　外资银行营业性机构经营存款业务,应当按照中国人民银行的规定交存存款准备金。

第四十条　外商独资银行、中外合资银行应当遵守《中华人民共和国商业银行法》关于资产负债比例管理的规定。外国银行分行变更的由其总行单独出资的外商独资银行以及本条例施行前设立的外商独资银行、中外合资银行,其资产负债比例不符合规定的,应当在国务院银行业监督管理机构规定的期限内达到规定要求。

国务院银行业监督管理机构可以要求风险较高、风险管理能力较弱的外商独资银行、中外合资银行提高资本充足率。

第四十一条　外资银行营业性机构应当按照规定计提呆账准备金。

第四十二条　外商独资银行、中外合资银行应当遵守国务院银行业监督管理机构有关公司治理的规定。

第四十三条　外商独资银行、中外合资银行应当遵守国务院银行业监督管理机构有关关联交易的规定。

第四十四条　外国银行分行营运资金的30％应当以国务院银行业监督管理机构指定的生息资产形式存在。

第四十五条　外国银行分行营运资金加准备金等项之和中的人民币份额与其人民币风险资产的比例不得低于8％。

国务院银行业监督管理机构可以要求风险较高、风险管理能力较弱的外国银行分行提高前款规定的比例。

第四十六条　外国银行分行应当确保其资产的流动性。流动性资产余额与流动性负债余额的比例不得低于25％。

第四十七条　外国银行分行境内本外币资产余额不得低于境内本外币负债余额。

第四十八条　在中华人民共和国境内设立2家及2家以上分行的外国银行，应当授权其中1家分行对其他分行实施统一管理。

国务院银行业监督管理机构对外国银行在中华人民共和国境内设立的分行实行合并监管。

第四十九条　外资银行营业性机构应当按照国务院银行业监督管理机构的有关规定，向其所在地的银行业监督管理机构报告跨境大额资金流动和资产转移情况。

第五十条　国务院银行业监督管理机构根据外资银行营业性机构的风险状况，可以依法采取责令暂停部分业务、责令撤换高级管理人员等特别监管措施。

第五十一条　外资银行营业性机构应当聘请在中华人民共和国境内依法设立的会计师事务所对其财务会计报告进行审计，并应当向其所在地的银行业监督管理机构报告。解聘会计师事务所的，应当说明理由。

第五十二条　外资银行营业性机构应当按照规定向银行业监督管理机构报送财务会计报告、报表和有关资料。

外国银行代表处应当按照规定向银行业监督管理机构报送资料。

第五十三条　外资银行应当接受银行业监督管理机构依法进行的监督检查，不得拒绝、阻碍。

第五十四条　外商独资银行、中外合资银行应当设置独立的内部控制系统、风险管理系统、财务会计系统、计算机信息管理系统。

第五十五条　外国银行在中华人民共和国境内设立的外商独资银行的董事长、高级管理人员和从事外汇批发业务的外国银行分行的高级管理人员不得相互兼职。

第五十六条　外国银行在中华人民共和国境内设立的外商独资银行与从事外汇批发业务的外国银行分行之间进行的交易必须符合商业原则，交易条件不得优于与非关联方进行交易的条件。外国银行对其在中华人民共和国境内设立的外商独资银行与从事外汇批发业务的外国银行分行之间的资金交易,应当提供全额担保。

第五十七条　外国银行代表处及其工作人员,不得从事任何形式的经营性活动。

第五章　终止与清算

第五十八条　外资银行营业性机构自行终止业务活动的,应当在终止业务活动 30 日前以书面形式向国务院银行业监督管理机构提出申请,经审查批准予以解散或者关闭并进行清算。

第五十九条　外资银行营业性机构无力清偿到期债务的,国务院银行业监督管理机构可以责令其停业,限期清理。在清理期限内,已恢复偿付能力、需要复业的,应当向国务院银行业监督管理机构提出复业申请;超过清理期限,仍未恢复偿付能力的,应当进行清算。

第六十条　外资银行营业性机构因解散、关闭、依法被撤销或者宣告破产而终止的,其清算的具体事宜,依照中华人民共和国有关法律、法规的规定办理。

第六十一条　外资银行营业性机构清算终结,应当在法定期限内向原登记机关办理注销登记。

第六十二条　外国银行代表处自行终止活动的,应当经国务院银行业监督管理机构批准予以关闭,并在法定期限内向原登记机关办理注销登记。

第六章　法律责任

第六十三条　未经国务院银行业监督管理机构审查批准,擅自设立外资银行或者非法从事银行业金融机构的业务活动的,由国务院银行业监督管理机构予以取缔,自被取缔之日起 5 年内,国务院银行业监督管理机构不受理该当事人设立外资银行的申请;构成犯罪的,依法追究刑事责任;尚不构成犯罪的,由国务院银行业监督管理机构没收违法所得,违法所得 50 万元以上的,并处违法所得 1 倍以上 5 倍以下罚款;没有违法所得或者违法所得不足 50 万元的,处 50 万元以上 200 万元以下罚款。

第六十四条　外资银行营业性机构有下列情形之一的,由国务院银行业监督管理机构责令改正,没收违法所得,违法所得 50 万元以上的,并处违法所得 1 倍以上 5 倍以下罚款;没有违法所得或者违法所得不足 50 万元的,处 50 万元以上 200 万元以下罚款;情节特别严重或者逾期不改正的,可以责令停业整顿或者吊销其金融许可证;构成犯罪的,依法追究刑事责任:

(一)未经批准设立分支机构的;

(二)未经批准变更、终止的;

(三)违反规定从事未经批准的业务活动的;

(四)违反规定提高或者降低存款利率、贷款利率的。

第六十五条　外资银行有下列情形之一的,由国务院银行业监督管理机构责令改正，处 20 万元以上 50 万元以下罚款；情节特别严重或者逾期不改正的，可以责令停业整顿、吊销其金融许可证、撤销代表处；构成犯罪的，依法追究刑事责任：

（一）未按照有关规定进行信息披露的；

（二）拒绝或者阻碍银行业监督管理机构依法进行的监督检查的；

（三）提供虚假的或者隐瞒重要事实的财务会计报告、报表或者有关资料的；

（四）隐匿、损毁监督检查所需的文件、证件、账簿、电子数据或者其他资料的；

（五）未经任职资格核准任命董事、高级管理人员、首席代表的；

（六）拒绝执行本条例第五十条规定的特别监管措施的。

第六十六条　外资银行营业性机构违反本条例有关规定，未按期报送财务会计报告、报表或者有关资料，或者未按照规定制定有关业务规则、建立健全有关管理制度的，由国务院银行业监督管理机构责令限期改正；逾期不改正的，处 10 万元以上 30 万元以下罚款。

第六十七条　外资银行营业性机构违反本条例第四章有关规定从事经营或者严重违反其他审慎经营规则的，由国务院银行业监督管理机构责令改正，处 20 万元以上 50 万元以下罚款；情节特别严重或者逾期不改正的，可以责令停业整顿或者吊销其金融许可证。

第六十八条　外资银行营业性机构违反本条例规定，国务院银行业监督管理机构除依照本条例第六十三条至第六十七条规定处罚外，还可以区别不同情形，采取下列措施：

（一）责令外资银行营业性机构撤换直接负责的董事、高级管理人员和其他直接责任人员；

（二）外资银行营业性机构的行为尚不构成犯罪的，对直接负责的董事、高级管理人员和其他直接责任人员给予警告，并处 5 万元以上 50 万元以下罚款；

（三）取消直接负责的董事、高级管理人员一定期限直至终身在中华人民共和国境内的任职资格，禁止直接负责的董事、高级管理人员和其他直接责任人员一定期限直至终身在中华人民共和国境内从事银行业工作。

第六十九条　外国银行代表处违反本条例规定，从事经营性活动的，由国务院银行业监督管理机构责令改正，给予警告，没收违法所得，违法所得 50 万元以上的，并处违法所得 1 倍以上 5 倍以下罚款；没有违法所得或者违法所得不足 50 万元的，处 50 万元以上 200 万元以下罚款；情节严重的，由国务院银行业监督管理机构予以撤销；构成犯罪的，依法追究刑事责任。

第七十条　外国银行代表处有下列情形之一的，由国务院银行业监督管理机构责令改正，给予警告，并处 10 万元以上 30 万元以下罚款；情节严重的，取消首席代表一定期限在中华人民共和国境内的任职资格或者要求其代表的外国银

行撤换首席代表;情节特别严重的,由国务院银行业监督管理机构予以撤销:

(一)未经批准变更办公场所的;

(二)未按照规定向国务院银行业监督管理机构报送资料的;

(三)违反本条例或者国务院银行业监督管理机构的其他规定的。

第七十一条 外资银行违反中华人民共和国其他法律、法规的,由有关主管机关依法处理。

第七章 附则

第七十二条 香港特别行政区、澳门特别行政区和台湾地区的金融机构在内地设立的银行机构,比照适用本条例。国务院另有规定的,依照其规定。

第七十三条 本条例自2006年12月11日起施行。2001年12月20日国务院公布的《中华人民共和国外资金融机构管理条例》同时废止。

第二十一章 外汇管理法律制度

 文献阅读:《境内外资银行外债管理办法》

中华人民共和国国家发展和改革委员会

中国人民银行 中国银行业监督管理委员会令

第 9 号

为加强外债的全口径管理,有效调控外债总量,规范境内外资银行外债管理,经国务院批准,特制定《境内外资银行外债管理办法》,现予以发布,自颁布之日起 30 日后施行。

国家发展和改革委员会主任:马凯

中国人民银行行长:周小川

中国银行业监督管理委员会主席:刘明康

二〇〇四年五月二十七日

境内外资银行外债管理办法

第一条 为促进境内中、外资银行公平竞争,有效控制外债规模,防范外债风险,根据《中华人民共和国外资金融机构管理条例》、《中华人民共和国外汇管理条例》和有关外债管理规定,制定本办法。

第二条 本办法所称外资银行是指按照《中华人民共和国外资金融机构管理条例》及相关法律法规在中国境内设立的外资独资银行、中外合资银行和外国银行分行。

第三条 国家对境内外资银行的外债实行总量控制。境内外资银行的外债包括境外借款、境外同业拆入、境外同业存款、境外联行和附属机构往来(负债方)、非居民存款和其他形式的对外负债。

第四条 国家发展和改革委员会(下称"国家发展改革委")会同中国银行业监督管理委员会(下称"银监会")、国家外汇管理局(下称"外汇局"),根据国民经济和社会发展需要、国际收支状况和外债承受能力,以及境内外资银行的资产负债状况和运营资金需求等,合理确定境内外资银行外债总量以及中长期和短期外债结构调控目标。

第五条 境内外资银行借用外债,签约期限在1年期以上(不含1年期)的中长期外债,由国家发展改革委按年度核定发生额;签约期限在1年期以下的短期外债,由外汇局核定余额。

第六条 每年2月底之前,境内外资银行须分别向国家发展改革委或外汇局提出关于本年度中长期外债发生额或短期外债余额的申请。其中,外资独资银行、中外合资银行分别通过商业注册所在地的发展改革委或外汇局的分支机构逐级向国家发展改革委或外汇局提出申请;外国银行分行由在中国境内的主报告行直接向国家发展改革委或外汇局提出申请。没有主报告行的,应通过商业注册所在地的发展改革委或外汇局的分支机构逐级向国家发展改革委或外汇局提出申请。

第七条 境内外资银行申请年度外债总额,需分别向国家发展改革委或外汇局提供下列材料:

(一)借用中长期或短期外债的申请报告,内容包括上年度的业务经营状况、资金来源和运用情况、所申请外债额度的依据和资金用途等。

(二)境外总行或地区管理部批准的对中国境内债务人的年度授信限额文件。

(三)外资独资银行、中外合资银行应提供报送银监会的上年度境内合并资产负债表和损益表。外国银行分行应提供报送银监会的分行上年度资产负债表和损益表,以及境内营业性分支机构上年度合并资产负债表和损益表。

(四)与申请人流动性需要或资金用途有关的证明材料。

第八条 国家发展改革委、外汇局根据境内外资银行的上年度外债借用情况、其境外总行或地区管理部批准的本年度对中国境内债务人的年度授信限额、境内贷款项目需求(中长期外债)及流动性需要(短期外债),分别核定境内外资银行本年度中长期外债发生额和短期外债余额。境内外资银行在本年度新借入的中长期外债不得超过国家发展改革委核定的额度;本年度内任一时点的短期外债余额不得超过外汇局核定的余额。

第九条 外债总额确定后,境内外资银行可以根据业务需要在年度内向国家发展改革委或外汇局申请进行一次调整。国家发展改革委或外汇局根据情况决定是否批准。

第十条 境内外资银行向境内机构发放外汇贷款按照国内外汇贷款方式管理。除出口押汇外,境内外资银行向境内机构发放的外汇贷款不得结汇。

第十一条 境内外资银行对外提供担保,按对外担保进行管理;境内机构为境内债务人向境内外资银行提供担保按国内担保进行管理。

第十二条 境内外资银行借用的外债资金不得结汇,还本付息不得购汇。

境内外资银行办理其外债项下还本付息不需要外汇局核准。

经外汇局批准,境内机构可以选择境内外资银行开立外债项下专用账户。

第十三条 外汇局负责对境内外资银行外债和国内外汇贷款的统计、监测工作。境内外资银行应于每月初5个工作日内向注册地外汇局分支机构报送外债统计数据,并按照国内外汇贷款的有关规定向当地外汇局报送国内外汇贷款相关信息。

第十四条 外汇局对境内外资银行借用外债情况和发放外汇贷款情况进行定期和不定期现场或非现场检查。凡违反本办法规定的,外汇局可根据《中华人民共和国外汇管理条例》及相关法律法规进行处罚。

第十五条 本办法由国家发展改革委、人民银行负责解释。此前其他规定与本办法有抵触的,以本办法为准。

第十六条 本办法自颁布之日起30日后施行。

第一节 概述

一、外汇的概念

《外汇管理条例》规定,所谓外汇,是指下列以外币表示的可以用作国际清偿的支付手段和资产:

(1)外币现钞,包括纸币、铸币;

(2)外币支付凭证或者支付工具,包括票据、银行存款凭证、银行卡等;

(3)外币有价证券,包括债券、股票等;

(4)特别提款权;

(5)其他外汇资产。

统计数据:中国外汇储备——2009年(单位:亿美元)

月份	数额
1	19 134.56
2	19 120.66
3	19 537.41
4	20 088.80

续表

月份	数额
5	20 894.91
6	21 316.06
7	21 746.18
8	22 108.27
9	22 725.95
10	23 282.72
11	23 887.88
12	23 991.52

二、外汇管理基本原则

《外汇管理条例》规定,我国外汇管理基本原则包括：

(1)依法监管原则

《外汇管理条例》规定,境内机构、境内个人的外汇收支或者外汇经营活动,以及境外机构、境外个人在境内的外汇收支或者外汇经营活动,适用《外汇管理条例》的规定；

(2)适度自由原则

《外汇管理条例》规定,我国对经常性国际支付和转移不予限制,实行国际收支统计申报制度。国务院外汇管理部门应当对国际收支进行统计、监测,定期公布国际收支状况。经营外汇业务的金融机构应当按照国务院外汇管理部门的规定为客户开立外汇账户,并通过外汇账户办理外汇业务；经营外汇业务的金融机构应当依法向外汇管理机关报送客户的外汇收支及账户变动情况。

我国境内禁止外币流通,除国家另有规定之外,不得以外币计价结算。境内机构、境内个人的外汇收入可以调回境内或者存放境外；调回境内或者存放境外的条件、期限等,由国务院外汇管理部门根据国际收支状况和外汇管理的需要作出规定。

国际收支出现或者可能出现严重失衡,以及国民经济出现或者可能出现严重危机时,国家可以对国际收支采取必要的保障、控制等措施。

(3)外汇储备安全、流动、增值原则

《外汇管理条例》规定,国务院外汇管理部门依法持有、管理、经营国家外汇储备,遵循安全、流动、增值的原则。

第二节 经常项目外汇管理

一、经常项目外汇管理基本制度

经常项目,是指国际收支中涉及货物、服务、收益及经常转移的交易项目等。

《外汇管理条例》规定,经常项目外汇收支应当具有真实、合法的交易基础。经营结汇、售汇业务的金融机构应当按照国务院外汇管理部门的规定,对交易单证的真实性及其与外汇收支的一致性进行合理审查。外汇管理机关有权对上述事项进行监督检查。

二、经常项目收支管理制度

《外汇管理条例》规定,经常项目外汇收入,可以按照国家有关规定保留或者卖给经营结汇、售汇业务的金融机构。

经常项目外汇支出,应当按照国务院外汇管理部门关于付汇与购汇的管理规定,凭有效单证以自有外汇支付或者向经营结汇、售汇业务的金融机构购汇支付。

携带、申报外币现钞出入境的限额,由国务院外汇管理部门规定。

文献阅读:《关于放宽境内机构保留经常项目外汇收入有关问题的通知》

国家外汇管理局关于放宽境内机构保留经常项目外汇收入有关问题的通知

汇发〔2005〕58号

国家外汇管理局各省、自治区、直辖市分局、外汇管理部,深圳、大连、青岛、厦门、宁波市分局:

为方便境内机构使用外汇,促进贸易便利化,国家外汇管理局决定再次提高境内机构经常项目外汇账户保留现汇的比例。现通知如下:

一、境内机构上年度经常项目外汇支出占经常项目外汇收入的比例在80%以下的,其经常项目外汇账户保留现汇的比例,由其上年度经常项目外汇收入的30%调整为50%。

二、境内机构上年度经常项目外汇支出占经常项目外汇收入的比例在80%(含)以上的,其经常项目外汇账户保留现汇的比例,由其上年度经常项目外汇收入的50%调整为80%。

三、新开立经常项目外汇账户的境内机构,如上年度没有经常项目外汇收入,其开立经常项目外汇账户的初始限额,由以前的不超过等值10万美元调整为不超过等值20万美元。

四、境内机构开立的捐赠、援助、国际邮政汇兑及国际承包工程等暂收待付项下的经常项目外汇账户,限额可按外汇收入的100%核定,具体办法按照《国家外汇管理局关于进一步调整经常项目外汇账户管理政策有关问题的通知》(汇发〔2002〕87号)和《国家外汇管理局关于调整国际承包工程等项下经常项目外汇账户管理政策有关问题的通知》(汇发〔2003〕90号)执行。

五、对于有实际经营需要的进出口及生产型企业,经各分局核准,可按其外汇收入的100%核定经常项目外汇账户限额,具体办法按照《国家外汇管理局关于调整经常项目外汇账户限额管理办法的通知》(汇发〔2005〕7号)执行。

六、各分局应当认真组织做好对经常项目外汇账户限额的调整工作,加强对外汇账户的统计分析、监测管理。

七、本通知自发布之日起执行。以前规定与本通知规定相抵触的,按本通知规定执行。

第三节 资本项目外汇管理制度

一、登记制度

所谓资本项目,是指国际收支中引起对外资产和负债水平发生变化的交易项目,包括资本转移、直接投资、证券投资、衍生产品及贷款等。《外汇管理条例》规定,境外机构、境外个人在我国境内直接投资,经有关主管部门批准后,应当到外汇管理机关办理登记。境外机构、境外个人在境内从事有价证券或者衍生产品发行、交易,应当遵守我国关于市场准入的规定,并按照国务院外汇管理部门的规定办理登记。境内机构、境内个人向境外直接投资或者从事境外有价证券、衍生产品发行、交易,应当按照国务院外汇管理部门的规定办理登记。国家规定需要事先经有关主管部门批准或者备案的,应当在外汇登记前办理批准或者备案手续。

二、外债管理制度

《外汇管理条例》规定,我国对外债实行规模管理。借用外债应当按照国家有关规定办理,并到外汇管理机关办理外债登记。国务院外汇管理部门负责全国的外债统计与监测,并定期公布外债情况。

三、对外担保制度

《外汇管理条例》规定,提供对外担保,应当向外汇管理机关提出申请,由外汇管理机关根据申请人的资产负债等情况作出批准或者不批准的决定;国家规定其经营范围需经有关主管部门批准的,应当在向外汇管理机关提出申请前办理批准手续。申请人签订对外担保合同后,应当到外汇管理机关办理对外担保登记。经国务院批准为使用外国政府或者国际金融组织贷款进行转贷提供对外担保的,不适用上述规定。

四、境外商业贷款制度

《外汇管理条例》规定,银行业金融机构在经批准的经营范围内可以直接向境外提供商业贷款。其他境内机构向境外提供商业贷款,应当向外汇管理机关提出申请,外汇管理机关根据申请人的资产负债等情况作出批准或者不批准的决定;国家规定其经营范围需经有关主管部门批准的,应当在向外汇管理机关提出申请前办理批准手续。向境外提供商业贷款,应当按照国务院外汇管理部门的规定办理登记。

五、资本项目外汇收支制度

《外汇管理条例》规定,资本项目外汇收入保留或者卖给经营结汇、售汇业务的金融机构,应当经外汇管理机关批准,但国家规定无须批准的除外。资本项目外汇支出,应当按照国务院外汇管理部门关于付汇与购汇的管理规定,凭有效单证以自有外汇支付或者向经营结汇、售汇业务的金融机构购汇支付。国家规定应当经外汇管理机关批准的,应当在外汇支付前办理批准手续。

依法终止的外商投资企业,按照国家有关规定进行清算、纳税后,属于外方投资者所有的人民币,可以向经营结汇、售汇业务的金融机构购汇汇出。

资本项目外汇及结汇资金,应当按照有关主管部门及外汇管理机关批准的用途使用。外汇管理机关有权对资本项目外汇及结汇资金使用和账户变动情况进行监督检查。

文献阅读:《关于 2009 年度金融机构短期外债指标核定情况的通知》

国家外汇管理局关于 2009 年度金融机构短期外债指标核定情况的通知

汇发〔2009〕14 号

国家外汇管理局各省、自治区、直辖市分局、外汇管理部,深圳、大连、青岛、厦门、宁波市分局;中资外汇指定银行总行:

为配合国家宏观经济政策调整,发挥金融机构的信用中介作用,促进实体经济增长和贸易融资,现就 2009 年度(2009 年 4 月 1 日至 2010 年 3 月 31 日,下同)境内金融机构(以下简称"金融机构")短期外债指标核定情况和相关政策通知如下：

一、核定全国性中资银行 2009 年度短期外债指标 985 500 万美元,具体核定情况见附表 1。

核定部分法人制外资银行及短期外债指标实行集中管理的外资银行分行 2009 年度短期外债指标 1 457 300 万美元,具体核定情况见附表 2。

核定各分局、外汇管理部(以下简称"各分局")用于辖区内中、外资法人制银行以及未对短期外债实行集中管理的外资银行分行等机构的地区指标 844 800 万美元,具体核定情况见附表 3。

二、除下列情况外,金融机构各种形式的短期对外负债均应纳入短期外债余额指标管理。

(一)期限在 90 天(含)以下已承兑未付款远期信用证和 90 天(含)以下海外代付；

(二)在同一法人银行的 50 万美元(含)以下非居民个人存款；

(三)经外汇局批准以非居民名义开立的各类外国投资者专用账户余额；

(四)外汇局明确的其他不需要纳入短期外债余额指标管理的情形。

三、2009 年新增指标的中、外资金融机构应将指标增量部分全部用于支持境内企业进出口贸易融资。

四、金融机构初次申请短期外债指标,由其所在地分局在地区指标内按照不超过外汇营运资金或资本金的 2 倍为其核定短期外债指标。

各分局辖区内新成立的金融机构分支机构,若其在境内已存在法人机构总部(或短期外债管理行)的,该分支机构所在地分局不再为其核定短期外债指标。

外资金融机构分支机构转制为法人机构后,由该法人机构通过注册地分局向国家外汇管理局申请承继原短期外债管理行或境内所有分行的短期外债指标。

五、各分局应从服务经济增长、支持贸易融资、防范外部金融风险和促进国际收支平衡角度出发,根据所辖金融机构的短期外债指标使用情况和资金来源运用结构特点,公平合理地分配、调配短期外债指标,提高指标使用效率。

各分局应引导、鼓励金融机构拓展贸易融资业务,促进实体经济和对外贸易健康发展。2009 年分局地区指标的增量部分,应优先向贸易结算量大的银行倾斜,保证新增指标全部用于支持境内企业进出口业务的贸易融资。

六、为合理利用外汇资源,提高短期外债指标使用效率,满足地方经济发展需要,总局根据具体情况,将部分分支机构较少、资产规模较小的法人制中、外资金融机构的短期外债指标核定权由总局下放至分局,并由其法人机构总部(或短期外债管理行)所在地分局为其核定指标。所核定指标占用该分局地区指标,总局将相应调整地区指标。

七、金融机构应严格按照《外债统计监测暂行规定》、《外债管理暂行办法》等关于外债的规定借入、使用和偿还外债,并在外债统计监测系统进行外债登记。

八、各分局应对辖区内金融机构短期外债指标执行情况进行严格管理和监督,督促金融机构按照国家宏观政策意图合理使用短期外债指标。各分局在每季度结束后15个工作日内向国家外汇管理局报送辖区内所有金融机构短期外债指标执行明细情况。

九、其他要求按照《国家外汇管理局关于下发2008年度金融机构短期外债指标的通知》(汇发〔2008〕14号)有关规定执行。

特此通知。

(附表略)

二〇〇九年三月十七日

第四节 金融机构外汇业务管理

一、审批制度

《外汇管理条例》规定,金融机构经营或者终止经营结汇、售汇业务,应当经外汇管理机关批准;经营或者终止经营其他外汇业务,应当按照职责分工经外汇管理机关或者金融业监督管理机构批准。金融机构的资本金、利润以及因本外币资产不匹配需要进行人民币与外币间转换的,应当经外汇管理机关批准。

二、综合头寸管理制度

《外汇管理条例》规定,外汇管理机关对金融机构外汇业务实行综合头寸管理。

文献阅读:《关于调整银行结售汇综合头寸管理的通知》

国家外汇管理局关于调整银行结售汇综合头寸管理的通知

汇发〔2006〕26号

国家外汇管理局各省、自治区、直辖市分局、外汇管理部,深圳、大连、青岛、厦门、宁波市分局;各政策性银行、国有商业银行、股份制商业银行:

为适应外汇市场发展的需要,促进外汇指定银行完善汇率风险防范机制,国家外汇管理局决定调整外汇指定银行的结售汇综合头寸管理政策。现就有关问题通知如下:

一、自2006年7月1日起，国家外汇管理局对外汇指定银行（以下简称银行）的结售汇综合头寸按照权责发生制原则进行管理。

二、本通知所称权责发生制头寸管理原则是指，银行将对客户结售汇业务、自身结售汇业务和银行间外汇市场交易在交易订立日计入结售汇综合头寸。

本通知所称收付实现制头寸管理原则是指，银行将对客户结售汇业务、自身结售汇业务和银行间外汇市场市场交易在资金实际收付日计入结售汇综合头寸。

三、实行权责发生制头寸管理原则后，银行应根据本行结售汇业务和银行间外汇市场交易的实际情况，按照《结售汇综合头寸日报表》说明（见附件2）的要求，准确计算本行的结售汇综合头寸，向国家外汇管理局或其分支局报送新的《结售汇综合头寸日报表》（见附件1）。《国家外汇管理局关于调整银行结售汇头寸管理办法的通知》（汇发〔2005〕69号，以下简称汇发69号文）附件中原《结售汇综合头寸日报表》废止。

四、银行应按照以下要求向国家外汇管理局或其分支局报送《结售汇综合头寸日报》。

（一）政策性银行、全国性商业银行和银行间外汇市场做市商的《结售汇综合头寸日报表》应于第二个工作日上午10:00之前，分别通过传真和电子邮件报送国家外汇管理局（电子文件为EXCEL格式）。传真：010－68402303；电子信箱：yinhangchu@mail.safe.gov.cn。

（二）城市商业银行、农村商业银行、农村合作金融机构、外资银行的《结售汇综合头寸日报表》的具体报送时间和方式，按照所在地国家外汇管理局分支局的要求执行。

五、调整由国家外汇管理局各分局（含外汇管理部，下同）向国家外汇管理局报送的《外汇指定银行结售汇综合头寸情况表》。各分局应于本通知实施之日起按照新的报表格式（见附件3）填制上报，报送方式和时间不变。

六、银行在本通知实施前经国家外汇管理局或其分支局核定的结售汇综合头寸限额继续有效。银行应按照汇发69号文的规定，做好本行结售汇综合头寸的限额管理。除本通知调整的结售汇综合头寸管理有关事项外，其他事项仍遵照汇发69号文和《国家外汇管理局综合司关于核定银行结售汇综合头寸限额有关事项的通知》（汇综发〔2005〕118号）等执行。

七、国家外汇管理局各分局接到本通知后，应立即转发辖内城市商业银行、农村商业银行、农村合作金融机构、外资银行。

执行中如遇问题，请与国家外汇管理局国际收支司联系。联系电话：010－68402385、68402447。

附件一：《（银行）结售汇综合头寸日报表》
附件二：《结售汇综合头寸日报表》说明
附件三：《外汇指定银行结售汇综合头寸情况表》

第五节 人民币汇率和外汇市场管理

一、浮动汇率制度

《外汇管理条例》规定,人民币汇率实行以市场供求为基础的、有管理的浮动汇率制度。

二、外汇交易制度

《外汇管理条例》规定,经营结汇、售汇业务的金融机构和符合国务院外汇管理部门规定条件的其他机构,可以按照国务院外汇管理部门的规定在银行间外汇市场进行外汇交易。外汇市场交易应当遵循公开、公平、公正和诚实信用的原则。外汇市场交易的币种和形式由国务院外汇管理部门规定。国务院外汇管理部门依法监督管理全国的外汇市场。国务院外汇管理部门可以根据外汇市场的变化和货币政策的要求,依法对外汇市场进行调节。

文献阅读:《关于进一步完善银行间即期外汇市场的公告》
中国人民银行关于进一步完善银行间即期外汇市场的公告
〔2006〕第1号

为完善以市场供求为基础、参考一篮子货币进行调节、有管理的浮动汇率制度,促进外汇市场发展,丰富外汇交易方式,提高金融机构自主定价能力,中国人民银行决定进一步完善银行间即期外汇市场,改进人民币汇率中间价形成方式。现就有关事宜公告如下:

一、自2006年1月4日起,在银行间即期外汇市场上引入询价交易方式(以下简称OTC方式),同时保留撮合方式。银行间外汇市场交易主体既可选择以集中授信、集中竞价的方式交易,也可选择以双边授信、双边清算的方式进行询价交易。同时在银行间外汇市场引入做市商制度,为市场提供流动性。

二、自2006年1月4日起,中国人民银行授权中国外汇交易中心于每个工作日上午9时15分对外公布当日人民币对美元、欧元、日元和港币汇率中间价,作为当日银行间即期外汇市场(含OTC方式和撮合方式)以及银行柜台交易汇率的中间价。

三、引入OTC方式后,人民币兑美元汇率中间价的形成方式将由此前根据银行间外汇市场以撮合方式产生的收盘价确定的方式改进为:中国外汇交易中心于每日银行间外汇市场开盘前向所有银行间外汇市场做市商询价,并将全部做市商报价作为人民币兑美元汇率中间价的计算样本,去掉最高和最低报价后,将剩余做市商报价加权平均,得到当日人民币兑美元汇率中间价,权重由中国外汇交易中心根据报价方在银行间外汇市场的交易量及报价情况等指标综合确定。

四、人民币兑欧元、日元和港币汇率中间价由中国外汇交易中心分别根据当日人民币兑美元汇率中间价与上午9时国际外汇市场欧元、日元和港币兑美元汇率套算确定。

五、本公告公布后,银行间即期外汇市场人民币对美元等货币交易价的浮动幅度和银行对客户美元挂牌汇价价差幅度仍按现行规定执行。即每日银行间即期外汇市场美元对人民币交易价在中国外汇交易中心公布的美元交易中间价上下3‰的幅度内浮动,欧元、日元、港币等非美元货币对人民币交易价在中国外汇交易中心公布的非美元货币交易中间价上下3%的幅度内浮动。银行对客户美元现汇挂牌汇价实行最大买卖价差不得超过中国外汇交易中心公布交易中间价的1%的非对称性管理,只要现汇卖出价与买入价之差不超过当日交易中间价的1%,且卖出价与买入价形成的区间包含当日交易中间价即可;银行对客户美元现钞卖出价与买入价之差不得超过交易中间价的4%。银行可在规定价差幅度内自行调整当日美元挂牌价格。

中国人民银行负责根据国内外经济金融形势,以市场供求为基础,参考一篮子货币汇率变动,对人民币汇率进行管理和调节,维护人民币汇率的正常浮动,保持人民币汇率在合理、均衡水平上的基本稳定,促进国际收支基本平衡,维护宏观经济和金融市场的稳定。

中国人民银行
二〇〇六年一月三日

第六节 监督管理

一、监管措施

《外汇管理条例》规定,外汇管理机关依法履行职责,有权采取下列措施:
(1)对经营外汇业务的金融机构进行现场检查;
(2)进入涉嫌外汇违法行为发生场所调查取证;
(3)询问有外汇收支或者外汇经营活动的机构和个人,要求其对与被调查外汇违法事件直接有关的事项作出说明;
(4)查阅、复制与被调查外汇违法事件直接有关的交易单证等资料;

(5)查阅、复制被调查外汇违法事件的当事人和直接有关的单位、个人的财务会计资料及相关文件,对可能被转移、隐匿或者毁损的文件和资料,可以予以封存;

(6)经国务院外汇管理部门或者省级外汇管理机关负责人批准,查询被调查外汇违法事件的当事人和直接有关的单位、个人的账户,但个人储蓄存款账户除外;

(7)对有证据证明已经或者可能转移、隐匿违法资金等涉案财产或者隐匿、伪造、毁损重要证据的,可以申请人民法院冻结或者查封。

有关单位和个人应当配合外汇管理机关的监督检查,如实说明有关情况并提供有关文件、资料,不得拒绝、阻碍和隐瞒。

二、具体制度

《外汇管理条例》规定,外汇管理机关依法进行监督检查或者调查,监督检查或者调查的人员不得少于2人,并应当出示证件。监督检查、调查的人员少于2人或者未出示证件的,被监督检查、调查的单位和个人有权拒绝。

有外汇经营活动的境内机构,应当按照国务院外汇管理部门的规定报送财务会计报告、统计报表等资料。

任何单位和个人都有权举报外汇违法行为。外汇管理机关应当为举报人保密,并按照规定对举报人或者协助查处外汇违法行为有功的单位和个人给予奖励。经营外汇业务的金融机构发现客户有外汇违法行为的,应当及时向外汇管理机关报告。

国务院外汇管理部门为履行外汇管理职责,可以从国务院有关部门、机构获取所必需的信息,国务院有关部门、机构应当提供。国务院外汇管理部门应当向国务院有关部门、机构通报外汇管理工作情况。

延伸思考:

1.我国外汇管理体制的设计思路是什么?
2.我国人民币汇率管理制度的基本原则是什么?
3.如何监管外汇资本项目收支?
4.如何监管外汇经常项目收支?

文献附录:外汇违法行为法律责任
《中华人民共和国外汇管理条例》(节选)
第七章 法律责任

第三十九条 有违反规定将境内外汇转移境外,或者以欺骗手段将境内资本转移境外等逃汇行为的,由外汇管理机关责令限期调回外汇,处逃汇金额30%以下的罚款;情节严重的,处逃汇金额30%以上等值以下的罚款;构成犯罪的,依法追究刑事责任。

第四十条 有违反规定以外汇收付应当以人民币收付的款项,或者以虚假、无效的交易单证等向经营结汇、售汇业务的金融机构骗购外汇等非法套汇行为的,由外汇管理机关责令对非法套汇资金予以回兑,处非法套汇金额30%以下的罚款;情节严重的,处非法套汇金额30%以上等值以下的罚款;构成犯罪的,依法追究刑事责任。

第四十一条 违反规定将外汇汇入境内的,由外汇管理机关责令改正,处违法金额30%以下的罚款;情节严重的,处违法金额30%以上等值以下的罚款。

非法结汇的,由外汇管理机关责令对非法结汇资金予以回兑,处违法金额30%以下的罚款。

第四十二条 违反规定携带外汇出入境的,由外汇管理机关给予警告,可以处违法金额20%以下的罚款。法律、行政法规规定由海关予以处罚的,从其规定。

第四十三条 有擅自对外借款、在境外发行债券或者提供对外担保等违反外债管理行为的,由外汇管理机关给予警告,处违法金额30%以下的罚款。

第四十四条 违反规定,擅自改变外汇或者结汇资金用途的,由外汇管理机关责令改正,没收违法所得,处违法金额30%以下的罚款;情节严重的,处违法金额30%以上等值以下的罚款。

有违反规定以外币在境内计价结算或者划转外汇等非法使用外汇行为的,由外汇管理机关责令改正,给予警告,可以处违法金额30%以下的罚款。

第四十五条 私自买卖外汇、变相买卖外汇、倒买倒卖外汇或者非法介绍买卖外汇数额较大的,由外汇管理机关给予警告,没收违法所得,处违法金额30%以下的罚款;情节严重的,处违法金额30%以上等值以下的罚款;构成犯罪的,依法追究刑事责任。

第四十六条 未经批准擅自经营结汇、售汇业务的,由外汇管理机关责令改正,有违法所得的,没收违法所得,违法所得50万元以上的,并处违法所得1倍以上5倍以下的罚款;没有违法所得或者违法所得不足50万元的,处50万元以上200万元以下的罚款;情节严重的,由有关主管部门责令停业整顿或者吊销业务许可证;构成犯罪的,依法追究刑事责任。

未经批准经营结汇、售汇业务以外的其他外汇业务的,由外汇管理机关或者金融业监督管理机构依照前款规定予以处罚。

第四十七条 金融机构有下列情形之一的,由外汇管理机关责令限期改正,没收违法所得,并处20万元以上100万元以下的罚款;情节严重或者逾期不改正的,由外汇管理机关责令停止经营相关业务:

（一）办理经常项目资金收付，未对交易单证的真实性及其与外汇收支的一致性进行合理审查的；

（二）违反规定办理资本项目资金收付的；

（三）违反规定办理结汇、售汇业务的；

（四）违反外汇业务综合头寸管理的；

（五）违反外汇市场交易管理的。

第四十八条　有下列情形之一的，由外汇管理机关责令改正，给予警告，对机构可以处 30 万元以下的罚款，对个人可以处 5 万元以下的罚款：

（一）未按照规定进行国际收支统计申报的；

（二）未按照规定报送财务会计报告、统计报表等资料的；

（三）未按照规定提交有效单证或者提交的单证不真实的；

（四）违反外汇账户管理规定的；

（五）违反外汇登记管理规定的；

（六）拒绝、阻碍外汇管理机关依法进行监督检查或者调查的。

第四十九条　境内机构违反外汇管理规定的，除依照本条例给予处罚外，对直接负责的主管人员和其他直接责任人员，应当给予处分；对金融机构负有直接责任的董事、监事、高级管理人员和其他直接责任人员给予警告，处 5 万元以上 50 万元以下的罚款；构成犯罪的，依法追究刑事责任。

第五十条　外汇管理机关工作人员徇私舞弊、滥用职权、玩忽职守，构成犯罪的，依法追究刑事责任；尚不构成犯罪的，依法给予处分。

第五十一条　当事人对外汇管理机关作出的具体行政行为不服的，可以依法申请行政复议；对行政复议决定仍不服的，可以依法向人民法院提起行政诉讼。

第二十二章 价格法律制度

引例：中国听证会实践的问题与对策

许多中国城市都缺水。然而，它们提供大量补贴来维持较低水价的行为却是在鼓励浪费。一些中国城市最近的提价措施显示出自来水用户对涨价是多么敏感，即使是时机看似合适之际也是如此。……甚至连中国国有媒体也公开对此表示不满，其中不少媒体把矛头指向了各个城市商讨水价事宜的听证会。中国自1998年起就要求各地在提高公共产品价格时举行这种听证会，它们被称作新型民主公开的证据。然而，中国的一些评论员表示近期的这些听证会只是在装饰门面。他们称，政府只允许少数消费者"代表"参加听证会，而这些人经常是官员或家境富裕者，根本不能代表受涨价影响最严重的群体。在中国东北的哈尔滨市，一位反对涨价的代表在上个月成了媒体名人：因为在听证会上得不到发表意见的机会，他在愤怒之下把一瓶矿泉水砸向主持人。

——资料来源：《节约用水》，英国《经济学家》周刊2010年1月7日。转引自《参考消息》2010年1月10日，第8版。

（《法制日报》北京2010年1月13日讯　记者　李立）国家发改委今天表示，价格听证会制度实施以来，有关社会议论的增多，表明这一制度还存在很多问题。为此政府有关部门要进一步加大公开透明度，便于社会监督。

国家发改委认为，最关键的问题是听证会有关材料的公开。国家发改委建议政府有关部门不断加大信息公开的力度，一是除了把有关材料公布给听证会参加人外，还要通过政府网站、新闻媒体等途径向社会各方面普遍公开；二是除涉及国家秘密和依法受到保护的商业秘密外，企业的运营情况、财务报告、成本数据等情况，政府成本监审的有关资料和定价文件等，都要向社会公开；三是政府有关部门和经营者要公布专门的咨询电话或电子邮箱，并指定专人负责处理社会公众的咨询和回复公众信件；四是邀请人大代表、政协委员、专家学者、中介机构代表和其他社会公众全程参与监督成本监审工作，提高政府成本监审的公信力。

国家发改委列举了价格听证制度的一些改进内容，比如，听证会消费者参加人的遴选,将事先向社会广泛公告,再通过电视台现场直播摇号、随机选取,增强公信力。摇号活动既可以由价格主管部门组织,也可以由消费者组织组织,还可以由新闻媒体组织,并邀请公证人员进行公证。

听证会参加人的发言,可以不事先限定时间,有话则长、无话则短,让每个参加人都有平等的充分表达意见的机会。

价格听证会的新闻报道,可以推广电视现场直播、网络直播等方式,在更大范围内公开听证事项,让不能到现场的社会公众也能在第一时间了解听证会的进程。

——资料来源:http://www.sina.cn2010 年 1 月 14 日《法制日报》

第一节 概述

一、价格的概念

价格是价值的货币体现。《价格法》规定,价格包括商品价格和服务价格,商品价格是指各类有形产品和无形资产的价格,服务价格是指各类有偿服务的收费。

二、价格的类型

《价格法》规定,国家实行并逐步完善宏观经济调控下主要由市场形成价格的机制。价格的制定应当符合价值规律,大多数商品和服务价格实行市场调节价,极少数商品和服务价格实行政府指导价或者政府定价。故而,我国商品和服务价格有三种类型:

(1)市场调节价,是指由经营者自主制定,通过市场竞争形成的价格。

(2)政府指导价,是指依照《价格法》的规定,由政府价格主管部门或者其他有关部门,按照定价权限和范围规定基准价及其浮动幅度,指导经营者制定的价格。

(3)政府定价,是指依照《价格法》的规定,由政府价格主管部门或者其他有关部门,按照定价权限和范围制定的价格。

第二节 政府定价行为

一、政府定价的范围

《价格法》规定,下列商品和服务价格,政府在必要时可以实行政府指导价或者政府定价:

(1)与国民经济发展和人民生活关系重大的极少数商品价格;
(2)资源稀缺的少数商品价格;
(3)自然垄断经营的商品价格;
(4)重要的公用事业价格;
(5)重要的公益性服务价格。

制度链接:《政府制定价格行为规则》(国家发展和改革委员会令第44号)

颁布日期:2006年3月17日 实施日期:2006年5月1日

根据《中华人民共和国价格法》,我们对《政府制定价格行为规则(试行)》进行了修订,修订后的《政府制定价格行为规则》已经国家发展和改革委员会主任办公会议讨论通过,现予发布,自2006年5月1日起施行。

国家发展和改革委员会
二〇〇六年三月十七日

第一条 为规范政府制定价格行为,提高政府制定价格的科学性、公正性和透明度,保护消费者和经营者的合法权益,根据《中华人民共和国价格法》,制定本规则。

第二条 省级以上人民政府价格主管部门、有关部门和经省级人民政府授权的市、县人民政府(以下简称定价机关)依法制定或者调整实行政府指导价、政府定价的商品和服务价格(以下简称制定价格)的行为,适用本规则。

法律、法规另有规定的,从其规定。

第三条 国家实行并逐步完善宏观经济调控下主要由市场形成价格的机制。政府制定价格的范围依据《价格法》第十八条确定,具体以中央和地方定价目录为准。定价目录应当根据经济社会发展情况适时调整,并及时向社会公布。

经省级人民政府授权的市、县人民政府制定价格,具体工作由其所属价格主管部门负责。

定价机关应当按照法定的权限制定价格,不得越权定价。

第四条 制定价格应当遵循公平、公开、公正和效率的原则。

第五条 制定价格应当依据有关商品或者服务的社会平均成本和市场供求

状况、国民经济与社会发展要求以及社会承受能力。商品或者服务价格与国际市场价格联系紧密的,可以参考国际市场价格。

国务院价格主管部门和省级人民政府价格主管部门可以根据不同行业特点,确定具体的作价原则和作价办法。

第六条　定价机关应当根据经济社会发展情况以及社会各方面的反映适时制定价格。

第七条　定价机关制定价格,应当依法履行价格(成本)调查、听取社会意见、集体审议,作出制定价格的决定、公告等程序。

依法应当开展成本监审、专家论证、价格听证的,按照有关规定执行。

第八条　消费者、经营者及有关方面(以下简称建议人)可以向定价机关提出制定价格的建议。

第九条　定价机关制定价格,可以要求相关经营者、行业组织提供制定价格所需的资料。

第十条　定价机关制定价格时,应当对市场供求、社会承受能力进行调查,分析对相关行业、消费者的影响。

第十一条　定价机关制定价格,应当开展价格、成本调查。

依法应当开展成本监审的,按照成本监审的有关规定执行。

第十二条　制定专业技术性较强的商品和服务价格时,定价机关应当聘请有关方面的专家进行论证。

第十三条　定价机关制定价格时,对依法应当听证的,由政府价格主管部门主持,征求消费者、经营者和有关方面的意见。听证的具体内容按照价格听证的有关规定执行。

对依法不实行听证的,定价机关可以选择座谈会、书面或者互联网等形式,听取消费者、经营者和有关方面的意见。

第十四条　定价机关履行本规则第十条至第十三条规定程序后,应当形成制定价格的方案。方案应当载明以下内容:

(一)现行价格和拟制定的价格、单位调价幅度;

(二)制定价格的依据和理由;

(三)经过成本监审的,附成本监审报告;

(四)制定价格后对相关行业和消费者的影响;

(五)经过专家论证的,附专家论证意见纪要;

(六)消费者、经营者和有关方面的意见;

(七)经过听证的,附听证会纪要;

(八)价格的执行时间和范围。

第十五条　制定价格的方案原则上实行集体审议制。集体审议可以采用价格审议委员会讨论、办公会议讨论等方式。

实行集体审议的方式、人员组成和工作规则,由省级以上定价机关规定。

第十六条　国务院价格主管部门和其他部门制定重要的商品和服务价格,应当按照规定报国务院批准。

第十七条　定价机关是行业主管部门的,作出制定价格决定前应当书面征求同级价格主管部门的意见。

第十八条　制定价格的方案经集体审议后,认为需要制定价格的,定价机关应当适时作出制定价格的决定。制定价格的决定应当载明以下内容：

(一)制定价格的项目、制定的价格；

(二)制定价格的依据；

(三)价格的执行时间和范围；

(四)作出决定的定价机关名称和作出决定的日期。

制定价格的决定必须盖有作出决定的定价机关的印章。

第十九条　除涉及国家秘密外,制定价格的决定作出后,由作出决定的定价机关在指定的报刊、网站等媒体上向社会公布。

第二十条　定价机关应当建立健全定价的内部监督制约机制。

上级价格主管部门负责对下级价格主管部门定价行为的监督。

业务主管部门的定价行为应当接受同级价格主管部门的监督。

第二十一条　制定价格有建议人的,定价机关应当以适当的方式将建议办理情况告知建议人。

第二十二条　制定价格的决定实施后,定价机关应当对价格决定执行情况进行跟踪调查和监测。跟踪调查和监测的内容应当包括：

(一)价格的执行情况,执行中存在的问题；

(二)企业经营状况、成本、劳动生产率和市场供求变化对价格的影响；

(三)相关商品或者服务市场供求状况和价格的变化情况；

(四)社会各方面对所制定价格的意见。

第二十三条　定价机关有违法行为的,由政府价格主管部门依据《价格法》进行查处。

第二十四条　定价机关的工作人员在制定价格工作中有违法行为,构成犯罪的,依法追究刑事责任；尚不构成犯罪的,依法给予行政处分。

第二十五条　定价机关应当按照档案管理制度建立制定价格的卷宗并存档。

第二十六条　各省、自治区、直辖市价格主管部门可以依据本规则并结合本地实际情况制定实施细则。

第二十七条　本规则由国家发展和改革委员会解释。

第二十八条　本规则自2006年5月1日起施行。2001年12月16日国家发展计划委员会发布的《政府制定价格行为规则(试行)》同时废止。

二、政府定价目录

《价格法》规定,政府指导价、政府定价的定价权限和具体适用范围,以中央的和地方的定价目录为依据。中央定价目录由国务院价格主管部门制定、修订,报国务院批准后公布。地方定价目录由省、自治区、直辖市人民政府价格主管部门按照中央定价目录规定的定价权限和具体适用范围制定,经本级人民政府审核同意,报国务院价格主管部门审定后公布。省、自治区、直辖市人民政府以下各级地方人民政府不得制定定价目录。

三、政府定价权限

《价格法》规定,国务院价格主管部门和其他有关部门,按照中央定价目录规定的定价权限和具体适用范围制定政府指导价、政府定价;其中重要的商品和服务价格的政府指导价、政府定价,应当按照规定经国务院批准。

省、自治区、直辖市人民政府价格主管部门和其他有关部门,应当按照地方定价目录规定的定价权限和具体适用范围制定在本地区执行的政府指导价、政府定价。

市、县人民政府可以根据省、自治区、直辖市人民政府的授权,按照地方定价目录规定的定价权限和具体适用范围制定在本地区执行的政府指导价、政府定价。

四、政府定价程序

(一)基本原则

《价格法》规定,制定政府指导价、政府定价,应当依据有关商品或者服务的社会平均成本和市场供求状况、国民经济与社会发展要求以及社会承受能力,实行合理的购销差价、批零差价、地区差价和季节差价。

(二)价格调查

政府价格主管部门和其他有关部门制定政府指导价、政府定价,应当开展价格、成本调查,听取消费者、经营者和有关方面的意见。

政府价格主管部门开展对政府指导价、政府定价的价格、成本调查时,有关单位应当如实反映情况,提供必需的账簿、文件以及其他资料。

(三)价格听证

制定关系群众切身利益的公用事业价格、公益性服务价格、自然垄断经营的商品价格等政府指导价、政府定价,应当建立听证会制度,由政府价格主管部门主持,征求消费者、经营者和有关方面的意见,论证其必要性、可行性。

案例研读:乔占祥诉铁道部春运票价上浮听证案

北京市高级人民法院

行政判决书

〔2001〕年高行终字第 39 号

上诉人(一审原告):乔占祥,男,36 岁,汉族,河北三和时代律师事务所律师,住河北省石家庄市华兴小区 20-3-502 室。

被上诉人(一审被告):中华人民共和国铁道部(以下简称铁道部),住所地北京市海淀区复兴路 10 号。

法定代表人:傅志寰,铁道部部长。

委托代理人:刘莘,女,中国政法大学研究生院副教授。

委托代理人:张长江,北京市国源律师事务所律师。

一审第三人:北京铁路局,住所地北京市海淀区复兴路 6 号。

法定代表人:李树田,局长。

委托代理人:朱敏,女,北京铁路局干部。

一审第三人:上海铁路局,住所地上海市天目东路 80 号。

法定代表人:陆东福,局长。

委托代理人:沈国平,男,上海铁路局干部。

一审第三人:广州铁路(集团)公司,住所地广东省广州市中山一路 151 号。

法定代表人:张正清,董事长。

委托代理人:陈唯真,男,广州铁路(集团)公司干部。

上诉人乔占祥因铁路旅客票价管理一案,不服北京市第一中级人民法院〔2001〕一中行初字第 149 号行政判决,向本院提起上诉。本院依法组成合议庭,公开开庭审理了本案。上诉人乔占祥,被上诉人铁道部法定代表人的委托代理人刘莘、张长江,第三人北京铁路局法定代表人的委托代理人朱敏,上海铁路局法定代表人的委托代理人沈国平,广州铁路(集团)公司法定代表人的委托代理人陈唯真出庭参加了诉讼。本案现已审理终结。

北京市第一中级人民法院判决认定,原告作为购票乘客与铁道部所作《关于 2001 年春运期间部分旅客列车票价上浮的通知》(以下简称《通知》)有法律上的利害关系,有权提起行政诉讼。原告坚持对《通知》和《行政复议》同时提起行政诉讼的请求缺乏法律依据。被告作出的 2001 年春运期间部分旅客列车价格上浮决定是经过市场调查、方案拟定、上报批准的,程序未违反有关法律规定。并以〔2001〕一中行初字第 149 号行政判决,驳回原告的诉讼请求。

上诉人乔占祥认为一审判决没有对被诉具体行政行为的合法性进行全面审查,铁道部所作《通知》未举行听证会,未经国务院批准,违反法定程序;在复议过程中铁道部未履行其转送审查国家计委 1960 号批复的请求,属不履行法定职责。向本院提起上诉,请求二审法院撤销一审判决,撤销铁道部所作《通知》,判决确认被上诉人未履行转送职责的行为违法。

被上诉人铁道部答辩认为其作出《通知》符合法定程序,上诉人提出对国家计委1960号批复的转送请求不符合转送条件,故一审判决正确、合法,请求二审法院驳回上诉,维持原判。第三人均同意被上诉人铁道部的答辩意见。

经审理查明,2000年7月被上诉人铁道部向国家计委上报了《关于报批部分旅客列车实行政府指导价的实施方案》(以下简称《实施方案》),即:铁财函〔2000〕253号。《实施方案》中表述,根据经国务院批准的国家计委《关于对部分旅客列车运输实行政府指导价的请示》,我部拟定了对部分旅客列车实行政府指导价的实施方案。其中关于春运票价上浮方案为"春节前(除夕除外)14天,自哈尔滨、上海、广州、北京等局始发,到达指定局(省)的部分列车,春节后23天(初一、初二除外)自北京、上海、广州等局始发到达指定局(省)的部分旅客列车实行票价上浮。春运期间票价最高上浮幅度原则上不超过国务院批准的上浮标准,即:旅行速度100公里以下30%,100公里以上40%"。同年11月8日,国家计委以计价格〔2000〕1960号文批准了铁道部的《实施方案》。铁道部于12月21日作出《关于2001年春运期间部分旅客列车票价上浮的通知》,《通知》决定2001年1月13日至22日、1月26日至2月17日,春运期间在北京铁路局、上海铁路局、广州铁路(集团)公司等始发的部分直通列车的票价上浮20%～30%。该通知经公布于2001年春运期间实施。上诉人乔占祥于1月17日、1月22日,分别购买了2069次列车从石家庄到磁县、石家庄到邯郸的火车客票两张,支付票款37元,比上浮前多支付人民币9元。为此,乔占祥以铁道部所作《通知》程序违法为由诉至一审法院,一审判决后乔占祥不服上诉。

在二审审理过程中,上诉人与被上诉人对铁道部所作《通知》的合法性争议和举证、质证的主要内容是:

(一)铁道部所作《通知》的法律依据问题

被上诉人铁道部向法庭出示的证据是:证据(1)国家物价局有关部门分工重要商品的目录,证明旅客票价为政府定价范围;证据(2)国家计委对部分旅客列车实行国家指导价的请示(计价格〔1999〕1862号);证据(3)国务院对国家计委〔1999〕1862号请示的批复(国办2921号),证明旅客票价由政府定价改为政府指导价已经国务院批准并授权国家计委行使审批权;证据(4)国家公文处理办法(国法办〔1993〕81号),证明国家计委〔1999〕1862号请示和国务院的批复符合国务院公文处理的相关规定;证据(5)《实施方案》,证明铁道部履行了报批程序。证据(6)国家计委对铁道部《实施方案》(〔2000〕253号)的批复,即:计价格〔2000〕1960号《关于部分旅客列车票价实行政府指导价有关问题的批复》,证明铁道部关于2001年春运旅客列车票价上浮所作的《通知》内容已经得到有权机关批准;证据(7)国家计委就有关问题的复函;证据(8)附件2《客运价目表》,证明铁道部经调查对旅客列车票价实行政府指导价的条件已经具备。上诉人乔占祥表示上述证据材料在一审时交换过,但认为证据(1)与《中华人民共和国铁路法》(以下简称《铁路法》)、《中华人民共和国价格法》(以下简称《价格法》)相抵触;证据(2)未经听证,未获国务院批准;证据(3)只有领导圈阅,没有明确签署意见不能证明国务院批准授权国家计委审批,且没有证据证明证据来源合法;证据(4)国务院办公厅批复不符合国务院公文处理办法规定;证据(5)与证据(6),因为不存在国务院授权的行政法律行为不能证明证据(5)的合法性;证据(7),该函内容应由国家计委行使而不是国家计委办公厅;证据(8)无异议。

本院确认被上诉人提供的上述证据合法有效,能够证明其所作《通知》符合《价格法》和《铁路法》规定的实行政府指导价的范围,得到了有权机关的批准。

(二)铁道部作出《通知》的程序合法性问题

被上诉人认为铁路旅客票价不是依法应当听证的三种价格:证据(1)国务院《关于重要生产资料和交通暂行规定》;证据(2)第10个五年计划纲要。上诉人乔占祥认为,证据(1)仅仅指三种定价,不能证明不属《价格法》第二十三条的范围;证据(2)中规定的听证会铁道部没有按照办理。

本院确认上述证据对本案没有直接的证明效力,不予采用。

(三)铁道部在复议过程中是否存在不履行职责的问题

上诉人乔占祥提供的证据(1)行政复议申请书,证明其要求铁道部转送审查国家计委〔2000〕1960号文的合法性;证据(2)铁道部国复〔2001〕2号行政复议书,证明铁道部没有履行转送职责。被上诉人铁道部经质证认为证据1中乔占祥没有提出转送要求,证据(2)中铁道部经复议认为不符合转送条件,不存在不履职的问题。

本院确认上述证据不能证明上诉人的要求成立。

本案认定的事实,有以上证据材料和庭审笔录在案佐证,可以作为定案的根据。

本院认为,铁道部所作《通知》,是铁路行政主管部门对铁路旅客票价实行政府指导价所作的具体行政行为,该行为对于铁路经营企业和乘客均有行政法律上的权利义务关系。乔占祥认为该具体行政行为侵犯其合法权益向人民法院提起行政诉讼,是符合《行政诉讼法》规定的受案范围的。但在对原具体行政行为提起诉讼的同时一并请求确认复议机关不履行转送的法定职责,不符合《行政诉讼法》的规定,且其在复议申请中亦未提出转送审查的请求,故一审判决驳回上诉人的该项请求并无不当。

铁路列车旅客票价直接关系群众的切身利益,依照《价格法》第十八条的规定,政府在必要时可以实行政府指导价或者政府定价。根据《铁路法》第二十五条"国家铁路的旅客票价……由国务院铁路主管部门拟订,报国务院批准"的规定,铁路列车旅客票价调整属于铁道部的法定职责。铁道部上报的《实施方案》所依据的计价格〔1999〕1862号文已经国务院批准,其所作《通知》是在经过市场调查的基础上又召开了价格咨询会,在向有权机关上报了具体的实施方案,并得到了批准的情况下作出的,应视为履行了必要的正当程序。虽然,《价格法》第二十三条规定,"制定关系群众切身利益的公用事业价格、公益性服务价格、自然垄断经营的商品价格等政府指导价、政府定价,应当建立听会证制度。"但,由于在铁道部制定《通知》时,国家尚未建立和制定规范的价格听证制度,要求铁道部申请价格听证缺乏具体的法规和规章依据。据此,上诉人乔占祥请求认定被上诉人铁道部所作《通知》程序违法并撤销该具体行政行为理由不足。综上,一审判决认定事实清楚,适用法律正确,程序合法。上诉人上诉理由不足,其诉讼请求本院不予支持。依照《中华人民共和国行政诉讼法》第六十一条第一项的规定,判决如下:

驳回上诉,维持原判。

本案上诉诉讼费80元,由上诉人乔占祥负担。

本判决为终审判决。

审判长　王振清

审判员　吉罗洪

审判员　何谢忠

(四)价格公布

政府指导价、政府定价制定后,由制定价格的部门向消费者、经营者公布。

(五)价格调整

政府指导价、政府定价的具体适用范围、价格水平,应当根据经济运行情况,按照规定的定价权限和程序适时调整。

消费者、经营者可以对政府指导价、政府定价提出调整建议。

政策指南:《国家发展改革委、住房城乡建设部关于做好城市供水价格管理工作有关问题的通知》(节选)

各省、自治区、直辖市发展改革委、物价局、住房城乡建设厅,海南省水务局,北京、天津、上海市水务局,重庆市市政管委:

近期,部分城市相继出台了城市供水价格调整方案,对于促进节约用水和水污染防治,缓解供水和污水处理单位的运行困难,保障城市供水和污水处理行业健康发展起到了积极作用。但也有少数地方因调价方案和调价程序不完善,宣传解释工作不到位,群众反映强烈。为确保水价调整工作的规范有序,现就有关问题通知如下:

……

二、严格履行水价调整程序。一是加大成本监审力度。要加强对城市供水定价成本的监审,完善成本约束机制,促使供水企业加强内部管理和强化自我约束,切实加大水费收缴力度,严格控制人员的不合理增长,着力降低管网漏损,抑制不合理的成本支出。二是依法履行听证制度。水价调整方案的制定和出台，要充分听取社会各方面的意见，加强与听证参加人及社会各界的沟通，提高水价决策的透明度。三是合理确定水价调整时机和力度。各地要统筹考虑本地区水价调整工作，区分轻重缓急，合理把握水价的调整节奏和调整幅度，水价矛盾积累较大的地区，要统筹安排，分步到位。

……

国家发展改革委
住房城乡建设部
二〇〇九年七月六日

第三节　价格总水平调控

一、价格总水平调控的必要性

《价格法》规定，稳定市场价格总水平是国家重要的宏观经济政策目标。国家根据国民经济发展的需要和社会承受能力，确定市场价格总水平调控目标，列入国民经济和社会发展计划，并综合运用货币、财政、投资、进出口等方面的政策和措施，予以实现。

二、价格总水平调控的基本措施

(一)建立重要商品储备制度

《价格法》规定，政府可以建立重要商品储备制度，调控价格，稳定市场。

案例研读：国家储备纸浆竞价销售

国家储备纸浆竞价销售结果公告

受国家发展和改革委员会国家物资储备局委托，国储物资调节中心以公开竞价方式销售国家储备纸浆。现将竞价销售结果公告如下：

竞价销售会于12月14日在北京西城区木樨地北里甲11号国宏大厦举行。主要纸浆竞价销售底价为5 100元/吨，其中西北、西南地区库存纸浆竞价销售底价为5 000元/吨。共有28家企业到会，15家竞购成功。20 556吨（ADMT）纸浆全部成交，平均成交价5 637.05元/吨，最高成交价5 920元/吨，最低成交价5 400元/吨。

特此公告。

二〇〇六年十二月十八日

(二)设立价格调节基金

《价格法》规定,政府可以设立价格调节基金,调控价格,稳定市场。

(三)建立价格监测制度

《价格法》规定,为适应价格调控和管理的需要,政府价格主管部门应当建立价格监测制度,对重要商品、服务价格的变动进行监测。

文献阅读:《政府制定价格成本监审办法》(国家发展和改革委员会令第42号)

颁布日期:2006年1月17日 实施日期:2006年3月1日

根据《中华人民共和国价格法》,我们对原国家计委发布的《重要商品和服务价格成本监审暂行办法》(原国家计委25号令)进行了修订。在此基础上,特制定《政府制定价格成本监审办法》,经国家发展改革委主任办公会讨论通过,现予发布,自2006年3月1日起施行。

国家发展和改革委员会
二〇〇六年一月十七日

第一条 为提高政府价格主管部门价格决策的科学性,规范定价成本监审行为,根据《中华人民共和国价格法》,制定本办法。

第二条 政府价格主管部门制定或者调整实行政府指导价、政府定价的商品和服务价格(以下简称制定价格)过程中的定价成本监审行为,适用本办法。

第三条 本办法所称定价成本监审(以下简称成本监审)是指政府价格主管部门制定价格过程中在调查、测算、审核经营者成本基础上核定定价成本的行为。本办法所称定价成本是指全国或一定范围内经营者生产经营同种商品或者提供同种服务的社会平均合理费用支出,是政府制定价格的基本依据。

第四条 成本监审具体工作由各级人民政府价格主管部门的成本调查机构(以下简称成本调查机构)组织实施。

各级成本调查机构负责本级价格主管部门定价权限范围内的成本监审具体事务,也可接受上级价格主管部门委托或下级价格主管部门请求对相关经营者成本实施成本监审。

第五条 成本监审实行目录管理。列入成本监审目录的商品和服务,由国务院价格主管部门和省、自治区、直辖市人民政府价格主管部门依据中央和地方定价目录确定,并对外公布。

列入价格听证目录的所有商品和服务以及虽未列入价格听证目录但需要实行听证的,自动列入成本监审目录。

制定暂未列入成本监审目录的商品和服务价格,政府价格主管部门认为有必要的,可以实施成本监审。

第六条 成本监审应当遵循公平、科学、规范、效率的原则。

第七条 成本监审实行制定价格前监审(以下简称定调价监审)和定期监审

相结合的制度。

政府价格主管部门应当在成本监审目录中确定不同商品和服务的定期监审的间隔时限,定期监审的间隔时限最短不得少于1年。

第八条　对同一经营者同一种商品或服务成本,同一会计年度内不得交叉实施或重复实施定调价监审和定期监审。

第九条　列入成本监审目录的商品和服务,未经定调价监审或定期监审的,政府价格主管部门不得制定价格。

第十条　成本调查机构应当对生产经营同种商品或者提供同种服务的所有经营者实施成本监审。经营者数量众多的,成本调查机构可以根据具体情况选定一定数量的有代表性的经营者实施成本监审。

第十一条　国务院价格主管部门和省、自治区、直辖市人民政府价格主管部门应当根据不同商品和服务成本的实际情况,按照价格管理权限制定具体商品和服务定价成本监审办法。具体商品和服务定价成本监审办法应当包括相关商品或服务定价成本的构成项目、核定方法和标准等内容。对于地方定价目录中的商品和服务,国务院价格主管部门可以协调制定全国统一的定价成本监审办法。

第十二条　定价成本应当依据经营者正常生产经营活动过程中发生的合理费用进行核算。下列费用不得列入定价成本:

(一)不符合《中华人民共和国会计法》等有关法律、行政法规和财务会计制度规定的费用;

(二)与实施成本监审的商品或服务生产经营活动无关的费用;

(三)不符合相关商品或服务定价成本监审办法规定的费用。

(四)经营者在生产经营活动过程中发生的其他不合理费用。

第十三条　经营者应当准确记录与核算商品和服务的生产经营成本,不得弄虚作假。

经营者应当对实行政府指导价、政府定价的商品和服务及其密切相关商品和服务的生产经营成本和收入分别核算。

第十四条　经营者应当根据政府价格主管部门成本监审的要求提交相关商品或服务的成本资料(以下简称成本资料),并对所提供成本资料的真实性、合法性负责。成本资料包括下列内容:

(一)按政府价格主管部门要求和规定表式核算填报的成本报表。

(二)经注册会计师或税务、审计等政府部门审计的年度财务会计报告。

(三)其他与成本相关的资料。

没有正式营业的,应当提供有权审批单位审查批准的可行性研究报告以及按照价格主管部门要求和规定表式测算填报的成本报表。

第十五条　成本调查机构应当对经营者报送的成本资料进行初审。成本资料内容不完整的,应当要求经营者补充提供有关资料。

第十六条 经营者报送的成本资料经初审合格的,成本调查机构应当按照本办法第十二条、相关商品或服务定价成本监审办法及有关规定对经营者成本进行审核。成本调查机构对经营者成本核增核减的意见及理由,应当及时书面告知经营者。经营者对成本核增核减意见有异议的,可以向成本调查机构提出书面意见及理由。成本调查机构完成单个经营者的成本审核工作后,应当按照最终核定的成本数据填列经营者成本核定表。

第十七条 成本调查机构完成每一项目成本审核工作后,应当根据所有被监审的经营者的成本核定表核算定价成本,向价格主管部门提交成本监审报告。成本监审报告应当包括下列内容:

(一)成本监审项目;

(二)成本监审依据;

(三)成本监审程序;

(四)成本审核的主要内容;

(五)经营者成本核增核减情况及其理由;

(六)经营者成本核定表;

(七)定价成本;

(八)其他需要说明的事项。

成本监审报告必须经参与成本审核人员签名或盖章,并应加盖成本调查机构公章或者成本监审专用章。

第十八条 政府价格主管部门违反本办法,对列入成本监审目录的商品和服务未经成本监审制定价格的,由上级价格主管部门或本级人民政府责令改正,情况严重的通报批评。对造成重大影响的直接负责的主管人员和其他直接人员,依法给予或者提请有关部门给予行政处分。

第十九条 从事成本监审工作的人员与经营者有利害关系的,在审核该经营者成本时应当回避。成本调查机构及其工作人员不得将依法获得的经营者成本资料用于成本监审以外的任何其他目的,不得泄露经营者的商业秘密。

第二十条 从事成本监审工作的人员在成本监审工作中,泄露国家秘密、商业秘密以及滥用职权、徇私舞弊、玩忽职守、索贿受贿,构成犯罪的,依法追究刑事责任;尚不构成犯罪的,给予行政处分。

第二十一条 经营者违反本办法第十三条规定以及未按本办法第十四条规定提交成本资料的,政府价格主管部门应当责令其及时改正,并予以通报批评。经营者提供的成本资料少于第十四条规定内容并且不能根据成本调查机构要求补充提供的,或者提供虚假成本资料的,成本调查机构应当不予实施成本监审或者中止实施当次成本监审。

第二十二条 成本监审的工作经费,可申请列入同级财政预算。

第二十三条 政府价格主管部门制定国家行政机关的收费标准时,应当按照本办法实施成本监审。

第二十四条 其他有关部门制定价格时,参照本办法实施成本监审。

第二十五条 各省、自治区、直辖市人民政府价格主管部门可以根据本办法制定实施细则。

第二十六条 本办法由国家发展和改革委员会解释。

第二十七条 本办法自2006年3月1日起施行,2002年11月1日国家发展计划委员会发布的《重要商品和服务价格成本监审暂行办法》同时废止。

案例研读:北京市对14类价格实施政府定价成本监审

从2007年7月1日起,北京市对城市14类价格实施不同形式的政府定价成本监审。凡列入《成本监审目录》的商品和服务,在制定或调整价格时,各相关单位必须开展成本监审,否则价格主管部门不予制定或调整价格。这对本市进一步规范政府定价行为,促进企业约束机制建设将产生积极作用。这14项与市民生活息息相关的政府定价商品和服务包括:食盐销售定价成本,燃气定价成本,供热定价成本,水利工程供水、城市供水、城市排水定价成本,城市轨道客运、公交车、汽车客运定价成本,普通出租小轿车客运定价成本,高速公路通行费定价成本,有线电视收看维护费、网络工程费、移址开通费、暂停恢复费定价成本,基本医疗诊疗费、挂号费、床位费和手术费定价成本,列入听证目录的游览参观点门票、月票定价成本,列入政府定价目录的公办教育收费定价成本,列入政府定价目录的环卫垃圾处理收费成本,公有住房和廉租房租金定价成本,列入政府定价目录的小区物业管理服务定价成本。

政府定价成本监审实行定调价监审和定期监审相结合。成本监审目录制定实行动态监管,除了《成本监审目录》列入的14类监审内容外,凡列入价格听证目录的所有商品和服务以及虽未列入价格听证目录但需要实行听证的,则自动列入成本监审目录;制定暂未列入成本监审目录的商品和服务价格,政府价格主管部门认为有必要的,可以实施成本监审。

——资料来源:国家发展和改革委员会门户网站(http://www.sdpc.gov.cn)

(四)保护性收购价格

《价格法》规定,政府在粮食等重要农产品的市场购买价格过低时,可以在收购中实行保护价格,并采取相应的经济措施保证其实现。

(五)实行价格干预措施

《价格法》规定,当重要商品和服务价格显著上涨或者有可能显著上涨,国务院和省、自治区、直辖市人民政府可以对部分价格采取限定差价率或者利润率、规定限价、实行提价申报制度和调价备案制度等干预措施。省、自治区、直辖市人民政府采取价格干预措施时,应当报国务院备案。

(六)价格紧急措施

《价格法》规定,当市场价格总水平出现剧烈波动等异常状态时,国务院可以在全国范围内或者部分区域内采取临时集中定价权限、部分或者全面冻结价格的紧急措施。

延伸思考:

1. 如何理解价格的不同类型与各自的适用领域?
2. 政府定价的法理依据是什么?
3. 政府定价目录应当如何确定?
4. 价格紧急措施的适用范围应当如何界定?

文献附录:《中央储备粮管理条例》

中华人民共和国国务院令

第 388 号

《中央储备粮管理条例》已经 2003 年 8 月 6 日国务院第 17 次常务会议通过,现予公布,自公布之日起施行。

总理　温家宝

二〇〇三年八月十五日

中央储备粮管理条例

第一章　总则

第一条　为了加强对中央储备粮的管理,保证中央储备粮数量真实、质量良好和储存安全,保护农民利益,维护粮食市场稳定,有效发挥中央储备粮在国家宏观调控中的作用,制定本条例。

第二条　本条例所称中央储备粮,是指中央政府储备的用于调节全国粮食供求总量,稳定粮食市场,以及应对重大自然灾害或者其他突发事件等情况的粮食和食用油。

第三条　从事和参与中央储备粮经营管理、监督活动的单位和个人,必须遵守本条例。

第四条　国家实行中央储备粮垂直管理体制,地方各级人民政府及有关部门应当对中央储备粮的垂直管理给予支持和协助。

第五条　中央储备粮的管理应当严格制度、严格管理、严格责任,确保中央储备粮数量真实、质量良好和储存安全,确保中央储备粮储得进、管得好、调得动、用得上并节约成本、费用。

未经国务院批准,任何单位和个人不得擅自动用中央储备粮。

第六条　国务院发展改革部门及国家粮食行政管理部门会同国务院财政部

门负责拟订中央储备粮规模总量、总体布局和动用的宏观调控意见,对中央储备粮管理进行指导和协调;国家粮食行政管理部门负责中央储备粮的行政管理,对中央储备粮的数量、质量和储存安全实施监督检查。

第七条 国务院财政部门负责安排中央储备粮的贷款利息、管理费用等财政补贴,并保证及时、足额拨付;负责对中央储备粮有关财务执行情况实施监督检查。

第八条 中国储备粮管理总公司具体负责中央储备粮的经营管理,并对中央储备粮的数量、质量和储存安全负责。

中国储备粮管理总公司依照国家有关中央储备粮管理的行政法规、规章、国家标准和技术规范,建立、健全中央储备粮各项业务管理制度,并报国家粮食行政管理部门备案。

第九条 中国农业发展银行负责按照国家有关规定,及时、足额安排中央储备粮所需贷款,并对发放的中央储备粮贷款实施信贷监管。

第十条 任何单位和个人不得以任何方式骗取、挤占、截留、挪用中央储备粮贷款或者贷款利息、管理费用等财政补贴。

第十一条 任何单位和个人不得破坏中央储备粮的仓储设施,不得偷盗、哄抢或者损毁中央储备粮。

中央储备粮储存地的地方人民政府对破坏中央储备粮仓储设施,偷盗、哄抢或者损毁中央储备粮的违法行为,应当及时组织有关部门予以制止、查处。

第十二条 任何单位和个人对中央储备粮经营管理中的违法行为,均有权向国家粮食行政管理部门等有关部门举报。国家粮食行政管理部门等有关部门接到举报后,应当及时查处;举报事项的处理属于其他部门职责范围的,应当及时移送其他部门处理。

第二章 中央储备粮的计划

第十三条 中央储备粮的储存规模、品种和总体布局方案,由国务院发展改革部门及国家粮食行政管理部门会同国务院财政部门,根据国家宏观调控需要和财政承受能力提出,报国务院批准。

第十四条 中央储备粮的收购、销售计划,由国家粮食行政管理部门根据国务院批准的中央储备粮储存规模、品种和总体布局方案提出建议,经国务院发展改革部门、国务院财政部门审核同意后,由国务院发展改革部门及国家粮食行政管理部门会同国务院财政部门和中国农业发展银行共同下达中国储备粮管理总公司。

第十五条 中国储备粮管理总公司根据中央储备粮的收购、销售计划,具体组织实施中央储备粮的收购、销售。

第十六条 中央储备粮实行均衡轮换制度,每年轮换的数量一般为中央储备粮储存总量的20%至30%。

中国储备粮管理总公司应当根据中央储备粮的品质情况和入库年限,提出中央储备粮年度轮换的数量、品种和分地区计划,报国家粮食行政管理部门、国务院财政部门和中国农业发展银行批准。中国储备粮管理总公司在年度轮换计划内根据粮食市场供求状况,具体组织实施中央储备粮的轮换。

第十七条　中国储备粮管理总公司应当将中央储备粮收购、销售、年度轮换计划的具体执行情况,及时报国务院发展改革部门、国家粮食行政管理部门和国务院财政部门备案,并抄送中国农业发展银行。

第三章　中央储备粮的储存

第十八条　中国储备粮管理总公司直属企业为专户储存中央储备粮的企业。中央储备粮也可以依照本条例的规定由具备条件的其他企业代储。

第十九条　代储中央储备粮的企业,应当具备下列条件:

(一)仓库容量达到国家规定的规模,仓库条件符合国家标准和技术规范的要求;

(二)具有与粮食储存功能、仓型、进出粮方式、粮食品种、储粮周期等相适应的仓储设备;

(三)具有符合国家标准的中央储备粮质量等级检测仪器和场所,具备检测中央储备粮储存期间仓库内温度、水分、害虫密度的条件;

(四)具有经过专业培训,并取得有关主管部门颁发的资格证书的粮食保管、检验、防治等管理技术人员;

(五)经营管理和信誉良好,并无严重违法经营记录。

选择代储中央储备粮的企业,应当遵循有利于中央储备粮的合理布局,有利于中央储备粮的集中管理和监督,有利于降低中央储备粮成本、费用的原则。

第二十条　具备本条例第十九条规定代储条件的企业,经国家粮食行政管理部门审核同意,取得代储中央储备粮的资格。

企业代储中央储备粮的资格认定办法,由国家粮食行政管理部门会同国务院财政部门,并征求中国农业发展银行和中国储备粮管理总公司的意见制定。

第二十一条　中国储备粮管理总公司负责从取得代储中央储备粮资格的企业中,根据中央储备粮的总体布局方案择优选定中央储备粮代储企业,报国家粮食行政管理部门、国务院财政部门和中国农业发展银行备案,并抄送当地粮食行政管理部门。

中国储备粮管理总公司应当与中央储备粮代储企业签订合同,明确双方的权利、义务和违约责任等事项。

中央储备粮代储企业不得将中央储备粮轮换业务与其他业务混合经营。

第二十二条　中国储备粮管理总公司直属企业、中央储备粮代储企业(以下统称承储企业)储存中央储备粮,应当严格执行国家有关中央储备粮管理的行政法规、规章、国家标准和技术规范,以及中国储备粮管理总公司依照有关行政法规、规章、国家标准和技术规范制定的各项业务管理制度。

第二十三条 承储企业必须保证入库的中央储备粮达到收购、轮换计划规定的质量等级,并符合国家规定的质量标准。

第二十四条 承储企业应当对中央储备粮实行专仓储存、专人保管、专账记载,保证中央储备粮账账相符、账实相符、质量良好、储存安全。

第二十五条 承储企业不得虚报、瞒报中央储备粮的数量,不得在中央储备粮中掺杂掺假、以次充好,不得擅自串换中央储备粮的品种、变更中央储备粮的储存地点,不得因延误轮换或者管理不善造成中央储备粮陈化、霉变。

第二十六条 承储企业不得以低价购进高价入账、高价售出低价入账、以旧粮顶替新粮、虚增入库成本等手段套取差价,骗取中央储备粮贷款和贷款利息、管理费用等财政补贴。

第二十七条 承储企业应当建立、健全中央储备粮的防火、防盗、防洪等安全管理制度,并配备必要的安全防护设施。

地方各级人民政府应当支持本行政区域内的承储企业做好中央储备粮的安全管理工作。

第二十八条 承储企业应当对中央储备粮的储存管理状况进行经常性检查;发现中央储备粮数量、质量和储存安全等方面的问题,应当及时处理;不能处理的,承储企业的主要负责人必须及时报告中国储备粮管理总公司或者其分支机构。

第二十九条 承储企业应当在轮换计划规定的时间内完成中央储备粮的轮换。

中央储备粮的轮换应当遵循有利于保证中央储备粮的数量、质量和储存安全,保持粮食市场稳定,防止造成市场粮价剧烈波动,节约成本、提高效率的原则。

中央储备粮轮换的具体管理办法,由国务院发展改革部门及国家粮食行政管理部门会同国务院财政部门,并征求中国农业发展银行和中国储备粮管理总公司的意见制定。

第三十条 中央储备粮的收购、销售、轮换原则上应当通过规范的粮食批发市场公开进行,也可以通过国家规定的其他方式进行。

第三十一条 承储企业不得以中央储备粮对外进行担保或者对外清偿债务。

承储企业依法被撤销、解散或者破产的,其储存的中央储备粮由中国储备粮管理总公司负责调出另储。

第三十二条 中央储备粮的管理费用补贴实行定额包干,由国务院财政部门拨付给中国储备粮管理总公司;中国储备粮管理总公司按照国务院财政部门的有关规定,通过中国农业发展银行补贴专户,及时、足额拨付到承储企业。中国储备粮管理总公司在中央储备粮管理费用补贴包干总额内,可以根据不同储存条件和实际费用水平,适当调整不同地区、不同品种、不同承储企业的管理费用补贴标准；但同一地区、同一品种、储存条件基本相同的承储企业的管理费用补贴标准原则上应当一致。

中央储备粮的贷款利息实行据实补贴，由国务院财政部门拨付。

第三十三条　中央储备粮贷款实行贷款与粮食库存值增减挂钩和专户管理、专款专用。

承储企业应当在中国农业发展银行开立基本账户，并接受中国农业发展银行的信贷监管。

中国储备粮管理总公司应当创造条件，逐步实行中央储备粮贷款统借统还。

第三十四条　中央储备粮的入库成本由国务院财政部门负责核定。中央储备粮的入库成本一经核定，中国储备粮管理总公司及其分支机构和承储企业必须遵照执行。

任何单位和个人不得擅自更改中央储备粮入库成本。

第三十五条　国家建立中央储备粮损失、损耗处理制度，及时处理所发生的损失、损耗。具体办法由国务院财政部门会同国家粮食行政管理部门，并征求中国储备粮管理总公司和中国农业发展银行的意见制定。

第三十六条　中国储备粮管理总公司应当定期统计、分析中央储备粮的储存管理情况，并将统计、分析情况报送国务院发展改革部门、国家粮食行政管理部门、国务院财政部门及中国农业发展银行。

第四章　中央储备粮的动用

第三十七条　国务院发展改革部门及国家粮食行政管理部门，应当完善中央储备粮的动用预警机制，加强对需要动用中央储备粮情况的监测，适时提出动用中央储备粮的建议。

第三十八条　出现下列情况之一的，可以动用中央储备粮：

（一）全国或者部分地区粮食明显供不应求或者市场价格异常波动；

（二）发生重大自然灾害或者其他突发事件需要动用中央储备粮；

（三）国务院认为需要动用中央储备粮的其他情形。

第三十九条　动用中央储备粮，由国务院发展改革部门及国家粮食行政管理部门会同国务院财政部门提出动用方案，报国务院批准。动用方案应当包括动用中央储备粮的品种、数量、质量、价格、使用安排、运输保障等内容。

第四十条　国务院发展改革部门及国家粮食行政管理部门，根据国务院批准的中央储备粮动用方案下达动用命令，由中国储备粮管理总公司具体组织实施。

紧急情况下，国务院直接决定动用中央储备粮并下达动用命令。

国务院有关部门和有关地方人民政府对中央储备粮动用命令的实施，应当给予支持、配合。

第四十一条　任何单位和个人不得拒绝执行或者擅自改变中央储备粮动用命令。

第五章 监督检查

第四十二条 国家粮食行政管理部门、国务院财政部门按照各自职责,依法对中国储备粮管理总公司及其分支机构、承储企业执行本条例及有关粮食法规的情况,进行监督检查。在监督检查过程中,可以行使下列职权:

(一)进入承储企业检查中央储备粮的数量、质量和储存安全;

(二)向有关单位和人员了解中央储备粮收购、销售、轮换计划及动用命令的执行情况;

(三)调阅中央储备粮经营管理的有关资料、凭证;

(四)对违法行为,依法予以处理。

第四十三条 国家粮食行政管理部门、国务院财政部门在监督检查中,发现中央储备粮数量、质量、储存安全等方面存在问题,应当责成中国储备粮管理总公司及其分支机构、承储企业立即予以纠正或者处理;发现中央储备粮代储企业不再具备代储条件,国家粮食行政管理部门应当取消其代储资格;发现中国储备粮管理总公司直属企业存在不适于储存中央储备粮的情况,国家粮食行政管理部门应当责成中国储备粮管理总公司对有关直属企业限期整改。

第四十四条 国家粮食行政管理部门、国务院财政部门的监督检查人员应当将监督检查情况作出书面记录,并由监督检查人员和被检查单位的负责人签字。被检查单位的负责人拒绝签字的,监督检查人员应当将有关情况记录在案。

第四十五条 审计机关依照审计法规定的职权和程序,对有关中央储备粮的财务收支情况实施审计监督;发现问题,应当及时予以处理。

第四十六条 中国储备粮管理总公司及其分支机构、承储企业,对国家粮食行政管理部门、国务院财政部门、审计机关的监督检查人员依法履行职责,应当予以配合。

任何单位和个人不得拒绝、阻挠、干涉国家粮食行政管理部门、国务院财政部门、审计机关的监督检查人员依法履行监督检查职责。

第四十七条 中国储备粮管理总公司及其分支机构应当加强对中央储备粮的经营管理和检查,对中央储备粮的数量、质量存在的问题,应当及时予以纠正;对危及中央储备粮储存安全的重大问题,应当立即采取有效措施予以处理,并报告国家粮食行政管理部门、国务院财政部门及中国农业发展银行。

第四十八条 中国农业发展银行应当按照资金封闭管理的规定,加强对中央储备粮贷款的信贷监管。中国储备粮管理总公司及其分支机构、承储企业对中国农业发展银行依法进行的信贷监管,应当予以配合,并及时提供有关资料和情况。

第六章 法律责任

第四十九条 国家机关工作人员违反本条例规定,有下列行为之一的,给予警告直至撤职的行政处分;情节严重的,给予降级直至开除的行政处分;构成犯罪的,依法追究刑事责任:

（一）不及时下达中央储备粮收购、销售及年度轮换计划的；

（二）给予不具备代储条件的企业代储中央储备粮资格，或者发现中央储备粮代储企业不再具备代储条件不及时取消其代储资格的；

（三）发现中国储备粮管理总公司直属企业存在不适于储存中央储备粮的情况不责成中国储备粮管理总公司对其限期整改的；

（四）接到举报、发现违法行为不及时查处的。

第五十条 中国储备粮管理总公司及其分支机构违反本条例规定，有下列行为之一的，由国家粮食行政管理部门责令改正；对直接负责的主管人员和其他直接责任人员，责成中国储备粮管理总公司给予警告直至撤职的纪律处分；情节严重的，对直接负责的主管人员和其他直接责任人员给予降级直至开除的纪律处分；构成犯罪的，依法追究刑事责任：

（一）拒不组织实施或者擅自改变中央储备粮收购、销售、年度轮换计划及动用命令的；

（二）选择未取得代储中央储备粮资格的企业代储中央储备粮的；

（三）发现中央储备粮的数量、质量存在问题不及时纠正，或者发现危及中央储备粮储存安全的重大问题，不立即采取有效措施处理并按照规定报告的；

（四）拒绝、阻挠、干涉国家粮食行政管理部门、国务院财政部门、审计机关的监督检查人员依法履行监督检查职责的。

第五十一条 承储企业违反本条例规定，有下列行为之一的，由国家粮食行政管理部门责成中国储备粮管理总公司对其限期改正；情节严重的，对中央储备粮代储企业，还应当取消其代储资格；对直接负责的主管人员和其他直接责任人员给予警告直至开除的纪律处分；构成犯罪的，依法追究刑事责任：

（一）入库的中央储备粮不符合质量等级和国家标准要求的；

（二）对中央储备粮未实行专仓储存、专人保管、专账记载，中央储备粮账账不符、账实不符的；

（三）发现中央储备粮的数量、质量和储存安全等方面的问题不及时处理，或者处理不了不及时报告的；

（四）拒绝、阻挠、干涉国家粮食行政管理部门、国务院财政部门、审计机关的监督检查人员或者中国储备粮管理总公司的检查人员依法履行职责的。

第五十二条 承储企业违反本条例规定，有下列行为之一的，由国家粮食行政管理部门责成中国储备粮管理总公司对其限期改正；有违法所得的，没收违法所得；对直接负责的主管人员给予降级直至开除的纪律处分；对其他直接责任人员给予警告直至开除的纪律处分；构成犯罪的，依法追究刑事责任；对中央储备粮代储企业，取消其代储资格：

（一）虚报、瞒报中央储备粮数量的；

（二）在中央储备粮中掺杂掺假、以次充好的；

（三）擅自串换中央储备粮的品种、变更中央储备粮储存地点的；
（四）造成中央储备粮陈化、霉变的；
（五）拒不执行或者擅自改变中央储备粮收购、销售、轮换计划和动用命令的；
（六）擅自动用中央储备粮的；
（七）以中央储备粮对外进行担保或者清偿债务的。

第五十三条　承储企业违反本条例规定，以低价购进高价入账、高价售出低价入账、以旧粮顶替新粮、虚增入库成本等手段套取差价，骗取中央储备粮贷款和贷款利息、管理费用等财政补贴的，由国家粮食行政管理部门、国务院财政部门按照各自职责责成中国储备粮管理总公司对其限期改正，并责令退回骗取的中央储备粮贷款和贷款利息、管理费用等财政补贴；有违法所得的，没收违法所得；对直接负责的主管人员给予降级直至开除的纪律处分；对其他直接责任人员给予警告直至开除的纪律处分；构成犯罪的，依法追究刑事责任；对中央储备粮代储企业，取消其代储资格。

第五十四条　中央储备粮代储企业将中央储备粮轮换业务与其他业务混合经营的，由国家粮食行政管理部门责成中国储备粮管理总公司对其限期改正；对直接负责的主管人员给予警告直至降级的纪律处分；造成中央储备粮损失的，对直接负责的主管人员给予撤职直至开除的纪律处分，并取消其代储资格。

第五十五条　违反本条例规定，挤占、截留、挪用中央储备粮贷款或者贷款利息、管理费用等财政补贴，或者擅自更改中央储备粮入库成本的，由国务院财政部门、中国农业发展银行按照各自职责责令改正或者给予信贷制裁；有违法所得的，没收违法所得；对直接负责的主管人员和其他直接责任人员依法给予撤职直至开除的纪律处分；构成犯罪的，依法追究刑事责任。

第五十六条　国家机关和中国农业发展银行的工作人员违反本条例规定，滥用职权、徇私舞弊或者玩忽职守，构成犯罪的，依法追究刑事责任；尚不构成犯罪的，依法给予降级直至开除的行政处分或者纪律处分。

第五十七条　违反本条例规定，破坏中央储备粮仓储设施，偷盗、哄抢、损毁中央储备粮，构成犯罪的，依法追究刑事责任；尚不构成犯罪的，依照《中华人民共和国治安管理处罚条例》的规定予以处罚；造成财产损失的，依法承担民事赔偿责任。

第五十八条　本条例规定的对国家机关工作人员的行政处分，依照《国家公务员暂行条例》的规定执行；对中国储备粮管理总公司及其分支机构、承储企业、中国农业发展银行工作人员的纪律处分，依照《企业职工奖惩条例》的规定执行，国家另有规定的，依照有关规定执行。

第七章　附则

第五十九条　地方储备粮的管理办法，由省、自治区、直辖市参照本条例制定。
第六十条　本条例自公布之日起施行。

第二十三章　对外贸易法律制度

引例:商务部公告 2010 年第 6 号
氨纶反倾销案公司更名公告

商务部公告 2010 年第 6 号 氨纶反倾销案公司更名公告
【发布单位】中华人民共和国商务部
【发布文号】公告 2010 年第 6 号
【发布日期】2010－02－04
【实施日期】2010－02－05

2006 年 10 月 13 日,中华人民共和国商务部发布 2006 年第 74 号公告,决定对原产于日本、新加坡、韩国、中国台湾地区和美国的进口氨纶征收反倾销税。其中,日本 OPELONTEX 公司(OPELONTEX Co., Ltd.)的反倾销税率是 12.87％。

2009 年 12 月 3 日,日本 Toray Opelontex 公司(Toray Opelontex Co., Ltd.)向商务部提交申请,请求继承日本 OPELONTEX 公司在氨纶反倾销措施中所适用的反倾销税率,并提交了董事会和股东大会记录、变更登记证明、经营管理、生产设备、供货关系、客户基础以及相关公证和我驻日本大使馆(领馆)的认证文件等相关证明材料。

2009 年 12 月 15 日,商务部就上述申请事宜通知了中国大陆氨纶产业。在规定时间内,中国大陆氨纶产业未提出异议。

经审查,现有证据材料表明日本 Toray Opelontex 公司名称变更符合日本相关法律规定,公司名称变更前后关于氨纶的经营管理、生产设备、供应商关系、客户基础以及管理层人员等均未发生变化。

据此,商务部决定:

一、由日本 Toray Opelontex 公司继承日本 OPELONTEX 公司在氨纶反倾销措施中所适用的 12.87％的反倾销税率及其他权利义务。

二、以日本 OPELONTEX 公司名称向中国大陆出口的氨纶产品,适用氨纶反倾销措施中其他日本公司所适用的 61.00％的反倾销税率。

本公告自 2010 年 2 月 5 日起执行。

中华人民共和国商务部
二〇一〇年二月四日

第一节 概述

一、对外贸易法的调整范围

《对外贸易法》规定,所谓对外贸易,是指货物进出口、技术进出口和国际服务贸易。

二、对外贸易法的基本原则

(一)自由贸易原则

《对外贸易法》规定,我国实行统一的对外贸易制度,鼓励发展对外贸易,维护公平、自由的对外贸易秩序。

(二)平等互利原则

《对外贸易法》规定,我国根据平等互利的原则,促进和发展同其他国家和地区的贸易关系,缔结或者参加关税同盟协定、自由贸易区协定等区域经济贸易协定,参加区域经济组织。

(三)对等原则

《对外贸易法》规定,我国在对外贸易方面根据所缔结或者参加的国际条约、协定,给予其他缔约方、参加方最惠国待遇、国民待遇等待遇,或者根据互惠、对等原则给予对方最惠国待遇、国民待遇等待遇。

任何国家或者地区在贸易方面对我国采取歧视性的禁止、限制或者其他类似措施的,我国可以根据实际情况对该国家或者该地区采取相应的措施。

背景知识:中国—东盟自由贸易区成立

2010 年 1 月 1 日起,中国和东盟将建成世界上最大的自由贸易区,放松对涉及 19 亿人的大量货物和投资的限制。大部分商品将免关税,包括目前征收大约 5%关税的制成品。对一些农产品、汽车零配件以及重型机械将继续征收关税,但会分阶段减免。

酝酿多年后,中国—东盟自由贸易区将在价值总额方面与欧盟及北美自由贸易区相匹敌,而在人口方面则超过这两者。东盟副秘书长普什帕纳塔·孙德拉姆说,中国已经取代美国成为东盟第三大贸易伙伴,而且将在中国—东盟自由贸易区建成后几年内超过日本和欧盟,成为东盟第一大贸易伙伴。

——《中国东盟开启世界最大自贸区》,《参考消息》2010年1月1日,第8版。

第二节　对外贸易经营者

一、对外贸易经营者的概念

《对外贸易法》规定,对外贸易经营者,是指依法办理工商登记或者其他执业手续,依照《对外贸易法》和其他有关法律、行政法规的规定从事对外贸易经营活动的法人、其他组织或者个人。

二、对外贸易经营者的管理

《对外贸易法》规定,从事货物进出口或者技术进出口的对外贸易经营者,应当向国务院对外贸易主管部门或者其委托的机构办理备案登记;但是,法律、行政法规和国务院对外贸易主管部门规定不需要备案登记的除外。对外贸易经营者未办理备案登记的,海关不予办理进出口货物的报关验放手续。

从事对外工程承包或者对外劳务合作的单位,应当具备相应的资质或者资格。

国家可以对部分货物的进出口实行国营贸易管理。实行国营贸易管理货物的进出口业务只能由经授权的企业经营;但是,国家允许部分数量的国营贸易管理货物的进出口业务由非授权企业经营的除外。实行国营贸易管理的货物和经授权经营企业的目录,由国务院对外贸易主管部门会同国务院其他有关部门确定、调整并公布。

三、外贸代理制度

《对外贸易法》规定,对外贸易经营者可以接受他人的委托,在经营范围内代为办理对外贸易业务。

第三节 货物进出口与技术进出口

一、货物进出口管理制度

《对外贸易法》规定,国务院对外贸易主管部门基于监测进出口情况的需要,可以对部分自由进出口的货物实行进出口自动许可并公布其目录。实行自动许可的进出口货物,收货人、发货人在办理海关报关手续前提出自动许可申请的,国务院对外贸易主管部门或者其委托的机构应当予以许可;未办理自动许可手续的,海关不予放行。

二、技术进出口管理制度

《对外贸易法》规定,进出口属于自由进出口的技术,应当向国务院对外贸易主管部门或者其委托的机构办理合同备案登记。

《对外贸易法》规定,我国基于下列原因,可以限制或者禁止有关货物、技术的进口或者出口:

(1)为维护国家安全、社会公共利益或者公共道德,需要限制或者禁止进口或者出口的;

(2)为保护人的健康或者安全,保护动物、植物的生命或者健康,保护环境,需要限制或者禁止进口或者出口的;

(3)为实施与黄金或者白银进出口有关的措施,需要限制或者禁止进口或者出口的;

(4)国内供应短缺或者为有效保护可能用竭的自然资源,需要限制或者禁止出口的;

(5)输往国家或者地区的市场容量有限,需要限制出口的;

(6)出口经营秩序出现严重混乱,需要限制出口的;

(7)为建立或者加快建立国内特定产业,需要限制进口的;

(8)对任何形式的农业、牧业、渔业产品有必要限制进口的;

(9)为保障国家国际金融地位和国际收支平衡,需要限制进口的;

(10)依照法律、行政法规的规定,其他需要限制或者禁止进口或者出口的;

(11)根据我国缔结或者参加的国际条约、协定的规定,其他需要限制或者禁止进口或者出口的。

制度链接：进口植物检疫制度

第十二条 从国外引进种子、苗木，引进单位应当向所在地的省、自治区、直辖市植物检疫机构提出申请，办理检疫审批手续。但是，国务院有关部门所属的在京单位从国外引进种子、苗木，应当向国务院农业主管部门、林业主管部门所属的植物检疫机构提出申请，办理检疫审批手续。具体办法由国务院农业主管部门、林业主管部门制定。

从国外引进可能潜伏有危险性病、虫的种子、苗木和其他繁殖材料，必须隔离试种，植物检疫机构应进行调查、观察和检疫，证明确实不带危险性病、虫的，方可分散种植。

——《植物检疫条例》（1992年）

文献阅读：濒危野生动植物进出口制度

中华人民共和国国务院令

第465号

《中华人民共和国濒危野生动植物进出口管理条例》已经2006年4月12日国务院第131次常务会议通过，现予公布，自2006年9月1日起施行。

总理 温家宝

二〇〇六年四月二十九日

中华人民共和国濒危野生动植物进出口管理条例

第一条 为了加强对濒危野生动植物及其产品的进出口管理，保护和合理利用野生动植物资源，履行《濒危野生动植物种国际贸易公约》（以下简称《公约》），制定本条例。

第二条 进口或者出口公约限制进出口的濒危野生动植物及其产品，应当遵守本条例。

出口国家重点保护的野生动植物及其产品，依照本条例有关出口濒危野生动植物及其产品的规定办理。

第三条 国务院林业、农业（渔业）主管部门（以下称国务院野生动植物主管部门），按照职责分工主管全国濒危野生动植物及其产品的进出口管理工作，并做好与履行《公约》有关的工作。

国务院其他有关部门依照有关法律、行政法规的规定，在各自的职责范围内负责做好相关工作。

第四条 国家濒危物种进出口管理机构代表中国政府履行《公约》，依照本条例的规定对经国务院野生动植物主管部门批准出口的国家重点保护的野生动植物及其产品、批准进口或者出口的《公约》限制进出口的濒危野生动植物及其产品，核发允许进出口证明书。

第五条 国家濒危物种进出口科学机构依照本条例，组织陆生野生动物、水牛野生动物和野生植物等方面的专家,从事有关濒危野生动植物及其产品进出口的科学咨询工作。

第六条　禁止进口或者出口《公约》禁止以商业贸易为目的进出口的濒危野生动植物及其产品,因科学研究、驯养繁殖、人工培育、文化交流等特殊情况,需要进口或者出口的,应当经国务院野生动植物主管部门批准;按照有关规定由国务院批准的,应当报经国务院批准。

禁止出口未定名的或者新发现并有重要价值的野生动植物及其产品以及国务院或者国务院野生动植物主管部门禁止出口的濒危野生动植物及其产品。

第七条　进口或者出口《公约》限制进出口的濒危野生动植物及其产品,出口国务院或者国务院野生动植物主管部门限制出口的野生动植物及其产品,应当经国务院野生动植物主管部门批准。

第八条　进口濒危野生动植物及其产品的,必须具备下列条件:
(一)对濒危野生动植物及其产品的使用符合国家有关规定;
(二)具有有效控制措施并符合生态安全要求;
(三)申请人提供的材料真实有效;
(四)国务院野生动植物主管部门公示的其他条件。

第九条　出口濒危野生动植物及其产品的,必须具备下列条件:
(一)符合生态安全要求和公共利益;
(二)来源合法;
(三)申请人提供的材料真实有效;
(四)不属于国务院或者国务院野生动植物主管部门禁止出口的;
(五)国务院野生动植物主管部门公示的其他条件。

第十条　进口或者出口濒危野生动植物及其产品的,申请人应当向其所在地的省、自治区、直辖市人民政府野生动植物主管部门提出申请,并提交下列材料:
(一)进口或者出口合同;
(二)濒危野生动植物及其产品的名称、种类、数量和用途;
(三)活体濒危野生动物装运设施的说明资料;
(四)国务院野生动植物主管部门公示的其他应当提交的材料。

省、自治区、直辖市人民政府野生动植物主管部门应当自收到申请之日起10个工作日内签署意见,并将全部申请材料转报国务院野生动植物主管部门。

第十一条　国务院野生动植物主管部门应当自收到申请之日起20个工作日内,作出批准或者不予批准的决定,并书面通知申请人。在20个工作日内不能作出决定的,经本行政机关负责人批准,可以延长10个工作日,延长的期限和理由应当通知申请人。

第十二条　申请人取得国务院野生动植物主管部门的进出口批准文件后,应当在批准文件规定的有效期内,向国家濒危物种进出口管理机构申请核发允许进出口证明书。

申请核发允许进出口证明书时应当提交下列材料：

（一）允许进出口证明书申请表；

（二）进出口批准文件；

（三）进口或者出口合同。

进口《公约》限制进出口的濒危野生动植物及其产品的，申请人还应当提交出口国（地区）濒危物种进出口管理机构核发的允许出口证明材料；出口《公约》禁止以商业贸易为目的进出口的濒危野生动植物及其产品的，申请人还应当提交进口国（地区）濒危物种进出口管理机构核发的允许进口证明材料；进口的濒危野生动植物及其产品再出口时，申请人还应当提交海关进口货物报关单和海关签注的允许进口证明书。

第十三条　国家濒危物种进出口管理机构应当自收到申请之日起20个工作日内，作出审核决定。对申请材料齐全、符合本条例规定和《公约》要求的，应当核发允许进出口证明书；对不予核发允许进出口证明书的，应当书面通知申请人和国务院野生动植物主管部门并说明理由。在20个工作日内不能作出决定的，经本机构负责人批准，可以延长10个工作日，延长的期限和理由应当通知申请人。

国家濒危物种进出口管理机构在审核时，对申请材料不符合要求的，应当在5个工作日内一次性通知申请人需要补正的全部内容。

第十四条　国家濒危物种进出口管理机构在核发允许进出口证明书时，需要咨询国家濒危物种进出口科学机构的意见，或者需要向境外相关机构核实允许进出口证明材料等有关内容的，应当自收到申请之日起5个工作日内，将有关材料送国家濒危物种进出口科学机构咨询意见或者向境外相关机构核实有关内容。咨询意见、核实内容所需时间不计入核发允许进出口证明书工作日之内。

第十五条　国务院野生动植物主管部门和省、自治区、直辖市人民政府野生动植物主管部门以及国家濒危物种进出口管理机构，在审批濒危野生动植物及其产品进出口时，除收取国家规定的费用外，不得收取其他费用。

第十六条　因进口或者出口濒危野生动植物及其产品对野生动植物资源、生态安全造成或者可能造成严重危害和影响的，由国务院野生动植物主管部门提出临时禁止或者限制濒危野生动植物及其产品进出口的措施，报国务院批准后执行。

第十七条　从不属于任何国家管辖的海域获得的濒危野生动植物及其产品，进入中国领域的，参照本条例有关进口的规定管理。

第十八条　进口濒危野生动植物及其产品涉及外来物种管理的，出口濒危野生动植物及其产品涉及种质资源管理的，应当遵守国家有关规定。

第十九条　进口或者出口濒危野生动植物及其产品的，应当在国务院野生动植物主管部门会同海关总署、国家质量监督检验检疫总局指定并经国务院批准的口岸进行。

第二十条 进口或者出口濒危野生动植物及其产品的,应当按照允许进出口证明书规定的种类、数量、口岸、期限完成进出口活动。

第二十一条 进口或者出口濒危野生动植物及其产品的,应当向海关提交允许进出口证明书,接受海关监管,并自海关放行之日起30日内,将海关验讫的允许进出口证明书副本交国家濒危物种进出口管理机构备案。

过境、转运和通运的濒危野生动植物及其产品,自入境起至出境前由海关监管。

进出保税区、出口加工区等海关特定监管区域和保税场所的濒危野生动植物及其产品,应当接受海关监管,并按照海关总署和国家濒危物种进出口管理机构的规定办理进出口手续。

进口或者出口濒危野生动植物及其产品的,应当凭允许进出口证明书向出入境检验检疫机构报检,并接受检验检疫。

第二十二条 国家濒危物种进出口管理机构应当将核发允许进出口证明书的有关资料和濒危野生动植物及其产品年度进出口情况,及时抄送国务院野生动植物主管部门及其他有关主管部门。

第二十三条 进出口批准文件由国务院野生动植物主管部门组织统一印制;允许进出口证明书及申请表由国家濒危物种进出口管理机构组织统一印制。

第二十四条 野生动植物主管部门、国家濒危物种进出口管理机构的工作人员,利用职务上的便利收取他人财物或者谋取其他利益,不依照本条例的规定批准进出口、核发允许进出口证明书,情节严重,构成犯罪的,依法追究刑事责任;尚不构成犯罪的,依法给予处分。

第二十五条 国家濒危物种进出口科学机构的工作人员,利用职务上的便利收取他人财物或者谋取其他利益,出具虚假意见,情节严重,构成犯罪的,依法追究刑事责任;尚不构成犯罪的,依法给予处分。

第二十六条 非法进口、出口或者以其他方式走私濒危野生动植物及其产品的,由海关依照海关法的有关规定予以处罚;情节严重,构成犯罪的,依法追究刑事责任。

罚没的实物移交野生动植物主管部门依法处理;罚没的实物依法需要实施检疫的,经检疫合格后,予以处理。罚没的实物需要返还原出口国(地区)的,应当由野生动植物主管部门移交国家濒危物种进出口管理机构依照《公约》规定处理。

第二十七条 伪造、倒卖或者转让进出口批准文件或者允许进出口证明书的,由野生动植物主管部门或者工商行政管理部门按照职责分工依法予以处罚;情节严重,构成犯罪的,依法追究刑事责任。

第二十八条 本条例自2006年9月1日起施行。

三、进出口限制制度

(一)限制原则

《对外贸易法》规定,我国对与裂变、聚变物质或者衍生此类物质的物质有关的货物、技术进出口,以及与武器、弹药或者其他军用物资有关的进出口,可以采取任何必要的措施,维护国家安全。此外,在战时或者为维护国际和平与安全,国家在货物、技术进出口方面也可以采取任何必要的措施。

(二)许可证管理

《对外贸易法》规定,我国对限制进口或者出口的货物,实行配额、许可证等方式管理;对限制进口或者出口的技术,实行许可证管理。

实行配额、许可证管理的货物、技术,应当按照国务院规定经国务院对外贸易主管部门或者经其会同国务院其他有关部门许可,方可进口或者出口。

(三)关税配额制度

《对外贸易法》规定,我国对部分进口货物可以实行关税配额管理。

(四)商品合格评定制度

《对外贸易法》规定,我国实行统一的商品合格评定制度,根据有关法律、行政法规的规定,对进出口商品进行认证、检验、检疫。

(五)原产地管理

《对外贸易法》规定,我国对进出口货物进行原产地管理。

术语界定:稀土

"稀土"一词是历史遗留下来的名称。稀土元素是从18世纪末被陆续发现的,当时人们常把不溶于水的固体氧化物称为"土"。"土"一般是以氧化物状态分离出来的,又很稀少,因而得名为"稀土"。通常把镧、铈、镨、钕、钷、钐、铕称为轻稀土或铈组稀土;把钆、铽、镝、钬、铒、铥、镱、镥钇称为重稀土或钇组稀土。也有的根据稀土元素物理化学性质的相似性和差异性,除钪之外(有的将钪划归稀散元素),划分成三组,即轻稀土组为镧、铈、镨、钕、钷;中稀土组为钐、铕、钆、铽、镝;重稀土组为钬、铒、铥、镱、镥、钇。

——资料来源:百度百科

政策指南:中国稀土管理政策

中新社布鲁塞尔2010年10月6日电(记者 周兆军) 中国总理温家宝6日在布鲁塞尔出席第六届中欧工商峰会时表示,中国要保持稀土可持续发展,不仅满足本国需要还要照顾世界需要,不仅立足当前,更要着眼长远。对稀土加以管理和控制是必要的,但决不会封锁。温家宝说,中国稀土产量占世界比重很大,远大于储量占世界的比重,我们没有封锁,也不会封锁。中国不会把稀土作为讨价还价的工具,我们的目的是为了世界的可持续发展。"我从事稀土研究多年,在这个问题上有发言权",温家宝说。在20世纪八九十年代,中国对稀土缺乏管理,也缺乏提炼稀土的技术。在中国管理最混乱的时候,一些国家廉价购买了中国很多稀土,现在还有不少储备,他们心知肚明。谈到中国的投资环境,温家宝说:"我可以负责任地告诉大家,所有在中国依法注册的企业都享受国民待遇,在华外资企业制造的产品就是中国制造,我们不仅要保护你们的知识产权,而且要保护你们所有的合法权益。"他表示,中国将坚定不移推进改革开放,不会有丝毫改变。只有改革开放,中国才能发展。改革开放形成的基本政策不会改变,唯一的变化是现在对外商投资的管理更加规范、更有秩序。

——资料来源:中新网(www.chinanews.com.cn)

新闻动态:2011年中国首批稀土出口配额同比下降11.4%

(记者 秦菲菲)从2010年年初胶着至今的2011年稀土配额"意料之内"出现缩水。2010年12月28日,商务部公布:2011年第一批稀土出口配额为14 446吨,较2010年第一批配额的16 305吨下降11.4%。

对于配额的降低,中国五矿化工进出口商会会长徐旭12月28日表示,近年来由于过度开采和无序竞争,中国稀土资源储备大幅下降,对生态环境造成巨大破坏,中国政府对稀土在内的原材料加强管理以实现可持续发展的做法,是完全正确的。获得明年首批配额的企业共31家,其中中钢集团584吨、五矿有色747吨、广晟有色431吨、包钢稀土740吨、包头华美稀土高科有限公司获得最高配额954吨。商务部公告还显示,鉴于平远三协稀土冶炼有限公司目前年处理300吨混合氧化稀土的项目已经停产,正在进行生产设备更新,此次暂不为其下达配额,待其项目更新完成且于2011年3月底前通过广东省环保厅环保竣工验收后,再为其补充下达配额。记者了解到,在配额降低之外,明年在稀土开采、冶炼和进出口方面的措施仍会继续收紧。目前,2011年稀土金属矿出口暂定税率为15%,稀土金属钕的出口暂定税率将从15%提高至25%。此外,中国稀土学会副秘书长张安文表示,中国稀土污染排放标准已经基本制定完毕,有望于明年正式颁布。另外,学会还将建议我国有关部门探讨建立稀土期货市场的可能性,并在此基础上打造稀土交易平台。

今年以来,稀土成为政府有关部门重点关照的对象,也拉开了全方位的整合大幕。国土部出台控制开采量、暂停受理新的开采申请;工信部下发《关于公开征集稀土行业准入条件意见的通知》提高行业准入门槛;《国务院关于促进企业兼并重组的意见》也特别将稀土纳入重点行业兼并重组的名单。徐旭说,据中国海关统计,2001年以来,中国企业向世界出口稀土年均数量稳定在6万吨左右,稀土产品出口到了全球40多个国家和地区。其中,2009年受国际金融危机影响,稀土外需市场疲软,出口量萎缩至43 918吨,而随着全球经济的向好,今年前11个月我国稀土出口 35 075 吨,预计全年出口量略少于去年水平。同时,我国稀土出口价格呈现了稳步增长的态势。2001 年我国稀土出口平均单价为每吨 4 559 美元,今年前 11 个月每吨均价为 17 957 美元,较 2001 年增长近 3 倍。徐旭表示,今年 1 至 10 月我国共进口稀土金属矿 10 381 吨,首次突破 1 万吨,同比增长 144.09%。徐旭说,稀土等矿产品是不可再生资源,中国政府近年来已经就包括稀土在内的一些重要矿产品的开采、生产、消费和出口方面采取了加强管理的措施,这有利于保护环境和自然资源,符合世贸规则,作为行业组织,非常理解中国政府对此采取的措施和做出的努力。他进一步表示,希望稀土企业在稳定稀土产出的同时,避免过度无序开发,保持稀土供应的长期性;在继续稳定我国稀土海外市场的同时,积极引进国外先进稀土应用技术,提高稀土应用的广度与深度。

附表:2011 年稀土出口企业名单及第一批配额安排表

序号	公司名称	配额数量(吨)
1	中国中钢集团公司	584
2	五矿有色金属股份有限公司	747
3	中国有色金属进出口江苏公司	493
4	广东广晟有色金属进出口有限公司	431
5	常熟市盛昌稀土冶炼厂	196
6	江苏卓群纳米稀土股份有限公司	251
7	江西金世纪新材料股份有限公司	432
8	内蒙古和发稀土科技开发股份有限公司	750
9	江西南方稀土高技术股份有限公司	401
10	赣州晨光稀土新材料股份有限公司	374
11	赣州虔东稀土集团股份有限公司	329
12	有研稀土新材料股份有限公司	333
13	益阳鸿源稀土有限责任公司	594
14	包头华美稀土高科有限公司	954
15	内蒙古包钢稀土(集团)高科技股份有限公司	740
16	甘肃稀土新材料股份有限公司	689
17	乐山盛和稀土科技有限公司	750
18	阜宁稀土实业有限公司	327

续表

序号	公司名称	配额数量(吨)
19	山东鹏宇实业股份有限公司	709
20	赣县红金稀土有限公司	102
21	徐州金石彭源稀土材料厂	410
22	广东珠江稀土有限公司	166
23	江阴加华新材料资源有限公司	481
24	溧阳罗地亚稀土新材料有限公司	324
25	宜兴新威利成稀土有限公司	440
26	包头天骄清美稀土抛光粉有限公司	251
27	包头罗地亚稀土有限公司	867
28	呼和浩特融信新金属冶炼有限公司	296
29	包头华信冶炼有限公司	93
30	包头三德电池材料有限公司	127
31	淄博加华新材料资源有限公司	805

注：应得配额＝此次下达配额量×〔0.85×(A1＋A2)＋0.15×A3〕

A1＝(各企业近三年出口数量÷全国出口总量)×0.9 权重

A2＝(各企业近三年出口金额÷全国出口金额)×0.1 权重

A3＝生产企业 2009 年出口供货量÷各生产企业出口供货总量

(编者注：加总配额安排表可得出 2011 年第一批稀土出口配额为 14 446 吨)

——资料来源：新浪网(http://www.sina.com.cn) 2010 年 12 月 29 日

第四节　国际服务贸易

一、国际服务贸易的条件

《对外贸易法》规定，国务院对外贸易主管部门和国务院其他有关部门，依照《对外贸易法》的规定和其他有关法律、行政法规的规定，对国际服务贸易进行管理。

《对外贸易法》规定，我国基于下列原因，可以限制或者禁止有关的国际服务贸易：

（1）为维护国家安全、社会公共利益或者公共道德，需要限制或者禁止的；

（2）为保护人的健康或者安全，保护动物、植物的生命或者健康，保护环境，需要限制或者禁止的；

（3）为建立或者加快建立国内特定服务产业，需要限制的；

（4）为保障国家外汇收支平衡，需要限制的；

（5）依照法律、行政法规的规定，其他需要限制或者禁止的；

（6）根据我国缔结或者参加的国际条约、协定的规定，其他需要限制或者禁止的。

二、国际服务贸易的限制

《对外贸易法》规定，我国对与军事有关的国际服务贸易，以及与裂变、聚变物质或者衍生此类物质的物质有关的国际服务贸易，可以采取任何必要的措施，维护国家安全。在战时或者为维护国际和平与安全，国家在国际服务贸易方面可以采取任何必要的措施。

第五节 与对外贸易有关的知识产权保护

一、知识产权保护的基本原则

《对外贸易法》规定，国家依照有关知识产权的法律、行政法规，保护与对外贸易有关的知识产权。

知识产权权利人有阻止被许可人对许可合同中的知识产权的有效性提出质疑、进行强制性一揽子许可、在许可合同中规定排他性返授条件等行为之一，并危害对外贸易公平竞争秩序的，国务院对外贸易主管部门可以采取必要的措施消除危害。

二、知识产权保护的必要措施

《对外贸易法》规定，其他国家或者地区在知识产权保护方面未给予我国的法人、其他组织或者个人国民待遇，或者不能对来源于我国的货物、技术或者服务提供充分有效的知识产权保护的，国务院对外贸易主管部门可以依照《对外贸易法》和其他有关法律、行政法规的规定，并根据我国缔结或者参加的国际条约、协定，对与该国家或者该地区的贸易采取必要的措施。

案例研读：谷歌在中国遭遇知识产权保护纠纷

【**案例一**】2009年12月18日消息,据国外媒体报道,谷歌的电子图书项目面临新的障碍,国内一家法院已准备受理一名上海小说家对这家美国互联网公司扫描其作品提出的诉讼。

39岁的女作家棉棉来自上海,她用现实主义手法描写的与毒品为伴的生活,以及妓女、暴徒和颓废艺术家的生活,吸引了大量年轻读者。她状告谷歌侵犯自己的版权。其代理律师孙景伟向英国《金融时报》表示,北京海淀区人民法院将于12月29日对此案进行听证。

这是中国作家首次对谷歌提出诉讼,凸显出谷歌构建数字图书馆计划依然存在的风险。这个图书馆可以为"iTunes图书程序"奠定基础,并可能改变整个出版行业的面貌。

近年来,谷歌的举动已经引发了欧美作家的抵制与法律行动。去年,该公司与美国作家达成协议,同意支付1.25亿美元解决法律纠纷,并成立一个机构向作家和出版商分发未来的销售与广告收入。

上个月,美国作家协会向美国联邦法院提交了应法院要求修改的协议。美国联邦法院将于明年2月就新协议举行听证会。

自2004年以来,谷歌已经扫描了来自美国各图书馆的逾1 000万册图书,并计划将它们提供给在线用户。中国作家协会组织表示,据他们所知,其中包括570名作家的中文作品。

棉棉控告谷歌之际,中国两家作家协会组织与谷歌就已扫描的作家作品进行的谈判陷入了僵局。

棉棉于10月23日提起诉讼。孙景伟表示,棉棉要求谷歌为扫描其部分作品的行为道歉,从其数字图书馆中删除已经扫描的内容,并支付6万元人民币(合8 800美元)的赔偿金。

他补充道,原告方已经收集了可在网上找到棉棉小说扫描片断的证据,但对她一本著作的全本扫描已经在11月中旬被删除。

谷歌表示,已经将棉棉的作品从网上删除,而且自称"有信心这起案件会得到一个有利结果"。该公司表示,与版权组织的第三轮谈判有望展开。

谷歌在一份声明中表示:"谷歌图书完全符合美国与中国的法律……在中国和在其他地方一样,除非获得著作权所有者的同意,否则我们只会提供图书的摘录。"

【**案例二**】备受关注的中国文字著作权协会与谷歌就数字图书馆版权纠纷进行会谈一事,日前再有新进展。文著协首度公布了谷歌方面提供的扫描中国图书的初步清单数字。根据清单,谷歌数字图书馆共涉及中国图书8万余种,其中涉及中国作协会员约2 600人的约8 000种图书。由于技术原因,这些数据还需要进一步核实。

谷歌数字图书馆擅自扫描中国作家作品日前引发巨大争议,在其与文著协前两轮的会谈中,谷歌承诺本月提供作品清单。据了解,此次提供的清单是谷歌总部技术部门根据ISBN检索出的。清单涉及中国作协会员约2 600人的约8 000种图书,但由于清单中作家重名现象很多,不能排除其中一部分并不是作协会员的作品。

文著协常务副总干事张洪波表示,清单上的图书数量与文著协所掌握的数据不太一致,有些数据不全面,双方近日会对数据做进一步核实,将在确定后再以适当方式公布。文著协希望通过清单数字的分期分批公布,使中国更多的权利人了解此事并积极加入到文著协的维权行动中来。

据介绍,这份清单是在文著协与谷歌第三轮会谈上提交的,此次会谈于12月22日下午在谷歌大厦闭门进行。双方还约定在2010年1月上旬进行第四轮会谈。

——资料来源:中国保护知识产权网(www.ipr.gov.cn)

第六节　对外贸易秩序

一、竞争法秩序

《对外贸易法》规定,在对外贸易经营活动中,不得违反有关反垄断的法律、行政法规的规定实施垄断行为。

在对外贸易经营活动中实施垄断行为,危害市场公平竞争的,依照有关反垄断的法律、行政法规的规定处理。上述违法行为危害对外贸易秩序的,国务院对外贸易主管部门可以采取必要的措施消除危害。

在对外贸易经营活动中,不得实施以不正当的低价销售商品、串通投标、发布虚假广告、进行商业贿赂等不正当竞争行为。

在对外贸易经营活动中实施不正当竞争行为的,依照有关反不正当竞争的法律、行政法规的规定处理。上述违法行为危害对外贸易秩序的,国务院对外贸易主管部门可以采取禁止该经营者有关货物、技术进出口等措施消除危害。

二、外汇管理秩序

《对外贸易法》规定,对外贸易经营者在对外贸易经营活动中,应当遵守国家有关外汇管理的规定。

三、其他强制秩序

《对外贸易法》规定,在对外贸易活动中,不得有下列行为:

(1)伪造、变造进出口货物原产地标记,伪造、变造或者买卖进出口货物原产地证书、进出口许可证、进出口配额证明或者其他进出口证明文件;

(2)骗取出口退税;

(3)走私;

(4)逃避法律、行政法规规定的认证、检验、检疫;

(5)违反法律、行政法规规定的其他行为。

第七节 对外贸易调查

一、对外贸易调查事项

《对外贸易法》规定,为了维护对外贸易秩序,国务院对外贸易主管部门可以自行或者会同国务院其他有关部门,依照法律、行政法规的规定对下列事项进行调查:

(1)货物进出口、技术进出口、国际服务贸易对国内产业及其竞争力的影响;

(2)有关国家或者地区的贸易壁垒;

(3)为确定是否应当依法采取反倾销、反补贴或者保障措施等对外贸易救济措施,需要调查的事项;

(4)规避对外贸易救济措施的行为;

(5)对外贸易中有关国家安全利益的事项;

(6)为执行《对外贸易法》的特别规定,需要调查的事项;

(7)其他影响对外贸易秩序,需要调查的事项。

制度链接:(6)为执行《对外贸易法》的特别规定,需要调查的事项

第七条 任何国家或者地区在贸易方面对中华人民共和国采取歧视性的禁止、限制或者其他类似措施的,中华人民共和国可以根据实际情况对该国家或者该地区采取相应的措施。

第二十九条 第二款 进口货物侵犯知识产权,并危害对外贸易秩序的,国务院对外贸易主管部门可以采取在一定期限内禁止侵权人生产、销售的有关货物进口等措施。

第三十条 知识产权权利人有阻止被许可人对许可合同中的知识产权的有效性提出质疑、进行强制性一揽子许可、在许可合同中规定排他性返授条件等行为之一,并危害对外贸易公平竞争秩序的,国务院对外贸易主管部门可以采取必要的措施消除危害。

第三十一条 其他国家或者地区在知识产权保护方面未给予中华人民共和国的法人、其他组织或者个人国民待遇,或者不能对来源于中华人民共和国的货物、技术或者服务提供充分有效的知识产权保护的,国务院对外贸易主管部门可以依照本法和其他有关法律、行政法规的规定,并根据中华人民共和国缔结或者参加的国际条约、协定,对与该国家或者该地区的贸易采取必要的措施。

第三十二条 第二、三款 在对外贸易经营活动中实施垄断行为,危害市场公平竞争的,依照有关反垄断的法律、行政法规的规定处理。有前款违法行为,并危害对外贸易秩序的,国务院对外贸易主管部门可以采取必要的措施消除危害。

第三十三条 第二、三款 在对外贸易经营活动中实施不正当竞争行为的,依照有关反不正当竞争的法律、行政法规的规定处理。有前款违法行为,并危害对外贸易秩序的,国务院对外贸易主管部门可以采取禁止该经营者有关货物、技术进出口等措施消除危害。

——《中华人民共和国对外贸易法》

二、对外贸易调查程序

(一)启动

《对外贸易法》规定,启动对外贸易调查,由国务院对外贸易主管部门发布公告。

(二)调查

《对外贸易法》规定,调查可以采取书面问卷、召开听证会、实地调查、委托调查等方式进行。有关单位和个人应当对对外贸易调查给予配合、协助。国务院对外贸易主管部门和国务院其他有关部门及其工作人员进行对外贸易调查,对知悉的国家秘密和商业秘密负有保密义务。

(三)公告

《对外贸易法》规定,国务院对外贸易主管部门根据调查结果,提出调查报告或者作出处理裁定,并发布公告。

第八节 对外贸易救济

一、反倾销措施

《对外贸易法》规定,其他国家或者地区的产品以低于正常价值的倾销方式进入我国市场,对已建立的国内产业造成实质损害或者产生实质损害威胁,或者对建立国内产业造成实质阻碍的,国家可以采取反倾销措施,消除或者减轻这种损害或者损害的威胁或者阻碍。

案例研读:欧盟对华皮鞋采取反倾销措施 我国正式启动WTO争端解决程序

2010年2月4日,中国常驻WTO代表团致函欧盟WTO代表团,就欧盟对华皮鞋采取的反倾销措施提起WTO争端解决机制下的磋商请求,正式启动WTO争端解决程序。

商务部新闻发言人姚坚表示,欧盟对中国皮鞋的反倾销调查和裁决,违反了WTO相关规则,损害了中国企业的合法权益。中国政府在多双边场合多次交涉,中国业界也表示强烈反对,但这些多双边对话始终没有解决中方的关注。中方就此提出WTO争端解决机制下的磋商请求,希望欧盟能够重视中方的强烈关注,在WTO争端解决机制下早日妥善解决问题。

1995年至2005年,欧盟曾对中国出口皮鞋实施长达十年的配额限制。欧盟虽根据其在中国加入WTO时所作出的承诺取消了配额限制,但又于2005年在未经客观、公正审查的情况下,对中国皮鞋发起反倾销调查,并于2006年10月作出了裁定,实施为期两年的反倾销措施。2008年10月,在该反倾销措施即将期满之际,欧盟不顾广大消费者的利益和中方的反对,又发起期终复审,并于2009年12月22日决定将反倾销措施再延长15个月。

——资料来源:商务部门户网站(www.mofcom.gov.cn)

案例研读:商务部铜版纸反倾销期终复审裁定

商务部公告铜版纸反倾销期终复审裁定

商务部于2003年8月6日发布2003年第35号公告,决定对原产于韩国和日本的进口铜版纸征收反倾销税。

2008年8月5日,应国内铜版纸产业申请,商务部决定对原产于日本、韩国的进口铜版纸所适用的反倾销措施进行期终复审调查。

商务部经调查认为,如果终止原反倾销措施,原产于日本和韩国的进口铜版纸对中国的倾销可能继续发生,原产于日本和韩国的进口铜版纸对中国国内产业造成的损害可能再度发生。

根据《中华人民共和国反倾销条例》第五十条及国务院关税税则委员会的决定,自2009年8月5日起,继续对原产于日本和韩国的进口铜版纸实施反倾销措施,实施期限为5年。

二、反补贴措施

《对外贸易法》规定,进口的产品直接或者间接地接受出口国家或者地区给予的任何形式的专向性补贴,对已建立的国内产业造成实质损害或者产生实质损害威胁,或者对建立国内产业造成实质阻碍的,国家可以采取反补贴措施,消除或者减轻这种损害或者损害的威胁或者阻碍。

三、反进口措施

《对外贸易法》规定,因进口产品数量大量增加,对生产同类产品或者与其直接竞争的产品的国内产业造成严重损害或者严重损害威胁的,国家可以采取必要的保障措施,消除或者减轻这种损害或者损害的威胁,并可以对该产业提供必要的支持。

《对外贸易法》规定,因其他国家或者地区的服务提供者向我国提供的服务增加,对提供同类服务或者与其直接竞争的服务的国内产业造成损害或者产生损害威胁的,国家可以采取必要的救济措施,消除或者减轻这种损害或者损害的威胁。

《对外贸易法》规定,因第三国限制进口而导致某种产品进入我国市场的数量大量增加,对已建立的国内产业造成损害或者产生损害威胁,或者对建立国内产业造成阻碍的,国家可以采取必要的救济措施,限制该产品进口。

四、反违约措施

《对外贸易法》规定,与我国缔结或者共同参加经济贸易条约、协定的国家或者地区,违反条约、协定的规定,使我国根据该条约、协定享有的利益丧失或者受损,或者阻碍条约、协定目标实现的,我国政府有权要求有关国家或者地区政府采取适当的补救措施,并可以根据有关条约、协定中止或者终止履行相关义务。

五、反规避措施

《对外贸易法》规定,我国对规避《对外贸易法》规定的对外贸易救济措施的行为,可以采取必要的反规避措施。

六、磋商解决机制

《对外贸易法》规定,其他国家或者地区的产品以低于正常价值出口至第三国市场,对我国已建立的国内产业造成实质损害或者产生实质损害威胁,或者对我国建立国内产业造成实质阻碍的,应国内产业的申请,国务院对外贸易主管部门可以与该第三国政府进行磋商,要求其采取适当的措施。

七、预警应急机制

《对外贸易法》规定,国务院对外贸易主管部门和国务院其他有关部门应当建立货物进出口、技术进出口和国际服务贸易的预警应急机制,应对对外贸易中的突发和异常情况,维护国家经济安全。

第九节 对外贸易促进

一、对外贸易促进机制

《对外贸易法》规定,国家制定对外贸易发展战略,建立和完善对外贸易促进机制。

国家根据对外贸易发展的需要,建立和完善为对外贸易服务的金融机构,设立对外贸易发展基金、风险基金。

国家通过进出口信贷、出口信用保险、出口退税及其他促进对外贸易的方式,发展对外贸易。

国家建立对外贸易公共信息服务体系,向对外贸易经营者和其他社会公众提供信息服务。

国家采取措施鼓励对外贸易经营者开拓国际市场,采取对外投资、对外工程承包和对外劳务合作等多种形式,发展对外贸易。

二、对外贸易自治组织

《对外贸易法》规定,对外贸易经营者可以依法成立和参加有关协会、商会。有关协会、商会应当遵守法律、行政法规,按照章程对其成员提供与对外贸易有关的生产、营销、信息、培训等方面的服务,发挥协调和自律作用,依法提出有关对外贸易救济措施的申请,维护成员和行业的利益,向政府有关部门反映成员有关对外贸易的建议,开展对外贸易促进活动。

中国国际贸易促进组织按照章程开展对外联系,举办展览,提供信息、咨询服务和其他对外贸易促进活动。

国家扶持和促进中小企业、民族自治地方和经济不发达地区发展对外贸易。

案例研读:内地与香港、澳门建立更紧密经贸关系

2004年1月1日起,内地与香港、澳门的《内地与香港关于建立更紧密经贸关系的安排》和《内地与澳门关于建立更紧密经贸关系的安排》(以下通称为《安

排》)正式实施,涵盖了货物贸易、服务贸易和贸易投资便利化三大领域。主要包括:货物贸易方面,对原产自香港和澳门的产品实行零关税;服务贸易方面,对香港和澳门开放管理咨询、会展服务、广告、会计服务、建筑及房地产、旅游、视听服务、法律服务、银行、证券、保险等18个领域;贸易投资便利化方面,在8个领域(贸易投资促进、通关便利化、商品检验检疫、食品安全和质量标准、电子商务、法律法规透明度、中小企业合作、中医药产业合作)加强与港澳的合作。

通过各方共同努力,《安排》实施十分顺利。2004年香港经济走势良好。个人游、人民币业务、港货零关税、服务贸易扩大开放、专业人员进入内地等诸多措施的落实,增强了香港市民的投资、消费等经济活动的信心,带动了酒店、零售、餐饮、运输等相关行业的景气回升以及房地产市场的反弹。虽然香港经济形势好转在一定程度上也得益于世界经济贸易的加快复苏,但《安排》的签署和实施对香港经济的复苏起到了关键的作用。

内地与港澳签署的《安排》具有开放的性质,可根据两地经贸发展的趋势,不断补充和完善新的内容。2004年10月,内地又分别与港澳签署了《〈内地与香港关于建立更紧密经贸关系的安排〉补充协议》、《〈内地与澳门关于建立更紧密经贸关系的安排〉补充协议》(以下简称《补充协议》),在2003年签署的《安排》基础上,内地进一步在各个领域扩大对港澳开放。《补充协议》已于2005年1月1日起实施。

——《2005年中国国民经济和社会发展报告》(第二十九章 对外经济合作)

延伸思考:

1. 为什么我国规定自由贸易原则?
2. 维护我国对外贸易秩序各项措施之间的关系是什么?
3. 如何促进我国对外贸易的顺利发展?
4. 国际间知识产权贸易发展的基本状况

文献附录:《中华人民共和国反倾销条例》、《中华人民共和国反补贴条例》

中华人民共和国国务院令

第 401 号

现公布《国务院关于修改〈中华人民共和国反倾销条例〉的决定》,自2004年6月1日起施行。

总理 温家宝

二〇〇四年三月三十一日

中华人民共和国反倾销条例

(2001年11月26日中华人民共和国国务院令第328号公布 根据2004年3月31日《国务院关于修改〈中华人民共和国反倾销条例〉的决定》修订)

第一章 总则

第一条 为了维护对外贸易秩序和公平竞争，根据《中华人民共和国对外贸易法》的有关规定，制定本条例。

第二条 进口产品以倾销方式进入中华人民共和国市场，并对已经建立的国内产业造成实质损害或者产生实质损害威胁，或者对建立国内产业造成实质阻碍的，依照本条例的规定进行调查，采取反倾销措施。

第二章 倾销与损害

第三条 倾销，是指在正常贸易过程中进口产品以低于其正常价值的出口价格进入中华人民共和国市场。

对倾销的调查和确定，由商务部负责。

第四条 进口产品的正常价值，应当区别不同情况，按照下列方法确定：

（一）进口产品的同类产品，在出口国（地区）国内市场的正常贸易过程中有可比价格的，以该可比价格为正常价值；

（二）进口产品的同类产品，在出口国（地区）国内市场的正常贸易过程中没有销售的，或者该同类产品的价格、数量不能据以进行公平比较的，以该同类产品出口到一个适当第三国（地区）的可比价格或者以该同类产品在原产国（地区）的生产成本加合理费用、利润，为正常价值。

进口产品不直接来自原产国（地区）的，按照前款第（一）项规定确定正常价值；但是，在产品仅通过出口国（地区）转运、产品在出口国（地区）无生产或者在出口国（地区）中不存在可比价格等情形下，可以以该同类产品在原产国（地区）的价格为正常价值。

第五条 进口产品的出口价格，应当区别不同情况，按照下列方法确定：

（一）进口产品有实际支付或者应当支付的价格的，以该价格为出口价格；

（二）进口产品没有出口价格或者其价格不可靠的，以根据该进口产品首次转售给独立购买人的价格推定的价格为出口价格；但是，该进口产品未转售给独立购买人或者未按进口时的状态转售的，可以以商务部根据合理基础推定的价格为出口价格。

第六条 进口产品的出口价格低于其正常价值的幅度，为倾销幅度。

对进口产品的出口价格和正常价值，应当考虑影响价格的各种可比性因素，按照公平、合理的方式进行比较。

倾销幅度的确定，应当将加权平均正常价值与全部可比出口交易的加权平均价格进行比较，或者将正常价值与出口价格在逐笔交易的基础上进行比较。

出口价格在不同的购买人、地区、时期之间存在很大差异，按照前款规定的方法难以比较的，可以将加权平均正常价值与单一出口交易的价格进行比较。

第七条 损害，是指倾销对已经建立的国内产业造成实质损害或者产生实质损害威胁，或者对建立国内产业造成实质阻碍。

对损害的调查和确定,由商务部负责;其中,涉及农产品的反倾销国内产业损害调查,由商务部会同农业部进行。

第八条 在确定倾销对国内产业造成的损害时,应当审查下列事项:

(一)倾销进口产品的数量,包括倾销进口产品的绝对数量或者相对于国内同类产品生产或者消费的数量是否大量增加,或者倾销进口产品大量增加的可能性;

(二)倾销进口产品的价格,包括倾销进口产品的价格削减或者对国内同类产品的价格产生大幅度抑制、压低等影响;

(三)倾销进口产品对国内产业的相关经济因素和指标的影响;

(四)倾销进口产品的出口国(地区)、原产国(地区)的生产能力、出口能力,被调查产品的库存情况;

(五)造成国内产业损害的其他因素。

对实质损害威胁的确定,应当依据事实,不得仅依据指控、推测或者极小的可能性。

在确定倾销对国内产业造成的损害时,应当依据肯定性证据,不得将造成损害的非倾销因素归因于倾销。

第九条 倾销进口产品来自两个以上国家(地区),并且同时满足下列条件的,可以就倾销进口产品对国内产业造成的影响进行累积评估:

(一)来自每一国家(地区)的倾销进口产品的倾销幅度不小于2%,并且其进口量不属于可忽略不计的;

(二)根据倾销进口产品之间以及倾销进口产品与国内同类产品之间的竞争条件,进行累积评估是适当的。

可忽略不计,是指来自一个国家(地区)的倾销进口产品的数量占同类产品总进口量的比例低于3%;但是,低于3%的若干国家(地区)的总进口量超过同类产品总进口量7%的除外。

第十条 评估倾销进口产品的影响,应当针对国内同类产品的生产进行单独确定;不能针对国内同类产品的生产进行单独确定的,应当审查包括国内同类产品在内的最窄产品组或者范围的生产。

第十一条 国内产业,是指中华人民共和国国内同类产品的全部生产者,或者其总产量占国内同类产品全部总产量的主要部分的生产者;但是,国内生产者与出口经营者或者进口经营者有关联的,或者其本身为倾销进口产品的进口经营者的,可以排除在国内产业之外。

在特殊情形下,国内一个区域市场中的生产者,在该市场中销售其全部或者几乎全部的同类产品,并且该市场中同类产品的需求主要不是由国内其他地方的生产者供给的,可以视为一个单独产业。

第十二条 同类产品,是指与倾销进口产品相同的产品;没有相同产品的,以与倾销进口产品的特性最相似的产品为同类产品。

第三章　反倾销调查

第十三条　国内产业或者代表国内产业的自然人、法人或者有关组织(以下统称申请人),可以依照本条例的规定向商务部提出反倾销调查的书面申请。

第十四条　申请书应当包括下列内容:

(一)申请人的名称、地址及有关情况;

(二)对申请调查的进口产品的完整说明,包括产品名称、所涉及的出口国(地区)或者原产国(地区)、已知的出口经营者或者生产者、产品在出口国(地区)或者原产国(地区)国内市场消费时的价格信息、出口价格信息等;

(三)对国内同类产品生产的数量和价值的说明;

(四)申请调查进口产品的数量和价格对国内产业的影响;

(五)申请人认为需要说明的其他内容。

第十五条　申请书应当附具下列证据:

(一)申请调查的进口产品存在倾销;

(二)对国内产业的损害;

(三)倾销与损害之间存在因果关系。

第十六条　商务部应当自收到申请人提交的申请书及有关证据之日起60天内,对申请是否由国内产业或者代表国内产业提出、申请书内容及所附具的证据等进行审查,并决定立案调查或者不立案调查。

在决定立案调查前,应当通知有关出口国(地区)政府。

第十七条　在表示支持申请或者反对申请的国内产业中,支持者的产量占支持者和反对者的总产量的50%以上的,应当认定申请是由国内产业或者代表国内产业提出,可以启动反倾销调查;但是,表示支持申请的国内生产者的产量不足国内同类产品总产量的25%的,不得启动反倾销调查。

第十八条　在特殊情形下,商务部没有收到反倾销调查的书面申请,但有充分证据认为存在倾销和损害以及二者之间有因果关系的,可以决定立案调查。

第十九条　立案调查的决定,由商务部予以公告,并通知申请人、已知的出口经营者和进口经营者、出口国(地区)政府以及其他有利害关系的组织、个人(以下统称利害关系方)。

立案调查的决定一经公告,商务部应当将申请书文本提供给已知的出口经营者和出口国(地区)政府。

第二十条　商务部可以采用问卷、抽样、听证会、现场核查等方式向利害关系方了解情况,进行调查。

商务部应当为有关利害关系方提供陈述意见和论据的机会。

商务部认为必要时,可以派出工作人员赴有关国家(地区)进行调查;但是,有关国家(地区)提出异议的除外。

第二十一条　商务部进行调查时,利害关系方应当如实反映情况,提供有关资料。利害关系方不如实反映情况、提供有关资料的,或者没有在合理时间内提供必要信息的,或者以其他方式严重妨碍调查的,商务部可以根据已经获得的事实和可获得的最佳信息作出裁定。

第二十二条　利害关系方认为其提供的资料泄露后将产生严重不利影响的,可以向商务部申请对该资料按保密资料处理。

商务部认为保密申请有正当理由的,应当对利害关系方提供的资料按保密资料处理,同时要求利害关系方提供一份非保密的该资料概要。

按保密资料处理的资料,未经提供资料的利害关系方同意,不得泄露。

第二十三条　商务部应当允许申请人和利害关系方查阅本案有关资料;但是,属于按保密资料处理的除外。

第二十四条　商务部根据调查结果,就倾销、损害和二者之间的因果关系是否成立作出初裁决定,并予以公告。

第二十五条　初裁决定确定倾销、损害以及二者之间的因果关系成立的,商务部应当对倾销及倾销幅度、损害及损害程度继续进行调查,并根据调查结果作出终裁决定,予以公告。

在作出终裁决定前,应当由商务部将终裁决定所依据的基本事实通知所有已知的利害关系方。

第二十六条　反倾销调查,应当自立案调查决定公告之日起12个月内结束;特殊情况下可以延长,但延长期不得超过6个月。

第二十七条　有下列情形之一的,反倾销调查应当终止,并由商务部予以公告:

(一)申请人撤销申请的;

(二)没有足够证据证明存在倾销、损害或者二者之间有因果关系的;

(三)倾销幅度低于2%的;

(四)倾销进口产品实际或者潜在的进口量或者损害属于可忽略不计的;

(五)商务部认为不适宜继续进行反倾销调查的。

来自一个或者部分国家(地区)的被调查产品有前款第(二)、(三)、(四)项所列情形之一的,针对所涉产品的反倾销调查应当终止。

第四章　反倾销措施

第一节　临时反倾销措施

第二十八条　初裁决定确定倾销成立,并由此对国内产业造成损害的,可以采取下列临时反倾销措施:

(一)征收临时反倾销税;

(二)要求提供保证金、保函或者其他形式的担保。

临时反倾销税税额或者提供的保证金、保函或者其他形式担保的金额,应当不超过初裁决定确定的倾销幅度。

第二十九条 征收临时反倾销税,由商务部提出建议,国务院关税税则委员会根据商务部的建议作出决定,由商务部予以公告。要求提供保证金、保函或者其他形式的担保,由商务部作出决定并予以公告。海关自公告规定实施之日起执行。

第三十条 临时反倾销措施实施的期限,自临时反倾销措施决定公告规定实施之日起,不超过4个月;在特殊情形下,可以延长至9个月。

自反倾销立案调查决定公告之日起60天内,不得采取临时反倾销措施。

第二节 价格承诺

第三十一条 倾销进口产品的出口经营者在反倾销调查期间,可以向商务部作出改变价格或者停止以倾销价格出口的价格承诺。

商务部可以向出口经营者提出价格承诺的建议。

商务部不得强迫出口经营者作出价格承诺。

第三十二条 出口经营者不作出价格承诺或者不接受价格承诺的建议的,不妨碍对反倾销案件的调查和确定。出口经营者继续倾销进口产品的,商务部有权确定损害威胁更有可能出现。

第三十三条 商务部认为出口经营者作出的价格承诺能够接受并符合公共利益的,可以决定中止或者终止反倾销调查,不采取临时反倾销措施或者征收反倾销税。中止或者终止反倾销调查的决定由商务部予以公告。

商务部不接受价格承诺的,应当向有关出口经营者说明理由。

商务部对倾销以及由倾销造成的损害作出肯定的初裁决定前,不得寻求或者接受价格承诺。

第三十四条 依照本条例第三十三条第一款规定中止或者终止反倾销调查后,应出口经营者请求,商务部应当对倾销和损害继续进行调查;或者商务部认为有必要的,可以对倾销和损害继续进行调查。

根据前款调查结果,作出倾销或者损害的否定裁定的,价格承诺自动失效;作出倾销和损害的肯定裁定的,价格承诺继续有效。

第三十五条 商务部可以要求出口经营者定期提供履行其价格承诺的有关情况、资料,并予以核实。

第三十六条 出口经营者违反其价格承诺的,商务部依照本条例的规定,可以立即决定恢复反倾销调查;根据可获得的最佳信息,可以决定采取临时反倾销措施,并可以对实施临时反倾销措施前90天内进口的产品追溯征收反倾销税,但违反价格承诺前进口的产品除外。

第三节 反倾销税

第三十七条 终裁决定确定倾销成立,并由此对国内产业造成损害的,可以征收反倾销税。征收反倾销税应当符合公共利益。

第三十八条　征收反倾销税,由商务部提出建议,国务院关税税则委员会根据商务部的建议作出决定,由商务部予以公告。海关自公告规定实施之日起执行。

第三十九条　反倾销税适用于终裁决定公告之日后进口的产品,但属于本条例第三十六条、第四十三条、第四十四条规定的情形除外。

第四十条　反倾销税的纳税人为倾销进口产品的进口经营者。

第四十一条　反倾销税应当根据不同出口经营者的倾销幅度,分别确定。对未包括在审查范围内的出口经营者的倾销进口产品,需要征收反倾销税的,应当按照合理的方式确定对其适用的反倾销税。

第四十二条　反倾销税税额不超过终裁决定确定的倾销幅度。

第四十三条　终裁决定确定存在实质损害,并在此前已经采取临时反倾销措施的,反倾销税可以对已经实施临时反倾销措施的期间追溯征收。

终裁决定确定存在实质损害威胁,在先前不采取临时反倾销措施将会导致后来作出实质损害裁定的情况下已经采取临时反倾销措施的,反倾销税可以对已经实施临时反倾销措施的期间追溯征收。

终裁决定确定的反倾销税,高于已付或者应付的临时反倾销税或者为担保目的而估计的金额的,差额部分不予收取;低于已付或者应付的临时反倾销税或者为担保目的而估计的金额的,差额部分应当根据具体情况予以退还或者重新计算税额。

第四十四条　下列两种情形并存的,可以对实施临时反倾销措施之日前90天内进口的产品追溯征收反倾销税,但立案调查前进口的产品除外:

(一)倾销进口产品有对国内产业造成损害的倾销历史,或者该产品的进口经营者知道或者应当知道出口经营者实施倾销并且倾销对国内产业将造成损害的;

(二)倾销进口产品在短期内大量进口,并且可能会严重破坏即将实施的反倾销税的补救效果的。

商务部发起调查后,有充分证据证明前款所列两种情形并存的,可以对有关进口产品采取进口登记等必要措施,以便追溯征收反倾销税。

第四十五条　终裁决定确定不征收反倾销税的,或者终裁决定未确定追溯征收反倾销税的,已征收的临时反倾销税、已收取的保证金应当予以退还,保函或者其他形式的担保应当予以解除。

第四十六条　倾销进口产品的进口经营者有证据证明已经缴纳的反倾销税税额超过倾销幅度的,可以向商务部提出退税申请;商务部经审查、核实并提出建议,国务院关税税则委员会根据商务部的建议可以作出退税决定,由海关执行。

第四十七条　进口产品被征收反倾销税后,在调查期内未向中华人民共和国出口该产品的新出口经营者,能证明其与被征收反倾销税的出口经营者无关联的,可以向商务部申请单独确定其倾销幅度。商务部应当迅速进行审查并作出终裁决定。在审查期间,可以采取本条例第二十八条第一款第(二)项规定的措施,但不得对该产品征收反倾销税。

第五章 反倾销税和价格承诺的期限与复审

第四十八条 反倾销税的征收期限和价格承诺的履行期限不超过5年;但是,经复审确定终止征收反倾销税有可能导致倾销和损害的继续或者再度发生的,反倾销税的征收期限可以适当延长。

第四十九条 反倾销税生效后,商务部可以在有正当理由的情况下,决定对继续征收反倾销税的必要性进行复审;也可以在经过一段合理时间,应利害关系方的请求并对利害关系方提供的相应证据进行审查后,决定对继续征收反倾销税的必要性进行复审。

价格承诺生效后,商务部可以在有正当理由的情况下,决定对继续履行价格承诺的必要性进行复审;也可以在经过一段合理时间,应利害关系方的请求并对利害关系方提供的相应证据进行审查后,决定对继续履行价格承诺的必要性进行复审。

第五十条 根据复审结果,由商务部依照本条例的规定提出保留、修改或者取消反倾销税的建议,国务院关税税则委员会根据商务部的建议作出决定,由商务部予以公告;或者由商务部依照本条例的规定,作出保留、修改或者取消价格承诺的决定并予以公告。

第五十一条 复审程序参照本条例关于反倾销调查的有关规定执行。

复审期限自决定复审开始之日起,不超过12个月。

第五十二条 在复审期间,复审程序不妨碍反倾销措施的实施。

第六章 附则

第五十三条 对依照本条例第二十五条作出的终裁决定不服的,对依照本条例第四章作出的是否征收反倾销税的决定以及追溯征收、退税、对新出口经营者征税的决定不服的,或者对依照本条例第五章作出的复审决定不服的,可以依法申请行政复议,也可以依法向人民法院提起诉讼。

第五十四条 依照本条例作出的公告,应当载明重要的情况、事实、理由、依据、结果和结论等内容。

第五十五条 商务部可以采取适当措施,防止规避反倾销措施的行为。

第五十六条 任何国家(地区)对中华人民共和国的出口产品采取歧视性反倾销措施的,中华人民共和国可以根据实际情况对该国家(地区)采取相应的措施。

第五十七条 商务部负责与反倾销有关的对外磋商、通知和争端解决事宜。

第五十八条 商务部可以根据本条例制定有关具体实施办法。

第五十九条　本条例自2002年1月1日起施行。1997年3月25日国务院发布的《中华人民共和国反倾销和反补贴条例》中关于反倾销的规定同时废止。

中华人民共和国国务院令

第402号

现公布《国务院关于修改〈中华人民共和国反补贴条例〉的决定》，自2004年6月1日起施行。

总理　温家宝

二〇〇四年三月三十一日

中华人民共和国反补贴条例

（2001年11月26日中华人民共和国国务院令第329号公布　根据2004年3月31日《国务院关于修改〈中华人民共和国反补贴条例〉的决定》修订）

第一章　总则

第一条　为了维护对外贸易秩序和公平竞争，根据《中华人民共和国对外贸易法》的有关规定，制定本条例。

第二条　进口产品存在补贴，并对已经建立的国内产业造成实质损害或者产生实质损害威胁，或者对建立国内产业造成实质阻碍的，依照本条例的规定进行调查，采取反补贴措施。

第二章　补贴与损害

第三条　补贴，是指出口国（地区）政府或者其任何公共机构提供的并为接受者带来利益的财政资助以及任何形式的收入或者价格支持。

出口国（地区）政府或者其任何公共机构，以下统称出口国（地区）政府。

本条第一款所称财政资助，包括：

（一）出口国（地区）政府以拨款、贷款、资本注入等形式直接提供资金，或者以贷款担保等形式潜在地直接转让资金或者债务；

（二）出口国（地区）政府放弃或者不收缴应收收入；

（三）出口国（地区）政府提供除一般基础设施以外的货物、服务，或者由出口国（地区）政府购买货物；

（四）出口国（地区）政府通过向筹资机构付款，或者委托、指令私营机构履行上述职能。

第四条　依照本条例进行调查、采取反补贴措施的补贴，必须具有专向性。

具有下列情形之一的补贴，具有专向性：

（一）由出口国（地区）政府明确确定的某些企业、产业获得的补贴；

（二）由出口国（地区）法律、法规明确规定的某些企业、产业获得的补贴；

（三）指定特定区域内的企业、产业获得的补贴；

（四）以出口实绩为条件获得的补贴，包括本条例所附出口补贴清单列举的

各项补贴;

(五)以使用本国(地区)产品替代进口产品为条件获得的补贴。

在确定补贴专向性时,还应当考虑受补贴企业的数量和企业受补贴的数额、比例、时间以及给予补贴的方式等因素。

第五条　对补贴的调查和确定,由商务部负责。

第六条　进口产品的补贴金额,应当区别不同情况,按照下列方式计算:

(一)以无偿拨款形式提供补贴的,补贴金额以企业实际接受的金额计算;

(二)以贷款形式提供补贴的,补贴金额以接受贷款的企业在正常商业贷款条件下应支付的利息与该项贷款的利息差额计算;

(三)以贷款担保形式提供补贴的,补贴金额以在没有担保情况下企业应支付的利息与有担保情况下企业实际支付的利息之差计算;

(四)以注入资本形式提供补贴的,补贴金额以企业实际接受的资本金额计算;

(五)以提供货物或者服务形式提供补贴的,补贴金额以该项货物或者服务的正常市场价格与企业实际支付的价格之差计算;

(六)以购买货物形式提供补贴的,补贴金额以政府实际支付价格与该项货物正常市场价格之差计算;

(七)以放弃或者不收缴应收收入形式提供补贴的,补贴金额以依法应缴金额与企业实际缴纳金额之差计算。

对前款所列形式以外的其他补贴,按照公平、合理的方式确定补贴金额。

第七条　损害,是指补贴对已经建立的国内产业造成实质损害或者产生实质损害威胁,或者对建立国内产业造成实质阻碍。

对损害的调查和确定,由商务部负责;其中,涉及农产品的反补贴国内产业损害调查,由商务部会同农业部进行。

第八条　在确定补贴对国内产业造成的损害时,应当审查下列事项:

(一)补贴可能对贸易造成的影响;

(二)补贴进口产品的数量,包括补贴进口产品的绝对数量或者相对于国内同类产品生产或者消费的数量是否大量增加,或者补贴进口产品大量增加的可能性;

(三)补贴进口产品的价格,包括补贴进口产品的价格削减或者对国内同类产品的价格产生大幅度抑制、压低等影响;

(四)补贴进口产品对国内产业的相关经济因素和指标的影响;

(五)补贴进口产品出口国(地区)、原产国(地区)的生产能力、出口能力,被调查产品的库存情况;

(六)造成国内产业损害的其他因素。

对实质损害威胁的确定,应当依据事实,不得仅依据指控、推测或者极小的可能性。

在确定补贴对国内产业造成的损害时,应当依据肯定性证据,不得将造成损害的非补贴因素归因于补贴。

第九条 补贴进口产品来自两个以上国家(地区),并且同时满足下列条件的,可以就补贴进口产品对国内产业造成的影响进行累积评估:

(一)来自每一国家(地区)的补贴进口产品的补贴金额不属于微量补贴,并且其进口量不属于可忽略不计的;

(二)根据补贴进口产品之间的竞争条件以及补贴进口产品与国内同类产品之间的竞争条件,进行累积评估是适当的。

微量补贴,是指补贴金额不足产品价值1%的补贴;但是,来自发展中国家(地区)的补贴进口产品的微量补贴,是指补贴金额不足产品价值2%的补贴。

第十条 评估补贴进口产品的影响,应当对国内同类产品的生产进行单独确定。不能对国内同类产品的生产进行单独确定的,应当审查包括国内同类产品在内的最窄产品组或者范围的生产。

第十一条 国内产业,是指中华人民共和国国内同类产品的全部生产者,或者其总产量占国内同类产品全部总产量的主要部分的生产者;但是,国内生产者与出口经营者或者进口经营者有关联的,或者其本身为补贴产品或者同类产品的进口经营者的,应当除外。

在特殊情形下,国内一个区域市场中的生产者,在该市场中销售其全部或者几乎全部的同类产品,并且该市场中同类产品的需求主要不是由国内其他地方的生产者供给的,可以视为一个单独产业。

第十二条 同类产品,是指与补贴进口产品相同的产品;没有相同产品的,以与补贴进口产品的特性最相似的产品为同类产品。

第三章 反补贴调查

第十三条 国内产业或者代表国内产业的自然人、法人或者有关组织(以下统称申请人),可以依照本条例的规定向商务部提出反补贴调查的书面申请。

第十四条 申请书应当包括下列内容:

(一)申请人的名称、地址及有关情况;

(二)对申请调查的进口产品的完整说明,包括产品名称、所涉及的出口国(地区)或者原产国(地区)、已知的出口经营者或者生产者等;

(三)对国内同类产品生产的数量和价值的说明;

(四)申请调查进口产品的数量和价格对国内产业的影响;

(五)申请人认为需要说明的其他内容。

第十五条 申请书应当附具下列证据:

(一)申请调查的进口产品存在补贴;

(二)对国内产业的损害;

(三)补贴与损害之间存在因果关系。

第十六条　商务部应当自收到申请人提交的申请书及有关证据之日起60天内,对申请是否由国内产业或者代表国内产业提出、申请书内容及所附具的证据等进行审查,并决定立案调查或者不立案调查。在特殊情形下,可以适当延长审查期限。

在决定立案调查前,应当就有关补贴事项向产品可能被调查的国家(地区)政府发出进行磋商的邀请。

第十七条　在表示支持申请或者反对申请的国内产业中,支持者的产量占支持者和反对者的总产量的50%以上的,应当认定申请是由国内产业或者代表国内产业提出,可以启动反补贴调查;但是,表示支持申请的国内生产者的产量不足国内同类产品总产量的25%的,不得启动反补贴调查。

第十八条　在特殊情形下,商务部没有收到反补贴调查的书面申请,但有充分证据认为存在补贴和损害以及二者之间有因果关系的,可以决定立案调查。

第十九条　立案调查的决定,由商务部予以公告,并通知申请人、已知的出口经营者、进口经营者以及其他有利害关系的组织、个人(以下统称利害关系方)和出口国(地区)政府。

立案调查的决定一经公告,商务部应当将申请书文本提供给已知的出口经营者和出口国(地区)政府。

第二十条　商务部可以采用问卷、抽样、听证会、现场核查等方式向利害关系方了解情况,进行调查。

商务部应当为有关利害关系方、利害关系国(地区)政府提供陈述意见和论据的机会。

商务部认为必要时,可以派出工作人员赴有关国家(地区)进行调查;但是,有关国家(地区)提出异议的除外。

第二十一条　商务部进行调查时,利害关系方、利害关系国(地区)政府应当如实反映情况,提供有关资料。利害关系方、利害关系国(地区)政府不如实反映情况、提供有关资料的,或者没有在合理时间内提供必要信息的,或者以其他方式严重妨碍调查的,商务部可以根据可获得的事实作出裁定。

第二十二条　利害关系方、利害关系国(地区)政府认为其提供的资料泄露后将产生严重不利影响的,可以向商务部申请对该资料按保密资料处理。

商务部认为保密申请有正当理由的,应当对利害关系方、利害关系国(地区)政府提供的资料按保密资料处理,同时要求利害关系方、利害关系国(地区)政府提供一份非保密的该资料概要。

按保密资料处理的资料,未经提供资料的利害关系方、利害关系国(地区)政府同意,不得泄露。

第二十三条　商务部应当允许申请人、利害关系方和利害关系国(地区)政府查阅本案有关资料;但是,属于按保密资料处理的除外。

第二十四条 在反补贴调查期间,应当给予产品被调查的国家(地区)政府继续进行磋商的合理机会。磋商不妨碍商务部根据本条例的规定进行调查,并采取反补贴措施。

第二十五条 商务部根据调查结果,就补贴、损害和二者之间的因果关系是否成立作出初裁决定,并予以公告。

第二十六条 初裁决定确定补贴、损害以及二者之间的因果关系成立的,商务部应当对补贴及补贴金额、损害及损害程度继续进行调查,并根据调查结果作出终裁决定,予以公告。

在作出终裁决定前,应当由商务部将终裁决定所依据的基本事实通知所有已知的利害关系方、利害关系国(地区)政府。

第二十七条 反补贴调查,应当自立案调查决定公告之日起12个月内结束;特殊情况下可以延长,但延长期不得超过6个月。

第二十八条 有下列情形之一的,反补贴调查应当终止,并由商务部予以公告:

(一)申请人撤销申请的;
(二)没有足够证据证明存在补贴、损害或者二者之间有因果关系的;
(三)补贴金额为微量补贴的;
(四)补贴进口产品实际或者潜在的进口量或者损害属于可忽略不计的;
(五)通过与有关国家(地区)政府磋商达成协议,不需要继续进行反补贴调查的;
(六)商务部认为不适宜继续进行反补贴调查的。

来自一个或者部分国家(地区)的被调查产品有前款第(二)、(三)、(四)、(五)项所列情形之一的,针对所涉产品的反补贴调查应当终止。

第四章 反补贴措施

第一节 临时措施

第二十九条 初裁决定确定补贴成立,并由此对国内产业造成损害的,可以采取临时反补贴措施。

临时反补贴措施采取以保证金或者保函作为担保的征收临时反补贴税的形式。

第三十条 采取临时反补贴措施,由商务部提出建议,国务院关税税则委员会根据商务部的建议作出决定,由商务部予以公告。海关自公告规定实施之日起执行。

第三十一条 临时反补贴措施实施的期限,自临时反补贴措施决定公告规定实施之日起,不超过4个月。

自反补贴立案调查决定公告之日起60天内,不得采取临时反补贴措施。

第二节 承 诺

第三十二条 在反补贴调查期间,出口国(地区)政府提出取消、限制补贴或者其他有关措施的承诺,或者出口经营者提出修改价格的承诺的,商务部应当予以充分考虑。

商务部可以向出口经营者或者出口国(地区)政府提出有关价格承诺的建议。

商务部不得强迫出口经营者作出承诺。

第三十三条 出口经营者、出口国(地区)政府不作出承诺或者不接受有关价格承诺的建议的,不妨碍对反补贴案件的调查和确定。出口经营者继续补贴进口产品的,商务部有权确定损害威胁更有可能出现。

第三十四条 商务部认为承诺能够接受并符合公共利益的,可以决定中止或者终止反补贴调查,不采取临时反补贴措施或者征收反补贴税。中止或者终止反补贴调查的决定由商务部予以公告。

商务部不接受承诺的,应当向有关出口经营者说明理由。

商务部对补贴以及由补贴造成的损害作出肯定的初裁决定前,不得寻求或者接受承诺。在出口经营者作出承诺的情况下,未经其本国(地区)政府同意的,商务部不得寻求或者接受承诺。

第三十五条 依照本条例第三十四条第一款规定中止或者终止调查后,应出口国(地区)政府请求,商务部应当对补贴和损害继续进行调查;或者商务部认为有必要的,可以对补贴和损害继续进行调查。

根据调查结果,作出补贴或者损害的否定裁定的,承诺自动失效;作出补贴和损害的肯定裁定的,承诺继续有效。

第三十六条 商务部可以要求承诺已被接受的出口经营者或者出口国(地区)政府定期提供履行其承诺的有关情况、资料,并予以核实。

第三十七条 对违反承诺的,商务部依照本条例的规定,可以立即决定恢复反补贴调查;根据可获得的最佳信息,可以决定采取临时反补贴措施,并可以对实施临时反补贴措施前90天内进口的产品追溯征收反补贴税,但违反承诺前进口的产品除外。

第三节 反补贴税

第三十八条 在为完成磋商的努力没有取得效果的情况下,终裁决定确定补贴成立,并由此对国内产业造成损害的,可以征收反补贴税。征收反补贴税应当符合公共利益。

第三十九条 征收反补贴税,由商务部提出建议,国务院关税税则委员会根据商务部的建议作出决定,由商务部予以公告。海关自公告规定实施之日起执行。

第四十条 反补贴税适用于终裁决定公告之日后进口的产品,但属于本条例第三十七条、第四十四条、第四十五条规定的情形除外。

第四十一条 反补贴税的纳税人为补贴进口产品的进口经营者。

第四十二条 反补贴税应当根据不同出口经营者的补贴金额，分别确定。对实际上未被调查的出口经营者的补贴进口产品，需要征收反补贴税的，应当迅速审查，按照合理的方式确定对其适用的反补贴税。

第四十三条 反补贴税税额不得超过终裁决定确定的补贴金额。

第四十四条 终裁决定确定存在实质损害，并在此前已经采取临时反补贴措施的，反补贴税可以对已经实施临时反补贴措施的期间追溯征收。

终裁决定确定存在实质损害威胁，在先前不采取临时反补贴措施将会导致后来作出实质损害裁定的情况下已经采取临时反补贴措施的，反补贴税可以对已经实施临时反补贴措施的期间追溯征收。

终裁决定确定的反补贴税，高于保证金或者保函所担保的金额的，差额部分不予收取；低于保证金或者保函所担保的金额的，差额部分应当予以退还。

第四十五条 下列三种情形并存的，必要时可以对实施临时反补贴措施之日前90天内进口的产品追溯征收反补贴税：

（一）补贴进口产品在较短的时间内大量增加；

（二）此种增加对国内产业造成难以补救的损害；

（三）此种产品得益于补贴。

第四十六条 终裁决定确定不征收反补贴税的，或者终裁决定未确定追溯征收反补贴税的，对实施临时反补贴措施期间已收取的保证金应当予以退还，保函应当予以解除。

第五章 反补贴税和承诺的期限与复审

第四十七条 反补贴税的征收期限和承诺的履行期限不超过5年；但是，经复审确定终止征收反补贴税有可能导致补贴和损害的继续或者再度发生的，反补贴税的征收期限可以适当延长。

第四十八条 反补贴税生效后，商务部可以在有正当理由的情况下，决定对继续征收反补贴税的必要性进行复审；也可以在经过一段合理时间，应利害关系方的请求并对利害关系方提供的相应证据进行审查后，决定对继续征收反补贴税的必要性进行复审。

承诺生效后，商务部可以在有正当理由的情况下，决定对继续履行承诺的必要性进行复审；也可以在经过一段合理时间，应利害关系方的请求并对利害关系方提供的相应证据进行审查后，决定对继续履行承诺的必要性进行复审。

第四十九条 根据复审结果，由商务部依照本条例的规定提出保留、修改或者取消反补贴税的建议，国务院关税税则委员会根据商务部的建议作出决定，由商务部予以公告；或者由商务部依照本条例的规定，作出保留、修改或者取消承诺的决定并予以公告。

第五十条 复审程序参照本条例关于反补贴调查的有关规定执行。

复审期限自决定复审开始之日起,不超过12个月。

第五十一条 在复审期间,复审程序不妨碍反补贴措施的实施。

第六章 附则

第五十二条 对依照本条例第二十六条作出的终裁决定不服的,对依照本条例第四章作出的是否征收反补贴税的决定以及追溯征收的决定不服的,或者对依照本条例第五章作出的复审决定不服的,可以依法申请行政复议,也可以依法向人民法院提起诉讼。

第五十三条 依照本条例作出的公告,应当载明重要的情况、事实、理由、依据、结果和结论等内容。

第五十四条 商务部可以采取适当措施,防止规避反补贴措施的行为。

第五十五条 任何国家(地区)对中华人民共和国的出口产品采取歧视性反补贴措施的,中华人民共和国可以根据实际情况对该国家(地区)采取相应的措施。

第五十六条 商务部负责与反补贴有关的对外磋商、通知和争端解决事宜。

第五十七条 商务部可以根据本条例制定有关具体实施办法。

第五十八条 本条例自2002年1月1日起施行。1997年3月25日国务院发布的《中华人民共和国反倾销和反补贴条例》中关于反补贴的规定同时废止。

参考文献：

金泽良雄. 经济法概论. 兰州：甘肃人民出版社，1985.
刘瑞复. 经济法：国民经济运行法. 北京：中国政法大学出版社，1994.
李昌麒. 经济法——国家干预经济的基本法律形式. 成都：四川人民出版社，1997.
梁慧星. 中国民法经济法诸问题. 北京：中国法制出版社，1999.
刘瑞复. 经济法学原理. 北京：北京大学出版社，2000.
刘剑文. 经济法. 北京：中国税务出版社，2002.
潘静成，刘文华. 经济法. 北京：中国人民大学出版社，2008.
韩志红. 经济法新论. 北京：法律出版社，2008.
邱本. 经济法原理. 长春：吉林大学出版社，2008.
吕忠梅，陈虹. 经济法原论. 北京：法律出版社，2008.
漆多俊. 经济法基础理论. 北京：法律出版社，2008.
刘文华，徐孟洲. 经济法. 北京：法律出版社，2009.
杨紫烜. 经济法学. 北京：北京大学出版社，2010.